BAEDEKER

ÖSTERREICH

W0047462

www.baedeker.com

Verlag Karl Baedeker

Top-Reiseziele

Ob majestätische Berggipfel, idyllische Flusslandschaften, großartige Klosteranlagen mit jahrhundertealter Geschichte oder lebhafte Städte, die jede Menge Kultur und Unterhaltung bieten – hier finden Sie die Highlights von Österreich.

❶ ✶✶ Klosterneuburg

Malerisch präsentiert sich das Stift Klosterneuburg mit einem der bedeutendsten Kunstwerke des Mittelalters: dem berühmten Verduner Altar in der Leopoldskapelle.
Seite 344

❷ ✶✶ Wachau

Brücken gibt es keine: Um über die Donau zu kommen, muss man in dieser einzigartigen Region schon die Fähre nehmen.
Seite 530

❸ ✶✶ Wien

Wo anfangen, wo aufhören? Kunst, Kultur, Kulinarisches – in Wien gibt es von allem im Überfluss. Die Stadt vereint Atmosphäre, Gemütlichkeit und großstädtisches Flair.
Seite 552

❹ ✶✶ St. Florian

Das herrliche Augustiner-Chorherrenstift St. Florian – ein Paradebeispiel barocker Pracht – bietet einen angemessenen Rahmen für die letzte

Ruhestätte des berühmten Musikers und Komponisten Anton Bruckner.
Seite 482

❺ ✶✶ Donautal

Folgt man der Donau, dann folgt man dem Hauptstrom Österreichs und zweitlängsten Fluss Europas mit jeder Menge Geschichtszeugnissen und landschaftlicher Schönheit.
Seite 210

❻ ✶✶ Melk

Das prächtige Barockkloster Melk, Wahrzeichen der Wachau, ist ein Ort der Superlative! Allein der Südflügel des UNESCO-Welterbes misst über 240 m, und die Bibliothek zählt über 100 000 Bücher.
Seite 409

❼ ✶✶ Salzburg

Weltweit berühmt ist die Geburtstadt Mozarts. Sie heißt jedes Jahr, nicht zuletzt wegen ihres Festivals,

einige Millionen Besucher in ihrer wunderschönen Altstadt willkommen.

❽ ✶✶ Wolfgangsee
Zum Wolfgangsee pilgerten die Menschen schon immer gerne – vom Mittelalter bis heute zur Wallfahrtskirche und seit der gleichnamigen Operette zum berühmten »Weissen Rössl«.

❾ ✶✶ Salzkammergut
Es steht für Österreich-Urlaub schlechthin: Wasser, Berge und Kultur machen es zu einer der meistbesuchten Ferienregionen des Landes.

❿ ✶✶ Mariazell
Das meistbesuchte Wallfahrtsziel Österreichs mit der Gnadenkapelle in seinem Mittelpunkt ist auch ein beliebter Luftkurort.

⓫ ✶✶ Neusiedler See
Der See, den sich Österreich und Ungarn teilen, ist der einzige Steppensee Mitteleuropas und bietet vielen Tieren als Nationalpark einen geschützten Lebensraum.

⓬ ✶✶ Hallstätter See
Hier lag vor mehr als 2500 Jahren ein Wirtschaftsimperium der Kelten. Der Fundort war namengebend für eine ganze Epoche.

⓭ ✶✶ Admont
Das für die Region wichtige Benediktinerstift besitzt eine der größten und schönsten Klosterbibliotheken der Welt mit kostbarem Bücherschatz.

⓮ ✶✶ Zeller See
Im Sommer ein Badesee und im Winter genug Platz zum Schlittschuhlaufen – der Zeller See in schöner Umgebung begeistert zu jeder Jahreszeit.

⓯ ✶✶ Werfen
Außer mit seiner Burg reizt Werfen mit der riesigen Eishöhle, die zu

den 30 größten Naturwundern der Erde zählt.
Seite 550

⑯ ✶ ✶ Dachstein

Beeindruckend ist die Schönheit dieses riesigen Bergmassivs, das sich Wanderern und Kletterern auf vielen wunderschönen Touren erschließt.
Seite 207

⑰ ✶ ✶ Innsbruck

Sehr schön gelegen, verbindet Innsbruck ideal die Ansprüche sowohl von Kulturreisenden wie auch der Ski- und Sportfreunde.
Seite 290

⑱ ✶ ✶ Krimml

Mit 380 m Gefälle sind die Krimmler Wasserfälle die höchsten Mitteleuropas. Sie gehören zu den bedeutendsten Attraktionen der Ostalpen.
Seite 356

⑲ ✶ ✶ Hohe Tauern

Bevor die Zentralalpen nach Osten ausklingen, entfalten sie in diesem gewaltigen Gebirgszug noch einmal ihre volle Pracht.
Seite 281

⑳ ✶ ✶ Großglockner-Hochalpenstraße

Eine der großartigsten und

eindrucksvollsten Hochgebirgsstraßen bietet auf 9 km Länge eine beispiellose Panoramafahrt.
Seite 258

㉑ ✶ ✶ Gasteiner Tal

Die ehemalige Sommerfrische der Reichen und Schönen ist auch heute für Kurgäste, Wanderer und Skifahrer ein beliebtes Ferienziel.
Seite 241

㉒ ✶ ✶ Graz

Graz ist eine Reise wert – die Schönwetterstadt besticht durch ihre romantische Altstadt, eine junge Kunst- und Kulturszene und als Ausgangspunkt für Ausflüge in die landschaftlich reizvolle Umgebung.
Seite 247

㉓ ✶ ✶ Millstätter See

Auf bis zu 26 °C erwärmt sich das Wasser des Millstätter Sees, für Badegäste und Wassersportler ein beliebtes Urlaubsziel.
Seite 414

㉕

㉔ ✱✱ Gurk

Der kleine Markt beherbergt
mit dem Dom eine romanische
Kostbarkeit. Die hier aufbewahrten
Reliquien ziehen seit Jahrhunderten
Wallfahrer an.
Seite 261

㉕ ✱✱ Weissensee

Etwas versteckt liegt dieser fjordartige Kärntner See. Das idyllische
Gebiet lockt vor allem Naturfreun-
de und Erholungssuchende an.
Seite 545

㉖ ✱✱ Maria Saal

Von hier aus sollte im 8. Jh. das
Land christianisiert werden, ab dem
15. Jh. entstand die beeindruckende Wallfahrtskirche mit der »Maria

Saalerin«, der größten Glocke
Kärntens.
Seite 402

㉗ ✱✱ Wörther See

Der Wörther See hat sich mit gut
ausgebauter Infrastruktur perfekt
auf Reisende eingestellt und ist das
touristische Zentrum Kärntens.
Seite 613

㉗

Lust auf...

... Biber beobachten, 400 m tief in den Abgrund schauen, auf Islandpferden durch Wälder reiten und die größte Eishöhle der Welt erkunden: jede Menge Tipps für spannende Erlebnisse.

SAFARI

- **Neusiedler See**
  Vogelbeobachtungs-Exkursionen sind im Frühjahr besonders beeindruckend, wenn viele Zugvögel Station machen.
  Seite 433
- **Hohe Tauern** ▶
  Bei Wildtierbeobachtungen mit Rangern sind Steinböcke, Gemsen, Murmeltiere und Adler zu sehen.
  Seite 283
- **Donauauen**
  Auf Bootssafaris kommt man hier Störchen, Reihern, Kormoranen und Bibern ganz nah.
  Seite 218

HÖHENANGST

- **Skywalk**
  Die spektakuläre Aussichtsplattform hängt mit einem verglasten Boden über einem 250 m tiefen Abgrund am Dachstein.
  Seite 208
- ◀ **Five Fingers**
  Fünf Stege lassen den, der sich traut, 400 m über dem Erdboden schweben. Zu finden ist die Aussichtsplattform am Krippenstein.
  Seite 279
- **Hängebrücke Holzgau**
  Im Tiroler Lechtal überspannt die mit 200 m längste Fußgängerbrücke des Landes die 110 m tiefe Höhenbachschlucht.
  Seite 373

PFERDE

● **Die Hohe Schule**

Die weißen Lipizzanerhengste der
weltberühmten Spanischen Hofreitschule in Wien werden im steirischen Piber gezüchtet. Dort sind
vor allem Stuten mit ihrem
Nachwuchs zu sehen.
Seite 515

● **Isländerdorf**

In den weitläufigen Wäldern des
Hausruckwaldes sind über 400 km
Reitwege markiert. Besonders viel
Spaß macht ein Ausritt auf den
robusten »Isis« des größten Island-
pferdegestüts in Festlandeuropa.
Seite 309

● **Fohlenhof Ebbs**   ▶

Der Fohlenhof Ebbs bei Kufstein
ist heute das Zentrum der Haf-
lingerzucht – weltweit. Wer mag,
kann hier auch Schulstunden und
Ausritte buchen.
Seite 361

NATURSCHAUSPIELE

◀ **Eisriesenwelt**

Die größte Eishöhle der Welt
ist ein Labyrinth von über
40 km Gesamtlänge.
Seite 550

● **Krimmler Wasserfälle**

Mit 380 m Fallhöhe in drei
Stufen zählen die Fälle im Nationalpark Hohe Tauern zu
den höchsten der Welt.
Seite 282

● **Salzach- und Lammeröfen**

Sowohl die Salzach als auch
die Lammer haben in der Nähe von Golling imposante
Schluchten ins Gestein gegraben. Die Wassergewalten und
Lichtspiele in den sogenannten Öfen sind beeindruckend.
Seite 275

HINTERGRUND

ERLEBEN & GENIESSEN

Eine große Vielfalt an unterschiedlichen Landschaften zeichnet Österreich aus. Hier der Prebersee bei Tamsweg

PREISKATEGORIEN
Restaurants
(Preis für ein Hauptgericht)

€€€€   über 25 Euro
€€€   18–25 Euro
€€   11–17 Euro
€   bis 11 Euro

Hotels (Preis für ein DZ)

€€€€   über 220 Euro
€€€   151–220 Euro
€€   90–150 Euro
€   bis 90 Euro

Hinweis
Gebührenpflichtige
Servicenummern sind mit einem
Stern gekennzeichnet: *0800 …

Kärnten lockt mit Badeseen.

PRAKTISCHE INFORMATIONEN

nachdenken · klimabewusst reisen
atmosfair

HINTERGRUND

Hier erfahren Sie Wissenswertes über das kleine Alpenland: über seine Naturräume, die eng mit Europa verwobene Geschichte, die Kultur und warum Skifahrer wie Helden verehrt werden.

Servus in Österreich

Klein ist sie zwar, die Alpenrepublik, dafür aber fein: voller landschaftlicher Schönheiten, ein Highlight für alle Kunst- und Kulturinteressierten, ein Paradies für Gourmets und ein fast grenzenloses Dorado für sportlich ambitionierte Urlauber.

Die Habsburger, die von 1273 bis 1918 die Geschicke Österreichs lenkten, hielten sich mit großem Erfolg an ihren Leitsatz: »Bella gerant alii, tu felix austria nube!« – »Mögen andere Kriege führen, Du, glückliches Österreich, heirate!« Zahlreiche Schlösser und historische Kleinode, wie in der ehemaligen Residenzstadt Wien oder stolze Burgen, wie Hochosterwitz sind heute prächtige Zeugen dieser erfolgreichen Familien-Story. Aber auch die Gegenwart geizt nicht mit architektonischen Impressionen, von den fröhlich-bunten Hundertwasserhäusern bis zu den spektakulären Bauten einer Zaha Hadid oder der spannenden neuen Skyline von Wien.

Die alpine Bergwelt bietet Gipfelstürmern Nervenkitzel und grandiose Ausblicke.

MUSIKLAND

Österreich bezeichnet sich stolz als »Musikland«. Und wer kennt nicht die Stars aus früheren Zeiten? Allen voran Wolfgang Amadeus Mozart und Joseph Haydn, Franz Schubert und die Walzerkönige Vater und Sohn Johann Strauß. Oder die Hitparaden-Stürmer wie Falco, die Erste Allgemeine Verunsicherung, Wolfgang Ambros und Hubert von Goisern. Eine der Traditionen Österreichs ist das Neujahrskonzert der Wiener Philharmoniker – es wird in mehr als 70 Länder der Welt übertragen! Weitere Höhepunkte sind die Salzburger und Bregenzer Festspiele und die Aufführungen in der Wiener Staatsoper.

LAND DER BERGE UND SEEN

Die grandiose Landschaft trägt ebenfalls dazu bei, dass es jedes Jahr weit über 30 Millionen Urlauber nach Österreich zieht. Das Ferienangebot ähnelt einem Regenbogen – für jeden Geschmack ist die passende Farbe dabei! Bergfexe zieht es auf die **Dreitausender**, von denen der 3798 m hohe Großglockner in den Hohen Tauern der höchste ist. Aber auch die vielen anderen Bergspitzen des Alpenhauptkamms bieten unvergessliche **Panoramablicke**. Für Badenixen und Wassermänner sind Millstätter, Wörther und Ossiacher See, der Traun-, der Wolfgang- und der Mondsee sowie die vielen anderen größeren und kleineren Gewässer bevorzugte Ziele. Im Burgenland ist mit dem Neusiedler See sogar Mitteleuropas einziger Steppensee, mit leicht salzigem Wasser, zu finden. Da Österreich zu zwei Dritteln aus Bergen besteht, wundert es nicht, dass von hier aus zahlreiche olympische Winterträume in Erfüllung gingen. Einstige Skiprofis wie Toni Sailer, Franz Klammer oder Hansi Hinterseer, der heute als Volksmusiksänger und TV-Moderator vor das große Publikum tritt, aber auch die heutigen Skirennläufer wie Marcel Hirscher und Marlies Schild nutzten und nutzen die großen Skiarenen des Landes für ihr erfolgreiches Training.

Urgemütlich: Beim Heurigen in den Buschenschanken klingt der Tag aus.

»INSEL DER SELIGEN«

Gemütlichkeit aus Tradition, gepaart mit herzlicher Freundlichkeit und kulinarischen Köstlichkeiten sind weitere Gründe, weshalb sich Urlauber auf diesem wunderbaren Flecken Erde so wohl fühlen. Nirgendwo anders im Land spiegelt sich das einstige Vielvölker-Mischmasch besser wider als auf den Speisekarten: Der Schweinsbraten stammt aus Bayern, das Gulasch wurde in Ungarn erfunden und die Knödel, die man auch süß oder sauer füllen kann, sind böhmischer Provenienz. Weit über die rot-weiß-roten Grenzen hinaus berühmt sind auch die diversen **Mehlspeisen** wie der Kaiserschmarrn und die, ursprünglich tschechische, Palatschinke sowie der Millirahm- und Apfelstrudel, nicht zu vergessen die legendäre Sacher-Torte. Und aus den östlichen und südlichen Regionen Österreichs stammen süffige **Weine** wie Grüner Veltliner, Traminer oder Zweigelt, die oft noch in traditionsreichen Familienbetrieben gekeltert werden. »Insel der Seligen« nannte der frühere Papst Paul VI. einmal das Land. Und wer abends, vielleicht bei einem guten »Glaserl« Wein, den vergangenen Ferientag Revue passieren lässt, kann etwas von dieser, überall zu spürenden Seligkeit empfinden.

Fakten

Natur und Umwelt

Dank der landschaftlichen Vielfalt aus Bergen und Flachland, Wäldern und Seen kann Österreich seine Gäste mit einer faszinierenden Pflanzen- und Tierwelt beeindrucken. Natürlich spielt auch der Naturschutz dabei eine wichtige Rolle.

Österreich ist überwiegend ein **Mittel- und Hochgebirgsland**. Seine 2650 km lange Grenze teilt es sich mit acht Nachbarn: Etwa 800 km entfallen auf Deutschland, 550 km auf Tschechien und die Slowakische Republik, 366 km auf Ungarn, 312 km auf Slowenien, 430 km auf Italien sowie rund 200 km auf die Schweiz und das Fürstentum Liechtenstein. Den Norden des Landes durchfließt die Donau auf einer gut 350 km langen Strecke. Alpenland im Südosten Mitteleuropas

Fast zwei Drittel der Gesamtfläche von Österreichs Staatsgebiet nehmen die **Ostalpen** ein. Gut ein Viertel entfällt auf siedlungsgünstiges Flach- und Hügelland, das sich als ein Band von wechselnder Breite entlang der Donau bis ins Weinviertel und am Ostrand der Alpen nach Süden zieht. Ein Zehntel der Fläche umfasst den österreichischen Teil des Böhmischen Granitmassivs, das an mehreren Stellen über die Donau nach Süden übergreift. Landschaftsformen

Die österreichischen Alpen gliedern sich in drei vornehmlich von West nach Ost verlaufende Hauptketten: die Nördlichen Kalkalpen, die Zentralalpen und die Südlichen Kalkalpen. Vom Rätikon über die Lechtaler Alpen mit der Parseierspitze (3038 m) als höchster Erhebung, über das Karwendel-, Kaiser- und Tennengebirge bis zum Dachstein, weiter über die Eisenerzer Alpen bis zum Schneeberg reichen die **Nördlichen Kalkalpen**. Sie sind kein durchgehendes Massiv, sondern werden immer wieder durch von Nord nach Süd verlaufende Flüsse zerteilt. Verkarstete Hochplateaus und schroffe Spitzen prägen ihr Bild, besonders schön zu sehen im Kaisergebirge oder in der Dachsteinregion. Im Süden trennen die hier west-östlich verlaufenden Flüsse die Nördlichen Kalkalpen von den Zentralalpen. Die **Zentralalpen** reichen von den Ötztaler Alpen über die Hohen Tauern bis zu den Niederen Tauern. Ihre massigen, gletscherbedeckten Gebirgsstöcke aus kristallinem Gestein werden durch tiefe eisgeschürfte Täler gegliedert. Höchster Gipfel der Zentralalpen und damit Österreichs ist der Großglockner (3798 m) in den Hohen Tauern. Nur spärlich vorhanden sind siedlungsgeeignete Täler, schmal die Waldzonen an steilen Talflanken, ausgedehnt dagegen steinige Almböden und Ödland. Diese lang gestreckte, selten unter 3000 m sinkende Gebirgskette ist äußerst schwer zu durchdringen: Der bedeu- Alpen

Eindrucksvoll: Blick von Egg auf die Karawanken

tendste Pass in dieser Region ist der Brenner, die anderen Nord-Süd-Verbindungen sind entweder großartige, aber im Winter gesperrte Panoramastraßen wie die Großglockner-Hochalpenstraße, oder sie unterqueren den Hauptkamm wie der Felbertauern- oder der Tauerntunnel. Über den Kamm der **Südlichen Kalkalpen**, nämlich über die Karnischen Alpen und die Karawanken, verläuft seit 1919 die Grenze zwischen Österreich und Italien bzw. Slowenien, früher Jugoslawien. Von den Zentralalpen werden die Südlichen Kalkalpen durch das Drautal getrennt.

Mühl- und Waldviertler Hochland

Nördlich der Donau erheben sich das Mühl- und das Waldviertel. Ihre zum Böhmischen Massiv gehörenden Höhen (bis 1380 m) sind auch heute noch von **dichten Wäldern** bedeckt. Die raue, windige Granithochfläche bietet verhältnismäßig schlechte Böden und ist wenig besiedelt. Waren sie früher Durchgangsgebiet nach Böhmen und Mähren, lagen beide Regionen seit dem Ende des Zweiten Weltkriegs abseits der großen Verkehrsströme.

Hügel- und Flachland

Das ober- und niederösterreichische Alpenland liegt zwischen dem Nordrand der Alpen und der Donau. Breite Terrassen und bewaldete Kuppen fallen nach Norden ab, unterbrochen durch die der Donau zuströmenden Flüsse. Im Weinviertel und dem nördlichen Burgenland dehnen sich die einzigen größeren Ebenen Österreichs aus (Tullnerfeld, Marchfeld, Seewinkel u. a.). Hier liegen die **Kornkammer Österreichs** und sein wichtigstes **Wein-, Obst- und Gemüseanbaugebiet**. Jenseits vom Neusiedler See herrscht mit Salztümpeln oder »Zick-Lacken« (von ungarisch »szik« = Soda) bereits echte Puszta vor. Im steirisch-südburgenländischen Hügelland spürt man

Landschaftsformen

- Ostalpen
- Alpenvorland
- Waldberge
- Niederungen mit Hügelland

Linz · Vienna · St. Pölten · Eisenstadt · Salzburg · Bregenz · Innsbruck · Graz · Lienz · Klagenfurt · Donau

©BAEDEKER

Der Wilde Kaiser gehört zu den Nördlichen Kalkalpen.

schon die Wärme des Südens. Auf lang gezogenen Kuppen und Rücken wechseln sich hier Wälder, Wiesen, Weinberge und Felder ab, gedeihen Korn und Obst in Hülle und Fülle.

DIE ALPEN ALS NATUR-, LEBENS- UND ERHOLUNGSRAUM

Zum »Internationalen Jahr der Berge« hatte die UNO das Jahr 2002 erklärt, mit dem Ziel, die Bergregionen der Erde samt ihrer globalen Dimension den Menschen ins Bewusstsein zu rufen. Aus gutem Grund: Die Bergwelten der Erde sind nicht nur **komplexe Ökosysteme** mit einer unglaublichen Artenvielfalt, Speicher und Lieferant für etwa die Hälfte des globalen Trinkwasserbedarfs – sie sind auch Lebens-, Wirtschafts- und Kulturraum für rund ein Zehntel der Menschheit. Nimmt diese komplexe Welt Schaden, beeinträchtigt das nicht nur die lokale Natur und die dortige Bevölkerung, sondern auch viele weiter entfernt lebende Menschen. Besonders für ein Land wie Österreich ist eine intakte Bergwelt das bedeutendste Kapital und die wichtigste Grundlage für den Tourismus. Österreich ist Unterzeichnerstaat der **Alpenkonvention** (1991 unterzeichnet, 1995 in Kraft getreten), ein Übereinkommen der Alpenstaaten zum Schutz und zur nachhaltigen Entwicklung der Alpen. In Form von Protokollen zu einzelnen Themen wie Energie, Verkehr, Bodenschutz, Berglandwirtschaft oder Tourismus hat man diesen Rahmenvertrag mit konkreten Inhalten versehen. Ständiger Sitz des Alpenkonventionssekretariats ist Innsbruck.

Bergregionen als Lebens- und Kulturraum

PFLANZEN UND TIERE

Naturschutz Österreich zeichnet sich durch eine außerordentliche Vielfalt seiner Pflanzen- und Tierwelt aus. Seit man sich ihrer Bedeutung für den Naturkreislauf, aber auch für den Tourismus bewusst geworden ist, hat man zu entsprechenden Schutzmaßnahmen gegriffen. So konnten in **Auswilderungsprogrammen** Biber, Bartgeier oder Luchs an ausgewählten Stellen wieder heimisch werden. Selbstständig wandern Elche aus Tschechien kommend in den Böhmerwald ein und auch die als ausgestorben geglaubte Europäische Wildkatze wurde neuerdings in Österreich gesichtet. Freilich muss man neben der Art auch ihren Lebensraum schützen. Dabei geht es nicht nur darum, Naturräume gänzlich ohne menschliche Eingriffe zu bewahren. Viele Tier- und Pflanzenarten benötigen eine extensive Flächenbewirtschaftung, so z. B. Streuwiesen. Sie werden einmal im Jahr gemäht und das Mähgut entsorgt – Lohn für die Pflege der Kulturlandschaft sind Frühlingsenzian, Trollblume, Geflecktes Knabenkraut und Ameisenbläulinge (Schmetterlinge).

PFLANZEN

Regionale Besonderheiten Dank seiner verschiedenen Landschaftsformen, Bodenbedingungen und Klimaeinflüsse besitzt Österreich eine größere Pflanzenvielfalt als benachbarte Länder: Im Norden gibt es baltische Elemente, im Mittelgebirge atlantische, im Osten und Südosten pannonische und mediterran-illyrische Arten. Die Alpen beherbergen zahlreiche **Relikte und Endemiten**, also Pflanzen und Tiere, die nirgendwo anders (mehr) vorkommen.

Der prächtige Almrausch färbt im Frühjahr ganze Hänge rot.

Wald bedeckt mehr als ein Drittel der Bodenfläche und ist damit die beherrschende Vegetationsform. Sein natürliches Besiedlungsgebiet reicht von den Donauauen bis ins Gebirge. Die Waldgrenze liegt in den Zentralalpen bei 2000 m, in den Nord- und Südalpen bei 1700 m. **Mischwald** im Hügel- und Flachland gibt es im Mühl- und Waldviertel. Hier dominieren Buchen, Birken, Fichten, Tannen und Waldkiefern

(Rotföhre). In den pannonischen Gebieten findet man vorwiegend Eichen-Hainbuchen-Wälder (Weinviertel) und Eichen-Buchen-Wälder (Südburgenland, Oststeiermark, Leithagebirge, Wienerwald). Die illyrische Schwarzföhre besitzt bei Wien ihr nördlichstes Verbreitungsgebiet. Entlang von Donau, March und Leitha sieht man neben üppigen Auen mit Weiden, Pappeln, Eschen und Ulmen urwaldähnliche Erlenbrüche. **Subalpiner Buchen-Tannen-Mischwald** wächst im westlichen Wienerwald, dem Alpenvorland, den niederösterreichisch-steirischen Kalkalpen, im Salzkammergut und im Bregenzer Wald. Aus dem Mittelmeergebiet stammt die bei Graz und Innsbruck gedeihende Hopfenbuche. Je höher es geht bzw. je weiter westwärts man kommt, desto mehr häufen sich Lärchen und Kiefern. Über 1350 m dominiert an feuchten Hängen die Fichte, an trockenen, neben Ahorn und Wacholder, die Kiefer. An der Waldgrenze stehen meist Fichten und Lärchen, in den Tauern und in Tirol kommt die Zirbe (oder Zirbel) hinzu, eine recht langsam wachsende, besonders widerstandsfähige hochalpine Kiefernart. Typisch für Kalkplateaus sind die Legföhren (Latschen).

Augenfällig ist die **große Blumenvielfalt**. Insbesondere in hochalpinen Regionen bezaubern zahlreiche leuchtend farbige Blumen die Wanderer und Bergsteiger. Die imponierende Farbigkeit der meist kurzstieligen Blumen wird auf den hohen Anteil ultravioletter Strahlen im Hochgebirge zurückgeführt. Übermäßige Verdunstung wird durch dicke, manchmal auch behaarte Blätter verhindert. Während des Bergfrühlings bietet eine naturbelassene **Almwiese** ein buntes Bild. Eine andere alpine Formation ist die **Heide** mit Heidekraut und verschiedenen Beeren sowie vor allem dem herrlichen Almrausch, der die Berghänge in ein feuriges Rot

Blumen und Büsche

? BAEDEKER WISSEN

Kärntner Landesblume

Sehr schön, aber eine große Seltenheit ist die blau blühende Kärntner Landesblume Wulfenia carinthiaca, auch Kärntner Kuhtritt genannt. Die Pflanze kommt nur bei Hermagor in Kärnten und an der albanisch-montenegrinischen Grenze vor.

verwandelt. Wie bei vielen Pflanzen (z. B. Enzian) gibt es eine Kalkund eine Zentralgesteinsform der Alpenrose: Auf Kalk wächst der behaarte (Rhododendron hirsutum), im Zentralgesteinsgebiet findet man den rostroten (Rhododendron ferrugineum). Der Lebensraum der am höchsten steigenden Blütenpflanze Europas, des Gletscherhahnenfußes (Blütezeit: Juli/August), liegt in Höhen von 2000 m bis über 4000 m. Felsen und Felsspalten besitzen eine eigene Flora: Edelweiß und Alpenaurikel darf man zwar suchen, aber nicht pflücken, da sie unter Naturschutz stehen! In den **Felsregionen** überziehen hauchdünne Krustenflechten in vielfältigen Erdtönen fast jeden Quadratzentimeter Gestein. Den **Waldboden** besiedeln neben Einbeere,

Seidelbast und Sauerklee auch zahlreiche Orchideen, sogar der leider schon stark dezimierte Frauenschuh. Einen ganz anderen Charakter hat der **Pannonische Trockenrasen**, der in der Wachau und dem nördlichen Burgenland anzutreffen ist. Dort wachsen neben Adonisröschen, Kuhschelle und Tragant auch verschiedene Wildrosen, Schlehdorn, Weißdorn und Zwergmispel. In der **Salzsteppe** des burgenländischen Seewinkels (Illmitz, Apetlon, Podersdorf) herrscht beinahe schon Wüstenatmosphäre. Nur wirklich extrem angepasste Pflanzen können die heißen, trockenen Sommer überdauern: Salzkresse, Strandaster, Bottenbinse und stamm- bzw. blattsukkulente Fuchsschwanzgewächse (Salicornia), die dem Boden im Herbst ein rotes Aussehen verleihen.

Flussläufe, Moore Im undurchdringlichen Unterholz der **Auwälder** gedeihen die verschiedensten Gräser und Büsche, aber auch Pflanzen wie Schneeglöckchen und Aronstab. An den **Ufern** der Gewässer stehen neben der Wasserschwertlilie (gelb), der Sibirischen Schwertlilie (hellblau) sowie der Sumpfgladiole auch Schilf und Gräser. Typische Begleitpflanzen der **Hochmoore** sind Wollgras und Heidekraut, Zwergbirke und der Insekten verdauende, mit beweglichen Fangtentakeln ausgerüstete Sonnentau.

TIERE

Am bekanntesten sind sicher Alpentiere wie Steinbock, Gams oder Murmeltier. Aber auch in tieferen Lagen und speziellen Naturräumen wie etwa dem Neusiedler See findet man eine wunderbare, sehenswerte Tierwelt. Marder und Fledermäuse sind als Kulturfolger des Menschen selbst in den Städten anzutreffen.

Fische Von den mehr als 80 in Österreich heimischen Fischarten kommen 60 in der Donau vor. Während in den **alpinen Gewässern** vor allem Forellen, Saiblinge, Äschen, Schleien und Reinanken schwimmen, findet man in der **Donau** Barsche, Welse, Huchen und Aale. Karpfen stammen vornehmlich aus den Waldviertler Teichen.

Biber 1863 wurde in Österreich der letzte Biber erlegt, in den Jahren 1967 und 1985 hat man etliche Exemplare in den Donau-March-Auen und dem Inn-Salzach-Tal ausgewildert. Ein schöner Erfolg: Heute leben wieder etwa 1000 Biber in Österreich, davon rund 200 Tiere in den Auen der Haupstadt Wien.

Lurche Mit etwas Geduld kann man vielerlei Molche, Frösche und Kröten beobachten. An tiefer gelegenen Seen leben vor allem Rotbauchoder Tieflandunken, an Mittelgebirgsseen Gelbbauch- oder Bergunken. Feuchte Laub- und Nadelmischwälder sind der bevorzugte Aufenthaltsort des **Feuersalamanders**, der vor allem in Höhenlagen zwischen 200 und 700 m vorkommt.

Nur noch ganz selten anzutreffen – vor allem in den Donauauen – ist die **Europäische Sumpfschildkröte**. Eine Wärme und Wasser liebende Schlange ist die stark bedrohte **Würfelnatter**, wohingegen die ebenfalls Wasser liebende Ringelnatter noch vergleichsweise häufig vorkommt. Wärmebedürftig ist auch Österreichs längste Schlange, die kletternde **Äskulapnatter** (bis 2 m). Die häufigste Giftschlange ist die Kreuzotter. Sie lebt hauptsächlich in Mooren und Gebirgen, während die Sand- oder Hornviper die Steinhaufen und Mauerlöcher Kärntens und der Südsteiermark bevorzugt.

Reptilien

In den pannonischen Gebieten findet man die Singzikade und die Gottesanbeterin. Streng geschützt sind Arten wie Alpenbock, Hirschkäfer, Nashornkäfer, Schwalbenschwanz, Ailanthusspinner, Totenkopfschwärmer, Trauermantel, Apollofalter und das Wiener Nachtpfauenauge, der größte in Österreich vorkommende Schmetterling.

Insekten

Ein **international berühmtes Vogelparadies** ist der Schilfgürtel des Neusiedler Sees, aber auch in den Donau- und Marchauen kann man herrliche Beobachtungen machen: Nicht nur die seltenen Vogelarten, allen voran der Eisvogel, sondern auch der häufiger vorkommende Höckerschwan und der Weißstorch erfreuen den Be-

Vögel

Ein Murmeltier steht stets als Wächter bereit, um die Kolonie bei Gefahren zu warnen.

trachter. Der sehr seltene und scheue Schwarzstorch brütet im Wiener Wald und im Nationalpark Thayatal. Fasan und Rebhuhn findet man im Osten Österreichs.

Alpentiere Um in den Hochalpen zu überleben, muss man über ein ganz besonderes Anpassungsvermögen verfügen. Unbestrittener König der Lüfte ist der **Steinadler**, allerdings ist der wieder eingebürgerte Bartgeier mit einer Spannweite von fast 3 m der größte Alpenvogel. Charakteristisch für die Region sind Alpensegler, Kolkrabe oder Alpenmauerläufer, Auerhahn und Birkhuhn schätzen die tieferen Lagen. Zwischen 1300 und 2700 m Höhe fühlen sich **Murmeltier**, Schneemaus, Schneehuhn und Schneehase wohl. Mit viel Glück sieht man den pechschwarzen Alpensalamander. Die **Gämse**, ein hübscher, ziegenartiger Alpenbewohner mit sensationellen Kletterfähigkeiten, ist heute wieder weit verbreitet. Ebenso ihr Verwandter, der majestätische **Alpensteinbock** mit seinen langen, beeindruckenden Hörnern. Steinböcke waren bereits fast ausgestorben, als man sie aus einem geretteten Bestand in Italien Anfang des 20. Jh.s wieder im gesamten Alpenraum anzusiedeln begann – mit großem Erfolg. Weniger glücklich waren die Naturschützer mit ihrem Versuch, Braunbären erneut in den Alpen heimisch zu machen: Trotz aller Bemühungen des WWF drohen einschlägige Projekte am Widerstand von Jägern und Bauern zu scheitern. Nur wenige Exemplare im südlichen Kärnten konnten bis heute erfolgreich angesiedelt werden. Mufflon (Wildschaf) und Damhirsch leben nur noch in umzäunten Revieren, dafür bevölkern Füchse und Rehe Feld und Wald. In den Gebirgswäldern trifft man gelegentlich auf Rothirsche.

Füchse bevölkern die Felder und Wälder der Alpenregionen.

Bevölkerung · Politik · Wirtschaft

Österreich setzt auf Wasserkraft, wenn es um Energiegewinnung geht, und auf Tourismus als einen Pfeiler seiner Wirtschaft. Ermöglicht wird beides durch die einmalige Natur.

BEVÖLKERUNG

Die im Vergleich zu Deutschland **geringe Bevölkerungsdichte** lässt sich mit dem hohen Anteil der Gebirgsregionen erklären: ca. 60 % des Landes sind unbesiedelt. Von den knapp 8,4 Mio. Einwohnern lebt rund ein Fünftel in Wien, das auch das höchste Bevölkerungswachstum aller neun Bundesländer aufweist. Weitere starke Einwohnerzuwächse verzeichnen Graz, die zweitgrößte Stadt, Wels, im Einzugsbereich von Linz, das Wiener Umland sowie das nördliche Burgenland. Die größten Bevölkerungsverluste mussten die Obersteiermark, das Waldviertel und die inneralpinen Regionen Kärntens hinnehmen. Das Wachstum wird hauptsächlich von Zuwanderung getragen, da sich Geburten- und Sterberate in etwa die Waage halten.

Zu rund einem Sechstel ist die österreichische Bevölkerung ausländischer Herkunft, d. h. diese Menschen sind entweder im Ausland geboren oder haben eine nicht-österreichische Staatsbürgerschaft. Damit liegt Österreich im EU-Spitzenfeld. Mehr als ein Drittel der Ausländer kommt aus einem anderen EU-Staat, die größte Gruppe darunter bilden seit Anfang 2010 die Deutschen (146 000). Ein weiteres Drittel stammt aus den Nachfolgestaaten Jugoslawiens (302 000), die drittgrößte Ausländergruppe kommt aus der Türkei (113 000). In Österreich als **Nachfolgestaat der multikulturellen k. u. k.-Monarchie** leben zudem sechs anerkannte Volksgruppen, laut Gesetz »die in Teilen des Bundesgebietes wohnhaften und beheimateten Gruppen österreichischer Staatsbürger mit nichtdeutscher Muttersprache und eigenem Volkstum«. Das Burgenland ist Heimat von **Ungarn und Kroaten**, von denen letztere auch in Wien anzutreffen sind. In Südkärnten und einigen Orten der Steiermark leben **Slowenen**, in Niederösterreich **Tschechen und Slowaken**. Die seit 1993 in Österreich als Volksgruppe anerkannten **Sinti und Roma** siedeln vorwiegend im Burgenland und in Wien. Es handelt sich dabei hauptsächlich um in jüngster Zeit zugewanderte Roma, die länger ansässigen Sinti, Burgenland-Roma und Lovara sind zu einem Großteil dem nationalsozialistischen Genozid zum Opfer gefallen.

Ausländer und Minderheiten

Willkommen im Alltag

Österreich abseits der üblichen Touristenpfade erleben – hier können Sie auch mal ganz »normale Leute« treffen.

AN DER TÖPFERSCHEIBE
Künstler schätzen schon lange das besondere Flair des Burgenlandes mit seinen offenen Weiten. Hier lässt es sich gut kreativ sein! Davon sollen auch schöpferische Urlaubsgäste profitieren. Unter dem Namen Kreativreisen werden jährlich mehr als 250 höchst unterschiedliche, großteils mehrtägige Kurse angeboten – von expressiver Acrylmalerei bis hin zu Holzskulpturenworkshops.
Infos: Burgenland Tourismus,
Tel. 02682/63 38 40,
www.kreativreisen-burgenland.at

AM MELKSCHEMEL
Einen Urlaub auf dem Bauernhof zu machen ist grundsätzlich eine gute Idee, wenn man gerne Land und Leuten nahe kommen möchte. Wer sich für einen Betrieb mit 4 Sonnen entscheidet, dem wird darüber hinaus die Möglichkeit geboten, aktiv am Bauernhofleben teilzuhaben. Die Gastgeber freuen sich über helfende Hände im Stall und auf dem Feld, auch wenn diese zu Beginn eventuell noch etwas ungeschickt sind.
Bauernhof-Urlaub, Tel. 0662/88 02 02,
www.urlaubambauernhof.at

DEN KOCHLÖFFEL SCHWINGEN

Es gibt nicht viel, was dem Österreicher über gutes Essen geht. Entsprechend boomen Kochkurse bekannter Küchenchefs, die oft ausgebucht sind. Hier lernt man nicht nur Einheimische kennen, sondern kann später daheim auch mit alpenländischer Kochkunst auftrumpfen. Bodenständiges wie Knödel und Weihnachtsbäckerei lehrt Ingrid Pernkopf in der Genuss Kochschule am Traunsee *(Landhotel Grünberg, Tel. 07612/7 77 00, www.gruenberg.at)*, während man bei Johanna Maier in die Finessen der regionalen Haute Cuisine eingeführt wird *(Hotel Hubertus, Tel. 06453/82 04, www.hotelhubertus.at)*.

AB INS CAMP

Alltags-Erfahrungen für den Nachwuchs: Sämtliche Bundesländer bieten Feriencamps für Kinder und Jugendliche an, die Palette reicht dabei von A wie aktiv in den Bergen über G wie Geige spielen bis zu Z wie Zirkusnummern einstudieren. *www.austria.info*

EIN DORFFEST BESUCHEN

Der Anlass kann kirchlich sein oder dem bäuerlichen Kalender entsprungen – so oder so wird bei ländlichen Festen die schönste Tracht angelegt und die Musi spielt dazu. Nicht selten wird am Abend auch noch das Tanzbein geschwungen. Die vielen traditionsreichen Feste im Jahresrhythmus (▶S. 105) sind eine formidable Gelegenheit, mit den Einheimischen ins Gespräch zu kommen und mitzufeiern.

EINE NACHT AM BERG VERBRINGEN

Wer den Bergen zugetan ist, dem empfiehlt sich, zumindest einmal eine Hüttennacht einzulegen – ein Bergfrühstück im Licht der aufgehenden Sonne ist ein eindrucksvolles Erlebnis (▶Nationalpark Hohe Tauern). Und am Abend davor, wenn sämtliche Tageswanderer bereits wieder abgestiegen sind, setzen sich die Hüttengäste für einige Stunden zusammen, um Bergerlebnisse auszutauschen und Tipps weiterzugeben werden. Jeder, der jetzt noch da ist, wird so zum Teil einer verschworenen Gemeinschaft.

Abstammung Mit Ausnahme von Vorarlberg und einem kleinen Teil Tirols (Außerfern), die alemannisch sind, bildet der **bayerische Stamm** den
Grundstock der österreichischen Bevölkerung. Dennoch kann nur
Oberösterreich, das zum Volksland der Bayern gehörte, als bayerisch
gelten. In Tirol und Salzburg wie auch in Vorarlberg wurde die **rätoromanische Bevölkerung** schon in der vorkarolingischen Zeit von
den germanischen Bajuwaren überlagert. Sie verschwand allmählich,
bis auf manche Täler wie dem Montafon und dem obersten Inntal.
Im westlich anstoßenden Engadin leben sie bis heute. Vornehmlich
in Kärnten und der Steiermark traf die Ausbreitung der Bayern in
karolingischer Zeit auf eine **slawische Bevölkerung**. Die Kärntner
Slowenen, auch die »Windischen« genannt, stellen heute eine nicht
unbeträchtliche Minderheit dar, die für reichlich politischen Zünd-
stoff sorgt. Niederösterreich, das ebenso wie die Oststeiermark und
das Burgenland durch jahrhundertelange Kämpfe mit den Reitervöl-
kern aus dem Osten (zuletzt den Ungarn) fast völlig verödet war,
wurde seit dem 10. Jh. von deutschen Kolonisten (überwiegend bayerischer Herkunft) besiedelt. Nach wiederholten Einfällen von Türken oder Ungarn ließen sich kroatische Flüchtlinge in diesem Gebiet
nieder, während im Burgenland neben einer bis heute recht stattlichen **kroatischen Volksgruppe** auch einige ungarische Grenzsied-
lungen aus früher Zeit überlebt haben. Die kroatische Minderheit
zählt heute nach der Umgangssprache 19 000 Menschen, die slowenische 18 000 und die ungarische 25 000.

STAAT UND GESELLSCHAFT

**Politische
Einordnung** Österreich liegt im Übergangsbereich vom »atlantischen« zum »da-
nubischen« Mitteleuropa. Allerdings hat sich die Bedeutung dieser
Lage im Laufe seiner über tausendjährigen Geschichte mehrmals
grundlegend gewandelt: von der Grenzlage am Südostrand des
Abendlandes über die Zentrallage im habsburgischen Großreich,
dann zurück zur Grenzlage im geteilten Nachkriegseuropa – und
jetzt inmitten eines Europas, in dem die Grenzen zu den östlichen
Nachbarländern keine ideologische Schranke mehr bilden.

**Gründung
Österreichs** Österreich entstand im trichterförmig verengten Donaukorridor, wo
dieser sich gegen das weitere Wiener Becken öffnet. Die Gegend entwickelte sich zur **Drehscheibe kontinental wichtiger Verkehrs-
achsen**. Von Karl dem Großen als Ostmark zur Verteidigung seines
Reiches gegen die Ungarn gegründet, wurde das 996 erstmals als
»Ostarrîchi« bezeichnete Territorium von den ab 976 herrschenden
Babenbergern bald über den größeren Teil des Wiener Beckens hinweg nördlich bis zur Leitha-March-Thaya-Linie (1043) hin ausgedehnt. Danach folgte die Erweiterung nach Süden (Steiermark 1192).

Die ab 1278 herrschenden Habsburger stießen ebenfalls nach Süden vor (Kärnten-Krain 1335, Duino 1335, Triest 1382), aber auch nach Westen (Tirol 1363, vorarlbergische und südwestdeutsche Gebiete im 15. Jh.), um die Verbindung zu ihren schweizerisch-südwestdeutschen Stammlanden zu wahren. Aus dieser starken Stellung der Habsburger heraus gelang – über die glückliche Realisierung von Heirats- und Erbverträgen – schließlich der Aufstieg zur **Großmacht**. Viel später erst wurden das bayerische Innviertel (1779) und das geistliche Fürstentum Salzburg (1805) angegliedert.

Heutige Ausdehnung

Das heutige Österreich ist im Großen und Ganzen das, was 1919 nach dem **Abtreten großer Gebiete** an gegnerische Nachbarn – Italien, Jugoslawien und die Tschechoslowakei – übrig blieb. Neben großen Teilen von Tirol und der Steiermark und kleineren Kärntens und Niederösterreichs ging vor allem der Zugang zur Adria verloren. Hingegen wurde das überwiegend deutsch besiedelte, früher zu Ungarn gehörende **Burgenland hinzugewonnen**. Seither beträgt die Länge des Staatgebiets von Westen nach Osten rund 560 km, seine größte Breite von Norden nach Süden aber nur etwa 280 km. Das westliche Landesdrittel, mit dem Österreich an die Schweiz heranreicht und die Länder Deutschland und Italien voneinander trennt, ist lediglich ein schmaler Korridor von 40 bis 60 km Breite.

Siedlungen und Verkehrswege

Naturgemäß liegen die Hauptsiedlungszentren in den Flachlandteilen und daher peripher. Der staatliche Zusammenhalt wäre in der Tat kaum gewährleistet gewesen, wenn nicht die Ostalpen eine verhältnismäßig gute Durchgängigkeit aufwiesen: im Norden das Inn-, Salzach- und Ennstal, in der Mitte das Mur- und das Mürztal mit dem Semmering, im Süden das Gail- und Drautal. Hinzu kommen weitere quer verlaufende Talzüge, so dass ein regelrechtes **Gitternetz natürlicher Wege** vorhanden ist. Die nach Osten zunehmende Auflockerung der Alpen – z. B. im Klagenfurter Becken – bot Raum für die Bildung eigenständiger politischer Zentren. Dagegen stützte sich die Ausbildung der Tiroler Landesherrschaft auf kleinere Talräume beiderseits der Pässe von Brenner und Reschen, nämlich das Burggrafenamt in Südtirol und das Mittlere Inntal.

Politische Gliederung

Österreich ist seit 1918 ein **parlamentarisch-demokratischer Bundesstaat**. Das vom Volk gewählte Parlament jedes Bundeslandes ist der Landtag. Er wählt seinerseits die Landesregierung und den Landeshauptmann. In Wien sind Landtag und Landeshauptmann zugleich Gemeinderat und Bürgermeister.

Bundesorgane

Alle vier Jahre wählt die Bevölkerung die 183 Mitglieder des Nationalrats, der gesetzgebenden Körperschaft. Die Mehrheitsverhältnisse und die Koalitionsmöglichkeiten der im Nationalrat vertretenen Par-

Lage:
Mitteleuropa

Einwohner:
8,42 Mio. (2011)

Fläche:
83 379 km²

Bevölkerungsdichte:
100 Einwohner/km²

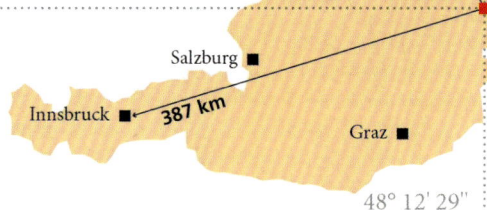

Berlin

524 km

Linz ■   *Wien*

16° 22' 23"
östlicher Länge

Salzburg ■

Innsbruck ■   387 km

Graz ■

48° 12' 29"
nördlicher Breite

▶ Wappen/Flagge

Das Bundeswappen zeigt das rot-weiß-rote Binden-schild der Babenberger und den österreichischen Adler. Die 1945 eingeführten gesprengten Ketten stehen für die Befreiung von der NS-Diktatur. Die Stadtmauerkrone symbolisiert das Bürgertum, die Sichel den Bauern-stand und der Hammer die Arbeiter-schaft.

▶ Staat

Staatsform: **Bundesrepublik**
Staatsgründung: **1918**, 2. Republik: **1945**, souverän seit **1955**
Staatsoberhaupt: **Bundespräsident**, auf 6 Jahre direkt gewählt (hauptsächlich repräsentative Aufgaben)
Regierungschef: **Bundeskanzler**
Parlament mit zwei Kammern: **Nationalrat** mit 183 Abgeordneten; **Bundesrat** (Vertretung der Länder auf Bundesebene) mit 62 Delegierten

▶ Neun Bundesländer

A: Vorarlberg   B: Tirol
C: Salzburg   D: Kärnten
E: Oberösterreich D: Steiermark
F: Niederösterreich G: Burgenland
H: Wien

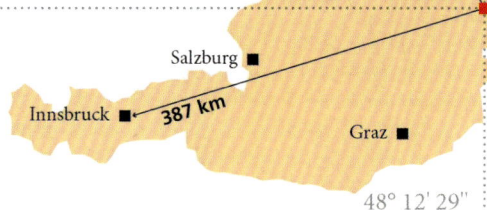

▶ Religion

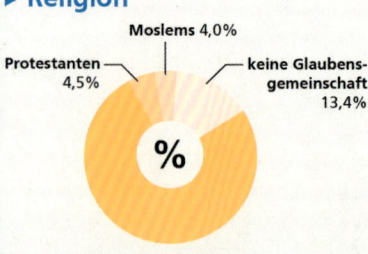

Moslems 4,0%

Protestanten 4,5%

keine Glaubens-gemeinschaft 13,4%

%

Römisch-katholisch 70,5%

▶ Größte Städte

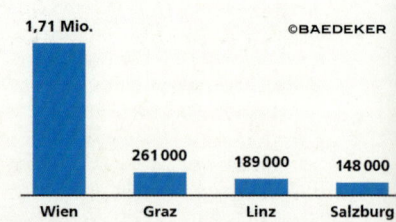

1,71 Mio.

©BAEDEKER

261 000   189 000   148 000

Wien   Graz   Linz   Salzburg

▶ Wirtschaft

Bruttoinlandsprodukt (2011):
300,9 Mrd. €
Bruttoinlandsprodukt je
Einwohner (2011): **32 110 €**

Anteil BIP:

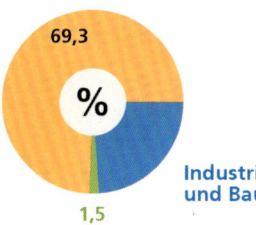

Dienstleistung/
Handel/Finanzen

69,3

%

Industrie
und Bau

1,5
Landwirtschaft

Arbeitslosenquote (2011):
4,2 %

Rund **5 %** des BIP hängen
direkt mit dem Tourismus
zusammen.

▶ Klimastation Wien

Durchschnittstemperaturen

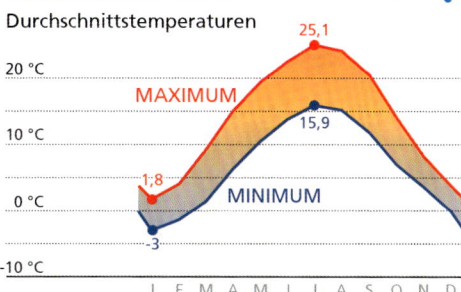

25,1

20 °C

MAXIMUM

15,9

10 °C

1,8

0 °C MINIMUM

-3

-10 °C

J F M A M J J A S O N D

Niederschlag

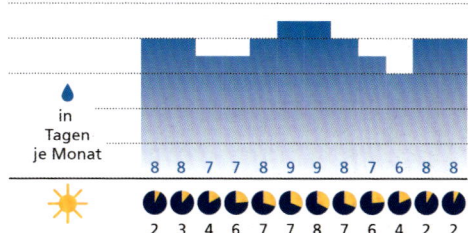

in
Tagen
je Monat

8 8 7 7 8 9 9 8 7 6 8 8

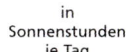

2 3 4 6 7 7 8 7 6 4 2 2

in
Sonnenstunden
je Tag

J F M A M J J A S O N D

▶ Skination Nr. 1

Weltrang-listenplatz	Österreichs Olympiasieger und -medaillen	🟡 Gold	⚪ Silber	🟤 Bronze	
	Männer				
3.	Toni Sailer	Abfahrt	Slalom	Riesenslalom	
5.	Hermann Maier	Super-G	Riesensl.	Super-G	Riesens.
6.	Benjamin Raich	Riesensl.	Slalom	Kombi.	Slalom
12.	Stephan Eberharter	Riesensl.	Riesensl.	Super-G	Abfahrt
	Frauen				
6.	Michaela Dorfmeister	Abfahrt	Abfahrt	Super-G	
6.	Trude Jochum-Beiser	Kombi.	Abfahrt	Abfahrt	
12.	Petra Kronberger	Kombi.	Slalom		
15.	Annemarie Moser-Pröll	Abfahrt	Abfahrt	Riesenslalom	

	Nationalwertungen				Gesamt
1.	Österreich	31x	35x	39x	105
2.	Schweiz	18x	19x	19x	56
3.	Deutschland	16x	12x	9x	37
4.	Frankreich	15x	14x	14x	43

teien sind maßgebend für die Zusammensetzung der Bundesregierung, die der vom Volk jeweils für sechs Jahre gewählte **Bundespräsident** ernennt und die dem Nationalrat gegenüber verantwortlich ist. Als Länderkammer mit Einspruchsrecht gegen vom Nationalrat beschlossene Gesetze fungiert der **Bundesrat**, der sich aus 62 Delegierten der Länder zusammensetzt.

Internationale Mitgliedschaften

Österreich ist Mitglied der **Vereinten Nationen** und der meisten UN-Sonderorganisationen sowie im **Europarat** und in der **OSZE** (Organisation für Sicherheit und Zusammenarbeit in Europa). In den Gebäuden der UNO-City östlich der Wiener Altstadt haben Sonderorganisationen im UN-Verband, darunter die Organisation für industrielle Entwicklung (UNIDO), und autonome Einrichtungen innerhalb der Vereinten Nationen ihren Sitz. Zu Letzteren zählt auch die **Internationale Atomenergie-Agentur** (IAEO), ein Kontrollorgan des Atomsperrvertrags. Seit 1995 ist Österreich zudem Mitglied der Europäischen Union.

BUNDESLÄNDER

Burgenland

Das Burgenland, das **östlichste österreichische Bundesland**, reicht in einem verhältnismäßig schmalen, 160 km langen Streifen entlang der österreichisch-ungarischen Grenze von der Donau im Norden bis zur slowenischen Grenze im Süden. Das in der Mitte wie eine Wespentaille auf vier Kilometer zusammengeschnürte Land hat mit dem Ausland mehr gemeinsame Grenze als mit dem Heimatland Österreich. Im nördlichen Teil, wo sich der Neusiedler See, **Europas einziger Steppensee** und das eigentliche Wahrzeichen des Burgenlandes, befindet, dehnen sich am Ostabhang des Leithagebirges die weiten Tiefebenen der **Puszta** aus, die sich jenseits der Grenze in Ungarn bis zu den Karpaten hinziehen. Der Süden des Burgenlandes ist ein waldreiches, zu den östlichen Alpenausläufern gehörendes Mittelgebirge, dessen Landschaftsbild von Weideflächen, Obstkulturen und Weinbau bestimmt wird. Das Burgenland wurde nicht nach den zahlreichen Burgen benannt, die sich im südlichen Teil, dem alten Grenzgebiet, erheben. Diese Bezeichnung geht vielmehr auf den gemeinsamen Namensbestandteil der ehemaligen westungarischen Komitate (Verwaltungsbezirke) Ödenburg, Preßburg, Wieselburg und

BAEDEKER WISSEN

? *Ursprung des Wappens*

Nach einer Legende hat Herzog Leopold V. bei der Eroberung von Akkon während des 3. Kreuzzuges einen weißen Mantel getragen. Als er nach der Schlacht ins Lager zurückkehrte, war der Mantel mit Blut getränkt. Nur unter dem Gurt, den der Herzog getragen hatte, war der Mantel noch weiß geblieben – seit damals trugen die Babenberger jenes Rot-Weiß-Rot in ihrem Wappen.

Eisenburg zurück. Deshalb war nach dem Zerfall der österreichisch-ungarischen Monarchie und dem Votum der Burgenländer für den Anschluss an Österreich (1918) ursprünglich die Bezeichnung »Vierburgenland« vorgesehen.

Das rechteckförmige Kärnten ist geografisch wie klimatisch **der sonnige Süden Österreichs**. Das oftmals südlich anmutende Klima verdankt das wahrscheinlich nach dem keltischen Stamm der Karner benannte Bundesland seiner Lage südlich des Alpenhauptkamms, der die von Norden kommenden Kaltluftmassen fernhält. Hochdruckgebiete über Italien greifen in der Regel auch auf Kärnten über, sodass die Zahl der Sonnentage dort weit über dem österreichischen Durchschnitt liegt. Besonders mediterran ge-

Liebstes Urlaubsziel: Badeland Kärnten

staltet sich das Klima im weiten, allseitig von Gebirgszügen umschlossenen Klagenfurter Becken, wo auch die meisten der **200 Badeseen** Kärntens zu finden sind. Dieses Becken im Flusstal der Unteren Drau wird im Süden von Italien und den Karnischen Alpen sowie von Slowenien und den Karawanken begrenzt. Im Osten stößt es an die runderen Höhenzüge der Kor-, Pack- und Saualpe, auf deren anderer Seite die Steiermark liegt. Westlich und nördlich schließen sich mit Gailtaler Alpen, Hohen Tauern und Gurktaler Alpen die Gebirgsregionen Kärntens an, die von mächtigen Flusstälern durchzogen sind. Gut 57 % der Landesfläche liegen höher als 1000 m.

Niederösterreich, schon in prähistorischer Zeit ein geschätztes Siedlungsgebiet, ist das größte der neun österreichischen Bundesländer und stellt das **Kernland Österreichs** dar. Es ist auch das Bundesland mit den größten landwirtschaftlichen Anbauflächen der Republik und umschließt – mitten im Bauernland – die Bundeshauptstadt Wien: Von hier aus betrieb die niederösterreichische Regierung ihre Landespolitik bis zur Ernennung von St. Pölten zur Landeshauptstadt im Jahr 1986. Von Westen nach Osten durchzieht die **Donau** auf einer Länge von 232 km das Land. Zwischen Melk und Krems hat der hier schon große Strom ein enges Durchbruchstal ins Gestein

Niederösterreich

Republik Österreich

Grenzen
der Bundesländer

gefräst, das unter dem Namen **Wachau** zu Recht weltbekannt ist. Die
Donau teilt das Land in zwei annähernd gleich große Hälften. Nördlich davon liegen im westlichen Teil das Hochplateau des **Waldviertels**, das zur Grenze nach Tschechien hin immer hügeliger wird, sowie im östlichen Teil das sanft gewellte **Weinviertel**, in dem die
Flüsse Thaya und March die Grenze zu Tschechien und der Slowakei
bilden. Südlich der Donau steigt das Land zu bewaldeten Höhenzügen an, die immer schroffer werden und schließlich in den Nördlichen Kalkalpen gipfeln. Diese **Hochgebirgsregion** erreicht am
Schneeberg und an der Rax Höhen von mehr als 2000 m. Am Südlichen Ostrand hingegen fällt das Land abrupt vom **Wienerwald**, dem
letzten Ausläufer der Ostalpen, ins flache Wiener Becken ab. Niederösterreich hat eine vielseitige Landschaft, die reich an Kultur ist, und
in der sich Schlösser, Burgen, Klöster und kunsthistorisch bedeutsa-
me Kleinstädte in ungewöhnlicher Dichte finden. Der Tourismus ist
daher schon seit dem 19. Jh. eine wichtige Einnahmequelle.

**Ober-
österreich**   Oberösterreich, bis ins 19. Jh. **»Österreich ob der Enns«** genannt,
grenzt im Westen an Deutschland und im Norden an Tschechien. Es
erstreckt sich vom Böhmerwald bis zum Dachsteinmassiv und vom
Inn bis zur Enns. Wie ein Trennungsstrich teilt die Donau das Bundesland in zwei ungleiche Hälften. Nördlich der Donau liegt das zum
Böhmischen Massiv gehörende **Mühlviertel** mit seiner sanften Ur-

gebirgslandschaft, südlich der Donau befindet sich das Herz des Landes, das fruchtbare, dicht besiedelte Alpenvorland mit Innviertel, Hausruck- und Traunviertel, das allmählich in die Hochgebirgsregion der Nördlichen Kalkalpen übergeht. Den südlichsten Zipfel bildet das **Salzkammergut**, in dem einst eiszeitliche Gletscher wuchtig ausgeschliffene Becken hinterlassen haben, die heute mit Wasser gefüllt sind: Die berühmten **Seen** des Salzkammergutes locken seit Ende des 19. Jh.s Touristen nach Oberösterreich.

Lebensader des Bundeslandes Salzburg, das seinen Namen nach seinen reichen Salzvorkommen erhielt, ist der Fluss **Salzach**. Er entspringt ganz im Westen und trennt in seinem ersten Abschnitt die Salzburger Kalkalpen von den Hohen Tauern, die hier weite Teile des Landes einnehmen. Bei St. Johann im Pongau schwenkt die Salzach nach Norden, durchfließt die Stadt Salzburg und bildet ab da bis zur Mündung in den Inn die Grenze zu Deutschland. Im nördlichsten Teil des Salzburger Landes gibt die hügelige Landschaft des **Alpenvorlandes** den Ton an, der große Rest ist Gebirge. Im Westen sowieso, aber auch östlich der Salzach: Gleich hinter Salzburg Stadt beginnt das **Salzkammergut**, das sich weit nach Oberösterreich zieht, und das in der Dachsteingruppe gipfelt. Der südöstlichste Teil des Bundeslandes wird von den Radstädter Tauern beherrscht. Es ist vor allem die oft unberührte Natur mit ihren Wäldern, Klammen, Bergseen, Almen, Wasserfällen und vergletscherten Gipfeln, die Besucher fasziniert, sowie die Tatsache, dass in den vielen Dörfern das Leben meist noch in traditionellen Bahnen verläuft. Das Salzburger Land ist das **bevorzugte Winterreiseziel der Österreicher**.

Salzburg (Land)

Die Steiermark, benannt nach den Grafen von Steyr im Traungau, der heute allerdings in Oberösterreich liegt, ist nach Niederösterreich das zweitgrößte österreichische Bundesland. Die **»grüne Mark«** besitzt den größten Waldanteil der Alpenrepublik, gut 60 % der Landesfläche sind von Bäumen bedeckt. Nur am westlichen Rand ist die Steiermark hochalpin. Hier wird sie beherrscht von den Schladminger Tauern und dem Dachsteinmassiv, in dessen Schatten der steirische Anteil des Salzkammergutes, das idyllische **Ausseerland**, liegt. Der Alpenhauptkamm zieht sich quer durch den Norden der Steiermark, gen Osten werden die Berge dann zunehmend flacher. Parallel dazu haben die Flüsse Mur und Mürz eine breite Furche geschaffen, die südlich der die Steiermark in immer sanfteren Wellen ausläuft. Im Süden und Südosten, an der Grenze zu Slowenien und Ungarn, werden feine Weine gekeltert, ganz im Osten reihen sich **Thermalbäder**, die mit Heilwasser aus der Tiefe versorgt werden, aneinander. Die Steiermark ist ein extrem vielseitiges Bundesland: Der Höhenunterschied zwischen Dachsteingipfel und dem tiefsten Punkt des Landes bei Bad Radkersburg beträgt rund 2800 m.

Steiermark

Tirol Kein anderes Bundesland löst im Ausland so viele Assoziationen aus wie Tirol. Es steht für all das, was das **alpine Österreich** ausmacht: gewaltige Berge und Gletscher, Almen und Täler, Schuhplattler und Jodler, krachlederne Hosen und Frauen in Dirndlkleidern, deftiges Essen, Obstler und nicht zuletzt Wintersport. Das Land Tirol, das seinen Namen vom Stammschloss der Grafen von Tirol bei Meran herleitet, ist seit 1919 dreigeteilt. Die beiden österreichischen Landesteile – **Nordtirol** mit der Hauptstadt Innsbruck und **Osttirol** mit der Hauptstadt Lienz – sind durch das heute zu Italien gehörende **Südtirol** voneinander getrennt. Daher steht das ringsum von Hochgebirgen umgebene Osttirol sowohl verkehrstechnisch als auch touristisch in enger Verbindung mit dem östlich benachbarten Bundesland Kärnten. Auch das Bild Nordtirols ist vorwiegend durch das **Hochgebirge** bestimmt. Zwischen der Schweizer und der italienischen Grenze im Süden sowie der deutschen Grenze im Norden schneidet das Inntal einen Graben quer in das Land, von dem nach links und rechts Seitentäler abzweigen und von diesen wiederum kleinere Nebentäler. Tirol ist auch das Land der **Pässe**. Der einzige Zugang nach Tirol, der nicht über einen Pass führt, befindet sich am Austritt des Inns aus dem Gebirge in das Alpenvorland bei Kufstein, daher gibt es von dort aus die wichtigsten Autobahn-, Straßen- und Eisenbahnverbindungen ins Landesinnere. Das Bundesland **im Herzen der Alpen** war als Verbindung zwischen Deutschland und Italien jahrhundertelang eine Region für den Durchgangsverkehr, seine Hochtäler waren für Fremde kaum erreichbar.

Vorarlberg Vorarlberg ist das westlichste und **zweitkleinste Bundesland**: an Flächenausdehnung nach Wien und in Bezug auf die Bevölkerungszahl nach dem Burgenland. Im Norden grenzt es an Deutschland, im Westen und im Süden an die Schweiz und an das Fürstentum Liechtenstein, im Osten an Tirol. Das Bundesland liegt, wie der Name andeutet, gegenüber dem restlichen Österreich »vor dem Arlberg« und ist mit dem übrigen Bundesgebiet nur durch Passstraßen und den Arlbergtunnel verbunden. Auch in demographischer Hinsicht grenzt sich Vorarlberg vom übrigen Österreich ab: Die Vorarlberger sind als einzige Österreicher nicht bayerischer Herkunft, sondern stammen von den Alemannen ab. Dieser germanische Volksstamm war nach dem Abzug der Römer an den Bodensee und ins Rheintal vorgedrungen. Auch sprachlich sind die Vorarlberger also mehr mit den Schweizern, Liechtensteinern und Schwaben verwandt als mit den bajuwarischstämmigen Tirolern. Sie hatten nach dem ersten Weltkrieg gar für einen Beitritt zur Schweiz votiert, was diese aber zu verhindern wusste. Von dem Bundesland liegen zwei Drittel seiner Grundfläche über 1000 m hoch. Auf einer Nord-Süd-Ausdehnung von nur 70 km erhält man einen vollständigen **Querschnitt durch alle bedeutenden alpinen Großeinheiten**, gelangt in einer Autostunde von 400 m Seehöhe am mediterran wirkenden **Bodensee** über ein waldreiches Mittelgebirge bis zu den vergletscherten **Dreitausendern der Silvretta**. Tief eingeschnittene, steilhangige Täler, bizarr aufstrebende Berggipfel, fruchtbare Felder und weite Talwiesen, Bergseen, klare Bäche und Flüsse, blumenreiche Almen und verträumte Uferpartien am Bodensee sowie freundliche Ortschaften verleihen dem Land einen eigenwilligen Reiz.

Wien, die **Hauptstadt der Republik Österreich**, ist das flächenmäßig kleinste, jedoch am dichtesten besiedelte und am meisten industrialisierte Bundesland. Es liegt am Fuß des Wienerwaldes, des nordöstlichen Ausläufers der Alpen, und an der bis zu 285 m breiten **Donau**, die hier in das Wiener Becken tritt und deren **Auwälder** im Stadtgebiet als Teil eines Nationalparks geschützt sind. Trotz seiner peripheren Lage in geographischer Hinsicht ist Wien **das politische, wirtschaftliche, geistige und kulturelle Zentrum** des Landes. Zu keiner Jahreszeit reißt der Besucherstrom aus aller Welt ab und Wien hat sich auch als Schauplatz internationaler Begegnungen auf höchster Ebene sowie zahlloser Kongresse und Tagungen profiliert.

Wien

WIRTSCHAFT

Hauptexportgüter Österreichs, die dem Land satte Überschüsse in der Handelsbilanz bringen, sind Maschinen und Fahrzeuge, Holz-, Papier-, Eisen-, Stahl- und Metallwaren sowie Getränke (Wein). Hauptpartner des österreichischen Außenhandels ist Deutschland (Import 2010: 39,5 %, Export 2010: 31,6 %), mit großem Abstand gefolgt von Italien, der Schweiz, den USA, Frankreich, Tschechien, Ungarn, Großbritannien und der Volksrepublik China.

Außenhandel

Die österreichische Land- und Forstwirtschaft war in der Zwischenkriegszeit stark im **traditionellen bäuerlichen Selbstversorgungsdenken** gefangen. Unter dem Druck der zunehmenden Abwanderung aus der Landwirtschaft in Industrie- und Dienstleistungsberufe wurde die Produktion in der Nachkriegszeit enorm mechanisiert und rationalisiert. Aus vielen Vollerwerbsbetrieben sind Nebenerwerbsbetriebe geworden. Heute sind in der österreichischen Land- und Forstwirtschaft noch etwa 5 % der Erwerbstätigen beschäftigt, die damit weniger als 2 % Wertschöpfung am Bruttoinlandsprodukt generieren. Trotzdem lässt sich der Bedarf des Landes an allen wichtigen landwirtschaftlichen Produkten mehr oder weniger decken. Wirtschaftlich ist die überwiegend aus **Klein- und Mittelbetrieben** bestehende österreichische Landwirtschaft mit der in west- und außereuropäischen Räumen nicht konkurrenzfähig. Ihr Wert als Pflegerin und Bewahrerin der alpinen Kulturlandschaft wird aber hoch

Landwirtschaft

genug eingeschätzt, um ihr die notwendige öffentliche Unterstützung zuteil werden zu lassen. Zudem hat in den vergangenen Jahren ein starkes Umdenken in Richtung ökologischer Landwirtschaft und **regionaler Vermarktung** eingesetzt. Hier ist Österreich absoluter Spitzenreiter: Mehr als 16 % der landwirtschaftlichen Flächen Österreichs werden streng biologisch bewirtschaftet. Gründe für ein Leben in den Bergen, das oft wegen politischer, religiöser und nationaler Verfolgung gewählt wurde oder vor besitzrechtlicher Vereinnahmung schützte – Bergbauern waren die ersten »freien Bauern« –, sind weitgehend weggefallen. Viele Höfe finden keine Erben, denn die Arbeit an steilen Hängen ist mühsam und wenig ertragreich. Auch der Ausgleich durch die öffentliche Hand kann nicht alles kompensieren. Lukrativer ist die Arbeit der Bergbauern dort, wo der **Fremdenverkehr** einen Zuerwerb ermöglicht; dies trifft im Westen Österreichs zu. Dort konnte die Entsiedlung der Höhen im Vergleich zum übrigen Alpenraum in Grenzen gehalten werden. Schwieriger ist es in den Hochlagen des Mühl- und Waldviertels sowie im östlichen Teil der Niederen Tauern, wo man sich aber auf die Möglichkeiten des sanften Tourismus besinnt.

Industrie In drei unterschiedlichen Regionen begann die Entwicklung der österreichischen Industrie: Eisenindustrie entfaltete sich ab dem Mit-

Almwirtschaft ist harte Arbeit, auch wenn die Szenerie hier äußerst geruhsam wirkt.

telalter ausgehend von den reichen **Erzvorkommen** im steirischen Eisenerz in den engen wasser- und waldreichen Tälern der sogenannten »Eisenwurzen«, ein Gebiet, das sich nördlich bis zur Donau zog. Im Zuge des Bahnbaus verlagerte sich die Eisenverarbeitung in der zweiten Hälfte des 19. Jh.s jedoch in die südlich liegende **Mur- und Mürzfurche**, die gut durch Hauptbahnen erschlossen wurde. Ebenfalls im 19. Jh. entstanden im flacheren Osten, in **Wien und im Wiener Becken**, das bedeutendste Industriegebiet des heutigen Österreichs sowie im **Vorarlberger Rheintal** nach Schweizer Vorbild ein Zentrum der Textilindustrie. Die frühen Industriegebiete bildeten die »reichen« Gegenden innerhalb der einstigen österreichischen Alpenländer. Dagegen war der kaum industrialisierte, von der kargen Berglandwirtschaft lebende Alpenraum arm – trotz des frühen, sich mit dem Eisenbahnbau entwickelnden Tourismus. Eine Folge des »Anschlusses« Österreichs an das Dritte Reich war eine zweite Industrialisierungswelle mit einigen Schwerpunktverlagerungen: Linz wurde zum Standort einer bedeutenden Rüstungsindustrie (Eisen- und Stahlwerke, Stickstoffwerke) und auch in anderen Teilen Oberösterreichs entstand Großindustrie (Aluminiumhütte Ranshofen bei Braunau, Zellulose Lenzing).

Nach dem Zweiten Weltkrieg wurde die Industrialisierung in den von den westlichen Alliierten besetzten Teilen Österreichs (Vorarlberg, Tirol, Salzburg, Kärnten, Steiermark, Oberösterreich südlich der Donau) fortgesetzt – zum Teil mit Hilfe von Mitteln aus dem Marshallplan, zum Teil durch Verlagerung von Betrieben aus der sowjetisch besetzten Zone (Niederösterreich, Burgenland, Oberösterreich nördlich der Donau) in den Westen. Gleichzeitig erlitt die Industrie in der sowjetisch besetzten Zone durch Demontage und Beschlagnahmung schwere Verluste. Auch als die Besatzungsmächte 1955 abgezogen waren, erholte sich der Osten Österreichs nur langsam. Hinzu kam die wirtschaftliche Randlage am »Eisernen Vorhang«. So geriet der östliche Teil gegenüber dem westlichen Teil Österreichs in einen fast zwanzigjährigen Entwicklungsrückstand, der bis heute nicht ganz aufgeholt werden konnte und eine Umkehrung des einstigen Ost-West-Gefälles zu Zeiten der Monarchie in ein **West-Ost-Gefälle** bewirkte. Allerdings hebt heute das wirtschaftlich alles überragende Wien dieses Gefälle nahezu vollständig auf, denn weite Teile des Ostens profitieren noch von der Kaufkraft der Städter.

Die **Entwicklung der Wirtschaftsstruktur** in den vergangenen Jahrzehnten ist durch die Verringerung der Grundstoffindustrie und das Anwachsen der Fertiggüterproduktion gekennzeichnet. Wie in den meisten Industriestaaten vollzog sich diese Entwicklung bei abnehmenden Anteilen der Industrie am Bruttoinlandsprodukt und bei den Erwerbstätigen. Durch Billigkonkurrenz aus Übersee geriet auch die Textilindustrie in eine Krise. Neue Wachstumsbranchen (Auto-

Gewaltiger Energielieferant: Am Ende des Maltatals erhebt sich die höchste Staumauer Österreichs, die Kölnbreinsperre.

industrie mit Zulieferindustrie, Elektronik) ließen sich nur zum Teil in alten Industriegebieten nieder, führten damit aber zu einer räumlich gleichmäßigeren Verteilung der österreichischen Industrie. **Wien ist heute der größte Industriestandort Österreichs** mit Elektro- und Elektronikindustrie, Maschinenbau, Nahrungs- und Genussmittelindustrie sowie Fahrzeugbau. Das Wiener Becken hat an Bedeutung verloren. Der zweitwichtigste Industriestandort Österreichs ist der **oberösterreichische Zentralraum** (Linz, Steyr, Wels und Traun) mit bedeutender Eisen- und Stahlindustrie, Fahrzeug- und Maschinenbau. Als Standort der Eisen- und Stahlindustrie hat die steirische Mur-Mürz-Furche zwar unter der Privatisierung staatlicher Betriebe gelitten, sich aber durch Umstieg auf wissensbasierte und wertschöpfungsintensive Produkte gut erholt. Im **Fahrzeugbau** behauptet sich die Steiermark vor allem am Standort Graz und Umgebung, wo auch der weltweit größte Auftragsfertiger für die Automobilbranche produziert. Im vorarlbergischen Rheintal plagt sich die **Textilindustrie** mit strukturellen Schwierigkeiten. Wichtige Betriebe der Zellulose- und Papierindustrie (Hallein, Lenzing, Frantschach), der Hütten- und Metall verarbeitenden Industrie (Ranshofen, Reutte, Radenthein), der Elektro- und Elektronikindustrie (Villach, Klagenfurt), der optischen Industrie (Absam), der Sportartikelindustrie (Ried im Innkreis, Mittersill, Altenmarkt im Pongau) und der chemischen Industrie (Treibach) liegen außerhalb dieser industriellen Ballungsräume.

»Österreich ist reich an armen Lagerstätten« – so lässt sich die Situation wohl am besten kennzeichnen. Nur noch in sehr beschränktem Maße bildet der heimische Bergbau die Grundlage der Industrie und der Energiewirtschaft. Steinkohlenbergbau existiert schon lange nicht mehr, der Braunkohlenbergbau ist auch Geschichte. Der letzte österreichische Erzbergbaubetrieb auf dem steirischen Erzberg steuert nur einen mäßigen Teil der Rohstoffbasis für die Eisen- und Stahlindustrie bei. **Salzbergwerke** bei Hallstatt, Bad Altaussee und Bad Ischl fördern Steinsalz. Im Rückgang begriffen ist die Bedeutung der **Erdöl- und Erdgasförderung** im Wiener Becken und im Alpenvorland. Wirtschaftliches Gewicht haben die **Magnesitvorkommen** in Radenthein (Kärnten), Breitenau und Oberdorf (Steiermark).

Bergbau

Rund 55 % des Strombedarfs in Österreich werden durch **Wasserkraft** gedeckt (▶Baedeker Wissen S. 42). Im Vergleich dazu: Der Anteil der Wasserkraft an den in der EU installierten Stromerzeugungskapazitäten beträgt weniger als 20 %. An der Donau wurden mit Ausnahme der Wachau und der Augebiete östlich von Wien fast überall Wasserkraftwerke gebaut, andere an der mittleren Salzach, an der unteren Enns und an der Drau errichtet. **Speicherkraftwerke** zur Erzeugung von »Spitzenstrom« entstanden nach den schon im Zweiten Weltkrieg begonnenen Staustufen von Kaprun v. a. im Illtal (Vorarlberg), im Kaunertal und im hinteren Zillertal (Tirol), im Gebiet der Möll und im Maltatal (Kärnten). Wegen seiner reichlich vorhandenen Wasserkraft und wegen des Waldreichtums (Biomasse) steht Österreich in punkto **erneuerbare Energien** mit 26 % Anteil am Gesamtenergieverbrauch deutlich besser da als der EU-Schnitt mit nicht einmal 10 %. Bis 2020 sollen 34 % des Energiebedarfs aus nachhaltigen Quellen kommen. In nahezu energieautarken Vorzeigeregionen wie dem burgenländischen Güssing wird dazu geforscht.

Energie

Die Anteile des Dienstleistungssektors an der Zahl der Erwerbstätigen sowie am Umfang des Bruttoinlandsprodukts sind seit dem Ende des Zweiten Weltkriegs kontinuierlich gestiegen. Besonders groß war der **Bedeutungsgewinn** in den beiden vergangenen Jahrzehnten. Das Wachstum des Dienstleistungssektors betrifft alle seine Teilbereiche: Verwaltung, Bildungswesen, Gesundheitswesen, Handel, Geldwesen, Tourismus und Verkehr.

Dienstleistungssektor

Vor allem die Engländer taten sich im 19. Jh. als alpine Bergsteiger hervor. Deutsche Urlauber, vorzugsweise aus Berlin und Sachsen, besuchten ebenfalls den westlichen Alpenraum – Vorarlberg, Tirol, Salzburg, teilweise das Salzkammergut und die Kärntner Seen – und trugen wesentlich zu dessen wirtschaftlichem Fortkommen bei. In den östlichen Landesteilen hielten sich vorwiegend Wiener, Sudetendeutsche, Tschechen und Ungarn auf. Recht bald nach dem Zweiten

Tourismus

Grüner Strom

Die Österreicher haben schon sehr früh kundgetan, dass sie auf Atomstrom verzichten wollen: 1978 lehnte eine hauchdünne Mehrheit (50,47 %) in einer Volksabstimmung die Inbetriebnahme des 723-MW-Siedewasserreaktors in Zwentendorf ab. Völlig ohne Kernspaltung geht es allerdings doch nicht: Ein Teil des importierten Stroms kommt aus Atomkraftwerken.

▶ **Wichtige E-Werke in Österreich**

Windparks

1 Parndorf/Gols/Pama

2 Steinriegel/
Rattener Alm

3 Velm-Götzendorf

Speicherkraftwerke

4 **Maltakraftwerk**
Galgenbichl (730 MW)

5 **Sellrain-Silz**
Silz (500 MW)

6 **Kaprun**
Limberg (480 MW)

7 **Kopswerk II**
Gaschurn (450 MW)

Laufkraftwerke

8 **Altenwörth, Greifenste**
Donau (zus. 621 MW)

9 **Aschach,**
Donau (324 MW)

10 **Ybbs-Persenbeug**
Donau (236 MW)

11 **Wallsee-Mitterkirchen**
Donau (210 MW)

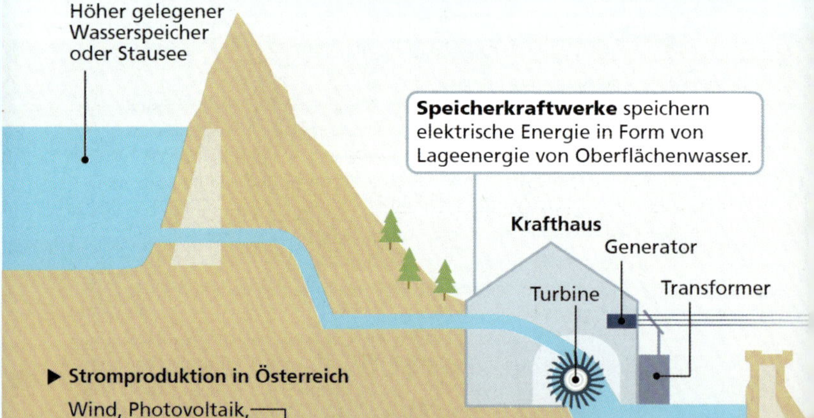

Höher gelegener
Wasserspeicher
oder Stausee

Speicherkraftwerke speichern
elektrische Energie in Form von
Lageenergie von Oberflächenwasser.

Krafthaus

Generator

Turbine

Transformator

Ober-
wasser

Stau

▶ **Stromproduktion in Österreich**

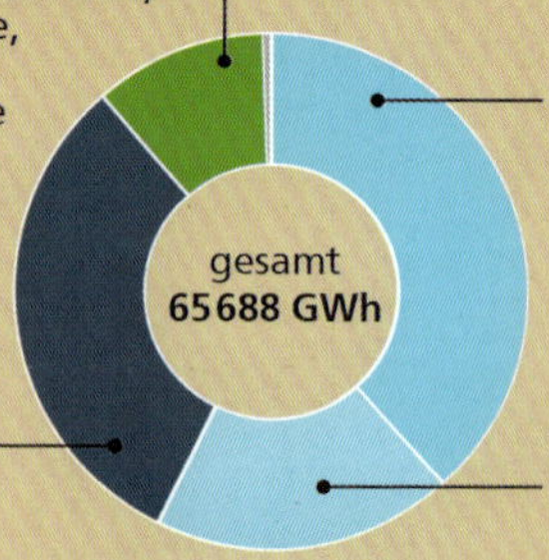

Wind, Photovoltaik,
Geothermie,
biogene
Brennstoffe
10,9 %

Lauf-
kraftwerke
38,5 %

gesamt
65 688 GWh

Öl,
Kohle, Gas
31,5 %

Speicher-
kraftwerke
19,0 %

Rechen

Wärmekraftwerke

12 Mellach, Erdgas 832 MW, Steinkohle 246 MW

13 Dampfkraftwerk Theiß, Heizöl, Erdgas 775MW

14 Heizkraftwerk Simmering, Heizöl, Erdgas Block 1= 700 MW

15 Erdöl- und Erdgasförderung im Weinviertel

16 **Kernkraftwerk**

Kernkraftwerk Zwentendorf (nie in Betrieb gegangen durch Volksabstimmung 1978)

©BAEDEKER

Laufkraftwerke sind Wasserkraftwerke ohne Speichermöglichkeit für das Wasser.

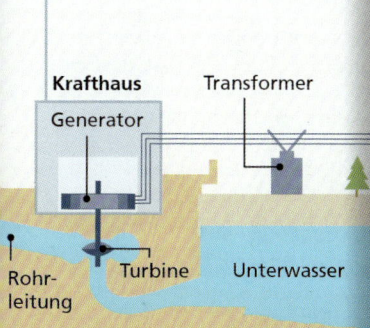

Krafthaus · Transformer · Generator · Rohrleitung · Turbine · Unterwasser

▶ **Anteil der erneuerbaren Energiequellen** am Stromverbrauch in Prozent

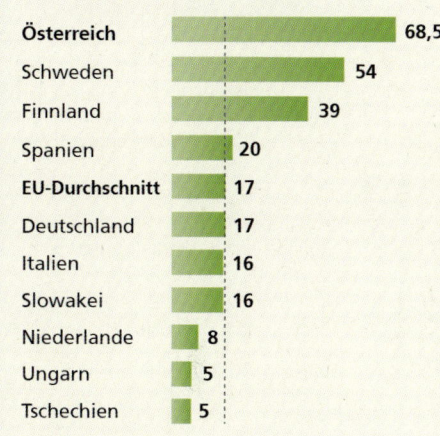

Österreich 68,5
Schweden 54
Finnland 39
Spanien 20
EU-Durchschnitt 17
Deutschland 17
Italien 16
Slowakei 16
Niederlande 8
Ungarn 5
Tschechien 5

▶ **Stromproduktion durch Wasserkraft** in 1000 KWh

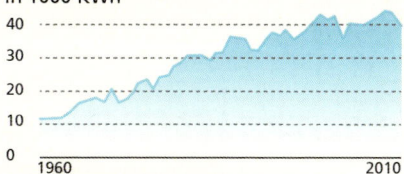

▶ **Österreichs Stromimporte**
27,5% des Gesamtverbrauchs Österreichs werden aus dem Ausland importiert, davon

60,5% Deutschland · 33,9% Tschechien

Import aus Deutschland in 1000 GWh (ca. 3% vom Bruttoinlandsverbrauch)

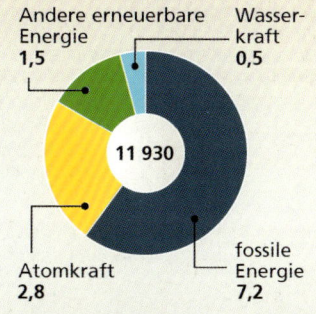

Andere erneuerbare Energie 1,5 · Wasserkraft 0,5 · 11 930 · Atomkraft 2,8 · fossile Energie 7,2

Weltkrieg reisten deutsche Gäste in größerer Zahl als je zuvor in die schon früher von ihnen bevorzugten Gebiete. Bis vor Kurzem lag der Schwerpunkt des Tourismus noch auf dem Gebiet westlich vom Salzkammergut bis zu den Kärntner Seen. Doch der Osten hat stark aufgeholt, vor allem durch die EU-Ostöffnung. Zum einen zieht es nun Gäste aus Ungarn, der Slowakei und Tschechien nach Österreich, die in den **östlichen Landesteilen** das günstige Preisniveau in vielen touristischen Belangen schätzen, zum anderen ist die Region selbst wieder in den Mittelpunkt Europas und damit stärker in den Fokus des touristischen Interesses gerückt. Außerdem profitiert der Osten vom Ausflugs- und Kurzurlaubstourismus aus dem boomenden Wien. Der Tourismus ist ein **wichtiger Motor für Österreichs Wirtschaft**: 33 Mio. Gäste haben dem kleinen Land im Jahr 2010 125 Mio. Übernachtungen und eine direkte Wertschöpfung von 5,4 % des Bruttoinlandsprodukts gebracht. Mehr als 7 % aller Arbeitsplätze hängen am Tourismus. Umgelegt auf seine Einwohnerzahl lebt kein Land auf dieser Erde besser von seinen Gästen, von denen 72 % aus dem Ausland (Deutschland: 54 %) kommen. Österreich liegt damit an elfter Stelle im weltweiten Tourismusranking.

Verkehr Aufgrund der Topografie ist das Verkehrsnetz in Österreich sehr ungleichmäßig verteilt. Die Verkehrsströme bündeln sich entlang der Alpenränder und der leicht passierbaren Alpenpässe. Eine der **Hauptverkehrsrouten** ist die Westbahn bzw. Westautobahn von Salzburg nach Wien. Bisher ein »blinder Ast« des süddeutschen Verkehrsnetzes, nimmt sie nun mit der Fortführung nach Budapest die Funktion einer mitteleuropäischen West-Ost-Achse ein. Wichtig ist auch die Südautobahn von Wien über Graz und das Klagenfurter Becken nach Oberitalien. Hauptsächlich dem **Transitverkehr** durch Österreich dienen die Brennerroute zwischen Deutschland und Italien über das Inntal und den Brenner, die Tauernroute zwischen Süddeutschland und Oberitalien über Salzburg, die Tauern und Villach sowie die Pyhrnroute von Süddeutschland über Wels, den Pyhrnpass und Graz in Richtung der südosteuropäischen Staaten. Wichtigste **Binnenwasserstraße** ist die Donau. Der österreichische **Flugverkehr** hat im Flughafen Wien-Schwechat seinen Schwerpunkt, daneben spielen die Regionalflughäfen Salzburg, Graz, Klagenfurt, Innsbruck und Linz eine Rolle. Gegen die **immense Zunahme des Schwerlastverkehrs** auf der Straße formiert sich immer nachdrücklicher Protest. Dass Lastwagen leiser und abgasärmer werden, wird konterkariert durch die enorme Zunahme der Fahrten. Gemäß dem Ende 2003 ausgelaufenen Transitvertrag war die Zahl der Durchgangsfahrten jährlich auf 1,6 Mio. beschränkt. Im Anschluss wurde das heute gültige **Ökopunktesystem** eingeführt, wonach der Stickoxidausstoß eines Fahrzeugs je nach Höhe mit unterschiedlich vielen Ökopunkten berechnet wird. Die Gesamtzahl der zu vergebenden Ökopunkte sinkt jährlich, was Speditionen dazu bewegen soll, abgasärmere Lkw einzusetzen. Geplant ist das Ökopunktesystem in Zukunft durch die EU-weite **Wegekostenrichtlinie** zum Schwerverkehr zu ersetzen. Danach sollen die externen Kosten wie Unfallfolgen oder Umweltschäden im Straßengüterverkehr angerechnet werden, was diese Verkehrsart um etwa 50 % verteuern würde. Eine andere Möglichkeit ist die Verlagerung auf die Schiene, wie es die Schweiz seit Jahren vormacht. Allerdings stößt auch der Schienenverkehr mittlerweile an Kapazitätsgrenzen, und die notwendigen Investitionskosten sind hoch: Das größte derzeit geplante Projekt, der 64 km lange **Brennerbasistunnel**, wird gut 8 Mrd. Euro kosten, wovon die EU 27 % übernimmt, den Rest teilen sich Österreich und Italien. 2008 wurde mit den Bauarbeiten zum Erkundungsstollen begonnen, die Fertigstellung ist auf 2025 terminiert.

Ski und Rodel gut: Der Tourismus gehört zu den wichtigsten Einnahmequellen der Republik Österreich.

Von »Ostarrîchi« zur Republik Österreich

Die Geschichte Österreichs ist mit vielen eindrucksvollen Funden belegt. Noch besser kennt man allerdings die neuere Geschichte des Landes, das mit seinem Nachbarn Deutschland – oftmals mit recht widersprüchlichen Gefühlen – über die letzten Jahrhunderte eng verbunden war.

180 000 v. Chr.	Spuren menschlicher Tätigkeit lassen sich feststellen.
32 000 v. Chr.	»Venus vom Galgenberg«
5300 v. Chr.	»Ötzi«, mumifizierte Leiche aus der Jungsteinzeit
ab 2200 v. Chr.	Schmiedekunst entwickelt sich.
800 – 400 v. Chr.	Hallstattkultur

Spuren menschlicher Tätigkeit lassen sich im österreichischen Raum etwa 180 000 Jahre zurückverfolgen. Älteste Kulturzeugnisse sind aus Feuerstein gefertigte Faustkeile und Klingenabschläge, wie sie in der Gudenushöhle bei Hartenstein im niederösterreichischen Kremstal gefunden wurden, ferner Steinbeile aus Serpentin und Hornstein sowie Werkzeug aus Hirschgeweih, entdeckt in der Drachenhöhle bei Mixnitz in der Steiermark. Zwei der eindrucksvollsten Steinzeitfunde sind die ca. 32 000 Jahre alte, 7 cm große **»Venus vom Galgenberg«, die älteste bislang bekannte Menschenplastik,** und die »Venus von Willendorf«, eine 11 cm große Figur, die auf etwa 25 000 v. Chr. datiert wird. Dass auch das Hochgebirge schon früh besiedelt wurde, belegen primitive Werkzeuge, die man in einer Höhle in der salzburgischen Osterhorngruppe am Schlenken bei Hallein fand, sie sollen rund 50 000 Jahre alt sein. Im Jahr 1991 entdeckten Touristen am Similaun-Gletscher in den Ötztaler Alpen die ca. 5300 Jahre alte mumifizierte Leiche eines Mannes aus der Jungsteinzeit, der als **»Ötzi«** bekannt wurde. Ab der mittleren Steinzeit (8000 – 5500 v. Chr.) wurden die Menschen sesshaft, Blockhäuser und Pfahlbauten (Mondsee-Kultur, um 2300 v. Chr.) ersetzten einfachere Wohnformen. Beispiele der Band- bzw. Linearkeramik (bänderartige Verzierung der Tongefäße) fand man im Weinviertel und im Burgenland.   **Steinzeit**

In der Bronzezeit (2200 – 800 v. Chr.) begann sich die Schmiedekunst zu entwickeln, Werkzeuge und Schmuck wurden aus Materialien wie Bronze und Bernstein, aber auch Gold hergestellt. Die Flachgräberkultur der frühen Bronzezeit weist bereits recht üppige Grabbeigaben auf, die in der mittleren Bronzezeit errichteten Hügelgräber sind sehr aufwendig gestaltet.   **Bronzezeit**

St. Johann war ein Brennpunkt der Tiroler Freiheitskämpfe des 19. Jh.s.

Eisenzeit Mit den Illyrern begann die **Hallstattkultur** (800 – 400 v. Chr.), die
nach dem Gräberfeld bei Hallstatt in Oberösterreich benannt wurde
(►Hallstätter See). Die Illyrer erwirtschafteten großen Reichtum
durch Salzhandel mit benachbarten Kulturräumen und durch Eisenverarbeitung. In der jüngeren Eisenzeit, der La-Tène-Zeit (ab etwa
400 v. Chr.), wanderten von Westen her keltische Volksstämme ein
und unterwarfen die illyrische Bevölkerung. In der Regel lebten die
Kelten, die sich über ganz Europa ausbreiteten, in Stammesverbän-
den. Eine Ausnahme ist der im 2. Jh. v. Chr. zwischen dem nördlichen Salzburg und dem südlichen Burgenland gelegene geschlossene
Herrschaftsbereich, das **Regnum Noricum**. Die Noriker gewannen
das hochwertige norische Eisen, dem Abbau von Gold widmeten sich
die in Kärnten eingewanderten keltischen Taurisker (von ihnen
stammt der Name »Tauern«).

ALTERTUM

150 v. Chr.	Römer nehmen wirtschaftliche Beziehungen auf.
15 v. Chr.	Besetzung von Nordtirol und Vorarlberg (ganz Noricum)
3. Jh. n. Chr.	Germanenstämme dringen in den Ostalpenraum ein.

Römerzeit Angelockt von den begehrten Handelsgütern Salz, Eisen und Gold,
nahmen ab Mitte des 2. Jh.s v. Chr. die Römer wirtschaftliche Beziehungen zu den Norikern und den Tauriskern auf. Auch um die
Reichsgrenze gegen die ständigen Einfälle der Germanen zu sichern
(113 v. Chr. wurden die Römer von den Kimbern bei Noreia in Kärn-

Geschichtliche Entwicklung

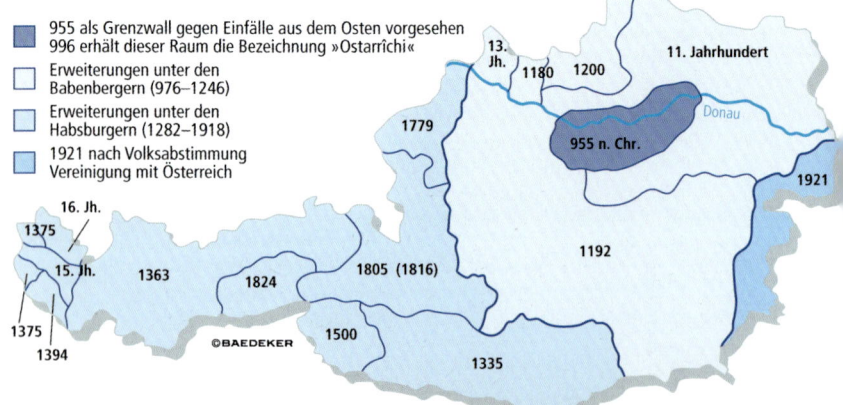

- 955 als Grenzwall gegen Einfälle aus dem Osten vorgesehen
  996 erhält dieser Raum die Bezeichnung »Ostarrîchi«
- Erweiterungen unter den Babenbergern (976–1246)
- Erweiterungen unter den Habsburgern (1282–1918)
- 1921 nach Volksabstimmung Vereinigung mit Österreich

Rund 400 Jahre lang war Petronell-Carnuntum bei Hainburg ein
bedeutendes römisches Militär- und Handelszentrum.

ten besiegt), ging Rom dazu über, sich den Ostalpenraum anzueignen. Im Jahr 15 v. Chr. besetzten die beiden Adoptivsöhne von Kaiser
Augustus, Drusus und der spätere Kaiser Tiberius, die Gebiete von
Nordtirol und Vorarlberg und brachten ganz Noricum unter ihre
Kontrolle. Das Gebiet des heutigen Österreich wurde schließlich in
die drei Provinzen »Raetia« (westlich des Zillertals), »Noricum« (östlich bis zur Mürz und Mur) und »Pannonia« (Alpenostrand) aufgeteilt. Zur Sicherung dieser Provinzen errichteten die neuen Herren
den **obergermanisch-rätischen Limes** (Grenzwall). Zu den zivilen
Siedlungen zählten u. a. Brigantium (Bregenz), Aguntum bei Lienz,
Virunum am Zollfeld bei Klagenfurt, Iuvavum (Salzburg), Carnuntum bei Hainburg und Vindobona (Wien).

Nach der ungefähr 150-jährigen römischen Periode, die einen enormen kulturellen und wirtschaftlichen Aufschwung mit sich brachte,
drangen ab dem 3. Jh. n. Chr. immer öfter Germanenstämme in den
Ostalpenraum ein, denen die Römer letztlich nichts mehr entgegenzusetzen hatten. Um 500 zogen sie sich endgültig aus den drei ehemaligen Provinzen zurück. Bis zum Ende des 8. Jh.s blieb der österreichische Raum ein **Durchzugsgebiet der Völkerwanderungsströme**. Germanen setzten über die Donau, hunnische Reitervölker
gelangten vom Osten her bis nach Frankreich. Später siedelten im
Osten Österreichs die Awaren, aus dem süddeutschen Raum drangen
schließlich die Bajuwaren (Bayern) donauabwärts vor. Im nördlichen
Niederösterreich, in Kärnten und in der Südsteiermark lebten vor
allem slawische Völker.

Völkerwanderung

Das weiße Gold

*Dank reicher Steinsalzvorkommen entwickelte sich im Salzkammergut
der Salzbergbau bereits in der Jungsteinzeit. Im Mittelalter brachten
Abbau und Handel mit Salz, das zeitweise sogar den Wert von Gold
überschritt, großen Wohlstand und gaben der Region und einigen Orten
ihre Namen. So geht z. B. der Begriff »Hall« (Hallein, Hallstatt) auf das
germanische Wort für »Salz« zurück.*

▶ **Wie Salz gewonnen wird**

Aus dem Meerwasser
Zunächst wird Meerwasser zur
Konzentration in Verdunstungs-
teiche gepumt. Durch Verdamp-
fung entsteht eine gesättigte
Sole, die dann in Kristallisie-
rungsteiche geleitet wird. Dort
verdunstet das Wasser vollständig. Ein Kubikmeter Meerwasser
hinterlässt ca. 23 kg Meersalz.

Aus der Sole
Die Gewinnung künstlicher Sole
erfolgt in Kavernen, Hohlräume, in
die durch Bohrungen Süßwasser
eingebracht wird. Die so erzeugte
Rohsole durchläuft eine chemische
Reinigung (Salzaufbereitung) und
wird am Ende durch Eindampfung
auskristallisiert.

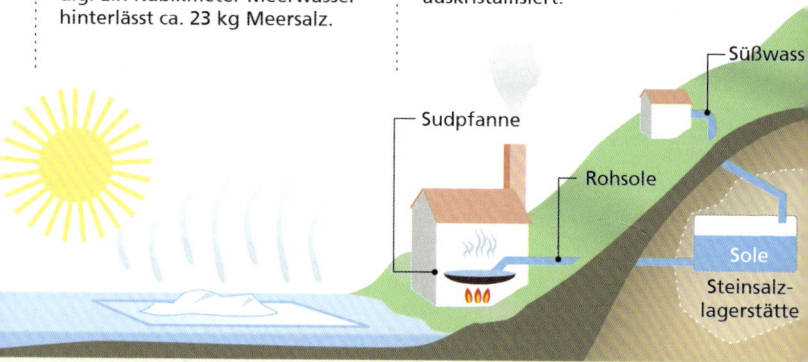

— Süßwass
— Sudpfanne
— Rohsole
Sole
Steinsalz-
lagerstätte

▶ **Verbreitung der Hallstattkultur in Europa**

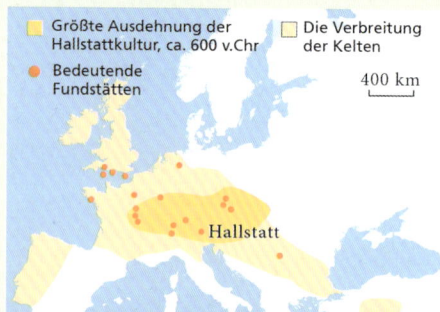

Größte Ausdehnung der
Hallstattkultur, ca. 600 v.Chr

Bedeutende
Fundstätten

Die Verbreitung
der Kelten

400 km

Hallstatt

Die Hallstattkultur (ca.
800-450 v.Chr) war eine
aus bronzezeitlichen
Kulturen entstandene
keltische Kultur. In ganz
Mitteleuropa finden sich
Gräber mit vielen Beigaben,
die von einem hohen Stand
der Metallverarbeitung
zeugen. Der Salzabbau in
Hallstatt und Hallein in
Österreich war die Basis des
Reichtums der Hallstattkultur.

Aus dem Bergwerk
Der Abbau des Steinsalzes
geschieht durch Bohren und
Sprengen. Es entstehen rechteckige
Kammern, die durch verbleibende
Pfeiler aus Salzgestein gestützt
werden. Das herausgebrochene
Steinsalz wird zerkleinert und über
Förderbandanlagen zum Förder-
schacht transportiert

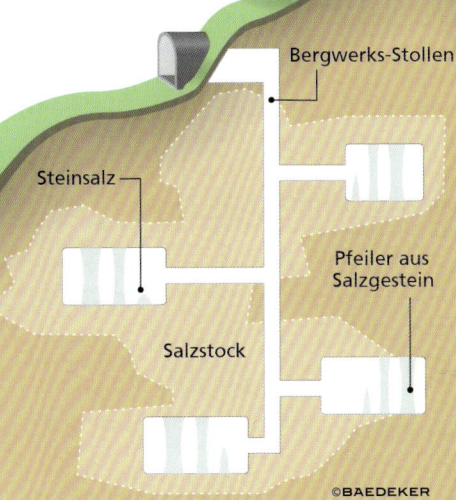

Bergwerks-Stollen

Steinsalz

Pfeiler aus
Salzgestein

Salzstock

©BAEDEKER

▶ **Salz als Verbrauchsmittel**
Im Jahr 2009 wurden in Deutschland
fast **16 Mio. Tonnen Salz** verbraucht

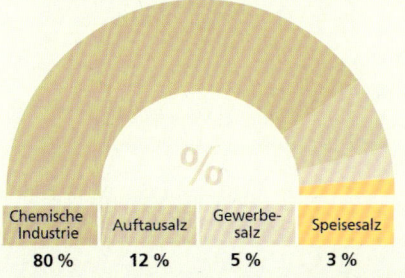

Chemische Industrie	Auftausalz	Gewerbe-salz	Speisesalz
80 %	12 %	5 %	3 %

▶ **7000 Jahre Salzabbau
in Hallstatt**

Steinzeit
In Europa
herrschte nach
dem Rückzug
der Gletscher ein warmes und mildes
Klima. Menschen wurden sesshaft,
betrieben Ackerbau und Viehzucht –
und hinterließen dabei Spuren:
So fand man bei Ausgrabungen eine
Hirschgeweih-Haue, mit der vor ca.
7000 Jahren am Hallstätter Berg
nach Salz gegraben wurde.

Römische Zeit
Ab dem ersten
vorchristlichen
Jahrhundert
gruben keltische Bergleute wieder
Salz aus dem Berg im Hallstätter
Hochtal. Einige Jahr-
hunderte zuvor waren durch
Hangrutschungen sämtliche Zugänge
verschüttet worden.

Mittelalter
Im 12 Jh. konnte Salz erstmals mit
Hilfe von Wasser abgebaut werden.
Die wässrige Salzlösung (Sole)
wurde über hözerne Leitungen ins
Tal geführt. 1595 entstand in der
Region mit über 40 km Länge die
älteste Pipeline der Welt. Sie
bestand aus 13 000 durchbohrten
Baumstämmen. Heute folgt ihr ein
idyllischer Wanderweg.

Neuzeit
Um 1877 begann mit dem Bau der
Eisenbahn das Industriezeitalter
auch im Salzkammergut. Maschinen
erleichterten die Arbeit im Berg und
Exportwege wurden ausgebaut.
Gewonnene Sole wurde auch für
Kuranwendungen benutzt. So
begann der Tourismus im
Salzkammergut.
Seit Dezember
1997 hat die Region
Hallstatt-Dachstein/
Salzkammergut
UNESCO-Welt-
kulturerbe-Status.

MITTELALTER

um 700	Christianisierung und bayerische Herrschaft im Ostalpenraum
788	Karl der Große schafft Bollwerk gegen die Awaren.
955	Otto I. schlägt die Ungarn auf dem Lechfeld (Augsburg).
976	Babenberger bekommen Verwaltung der Ostmark anvertraut.
1278	Deutscher König Rudolf I. besiegt Ottokar II. von Böhmen.
1438	Albrecht V. gewinnt erstmals die Kaiserwürde für Habsburg.
1491	Maximilian I. vereinigt wieder beide Habsburger Linien.

Bayern Mit der Herrschaft der Bayern im Donau- und Alpengebiet beginnt die österreichische Geschichte. Die bayerischen Herzöge aus dem Geschlecht der Agilolfinger brachten Oberösterreich, den Westen Niederösterreichs, Kärnten, Salzburg und Tirol bis 750 unter ihre Kontrolle. In dieser Epoche, um 700, setzte mit der irisch-angelsächsischen Mission auch die systematische **Christianisierung** des Ostalpenraumes ein.

Franken **Karl der Große** gliederte 788 nach der Absetzung des bayerischen Herzogs Tassilo III. das bis dahin weitgehend selbstständige Bayern und die dazugehörigen österreichischen Gebiete in sein Reich ein. Zwischen den Flüssen Donau und Drau schuf der neue Herrscher die Karolingische Mark als Bollwerk gegen ein weiteres Vordringen der Awaren, die schließlich in blutigen Feldzügen von fränkischen Truppen so aufgerieben wurden, dass sie wenig später für immer von der Bildfläche verschwanden. Um das neu erworbene Land im Osten endgültig zu sichern, ließ Karl der Große zwischen Enns, Raab und Drau die Ostmark errichten.

Schlacht auf dem Lechfeld (955) Doch bald schon drohte neue Gefahr aus dem Osten. Ab 900 fielen die Magyaren (Ungarn) fast alljährlich in das Deutsche Reich ein. Die bayerischen Siedler mussten das von ihnen besetzte Gebiet für fast ein Jahrhundert verloren geben. Erst **König Otto I.**, dem späteren Kaiser, gelang es 955, die Ungarn in der Schlacht auf dem Lechfeld bei Augsburg zu schlagen und so den Magyareneinfällen ein Ende zu setzen. Daraufhin wurde die Ostmark – 996 erstmals »Ostarrîchi« genannt – zwischen Enns und Traisen wieder hergestellt. Historiker bezeichnen die Schlacht auf dem Lechfeld daher als die **Geburtsstunde Österreichs**.

Babenberger (976 – 1246) Im Jahr 976 betraute Kaiser Otto II. das bayerische Adelsgeschlecht der Babenberger mit der Verwaltung der Ostmark. Zu dieser Zeit war Österreich noch immer dünn besiedelt. Äußerst zielbewusst erweiterten die Babenberger in den folgenden Jahrhunderten ihren Machtbereich und stiegen durch kluge Heiratspolitik zu einer der führenden Familien des Reiches auf. 1156 erhielt die Markgrafschaft der Babenberger von Kaiser Friedrich Barbarossa weitgehende Selbstständigkeit: die Ostmark wurde **erbliches Herzogtum** mit Residenz in Wien. Als die Babenberger um die Mitte des 13. Jh.s ausstarben, hatten sie ihr Herrschaftsgebiet nicht nur bedeutend vergrößert (1192 fiel das Herzogtum Steiermark an Österreich), sondern es auch von einer kleinen, umkämpften Grenzmark zu einem politisch, kulturell und wirtschaftlich starken Herzogtum geführt.

Nach dem Aussterben der Babenberger 1246 begann für Österreich eine Zeit der ungeordneten politischen Verhältnisse. Weder Kaiser noch König waren da, die die beiden Reichslehen Österreich und Steiermark neu hätten vergeben können, sodass die österreichischen Adligen zur Selbsthilfe griffen und sich im böhmischen König Ottokar II. von Böhmen einen neuen Herrscher suchten.

Aufstieg des Hauses Habsburg (ab 1273)

Doch nun zeigte auch der 1273 zum deutschen König gewählte Rudolf I. aus dem südwestdeutschen Herrschergeschlecht der Habsburger Interesse an dem Gebiet im Osten des Reiches. In der entscheidenden **Schlacht auf dem Marchfeld** zwischen beiden Kontrahenten im Jahr 1278 verlor Ottokar schließlich Leben und Reich, worauf Rudolf I. Österreich und Steiermark als Reichslehen an seine beiden Söhne Rudolf und Albrecht vergab.

Mit diesem Schritt begann die fast sechseinhalb Jahrhunderte dauernde Herrschaft des Hauses Habsburg über Österreich. Zielstrebig und ausgesprochen geschickt begannen nun die Habsburger ihren **Machtbereich auszudehnen.** 1335 wurde der österreichische Herzog Albrecht II. von Kaiser Ludwig IV. mit Kärnten und Krain belehnt, 1363 musste Margarethe Maultasch, die letzte Herrscherin von Tirol, ihr Land an Österreich abtreten. Zwischen 1363 und 1523 fielen einzelne Herrschaften von Vorarlberg durch Kauf an Österreich, 1382 konnten die Habsburger Triest ihrer Hausmacht hinzufügen. Nach dem Tod von Rudolf IV. (1339 – 1365) teilten seine Brüder 1379 im **Vertrag von Neuburg** das Land in zwei unabhängige Herrschaftsbereiche auf: Albrecht erhielt das reiche Ober- und Niederösterreich, Leopold nahm die Steiermark, Kärnten, Tirol, Krain, Istrien und die Vorlande in Besitz. Die Leopoldiner versuchten vergeblich, ihren Machtbereich in die Schweiz auszudehnen, während der mit der Tochter Kaiser Sigismunds verheiratete Herzog Albrecht V. aus der albertinischen Linie 1438 nach dem Tod seines Schwiegervaters **erstmals die Kaiserwürde für das Haus Habsburg** gewann. Von diesem Zeitpunkt an waren die Habsburger bis 1806 fast ununterbrochen Träger der deutschen Kaiserkrone (ausgenommen 1742 – 1745). Den Grundstein für die Großmacht Habsburg legte Kaiser Friedrich III. (1440 – 1493): Er hatte sich schon als Herzog in den fünf Vokalen des Alphabets, AEIOU, ein Motto erwählt, das

Zeitgenossen und Nachgeborene gern als »Austria Est Imperare Orbi Universo« (»Alles Erdreich ist Österreich untertan«) oder auch als »Austria Erit In Orbe Ultima« (»Österreich wird ewig bestehen«) gedeutet haben. 1477 verheiratete er seinen Sohn, den späteren **Kaiser Maximilian I.** (1493 – 1519; ►Berühmte Persönlichkeiten), mit Maria von Burgund und verleibte so dem eigenen Haus die Niederlande und die Freigrafschaft Burgund ein. Maximilian vereinigte 1491 die beiden Linien des Habsburger Hauses wieder, erweiterte zudem durch Ehe- und Erbverträge die habsburgische Hausmacht – sein Sohn Philipp heiratete die Alleinerbin Spaniens, seiner Nebenländer einschließlich Neapel und der neuen Kolonien in Amerika – und sicherte sich die Erbfolge in Böhmen und Ungarn (1515), die Voraussetzungen für das habsburgische Weltreich.

FRÜHE NEUZEIT

1519 – 1556	Karl V., in dessen Reich »die Sonne nicht unterging«
1618 – 1648	Habsburg und Bayern sind wichtigste katholische Partei.
seit 15. Jh.	Osmanen versuchen immer wieder Österreich zu erobern.
1701 – 1714	Spanischer Erbfolgekrieg
1740 – 1780	Maria Theresia behauptet sich gegen Preußen und Bayern.

Weltreich Maximilians Enkel Karl V. (1519 – 1556) ging als Herrscher, in dessen Reich »die Sonne nicht unterging«, in die Geschichte ein. Er war römisch-deutscher Kaiser und herrschte als König von Spanien über die spanischen Besitzungen in Amerika und Afrika. Doch auf Dauer ließ sich der **riesige spanisch-niederländisch-österreichische Komplex** nicht zusammenhalten. Bereits durch die Einsetzung von Karls Bruder Ferdinand I. als Regent für Österreich (1521/1522) und endgültig nach der Abdankung Karls V. (1556) spaltete sich die Herrschaft in eine spanische und eine österreichische Linie auf.
Der entscheidende Schritt zur europäischen Großmachtbildung des österreichischen Hauses Habsburg war 30 Jahre zuvor erfolgt: 1526 konnte der Erbvertrag mit Böhmen und Ungarn eingelöst werden, und die Kronen Böhmens und Ungarns fielen an die Habsburger.

Reformation und Gegenreformation Die von Martin Luther ausgelöste Reformationsbewegung stieß in Österreich, vor allem bei den Landesfürsten, auf großen Anklang. Diese Fürsten bestimmten auch über die Konfessionszugehörigkeit ihrer Untertanen, sodass bis zur Mitte des 16. Jahrhunderts die habsburgischen Länder größtenteils **evangelisch** waren und nur noch ein Fünftel des österreichischen Volkes dem katholischen Glauben angehörte.
Unter den fanatisch katholischen Habsburgern war Ferdinands Sohn und Nachfolger Maximilian II. (1564 – 1576) der einzige, dem Sym-

pathien für den protestantischen Glauben nachgesagt wurden, er galt sogar als heimlicher Protestant. Doch nach seinem Tod begann in den habsburgischen Erblanden die Gegenreformation in großem Ausmaß, aus der Steiermark, Kärnten und Krain wurden die Protestanten ausgewiesen. Die **Rekatholisierung** des Landes durch Kaiser Rudolf II. (1576 – 1612) und seine Nachfolger war so erfolgreich, dass Österreich heute noch zum Großteil römisch-katholisch ist.

Im Dreißigjährigen Krieg, der als Macht- und Religionskampf zwischen Protestanten und Katholiken begann und als allgemeines europäisches Kräftemessen endete, war das Haus Habsburg neben der von Bayern angeführten Katholischen Liga in Deutschland die wichtigste Machtbasis der katholischen Partei. Die ersten Kriegsjahre wirkten sich am stärksten auf Österreich aus. Im Böhmisch-Pfälzischen Krieg (1618 – 1623) gelang es den kaiserlichen Truppen, den protestantischen Adel in Böhmen, der mit seiner Erhebung gegen den Kaiser (**»Prager Fenstersturz«**) den Krieg ausgelöst hatte, vernichtend zu schlagen. Ansonsten war Österreich nur in der letzten Phase der größten europäischen Auseinandersetzung des 17. Jh.s Kriegsschauplatz, als 1636 die Schweden fast bis nach Wien und später ins vorarlbergische Rheintal vordrangen. Der Westfälische Friede von 1648 beschnitt zwar den Einfluss des Kaisers auf die deutschen

Dreißigjähriger Krieg (1618 – 1648)

Gemalte Genealogie des Habsburger Herrscherhauses in Schloss Trutzburg bei Schwaz im Inntal

Fürstenstaaten im Heiligen Römischen Reich Deutscher Nation, in Österreich selbst jedoch machte die Ausschaltung der protestantischen Stände den Weg frei zum **habsburgischen Absolutismus** in den österreichischen Erblanden.

Türkenkriege (1529, 1664 und 1683)

Gefährlicher als der Dreißigjährige Krieg war für den Bestand von Österreich der Ansturm der Türken: Seit dem 15. Jh. versuchten es die Osmanen immer wieder. 1529 war Wien zum ersten Mal – ergebnislos – belagert worden. 1664 konnte das kaiserliche Heer unter Graf Montecuccoli die Türken bei St. Gotthard an der Ostgrenze der Steiermark besiegen, bei der zweiten Türkenbelagerung Wiens 1683 schlug in der **Schlacht am Kahlenberg** das Reichsheer unter der Führung des Herzogs Karl von Lothringen die Osmanen, die sich nun immer weiter zurückzogen. Die Habsburger setzten ihnen nach und es gelang ihnen bis 1699, dem Osmanischen Reich Ungarn abzujagen und damit die Großmachtstellung Habsburgs im östlichen und südöstlichen Europa zu begründen.

Großmacht Habsburg

Die Türken waren nicht die einzigen Feinde des Habsburger Reiches. Seit der Herrschaft Maximilians I. bestimmte der Kampf zwischen Österreich und Frankreich die europäische Politik. Nach Aussterben der spanischen Habsburger stritten sich die Häuser Habsburg und Bourbon um das Erbe. Im Gefolge des **Spanischen Erbfolgekriegs** (1701 – 1713/1714) mussten zwar die österreichischen Ansprüche auf den spanischen Thron aufgegeben werden, dafür erhielt Österreich aber die bisher mit Spanien vereinigten Niederlande (in etwa das heutige Belgien und Luxemburg) und Teile Italiens. Mit diesem ter-

Zweite Belagerung Wiens 1683 durch die Türken

ritorialen Zugewinn unter Karl VI. (1711 – 1740) war die **»Monarchia Austriaca«**, das lose Staatengebilde aus Königreichen, Erzherzog- und Fürstentümern, Grafschaften und Ländern, endgültig zur Großmacht aufgestiegen.

Eine weitere Belastungsprobe für das Reich war der **Österreichische Erbfolgekrieg** (1740 – 1748), in dem Preußen und Bayern versuchten, Österreich unter sich aufzuteilen. Doch konnte sich die um die Anerkennung ihrer Thronfolge kämpfende Herrscherin Maria Theresia (1740 – 1780; ▶Berühmte Persönlichkeiten) gegen ihre Feinde behaupten. Nur in den **Schlesischen Kriegen** (1740 – 1763) verlor Habsburg Schlesien an Friedrich den Großen von Preußen. Andererseits einigte sich Österreich mit Preußen und Russland auf die Teilung Polens und erhielt dabei die größten Teile von Galizien und das westliche Ruthenien. Innenpolitisch prägten gegen Ende des 18. Jh.s **Reformen** das Bild.

Unter Maria Theresias Sohn Joseph II. (1781 bis 1790), einem Vertreter des aufgeklärten Absolutismus, wurde 1781 das Toleranzpatent (Duldungserlass) für Protestanten erlassen, die Leibeigenschaft in Böhmen entschärft und Deutsch zur alleinigen Amtssprache erklärt (1784). Joseph ließ alle nicht gemeinnützigen Klöster aufheben und schuf mit der Gründung humanitärer Einrichtungen wie Armenhäuser und Spitäler die Grundlagen für den modernen Wohlfahrtsstaat. Doch gegen die in kurzer Zeit erfolgten Reformen erhob sich auch erbitterter Widerstand, so dass Joseph kurz vor seinem Tod viele Verordnungen zurücknehmen musste.

Maria Theresia (1740 – 1780)

NEUZEIT

1804	Franz I. wird erster »Kaiser von Österreich«.
1814/1815	Wiener Kongress
1870/1871	Schaffung des deutschen Nationalstaats ohne Österreich
1914	Ermordung des österreichischen Thronfolgerpaares
1918	Österreich-Ungarn zerfällt, Ende der Habsburger
1919	Republik Österreich
1938	»Anschluss« Österreichs
1945 – 1955	Österreich ist in vier Besatzungszonen aufgeteilt.
1986 – 1992	»Affäre Waldheim«
1995	Eintritt in die Europäische Union

Im Jahr 1805 erklärte der aus den Wirren der Französischen Revolution als Kaiser von Frankreich hervorgegangene Napoleon Bonaparte Österreich den Krieg. Nach dem entscheidenden Sieg des Korsen bei Austerlitz in Mähren verlor Wien Venezien an das Königreich Italien, Tirol und Vorarlberg an Bayern. 1806 legte Franz II. die

Donaumonarchie (1804 – 1918)

römisch-deutsche Kaiserwürde nieder: das Heilige Römische Reich Deutscher Nation war damit aufgelöst. Doch bereits zwei Jahre zuvor hatte Kaiser Franz II. als Franz I. den Titel **»Kaiser von Österreich«** angenommen und so die Donaumonarchie begründet.

Restauration Nach dem Sieg der aus Preußen, Großbritannien, Russland und Österreich bestehenden Koalition über Napoleon trafen die Staatsmänner Europas 1814/1815 in Wien zusammen (**»Wiener Kongress«**), um über die politische Neuordnung des Kontinents zu beraten. Treibende Kraft der neuen Ordnung Europas war **Fürst Metternich** (▶Berühmte Persönlichkeiten). Er verfolgte im Rahmen der von Russland, Österreich und Preußen gegründeten Heiligen Allianz das Ziel, die durch die Französische Revolution und die Napoleonischen Kriege abgeschaffte absolutistische Ordnung wieder herzustellen. Hilfe dazu kam vom Deutschen Bund, einem Zusammenschluss von 39 Staaten (35 Fürsten und 4 freie Städte), in dem Österreich den Vorsitz übernahm. Doch trotz rigoroser polizeistaatlicher Maßnahmen wie Zensur und Spitzelwesen gegen revolutionäre und nationale Bewegungen konnte Metternich, der das uneingeschränkte Vertrauen von Franz I. (1804–1835) und Ferdinand I. (1835–1848) genoss, liberale Forderungen auf Dauer nicht verhindern.

Franz Joseph I. (1848–1916) Die mit dem Sturz von Metternich eingeleitete **Revolution von 1848**, im Oktober blutig niedergeschlagen, änderte am System vorerst nichts. Nach der Abdankung von Ferdinand I., dem Gütigen, wie er wegen seiner mangelnden Durchsetzungsfähigkeit und körperlichen Beeinträchtigung – er litt an Epilepsie – beschönigend genannt wurde, bestieg sein erst 18-jähriger Neffe Franz Joseph (1848–1916) den Thron und regierte das Land bis 1860 weiterhin absolutistisch. In dieser Zeit verlor Österreich außenpolitisch an Macht. Im **Krieg mit Frankreich und Piemont-Sardinien** 1859 musste es die reiche Lombardei abtreten. Im **Österreichisch-Preußischen Krieg** um die Vorherrschaft in den deutschen Ländern erlitten die Österreicher gegen Preußen 1866 eine militärische Niederlage bei Königgrätz, was zur Auflösung des Deutschen Bundes und in letzter Konsequenz dann zur Schaffung des deutschen Nationalstaats (1870/1871) unter Ausschluss Österreichs führte.

Die Niederlage von Königgrätz hatte auch innenpolitische Konsequenzen: Von der ungarischen Nationalbewegung unter Druck gesetzt, die sich die geschwächte Position des Kaisers zu Nutze machte, ließ sich Franz Joseph I. 1867 zum ungarischen König krönen. Dadurch entstand die **k. u. k.-Monarchie**: Ungarn wurde ein selbstständiger Reichsteil mit Regierung und Parlament. Von dieser Zeit an wurde das Schicksal Österreich-Ungarns bis zum Ersten Weltkrieg immer stärker durch das Nationalitätenproblem des Vielvölkerstaats bestimmt.

1878 versuchte Österreich, die türkischen Provinzen Bosnien und Herzegowina zu besetzen. Damit geriet Wien mit Russland in Konflikt, das sich für eine Unabhängigkeit der slawischen Völker auf dem Balkan stark machte. Als Schutzmaßnahme gegen Russland und das Osmanische Reich gründete Österreich mit dem Deutschen Reich einen Zweierbund, der 1882 durch den Beitritt Italiens erweitert wurde. 1908 annektierte Österreich dann tatsächlich **Bosnien und die Herzegowina**. Die von den Russen unterstützten Serben wollten aber unter Einschluss der annektierten Gebiete einen südslawischen Staat begründen und leisteten heftigen Widerstand.

Entwicklung auf dem Balkan

Nach der **Ermordung des österreichischen Thronfolgerpaares** durch großserbische Nationalisten in Sarajevo am 28. Juni 1914 entzündete sich das Pulverfass auf dem Balkan. Die Serben waren sofort bereit, alle Forderungen zu erfüllen, die der österreichische Außenminister in einem Ultimatum an sie stellte – hatte doch der Attentäter gar nicht im Auftrag der serbischen Regierung gehandelt, wie die Österreicher gern glauben machen wollten! Trotzdem **erklärte Österreich-Ungarn am 28. Juli 1914 Serbien den Krieg** – der Erste Weltkrieg begann. Nach Anfangserfolgen an den Fronten wurden die

Erster Weltkrieg (1914 – 1918)

Treibende Kraft der neuen Ordnung Europas: Fürst Metternich

Mittelmächte Deutschland und Österreich-Ungarn bis 1918 von den gegnerischen Alliierten – Großbritannien, Frankreich, den USA (ab 1917) und Italien, das 1915 Österreich den Krieg erklärt hatte – besiegt. Auch die Bemühungen von Kaiser Franz Josephs Großneffen und Nachfolger Karl I. um eine Sonderfriedensregelung, die den Vielvölkerstaat weiterhin erhalten sollte, nutzten nichts mehr.

Ende des Habsburgischen Reichs Mit der Niederlage brach Österreich-Ungarn auseinander und es endete die über 600-jährige Herrschaft der Habsburger. Am 3. November 1918 begann der Waffenstillstand zwischen Österreich-Ungarn und den Alliierten, am 11. November unterschrieb Kaiser Karl I. seinen Verzicht auf die Staatsgeschäfte und einen Tag später wurde die Republik ausgerufen. Gemäß dem **Friedensvertrag von Saint-Germain-en-Laye** am 10. September 1919 musste Österreich Südtirol, Istrien, Triest, einige Gebiete Dalmatiens, Kärntens und Krains an Italien abtreten sowie die nunmehr selbstständigen Staaten Tsche-

In diesem Auto wurden der Thronfolger Franz Ferdinand und seine Frau Sophie am 28. Juni 1914 in Sarajevo tödlich getroffen.

choslowakei, Polen, Ungarn und Jugoslawien mit den entsprechenden Gebietsabtretungen anerkennen. Der Reststaat, auf die deutschsprachigen Gebiete in seiner heutigen Gestalt reduziert, umfasste nur noch 12 % der Fläche der alten Monarchie. Karl I. hatte zwar den Verzicht auf die Staatsgeschäfte unterzeichnet, nicht aber den Verzicht auf den Thron. Für ihn war die Herrschaft des Hauses Habsburg noch nicht beendet. So versuchte er, die Monarchie in Ungarn zu restaurieren, wurde aber von den Alliierten auf die portugiesische Insel Madeira verbannt, wo er 1922 starb. Bereits am 12. November 1918 wurde der neue Staat »Deutschösterreich« ausgerufen die **erste Republik**. Erster Staatskanzler wurde Karl Renner. Man sah die neue Republik Deutschösterreich als Teil einer gesamtdeutschen Republik und bezweifelte die Lebensfähigkeit dieses »Rumpfstaates«. Die Alliierten verboten aber in der Folge mit dem Vertrag von St. Germain diesen Zusammenschluss, dies hätte ein zu starkes Deutsches Reich bedeutet. Auch der Name »Deutschösterreich« wurde verboten. Mit Ratifizierung des Friedensvertrags am 21. Oktober 1919 wurde der Name in **»Republik Österreich«** geändert.

Ähnlich wie in Deutschland kam es in Österreich von Anfang an zu einer Radikalisierung und Polarisierung der politischen Positionen, erstarkten linksextreme und rechtsextreme Parteien und Verbände. Auf dem ideologischen Schlachtfeld bekriegten sich vor allem paramilitärische Einheiten des sozialdemokratischen Schutzbundes und der christlich-sozialen Heimwehr. Von 1918 bis 1934 verloren Hunderte von Menschen bei **Straßenkämpfen** ihr Leben. **Politische Polarisierung**

Um Österreichs Unabhängigkeit gegen die großdeutsche Anschlussbewegung der von Deutschland her beeinflussten, immer stärker werdenden Nationalsozialisten zu bewahren, führte im März 1933 der kleinwüchsige Kanzler **Engelbert Dollfuß** (»Minimetternich«) einen Staatsstreich durch, setzte die parlamentarische Verfassung außer Kraft und installierte einen autoritären Ständestaat (»Austrofaschismus«). Außer der von ihm gegründeten **Vaterländischen Front** wurden alle Parteien verboten. Doch die Nationalsozialisten blieben weiterhin das große innenpolitische Problem. Zwar missglückte letztlich der Nazi-Putschversuch gegen den Bundeskanzler (**»Juliputsch«**) 1934, bei dem Dollfuß ermordet wurde. Aber sein Nachfolger **Kurt Schuschnigg** führte einen vergeblichen Kampf um die Selbstständigkeit Österreichs. 1936 schloss sein Kabinett ein Freundschaftsabkommen mit Hitler, um die Unabhängigkeit seines Landes zu retten. Dieses Abkommen normalisierte zwar die deutsch-österreichischen Beziehungen, bot aber dem deutschen Diktator nur Vorwände zur massiven Einmischung in die inneren Angelegenheiten des kleinen Nachbarn. So musste Schuschnigg auf deutschen Druck einer Amnestie für österreichische Nationalsozialisten und **Austrofaschismus und »Anschluss«**

deren Aufnahme in die Regierung zustimmen. Im März 1938 **zwang Hitler den österreichischen Kanzler zum Rücktritt,** ließ seine Truppen in Österreich einmarschieren und schließlich den auch von vielen Österreichern gefeierten »Anschluss« an das nationalsozialistische Deutsche Reich vollziehen.

Zweiter Weltkrieg Nach dem am 10. April 1938 durch Volksabstimmung gebilligten »Anschluss« verschwand der Name Österreich von der Landkarte und wurde durch »Ostmark«, später durch »Donau- und Alpengaue« ersetzt. Sieben Jahre teilte Österreich das Schicksal des Deutschen Reiches. Das NS-System wurde übertragen, Juden fielen dem **Holocaust** zum Opfer. Im Zweiten Weltkrieg kämpften Österreicher in der deutschen Wehrmacht auf allen Kriegsschauplätzen mit. Städte erlitten erst durch die Luftbombardements, später durch Bodenangriffe der Alliierten schwere Zerstörungen, und österreichische Nazis beteiligten sich an den Verbrechen des Hitler-Regims.

Besatzung (1945–1955) Wie Deutschland wurde auch Österreich nach Kriegsende von den Siegermächten in **vier Besatzungszonen** aufgeteilt: Die sowjetische Zone umfasste Niederösterreich und Oberösterreich nördlich der Donau sowie das Burgenland, die amerikanische Zone Oberösterreich südlich der Donau und Salzburg, die britische Zone die Steiermark, Kärnten und Osttirol und die französische Zone Nordtirol und Vorarlberg. Auch die Hauptstadt Wien teilten die Alliierten in vier Sektoren. Zehn Jahre nach Kriegsende, im Wiener Staatsvertrag von 1955, einigten sich die Besatzungsmächte und die österreichische Regierung (bereits im November 1945 waren die ersten Nationalratswahlen) auf die staatliche Einheit und den Abzug aller Besatzungsmächte, Österreich war wieder souverän, die **zweite Republik** wurde ausgerufen. Allerdings musste sich das Land dafür zu einer **»immerwährenden Neutralität«** verpflichten, eine Bestimmung, die in Zeiten der EU nach und nach aufgeweicht wird. Weder politisch noch wirtschaftlich durfte es mit Deutschland demnach ein Bündnis eingehen. Noch im selben Jahr wurde die Alpenrepublik ein Mitglied der UNO.

Neue internationale Einbindung Als Vermittler zwischen Ost und West gewann das neutrale und wirtschaftsstarke Österreich, das wie Deutschland dank des Marshallplanes in der Nachkriegszeit ein **»Wirtschaftswunder«** erlebt hatte, eine neue internationale Rolle, auch durch wichtige Konferenzen auf seinem Boden. Diplomatisch isoliert war allerdings der von 1986 bis 1992 amtierende Bundespräsident Waldheim, weil er entgegen den Fakten behauptet hatte, nie ein Mitglied des Nationalsozialistischen Studentenbunds und der SA gewesen zu sein. Durch diese **»Affäre Waldheim«** geriet die Rolle Österreichs in der Nazizeit erneut in die öffentliche Diskussion. Im Jahr 1991 sprach der damalige sozialde-

mokratische Kanzler Franz Vranitzky (SPÖ) erstmals von einer Mit-
verantwortung Österreichs an den Verbrechen des Nazi-Regims.

Im Spätsommer 1989 wurde an der burgenländisch-ungarischen **EU-Beitritt**
Grenze ganz große Geschichte geschrieben: Erstmals konnten Bürger
aus den kommunistischen Staaten ungehindert in den Westen reisen,
der Eiserne Vorhang war gefallen. Mit dem **Ende des Ostblocks,** mit
dem Eintritt Österreichs in die Europäische Union (EU) 1995 und
den EU-Erweiterungen nach Osten (2004, 2007) rückte die Alpenrepublik wieder in eine geopolitisch zentrale europäische Lage, von der
sie vor allem wirtschaftlich profitiert.

Internationales Aufsehen erregte das Land, als nach den Wahlen zum **Österreich**
Nationalrat im Oktober 1999 die **rechtspopulistische Freiheitliche** **im 21. Jh.**
Partei (FPÖ) unter Jörg Haider hinter der SPÖ zweitstärkste Kraft im
Lande wurde und als Koalitionspartner der christlich-konservativen
Österreichischen Volkspartei (ÖVP) die Regierung bildete. Erstmalig
hatte ein europäisches Land damit eine Partei in der Regierung legi-
timiert, die durch rechtsextreme und antisemitische Äußerungen
immer wieder auch innenpolitisch schockiert hatte. Die Ablehnung
im Ausland war so groß, dass es zu sogenannten **EU-Sanktionen** gegen Österreich kam, zum vorübergehenden »Einfrieren« bilateraler
Kontakte. Diese Einmischung gefiel den Österreichern nicht besonders, auch wenn sich im Land selbst bereits heftiger Widerstand gegen die FPÖ regte (und heute noch regt).

Seit 2007 wird Österreich von wechselnden Großen Koalitionen **Innenpolitik**
(**SPÖ-ÖVP**) regiert. Das rechte Lager ist mittlerweile in zwei Parteien **heute**
aufgespalten, zudem hat es mit dem Tod Jörg Haiders – er starb bei
einem Autounfall – seine wichtigste Leitfigur verloren. Trotzdem ist
die **FPÖ** nach wie vor drittstärkste Partei im Land (2008: 17,5 %). **Die**
Grünen spielen mit knapp 10 % nur das Zünglein an der Waage. Jede
der beiden Regierungsparteien vermeidet tunlichst eine Annäherung
an die rechten Parteien – das führt zu einer gewissen innenpoliti-
schen Lähmung, da bei den gegebenen Mehrheitsverhältnissen eigentlich nur die Möglichkeit zur **Großen Koalition** bleibt. Diese ist
meist mehr durch Streitereien über unterschiedliche Grundsatzposi-
tionen geprägt als durch einen echten Reformwillen, der dringend
nötig wäre, um verkrustete Strukturen aufzubrechen.

Kunstgeschichte

Kunst und Wissenschaft haben in Österreich einen hohen Stellenwert und werden weit über die Landesgrenzen hinaus beachtet. Von der Steinzeit bis zur heutigen Avantgarde: Die kleine Alpenrepublik hat schon viele großartige und international renommierte Kreative hervorgebracht.

FRÜHGESCHICHTLICHE ZEIT

Der erste kunstgeschichtlich bedeutende Fund auf österreichischem Boden ist die im Jahr 1988 in der Nähe der niederösterreichischen Stadt Krems freigelegte **»Venus vom Galgenberg«** (Weinstadtmuseum Krems). Die gut 7 cm hohe und 32 000 Jahre alte Figur wurde von der Ausgräberin »Fanny – die tanzende Venus vom Galgenberg« genannt, eine Hommage an die berühmte österreichische Tänzerin Fanny Elßler. Aus der Altsteinzeit stammt die 27 000 Jahre alte, ca. 11 cm große Kultstatuette einer Frau, die nach ihrem Fundort in Niederösterreich als **»Venus von Willendorf«** (Naturhistorisches Museum, Wien) bezeichnet wird.

Erste Funde

Erst wesentlich später folgt die nächste durch interessante Funde belegte Periode, nämlich die nach ihrer Hauptfundstätte Hallstatt in Oberösterreich benannte Hallstattzeit (800 – 400 v. Chr.). Zu den Kostbarkeiten dieser Zeit zählen Beigaben aus mehr als 2000 entdeckten Grabstätten, darunter beispielsweise reich verzierte Bronzeblechgefäße, die auf eine differenzierte Technik der Schmuckkunst schließen lassen, oder bemalte Keramikwaren. Wichtige Funde aus dieser Epoche, die zeitlich in der **älteren Eisenzeit** liegt, sind vor allem im Welterbe Museum von Hallstatt und im Naturhistorischen Museum in Wien zu sehen. Einen umfassenden Einblick in die keltische Kultur, welche die **jüngere Eisenzeit** prägte, gibt das Keltenmuseum im salzburgischen Hallein. Hier sind etwa eine kunstvoll gearbeitete Bronzeschnabelkanne oder ein großer Bronzekessel mit Tragehenkeln aus Eisen zu sehen.

Hallstattzeit

RÖMERZEIT UND FRÜHES MITTELALTER

15 v. Chr. wurden Rätien und Noricum dem Römischen Reich als Provinzen einverleibt, damit war Österreich römisches Territorium. Ein Zeugnis ist der **»Jüngling vom Magdalensberg«**, die lebensgroße römische Kopie einer griechischen Statue, die im Jahr 1502 bei

Römische Zeit

Rokokobau in Pastelltönen: Stift Wilhering

St. Veit an der Glan in Kärnten gefunden wurde. Interessante Fundstücke findet man auch im Freilichtmuseum Petronell und im Museum Carnuntum bei Hainburg, in Teurnia bei St. Peter im Holz und
in Aguntum bei Lienz.

Völker-
wanderung

Nach dem Abzug der Römer (um 400 n. Chr.) wurde Österreich während der Zeit der Völkerwanderung abwechselnd von Germanen,
Hunnen, Awaren, Slawen und schließlich von den Bayern teils
durchwandert, teils auch besiedelt. In dieser historisch noch kaum
erhellten Zeit lassen sich dennoch kunsthistorische Glanzpunkte
feststellen: Ende des 7. Jh.s wurden in Salzburg die **Klöster** St. Peter
und Nonnberg, 748 das Kloster Mondsee gegründet.

Karolingische
Zeit

Die nach Karl dem Großen benannte karolingische Kunst versuchte
eine **Synthese antiker und christlicher Formensprache** herbeizu-
führen, d. h. klassische Traditionen wurden mit kunsthandwerkli-
chen Fertigkeiten der christianisierten Einwohner Österreichs verknüpft. Neuartig in der Baukunst war der **monumentale Steinbau**,
der sich sowohl am Zentralbau der antiken Basilika als auch an der
Saalkirche orientierte und römische Bauformen wie Säule und Rund-
bogen verwendete. Ein Meisterwerk der Goldschmiedekunst ist der
im Kloster Kremsmünster aufbewahrte, anlässlich der Gründung 777
von Herzog Tassilo III. gestiftete **Tassilo-Kelch**. Die karolingische
Kunst, die ferner in der besonders schmuckfreudigen Buchmalerei
(Wiener Krönungsevangeliar) zum Ausdruck kommt, wirkte bis ins
10. Jh. hinein und wurde von der Romanik abgelöst.

ROMANIK

Im Auftrag
der Kirche

Wie die gesamte Kunst des Mittelalters stand auch die Kunst der Romanik – sie ist der erste wirklich geschlossene abendländische Stil
seit der Antike – in Österreich fast ganz im Dienst der Kirche. Benediktiner, Zisterzienser und Augustiner trugen mit ihren **Kloster-**
gründungen bzw. -umbauten zu einer kontinuierlichen Kunstent-
wicklung ab dem 12. Jh. in Österreich bei. Lediglich die Stadt
Salzburg wies bereits seit der ottonischen Zeit (10. Jh.) eine Kunstentfaltung mit ganz eigener Prägung auf, die besonders in den Salzburger illuminierten Handschriften aus dem 11. Jh. sehr gut zum
Ausdruck kommt.

Malerei

Ähnlich wie die Buchkunst entfaltete sich die **Monumentalmalerei**.
Reste wunderbarer romanischer Fresken sind in der Stiftskirche auf
dem Salzburger Nonnberg, in der Johanneskapelle von Pürgg im
Ennstal und im Benediktinerstift Lambach erhalten. Ein einzigartiges Werk aus dieser Epoche ist der **Verduner Altar** des Nikolaus von

Verdun in Klosterneuburg: 1180 geschaffene und 1331 zu einem Flügelaltar zusammengefügte Emailtafeln mit Szenen aus dem Alten und Neuen Testament.

Die Architektur des 12. Jh.s wurde im Westen Österreichs vornehmlich durch die **Benediktiner** (Stifte St. Peter, Nonnberg, Mondsee, Lambach, Kremsmünster) geprägt, im Osten hauptsächlich durch die **Zisterzienser**, die ab dem Jahr 1135 eine Reihe von Klöstern errichteten (Heiligenkreuz, Zwettl, Lilienfeld). Zeugen dieser frühen Bauphase sind das Langhaus der Stiftskirche von Heiligenkreuz im Wienerwald und das Kapitelhaus des Stifts Zwettl. Als großartigstes Bauwerk der Romanik in Österreich gilt der **Dom von Gurk** (Kärnten), eine gewaltige dreischiffige Pfeilerbasilika (1174 geweiht) mit einer von hundert hellen Marmorsäulen getragenen Krypta und einem bemerkenswerten spätromanischen Freskenzyklus (um 1260) an der Westempore.

Im romanischen Dom von Gurk befindet sich eine Krypta mit hundert Marmorsäulen.

Die Zisterzienser nahmen auch als erste gotische Einflüsse auf: In den reich geschmückten Kreuzgängen von Zwettl, Heiligenkreuz und Lilienfeld, die ab Beginn des 13. Jh.s entstanden, sind gotische Elemente bereits sichtbar; die **Stiftskirche von Lilienfeld**, eine 1263 vollendete dreischiffige Pfeilerbasilika mit Chorumgang, verkörpert schon die burgundische Frühgotik. Wenngleich die heimischen Baumeister manche Anregungen übernahmen, sind die meisten Bauten der späten Babenbergerzeit in ihrer Gedrungenheit und recht massiven Gestaltung noch durchaus romanisch (Karner von Tulln und Mödling, Langhaus der Franziskanerkirche in Salzburg). *Übergangszeit*

GOTIK

Erst gegen Ende des 13. Jh.s vermochte die Gotik in Österreich wirklich Fuß zu fassen. Die gotische Kunst des 14. Jh.s war eng mit dem Haus Habsburg verknüpft, das 1278 mit Rudolf I. an die Macht ge- *Haus Habsburg* kommen war. Da zwischen dem Wiener und dem Prager Hof – dem zeitweiligen Sitz des Kaisers – rege Verbindungen bestanden, gelangten über Böhmen auch **französische, italienische und deutsche Einflüsse** nach Wien und Österreich.

Bedeutende Werke gotischer Bildhauerei sind die Figuren am Singertor des Wiener Stephansdoms und die Marienstatuengruppe in Klosterneuburg. Besonders schön ist die Glasmalerei am Chor der Pfarrkirche in Viktring, Kärnten. Der Hauptakzent der Malerei lag in der Gotik jedoch bereits beim **Tafelbild**. Mit dem Bild von Rudolf IV. von 1365 schließlich entstand **das erste Porträt in Österreich**. In der Spätgotik erlebten Malerei und Plastik eine Blütezeit. Lokale Schulen mit ausgeprägtem Gestaltungswillen entstanden in Wien und Salzburg. Neben die Steinskulptur (teils im realistischen, teils im sanft gerundeten »weichen« Stil) trat bei der Bildhauerei die gefasste Holzplastik mit vollendeten Flügelaltären (Kefermarkt, um 1500; St. Wolf-

Das Brunnenhaus von Stift Lilienfeld ist eines der schönsten gotischen Bauwerke Österreichs.

gang, Michael Pacher, 1481). Bedeutende Maler von Altarbildern sind der Albrechtsmeister (Klosterneuburg), der Schottenmeister (Schottenstift, Wien), auf dessen Bild »Flucht nach Ägypten« von 1469 sich die erste Stadtansicht von Wien findet, Conrad Laib (Museum Carolino Augusteum, Salzburg; Grazer Dom; Unteres Belvedere, Wien) und Rueland Frueauf der Ältere (Unteres Belvedere, Wien). In Innsbruck malte Jörg Kölderer die Fresken am Goldenen Dachl, das aber in der Ausgewogenheit der Proportionen schon in eine neue Zeit weist.

Donauschule Um die Wende vom 15. zum 16. Jh. bildete sich im Donauraum der Malstil der so genannten Donauschule heraus. Sie ging nicht etwa von einem Künstler aus, sondern vereinte eine Fülle von verschiedenen Werkstätten und Künstlern. Ihr charakteristischstes Merkmal ist die enge **Verbindung des Handlungsinhalts mit der Natur**, der ausdrucksstarken Landschaft, in die eine Bildgeschichte eingebettet wird. Dazu kommen leuchtende Farben und eine bisweilen eigenwillige Linienführung. Zu ihren Hauptvertretern gehören Rueland Frueauf der Jüngere (Klosterneuburg), Lucas Cranach der Ältere (Stift St. Florian), Albrecht Altdorfer (Stift St. Florian) und der aus Vorarlberg stammende Wolf Huber (Pfarrkirche Feldkirch). Die Stilphase der Donauschule wurde Mitte des 16. Jh.s allmählich von der Renaissance abgelöst.

In Niederösterreich entfaltete der Zisterzienserorden weiterhin ein reges künstlerisches Leben: Chor und Brunnenhaus von Heiligenkreuz sind rein gotische Arbeiten. Als Marksteine gotischen Bauens im 14. Jh. gelten darüber hinaus auch die Leechkirche in Graz und die Augustinerkirche in Wien. Das 15. Jh. brachte eine Hochblüte spätgotischer Architektur. Die Bauhütte von St. Stephan in Wien erlangte große Bedeutung, der imponierendste Beweis für ihre Leistungsfähigkeit ist der **Stephansdom** mit seinem gewaltigen, in nur 25-jähriger Bauzeit entstandenen Südturm (»Steffl« genannt). Im Gegensatz zur feingliedrigen Wiener Spätgotik der Stephanskirche, der Kirche Maria am Gestade mit ihrem reizvollen durchbrochenen Turmhelm und der »Spinnerin am Kreuz«, einer Säule auf dem Wienerberg, steht der **Hallentypus weiträumiger Art**, wie er im übrigen Österreich bevorzugt wurde (z. B. Chor der Salzburger Franziskanerkirche). Ein Merkmal österreichischer Spätgotik sind die reichen **Netz- und Sternrippengewölbe**, eigenwilligstes Beispiel dafür ist der Gailtaler Dom in Kötschach-Mauthen. Als das schönste gotische Bürgerhaus in Österreich gilt das um 1500 erbaute Kornmesserhaus im steiermärkischen Bruck an der Mur.

Architektur

Schmuckstück der Pfarrkirche von St. Wolfgang: der Pacher-Altar

RENAISSANCE

Übergangs-epoche Nicht zuletzt durch die Entdeckungen von Christoph Columbus wandelte sich das mittelalterliche Weltbild. Mit Aufkommen und wachsender Bedeutung des Geldverkehrs veränderte sich auch die Wirtschaftsstruktur. Und ebenfalls von Italien ausgehend, verbreitete sich das Gedankengut der Renaissance über Europa. Diese »**Wiedergeburt der Antike**« stellte im bewussten Gegensatz zur Weltabgewandtheit und Jenseitsbezogenheit des Mittelalters den Menschen ins Zentrum der Betrachtung. In Österreich fand diese Zeit des Übergangs ihre Verkörperung in der Gestalt **Kaiser Maximilians I.** (▶Berühmte Persönlichkeiten): Obwohl als Hinweis auf seine Verbundenheit mit der Vergangenheit »der letzte Ritter« genannt, war er doch aufgeschlossen für alles Neue, zog vorwärts strebende Künstler an seinen Hof und förderte Kunsthandwerk wie Wissenschaften. Zu den interessantesten Kunstwerken dieser Übergangsepoche zählt das Grabdenkmal, das der Kaiser selbst in Auftrag gab und in der Hofkirche zu Innsbruck errichten ließ: Die 28 überlebensgroßen Erzstandbilder wurden z. T. nach Plänen von Albrecht Dürer und Peter Vischer ausgeführt.

Krieg statt Kunst Dass die Kunst der Renaissance in Österreich deutlich weniger vertreten ist als die Gotik oder das Barock, lässt sich auf die gewaltigen Auseinandersetzungen Österreichs mit dem Osmanischen Reich zurückführen, die seit der Zeit Maximilians während zwei Jahrhunderten meist auf dem Balkan, häufig aber auch auf österreichischem Boden ausgetragen wurden. In den Jahren 1529 und 1683 belagerten die Türken Wien zwar vergeblich, verwüsteten aber das Umland und suchten auch Kärnten und die Steiermark wiederholt heim. Alle Kräfte waren in diesen Kriegen gebunden, zur Pflege der Künste blieb nur wenig Energie und Geld.

Burgen Die Verteidigungslinie gegen die Türken wurde schließlich verstärkt: Klagenfurt, Graz und Wien erhielten Festungsbauwerke. In Graz errichtete der Festungsbaumeister Domenico d'Allio von 1557 bis 1565 auch den Haupttrakt des **Landhauses** mit dem schönen Arkadenhof, in Wien entstand der **Amalientrakt der Hofburg** mit dem Schweizertor. Weitere Beispiele dieser Bautätigkeit sind die stattliche Burg Hochosterwitz in Kärnten und die Riegersburg in der Steiermark sowie die Festungen des Burgenlandes. Zu den schönsten Bauwerken jener Zeit zählen zudem die Schallaburg im Bundesland Niederösterreich mit ihrem prächtigen terrakottageschmückten Hof und das Schloss Porcia in Spittal an der Drau in Kärnten. Die meisten Gebäude sind die Arbeiten italienischer Festungsbaumeister, sie bestimmen nicht nur die österreichische Architektur der Renaissance, sondern auch noch die des Frühbarock.

Unter dem in Prag Hof haltenden Kaiser Rudolf II. fand das Gedankengut des Manierismus, einem eigenständigen **Kunststil zwischen Renaissance und Barock**, Eingang in das Kunstschaffen. Kennzeichnend für diesen Stil ist die Abkehr von klassischen Formen und die Hinwendung zu verzerrten, asymmetrischen, teils bizarren Darstellungen in grelleren Farben. Beispiele sind die Kaiserkrone von 1602 in der Schatzkammer der Wiener Hofburg sowie die großen Werke der manieristischen Malerei im Wiener Kunsthistorischen Museum (Giuseppe Arcimboldo). In Salzburg entstanden Bauwerke einer rein italienischen, manieristisch-frühbarocken Stilrichtung, so der Neubau des Doms (1624–1628) von Santino Solari, der auch das Lustschloss Hellbrunn erbaute.

Manierismus

BAROCK

Erst nachdem die Gefahr der Türkenkriege endgültig beseitigt war, konnte sich der österreichische bzw. habsburgische Staatsgedanke durchsetzen. Dies bedeutete auch den Durchbruch für den Barock, der zur **hervorragendsten Epoche österreichischer Kunstentfaltung** wurde. Mit der Stärkung des absolutistischen Staatsgedankens ging ein Wiedererstarken der durch die Reformation erschütterten katholischen Kirche und ihr endgültiger Sieg in den katholischen Ländern durch die Gegenreformation einher. Die Folge war ein un-

Entwicklung

Impression im Schloss Halbturn: anmutiger Blumenreigen zum »Triumph des Lichts« (Deckenfresko von Franz Anton Maulpertsch)

geheurer Aufschwung der Bautätigkeit, der zur Entstehung zahlreicher Kirchen, Klöster (gewaltiger, schlossartiger Stifte) und Schlösser führte und im Bereich von Skulptur und Malerei großartige Werke entstehen ließ. Vielfach bekamen ältere Bauwerke ein barockes Kleid übergestülpt, so stammen die charakteristischen **Zwiebelhauben** auf den schlanken gotischen Kirchtürmen aus dieser Zeit.

Architektur   Italienische Baumeister leiteten die Barockepoche ein, darunter Donato Felice d'Allio (Klosterneuburg) und Giovanni Pietro de Pomis (Mausoleum für Ferdinand II., Graz). Nach dieser vorbereitenden Phase gipfelte die Architektur in der feierlichen Pracht des Hochbarock. Die Auftraggeber für die **Prunkbauten** dieser Epoche waren das Herrscherhaus, der Hochadel und die Kirche. Wien erlebte eine glanzvolle Zeit auf dem Weg zur »Kaiserstadt«. Schlösser und Adelspalais wurden in großer Zahl erbaut, vor allem in den Vorstädten, die nach den Verwüstungen der Vergangenheit wieder auflebten.

Barockbau- **meister**   Die herausragendsten Künstlerpersönlichkeiten jener Zeit waren auf dem Gebiet der Architektur **Lucas von Hildebrandt** (Schloss Belvedere, Wien; Neubau des Schlosses Mirabell, Salzburg; Piaristenkir-

Die Karlskirche: barocke Pracht im üppig ausgestatteten Innenraum

che, Wien; Schlosshof Halbturn östlich vom Neusiedler See), **Johann Bernhard Fischer von Erlach und sein Sohn Joseph Emanuel** (Karlskirche, Nationalbibliothek, Böhmische Hofkanzlei, Winterpalais des Prinzen Eugen und Graben-Pestsäule, Wien; Kollegienkirche in Salzburg), **Jakob Prandtauer** (Stift Melk), **Joseph Munggenast** (Stiftskirche Dürnstein) und **Carlo Antonio Carlone** (St. Florian; Fischbehälter des Stifts Kremsmünster).

Begleitet wurde die Bautätigkeit des Barock von einem lebhaften Aufschwung in Plastik und Malerei. Zu den bemerkenswertesten Schöpfern plastischer Kunstwerke zählen die Bildhauer Matthias Steinl oder Steindl, Meinrad Guggenbichler, Balthasar Permoser (»Apotheose des Prinzen Eugen«, Barockmuseum Unteres Belvedere, Wien), Balthasar Moll (Sarkophag für Maria Theresia, Franz I., Kapuzinergruft, Wien), Georg Raphael Donner (Brunnen am Neuen Markt, Wien; Pietà, Dom zu Gurk) und Franz Xaver Messerschmidt (groteske Plastiken, Historisches Museum der Stadt Wien). Die wichtigsten Barockmaler, die vor allem **Altarblätter** und große **Freskenzyklen** schufen, waren Johann Michael Rottmayr, Daniel Gran, Bartolomeo Altomonte, Paul Troger, Martin Johann Schmidt (»Kremser Schmidt«) und Franz Anton Maulpertsch. Einige dieser Künstler wirkten in der zweiten Hälfte des 18. Jh.s, in einer Zeit, die man kunstgeschichtlich bereits dem Rokoko zurechnet.

Malerei und Bildhauerei

Da die Dynamik des Hoch- und Spätbarock in Österreich die Mitte des 18. Jh.s überdauerte, um dann fast unvermittelt zu enden, ist das Rokoko hier wenig ausgebildet (Zisterzienserabtei Wilhering, Trappistenkloster Engelhartszell; Basilika von Wilten, Tirol; Innenausstattung von Schloss Schönbrunn, Wien).

Rokoko

Die auf die Französische Revolution folgenden **Napoleonischen Kriege** bedeuteten erneut die Verlagerung von Energien und bedeutenden Geldsummen auf den Unterhalt von Armeen, sodass erst nach dem Wiener Kongress (1814/1815) der Kunst wieder mehr Aufmerksamkeit gewidmet wurde. Zum Schutz vor den heranrückenden Franzosen hatte Franz II. die Reichskleinodien vorsichtshalber von Nürnberg nach Wien überführen lassen, wo sie heute in der Schatzkammer der Hofburg zu besichtigen sind.

Übergangszeit

KLASSIZISMUS UND BIEDERMEIER

Dem Klassizismus verbunden fühlten sich Heinrich Friedrich Füger und Johann Peter Krafft, der Romantik zugehörig waren der in Wien arbeitende Ostpreuße Ludwig Ferdinand Schnorr von Carolsfeld und Joseph von Führich, dessen Bilder den Einfluss der Nazarener verra-

Malerei

ten. Wie Führich brachten Moritz von Schwind und Leopold Kupelwieser romantische Züge in den späteren Historismus der sogenannten **Wiener Ringstraßenära** ein. Die eigentliche Malerei des Biedermeier war in ihrem Themenkreis jedoch durch das bürgerliche Milieu festgelegt. Zu nennen sind hier Moritz Michael Daffinger, Friedrich von Amerling und Peter Fendi. Eine Ausnahme bildet Ferdinand Waldmüller, dessen Porträts und Landschaften kaum einer bestimmten Kunstrichtung zugeordnet werden können.

Architektur Klassizismus internationaler Prägung ist in Österreich nur spärlich vertreten. Hauptwerke sind die **Gloriette im Park des Schlosses Schönbrunn** von Ferdinand von Hohenberg (1775), das **Grabmal der Erzherzogin Marie Christine** in der Augustinerkirche Wien von Antonio Canova (1805) und das **Äußere Burgtor in Wien** von Peter von Nobile (1824). Doch diese Kunstrichtung wurde bald vom privateren Stil des österreichischen Biedermeier abgelöst. Bedeutendster Architekt dieser Zeit war Josef Kornhäusel (Stadtensemble, Baden bei Wien; Husarentempel im Naturpark Föhrenberge, Mödling).

Festlicher Aufstieg ins Burgtheater unter den Fresken von Klimt und Matsch

HISTORISMUS

Historismus bezeichnet das **Wiederaufgreifen historischer Stile** und war lange Zeit eher negativ belegt. Sie seien unfähig, Eigenes, Neues zu schaffen, lautete der Vorwurf an die Vertreter von Neoromanik, Neogotik oder Neobarock. Der Rückgriff auf vergangene Kunstepochen ist jedoch kein Phänomen der zweiten Hälfte des 19. Jh.s, sondern wurde schon früher praktiziert, allerdings nicht in dieser Intensität.

Herausragende **Maler** des Historismus waren Emil Jacob Schindler, August von Pettenkofen und Hans Makart, der seinen neobarocken »Makart-Stil« entwickelte. Anton Romako war mit seinen Arbeiten, in denen bereits naturalistische und expressionistische Elemente anklingen, schon einer neueren Zeit verpflichtet.

Mit der 1859 begonnenen Stadterweiterung von Wien bot sich durch die Anlage der Ringstraße eine einmalige Gelegenheit, der Idee des Historismus in einer großzügigen Gesamtgestaltung bleibende Form zu verleihen. Als führende Ringstraßenarchitekten profilierten sich Theophil von Hansen (Akademie der bildenden Künste, Parlament, Börse), Heinrich von Ferstel (Museum für angewandte Kunst, Votivkirche, Universität), Friedrich Schmidt (Rathaus), August Siccard von Siccardsburg und Eduard van der Nüll (Oper), Gottfried Semper und Carl von Hasenauer (Burgtheater, Neue Hofburg, Museen am Maria-Theresien-Platz).

Ringstraßen-architektur

JAHRHUNDERTWENDE UND 20. JH.

In den Gemälden und Freskenentwürfen des Malers **Gustav Klimt** (►Berühmte Persönlichkeiten) dokumentiert sich die Wende zur Kunst des 20. Jh.s: Ihm gelang die Verbindung von romantischer Naturnähe und symbolhaft abstrahierender Ornamentik. 1897 wurde die dem **Jugendstil** verpflichtete »Wiener Secession« gegründet, neben ihrem Hauptvertreter Klimt waren der Maler und Kunsthandwerker Koloman Moser, der Architekt Joseph Maria Olbrich (Wiener Secessionsgebäude, 1897/1898) und der Bühnenbildner Alfred Roller prominente Mitglieder dieser Künstlervereinigung. Der Art nouveau verbunden, nahm auch das Kunsthandwerk eine schwungvolle Entwicklung, was sich in der Gründung der **Wiener Werkstätte** durch den Architekten Josef Hoffmann manifestierte. Ab 1903 arbeiteten hier bekannte Künstler mit Handwerkern an der Fertigung kunsthandwerklicher Produkte (Glas, Porzellan, Leder, Schmuck, Textilien). 1910 erregte die Secession Aufsehen mit der **Ausstellung »Die Kunst der Frau«**, die erstmals einen Überblick über das künstlerische Schaffen von Frauen vom 16. bis zum Anfang des 20. Jh.s mit Werken namhafter Künstlerinnen gab, darunter Tina Blau, Marie Egner, Angelika Kauffmann, Olga Wiesinger-Florian, Käthe Kollwitz und Berthe Morisot. Organisiert wurde diese Ausstellung von der 1910 gegründeten Vereinigung Bildender Künstlerinnen Österreichs. Namhafte **Architekten** dieser Zeit waren neben Olbrich und Hoffmann auch noch Adolf Loos, dessen Epoche machender Bau am Wiener Michaelerplatz 1910 sogar einen Skandal hervorrief, und Otto Wagner, Begründer der »Wiener Schule«, der in Wien die Haltestellengebäude der Stadtbahn und von 1904 bis 1906 das Postsparkassengebäude errichtete.

Wiener Secession

Außerhalb der Secession gelangte der Tiroler **Albin Egger-Lienz** zu Ansehen, ein Expressionist von monumentaler und herber Vitalität. **Egon Schiele** war mit seinen ausdrucksstarken Menschendarstellungen und zarten Naturschilderungen ein führender Vertreter des frü-

Expressionismus

hen Expressionismus. Neben **Oskar Kokoschka** ist zudem noch **Alfred Kubin** zu nennen, ein Meister düsterer Traumwelten.

Zwischen-kriegszeit In der Zwischenkriegszeit findet man nur wenige bedeutende bildende Künstler, darunter die Maler Ingeborg Spann-Cramer und Herbert Boeckl, die Bildhauer Anton Hanak und Fritz Wotruba, der mit seiner archaischen Formensprache zu einem Klassiker der modernen Plastik wurde, sowie die Architekten Clemens Holzmeister, Karl Ehn und Lois Welzenbacher.

Nötscher Kreis Erwähnung verdient auch der so genannte Nötscher Kreis. Die keinem Programm verpflichtete **Künstlergruppe um Anton Kolig, Sebastian Isepp, Franz Wiegele und Anton Mahringer** bildete eine Nahtstelle zwischen dem Wiener Symbolismus bzw. dem österreichischen Expressionismus und der französischen Künstlergruppe Nabis bzw. Cézanne.

Wiener Schule des phantastischen Realismus Bald nach dem Zweiten Weltkrieg war es der Maler und Schriftsteller Albert Paris Gütersloh, der die »Wiener Schule des phantastischen Realismus« nachhaltig inspirierte. Diese **spezifisch österreichische Kunstausrichtung** steht dem Surrealismus nahe. Ihre wichtigsten Vertreter waren Erich (Arik) Brauer, Rudolf Hausner, Wolfgang Hutter, Anton Lehmden und Ernst Fuchs.

Moderne Architektur Kaum einordnen lässt sich der im Jahr 2000 verstorbene, viel gerühmte und viel gescholtene österreichische Künstler **Friedensreich Hundertwasser** (▶Berühmte Persönlichkeiten), der nicht nur durch seine Bilder, sondern auch durch seinen höchst eigenwilligen Architekturstil bekannt geworden ist. Unschwer erkennbar sind die Arbeiten des Architekten und Stadtplaners **Boris Podrecca**, der nicht nur durch lebensfreundliche Gestaltung von Innenstadtplätzen auf sich aufmerksam machte, sondern auch am Millennium Tower von Wien beteiligt war. Zu den international bekanntesten österreichischen Architekten gehören außerdem die Gemeinschaft Coop Himmelb(l)au (Gasometer B, Wien), Gustav Peichl, Rudolf Weber (Millennium Tower, Wien), Hans Hollein (Haas-Haus, Wien) und Wilhelm Holzbauer (Studienhaus St. Virgil, Salzburg-Aigen).

Zeitgenössische Kunst Moderne Architektur findet großen Anklang in Österreich. Nicht nur in der Stadt **Wien**, deren Skyline immer weiter wächst, finden sich zeitgemäße Bauten in großer Dichte, auch in der **Steiermark** (Grazer Schule) und in **Vorarlberg** sind sie zahlreich zu finden, gehen hier oft eine Symbiose mit dem Alten ein und stehen teilweise recht unvermittelt inmitten prächtiger Natur (Skywalk am Dachstein und Schiestlhaus am Hochschwab in der Steiermark, Werkraumhaus Andelsbuch und Frauenmuseum Hittisau in Vorarlberg). Landesweite Vorzeigeprojekte sind vor allem die vielen großen Museumsneu-bauten (1996: Ars Electronica Center in Linz; 1997: Kunsthaus Bregenz; 2001: MuseumsQuartier in Wien; 2003: Kunsthaus Graz und Lentos Kunstmuseum Linz; 2004: Museum der Moderne Mönchsberg in Salzburg; 2013: Vorarlberger Landesmuseum in Bregenz) sowie die Arbeiten von **Zaha Hadid** in Innsbruck (2003: Bergiselschanze; 2007: Hunger-burgbahn). Bedeutung nach 1950 erlangten in Österreich und darü-ber hinaus die Maler Arnulf Rai-ner und Maria Lassnig, der Bild-hauer und Grafiker Alfred Hrd-licka, die Bildhauer Annemarie und Joannis Avramidis und der Plastiker Rudolf Hoflehner. Zum Kreis des **Wiener Aktionismus** zählen Künstler wie Hermann Nitsch, Günter Brus und Walter Pichler, zur **Wiener Gruppe** Friedrich Achleitner, Gerhard Rühm, H. C. Artmann und Kon-

Hrdlickas Mahnmal gegen Krieg und Faschismus in Wien

rad Bayer. Jüngere Positionen vertreten Valie Export, Peter Kubelka und Peter Weibel. International bekannt sind auch Marie Luise Leb-schik, Siegfried Anzinger, Martha Jungwirth, Gunther Damisch, Otto Zitko, Lore Heuermann, Birgit Jürgenssen, Herbert Brandl und Friederike Pezold. Für **Fotokunst** stehen Ines Doujak und Branko Lenart, für **Installationen, Performances und Objektkunst** neben vielen anderen Elke Krystufek oder Walter Obholzer. Die zeitgenös-sische österreichische Kunstszene ist nicht nur außerordentlich le-bendig und vielfältig, ihr internationales Renommee verdankt sie auch einer mit Nachdruck und Esprit betriebenen Erweiterung tra-dierter künstlerischer Mittel. Beispiel dafür ist die **Gruppe Gelatin** mit einer umfassenden Multimedia-Installation im österreichischen Pavillon auf der Biennale in Venedig 2002.

Berühmte Persönlichkeiten

KAISERIN ELISABETH (1837–1898)

▶Baedeker Wissen S. 312

PRINZ EUGEN (1663–1736)

Wegen seines kleinen Wuchses und seiner unansehnlichen Gestalt wurde dem am Hof des Sonnenkönigs aufgewachsenen Prinzen Eugen Franz von Savoyen-Carignan von Ludwig XIV. der Eintritt in das französische Heer verweigert. Der französische Herrscher riet ihm, in den geistlichen Stand zu treten. Eugen ging jedoch lieber an den Kaiserhof nach Wien, trat in das habsburgische Heer ein, hatte dort bald Gelegenheit, sich im Kampf gegen die Türken, die Wien belagerten, auszuzeichnen und machte in Österreich rasch Karriere. Im Dienst dreier habsburgischer Kaiser – Leopold I. und dessen Söhne Joseph I. und Karl VI. – stieg er vom einfachen Offizier zum Feldmarschall, schließlich zum »Präsidenten des Hofkriegsrates« und zum Reichsmarschall auf. Seinen Ruf als Feldherr begründete Eugen mit seinem entscheidenden **Sieg über die Türken bei Zenta** im Jahr 1697, der Österreich ganz Ungarn, Siebenbürgen, Kroatien und Slawonien einbrachte. Seine Erfolge gegen die Türken, die er 1717 mit der Eroberung Belgrads krönte, ließen ihn als »Prinz Eugen, den edlen Ritter« im Volkslied weiterleben. Doch Eugen war nicht nur **das größte militärische Genie seiner Zeit**, sondern auch der tonangebende Staatsmann des Habsburger Reiches, der an fast allen Friedensverhandlungen der damaligen Zeit maßgeblich mitwirkte. Außerdem war er ein großer Freund und Förderer von Kunst und Wissenschaft, dem Wien erlesene Bauwerke verdankt.

Feldherr und Staatsmann

SIGMUND FREUD (1856–1939)

Viele seiner Theorien gelten als überholt oder sind mittlerweile widerlegt worden, doch ohne Sigmund Freud ist die moderne Psychologie nicht vorstellbar. Der Wiener Nervenarzt und Dozent für Neuropathologie gilt als Entdecker des Unbewussten und **Begründer der Psychoanalyse**. Das psychische Geschehen sah Freud hauptsächlich als triebgesteuert an: Demnach zielen die Triebe, besonders die sexuellen, aus der Schicht des Unbewussten auf Befriedigung. Ursache seelischer Störungen seien verdrängte traumatische Erfahrungen, vor allem die Verdrängung frühkindlicher Erlebnisse und das daraus resultierende fehlerhafte Zusammenspiel der drei Kräfte, die das menschliche Erleben bestimmen: das »Es« (Unbewusstes) und das »Ich«, das als »selbstbewusste« Instanz zwischen

Arzt und Psychologe

Auf einem der zahlreichen Bälle in der Wiener Hofburg: Hier ist versammelt, was Rang und Namen hat.

den Forderungen des »Es« und denen der Außenwelt, dem »Über-Ich«, vermittelt. Um derartige krank machende Erlebnisse aufzudecken, entwickelte er ein als »Psychoanalyse« bezeichnetes Verfahren, das sich der Traumdeutung, seltener auch noch der Hypnose bedient. Von Freud stammen einige Begriffe, die heute zum gängigen Vokabular gehören, etwa Ödipuskomplex, Lustgewinn und Todestrieb. Freud musste wegen seiner jüdischen Abstammung im Jahr 1938 nach London emigrieren.

HUBERT VON GOISERN (GEB. 1952)

Musiker   Der als Hubert Achleitner in Bad Goisern in Oberösterreich geborene Musiker gehört zu den bekanntesten Vertretern des **Alpenrock**, der überlieferte Weisen mit anderen Stilen wie Jazz, Folk oder Hip-Hop kombiniert. Traditionalisten fangen mit seinen Interpretationen zwar wenig an, doch Hubert von Goiserns Mischung aus **Rockmusik mit Elementen aus der heimischen Volksmusik** spricht das junge Publikum an. Besonders erfolgreich war Hubert von Goisern, der, wie in seiner Heimatgemeinde üblich, schon als Bub in der Blasmusikkapelle spielte, in den 1990er-Jahren. Mit seiner Band »Original Alpinkatzen« tourte er durch den gesamten deutschsprachigen Raum und weiter bis in die USA. Nach der Auflösung der Band (1995) ging Hubert von Goisern auf Reisen. Aufenthalte in Afrika und Tibet ließen ihn schließlich seine Musik auch für andere Stile und Richtungen öffnen – teilweise ist er vom Alpenrocker zum Weltmusiker geworden. Doch trotz fremdartiger Einflüsse sind seine alpenländischen Wurzeln nicht zu überhören, ohne sein Akkordeon in Reichweite steht er selten auf der Bühne. Hubert von Goisern ist das Musterbeispiel eines Dauerbrenners: Im Jahr 2011 feierte er mit der Single »Brenna tuats guat« seinen allerersten Nummer eins Hit in Österreich. Das Lied dreht sich um das Thema Gier und Geld.

HEINRICH HARRER (1912–2006)

Forschungs-reisender   Bekannt wurde der Kärntner Heinrich Harrer 1938, als er mit drei Kollegen erstmals die gefürchtete **Eigernordwand** bezwang. Sein sehnlichster Wunsch war die Teilnahme an einer Himalaya-Expedition, der ihm 1939 von der NS-Propaganda unvermutet erfüllt wurde: Er wurde überraschend in die **Expedition zum Nanga Parbat**, einem der höchsten Berge im Himalaya, einberufen – nur vier Tage blieben ihm, um für diese Reise zu packen. Ohne Rücksicht auf seine hochschwangere Frau nahm er das Angebot an, das gemeinsame Kind sollte er erst zwölf Jahre später kennenlernen. Denn in Kaschmir wurden die Expeditionsteilnehmer vom Kriegsausbruch überrascht und von den Briten interniert. 1944 konnte Harrer gemeinsam mit seinem Bergsteigerkollegen und Landsmann Peter Aufschnaiter aus dem Lager über die Berge des Himalaya in die geheimnisvolle verbotene Stadt Lhasa in Tibet fliehen, wo eine freundschaftliche Beziehung zwischen dem österreichischen Flüchtling und dem jungen, wissenshungrigen Herrscher, dem Dalai Lama, entstand. Während Harrer den jungen Regenten in Englisch und Geografie unterrichtete und ihm die westliche Kultur erklärte, wurde er selbst zum Schüler seines Zöglings und lernte, die Welt durch dessen Augen zu sehen. Nach seiner Rückkehr 1951 unternahm der Kärntner Forscher Expeditionsreisen zu bedrohten Völkern im Amazonasgebiet, in den Dschungelwäldern Surinams, Zentralafrikas, Borneos, Neuguineas, auf den Andamaneninseln und im Norden Kanadas. Sein Buch **»Sieben Jahre in Tibet. Mein Leben am Hof des Dalai Lama«** wurde 1997 mit Brad Pitt in der Hauptrolle verfilmt. Bei der Uraufführung in Hollywood konnte Harrer jedoch nicht erscheinen: Die US-Behörden verweigerten ihm die Einreise, nachdem seine bislang von ihm verschwiegene SS-Mitgliedschaft bekannt geworden war.

ANDREAS HOFER (1767 – 1810)

Kein anderer großer Freiheitsheld des Tiroler Volksaufstandes gegen Napoleon und seine bayerischen Verbündeten reicht an den Mythos Andreas Hofer heran. Er war der **Freiheitskämpfer**

Anführer der Aufstände gegen die bayerische Vorherrschaft, die Tirol von der Landkarte verbannen wollte. In der Schlacht von Austerlitz 1805 hatte Napoleon Österreich vernichtend geschlagen, im folgenden Friedensdiktat war Tirol von der österreichischen Krone getrennt und dem neuen Königreich Bayern zugeteilt worden. Die Bayern erhoben Steuern, tilgten den Namen »Tirol« von der Landkarte und schlugen – was für die gläubigen Tiroler am schlimmsten war – einen harten antiklerikalen Kurs ein, der neben der Auflösung von Klöstern und der Versetzung von Priestern sogar das Verbot der mitternächtlichen Christmette vorsah. 1809 began-

Denkmal für Andreas Hofer unterhalb der Bergiselschanze bei Innsbruck

nen die Tiroler den Kampf gegen die bayerische Besatzungsmacht. Viermal führte Hofer seine Kämpfer am Bergisel gegen die Franzosen und Bayern in die Schlacht, dreimal siegreich. Am 15. August 1809 zog Hofer, als Retter Tirols von der Bevölkerung bejubelt, in die Landeshauptstadt Innsbruck ein und wurde für zwei Monate **kaiserlicher Oberkommandant von Tirol**. Als Österreich am 14. Oktober im Frieden von Schönbrunn erneut auf seine westlichen Lande verzichtete und Napoleon die Rückgabe Tirols an Bayern anordnete, lehnten sich Hofers Freiheitskämpfer ein viertes Mal gegen die Usurpatoren auf. Am 3. November 1809 wurden sie von Napoleons Soldaten am Bergisel geschlagen. Hofer gelang zwar die Flucht über den Brenner, doch er wurde von einem ehemaligen Kampfgefährten an die Franzosen verraten und in Ketten nach Mantua gebracht. Napoleon wollte um jeden Preis Hofers Kopf. Selbst Vizekönig Beauharnais, der Stiefsohn Napoleons, setzte sich für den Rebellenführer ein, und die Bürger Mantuas sammelten 5000 Silbertaler Lösegeld für ihn. Es half alles nichts. Am 20. Februar 1810 trat der Freiheitskämpfer vor ein Erschießungskommando. Vor Ergriffenheit konnte der französische Feldwebel, der die Erschießung leiten musste, das Feuerkommando nicht geben, sodass Hofer selbst »Feuer« befahl.

FRIEDENSREICH HUNDERTWASSER (1928–2000)

Künstler 1948 schrieb sich der als Sohn einer jüdischen Familie in Wien geborene Friedrich Stowasser (bürgerlicher Name) an der Kunstakademie ein, brach jedoch bereits nach drei Monaten, gelangweilt von der akademischen Ausbildung, sein Studium ab und holte sich lieber Anregungen im echten Leben. „Geradlinigkeit bringt uns nicht zum Ziel", predigte er gerne und duldete gerade Linien („Werkzeuge des Teufels") und rechte Winkel nur beim Bildformat. Seine Kunst (Malerei, Grafik, Architektur) verschrieb er den ehrgeizigen Zielen, die Welt zu verbessern und eine naturverbundene Lebensweise zu fördern. Der »kühlen« Kunst der Nachkriegszeit begegnete der Selfmademan mit **verspielten Elementen**, mit ornamentalen, an den Jugendstil erinnernden Motiven, mit bunten Farben, mit Abwechslung und Individualität. Sein Lieblingsmotiv wurde die Spirale als Symbol für den Kreislauf des Lebens. Als **»Architekturdoktor«**, wie er sich selbst bezeichnete, verschönerte und begrünte er Dächer, Fassaden und Fenster und versah schließlich sein Anfangswerk, das Hundertwasserhaus in Wien (1983–1986), mit Zwiebeltürmchen, unregelmäßigen Wandelgängen und unebenen Fußböden. Bald schon erhielt er Staatsaufträge, etwa für Bahnhöfe, Kirchen oder Fabrikanlagen, in aller Welt. In den 1990er-Jahren zog er sich aus der Öffentlichkeit zurück und verbrachte mindestens sechs Monate im Jahr auf seinem Anwesen in Neuseeland, wo er auch beerdigt ist. Von

seinen Kritikern wurde er als »Kitschist« und »Fassadenverhübsche-
rer« belächelt, sie sagten, dass der sich in seinen Werken stetig wie-
derhole und dies geschäftstüchtig auszunutzen wisse.

ELFRIEDE JELINEK (GEB. 1946)

Elfriede Jelinek, geboren in Mürzzuschlag in der Steiermark, bekam
auf Wunsch der Mutter bereits in jungen Jahren eine musikalische
Ausbildung, 1964 schrieb sie sich an der Universität Wien für Thea-
terwissenschaft und Kunstgeschichte ein. Nach einigen Semestern
sah sie sich jedoch wegen ihrer
psychischen Angstzustände gezwungen, das Studium abzubre-
chen. Das Jahr 1968 verbrachte sie
in absoluter Isolation in ihrem El-
ternhaus, wo sie begann, erste **Ge-
dichte** zu schreiben. Danach en-
gagierte sie sich im Umfeld der
1968er-Bewegung. Mit dem Roman die **»Die Liebhaberinnen«**,
einer Heimatromankarikatur, gelang ihr 1975 der literarische
Durchbruch. Der erste große
Skandal um Elfriede Jelinek wurde 1983 durch die Uraufführung
von **»Burgtheater«** heraufbe-
schworen: Das Drama setzt sich
mit der mangelhaften NS-Vergan-
genheitsbewältigung in Österreich auseinander. Mit dem Werk
»Lust« folgte 1989 das nächste
Aufsehen, Kritiker stempelten Je-
lineks Auseinandersetzung mit
patriarchalischen Machtverhält-
nissen als feministischen Porno
ab. Als die kritische Autorin, die
gegen Missstände im öffentlichen,

Umstrittene Sprachkünstlerin

Kritische Autorin: Elfriede Jelinek

im politischen, aber auch im privaten Leben der österreichischen
Gesellschaft schreibt, auf Wahlplakaten der Wiener FPÖ 1995 persönlich angegriffen wurde, zog sie sich aus der Öffentlichkeit zurück
und erließ ein Aufführungsverbot ihrer Stücke in Österreich. 2004
erhielt sie den **Literaturnobelpreis** für »den musikalischen Fluss von
Stimmen und Gegenstimmen in Romanen und Dramen, die mit einzigartiger sprachlicher Leidenschaft die Absurdität und zwingende
Macht der sozialen Klischees enthüllen«.

GERLINDE KALTENBRUNNER (GEB. 1970)

Bergsteigerin Die Oberösterreicherin Gerlinde Kaltenbrunner stand am 23. August 2011 am Gipfel des K2 und setzte damit die österreichische Expeditions- und Bergsteigertradition eindrucksvoll fort: Als erster Frau überhaupt war es ihr gelungen, **alle 14 Achttausender der Welt ohne zusätzlichen Sauerstoff zu besteigen.** Es hatte zuerst so ausgesehen, als ob dieser Rekord – Gerlinde Kaltenbrunner hatte ihn selbst nie beabsichtigt – am K2 scheitern würde; erst beim vierten Versuch, der auch nicht ganz unproblematisch verlief, schaffte sie den Gipfelsieg. Bereits als Kind hatte sie die Passion Bergsport, sie war 13 Jahre alt, als der örtliche Pfarrer sie erstmals zum Seilklettern mitnahm. Damals dachte sie allerdings noch an einen herkömmlichen Lebenslauf als Krankenschwester: Mit 20 Jahren begann sie, in einem Spital nahe ihrer Heimatgemeinde zu arbeiten, verbrachte ihre Urlaube aber in den Bergen Pakistans, Chinas, Nepals und Perus. Mit der **Besteigung des Nanga Parbat** 2003 wurde sie schließlich bekannt genug, um den Sport zu ihrem Beruf zu machen. Sie ist verheiratet mit Ralf Dujmovits, der als erster Deutscher alle Achttausender gemeistert hat. Den Heiratsantrag erhielt sie übrigens auf 7250 m Höhe in einer ungewöhnlich warmen Nacht, als beide in ihren Schlafsäcken unterm Himmelszelt lagen.

GUSTAV KLIMT (1862 – 1918)

Maler »Malen und zeichnen kann ich. Von mir gibt es kein Selbstporträt. Ich interessiere mich nicht für die eigene Person – eher für andere Menschen, weibliche ... Ich male Tag um Tag von Morgen bis Abend – Figurenbilder und Landschaften, seltener Porträts«, so der Maler und Grafiker Gustav Klimt, der Bahnbrecher der **modernen Malerei** in Österreich und Hauptvertreter des **Wiener Jugendstils** in seiner zweiten Werkphase. Klimt war in seinen frühen Schaffensjahren noch stark der akademischen klassischen Tradition verpflichtet. Nach und nach löste er sich davon und gründete 1897 mit den Malern Joseph Maria Olbrich und Josef Hoffmann die **Wiener Secession**, die eine bewusste Abkehr von der Malerei des Historizismus vollzog. Kurz darauf entwickelte Klimt den für ihn typischen Stil. Manierierte Körper, die aus mosaikartigen, das ganze Bild überziehenden flächig-geometrischen Mustern herauswachsen, dominieren nun die Bilder. Dargestellt sind auf den meisterhaften Zeichnungen und zartfarbenen Bildern, deren dekorativer Effekt oft durch die Verwendung von **Goldfarbe** verstärkt wird, vielfach Akte und Porträts von Frauen. Diese standen im Zentrum seiner Kunst, wobei seine Porträts von historischen über allegorische und mythologische bis zu erotischen und klassischen Frauenbildnissen reichen (»Judith I«,

1910; »Porträt von Adele Bloch-Bauer I«, 1907; »Der Kuss«, 1907/1908). Klimt war nie verheiratet, hatte aber diverse Affären mit Damen der vornehmen Gesellschaft und mindestens drei uneheliche Kinder. Bis zu seinem Tod pflegte er eine intime Freundschaft mit der bekannten Wiener Modeschöpferin Emilie Flöge – dem Vernehmen nach stellt das berühmte Bild **»Der Kuss«** ihn und Emilie dar.

FRANZ LEHÁR (1870 – 1948)

Zwei große Männer gaben ihm den wichtigsten Ratschlag seines Lebens: Als Franz Lehár während seiner Geigerausbildung am Konservatorium in Prag eine D-Moll-Sonatine und eine F-Dur-Sonatine komponierte, rieten ihm Anton Dvorák und Johannes Brahms, er möge sich doch der Komposition zuwenden. Der im ungarischen Komorn geborene Musiker befolgte gerne den guten Rat. Mit der **Operette »Die lustige Witwe«** (1905) gelang ihm der Durchbruch, das Werk wurde ein Welterfolg und öffnete ihm den Zugang zur »höheren Gesellschaft«. Zu seiner gesellschaftlichen Integration trug sicher auch der Umstand bei, dass er ab 1906 seine Sommer oft in Bad Ischl verbrachte, wo nicht nur Kaiser Franz Joseph I. alljährlich Sommerurlaub machte, sondern auch der Adel. Für den Operettenkomponisten, der mit Operetten wie **»Paganini«** (1925), **»Das Land des Lächelns«** (1930), mit melancholischen »slawischen« Melodien und einfachen Tanzweisen nicht nur die Bühnen aller Länder, sondern auch die Herzen vieler Zuhörer eroberte, ergab sich mit dem »Anschluss« Österreichs an Nazi-Deutschland 1938 eine problematische Situation: Zwar gehörte Adolf Hitler zu seinen erklärten Bewunderern, doch seine Frau war jüdischer Abstammung. Lehár jedenfalls lehnte alle Auslandsangebote ab und weigerte sich strikt, seine komfortablen Unterkünfte in Wien und Bad Ischl aufzugeben. Durch seine Prominenz fühlte er sich ausreichend gesichert. Er hatte Glück, seine Familie blieb vom Holocaust verschont.

Komponist

MARIA THERESIA (1717 – 1780)

Als Kaiser Karl VI. 1740 starb, erlebte das Habsburger Reich seine schwerste Krise. Denn auf den Thron des Kaisers, der mehrere Töchter, aber keinen Sohn hatte, stieg kein männlicher Nachfolger, sondern – bestimmt durch die »Pragmatische Sanktion« (Erbfolgegesetz) – seine älteste Tochter Maria Theresia. Nur wenige europäische Mächte erkannten das **Erbfolgegesetz** an. Nicht nur der preußische König Friedrich II. wollte mit dem »Weiberrock auf dem Wiener Thron« kurzen Prozess machen, fast alle Nachbarn Habsburgs witterten die Chance, die junge Herrscherin auszuplündern. Doch die

Herrscherin

neue Regentin, die mit 23 Jahren ihr Amt antrat, hielt das Reich im langwierigen österreichischen Erbfolgekrieg (1740–1748) zusammen, lediglich Schlesien musste sie an Preußens Friedrich II. abtreten. Auch im Inneren leistete Maria Theresia Beachtliches: Sie leitete eine **umfassende Staatsreform** ein, zu deren Maßnahmen die Formulierung eines neuen Strafgesetzbuches, die Regelung des Unterrichtswesens, die Abschaffung der Folter und die Milderung der Leibeigenschaft gehörte. Obwohl die beim Volk beliebte Herrscherin als Kaiserin in die Geschichte einging, war sie eigentlich nur Erzherzogin von Österreich sowie Königin von Ungarn und Böhmen. Den kaiserlichen Ehrentitel verdankt sie ihrem Gemahl Franz I., der als Kaiser dem Heiligen Römischen Reich Deutscher Nation vorstand.

DIETER »DIDI« MATESCHITZ (GEB. 1944)

Unternehmer Das Vermögen des reichsten Mannes von Österreich wird auf 5,3 Mrd. US-Dollar geschätzt. Dies hat sich der gebürtige Steirer aus eigener Kraft erwirtschaftet – er gilt als Marketinggenie. Kolportiert wird, dass der Aufstieg des Absolventen der Hochschule für Welthandel in Wien im Jahr 1982 mit einer Thailandreise begonnen hat. Vom Jetlag geplagt soll Mateschitz festgestellt haben, dass ihm das dort verbreitete Getränk Krating Daeng half, diesen zu überwinden. Die Idee eines **modernen Energydrinks** auf Basis dieses Rezepts soll damit geboren worden sein, **Red Bull** kam 1987 auf den Markt. Zielgenaues Marketing in jugendlichen (Partyszene) und sportlichen (Snowboarder, Mountainbiker) Zielgruppen machte die Marke rasch zum **Kultgetränk**. Ein Status, den sie bis heute hält, keine der zahlreichen und oft deutlich günstigeren Nachahmermarken kann Red Bull als weltweiten Marktführer bei Energydrinks (ca. 70 % Marktanteil) ernsthaft herausfordern. Mit dem verdienten Geld pflegt Dieter Mateschitz sein Hobby Flugzeuge in großem Stil (Hangar-7 auf dem Salzburger Flughafen), unterhält ein Medienhaus (Servus) und tritt als Großsponsor im Sport (u. a. Fußball, Formel 1) auf. Der Firmensitz des Mateschitz-Imperiums liegt in Fuschl bei Salzburg.

MAXIMILIAN I. (1459–1519)

Kaiser Kaiser Maximilian I. ging als **»der letzte Ritter«** in die Geschichte ein. Er war der letzte Kaiser, der selbst eine Schlacht anführte und dabei im Kampfgetümmel vom Pferd geschossen wurde. Ritterturniere im alten Stil liebte er von ganzem Herzen, eine Vorliebe aus seiner Burgunder Zeit (1477–1482). Doch Maximilian hatte auch einen **Blick für das Neue**, war in vielerlei Hinsicht moderner als etliche seiner zeitgenössischen Herrscherkollegen. So förderte er die

In Erinnerung an die Herrscherin: Maria-Theresia-Denkmal in Wien

moderne Kriegstechnik, nämlich die neuartige, jedoch sehr schlagkräftige Infanterie der Landsknechte und die Artillerie, die mit Handbüchsen und langen Spießen ausgerüstete Söldner unterstützte. Das notwendige Geld für seine Feldzüge und seine diplomatischen Schachzüge holte er sich aus den großen Silber- und Kupferbergwerken Tirols, das ihn 1490 zum neuen Landesfürsten gewählt hatte. Er umgab sich mit Malern, Dichtern und Musikern, ließ Bauwerke von künstlerischem Rang errichten und förderte die Wissenschaften, was ihm unter den Humanisten den Ruf eines **Renaissancefürsten** einbrachte. Schließlich verstand es der wegen seiner Jagdleidenschaft und seiner umgänglichen Art beim Tiroler Volk sehr beliebte Herrscher vortrefflich, sich werbewirksam zu verkaufen: Er machte von der neuen Buchdruckerkunst Gebrauch und ließ Flugblätter für die Verkündung von Siegen oder die Verhöhnung von Feinden unters Volk bringen. Als sich Maximilian die Kaiserkrone aufsetzen wollte, ihm das feindliche Venedig jedoch den Weg zum Papst nach Rom versperrte, proklamierte er sich im Dom von Trient 1508 kurzerhand selbst zum Kaiser – die Zeit der Kaiserkrönungen in Rom waren damit für immer vorbei. Maximilian hinterließ nach seinem Tod eine Dynastie, die über ein riesiges Reich regierte (Österreich, Spanien, Burgund), Erbhoffnungen auf Böhmen und Ungarn hatte und zur europäischen Großmacht aufgestiegen war.

KLEMENS FÜRST VON METTERNICH (1773–1859)

Staatsmann Er war ein Aristokrat wie aus einem Bilderbuch des späten 18. Jh.s: gutaussehend, elegant, rhetorisch geschickt, selbstbewusst und grenzenlos eitel. Auch gedanklich war er noch sehr dem 18. Jh. verhaftet. Klemens Lothar Wenzel Metternich glaubte fest an die monarchisch-aristokratische Ordnung – die Französische Revolution, der Parlamentarismus und die bürgerliche Gleichstellung waren ihm ein Gräuel, vor allem nachdem seine aus einem rheinischen Adelsgeschlecht stammende Familie von französischen Truppen aus seiner Geburtsstadt Koblenz vertrieben worden war. In seiner neuen Heimatstadt Wien begann der unaufhaltsame Aufstieg als Staatsmann. Zunächst war er kaiserlicher Botschafter in Dresden, Berlin und Paris, 1809 übernahm er das österreichische Außenministerium und 1813 wurde er in den erblichen Fürstenstand erhoben. Höhepunkt seiner staatsmännischen Laufbahn war der **Wiener Kongress** 1814/1815, der unter seiner Leitung das europäische Chaos nach dem Sturz Napoleons zu entwirren hatte. Dabei gelang es dem Fürsten, die vorrevolutionäre politische Ordnung in Europa wieder herzustellen, womit er zu der **Hauptfigur der europäischen Restauration** wurde. Außenpolitisch versuchte er ein Gleichgewicht der Großmächte zu schaffen, innenpolitisch etablierte er einen restaurativ-absolutistischen, auf polizeistaatliche Methoden gründenden Regierungsstil. Er war zu dieser Zeit der eigentliche Herr und Gebieter über das Geschehen in Europa, und niemand – am allerwenigsten er selbst – hegte Zweifel, dass sein politisches System lange Zeit bestehen würde. Doch im März 1848 brach in Wien die Revolution aus. Als verhasster Vertreter der Reaktion musste Metternich aus Österreich fliehen. Nach einigen Jahren in Großbritannien und Belgien kehrte er 1851 mit 78 Jahren nach Wien zurück, wo er schließlich im Jahr 1859 starb.

WOLFGANG AMADEUS MOZART (1756–1791)

▶Baedeker Wissen, S. 460

MAX REINHARDT (1873–1943)

Max Reinhardt ist eine der bedeutendsten Persönlichkeiten der gesamten Theatergeschichte. Geboren wurde er unter dem Namen Max Goldmann in Baden bei Wien, 1904 legte sich der aus einer jüdischen Familie stammende Künstler nicht zuletzt wegen des herrschenden Antisemitismus den Namen Reinhardt zu. Begonnen hatte er seine Karriere auf der Bühne: 1893 war er Schauspieler in Salzburg, von 1894 bis 1903 spielte er am Deutschen Theater in Berlin. 1905 gelang ihm mit seiner ersten Inszenierung von Shakespeares »Sommernachtstraum« der triumphale Durchbruch als Regisseur. Im selben Jahr schon übernahm er das Deutsche Theater, dem er mit kurzen Unterbrechungen bis 1933 als Direktor vorstand. Gemeinsam mit Hugo von Hofmannsthal und Richard Strauss initiierte er 1920 die **»Salzburger Festspiele«**, die er bis 1937 leitete. 1929 gründete er in Wien das Max-Reinhardt-Seminar, eine Regie- und Schauspielschule. 1933 boten ihm die Nazis die »Ehrenarierschaft« an, die er empört ablehnte. Stattdessen emigrierte er nach Österreich, 1937 endgültig in die USA. Am 31. Oktober 1943 starb er nach einem Schlaganfall in New York. Max Reinhardt gilt als **Begründer des modernen Regietheaters**. Er nutzte den jeweils neuesten Stand der Bühnentechnik (Drehbühne, Rundhorizont, Lichttechnik), versuchte jedem Stück den ihm eigenen Spielort zuzuweisen und suchte dafür nach immer neuen Bühnenformen und Schauplätzen (Gärten, Schlösser, Kirchen). Außerordentlich wichtig war ihm die intensive Zusammenarbeit mit den Schauspielern, er bildete den Nachwuchs zudem gezielt aus. Die größtmögliche Anlehnung an die dichterische Vorlage war für ihn der oberste Grundsatz. Seine Inszenierungen dienten einem Zweck: dem ästhetischen Genuss. Zeitbedingte ideologische, soziale oder literarische Botschaften vermied er gewissenhaft.

Theater-
regisseur

ROMY SCHNEIDER (1938–1982)

Schau-
spielerin

Als Schauspielerin genoss die in Wien geborene Romy Schneider als einer der wenigen Stars aus dem deutschsprachigen Raum nach dem Zweiten Weltkrieg internationale Anerkennung, obwohl ihr deutsch-österreichisches Stammpublikum und ihre französischen Fans ein jeweils anderes Bild von ihr hatten. Für einen Großteil der Deutschen und Österreicher blieb sie bis zu ihrem Tod die **»Sissi«**, die nach Paris gezogen war, um ein Vamp zu werden, und dafür vom Leben hart bestraft wurde. Sie verziehen ihr nicht, dass sie, die mit drei Filmen über die österreichische Kaiserin Elisabeth (►Baedeker Wissen S. 312) die Herzen vieler Menschen im Sturm erobert hatte, das Land verließ, um das Image vom »süßen Mädel« loszuwerden. In **Frankreich** hingegen wurde sie als eine Frau betrachtet, die sich emanzipiert hatte und dennoch einen Mann lieben konnte. Romy Schneider selbst litt ihr Leben lang unter dem süßen »Sissi-Image« (»dem Grießbrei, der mir da angepappt war«). Den zweiten und dritten Sissi-Film drehte sie nur widerwillig unter dem Druck der Mutter, die auch in den Sissi-Filmen die Mutter spielte, und ihres Stiefvaters. Als ein vierter Teil geplant wurde, lehnte sie schließlich kategorisch ab. Ihrer beruflichen Karriere schadete dieser Schritt keineswegs – im Gegenteil: In rund 60 Filmen, darunter **»Der Prozess«** und **»Das Mädchen und der Mörder«,** feierte die hübsche Österreicherin oft riesige Erfolge, vor allem in ihrem neuen Heimatland Frankreich. Im Privatleben erlebte sie jedoch eine Katastrophe nach der anderen. Ihre Eltern, die Schauspieler Magda Schneider und Wolf Albach-Retty, ließen sich scheiden, als ihre Tochter sieben Jahre alt war. Die Verlobung mit dem französischen Filmstar Alain Delon hielt nicht lange, ebensowenig ihre Ehe mit dem Schauspieler und Regisseur Harry Meyen, der sich nach der Scheidung das Leben nahm. Auch die Ehe mit Daniel Biasini ging nach kurzer Zeit in die Brüche. Am schlimmsten aber war für sie der Verlust ihres 14-jährigen Sohnes, der 1981 bei einem tragischen Unfall ums Leben kam. Es war ein seelischer Schlag, von dem sie sich nicht mehr erholte. So sind auch die Umstände, die zu ihrem Tod am 28. Mai 1982 führten, nicht restlos geklärt: Obwohl im Totenschein Herzversagen stand, ist auch Selbstmord nicht auszuschließen; möglicherweise unbeabsichtigt mit Tabletten und Alkohol, denen Romy Schneider verfallen war.

ARNOLD SCHWARZENEGGER (GEB. 1947)

Schauspieler

Der im steirischen Thal geborene Arnold Schwarzenegger lebt den amerikanischen Traum: Aus einfachen Verhältnissen stammend, stieg er in den USA vom Bodybuilder zum berühmten Schauspieler und schließlich zum Gouverneur von Kalifornien auf. Mit 15 Jahren

betrat der junge Arnold erstmals ein Gewichtheberstudio und war
schnell vom damals vorwiegend in Amerika bekannten Bodybuilding fasziniert. Ab 1967 gewann er gleich serienweise die wichtigsten
Titel (Mr. Universum, Mr. Olympia) und gilt damit bis heute als eine
Ikone des Bodybuilding. Aus sportlichen Gründen war er 1968
ganz in die USA übergesiedelt, dort spielte er bereits im Jahr 1970 in
seinem ersten Film (»Herkules in New York«) die Titelrolle. 1982 erlangte er mit »Conan, der Barbar« internationale Beachtung, der
Durchbruch in Hollywood erfolgte dann 1984 mit dem Science-
Fiction-Film »Terminator«. Nach weiteren Kassenschlagern wie
»Predator«, »Twins«, »Kindergarten Cop« und »Total Recall« sowie
einem kurzen, aber sehr erfolgreichen Comeback im Sport in den
Jahren 1980 bis 1985 widmete er sich ab 2002 ganz der Politik. Am
7. August 2003 gab der mit Maria Shriver aus dem Kennedy-Clan
verheiratete Arnold Schwarzenegger seine Kandidatur für das Amt
des **Gouverneurs von Kalifornien** bekannt. Tatsächlich gewann er
die Wahlen – und auch die Wiederwahl im Jahr 2006. Seit seinem
politischen Abdanken 2011 – ein neuerliches Antreten verbietet das
Gesetz – und der noch im gleichen Jahr erfolgten Trennung von seiner Frau gibt es Gerüchte um die Fortsetzung seiner Filmkarriere.

JOHANN STRAUSS, SOHN (1825 – 1899)

Johann Strauß senior (1804 – 1849), der Walzerkomponist und Be-   **Komponist**
gründer der Strauß-Dynastie, war fest entschlossen, den Sprössling
nicht Musiker werden zu lassen. Fürchtete der alte Herr die Konkurrenz aus der eigenen Familie, hatte er instinktiv die musikalische Be-
gabung seines Ältesten erfasst? Immerhin überraschte dieser im Alter von sechs Jahren mit einem selbst komponierten Walzer. Wie der
Vater es wünschte, absolvierte der Junior das Gymnasium und begann eine Banklehre, doch hinter seinem Rücken, mit Unterstützung
der Mutter, nahm er Geigenunterricht und komponierte. 1844 gründete er ein eigenes Orchester, mit dem er im selben Jahr erstmalig
auftrat und Stücke des Vaters, aber auch eigene Kompositionen spielte. Der Herr Papa soll Gastwirte bestochen haben, dem Sohn kein
Lokal zu geben, munkelte die Wiener Bevölkerung, der der **Konflikt
zwischen Vater und Sohn** nicht verborgen blieb. Jedenfalls sorgte
der erste Auftritt von Johann Strauß Sohn für einen grandiosen Erfolg – Strauß sen. war nicht mehr Alleinherrscher im Wiener Wal-
zerreich. Nach dem Tod des Vaters unternahm Johann Strauß große
Konzertreisen, die auch nach Russland führten. 1863 wurde er zum
Dirigenten der Wiener Hofbälle ernannt. Strauß war ein Arbeits-
tier. Knapp 300 Werke umfasst sein Lebenswerk, darunter 169 Walzer und 16 Operetten. Zu größter Popularität brachten es seine Meisterwerke **»Die Fledermaus«** (1874) und **»Der Zigeunerbaron«**

(1885), mit denen die klassische Form der Wiener Operette begründet wurde. Weltruhm brachte der Walzer **»An der schönen blauen Donau«** (1867) ein, dazu den Neid von Johannes Brahms: »Leider nicht von Brahms«, soll er auf einen Fächer von Strauß' Frau geschrieben haben. 1890, als Strauß jun. 65 Jahre alt wurde, ergab eine Umfrage, dass er nach Königin Victoria und Bismarck zu den drei populärsten Menschen der Welt gehörte. Zwar gilt der Vater bis heute als »Erfinder« des Wiener Walzers, doch den Sohn betrachten die Wiener als ihren wahren **»Walzerkönig«**.

BERTHA VON SUTTNER (1843 – 1914)

Friedens-kämpferin Sie war Tochter eines Leutnants, hasste den Krieg und kämpfte hart. »Friedensbertha«, »Friedensfurie«, »Rote Bertha« wurde Bertha von Suttner wegen ihres mutigen Eintretens für Frieden und Völkerverständigung spöttisch genannt – und wegen ihres unerschrockenen Kampfes gegen die Militarisierung der Politik, den Rüstungswahnsinn der Großmächte, kriegslüsterne Regierungen und Rüstungslobbyisten. Ihre Waffe war das geschriebene Wort, von ihrer Mutter, einer geborenen Körner aus der Familie des Freiheitsdichters Theodor Körner, hatte sie wohl das Talent zum Schreiben geerbt. Von Schloss Harmannsdorf in Niederösterreich aus, wo sie mit ihrem Mann, dem Schriftsteller und Baron Arthur Gundaccar von Suttner, lebte, schickte sie ihre aufrüttelnden Schriften für die Bewahrung des Friedens in alle Welt. Hier schrieb sie auch **»Die Waffen nieder!«**, ihren berühmtesten und erfolgreichsten Roman, der, 1889 von einem zaudernden Verlagsbuchhändler in Dresden in nur 1000 Exemplaren gedruckt, innerhalb von fünfzehn Jahren mehr als dreißig Auflagen erlebte. Um die Öffentlichkeit für die Friedensidee und zur tätigen Mitarbeit zu gewinnen, gründete sie 1891 in Wien den **»Verein der Friedensfreunde«**, unternahm Vortragsreisen und knüpfte Kontakte zu vielen prominenten Schriftstellern und Politikern, darunter August Bebel und Wilhelm Liebknecht. Sie nahm auch Verbindung zum schwedischen Industriellen und Dynamit-Erfinder Alfred Nobel auf und inspirierte ihn zur Stiftung des **Friedensnobelpreises**, den sie 1905 selbst erhielt. Abgerüstet aber wurde in Europa nicht, im Gegenteil: Trotz wachsender Popularität pazifistischer Bewegungen nahm das Säbelgerassel zu. Zum Schluss sah sich Bertha von Suttner sogar von den Sozialdemokraten verlassen, auf deren Friedenswillen sie gesetzt hatte, die sich aber 1914 der militaristischen Regierungspolitik anschlossen. Als sie am 21. Juni 1914 starb, blieb ihr wenigstens die furchtbarste Enttäuschung ihres Lebens erspart, nämlich das von ihr stets befürchtete Völkermorden im »kriegsverrotteten Europa«. Eine Woche nach ihrem Tod fielen die verhängnisvollen Schüsse von Sarajevo, die den Ersten Weltkrieg auslösten.

STEFAN ZWEIG (1881–1942)

Stefan Zweig, Sohn eines Industriellen, war nie ernsthaft von mate‑   **Schriftsteller**
rieller Not bedroht und unterstützte manch einen seiner Schriftstel‑
lerkollegen. Doch nicht jeder seiner Zunft mochte ihn. Der auch
nicht gerade aus einer armen Familie stammende Hugo von Hof‑
mannsthal mied den Wiener Berufskollegen und **Bestsellerautor**
und nannte ihn nicht wenig neidisch den »Erwerbs‑Zweig«. Wäh‑
rend des Ersten Weltkriegs arbeitete Stefan Zweig im österreichi‑
schen Kriegspressehauptquartier, 1917 übersiedelte er in die Schweiz,
wo er das Völkermorden anprangerte. Danach lebte er meist in Salz‑
burg, wo er die literarisch produktivsten Jahre seines Lebens ver‑
brachte. Er schrieb an seinem biographischen Hauptwerk **»Die Bau‑
meister der Welt«**, verfasste den Roman **»Ungeduld des Herzens«**,
zahlreiche Novellen über meist gefühlsmäßige Verstrickungen und
untergründige Leidenschaften (gesammelt im Band »Verwirrung der
Gefühle«), sowie Dramen, Erzählungen und Essays. Wegen der sich
ausbreitenden antisemitischen Tendenzen verließ der Jude Stefan
Zweig 1934 Österreich (»besser ein Jahr zu früh, als einen Tag zu
spät!«). In Petrópolis in Brasilien, seinem letzten Exilland, nahm er
sich – an Depressionen erkrankt oder, wie auch gerne kolportiert
wird, aus Verzweiflung über die Zerstörung seiner geistigen Heimat
Europa – gemeinsam mit seiner zweiten Frau Lotte am 23. Februar
1942 das Leben. Ein besonderes Merkmal von Zweigs Erzählkunst ist
die **psychologische Charakterisierung seiner Protagonisten**. Er
zeichnete in biografischen Essays (Balzac, Kleist, Hölderlin) und Ro‑
manbiografien (Maria Stuart, Marie Antoinette) ein psychologisches
Porträt und deutete entscheidende historische Begebenheiten. Seine
autobiographische Schrift »Die Welt von gestern« (1942), ein Werk,
das in höchst bedrängter Situation geschrieben wurde und den Un‑
tertitel »Erinnerungen eines Europäers« trägt, vermittelt einen Ein‑
druck vom geistigen Leben in der ersten Hälfte des 20. Jh.s. »Es wird
eigentlich nicht so sehr mein Schicksal sein, das ich erzähle«, schrieb
Zweig im Vorwort, »sondern das einer Generation.«

ERLEBEN UND GENIESSEN

Was für kulinarische Schmankerl bietet das Land? Welches Fest sollte man nicht verpassen? Wie begeistern Sie ihre Kinder für die Berge? Wo gibt es die besten Pisten und Loipen in Österreich? Lesen Sie es nach – am besten noch vor der Reise!

Für jeden ein Schmankerl

Gutes Essen und hochwertige Getränke sind den Österreichern eine echte Herzensangelegenheit. Dabei stellen sie hohe Ansprüche an eine Mahlzeit: Sie gilt nur dann als rundum gelungen, wenn sie köstlich schmeckt, angenehm satt macht und in gemütlichem Rahmen eingenommen wird.

Rühmt man die Österreichische Küche ihrer herzhaften Vielfalt wegen, so müsste man eigentlich von der »Küche der österreichisch-ungarischen Doppelmonarchie und ihrer Kronländer« sprechen. Wien war die Metropole eines Vielvölkerstaats und jede Kultur brachte ihre kulinarischen Spezialitäten mit in die Hauptstadt. Der **Schweinsbraten mit Knödeln** hat bayerische Wurzeln, Reisgerichte wie **Risibisi** (Risotto mit Erbsen) kommen aus Italien, aus Böhmen wurden viele **Mehlspeisen** und aus Ungarn das **Gulasch** übernommen. So gesehen ist es korrekt, heute von der »Klassischen Wiener Küche« zu sprechen, die auch Elemente aus der Dienstbotenküche beinhaltet, wie die vielen **Innereiengerichte** beweisen. Abgesehen von den süßen Mehlspeisen (▶ S. 99) gibt Fleisch den Ton an, allen voran Schwein, Rind und Huhn. Lamm und Wild, Fisch aus der Donau, aus den zahlreichen Seen, Flüssen und Teichen bereichern die klassische Karte. Als Beilagen dominieren Kartoffeln und Knödel.

Küche des Vielvölkerstaats

In den bäuerlichen Regionen im **Kernland** Österreich blieb die Küche unbeeinflusst vom Hof bis in jüngere Zeit einfach, Fleisch kam vielfach nur am Sonntag auf den Tisch. Im Alltag standen vorwiegend Gerichte auf der Basis von Mehl, Kartoffeln, Butter, Käse und Schmalz auf dem Speiseplan. Diesem Ursprung verdanken wir heute so köstliche und kalorienreiche Gerichte wie **Kasspatzn** oder **Kaspressknödel** – Speisen dieser Art fehlen im westlichen Landesteil fast nirgendwo auf der Karte.

Österreichische Küche

Lange lebte man von dem, was das eigene Land hergab – bis Supermärkte die Welt eroberten. Das hatte auch Einfluss auf die Gastronomie, die gebackene Scholle mit Pommes wurde zum Synonym für die neue heimische Küche. Seit ungefähr zehn Jahren gibt es nun eine **Rückbesinnung auf lokale Werte**, sowohl auf Seite der Produzenten als auch auf jener der Küchenchefs: Mit

BAEDEKER TIPP ❗

Preiskategorien

Restaurants
(Preise für ein Hauptgericht):

🪙🪙🪙🪙	über 25 Euro
🪙🪙🪙	18 – 25 Euro
🪙🪙	11 – 17 Euro
🪙	bis 11 Euro

Vollendeter Genuss: Es muss nicht immer Sachertorte sein.

der Übernahme vieler Wirtshäuser durch die junge Generation, die zuvor in der Welt das Kochen gelernt hat, stieg die Nachfrage nach lokalen, saisonalen Produkten. Zusätzlich wurden in Österreich die **Genussregionen** etabliert, die zu einem Großteil auf tradierte regionale Spezialitäten setzen, zu ihnen gehören etwa die Rein-anke des Salzkammergutes, der Mohn des Waldviertels und das Berglamm Osttirols. Die alten Gaststuben landauf und landab wurden modernisiert, die alten Rezepte mit zeitgenössischer Leichtigkeit neu interpretiert und plötzlich war die **»Neue Österreichische Küche«** geboren, bei der viel frisches Gemüse, Kräuter und auch mediterrane Einflüsse eine große Rolle spielen.

Getränke

In Österreich wird deutlich mehr Bier als Wein getrunken, auch wenn die **Weinregionen** im Osten des Landes internationales Renommee besitzen. Im Weinviertel, in der Wachau, am Neusiedler See und in der Südsteiermark ankert die ganze Volkskultur im Wein, wozu auch die beliebten **Buschenschanken oder Heurigen** gehören, in die man abends in geselliger Runde einkehrt. Buschenschanken gibt es auch in den Mostregionen, von denen das Mostviertel in Niederösterreich einzigartig in Europa **Birnenmoste** keltert. **Bier** ist im ganzen Land verbreitet und es gibt auch überall Brauereien, die zum Teil in alter klösterlicher Tradition stehen. Aber auch, wenn es kein Alkohol sein soll, gibt es ein breites Angebot. Abgesehen davon, dass man in Österreich nahezu überall frisches Wasser aus der Leitung trinken kann, hat sich im Zuge der neuen Qualität in der Gastronomie auch eine Saftkultur entwickelt. Landesweit werden **naturtrübe Säfte** aus Äpfeln oder anderem Obst angeboten. Natürlich werden die Früchte auch destilliert, ein **Edelbrand** schließt jedes Mahl vorzüglich ab.

BAEDEKER TIPP !

Fast Food wie zu k. u. k-Zeiten

Fast Food gab es in Wien schon vor dem Jahr 1900. Würstelstände wurden zur Zeit der k. u. k-Monarchie etabliert, um Kriegsinvaliden ein Einkommen zu sichern. Seither sind sie als Institution fester Bestandteil des Wiener Stadtbildes. Wiener Würstchen heißen hier im Übrigen Frankfurter.

Essenszeiten

Man kann sowohl zu Mittag als auch zu Abend groß (warme Hauptmahlzeit) oder klein (kalte Jause) essen, beides ist in Österreich üblich. Je tiefer im Land, desto penibler sollte man beim Ausgehen auf die Tageszeit achten: Auch wenn durchgehend geöffnet ist, gibt es oft nur zwischen 11.30 und 14.30 Uhr warme Küche und dann wieder ab 17.30 bis spätestens 21 Uhr; Sonntagabend ist meist geschlossen. In den größeren Zentren erhält man zu Mittag günstige Menüs. Als **kalte Jause** bezeichnet man Wurst und Käse mit Brot und Gebäck sowie kleineren Zutaten wie Salzgurken. Für den kleinen Hunger empfehlen sich die zahlreichen **Cafés und Konditoreien**.

Österreichs süße Verlockungen

Was wäre die österreichische Küche wohl ohne ihre Mehlspeisen? Undenkbar! Dabei ist Mehl nicht einmal der Hauptbestandteil dieser Köstlichkeiten, an deren Verbreitung Napoleon nicht ganz unschuldig war. Und nicht alle Mehlspeisen sind im Alpenland entstanden. Dass die Österreicher es mit ihren süßen Verlockungen sehr genau nehmen, beweist hingegen der berühmte Streit um die feine Sachertorte.

»Mehlspeisen«, so ist im Wiener »Appetit-Lexikon« von 1894 zu lesen, »sind **die Pointen der Wiener Küche**, eine immer überraschender, blendender und beifallswürdiger als die andern, Compositionen von berückender Fülle und Lieblichkeit, gastronomische Ghaselen (orientalische Gedichtform, Anm. d. Red.) von so wunderbar verschlungenem Bau, dass der Laie vor ihnen innehält.« Die vielfältigen Mehlspeisen der gesamten österreichischen Küche wie Strudel, süße Knödel, Aufläufe, Schmarren, Dampfnudeln, Eierku-chen, Schmalzgebäcke, Buchteln, Kuchen usw. lassen den Betrachter tatsächlich ins Schwärmen geraten oder aber fürchterlich um die Linie bangen. Denn nicht das Mehl – obwohl Hauptbestandteil des Namens – ist zwingende Zutat einer Mehlspeise, sondern der Zucker ist das verbindende Element.

Schuld war Napoleon

Dass die warmen Mehlspeisen, die sich im Grunde aus den Fastenspeisen der höheren Kreise entwickelten, ab ca. 1800 in Mode kamen, ist auch Kaiser Napoleon zu verdan-

Köstlich, aber auch sehr kalorienhaltig sind Mehlspeisen wie der Kaiserschmarrn.

ken. Denn mit der **napoleonischen Kontinentalsperre** von 1806 kam kaum noch Zucker ins Land. Die Reichen mussten sich um Ersatz bemühen und so wurde der Anbau der billigen Zuckerrübe forciert. Den daraus gewonnenen raffinierten Zucker konnte sich jedermann leisten, er stieg schnell zum Volksnahrungsmittel auf. Die mit Zucker zubereitete Mehlspeise wurde daraufhin als Nachspeise in Restaurants und zu Hause fast »Pflicht«.

Aus fremden Landen

Viele Mehlspeisen sind für Österreich so typisch, dass man glauben möchte, sie seien auch dort entstanden. Doch etliche Spezialitäten wurden **aus anderen Ländern bzw. Kulturen übernommen**. So ist der Strudel mit seinem typisch deutsch klingenden Namen eigentlich orientalischen Ursprungs. Er wurde von den Türken bei ihrer ersten Wienbelagerung (1529) als gastronomisches Andenken hinterlassen. Der Strudel, der zum ersten Mal im »Frauenzimmer-Lexikon« von 1715 erwähnt wird, ist klassischerweise mit einer Apfelmasse gefüllt, es gibt ihn aber auch in vielen anderen Variationen, etwa als Topfen- oder Nussstrudel. Neben Backhendl und Schnitzel ist zudem der **Wiener Faschingskrapfen** eine charakteristische Speise der Wiener Küche. Dabei wurde er gar nicht in Wien erfunden, wenn auch Lokalhistoriker gerne behaupten, eine Wienerin namens Krapf habe ihn kreiert. Schon bei den Griechen und den Römern gab es gefüllte Krapfen, die vor allem bei den Frühjahrsbacchanalien gebacken wurden. Auf eindeutig fremde Einflüsse lässt die **Palatschinke** schließen: Der Name kommt vom lateinischen »placenta« (Kuchen), woraus dann rumänisch »placinta« und ungarisch »palacsinta« wurde. Von den Tschechen übernahmen die Österreicher schließlich den Namen und auch das Gericht »palacinka«, gefüllte Eierkuchen. Der Teig wird dabei etwas dicker ausgebacken als bei französischen Crepes und danach auch noch zusätzlich dick belegt, etwa mit Marmelade, Schokomasse oder Nussfülle, und eingerollt. Gerne serviert man dazu einen Klecks Schlagobers (Sahne).

Echt österreichisch

»Ein Auflauf soll hoch steigen, eine fest aufgerissene Kruste bilden, welche auf einer Seite mit Anmut überhängen muss«, heißt es in einem alten österreichischen Kochbuch. Uneingeschränkte »Königin der Aufläufe« sind die **Salzburger Nockerl**, die angeblich dem Salzburger Erzbischof Wolf Dietrich von Raitenau (1559–1617) zum ersten Mal serviert wurden. Sie bestehen vor allem aus Luft – mit einer Hülle aus Zucker, Eiern und Mehl. »Süß wie die Liebe und zart wie ein Kuss«, sang Peter Alexander über die Salzburger Nockerl 1960 in einem Schlager. Eine weitere in Österreich selbst entwickelte Spezialität sind die **Schmarren**. Im Gegensatz zum Strudel mit der feinen Teighülle ist der Schmarren eine Pfannenspeise, ursprünglich ein ländlich-bäuerliches Gericht aus der Alpenregion, das erst verhältnismäßig spät »salonfähig« wurde. Erstmals taucht das wohl von »Schmer« (d. h. Schmalz) abgeleitete Wort in einer Hochzeitspredigt im Jahr 1563 auf. Der wohl bekannteste Schmarren war ursprünglich ein Kaiserinschmarren, denn er wurde 1854 von Wiener Köchen für die Kaiserin Elisabeth hergestellt. Doch die stets auf ihre Linie bedachte Sisi (►Baedeker Wissen S. 312) fand weniger Gefallen daran als ihr Gatte Franz Joseph I., und so wurde daraus einfach der **Kaiserschmarren**. Immer wieder ist zudem zu lesen, die **Linzer Torte** sei 1822 vom bayerischen Zuckerbäcker Johann Konrad Vogl, der im selben Jahr in die Stadt Linz gekommen war, erfunden worden. Der Name tritt jedoch schon im Kochbuch der Anna Margarita Sagramosa aus dem Jahr 1653 auf. Vogls Verdienst bestand wohl nur darin, die Linzer Köstlichkeit über die Stadtgrenzen hinaus bekannt gemacht zu haben.

Der Tortenstreit

Über die 1836 »hoffähig« gewordene **Sachertorte** schrieb 1894 das Appetit-Lexikon: »Sacher-Torte nennt sich eine Chocoladentorte höherer Art, die sich vor ihren Gefährtinnen noch besonders auszeichnet, indem sie unter der glänzenden Chocoladen-Robe noch ein Hemd von Aprikosen-Marmelade trägt.« In den 1950er-Jahren entbrannte in Wien ein Tortenstreit, wie er wohl nur in Österreich möglich ist: Das Haus Sacher und die Konditorei Demel bekriegten sich um den Anspruch, die originale Sachertorte herzustellen. Man einigte sich salomonisch: Sacher stellt die Original Sachertorte her, Demel fertigt sie unter dem Namen »Demel's«. Egal, ob von Sacher oder von Demel – diese Torten sind lange haltbar und leicht zu transportierende Mitbringsel.

Die »Original Sachertorte«: Ihre Zubereitung ist aufwändig und wird nach bewährter Tradition zelebriert.

Einmal Gröstl, bitte!

Wiener Schnitzel, Tafelspitz, Gugelhupf und Co: Diese Gerichte stehen für die österreichische Küche schlechthin. Aber kennen Sie auch schon typische Speisen wie Tiroler Gröschtl oder Beuschel, ein Gericht der ärmeren Bevölkerung, das als »Salonbeuschel« populär wurde?

Tafelspitz: Gekochtes Rindfleisch findet sich bereits in der ersten Hälfte des 19. Jh.s in der kaiserlichen Hofküche. Berühmt wurde der Tafelspitz – ein zart gekochtes feines Stück vom Rind – allerdings erst als Leibgericht von Kaiser Franz Joseph I., dem für die Alltagstafel das einfache Gericht genügte. Das dem Kaiser nacheifernde Großbürgertum übernahm den Tafelspitz daraufhin bald in sein Standardrepertoire.

Tiroler Gröstl: Fleisch(reste), Speck, Zwiebeln und Erdäpfel werden in der Pfanne angeröstet und darin noch heiß an den Tisch gebracht. Das ist so der Brauch, denn früher wurde dieses recht einfache Tiroler Alltagsessen von der Bäuerin in der Pfanne zubereitet und danach sofort darin serviert. Als Halterung diente (und dient auch heute noch) der sogenannte »Pfannenknecht« aus Holz und Metall.

Wiener Schnitzel: Dem kulinarischen Aushängeschild Österreichs wird nachgesagt, es sei dem »costoletta milanese« nachempfunden und 1857 in Wien eingeführt worden – erstmals wird das »Wiener Schnitzel« in einem böhmischen Kochbuch aus dem Jahr 1884 erwähnt. Neuesten historischen Erkenntnissen zufolge ist das Wiener Schnitzel indes doch ein echter Österreicher: Der früheste Beleg für »Gebachene Schnitzeln« findet sich bereits im »Kleinen Österreichischen Kochbuch« von 1798.

Beuschel: Ein Ragout aus Innereien, vorwiegend Lunge und Herz vom Kalb, zu dem entweder Semmelknödel oder frische Semmeln (Brötchen) gegessen werden. Das Gericht stammt ursprünglich aus der Arme-Leute-Küche, von wo aus es, verfeinert mit Gulaschsaft und Obers, als »Salonbeuschel« Einzug in die vornehme Gesellschaft hielt. Im Volksmund bezeichnet Beuschel meist nur die Lunge, was zu einem typischen Wiener Idiom führte: Starke Zigaretten bezeichnet man treffend als »Beuschelreisser«.

Kasspatzn: Milchwirtschaft hat im Gebirge eine lange Tradition, daher sind Kasspatzn (Kasnockn, Käsknöpfle) quer durch die Alpen verbreitet. Im Prinzip handelt es sich dabei um ein Pfannengericht aus Mehlspätzle, Zwiebeln und Käse. Die perfekte Zubereitung ist der Stolz jeder Hausfrau. Besonders würzig schmecken die Kasspatzn, wenn viel Bergkäse verarbeitet wird, wie es etwa in Vorarlberg Traditon ist.

Gugelhupf: Ausgrabungen im ehemaligen Römerlager Carnuntum bei Wien belegen, dass es den Gugelhupf – einen gerippten, hohen Kuchen mit einem Loch in der Mitte – mit dieser speziellen Form bereits damals gegeben hat. Zwischenzeitlich zum Kuchen für arme Leute mutiert, wurde er im Wien der Biedermeierzeit plötzlich salonfähig und trat von dort seinen Siegeszug um die Welt an.

Kärntner Kasnudeln: Ein Quell stetigen Irrtums sind die beliebten Kärntner Nudeln. Während im gängigen Sprachgebrauch eine Nudel eine Beilage bezeichnet, handelt es sich bei den Kärntner Nudeln um mit Topfen (Quark) und Kräutern gefüllte Teigtaschen, die mit zerlassener Butter bestrichen als Hauptspeise gegessen werden. Um die Verwirrung komplett zu machen, werden sie in einigen Teilen Oberkärntens auch als Krapfen bezeichnet, was wiederum anderswo für eine in reichlich Schmalz ausgebackene Mehlspeise steht.

Feiertage · Feste · Events

Hier spielt die Musik!

Die Österreicher lieben es, ausgiebig zu feiern – und die Anlässe dafür sind glücklicherweise zahlreich. Sowohl optisch als auch musikalisch besonders opulent gestalten sich die traditionsreichen Festtage, die oft in einem kirchlichen Zusammenhang stehen (▶ Brauchtum im Jahresrhythmus).

Himmlische Genüsse ganz ohne religiösen Hintergrund versprechen die klassischen Festspiele von Weltformat, die teils schon seit Jahrzehnten etabliert sind. Zu den bekanntesten zählen die **Salzburger Festspiele**, deren Geburtsstunde am 22. August 1920 schlug, als Hugo von Hofmannsthals Moralität **»Jedermann«** in der Regie von Max Reinhard (▶ S. 110) erstmals aufgeführt wurde. Karten zur alljährlichen »Jedermann«-Premiere werden heiß gehandelt, der Domplatz wird zum Treffpunkt der High Society. Opernaufführungen und Konzerte ergänzen das Portfolio der Salzburger Festspiele.

Festspiele

Wer das Besondere sucht, wird außerhalb der Städte fündig. Steinbrüche, Seebühnen, Burgarenen oder Parkanlagen sind im Sommer Schauplatz für **Festivals**. Erstklassige und international renommierte Künstler erfreuen die Besucher in stimmungsvollem Rahmen mit Opern, Operetten oder Theaterstücken, mit Jazz, Kabarett, avantgardistischen Konzerten oder modern interpretierter Volksmusik.

Festivals

Fans der Pop- oder Schlagermusik müssen in Österreich nicht darben – schon gar nicht im Winter, wenn in den Skigebieten die Abende verlässlich in Partynächten enden. Für sommerlichen Massenansturm sorgen die vielen Open Airs, die zwischen Juni und September stattfinden. Allen voran das **Wiener Donauinselfest**, das sich zum größten Freiluftspektakel Europas entwickelt hat – bis zu 3 Millionen Besuchern wird bei kostenfreiem Eintritt Musik von Schlager bis Indie-Rock geboten. In der alternativen Szene bestens bekannt ist das **Frequency Festival**, das Stars in St. Pölten zum Rocken lädt.

Open Air

Feiertage und Feste

GESETZLICHE FEIERTAGE

1. Januar: Neujahr; 6. Januar: Hl. Drei Könige; Ostersonntag/Ostermontag; 1. Mai: Tag der Arbeit; Christi Himmelfahrt; Pfingstmontag; Fronleichnam; 15. August: Mariä Himmelfahrt; 26. Oktober: Nationalfeiertag; 1. November: Allerheiligen; 8. Dezember: Mariä Empfängnis; 25./26. Dezember: Weihnachten

Die Naturarena der Burgruine Finkenstein ist Schauplatz bedeutender Kulturevents.

JANUAR
Neujahrskonzerte

Konzerte der Wiener Philharmoniker, der Wiener Symphoniker und des Wiener Hofburg-Orchesters.

Vierschanzentournee

Erste Januarwoche: Das dritte und vierte Springen der Vierschanzentournee findet in Innsbruck und Bischofshofen statt.

Dreikönig

Am Vorabend (5. Januar/letzte Rauhnacht) gibt es Glöcklerläufe zum Vertreiben der bösen Rauhnachtsgeister im Salzkammergut, z. B. in Ebensee. Am Dreikönigstag (6. Januar) werden dann in vielen Orten Österreichs Umzüge veranstaltet, in Gmunden auch die Dreikönigsfahrt auf dem Traunsee.

Malerische Bootsprozession beim Narzissenfest in Bad Aussee

Aperschnalzen

In vielen Gemeinden bei Salzburg wird zwischen Dreikönig und Aschermittwoch der Winter mit knallenden Peitschen vertrieben.

Hahnenkamm-Rennen

Skiabfahrtslauf in Kitzbühel
www.hahnenkamm.com

Mozartwoche

Bei der Mozartwoche in Salzburg sind international renommierte Künstler zu hören.
www.mozarteum.at

FEBRUAR/MÄRZ
Tiroler Fasnacht

In vielen Tiroler Gemeinden wird zur Faschingszeit bei Maskenumzügen der Winter aus- und der Frühling eingeläutet, so etwa in Arzl, Wald, St. Leonhard und Wenns im Pitztal, zudem in Axams, Rum, Thaur und Imst, alle 3 Jahre auch in Nassereith und alle 5 Jahre in Telfs.

Funkensonntag

Der erste Sonntag nach Aschermittwoch: Holzscheite (»Funken«), auf deren Spitze eine lebensgroße Stoffpuppe, die Funkenhexe, befestigt ist, werden feierlich verbrannt. Erreichen die Flammen die Hexe, explodiert sie, da sie Schießpulver im Bauch hat. Der Brauch ist besonders in Vorarlberg verbreitet.

Diagonale

Beim Festival des österreichischen Films in Graz wird jedes Jahr eine Werkschau der Kino- und TV-Filme des abgelaufenen Produktionsjahrs sowie ein Überblick über

das aktuelle Filmschaffen in der Branche gegeben.
www.diagonale.at

MÄRZ/APRIL
Salzburger Osterfestspiele
Bei den 1967 von Herbert von Karajan gegründeten Osterfestspielen steht seit 2013 die Sächsische Staatskapelle Dresden im Fokus.
www.osterfestspiele-salzburg.at

Schubertiade
In Schwarzenberg im Bregenzer Wald werden Konzerte zu Ehren und mit Werken von Franz Schubert, aber auch von Wolf, Brahms, Schumann u. a. von Ende April bis Oktober in mehreren Reihen gegeben.
www.schubertiade.at

MAI
Gauderfest
Tirols größtes Frühlings- und Trachtenfest findet Anfang Mai in Zell am Ziller statt.

Life Ball
Schräger Aids-Charity-Ball mit internationalen Stars in Wien.
www.lifeball.org

Ausseerland Narzissenfest
Ende Mai werden aus Narzissenblüten kunstvolle Figuren geformt und im Autokorso (Bad Aussee) sowie im Bootskorso (Altausseer See) vorgeführt.
www.narzissenfest.at

Donaufestival Niederösterreich
Beim Donaufestival versammelt sich die Pop-Avantgarde in Krems.
www.donaufestival.at

MAI BIS SEPTEMBER
Urfahraner Markt
Zweimal im Jahr, Ende April/Anfang Mai und Ende September/Anfang Oktober, findet in Linz der größte und älteste Jahrmarkt Österreichs statt, dazu gehören Festzelte und ein buntes Unterhaltungsprogramm.
www.urfahranermarkt.at

MAI/JUNI
Wiener Festwochen
Sechs Wochen lang werden im Rahmen der Wiener Festwochen Produktionen aus den Sparten Oper, Konzert, Theater und Performance gezeigt.
www.festwochen.at

JUNI
Donauinselfest
Beim größten Open-Air-Event Europas machen etwa 2000 Künstler rund 600 Stunden Musikprogramm für jeden Geschmack, aufgeteilt auf verschiedene Bühnen. Der Eintritt zum Fest auf der Wiener Donauinsel ist frei.
www.donauinselfest.at

JUNI/JULI
Jazz Fest Wien
Internationale Interpreten des Jazz treten im Juni/Juli in der Staatsoper, im Volkstheater und bei Open-Air-Konzerten auf.
www.viennajazz.org

Innsbrucker Tanzsommer
In Innsbruck wird getanzt: vom klassischen Ballett über unterschiedliche Ausprägungen des Modern und Jazz Dance bis zu modernem Ausdruckstanz.
www.tanzsommer.at

Schwing das Tanzbein

Der Wiener Walzer ist der älteste und traditionsreichste Gesellschaftstanz. Den Ursprung bilden die Bauerntänze im mittelalterlichen Deutschland und Österreich. 1963 wurde er in das Welttanzprogramm aufgenommen und ist dort durch seine ununterbrochene Drehbewegung einer der schnellsten Tänze.

▶ **Darf ich bitten?**
Schrittfolgen beim Wiener Walzer
im 3/4- oder 6/8-Takt, der bei einem Tempo
von 58–60 Takten pro Minute getanzt wird

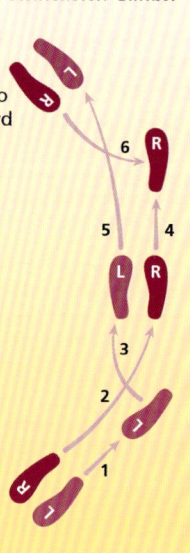

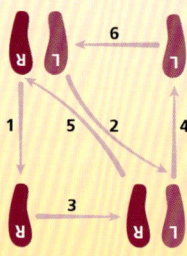

Grundschritte der Frau

Der Grundschritt basiert
auf sechs Schritten

▶ **Der Wiener Opernball**
Die Wiener Staatsoper wird einmal im Jahr zum berühmtesten Ballsaal der Welt umfunktioniert. Für dieses Event ist ein enormer Umbau des Saals notwendig.

ca. **600**
Arbeiter

bis zu **20 000**
Arbeitsstunden

rund **6 km** Kabel
werden verlegt

170 Parkettplatten
werden verlegt

850 m² große
Tanzfläche

jährlich ca.
4700 Besucher

180 Paare
eröffnen den Ball

bis zu **900** Scheinwerfer
werden angebracht

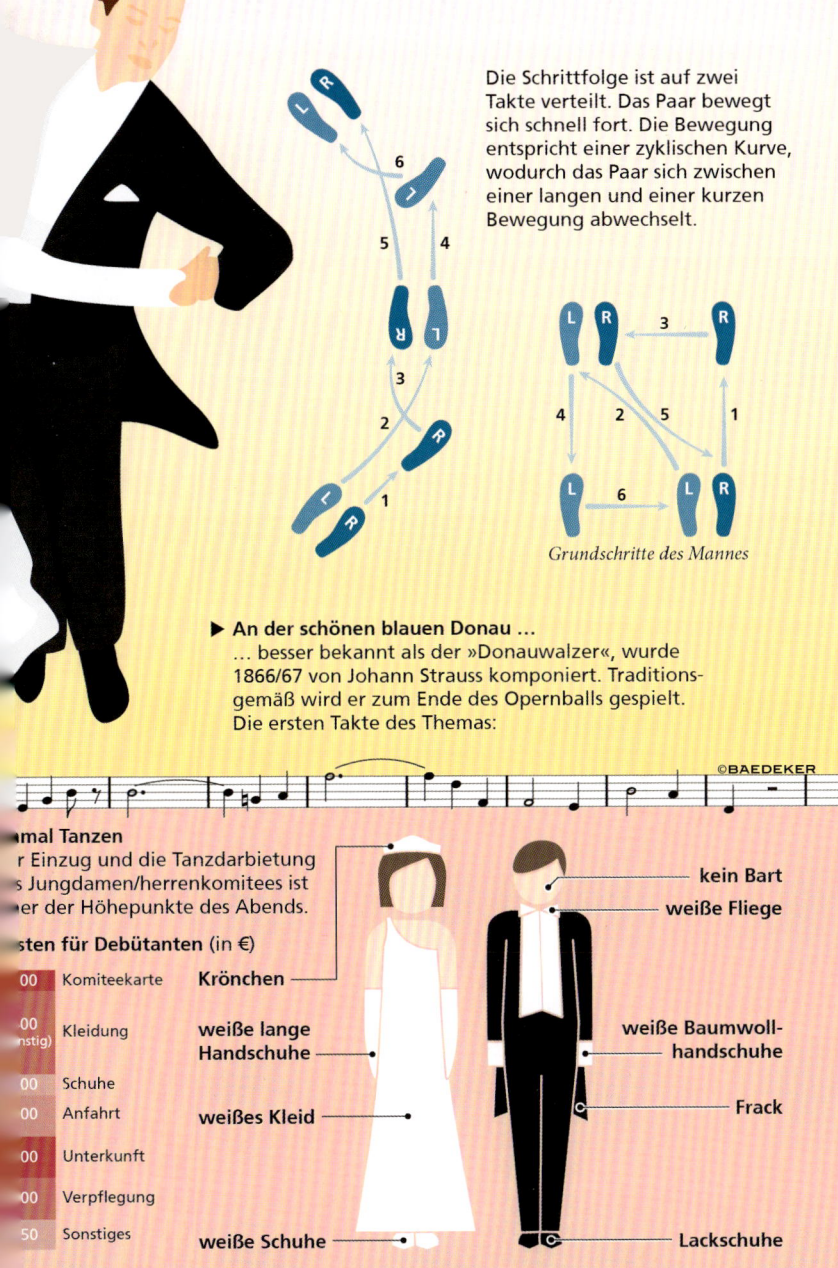

Die Schrittfolge ist auf zwei Takte verteilt. Das Paar bewegt sich schnell fort. Die Bewegung entspricht einer zyklischen Kurve, wodurch das Paar sich zwischen einer langen und einer kurzen Bewegung abwechselt.

Grundschritte des Mannes

▶ **An der schönen blauen Donau …**

… besser bekannt als der »Donauwalzer«, wurde 1866/67 von Johann Strauss komponiert. Traditionsgemäß wird er zum Ende des Opernballs gespielt. Die ersten Takte des Themas:

©BAEDEKER

...mal Tanzen

...r Einzug und die Tanzdarbietung ...s Jungdamen/herrenkomitees ist ...er der Höhepunkte des Abends.

...sten für Debütanten (in €)

...00	Komiteekarte
...00 (...nstig)	Kleidung
...00	Schuhe
...00	Anfahrt
...00	Unterkunft
...00	Verpflegung
...50	Sonstiges

Krönchen

weiße lange Handschuhe

weißes Kleid

weiße Schuhe

kein Bart

weiße Fliege

weiße Baumwollhandschuhe

Frack

Lackschuhe

styriarte
Die Steirischen Musikfestspiele in Graz bieten mit dem Dirigenten Nikolaus Harnoncourt Stücke von Alter Musik bis zur Romantik.
www.styriarte.com

Glatt & Verkehrt
Volksmusik aus allen Ländern wird in Krems neu interpretiert.
www.glattundverkehrt.at

JUNI BIS SEPTEMBER
Festspiele auf der Burgarena Finkenstein
Operetten, Konzerte, Musicals und Kabarett werden atmosphärisch in den Resten einer Burg aus dem 12. Jh. dargeboten.
www.burgarena.at

JULI/AUGUST
Salzburger Festspiele
Eines der bedeutendsten Musik- und Theaterfestivals der Welt mit klassischen und zeitgenössischen Opern, aber auch Konzerten und Schauspielen.
www.salzburgerfestspiele.at

Bregenzer Festspiele
Spannendes Musiktheater auf der größten Seebühne der Welt in Bregenz am Bodensee.
www.bregenzerfestspiele.com

Seefestspiele Mörbisch
Außerhalb von Wien hat sich Mörbisch als ein Zentrum der klassischen Operette etabliert, die Stücke werden auf einer Bühne auf dem See vorgetragen. Daneben veranstalten viele kleinere Orte Kultursommer mit Musik, Tanz und Lesungen.
www.seefestspiele-moerbisch.at

JULI/AUGUST
Wellenklänge
Weltmusik ist hier in einer sagenhaften Naturkulisse am Lunzer See in Niederösterreich zu hören.
www.wellenklaenge.at

Impulstanz Wien
In Spielstätten wie dem Burgtheater und dem Schauspielhaus in Wien werden bei dem internationalen Festival zeitgenössischer Tanz und Performance gezeigt.
www.impulstanz.at

World Bodypainting Festival
In Pörtschach am Wörther See gibt's Körperkunst zu sehen.
www.bodypainting-festival.com

Carinthischer Sommer
Das international renommierte Festival klassischer und moderner Musik findet jedes Jahr in Ossiach und Villach statt.
www.carinthischersommer.at

Lehar Festival
Die Festspiele in Bad Ischl gehen auf eine Idee des Komponisten Franz Lehár zurück. Alljährlich werden zwei Operetten gezeigt, wobei eine von Lehár ist. Außerdem gibt es Orchesterkonzerte, Kabarett und Lesungen.
www.leharfestival.at

AUGUST
Gamsjagatage
Ein riesiges Brauchtumsfestival in Bad Goisern im Salzkammergut.
www.gamsjagatage.at

Kaisergeburtstag
Alljährlich wird in Bad Ischl am 18. August der Geburtstag von

Kaiser Franz Joseph I. gefeiert, sehr nostalgisch und meist mit hoher Adelspräsenz.

Frequency
Das Festival der alternativen Pop-musik findet in St. Pölten statt. www.frequency.at

SEPTEMBER
Ars electronica
Linz ist Schauplatz für das Festival elektronischer Musik mit spekta-kulärer Klangwolke. www.aec.at

Haydn Festspiele Eisenstadt
Ein Querschnitt durch Haydns Ge-samtwerk an Originalschauplät-zen wie z. B. dem Haydnsaal von Schloss Esterházy. www.haydnfestival.at

Musikfest Brahms
Kammermusik in Mürzzuschlag in der Steiermark, wo Brahms einige Sommer verbrachte und seine 4. Sinfonie schrieb. www.brahmsmuseum.at

Festlicher Almabtrieb
Ende September wird auf den Sommeralmen das Vieh festlich geschmückt und dann in die Stäl-le der talwärts gelegenen Ge-meinden geführt.

SEPTEMBER/OKTOBER
Weinherbst
Große und kleine Feste rund um den Wein in Niederösterreich. www.weinherbst.at

Bauernherbst
Erntedankstimmung im Salzbur-ger Land: Sie wird mit vielen tra-ditionsreichen Festen zelebriert. www.bauernherbst.at

Steirischer herbst
Das Avantgarde-Festival in Graz lockt mit zeitgenössischen Opern- und Theateraufführungen, Kon-zerten und Lesungen. www.steirischerherbst.at

OKTOBER/NOVEMBER
Viennale
Ein großes, urbanes Filmfestival in Wien, das die Highlights des ös-terreichischen und internationalen Filmschaffens zeigt. www.viennale.at

OKTOBER/NOVEMBER
Salzburger Jazz-Herbst
Internationale und österreichische Topstars jazzen und grooven 10 Tage lang in Salzburg. www.salzburgerjazzherbst.at

DEZEMBER
Christkindlmärkte
In allen größeren Orten gibt's zau-berhafte Christkindlmärkte.

Hofmannsthals »Jedermann« bei den Salzburger Festspielen

Von Perchten, Krampus und Samson

Nirgendwo zeigt sich Volkskultur lebendiger als bei einem ländlichen Fest: Alt und Jung ziehen ihre Trachten an, die örtliche Musikkapelle spielt auf und der nächste kulinarische Leckerbissen ist auch nicht weit.

Der Winter steht in den Alpen im Zeichen von Perchtengestalten, die den dunklen Mächten Paroli bieten sollen, dabei aber mit ihren furchterregenden Masken oft auch die Zuschauer erschrecken. Vereinfacht gibt es zwei Arten von Perchten: die guten **Schönperchten** und die eher bösen **Schiachperchten** (»schiach« = hässlich). Beide verfolgen das gleiche Ziel: mit Lärm und Spektakel die bösen Geister des Winters zu vertreiben. Die Bräuche sind zwar zum Teil schon uralt, ihre heutige Form haben sie aber meist erst seit dem 19. Jh., als der Einfluss der Kirche abnahm und die Volkskultur eine Aufwertung erfuhr.

Glöckler und Krampus

Perchtenläufe sind stark von lokalen Gegebenheiten geprägt, Gestalten, Termine und Bedeutungen variieren von einem Dorf zum nächsten. Zu den schönsten Perchtenbräuchen zählen die **Glöcklerläufe** im Salzkammergut in den Rauhnächten zwischen Weihnachten und dem Dreikönigstag. Mit weißen Gewändern und bunten Lampions, die als riesige Kappen auf dem Kopf getragen werden, vertreiben die Glöckler, unterstützt von lauten Glocken, die bösen Geister. Laut sind auch die Krampusse mit ihren schaurigen Masken, den wuchtigen Hörnern und rasselnden Ketten, die Anfang Dezember mit Ruten durch die Straßen jagen. Obwohl sie so ausse-

hen, sind sie keine Perchten im engeren Sinn, denn die treiben traditionellerweise erst in den Rauhnächten ihr Unwesen. Neuerdings machen sie aber auch in Gegenden wie dem Tiroler Unterland den Krampussen Konkurrenz.

Faschingszeit

Gehäuft treten Perchten auch zur Fasnacht auf, bei der sie sich oft mit seltsam kostümierten Gestalten mischen. Besonders in Tirol haben sich überlieferte **Fasnachtsprozessionen** erhalten, bei denen Perchten, Narren und lodernde Feuer ein einziges Spektakel abgeben. Ein schöner **Faschingsumzug** findet im Ausseer Land statt. Er erinnert mit seinen Kostümen an Venedig, was man mit dem kulturellen Austausch durch den Salzhandel begründet. In Wien greift zur Faschingszeit das Ballfieber um sich, ansonsten hat der Karneval hier keinen so hohen Stellenwert.

Fastenzeit und Ostern

Mit dem Ende der Fastenzeit beginnt die Saison der opulenten kirchlichen Prozessionen und der lebensbejahenden Frühjahrsfeste. Ostern markiert den Übergang in die fröhliche Zeit – sowohl in sakraler als auch in profaner Hinsicht, steht doch hinter dem Termin des Hochfests zur Auferstehung Christi auch der alte heidnische Brauch, die schöne Jahreszeit willkommen zu heißen. So kann man zu Ostern mancherorts düstere **Karfreitagsprozessionen** erleben, anderswo beginnen helle **Osterfeuer** in den Bergen zu lodern.

Sommerliche Festtage

Bis in den Juni hinein ist der traditionelle österreichische Festtagskalender reichlich gespickt. Wer an kirchlichen Bräuchen interessiert ist, notiert sich nebst Ostern, Christi Himmelfahrt und Pfingsten vor allem Fronleichnam. Zu diesem Hochfest der römisch-katholischen Kirche finden landauf, landab eindrucksvolle Prozessionen statt. Am bekanntesten ist die barocke **Seeprozession von Hallstatt**, die bis ins Jahr 1623 zurückreicht. Auch die Figur des **Lungauer Samson** geht auf alte Fronleichnamsumzüge zurück, in denen Gestalten aus der biblischen Geschichte sowie Sagen- und Heldenfiguren herumgetragen wurden. Heute werden die bis zu 80 kg schweren Samsonfiguren von Männern an verschiedenen Festtagen durch die Dörfer des Lungau getragen.

Maibaum

Auch die **Prangstangen**, meterhohe, blütenverzierte Stangen, die zwischen Juni und August in feierlichen **Prozessionen** getragen werden, sind eine Lungauer Eigenheit. Sie sind verwandt mit den im ganzen Land allgegenwärtigen, ebenfalls prächtig geschmückten Maibäumen. Diese werden von kräftigen jungen Burschen als Symbol der Lebenskraft in den Dörfern aufgestellt. Das ist oft der Anlass zu einem dörflichen Fest, bei dem nicht selten die Landjugend erste zarte Bande knüpft.

Sonnwendfeiern

Die wohl freudigsten Feste im Jahreskreis sind die Sonnwendfeiern. Sie haben einen heidnischen Ursprung und wurden erst im Mittelalter in einen religiösen Kontext gesetzt und zu Ehren des am 24. Juni geborenen Johannes des Täufers als **Johannisfeuer** bezeichnet. Gefeiert wird an einem Wochenende um die Sonnenwende, in den Bergen beginnen mit Anbruch der Dämmerung Feuer aufzuflackern. In Tirol wird dieser Brauch noch erweitert: Hier sind **Herz-Jesu-Feuer** verbreitet, bei denen die Herze oder Kreuze als Zeichen Christi formen. Sie stehen in engem Zusammenhang mit den Tiroler Freiheitskämpfern, die sich die von den Jesuiten verbreitete Herz-Jesu-Verehrung auf die Fahnen geschrieben haben.

Erntedank

Im Sommer vertreibt man sich bei ländlichen **Dorf- oder Kirtagfesten** die Zeit. In vielen Orten gibt es ein **Kirchweihfest**, das am Namenstag des Patrons der örtlichen Kirche abgehalten wird. Der Herbst steht im Zeichen des Erntedanks. Im Fokus steht die Segnung der eingebrachten Ernte bei einem feierlichen Gottesdienst, den Rahmen bietet ein großes Fest mit Musik, Tanz und kulinarischen Spezialitäten. Besonders ausgelassen feiert man Erntedank in den Weinbauregionen im Osten des Landes. Auch der **Almabtrieb** zählt als Erntedank: Nur wenn eine Saison auf der Alm ohne tödliche Zwischenfälle verlaufen ist, wird das Vieh festlich geschmückt und mit Musik und Tanz im Tal empfangen.

Spaß für kleine Abenteurer

Wer mit seinen Kindern Ferien auf dem Bauernhof macht, der hat einen Urlaub mit reichlich Abwechslung gebucht. Auch viele Hotels haben sich auf Familien spezialisiert. Märchen-parks, Kindermuseen und Sommerrodelbahnen sorgen dafür, dass den Kleinen ganz bestimmt nicht langweilig wird.

Die wunderbare Natur lädt zu spannenden Entdeckungen im Wald und auf der Wiese ein. Besonders gelungen gestaltet sich das Erlebnis für Kinder im Rahmen von altersgerechten Themenführungen, die vor allem in den Ferien (Juli/August) in vielen Regionen, auch in den **Nationalparks**, angeboten werden. Außerhalb dieser Zeit nimmt man einfach die Angebote der örtlichen Tourismusbüros in Anspruch, die meist auch ganz lustige und eher einfache Touren speziell für Familien ausgearbeitet haben.

Themen-führungen

Wer seinen Nachwuchs erst einmal für die Bergwelt begeistern möchte, wählt als Ziel einen Berg, von dem man mit einer **Sommer-rodelbahn** oder der modernen Version, dem sogenannten **Alpine Coaster**, wieder ins Tal fahren kann. Letzterer präsentiert sich als Kombination aus Rodel- und Achterbahn: mit steilen Kurven, Krei-seln, Tunneldurchfahrten oder luftigen Passagen auf bis zu 10 m über der Erde. Ein ähnlich rasantes Abfahrtserlebnis bieten geländegängi-ge **Roller**, die an manchen Bergstationen für die Talfahrt ausgeliehen werden können, oder die Talfahrt mit einem **Gokart**.

Berg- und Talfahrten

Aber auch die zahlreichen **Hochseil- und Klettergärten**, die sich quer übers Land verteilen, sind eine große Freude für Kids, die hier teilweise bereits ab drei Jahren willkommen sind. Dabei können sie in natürlicher Umgebung spielerisch ihren Gleichgewichtssinn för-dern, sodass sie später beim Klettern in den Bergen keine Höhen-angst verspüren. Actionreiche Angebote wie eine Fahrt mit dem **Flying Fox** – gut gesichert an einem Stahlseil hängend wird in lufti-ger Höhe und mit reichlich Tempo ein See oder der Waldboden überquert – ergänzen hier und da das Angebot. Sollte der Nachwuchs auf Adrenalinkicks stehen, locken weitere spannende und fröhliche Erlebnisse in vielen **Abenteuerparks**. Etwas beschaulicher geht es in den zahlreichen **Märchenparks** und **Streichelzoos** zu oder beim Besuch eines artgerechten Tiergeheges.

Aktiv und gemütlich

Wie die meisten Kinder sind auch die kleinen Österreicher Wasser-ratten. Fast jede Gemeinde hat daher zumindest ein **Freibad** mit Sprungturm und Wasserrutsche, oft an einem See und manchmal

Wasserspaß

Rein ins Vergnügen: Badespaß am Traunsee

sogar an einem Fluss gelegen. Selbstverständlich gibt es überall dort, wo Wassersport eine Rolle spielt, auch kindgerechte Kurse. **Wakeboarden** und **Wasserskifahren**, **Surfen** und sogar **Tauchen** sind nicht nur den Erwachsenen vorbehalten, sondern stehen auch für Kids auf dem Programm. Das kann natürlich gelegentlich etwas peinlich für die Eltern werden, denn oft stellen sich Kinder beim Erlernen neuer Sportarten geschickter an als Mama und Papa.

Wohnen mit Kind

Kinderhotels
Tel. 04254 44 11
www.kinderhotels.com
Ferienanlagen mit viel Programm für Babys, Kinder, Teenager und auch für Erwachsene.

family austria
Tel. 04242 4 42 00 60
www.familyaustria.at
Im Fokus stehen hier Familienerlebnisprogramme, egal, ob man in der Selbstversorgerhütte oder im All-Inclusive-Hotel wohnt.

Baby- und Kinderbauernhöfe
Tel. 0662 88 02 02
www.urlaubambauernhof.at
Diese Höfe sind mit allem ausgerüstet, was man als Familie so braucht, um sich mit den Kleinsten rundum wohl zu fühlen. Und natürlich locken auch Tiere.

Die besten Erlebnisse für Kinder

SOMMERRODELBAHNEN, ROLLER UND KARTS
Alpine Coaster Golm
A-6780 Schruns-Rodund (V)
Tel. 05556 70 18 31 67
Mai–Mitte Juni Sa., So., Mitte Juni–Okt. tgl., Eintritt inkl. Bergfahrt: ab 4,40 Euro (ab 3 J.)
www.golm.at
Bis zu 6 m über dem Boden im Zweisitzer ins Tal flitzen! Auch Flying-Fox, Waldseilgarten und Skyswing sind vorhanden.

Keltenblitz
A-5400 Hallein (SZ)
Tel. 06245 8 51 05
Mai–Mitte Okt. tgl. bei schönem Wetter, Eintritt inkl. Bergfahrt: ab 6,20 Euro (ab 6 J.)

www.duerrnberg.at
Mit 2200 m die längste Sommerrodelbahn im Salzburger Land.

Maisflitzer
A-5710 Kaprun (SZ)
Tel. 06574 2 01 13
Bei jedem Wetter Mo.–Fr. ab 11.00 bis zur Dämmerung, Sa., So. ab 9.00 Uhr bis zur Dämmerung. Einzelfahrt: ab 4,50 Euro (ab 3 J.)
www.maiskogel.at
Cooler Alpine Coaster mit Wellen, Jumps und Kreiseln.

Monster-Roller Zauberberg
A-2680 Semmering (NÖ)
Tel. 02664 80 38
Mitte Mai–Juni, Sept., Okt. Do. bis So., Juli, Aug. tgl. 10.00 bis

18.00 Uhr, Roller-Schnupperkarte
(Bergfahrt und Leihroller) ab
10 Euro (ab 7 J.)
www.zauberberg.at
Auf dicken Stollenreifen geht es
über die eigens gestaltete Roller-
bahn mit Wiesenkurven, Ziehwe-
gen, Wippen und Wellen ins Tal.

Nocky Flitzer
A-8864 Turracher Höhe (K/ST)
Tel. 04275 8 39 20
Juni–Aug., Dez.–Mitte April tgl.,
Sept., Okt. Mi.–So., Eintritt inkl.
Bergfahrt: ab 8 Euro (ab 6 J.)
www.turracherhoehe.at
Moderne Allwetterrodelbahn mit
idyllischer Streckenführung.

Osttirodler – Lienzer Bergbahnen
A-9900 Lienz (T)
Tel. 04852 6 39 75
Mai, Juni Do.–So., Juli, Aug. tgl.,
Sept., Okt. Fr.–So., Weihnach-
ten–Mitte März tgl., Einzelfahrt

ab 4 Euro (ab 3. J.)
www.lienzer-bergbahnen.at
2,7 km lange Rodelbahn voller
Kurven, Wellen und Kreisel.

Slalom Kart
A-8972 Ramsau am Dachstein (ST)
Tel. 03687 8 10 27
Juli, Aug. tgl. 15.00–18.00 Uhr,
Einzelfahrt: ab 2 Euro
www.gokart-ramsau.at
Dort, wo im Winter Skifahrer ab-
fahren, sind im Sommer zwei
Rennstrecken mit unterschiedli-
chen Schwierigkeitsgraden für
Karts angelegt.

Sommerfunpark Fiss
A-6533 Fiss (T)
Tel. 05476 63 96
Juni–Okt. tgl. 8.30–17.00 Uhr, Ein-
tritt je nach Attraktion ab 1 Euro
www.serfaus-fiss-ladis.at
Sommerrodelbahn, Sprungturm,
Trampolin, Fisser Flieger (80 km/h)
und Skyswing locken.

Von wegen immer nur gemütlich: Action beim Kart-Rennen

Sommerrodelbahn Grebenzen-St. Lambrecht

A-8812 St. Blasen (ST)
Tel. 03585 2455
Juni So., Juli, Aug. Fr.–Mo.
10.00–17.00 Uhr, Einzelfahrt
ab 5 Euro
www.grebenzen.at
Mit 1720 m die längste Sommerrodelbahn der Steiermark.

Sommerrodelbahn Wurbauer Kogel

A-4580 Windischgarsten (OÖ)
Tel. 07562 20707
Mitte Mai–Anfang Okt. tgl. bei
schönem Wetter, Einzelfahrt ab
3,40 Euro
www.wurbauerkogel.at
Neben der 1523 m langen Sommerrodelbahn gibt es auch einen
Alpine Coaster mit drei Kreiseln,
sieben Steilkurven und drei Jumps
sowie einen Panoramaturm und
einen Bogenschießparcours.

MÄRCHENPARKS

Bärenland

Klostertaler Bergbahn
A-6754 Dalaas/Wald (V)
Tel. 05582 2920
Ende Juni–Ende Sept. tgl.
8.30–16.30 Uhr, Bergfahrt
ab 5,50 Euro (ab 7 J.)
www.sonnenkopf.com
An der Bergstation des Sonnen-
kopfs hat man einen abenteuerli-
chen Spielplatz ganz unter das
Motto »Bär« gestellt.

Familypark Neusiedler See

Märchenparkweg 1
A-7062 St. Margarethen (B)
Tel. 02685 60707
Ende März–Sept. tgl. 9.00–18.00,
Okt. 10.00–17.00 Uhr, Eintritt:
19,50 Euro (ab 3 J.)
www.familypark.at
Rund um einen Märchenwald gibt
es weitere Attraktionen wie Fami-
lienachterbahn oder Streichelzoo.

Kleine Welt ganz groß: Minimundus in Klagenfurt

Märchenalm Alpl
A-8671 Alpl bei Krieglach (ST)
Tel. 03855 8251
ganzjährig frei zugänglich
www.waldheimathof.at
Es gibt eine Märchenspielwiese
für die Kleinen, einen Bergtret-
kart-Parcours für die Größeren,
eine Riesenrutsche und Streichel-
tiere für alle zusammen.

Märchenwald Steiermark
A-8756 St. Georgen ob
Judenburg (ST)
Tel. 03583 2116
April–Okt. tgl. 8.30–18.30 Uhr,
Eintritt: 8,50 Euro (ab 2 J.)
www.maerchenwald.at
Märchenfiguren und Burgen, Wi-
kingerschiff, Piraten- und India-
nerdörfer bringen die Fantasie der
Kleinen auf Hochtouren.

Zwergenpark Gurktal
A-9342 Gurk (K)
Tel. 04266 8077
Mai–Mitte Sept. tgl., Eintritt:
ab 3,50 Euro (ab 6 J.)
www.zwergenpark.com
Ein Bummelzug tuckert mit seinen
kleinen Passagieren durch die
bunte Welt der (Garten)Zwerge.

THEMENPARKS
Familienerlebnispark
Urzeitwald
A-4824 Gosau 444 (OÖ)
Tel. 06136 20044
Ende Mai–Anf. Sept. tgl. 10.00 bis
18.00 Uhr, Eintritt: ab 5,40 Euro
(ab 3 J.)
www.urzeitwald.at
Ein Erlebnisparcours im dichten
Wald, an dessen Stationen kleine
Leute viele urzeitliche Abenteuer
erleben können.

Minimundus
▶ Klagenfurt

Styrassic Park
Dinoplatz 1
A-8344 Bad Gleichenberg (ST)
Tel. 03159 28750
Ende März–Sept. tgl. 9.00–17.00,
Okt. tgl. 9.00–16.00 Uhr, Eintritt:
ab 7 Euro (ab 2 J.)
www.styrassicpark.at
Lebensgroße Saurier, Mammuts
und Säbelzahntiger stehen in die-
sem Waldstück, in dem man so-
gar im Baumhotel übernachten
kann. Simulierte Erdbeben und
Vulkanausbrüche inklusive.

Tierholzpark Riesneralm
A-8953 Donnersbachwald 89 (ST)
Tel. 03680 606
Juli–Anfang Sept. Sa.–Mo. 9.00 bis
16.30 Uhr, Eintritt frei, Bergfahrt
ab 3,60 Euro
www.riesneralm.at
Nach dem Prinzip des trojani-
schen Pferdes hat man hier heimische Tiere wie Dachs, Fuchs oder
Gams aus regionalen Hölzern gebaut, die in ihrem Inneren feine
Spielhütten für Kinder sind.

Triassic Park
Bergstation Gondelbahn Waidring
A-6384 Waidring (T)
Tel. 05353 53300
Juni–Anfang Okt. tgl. 9.00 bis
16.45 Uhr, Eintritt frei, Berg- und
Talfahrt ab 8 Euro (ab 6 J.)
www.triassicpark.at
Ein erlebnisreich gestalteter The-
menpark, in dem so ganz neben-
bei viel paläontologisches Wissen
vermittelt wird. Der ansehnliche
Ichthysaurier im Bergsee misst
ganze 10 m!

Luftiges Wipfel-Erlebnis: der Baumkronenweg

ERLEBNISPARKS
Böhmischer Prater
Laaer Wald
A-1100 Wien
März, April, Okt. Sa., So.,
Mai–Sept. tgl. 10.00–22.00 Uhr
(wetterabhängig), Eintritt frei
www.tivoliwien.at
Schön nostalgischer Vergnügungspark mit Ringelspiel, Karus-
sell und Kasperltheater in einem
beliebten Naherholungsgebiet
mitten in Wien.

Fantasiana Erlebnispark
Märchenweg 1
A-5204 Strasswalchen (SZ)
Tel. 06215 8181
Ende April–Sept. tgl. 10.00 bis
18.00 Uhr, im Okt. nur bei schönem
Wetter, Tagesticket: ab 14 Euro
(ab 2 J.)
www.erlebnispark.at
Bei diesem klassischen Vergnü-
gungspark sind die Attraktionen
in sieben Themenbereiche geglie-

dert, darunter Dracula, Wilder
Westen und Sindbad.

Wurstelprater
▶ Wien, Prater

WALDABENTEUER
Baumkronenweg
Knechtelsdorf 1
A-4794 Kopfing (OÖ)
Tel. 07763 22890
April–Okt. tgl. 10.00–18.00 Uhr,
Eintritt: ab 5 Euro (ab 6 J.)
www.baumkronenweg.at
Über eine Länge von mehr als
1 km zieht sich eine Holzkonstruk-
tion zwischen den Baumkronen
hindurch und gibt kleinen Besuchern ungewöhnliche Einblicke
aus der Vogelperspektive auf Flora und Fauna des Waldes.

Kugelwald
Station »Halsmarter« der
Glungezerbahn
A-6060 Hall in Tirol

Tel. 05223 45 54 40
Juni–Anf. Okt. tgl. 9.00 bis
16.30 Uhr, Bergfahrt: ab 6, Kugel-
verleih 2 Euro
www.kugelwald.at
Am Glungezer werden Kinder
eingeladen, mit riesigen Holzku-
geln in einer Art überdimensiona-
lem Waldbaukasten zu spielen.

Nationalparkzentrum Ennstal
Eisenstraße 75
A-4462 Reichraming (ST)
Tel. 07254 84 14
Anf. Mai–Ende Okt. tgl., Nov. bis
Mitte April Mo.–Fr. 9.00 bis
17.00 Uhr, Eintritt: ab 2,40 Euro
www.nationalparkregion.com
Neben der interaktiven Ausstellung »Wunderwelt Waldwildnis«
ist besonders die Erlebnisbox
»Wildnis im Boden« von großem
Interesse für Kinder: Sie zeigt die
verborgene Welt 3 cm tief unter
der Bodenoberfläche, die Tiere
können betrachtet werden und
sind dabei bis auf das Hundertfa-
che vergrößert.

Walderlebniswelt Klopeiner See
Schulstr. 8
A-9122 St. Kanzian (K)
Tel. 04239 2 60 05
Ostern, Mai–Juni u. Anf.–Mitte
Sept. tgl. 10.00–17.00, Juli, Aug.
tgl. 9.00–19.00, April, Okt. Fr.–So.
10.00–17.00 Uhr, Eintritt: ab
6,50 Euro (ab 3. J.)
www.walderlebniswelt.at
Ein Spielplatz mitten im Wald, sei-
ne Höhepunkte sind der Baum-
wipfelweg, ein unterirdischer
Fuchsbau sowie ein spannendes
Riesenlabyrinth.

Wipfelwanderweg Rachau
Mitterbach 25
A-8720 Rachau (ST)
Tel. 03512 4 45 99
Ende April–Okt. tgl. 9.00 bis
18.00 Uhr, Eintritt: ab 6 Euro
(ab 6 J.)
www.wipfelwanderweg.at
Hier kann man den Wald mit allen Sinnen erleben und auch mal
die Perspektive wechseln. Die gut
30 m über dem Boden schweben-
de Plattform und die lange Rutsche sind die Höhepunkte.

WASSERABENTEUER
Hexenwasser Hochsöll
Bergbahn Hochsöll
Stampfanger 21
A-6306 Hochsöll (T)
Tel. 05333 52 60
Mitte Mai–Ende Okt. tgl.
9.00–17.30 Uhr, Eintritt frei, Gon-
delfahrt: ab 6,50 Euro (ab 6 J.)
www.hexenwasser.at
60 Stationen zum Thema Wasser
laden die Kleinen zum feucht-
fröhlichen Entdecken und For-
schen ein. Das Ganze steht unter
dem Motto »Hexen«.

Murmliwasser
Komperdellbahn (Mittelstation)
Dorfbahnstr. 75
A-6534 Serfaus (T)
Tel. 05476 62 03
Juni–Okt. tgl. 8.30–17.00 Uhr, Ein-
tritt frei, Bergfahrt: ab 6 Euro
(ab 14 J.)
www.sommererlebniswelt.at
Spiele im Matsch, daraus Burgen
und Landschaften modellieren,
einen Staudamm bauen oder eine
Schlammschlacht veranstalten:
Wasser kann auch Größeren so
viel Spaß machen!

UnterWasserReich

Moorbadstr. 4
A-3943 Schrems (NÖ)
Tel. 02853 7 63 34
Mitte April–Mitte Okt. tgl.
9.30–17.00 Uhr, Eintritt: 8 Euro
www.unterwasserreich.at
Das Erleben von Wasser in all seinen Dimensionen stellt man im
UnterWasserReich in den Mittelpunkt. Aquarien mit Wasserflö-
hen, Insektenlarven und kleinen
Fischen sowie das Fischottergehe-
ge für Beobachtungen des hübschen Räubers in seinem natürlichen Umfeld lassen auch Erwachsene staunen.

Wasserspielplatz Eisenwurzen

Bodenweg 64
A-8933 St. Gallen (ST)
Tel. 03632 2 64 49
Mai, Juni, Sept. tgl. 9.00–17.00,
Juli, Aug. tgl. 9.00–19.00 Uhr,
Tageskarte: 11, Halbtageskarte
ab 13.00 Uhr 9 Euro
www.wasserspielpark.at
An mehr als 100 Stationen gibt es
nicht nur jede Menge Wasserspaß, auf Kinder warten auch
zahlreiche verblüffende physikalische Experimente, die auf dem
Spielplatz im und mit dem Wasser
gemacht werden können.

UNGEWÖHNLICHES ERLEBEN
Archäologischer Park Carnuntum

Hauptstr. 1a
A-2404 Petronell-Carnuntum (NÖ)
Tel. 02163 3 37 70
Juli, Aug. tgl. 14 Uhr, Eintritt: ab
5, Führung 2,50 Euro (ab 11 J.)
www.carnuntum.co.at

Hatten römische Kinder Ferien?
Wie trägt man eine Toga? Diese
und ähnlich brennende Fragen
werden bei kindgerechten Führungen anschaulich beantwortet.
▶ Hainburg, Umgebung

Bärenwald

Schönfeld 18
A-3952 Arbesbach (NÖ)
Tel. 02813 76 04
April–Okt. tgl. 10.00–18.00 Uhr,
Eintritt: ab 3,50 Euro (ab 6 J.)
www.baerenwald.at
Braunbären, die ein hartes Leben
in Gefangenschaft hinter sich haben, können hier ein echtes Bä-
renleben führen – was sie teilweise noch lernen müssen. In den
großen Freigehegen kann man ihnen dabei zusehen. Das Projekt
wird von der Tierschutzorganisati-
on »Vier Pfoten« betrieben.

Burg Forchtenstein

A-7212 Forchtenstein (B)
Tel. 02682 63 00 40
Juli, Aug. Mi. und Fr. 14.00 Uhr,
Eintritt: 7 Euro pro Kind
esterhazy.at
Bei dieser Mitmachführung erfahren Kinder etwa, was ein junger
Fürst in der Barockzeit so lernen
musste, außerdem können sie
ausprobieren, wie es sich mit
einem Federkiel schreibt.

Geocaching

Niederösterreich
Tel. 02745 90 00 90 00
ganzjährig, kostenfrei
geocaching.niederoesterreich.at
21 Wanderungen in Niederösterreich können Groß und Klein gemeinsam als familientaugliche
Rätselrallyes erleben. Mit Hilfe

von GPS oder mit genauen Landkarten wird ein Schatz gesucht.

Goldwaschen

Parkplatz Bodenhaus
A-5661 Rauris (SZ)
Tel. 06544 70 52
Juni–Sept. tgl. 9.30–17.00 Uhr,
Leihgebühr Goldwaschpfanne und
Schaufel 3, Goldwaschkurs 7 Euro
www.goldsuchen.at
Spannendes für echte Abenteurer: Goldwaschen hat in Rauris
eine lange Tradition. Hier kann
man nach einer kurzen Einführung selbst mit dem Sieb an historischen Originalschauplätzen auf
die Suche gehen – und darf Gefundenes sogar behalten.

Maislabyrinth

Schrötten 2
A-8411 Hengsberg (ST)
Tel. 0664 3 43 64 70
Mitte Juli–Mitte Sept. tgl. ab
11 Uhr, Eintritt: ab 3 Euro (ab 7 J.)
www.maislabyrinth.at
Auf einer Fläche von ungefähr
vier Fußballfeldern lässt man hier
den Mais alljährlich zu einem hohen Labyrinth wachsen, in dem
man auch hervorragend picknicken kann. Ein Streichelzoo wartet zudem auf die Kleinen.

Marionettentheater

Schloss Schönbrunn Hofratstrakt
A-1130 Wien
Tel. 01 8 17 32 47
Vorführungen fast tgl., Karten
ab 8 Euro
www.marionettentheater.at
Klassische Stücke wie »Die Zauberflöte« und »Aladdin« stehen
auf dem Spielplan dieses einzigartigen Marionettentheaters im gediegenen Ambiente von Schloss
Schönbrunn.

Auf Führungen selber aktiv werden: Burg Forchtenstein

Schloss Esterházy

Esterházyplatz 5
A-7000 Eisenstadt (B)
Tel. 02682 63 00 40
Juli Fr. 15.30, Aug. Di. 15.30 Uhr,
Führung: 6 Euro pro Kind
esterhazy.at
Bei den speziellen Kinderführungen lernen die Kleinen das Leben bei Hofe im Schloss Esterházy kennen, sie dürfen über das Parkett tanzen und sich an feinen Tischmanieren üben.

MUSEEN FÜR KINDER
Expi

Gotschuchen 34 a
A-9173 St. Margareten im
Rosental (K)
Tel. 0664 88 51 24 81
Ostern–Juli, Mitte Sept.–Ende Okt.
Sa., So., Juli–Mitte Sept. tgl. 10.00
bis 18.00 Uhr, Eintritt: ab 6,80 Euro
(ab 4 J.)
www.expi.at
Im Haus der Experimente können kleine Leute an 40 Stationen physikalische Phänomene hautnah erleben. Sie sehen etwa wie ein Tornado entsteht oder was es mit dem spannenden Unsichtbarkeitsumhang auf sich hat.

Frida und Fred

Friedrichgasse 34
A-8010 Graz (ST)
Tel. 0316 8 72 77 00
Mo., Mi., Do. 9.00–17.00, Fr. 9.00
bis 19.00, Sa., So. 10.00 bis
17.00 Uhr, Eintritt: 4,50 Euro
www.fridaundfred.at
Die wechselnden Ausstellungen und Theaterstücke sind in diesem Kindermuseum speziell für die Jüngsten konzipiert. Ausprobieren, Experimentieren und Anfassen dürfen ist ein wesentlicher Bestandteil des Konzepts.

inatura Dornbirn

Jahngasse 9
A-6850 Dornbirn (V)
Tel. 05572 23 23 50
Tgl. 10.00–18.00 Uhr, Eintritt: ab

Zauberwelt (nicht nur) für Kinder: Marionettentheater

5,30 Euro (ab 6 J.)
www.inatura.at
Die multimediale Erlebnisausstellung informiert interaktiv über die Natur Vorarlbergs. Die Science Zones präsentieren verblüffende Phänomene der Physik.

Kinderweltmuseum

Schloss Walchen
Walchen 1–3
A-4870 Vöcklamarkt (OÖ)
Tel. 07682 62 46
Mai–Sept. Fr.–So., in den oberösterreichischen Sommerferien Di. bis So. 10.00–17.30 Uhr, Eintritt: ab 4,50 Euro
www.kinderweltmuseum.at
Hier ist die Ausstellung nicht nur kindgerecht, sie widmet sich auch dem Nachwuchs: Die Welt des Kindes im 18. und 19. Jh. in den unterschiedlichen sozialen Schichten ist Thema des Museums.

Zoom Kindermuseum

Museumsplatz 1
A-1070 Wien
Tel. 01 5 24 79 08
Tgl., Besuchszeit muss reserviert werden, Ausstellungseintritt für Kinder frei, alle weiteren Bereiche ab 4 Euro.
www.kindermuseum.at
Gestalten und spielerisch lernen können Kids in diesem ausgezeichneten Kindermuseum direkt im MuseumsQuartier. Neben Mitmachausstellungen für die ganze Familie gibt es den Kleinkinderbereich Ozean, ein Atelier und ein Trickfilmstudio sowie Programme zur Wissensvermittlung.

Shopping

Schönes für daheim

Nicht nur in Österreichs Städten, auch in den großen Einkaufszentren findet man die ganze Vielfalt internationaler Labels und Ketten, ergänzt werden sie meist durch Läden mit lokalen Produkten wie Trachtenmodeboutiquen oder Uhrengeschäfte. Gediegen und teilweise sehr luxuriös präsentieren sich vor allem die Geschäfte in den Innenstädten von Wien und Salzburg, dort findet man auch edle Antiquitäten.

Egal, ob im Stadtzentrum oder im kleinen Dorf: Wo Touristen sind, ist der nächste Souvenirladen nie weit. Unterschiedlich ist allerdings die Qualität des Sortiments – es lohnt sich durchaus, genauer hinzusehen, denn mitunter liegen zwischen Läden mit eher kitschigen Waren billiger Herstellung kleine Shops, die Erlesenes feilbieten. Was man als qualitativ hochwertiges Souvenir findet, ist natürlich von Region zu Region ganz unterschiedlich. Ein besonders schönes Andenken an Wien sind etwa **Schneekugeln**, die im Jahr 1900 von Erwin Perzy erfunden wurden und heute mittlerweile in dritter Generation vor Ort von Hand gefertigt werden. Meist sind Modelle bekannter Wiener Wahrzeichen in Glaskugeln verschiedener Größe eingebaut, schüttelt man die Kugel, wirbeln kleine Flocken, die im Ruhezustand am Boden liegen, umher und simulieren so ein Schneegestöber. Original Perzy-Kugeln sind an einem schwarzen Sockel und der Aufschrift »Made in A« zu erkennen.

Souvenirs

Mitbringsel zum Naschen aus der Salzburger Konditorei Fürst

Landesweit in gut sortierten Souvenirshops erhält man **Glasware und Tischgeschirr** aus österreichischen Manufakturen (►Baedeker Wissen S. 128). In Tirol lohnt es sich darüber hinaus, nach **Holzschnitzereien** Ausschau zu halten, im Ausseer Land vor allem nach **Trachten** und -zubehör, in Gmunden nach **Keramik**, im Burgenland nach **Töpferware** und in den großen Städten nach Mode und Accessoires lokaler und oft international erfolgreicher Designer.

Bummeln in der Salzburger Getreidegasse

Tischlein, deck dich!

Genießer schätzen es, wenn der Tisch festlich eingedeckt ist. Österreich-weit gibt es eine Reihe von Manufakturen, die feines Geschirr, Gläser und Tischwäsche in alter Tradition herstellen. Zwar erhält man ihre Ware auch in vielen anderen Geschäften, doch ein Betriebsbesuch lohnt in doppelter Hinsicht: Zum einen der günstigeren Preise wegen, zum anderen, weil der Einkauf so zum Erlebnis wird.

Augarten-Porzellan

Die Wiener Porzellanmanufaktur Augarten gilt nach der von Meißen **als zweitälteste der Welt**. Ihre Geschichte beginnt im Jahr 1718, als Kaiser Karl VI. einem gewissen Claudius Innocentius du Paquier das Recht verlieh, als einziger innerhalb der österreichischen Kronländer Porzellan zu erzeugen. In der heutigen Porzellangasse im 9. Bezirk stand die erste Manufaktur, von der das Kaiserhaus und der höfische Adel beliefert wurden. 1744 kam die Manufaktur unter Maria Theresia in **kaiserlichen Besitz**, seit damals trägt jedes Stück, das die Fabrikation verlässt, als Kennzeichnung den blauen Binden-schild mit den Wappen der Babenberger. Doch so berühmt das Augarten-Porzellan auch war, die Manufaktur konnte gegen die später auftretende billige Konkurrenz aus böhmischen Fabriken nicht bestehen – 1864 wurde die Produktion stillgelegt und das umfangreiche Vorlagenwerk dem heutigen Österreichischen Museum für angewandte Kunst (MAK) überlassen. Die Stunde der Wiedergeburt schlug am 2. Mai 1923, als die Porzellanmanufaktur am heutigen Standort **Schloss Augarten** neu eröffnet wurde. Seither hat sich an der nahezu ausschließlich in Hand-arbeit durchgeführten Produktion kaum etwas verändert, davon kann man sich beim Werksbesuch selbst überzeugen. Das Design ist allerdings moderner geworden: Zeitgenössische Künstler wie Josef Hoffmann, Michael Powolny, Franz von Zülow und andere Vertreter der Wiener Werkstätte ebneten der Manufaktur mit ihren Entwürfen den Weg in die Neuzeit. Auch heute noch arbeiten zeitgenössische Künstler im Auftrag der Manufaktur Augarten.

Gmundner Keramik

Bereits im 17. Jh. galt Gmunden im oberösterreichischen Salzkammergut als eine **Hochburg der altösterreichischen Fein- und Zierkeramik**. Die Naturschönheiten rund um den Traunsee inspirierten die Keramikkünstler zu besonderen Formen und Farben – schon damals entstand das heute noch so beliebte **grüngeflammte Dekor**. Dieses schätzte man aber nicht nur am Essgeschirr, sondern vor allem auch als Fliese im Wohnbereich: Zahlreiche Hafner (Ofensetzer) gründeten eigene Handwerksstätten, in denen die Fliesen zunächst erzeugt und dann vor Ort zu einem prächtigen Kachelofen zusammengesetzt wurden. 1843 erwarb Franz Schleiß eines dieser Hafnerhäuser, sein Sohn Leopold gründete 1903 daraus die Gmundner Tonwarenfabrik mit den Schwerpunkten künstlerisches Design und figurale Kunst. Erst als Johannes Hohenberg die Fabrik im Jahr 1968 übernahm, begann man, die Erzeugung von Gebrauchsgeschirr zu forcieren. Binnen kürzester Zeit wurde das grüngeflammte Geschirr, das es heute auch in anderen kräftigen Farben und Mustern gibt, im ganzen Land zum **Symbol für österreichische Tischkultur**. Jeder zweite österreichische Haushalt, auch in den Städten, hat zumindest einen der in Handarbeit hergestellten Artikel aus der Gmundner Tonschmiede vorzuweisen.

Leinenweberei Vieböck

Das Mühlviertel im nördlichen Oberösterreich galt ab 1600 als ein wichtiges **Zentrum der Leinenweberei**. Der Rohstoff Flachs ließ sich auf den kargen Böden gut kultivieren und bald schon wurde die Weberei zum Haupterwerbszweig der ganzen Region. Erst mit der industriellen Revolution, die unter anderem auch mechanische Webstühle aufbrachte, versanken die Mühlviertler Weber in der Bedeutungslosigkeit. Doch nicht ganz: Die 1832 gegründete Leinenweberei Vieböck produziert nach wie vor feinste **Bett- und Tischwäsche** sowie **Trachtenleinen** und **Meterware**, allerdings werden die Stoffe nicht mehr wie noch in der Zwischenkriegszeit von Heimarbeiterinnnen geliefert, sondern in den Produktionsstätten hergestellt. Offiziell zusehen kann man bei der Fertigung zwar nicht, doch im nicht weit entfernten Haslau gibt es ein liebevoll gestaltetes Weberei-Museum, das Besuchern die nötigen Arbeitsschritte erläutert.

Riedel-Glas

Ursprünglich stammt Familie Riedel aus dem Sudetenland, jener deutschsprachigen Enklave im nördlichen Böhmen (heute Tschechien), in der sich gegen Ende des 16. Jh.s vermehrt Glasmacher ansiedelten. Die Familienchronik geht auf den Glashändler Johann Christoph Riedel (geb. 1678) zurück, dessen Enkel 1756 eine Wald-Glas-Hütte in Betrieb nahm. Die folgenden Generationen trugen zum Aufschwung des Unternehmens bei, etwa Franz Xaver, der mit Glasfarben experimentierte, oder Josef der Ältere, der sich im Tal ansiedelte und das Unternehmen zum Leitbetrieb der Region ausbaute. Die böhmische Familiengeschichte endete im Mai 1945 abrupt, als Walter Riedel verhaftet und nach Moskau deportiert wurde. Doch bereits 1956 machte die Familie wieder von sich reden, als sie die in Konkurs befindliche Tiroler Glashütte in Kufstein übernahm. Man kehrte zu den Anfängen zurück und installierte eine **Mundblasproduktion**, die dieser Tage noch das Kernstück der Fabrikation ist. Dass Riedel-Gläser heute auf den feinsten Tafeln der Welt stehen, ist auch das Verdienst von Claus Josef Riedel, der nach dem Zweiten Weltkrieg das **funktionale Weinglas** definierte: Demnach soll das Zusammenspiel von Form, Größe und Mundranddurchmesser maßgeblich für den Genuss sein. Seine Nachfahren führen die Glasmanufaktur heute in der 10. und 11. Generation weiter.

Kulinarische Andenken

Überall sollte man allerdings die Augen aufhalten, wenn es um kulinarische Spezialitäten geht. In Österreich definiert man sich recht stark über Lebensmittel und Getränke – und am liebsten greifen die Menschen dort zu, wo sie den Lieferanten vertrauen. Entsprechend gut ist der direkte Zugang zu bäuerlichen Produkten: Eier, Würste und Bergkäse, **Kürbiskernöl**, feine **Weine** und **Vogelbeerbrand**, Äpfel, Mohn und köstliche Lebkuchen werden landauf, landab entweder direkt auf dem Hof, auf Bauernmärkten, an Straßenständen oder in oft sehr schönen Bauernläden verkauft. Als kleine Mitbringsel eignen sich auch süße Köstlichkeiten wie **Mozartkugeln** oder **Mannerschnitten** – selbstverständlich »made in Austria« – oder die Kreationen lokaler Zuckerbäckermeister, die man in den Urlaubstagen zuvor vielleicht selbst schon zu schätzen gelernt hat.

Öffnungszeiten

Im Allgemeinen sind Geschäfte Montag bis Freitag von 9.00 bis 18.00, höchstens aber bis 20.00, und am Samstag von 9.00 bis 12.00, in den großen Einkaufszentren und in den Einkaufsstraßen der

Ein beliebtes Mitbringsel: Gmundner Keramik mit den typischen Mustern wird seit Jahrhunderten in Handarbeit hergestellt.

Großstädte auch bis 18.00 Uhr geöffnet. Die Läden in kleineren Orten sind allerdings oft von 12.00 bis 14.00 oder 15.00 Uhr geschlossen. Lebensmittelgeschäfte öffnen bisweilen schon vor 8.00 und schließen um 18.30 oder 19.30 Uhr. Dazu gibt es in Bahnhöfen und auf Flughäfen Geschäfte, in denen man während der Betriebszeiten, also teilweise bis 23.00 Uhr, einkaufen kann. Am Sonntag sind Läden generell geschlossen, Abhilfe im Notfall schaffen die zahlreichen Tankstellenshops. In sehr touristischen Orten gibt es Sonderregelungen für die Geschäftsöffnungszeiten, vor allem für das Wochenende. Die meisten österreichischen Banken haben Montag bis Freitag von 8.00 bis 12.00 und von 14.00 bis 18.00 Uhr geöffnet.

Das passende Quartier

Die österreichische Hotellerie liegt überwiegend in den Händen von Familienbetrieben, mit Ausnahme von Wien sind nur wenige internationale Hotelketten im Land vertreten. Die Auswahl ist groß, es findet sich meist für jedes Budget und jeden Anspruch das Richtige. Am günstigsten logiert man auf Campingplätzen, sie sind vor allem im Osten und im Süden des Landes wegen des milden Klimas eine gute Option.

Wenn es ums lokale Ambiente geht, ist der Urlaub auf dem Bauernhof kaum zu schlagen. Die meisten Höfe sind mit zwei bis vier »Blumen« zur Bewertung kategorisiert, wobei ein Betrieb der höchsten Kategorie durchaus auch den etwas verwöhnteren Gast zufriedenstellt. Neben den klassischen Bauernhöfen in den alpinen Regionen zählen auch **Winzerhöfe** in den Weinbauregionen zum Angebot, das noch um **Almhütten** ergänzt wird. Nicht nur Familien mit Kindern sind auf einem Bauernhof gut aufgehoben – auf einem **Bio-, Gesundheits- oder Kräuterbauernhof** bekommt Wellness für den Gast eine wohltuend bodenständige Bedeutung.

Urlaub auf dem Bauernhof

Wer nicht unbedingt auf einem Bauernhof wohnen möchte, der wird auf der Suche nach besonderem Flair mühelos im Osten des Landes fündig. Zur Belebung des touristischen Angebots, das dem des Westens etwas hinterherhinkt, hat man hier stimmungsvolle Unterkünfte zusammengefasst. Sie sind unter Schlagwörtern wie **»Genießerzimmer«** in Niederösterreich, **»Pannonisch Wohnen«** im Burgenland und **»Landlust«** in der Oststeiermark zu finden.

Stimmungsvolle Unterkünfte

Private Zimmervermieter gibt es viele, nicht immer ist der Standard aber optimal. Gleiches gilt für viele alteingesessene Gasthöfe und Pensionen, die niedrig oder gar nicht klassifiziert sind. Doch gerade bei den Gasthöfen finden sich auch charmante Unterkünfte, denn ein behutsam und sorgfältig renoviertes altes Haus, das Geschichte »atmet«, hat einen besonderen Reiz. Mittlerweile warten viele Unterkünfte dieser Art auf Gäste, die haben dann natürlich auch meist ihren Preis. Bei einigen wurde durch den Umbau **zeitgenössisches Design** in den Mittelpunkt gestellt, besonders gelungen ist es dort, wo es mit der alten Bausubstanz kombiniert wurde.

Gasthöfe und Pensionen

> **BAEDEKER TIPP** !
>
> *Preiskategorien*
>
> Hotels
> (Preis jeweils für ein Standard-DZ)
>
> ⊕⊕⊕⊕ über 220 Euro
> ⊕⊕⊕ 151–220 Euro
> ⊕⊕ 90–150 Euro
> ⊕ bis 90 Euro

Herzliche Begrüßung im Wellnesshotel

Anderen Wirten ist vor allem das **ökologische Bewusstsein** ein Anliegen, dies äußert sich oft durch lichte Vollholzmöbel in den Zimmern, obwohl natürlich weit mehr hinter dem Konzept steht. Einige Quartiergeber haben **Design und Ökologie** wunderbar zusammengeführt (▶Baedeker Wissen S. 135).

Ferienresorts Vergleichsweise große Hotels, die manchmal **riesige Freizeitanlagen** ihr Eigen nennen, ergänzen das Angebot. Nicht selten sind sie aus einer kleinen familiären Pension entstanden, der man über Generationen immer mehr Zimmer angeschlossen hat. Ein Hotel dieser Größenklasse eignet sich eher für einen **mehrtägigen Aufenthalt** als für einen Zwischenstopp auf der Rundreise.

Wellness-hotels Um nicht im Konkurrenzkampf unterzugehen, investierten Hoteliers in den vergangenen Jahren viel Geld in ihre Häuser, von denen heute kaum eines ohne Wellnessbereich auskommt. Viele von ihnen haben sich sogar ganz auf Entspannung spezialisiert, sodass es in Österreich heute ein breites Angebot an Wellnesshotels gibt. Sie runden das Angebot im oberen Preisbereich ab, denn manche dieser Häuser spielen, wie man in Österreich so schön sagt, »alle Stückerl«, sind also für jeden Anspruch gerüstet. Urlaubern mit prall gefüllter Reisekasse stehen außerdem **Schlosshotels** und **Herrenhäuser** zur Wahl, die fürstliches Wohnen garantieren.

Urlaubs-spezialisten Nicht jeder Urlauber braucht Tafelsilber, um glücklich zu sein. Besondere Ansprüche wollen aber erfüllt werden und so gibt es einige Urlaubsspezialisten, die sich bestimmten Themen verschrieben haben und diese in ihren Häusern konsequent umsetzen. Zu folgenden Themen gibt es Kataloge, zu beziehen über die Österreich Werbung: Küche & Keller (**Genießerhotels**), Wandern (**Wanderdörfer**), Bücher (**Bibliotels**), **Reiterferien**, **Mountainbike Holidays**, Langlaufen, Angeln, idyllisch wohnen (**Naturidyllhotels**).

Beim Urlaub auf dem Bauernhof können Kinder Tiere hautnah erleben.

Für die Ferienmonate Juli und August sowie für die Wintermonate Dezember bis Februar sollte das Quartier unbedingt bereits daheim gebucht werden. Eine gute **Buchungsplattform im Internet**, die vom Privatzimmer bis zum Hotel ein breites Spektrum abdeckt, ist www.tiscover.com.

Ökolodges mit Designanspruch

Nicht nur modernes Design in Kombination mit alten Elementen ist in Österreichs Herbergen im Trend, sondern auch eine nachhaltige Bauweise. Während viele Hoteliers entweder auf das eine oder das andere setzen, haben einige Hotels beide Trends perfekt zusammengeführt.

In Österreich ist die Dichte an Ökolodges mit Designanspruch in Vorarlberg besonders hoch, denn das Bundesland gilt als Region mit der größten Affinität zu moderner Architektur. **Holz** ist und bleibt dabei der Baustoff Nummer eins, ergänzt wird er um andere natürliche Materialen wie **Glas** oder **Stein**, die bewusst puristisch eingesetzt für atemberaubende Effekte sorgen. Dass dabei oft nachhaltig gebaut wird, liegt nicht nur daran, dass man den Gästen gerne eine möglichst intakte Natur präsentieren möchte, sondern auch an der Notwendigkeit, die Betriebskosten zu senken. Nachhaltigkeit heißt aber auch **Regionalität**, und so wird die Innenausstattung oft von lokalen Handwerkern aus heimischen Materialien gefertigt – mittlerweile hat sich in Vorarlberg eine boomende designorientierte Handwerkerszene entwickelt, deren Werke nicht nur in Hotels, sondern auch in öffentlichen Gebäuden zu finden sind. Im Bregenzerwald haben sich die modernen Handwerker zur **KooperativeWerkraum** zusammengeschlossen, die über die Landesgrenzen hinaus bekannt ist.

Die Ökopioniere

Zu den Pionieren der Ökolodges gehört das **Naturhotel Chesa Valisa** im Kleinwalsertal, dessen älteste Bauteile auf das Jahr 1507 zurückgehen. In seinem Kern ist das Hotel als »gestricktes Holzhaus« noch immer ein **traditionelles Walserhaus**: ausschließlich aus Holz gebaut, die einzelnen Elemente wie Balken, Decken, Wände und Dach sind durch Holzzapfen oder große Nägel miteinander verbunden. Anbauten im modernen Vorarlberger Baustil ergänzen diese Substanz, das Ensemble erstreckt sich zudem auf 1200 m Seehöhe in unverbauter Lage. So spannend wie die Optik des Hauses sind auch die ökologischen Lösungen, die dahinter stehen. Inhaberfamilie Kessler setzt etwa anstelle der alten Ölheizung auf eine zentrale Biomasseheizung, die mit Hackschnitzeln aus dem Tal betrieben wird, und bezieht Ökostrom aus Wasserkraft. Solaranlagen, eine Luftwärmepumpe für den Pool sowie Wärmerückgewinnung aus den Kühlhäusern sind weitere nachhaltige Komponenten. Biologische Zutaten in der Küche sind selbstverständlich, und im Spa kommen auch österreichische Naturkosmetikprodukte zum Einsatz.

Nachhaltig saniert

Der **Gasthof Krone Hittisau** im Bregenzerwald, um ein weiteres Vorarlberger Beispiel zu nennen, ist ein 170 Jahre altes Holzblockhaus, das bereits mehrfach umgebaut wurde. Als die heutigen Besitzer Helene und Dietmar Nussbaumer das Haus übernahmen, standen sie vor der sowohl optisch als auch funktionell fragwürdigen Ästhetik der 1970er-Jahre. Ab 2006 gingen sie daran, den Gasthof unter der Regie des Dornbirner Architekten Bernardo Bader zeitgemäß umzubauen. Gleich 29 Handwerksbetriebe aus dem Werkraum Bregenzerwald machten das Haus zukunftsfit. Dem Kernstück des Hauses, dem **renommierten Restaurant**, hat man dabei viel von der traditionell-alpinen Formensprache belassen, während die Zimmer von einer frischen wälderischen Moderne geprägt sind. Eichenparkett, gebürstete Weißtannenwände und Granitsteinböden in klaren Linien repräsentieren die Neuzeit in lichtdurchfluteten Räumen. Abgesehen davon, dass lokale Werkstoffe und Handwerker beim Umbau eingesetzt wurden, wird Regionalität auch in der Küche großgeschrieben. Die Wärme für Haus und Wasser liefert das nahe Biomasse-Heizkraftwerk, unterstützt durch die **Wärmerückgewinnung aus Kühl- und Lüftungsanlagen**. Es gibt ein hoteleigenes Auto, doch das wird nur sehr sparsam eingesetzt, etwa als Abholservice für Gäste, die ermuntert werden, mit der Bahn anzureisen. Die hohe Zahl an Stammmitarbeitern belegt der Krone zudem eine hohe soziale Nachhaltigkeit.

Zimmer mit Weitblick

Auf der anderen Seite des Arlbergs, in Tirol, eröffnete 2004 das **Naturhotel Waldklause**, bei dessen Bau und Ausstattung ausschließlich heimische Hölzer – darunter Tanne, Lärche, Zirbe, Fichte, Kastanie, Apfelbaum oder Vogel-

beere –, Stein und Glas sowie Tiroler Schafwolle als Dämmstoff zum Einsatz kamen. Die Zimmer- und Suitengestaltung wurde dabei neu durchdacht: Der Gast soll seine **Räumlichkeiten wie eine Privatwohnung** erleben und nicht wie ein Zimmer, in dem das dominierende Element das Bett ist. Daher wurde der Schlafbereich um zwei Stufen gesenkt, im vorderen Zimmerteil angeordnet und mit halbhohen Möbeln so geteilt, dass der dahinter liegende Wohnbereich eine eigene wohnliche Einheit bildet. Die Vorderfront besteht komplett aus Glas und bietet einen **Panoramablick** – vom Bett aus. Jede Zimmereinheit ist zudem mit einem Frischwasserbrunnen ausgestattet. Außerdem wurde das 1800 m² große Spa behutsam in den Baumbestand des Geländes eingefügt – konsequenterweise setzt man auch bei den Behandlungen auf heimische Naturkosmetik. Für die Beheizung wurde das in Niedrigenergiebauweise errichtete Haus an das Biomassewerk der Gemeinde angeschlossen.

Duftendes Holzhaus

Auf 1050 m Seehöhe, umgeben von Almwiesen und Bergen, erfüllte sich Familie Widauer 2008 ihren Traum von einer ökologischen Herberge. Die **Forsthofalm** in Leogang im Salzburger Land wurde zu 100 % aus Holz und anderen natürlichen Materialien errichtet, Fichten- und Lärchenvollholz, Stein und Glas bestimmen die Architektur und das Design. Ganze **70 000 Holzdübel** halten die 245 t Massivholz zusammen und ersetzen damit die sonst übliche Verleimung.

Diese leimfreie Verbindung beschert dem Haus mit einem Lambdawert von 0,078 auch einen **Weltrekord in der Wärmedämmung** statisch tragender Baustoffe. Gebaut in Passivbauweise reduziert sich der Energieaufwand für die Heizung über das Jahr gesehen somit um 75 %. Geheizt wird mit Pellets und Solarwärme, zudem gibt es auf der Forsthofalm ein **zertifiziertes Wasserverbrauchs- und Müllkonzept**. Bioprodukte in der Küche – viele Lebensmittel wie Eier, Butter, Käse und Rindfleisch stammen von regionalen Lieferanten, die Kräuter aus dem eigenen Garten – und hausgemachte Wellnessprodukte im Spa gestalten auch den Aufenthalt nachhaltig. Gestaltet ist das Ganze nicht urig, sondern in äußerst zeitgemäßer Formen- und Farbensprache. Die klaren und einfachen Linien, die sich durchs ganze Haus ziehen, sind ein spannender Kontrast zum allgegenwärtigen Holzduft.

ADRESSEN:

Werkraum Bregenzerwald
Hof 800, A-6866 Andelsbuch
Tel. 05512 2 63 86
www.werkraum.at

Naturhotel Chesa Valisa
Gerbeweg 18
A-6992 Hirschegg/Kleinwalsertal
Tel. 05517 5 41 40
www.naturhotel.at

Hotel Gasthof Krone
Am Platz 185, A-6952 Hittisau
Tel. 05513 62 01
www.krone-hittisau.at

Naturhotel Waldklause
Unterlängenfeld 190
A-6444 Längenfeld
Tel. 05253 54 55
www.waldklause.at

Forsthofalm
Hütten 37, A-5771 Leogang
Tel. 06583 85 45
www.forsthofalm.at

Verwendet ausschließlich heimische Hölzer: Naturhotel Waldklause

Paradies für Outdoor-Sportler

Eigentlich ist Österreich ein einziges Open-Air-Fitnessstudio. Fast alle Spielarten des Outdoorsports können praktiziert werden, dabei lockt nicht nur der Sommer, sondern natürlich auch der Winter. Das Wandern, das sich fast schon zu einem Breitensport entwickelt hat, steht dabei ganz hoch im Kurs: Flächendeckend ist das Land mit einem Wegenetz überzogen, das sowohl Familienwege als auch anspruchsvolle Bergtouren bereithält. Vor allem in den außeralpinen Regionen setzt man auf Themenwege, die an lokalen Kulinaria ausgerichtet sind.

Wandern und Bergsteigen

Im weitesten Sinne meint Wandern jedes längere zu Fuß gehen, im engeren Sinne versteht man darunter eine gewisse Auseinandersetzung mit dem Berg – ob es nun der »nur« 1061 m hohe Große Peilstein im Waldviertel ist oder ob es die 3000er-Gipfel im Nationalpark Hohe Tauern sind. Urlauber schöpfen bei diesem Thema in der Alpenrepublik aus dem Vollen, wobei die Grenzen vom Wandern zum Bergsteigen oft fließend sind. Das bietet ein gewisses Gefahrenpotential für die auf alpinem Terrain Unerfahrenen, denn was für einen Einheimischen als flotte Wanderung gilt, kann für den Einsteiger zu einer unlösbaren Aufgabe werden. Grundsätzlich werden Strecken je nach Höhenmeter und Wegbeschaffenheit in **leicht, mittel und schwer** eingeteilt. Schwere, oft schwarz gekennzeichnete Touren sind Könnern vorbehalten – oder (schwindelfreien) Fortgeschrittenen in Begleitung eines Bergführers. Glücklicherweise gibt es aber auch genügend Routen, die man alleine bewältigen kann, sogar bis hinauf auf die Gipfel, die dem konditionsstarken Wanderer die Einzigartigkeit der österreichischen Gebirgswelt ganz ohne Steigeisen nahebringen. Eine **Hüttenübernachtung** mit anschließendem Bergfrühstück zählt zu den eindrucksvollsten Bergerlebnissen überhaupt. Aufgrund des geradezu unerschöpflichen Angebots empfiehlt es sich, zunächst ein Gebiet ins Auge zu fassen und dann bei den lokalen oder regionalen Tourismusbüros Erkundigungen einzuholen. Penibel dokumentierte **Tourenvorschläge** finden sich auf deren Seiten im Internet, außerdem wird man dort mit **Kartenmaterial** (teilweise gratis, gelegentlich auch kostenpflichtig) bestens versorgt, sodass man bereits daheim die Wanderungen planen kann.

Klettern

Wer am Berg und im Fels versiert ist, kann alleine in **Tirol** aus etwa 5000 Alpin-, 3000 Sportkletterrouten und 1500 Boulderproblemen sowie zahlreichen Eisklettertouren wählen. Weitere legendäre Klettergebiete sind der **Dachstein** und das **Gesäuse** in der Steiermark,

Ein familienfreundliches Outdoor-Erlebnis: Der Inntal-Radweg verläuft flussnah abseits von Straßen auf befestigten Wegen.

die **Bischofsmütze** in Salzburg sowie die **Region Kärnten-Friaul-Slowenien.** Einsteigern stehen zudem nahezu überall, wo es Felsen gibt, **Klettersteige** und **-gärten** zur Verfügung, an denen man, teilweise unter professioneller Anleitung, in diesen zwar extremen, aber sehr schönen Sport eingeführt wird.

Noch mehr Outdoor Österreichs Naturschönheiten kann man sich auch sehr gut mit dem **Rad** nähern (▶Baedeker Wissen S. 166) oder sie von oben betrachten, etwa beim **Paragliding** oder beim **Ballonfahren.**

Reiten Das Reiten hat einen großen Vorteil: Man kann sich ganz auf die herrliche Landschaft konzentrieren. Die Wälder an den Ausläufern der Alpen bieten optimale Bedingungen für stimmungsvolle Aus- und Wanderritte, die schönsten **Reiterhöfe** sind unter dem Namen »Reitarena Österreich« zusammengefasst. Mit einem weitläufigen Netz an Reitwegen haben sich die **Mühlviertler Alm,** der **Neusiedler See** sowie **Kärnten** hervorgetan.

Golf Mehr als ein Drittel der über hundert Golfclubs des Landes sind in **Niederösterreich** angelegt, im **Burgenland,** aber auch in der **Steiermark** nimmt Golfsport sowieso eine Sonderstellung ein: Aufgrund der klimatischen Gegebenheiten sind die zahlreichen Plätze hier von Februar bis November bespielbar.

Wassersport

Badespaß Mit seinen fast ausnahmslos trinkwassersauberen Seen, Flüssen, Gebirgsbächen, Wasserfällen, Stromschnellen und Thermalquellen ist Österreich ein Paradies für Wasserratten. Wer Ruhe sucht, findet wunderschöne **Naturbadeplätze,** etwa am Hallstätter See oder am Altausseer See, sie warten zudem noch mit einer atemberaubenden Gebirgskulisse auf. In Niederösterreich und Wien, wo die Sommer besonders heiß sind, geht man zur Abkühlung in fließendem Wasser baden. Die eigens dafür eingerichteten **Flussbadestrände** sind zum Teil wildromantisch schön, z. B. an der Donau, an der Ybbs, an der Pielach, am Kamp oder an der Thaya. In den Uferzonen der großen Seen hat sich zudem in den vergangenen Jahren eine regelrechte Kultur um den **Beachvolleyball** entwickelt, der auch als Zuschauersport die Massen anzieht. Ein Highlight ist dabei der Beachvolleyball Grand Slam, der Mitte Juli in Klagenfurt mit viel Partystimmung zelebriert wird.

Surfen und Segeln Der **Neusiedler See** ist das »Meer der Wiener«, er gilt wegen der hohen Windwahrscheinlichkeit als eines der besten Segel- und Surfreviere Europas. Segeln, Surfen und Kiten, aber auch Wasserski-, Wakeboard- und Kajakfahren, Tauchen und Fischen ist an den großen

Seen des **Salzkammergutes** angesagt, beispielsweise am Wolfgang-
und am Mondsee sowie am Traun-, Atter- oder Grundlsee.

Im Winter gefriert der **Weissensee** zur größten Natureisfläche Eu-   Wasseraction
ropas, im Sommer lädt er zum Baden, Surfen und Kanufahren ein.
Auch mit Wakeboard oder Banane kann man hier viel Wasserspaß
haben. Sichtweiten von bis zu 20 m haben dem See zudem seinen Ruf
als eines der schönsten Tauchreviere der Alpen eingebracht. Mutige
versuchen sich im Acapulkospringen, einem Sprung von der Klippe,
unter professioneller Anleitung. Der rasanten Wasseraction huldigt
man auch in **Tirol**, im **Inntal** zwischen Imst und Haiming sowie im
Ötztal. Hier lockt die Wasser Area mit schwindelerregenden Rutschen, Sprungturm, überhängenden Boulderfelsen und Wasser-
schanze für Speedtubes. Weniger bekannt, aber nicht minder schön
sind die wilden Wasser **Vorarlbergs**, die Gästen etwa vom Unternehmen High 5 präsentiert werden.

Bekannt ist Österreich auch für seine wasserreichen Schluchten. Die   Kajaking,
steirische Salza etwa ist der längste unverbaute und ganzjährig   Canyoning
befahrbare Fluss in Mitteleuropa, der kleine Ort **Wildalpen** an ihrem   und Rafting
Ufer hat sich zu einem Kajakzentrum entwickelt. Hier lernt man binnen weniger Tage die türkisgrünen Fluten der Salza in der Stärke
Wildwasser II – III zu bezwingen. Rafting wird an der **Enns** im Ge-

Manche mögen's nass: Rafting auf dem Inn

säuse sowie im Salzburgischen **Tennengau** angeboten. Abtenau und Golling mit den Flüssen **Lammer** und **Salzach** zählen zu den besten White-Water-Revieren der Alpen. Sowohl im Gesäuse als auch im Tennengau findet man außerdem die vielleicht schönste Kombination aus Wasser- und Bergerlebnis: Canyoning, das »Schluchtenwandern«. Dabei folgt man, gut in Neopren verpackt, einem Fluss direkt in seinem Bett zu Tale. Schwierig wird es dort, wo Abbrüche oder Felskanten Abseilaktionen, hohe Sprünge oder ein Rutschen durch schäumendes Wasser erfordern. Die Agentur Absolute Outdoors bietet ein umfangreiches Programm in beiden Gebieten an. Osttirols Bäche eignen sich ebenso gut für Rafting und Kajaking wie seine Schluchten für Canyoning. Vor allem die **Isel** hat es den Wildwasserfans angetan, sie wird von den großen Gletschern des Nationalparks Hohe Tauern gespeist, wodurch auch in den Sommermonaten Juli und August ein optimaler Wasserstand garantiert ist – zu einer Zeit, in der andere Wildwasser nur Bächlein sind.

Wellness   Eine völlig andere Facette von Wasserspaß eröffnet sich in den zahlreichen Thermen. Hier hat der Osten die Nase vorn: Vom Südburgenland über die östliche Steiermark bis an die slowenische Grenze sprudelt heilkräftiges Tiefenwasser an die Oberfläche. Traditionsreiche Kurorte wie Bad Tatzmannsdorf, in dem **Trinkkurtourismus** seit 1600 belegt ist, oder Bad Gleichenberg, dessen **Heilquellen** schon von den Römern genutzt wurden, setzen nach wie vor auf Gesundheitstourismus. In anderen Orten steht Wellness im Vordergrund,

Immer an der Wand entlang geht es nicht nur am
Hohen Göll bei Salzburg.

etwa im Hundertwasserbad Blumau, in den edlen Resorts in Stegers-
bach oder in den gediegenen Hotels in Bad Loipersdorf. Eine Reihe
von **öffentlichen Thermen** ergänzen das Angebot, und zwar nicht
nur im Osten. Gerade in den vergangenen Jahren sind landesweit
einige auch architektonisch äußerst gelungene Thermen entstanden,
die Tagesgästen viel Entspannung versprechen, dazu gehören das
Tauern Spa in Kaprun, die Grimmingtherme in Bad Mitterndorf und
der Aqua Dome in Längenfeld in Tirol, aber auch das Asia Spa in
Leoben, die Salzkammerguttherme in Bad Ischl und die Aqualuxther-
me in Fohnsdorf sowie die Therme Laa im Weinviertel, die Therme
Lebensquell im Mühlviertel und die Therme Nova in Köflach. Selbstverständlich gibt es in der gehobenen Hotellerie kaum ein Haus ohne
eine erstklassige Spa-Oase.

(▶Baedeker Wissen S. 147)

Wintersport

Sport-Adressen

BERGSTEIGEN UND WANDERN
Österreichs Wanderdörfer
Unterwollaniger Str. 53
A-9500 Villach
Tel. 04242 257531
www.wanderdoerfer.at
45 Regionen in sieben Bundesländern präsentieren unter dem Namen »Wanderdörfer« ausgewählte Touren, darunter auch Klettersteige, Weitwanderungen und
Wanderungen abseits von Wegen. Für mehrtägige Routen hat
man Vorschläge und Pauschalen
zusammengestellt.

Österreichischer Alpen-verein (ÖAV)
Olympiastr. 37
A-6020 Innsbruck
Tel. 0512 59547
www.alpenverein.at
Der Alpenverein pflegt etwa
40 000 km Wegstrecke, betreibt
238 Hütten und 200 Kletteranla-
gen. Neben dem eigenen Angebot findet sich im Internet auch

eine umfangreiche Linkliste zu
sehr guten Tourenportalen.

Naturfreunde
Viktoriagasse 6
A-1150 Wien
Tel. 01 89235340
www.naturfreunde.at
Die Freizeit- und Umweltschutz-
organisation ist mit 170 Hütten in
den österreichischen Bergen vertreten. Das Tourenportal auf der
Homepage stellt nicht nur Wanderungen, sondern auch Nordic
Walking-, Rad-, Schneeschuh-
und Skitouren vor.

Weitere Tourenportale
www.alpintouren.com
www.bergfex.at
Der Schwerpunkt der umfangreichen und detaillierten Tourenzu-
sammenstellung von und für
Bergsportenthusiasten liegt bei
Wandern und Bergsteigen, darüber hinaus gibt es auch noch
zahlreiche andere Tipps für die
sportliche Freizeitgestaltung.

Ein ganz großes Vergnügen: Ballonfahren bei Nacht

FREIZEITSPASS
Ballonfahren
A-8223 Stubenberg am See 11
Tel. 03176 8801
www.apfelwirt.at
Die Hotspots für Ballonfahrten
sind im Sommer Stubenberg und
im Winter Filzmoos. Gästefahrten
organisiert der Apfelwirt.

GOLF
Österreichischer
Golf-Verband
Marxergasse 25
A-1030 Wien
Tel. 01 5053245 16
www.golf.at
Alles, was die Golfszene im Al-
penland so bewegt, erfahren Inte-
ressierte auf der Homepage des
österreichischen Golfverbandes.
Dazu gibt es eine gute Übersicht
mit Webadressen zu sämtlichen
Plätzen des Landes.

Golf in Austria
Glockengasse 4 d
A-5040 Salzburg

Tel. 0662 645153
www.golfinfo.at
Ein Zusammenschluss der schönsten Golfhotels des Landes, sie bieten ihren Gästen u. a. problemlo-
se Tee-Time-Reservierung schon
von daheim aus an.

KANU, RAFTING,
CANYONING
Tourismusverband National-
parkregion Thayatal
Hauptstr. 25
A-3820 Raabs an der Thaya
Tel. 02846 36520
www.thayatal.com

Tourismusverband
Wildalpen
A-8924 Wildalpen 91
Tel. 03636 341
www.wildalpen.at

Absolute Outdoors
Sportagentur Strobl
Friedau 1 a
A-8940 Liezen
Tel. 03612 25343
www.rafting.at

Feelfree Touristik Outdoor Erlebnis

Platzleweg 5
A-6433 Ötz
Tel. 05252 6 03 50
www.feelfree.at

High 5

Bahnhof 248
A-6951 Lingenau
Tel. 05513 41 40
www.outdoor.at

Rafting & Outdoor Center Osttirol

Ainet 86
A-9951 Ainet
Tel. 0650 3 36 80 00
www.raftingcenter.at

WASSERPARK

Area 47
Ötztaler Achstr. 1
A-6430 Ötztal-Bahnhof
Tel. 05266 8 76 76
www.area47.at

KLETTERN
Bergsteiger-Portal

bergsteigen.at
Klettersteige und -gärten sind auf
dieser Website ebenso detailge-
treu dokumentiert wie alpine Fels-
und Eisklettertouren.

Climbers Paradise

www.climbers-paradise.com
Rund 10 000 verschiedene Klet-
termöglichkeiten in Tirol sind auf
dieser Seite zusammengefasst.

Mountaininfo

www.mountaininfo.eu
Hier gibt es das Kletterangebot im
Dreiländereck Kärnten-Friaul-Slowenien auf einen Blick plus Weit-
wandertouren.

REITEN
Pferdereich

A-4273 Unterweißenbach 19
Tel. 07956 7 30 40
www.pferdereich.at

Der Weg ist das Ziel: Outdoor-Fan am Göll-Massiv

Die Mühlviertler Alm hat sich ganz der reitenden Kundschaft verschrieben: 670 km Reitwege und 50 ganz unterschiedliche Reiterhöfe stehen hier zur Wahl.

Reitarena
Mairhof 4–5
A-4121 Altenfelden
Tel. 07282 5 58 80
www.reitarena.at
Die besten Angebote zum Thema Reiten in Österreich sind unter dem Markennamen »Reitarena« zusammengefasst, darunter auch Western- und Kinderreitferien.

Reit-Eldorado
Hauptplatz 23
A-9300 St. Veit an der Glan
Tel. 04212 2 88 80 69 36
www.reit-eldorado.at
Rund ein Viertel der Fläche Kärntens ist mit Reitwegen ausgestattet, entsprechend finden sich hier auch viele Betriebe – vom Ponyhof bis zum Wanderreithof –, die

Gästen das schöne Land auf dem Rücken der Pferde nahe bringen.

WALKEN UND LAUFEN
Laufarena
Joseph-Haydn-Platz 3
A-7431 Bad Tatzmannsdorf
Tel. 03353 70 15
www.laufarena.at
Alles über Lauf- und Walkingstrecken im Südburgenland.

Weinberg-Walking
Prof.-Knesl-Platz 1
A-2222 Bad Pirawarth
Tel. 02532 28 18 20
www.weinberg-walking.at
Im südlichen Weinviertel hat man in Zusammenarbeit mit Sportwissenschaftlern einer Klinik 19 Walkingstrecken durch die Weinberglandschaft angelegt, sie werden auf der Website vorgestellt.

WELLNESS
THERMEN
▶ Steirisches Thermenland

Draußen Spaß haben mal ganz anders: alpine Lama-Trekkingtour

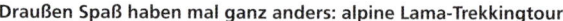

Im Schneewunderland

Entwickelt wurden die Skier zwar nicht in Österreich, doch das Land gilt als Wiege des alpinen Skisports. Die Begeisterung für die Pisten hält bis heute ungebrochen an und der Austropopschlager »I wü Skifoan« von Wolfgang Ambros gilt sogar als inoffizielle Bundeshymne. Doch auch abseits der Pisten wird Wintersport großgeschrieben.

Als ein Pionier der Skifahrt gilt **Mathias Zdarsky** aus Lilienfeld in den niederösterreichischen Voralpen. Zdarsky fand die fast 3 m langen Latten, die in Norwegen erfunden wurden, untauglich für das steile Gelände der Alpen. Also kürzte er sie auf 1,80 m und brachte zusätzlich eine feste Metallbindung an, die nun auch seitlichen Halt gab. Über seine Erfahrungen mit dieser Konstruktion schrieb er das Lehrbuch »Alpine Skifahrtechnik«. Viele Österreicher sehen ihr Land als eine **Nation der Skiläufer:** Hier werden Siege gefeiert, die man in anderen Sportarten schmerzlich vermisst, und erfolgreiche Skisportler werden gefeiert wie in anderen Ländern Fußballhelden. Natürlich ist die Alpenrepublik verwöhnt: Bei der Winterolympiade im italienischen Cortina d'Ampezzo im Jahr 1956 holte der damals erst 20-jährige **Toni Sailer** aus Kitzbühel in Tirol Gold in den drei Disziplinen Riesenslalom, Slalom und Abfahrtslauf – das hatte vor ihm bisher noch keiner geschafft.

Ein tragischer Held

Auf Sailer sollten noch viele Olympiasieger und -siegerinnen folgen, doch unter den vielen Skistars, die das Land hervorgebracht hat – Annemarie Moser Pröll, Franz Klammer, Herrmann Maier – gibt es auch einen sehr tragischen Helden:

Karl Schranz. Ihm blieb die Krönung seiner erfolgreichen Karriere in Form von Olympiagold leider versagt. In Grenoble 1968 durfte er seinen Lauf wiederholen, weil ihn ein Pistenarbeiter beim Wettkampf zuvor behindert hatte. Er fuhr Bestzeit, doch später hieß es, die Wiederholung sei nicht zulässig gewesen. Bei seinem nächsten Anlauf im Jahr 1972 in Sapporo in Japan wurde er kurz vor Beginn der Olympiade ausgeschlossen. Die Vorwürfe waren haarsträubend, es hieß, er habe gegen die Amateurregel verstoßen. Trotzdem wurde er bei seiner Rückkehr von einer jubelnden Menschenmenge wie ein Olympiasieger begrüßt.

Schneegarantie

Dass die kleine Nation bei internationalen Meisterschaften im alpinen Skisport verlässlich Medaillen einheimst, ist freilich kein Wunder in einem Land, in dem das Skifahren ein Volkssport ist. In den Alpen stehen Kinder schon auf den Brettern, lange bevor sie in die Schule kommen. Entsprechend gut erschlossen ist die winterliche Bergwelt. Der Schnee fällt heutzutage zwar nicht mehr ganz so verlässlich wie noch vor zwei Jahrzehnten, doch **Beschneiungsanlagen** garantieren Schneevergnügen von Dezember bis April. Ganz ohne künstliches Zutun bis in den Sommer hinein schneesicher sind die acht schönen **Gletscherskigebiete** Dachstein, Hintertux, Kaunertal, Kitzsteinhorn, Mölltal, Pitztal, Stubaital und Sölden.

Die richtige Piste

Endlose Pistenfreude tagsüber und tolle Stimmung beim **Après-Ski** bis in den Morgen hinein bieten die großen **Megaskigebiete**: Montafon und Arlberg im Bundesland Vorarlberg; Obergurgl-Hochgurgl-Ötztal, Ischgl, St. Anton am Arlberg, Wilder Kaiser-Brixental und Kitzbühel in Tirol; Saalbach-Hinterglemm-Leogang, Zell am See-Kaprun, die Zillertal Arena, die Salzburger Sportwelt, Hochkönig und Obertauern im Salzburger Land; Schladming-Dachstein in der Steiermark sowie Nassfeld-Hermagor und Bad Kleinkirchheim in Kärnten. Wer noch unsicher auf Skiern steht oder mit seinem Nachwuchs in den Winterurlaub fährt, ist sicher mit kleineren Skigebieten besser bedient. Hier fällt es leichter, die Übersicht zu bewahren, die Pisten und Lifte werden nicht ganz so gestürmt und die Kosten sind niedriger. Diese sogenannten **»familiären Skigebiete«** findet man nicht nur in den bekannten Wintersportregionen, sondern auch in Ober- und Niederösterreich.

Funparks und Freeride

Egal, ob man nun zwei Bretter oder nur eines bevorzugt: Das Angebot ist groß. Skifahrern wie **Snowboardern** wird gleichermaßen viel geboten – von der Anfängerpiste bis zu perfekt gestylten Funparks mit Jumps, Rails und Obstacles. Auch Freestyle, also das Fahren in offenem Gelände abseits präparierter Pisten, ist neuerdings schwer angesagt. Obwohl das natürlich auch mit Gefahren – darunter nicht nur Lawinen – verbunden ist, geben viele Skigebiete Hänge für die **Off-Pistenfahrer** frei. Einer der besten Freeride-Spots der Alpen ist die Freesports Arena Krippenstein am Dachstein im oberösterreichischen Salzkammergut, in der man auch Anfängern in den Tiefschnee hilft.

Skitouren

Abseits der Piste bewegen sich auch die vielen Skitourengeher, die die winterliche Herausforderung mit dem Berg suchen. Interessierte buchen am besten einen **Ski- und Bergführer**, der sie bei einer leichten Tour in diesen Sport einführt. Als beste Jahreszeit zum Skitourengehen gilt das Frühjahr. Diese Variante des Wintersports ist zudem die ursprünglichste Form des alpinen Skifahrens, damit fällt sie auch unter das in jüngster Zeit populär gewordene Schlagwort **»sanfter Wintertourismus«** – ein Sammelbegriff, der vor allem für Alternativen zum Halligalli auf den Pisten verwendet wird. Kein Wintersportgebiet, und sei es auch noch so klein, kann es sich heute leisten, auf gut geräumte **Winterwanderwege, Schneeschuhtouren, Eisstock- und Rodelbahnen** für Groß und Klein zu verzichten.

Nordischer Skisport

Zu einem florierenden Zweig hat sich der nordische Skisport in Österreich entwickelt. **Langlaufloipen** (klassisch und skating) gehören auch in den Skigebieten zum

Angebot, wirklich spezialisiert auf die nordische Kundschaft hat man sich in der Ramsau am Dachstein, in der ein 220 km umfassendes Loipennetz in Höhenlagen von 1100 bis zu 2700 m mit sämtlichen Schwierigkeitsstufen angelegt ist. Zudem lockt der Böhmerwald in Oberösterreich mit 80 km Höhenloipen rund ums Nordische Zentrum, ergänzend dazu sind 90 km Loipen in der Umgebung gespurt. Im Böhmerwald werden auch **Hundeschlittenfahrten** durch den Winterwald angeboten, während man sich im benachbarten Mühlviertel besonders auf das **Winterreiten** spezialisiert hat.

Vergnügen auf dem Eis

Daneben spielen Aktivitäten auf dem Eis eine große Rolle: von adrenalinträchtigen Unterfangen wie **Eisklettern, Eistauchen** oder **Bob-** **fahren** bis zum gemütlichen Kurven auf Kufen. Die zugefrorenen Seen verwandeln sich in **Natureislaufplätze** – mal sind sie winzig klein, mal riesengroß –, am Neusiedler See drehen gar **Eissegler** ihre Runden. Das Eldorado für Eisläufer ist allerdings der Weissensee in Kärnten. Der See ist die größte beständig zufrierende, präparierte Natureisfläche in Europa. Hier kann man gemütlich seine Runden ziehen oder auf der Eisschnelllaufbahn Gas geben. Ende Januar können Gäste bei der **»Alternativen holländischen Elf-Städte-Tour«** zusehen, wie 3000 Teilnehmer (Volksläufer und Profis) um den Sieg über die Distanzen 50, 100 oder 200 km auf dem Eis kämpfen. Ursprünglich fand der Wettbewerb in Friesland statt, wurde wegen der größeren Eissicherheit jedoch an den Weissensee verlegt.

In Österreich üben sich schon die Jüngsten auf der Piste.

TOUREN

Eine Wanderung durch die Bergwelt oder lieber Kultur in der Stadt? An den warmen Badesee oder lieber durch die wilde Schlucht? Mit dem Auto, zu Fuß oder mit dem Fahrrad? Wir verraten Ihnen, wo und wie Sie Österreich am besten entdecken

Touren durch Österreich

In Österreich gibt es viel zu entdecken. Ob außergewöhnliche Landschaften, reizvolle Erholungsgebiete oder die zahlreichen Möglichkeiten für einen Kultururlaub: Wir zeigen Ihnen, welche Strecken durch das Land am schönsten sind.

Tour 1   Facettenreiches Österreich

Haben Sie Zeit für einen längeren Urlaub? Dann wählen Sie mit dieser Tour und ihrer Mischung aus Berg und Tal, Stadt und Land, Wasser und viel Kultur genau die richtige Route.
▶Seite 156

Tour 2   Alpiner Westen

In zwei Wochen können Sie eine abwechslungsreiche Tour von der Hochgebirgswelt des Nationalparks Hohe Tauern bis zum medi-

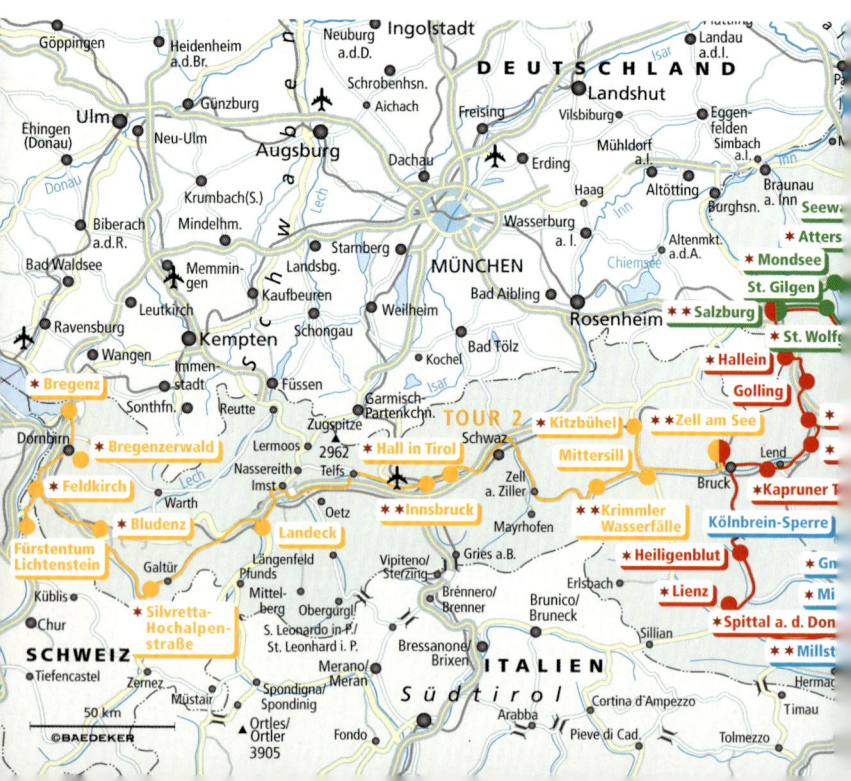

terranen Flair des Bodensees machen. Dabei erleben Sie die gewaltige Natur hautnah und auch die Kultur kommt nicht zu kurz.
▶Seite 160

Tour 3   Salzkammergut-Seenlandschaft
Das Salzkammergut fasziniert auf dieser dreitägigen Tour mit seiner bezaubernden Seenlandschaft und kulturellen Highlights.
▶Seite 162

Tour 4   Ab in den Süden!
Warme Badeseen vor malerischer Bergkulisse und dazu jede Menge kulturhistorische Sehenswürdigkeiten bietet diese mindestens zweitägige Rundfahrt. Wer mag, hängt einfach noch ein paar Tage dran.
▶Seite 163

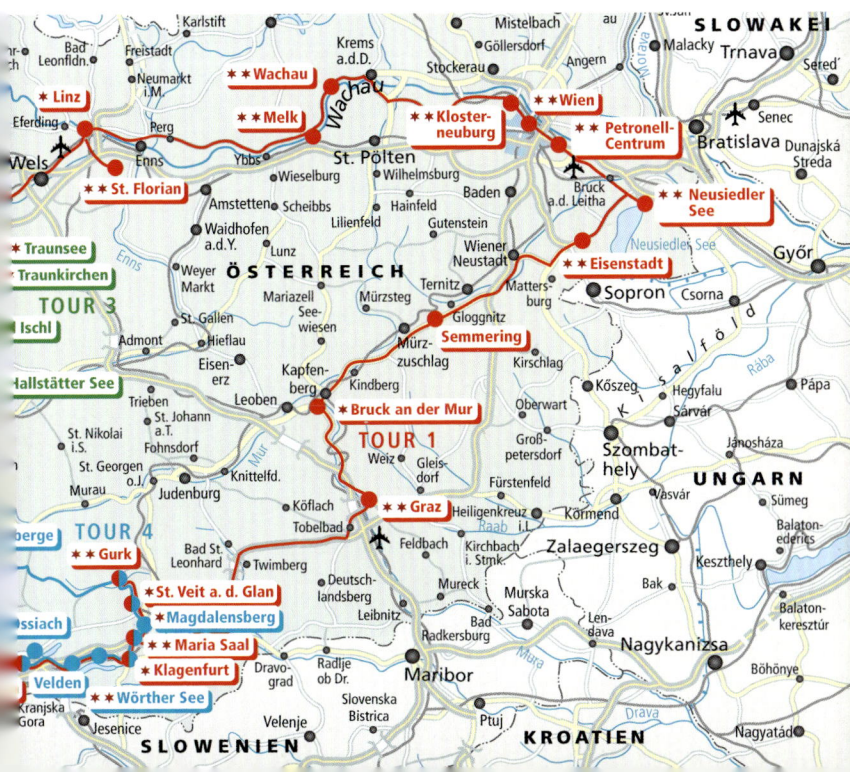

Unterwegs in Österreich

Land der kurzen Wege
Mit seinen gewaltigen Landschaften und den sagenhaften Kulturschätzen hat das kleine Land Großes zu bieten. Die Wege sind dabei stets kurz. Das liegt nicht nur an der maximal 580 km langen Ost-West-Ausdehnung Österreichs, sondern auch daran, dass sich hier viele Attraktionen miteinander kombinieren lassen: Da findet man etwa kunsthistorische Kleinode inmitten von herrlichen Wäldern, die zum Wandern einladen, und majestätische Stifte mit Schätzen von Weltrang liegen nicht weit von Kletterfelsen entfernt.

Sich Zeit nehmen
Durch die geringe Größe des Landes tendiert man schnell dazu, sich den Urlaubsplan zu voll zu packen. Doch so kurz die Wege auch sind: Auf den kurvigen Berg- und den schmalen Landstraßen kommt man oft nur langsam voran. Vor allem sollte man bei der Planung aber ein Zeitpolster einbauen, weil Österreich auch im Detail sehr viel bereithält. Die Bergwelt erschließt sich viel besser mit geschultertem Rucksack und in Wanderschuhen als vom Autofenster aus; der See bereitet erst dann so richtig Vergnügen, wenn man die Muße mitbringt, einen halben Tag an seinen Ufern zu verbringen. Und auch an den unzähligen historischen Kleinstädten und nostalgisch anmutenden Bauerndörfern sollte man nicht achtlos vorbei eilen.

BAEDEKER TIPP

!

Nicht versäumen

- das Weinviertel in Niederösterreich
- die Schlicher-Weinstraße im Westen der Steiermark
- die Südsteirische Weinstraße, bei der zwei 2,5 km lange Straßenteile die Grenze zu Slowenien bilden

Gemütlichkeit
Auch, weil man sich an den Einheimischen orientieren soll, gilt: sich Zeit nehmen. Die sprichwörtliche Gemütlichkeit wird in Österreich gelebt, besonders, wenn es ums Essen und Trinken geht, kennen die Einheimischen keine Eile. An schönen Tagen, wenn die Menschen in die Gastgärten strömen, ist die Stimmung derart entspannt, dass man sich dem als Besucher nicht entziehen kann. Dass es meist auch noch vortrefflich mundet, tut sein Übriges, um Ferienseligkeit aufkommen zu lassen. Diese Erlebnisse machen einen Urlaub erst richtig schön.

Einfach kombinieren
Für Rundreisen mit dem Auto ist die Alpenrepublik optimales Terrain. Doch auch Gäste, die ihren Urlaub an einem festen Ort verbringen, etwa im Winter zum Skifahren (►Baedeker Wissen Wintersport S. 147), kommen voll auf ihre Kosten, denn sie können das Erlebnis Natur und kulturelle Sehenswürdigkeiten gut miteinander verbinden. Bei der Anreise mit dem Auto kann man etwa hin und wieder

Über dem Mondsee erhebt sich als markanter Fels die sagenumwobene Drachenwand.

einen längeren Stopp einlegen, oder man schnappt sich im Sommer einmal ein Rad für einen Ausflug. Zahlreiche gut beschilderte Radrouten in allen Schwierigkeitsgraden führen durch das Land, vor allem im flacheren Osten verbinden diese oft verschiedene kulturelle Highlights (▶Baedeker Wissen S. 166). Interessante Einblicke bietet auch eine Fahrt mit dem Schiff entlang der Donau (▶S. 214).

Tour 1 — Facettenreiches Österreich

Länge: ca. 1400 km
Dauer: 3 Wochen

Wie Perlen an einer Schnur reihen sich bei dieser Tour die kunsthistorischen Highlights – Städte, Stifte und Burgen – aneinander. Zudem erschließt die Route die äußerst vielfältigen Landschaftsformen zwischen Hochgebirge und pannonischer Weite. Wer sich drei Wochen Zeit nimmt, kann die Reise ganz entspannt und ohne Eile genießen.

Von Salzburg bis Wien

Von der Barockstadt ❶**Salzburg**, die mit ihren Sehenswürdigkeiten jedes Jahr Millionen von Besuchern insbesondere zu Festspielzeiten anzieht, geht die Fahrt ins Salzkammergut über den **Wolfgangsee** bis nach ❷**Bad Ischl**. Hier zweigt man für einen Abstecher zum ❸**Hallstätter See** und zum **Dachstein** nach Süden ab. Die Hauptstrecke führt weiter nach Norden am Westufer des **Traunsees** und an der **Traun** entlang über **Lambach** und **Wels** bis zur Donau und zur oberösterreichischen Hauptstadt ❹**Linz**. Ein Abstecher nach ❺**St. Florian** ist für Bruckner-Freunde ein Muss. Donauabwärts folgen die Flussabschnitte Strudengau, Nibelungengau mit der Wallfahrtskirche **Maria Taferl** und schließlich das Benediktinerstift ❻**Melk**. Weiter in Richtung Wien erreicht man schließlich die berühmte ❼**Wachau**, die seit dem Jahr 2000 Weltkultur- und -naturerbe ist. Über ❽**Klosterneuburg**, dessen Augustiner-Chorherrenstift den kostbaren Verduner Altar beherbergt, kommt man anschließend in die Bundeshauptstadt ❾**Wien**.

Weiter nach Graz

Von Wien aus folgt man der Donau in Richtung Osten durch den **Nationalpark Donau-Auen**, eine der letzten intakten Auenlandschaften Europas, um bei ❿**Petronell-Carnuntum** eine Reise in die römische Vergangenheit zu unternehmen. Weiter südlich liegt inmitten der Puszta-Landschaft der ⑪**Neusiedler See**, an dem sich gut Vögel beobachten lassen. Die burgenländische Landeshauptstadt ⑫**Eisenstadt** erinnert an Joseph Haydn, der hier 30 Jahre lang in den Diensten der Fürstenfamilie Esterházy stand.

Über **Wiener Neustadt** kommt man westwärts zum ⑬ **Semmering** mit der ins UNESCO-Weltkulturerbe aufgenommenen **Semmeringbahn**, einer technischen Meisterleistung des 19. Jh.s. Der Mürz abwärts folgend, erreicht man ⑭*****Bruck an der Mur**, von wo man an der Mur entlang, über das auch als steirisches Rothenburg bezeichnete **Frohnleiten**, nach ⑮**Graz** kommt, dessen Altstadt seit 1999 zum Weltkulturerbe der UNESCO gehört. Ein lohnender Abstecher führt weiter nach Osten ins **Steirische Thermenland**.

Entweder fährt man direkt über die Autobahn A 2 nach ⑯*****Klagenfurt** oder man wählt die gut 20 km längere, aber überaus malerische Strecke entlang der Schilcherstraße nach **Eibiswald** und biegt dort nach Westen in Richtung Klagenfurt ab. In Klagenfurt empfiehlt sich ein Abstecher nach Norden: zur Wallfahrtskirche in ⑰**Maria Saal**, zur mächtigen **Burg Hochosterwitz** in ⑱**St. Veit an der Glan** und zur Domkirche von ⑲**Gurk**. Nimmt man wieder die Fahrt von Klagenfurt auf, am schönen Südufer des **Wörther Sees** entlang, grüßt kurz vor dem Ort ⑳*****Villach** die äußerst eindrucksvolle **Ruine Landskron**, von wo sich ein kurzer Abstecher zum **Ossiacher See** anbietet. Hinter Villach folgt die Straße dann dem Drautal bis nach ㉑*****Spittal an der Drau**. Von dort sind es nur noch wenige Kilometer bis zum Westufer des reizvollen **Millstätter Sees**. Weiter drauaufwärts führt der Weg nach ㉒*****Lienz** in Osttirol am Fuß der wildzerklüfteten Lienzer Dolomiten. Etwas östlich davon zweigt dann die Straße in Richtung Norden zum Großglockner ab. Die fast 50 km lange **Großglockner-Hochalpenstraße** beginnt in ㉓*****Heiligenblut**. Sie bietet Reisenden wirklich herrliche Ausblicke auf die fantastische Bergwelt der Hohen Tauern, ganz besonders auf der Abzweigung zur Franz-Josefs-Höhe am Fuße des höchsten Berges des Landes Österreich, des 3798 m hohen Großglockners.

Quer durch Kärnten

Vom nördlichen Ende der Großglockner-Hochalpenstraße bis nach ㉔**Zell am See**, wo an der **Schmittenhöhe** eine der schönsten Höhenwanderungen Österreichs, der **Pinzgauer Spaziergang**, beginnt, und ins ㉕*****Kapruner Tal** mit dem Sommerskigebiet am Kitzsteinhorn sind es nur wenige Kilometer. Man fährt weiter an der Salzach entlang nach ㉖*****St. Johann im Pongau** mit seiner dramatischen Liechtensteinklamm. Weiter nach Norden kommt schon bald die majestätische Burg Hohenwerfen ins Blickfeld, die im Rahmen von Führungen zu besichtigen ist. Doch ㉗**Werfen** hat noch mehr zu bieten, besonders ein Besuch der **Eisriesenwelt**, der größten Eishöhle der Welt, lohnt. Über ㉘**Golling** geht die Reise weiter, hier lohnt ein Stopp, um die spektakulären **Lammer- und Salzachöfen** zu durchwandern. Bevor die Tour in Salzburg beim Ausgangspunkt endet, stehen als letzte Punkte noch das Keltenmuseum und das Salzbergwerk von ㉙*****Hallein** auf dem Programm.

Zurück Richtung Salzburg

Wald

Krems a.d. D.

Stockerau

Korneuburg

SLOWAKEI

Stupava

7 ★★**Wachau**

Tulln
a. d. D.

8 ★★**Kloster-
neuburg**

30 km

©BAEDEKER

38

Sankt
Pölten

Purkersdorf

9

★★**Petronell-
Centrum**

Schwechat

Hainburg a. d. D.

★★**Melk** **6**

88

stetten

Wieselburg

Wilhelmsburg

★★**Wien**

Mödling

Perchtoldsdorf

43

10

Bruck a. d. L.

53

Gutensteiner

Berndorf

Bad Vöslau

Baden

Trais-
kirchen

★★**Neusiedler
See**

11

Neusiedler

Alpen

Ebenfurth

35

12

See

Frauen-
kirchen

Seewinkel

Eisenwurzen

Wr. Neustadt

★★**Eisenstadt**

Mariazell

Schneealpe

Rax

Neunkirchen

Ternitz

61

Mattersburg

Sopron
(Ödenburg)

Ferto

opoldsteiner

★★**Semmering**

Glogghitz

13

Bucklige Welt

Deutsch-
kreutz

Hochschwab

Mürzzuschlag

67

erz

Kapfenberg

Kindberg

Pinkafeld

Köszeg
(Güns)

Trofaiach

14 ★**Bruck an der Mur**

Oberwart

Szombathely
(Steinamanger)

Donawitz

Leoben

56

Weiz

Knittelfeld

weg

★★**Graz**

15

Körmend

Bärnbach

Köflach

Voitsberg

Fürsten-
feld

Szentgotthárd

U N G A R N

139

Deutschlandsberg

Leibnitz

Murska
Sobota

Zalaegerszeg

Lenti

Maribor

S L O W E N I E N

Slovenske gorice

K R O A T I E N

Tour 2 # Alpiner Westen

Länge: ca. 500 km
Dauer: ca. 2 Wochen

»Land der Berge« wird Österreich in seiner Bundeshymne genannt. Die Gipfel türmen sich in der Mitte des Landes im Nationalpark Hohe Tauern bis weit über 3000 m hoch auf. Folgt man den Alpen westwärts, zeigen sich dramatische Naturschauspiele, bis die Gegend hinter dem Arlberg sanfter wird. Auch für Kultur ist auf dieser zweiwöchigen Tour gesorgt.

Tage am Wasser Von ❶****Zell am See**, das Urlauber gleich zu Beginn der Tour zu einem entspannten Tag am Wasser einlädt, folgt man der Salzach in Richtung Westen. Bei der kleinen Stadt ❷**Mittersill** mit ihrem historischen Ortskern und den schönen Kirchen bietet sich ein nördlicher Abstecher nach ❸***Kitzbühel** an, das nicht nur als Wintersportort bei Urlaubern beliebt ist, sondern auch im Sommer eine erstklassige Adresse für sportliche Unternehmungen abgibt. Fährt man von Mittersill aus weiter nach Westen, erreicht man die ❹****Krimmler Wasserfälle**. Sie stürzen in drei Stufen insgesamt 380 m in die Tiefe. Ein imposantes Naturschauspiel! Bei **Zell am Ziller** verläuft die Straße nach Norden und führt durch das untere Zillertal bis ins Inntal. Von hier aus geht es in Richtung Westen über ❺***Hall in Tirol** bis in die Tiroler Landeshauptstadt ❻****Innsbruck**, die mit ihrer Altstadt, dem Goldenen Dachl und der Hofkirche mit dem Grabmal von Kaiser Maximilian I. ihre Besucher beeindruckt.

Harmonie von Kultur und Natur in der Wachau: Schloss
Schönbühel über den Ufern der Donau

Dem Inntal aufwärts folgend, erreicht man hinter ❼ **Landeck** – hier
sind besonders die Liebfrauenkirche mit einem Flügelaltar aus dem
16. Jh. und die Burg Landeck sehenswert – die Abzweigung ins
schneesichere **Paznauntal**. An dessen hinterem Ende bietet die
❽ ✳**Silvretta-Hochalpenstraße** fantastische Ausblicke auf die südlich gelegene Silvrettagruppe und die nördliche Verwallgruppe. Die
Bielerhöhe markiert die Grenze zu Vorarlberg, Österreichs west-
lichstem Bundesland. Vom Hochtal **Montafon**, in dem schon Ernest
Hemingway auf Brettern den Berg hinab sauste, entlang der herrlichen Bergwelt des **Rätikon**, führt der Weg in das ehemalige
Silberbergbauzentrum ❾✳**Bludenz** und weiter zur mittelalterlich
wirkenden Grenzstadt ❿✳**Feldkirch**. Von dort lohnt sich ein Abstecher ins benachbarte ⓫**Fürstentum Liechtenstein**, das außer der
reizenden Berglandschaft und schönen kleinen Ortschaften auch ein
bedeutendes Kunstmuseum in **Vaduz** vorzuweisen hat. Für Briefmarkensammler führt ohnehin kein Weg an der Hauptstadt mit ihrem Postmuseum vorbei. Durch das Rheintal, mit einem Stopp in der
ehemaligen Textilmetropole **Dornbirn**, in der besonders das Museum inatura zur Vorarlberger Pflanzen- und Tierwelt sehenswert ist,
erreicht man schon bald die Festspielstadt ⓬✳**Bregenz** im Dreiländereck am Bodensee. Von aus hier sollte man unbedingt noch einen
Abstecher in den idyllischen ⓭✳**Bregenzerwald** einplanen, denn
dort wird der Gaumen mit köstlichem Bergkäse verwöhnt und moderne Architektur sorgt für ungewöhnliche Ansichten.

**Natur und
Festspiele**

Auf zwei Rädern durchs Land

Im Alltag steigt der Stellenwert des Fahrrads nur langsam, doch die bunten Trikots der Freizeitradler sind überall auf den Straßen und in Wäldern zu sehen. Viele Tausend Kilometer an Strecken mit ganz unterschiedlichen Anforderungen hält das Land für Urlauber bereit.

Die meistbefahrene Radroute Europas, den **Bodensee-Radweg,** teilt sich Österreich mit Deutschland und der Schweiz. An zweiter Stelle in der Beliebtheitsskala der europäischen Radler steht der Abschnitt des **Donauradwegs,** der von Passau nach Wien führt. Auf 326 km passiert man hier die Highlights Donauschlinge bei Schlögen, Stift Melk und die Wachau, je nach Kondition braucht man drei bis sieben Tage. Bei Wien ist der Donauradweg noch nicht zu Ende, er führt weiter nach Bratislava durch den Nationalpark Donau-Auen.

Gemütliche Radwege

Wer einem Fluss abwärts folt, ist im Vorteil, denn es geht meist bergab. Auch wenn zwischenzeitlich Steigungen zu überwinden sind, haben **Flussradwege** eher gemütlichen Charakter. Daher hat man auch an weiteren großen Flüssen des Landes Radwege angelegt: an Enns und Mur, an Inn und Drau, in Niederösterreich an Traisen, Triesting und Pielach sowie in Salzburg an Salzach und Saalach (Tauernradweg). Etwas anspruchsvoller was die Kondition betrifft, ist der **Kamp-Thaya-March-Radweg,** der den drei Flüssen durchs nördliche Niederösterreich folgt. Genussradler – bei ihnen steht das Naturerlebnis vor der sportlichen Anstrengung – werden darüber hinaus auf dem **Salzkammergut-,** dem **Neusiedler See-** oder dem **Mozartradweg,** der quer durchs Salzburger Land führt, glücklich. Wer vom Radeln gar nicht genug bekommt, fährt auf dem **Alpe-Adria-Radweg** von Salzburg nach Grado, auf der **Via Carinzia** durchs südliche Kärnten oder quert auf der **Via Claudia Augusta,** der historischen Römerstraße, Tirol in Richtung Venedig. Alternativ zu einer Radwanderung bieten sich Sternfahrten an, vor allem im Süden und im Osten der Steiermark, in Niederösterreich sowie im Burgenland hat man dazu Touren angelegt. Spezialisierte Radreiseveranstalter bieten Urlaubern mehrtägige Packages mit Gepäcktransport an den schönsten Routen.

Radrennfahrer

Auch Rennradfahrer kommen in Österreich nicht zu kurz. Die größte Challenge bietet die **Großglockner-Hochalpenstraße,** etwas weniger anspruchsvoll, aber ebenfalls ein Genuss, sind die Strecken in der Region **Fuschlsee-Mondsee-Wolfgangsee,** die sich selbst als Rennradregion bezeichnet. 35 Touren in unterschiedlichen Längen und Schwierigkeitsgraden sind ausgearbeitet.

Mountainbike Trails

Ein eigener Zweig des Radtourismus ist das Mountainbiken, das seit etwa zehn Jahren einen Boom erfährt. Ein dichtes Netz an Trails überzieht die österreichische Berglandschaft, sie sind perfekt ausgeschildert und erstklassig, GPS-unterstützt dokumentiert. Zu den herausragenden Mountainbikerevieren zählen der **Salzburger Pinzgau**, das **Salzkammergut**, die **Nockbike Region in Kärnten** sowie die **Zugspitzarena**.

Trendsport E-Bike

Das E-Biken, die gemütlichste Form des Radfahrens, ist ein Trend, der sich immer mehr durchsetzt. E-Bikes sind Fahrräder mit einem kleinen akkubetriebenen Motor, der die Tretleistung des Fahrers unterstützt und ihn so ohne große Anstrengung auf seiner Tour voran bringt. Mittlerweile haben viele Regionen die elektrischen Drahtesel im Programm, doch **Tirol** ist führend: Man verweist mit Stolz auf das größte zusammenhängende E-Bike-Streckennetz der Welt sowie eine große Zahl von (Öko-)Stromtankstellen. Neun Tourismusregionen im Tiroler Unterland, zu denen 45 Ortschaften gehören, haben sich zusammengeschlossen und bieten eine Flotte mit mehr als 275 E-Bikes – zu haben in Citybike- und in Mountainbike-Ausführung – an, die Räder können an über 60 Stationen aufgeladen werden. Besonders hervorgetan hat sich in Bezug auf das Radeln mit Hilfsmotor auch der **Salzburger Lungau** im Verbund mit dem **steirischen Krakautal**: In der Region stehen an 50 Verleihstationen mehr als 300 E-Bikes zur Verfügung. Für die Sicherheit ist hier zudem gut gesorgt: Den Pannen-Service des ÖAMTC gibt es kostenfrei dazu.

Adressen:

RADREISEVERANSTALTER
Austria Radreisen
Joseph-Haydn-Str. 8
A-4780 Schärding
Tel. 07712 5 51 10
www.austria-radreisen.at

Eurobike
Mühlstr. 20
A-5162 Obertrum
Tel. 06219 7 4 44
www.eurobike.at

Eurocycle
Schickgasse 9, A-1220 Wien
Tel. 01 40 53 87 30
www.radreisen.at

RENNRAD FAHREN
Salzburgerland-Salzkammergut
Austr. 7, A-5411 Oberalm
Tel. 06245 7 45 44
www.rennrad-austria.at

MOUNTAINBIKEREGIONEN
Mountainbiken in Tirol
►Tirol Werbung
www.bike.tirol.at

Salzkammergut
►Oberösterreich Tourismus
www.biken.at

Zugspitzarena
Am Rettensee 1
A-6632 Ehrwald
Tel. 05673 2 00 00
www.zugspitzarena.com

E-BIKEN
E-Bike-Welt Kitzbüheler Alpen
Hauptstr. 8, A-6365 Kirchberg
Tel. 05357 20 00
www.e-bikewelt.com

Tour 3 # Salzkammergut-Seenlandschaft

Länge: ca. 230 km
Dauer: ca. 3 Tage

Schöne Seen, Städte und Berge kombiniert diese Rundfahrt, für die man sich etwa drei Tage Zeit nehmen sollte. Urlauber begegnen hier nicht nur einer reizvollen Landschaft und vielfältigen Kulturzeugnissen, sondern auch alten Legenden.

Im Land
der Seen

Man fährt von ❶** **Salzburg** auf der Autobahn A 1 nach Osten und verlässt sie bei der Ausfahrt zum wärmsten See des Salzkammergutes, dem ❷* **Mondsee**. Der Ort Mondsee bewahrt im Pfahlbaumuseum einige der ältesten Zeugnisse menschlicher Besiedlung im Alpenraum auf. Dann geht es am nördlichen Ufer des Mondsees entlang, mit Aussicht auf die gegenüberliegende **Drachenwand**. Bis zum südlichen Ende des ❸* **Attersees** ist es nur ein kurzes Stück. Hier kann man zwischen der Fahrt am westlichen oder am östlichen Ufer wählen, bis am nördlichen Ende ❹ **Seewalchen** folgt. Der Ort bietet nahezu die gleichen Motive, die schon Gustav Klimt bezauberten, ihm ist hier ein Museum gewidmet. Von Steinbach aus führt eine aussichtsreiche Bergstraße nach Osten zum ❺* **Traunsee**. Das hübsch gelegene **Gmunden** am Nordufer ist Fernsehzuschauern durch das Seeschloss Ort bekannt. Der Österreichischen Romantikstraße folgend, geht es am Westufer des Traunsees entlang über das malerische ❻* **Traunkirchen** nach Süden bis nach Ebensee und wei-

ter nach ❼***Bad Ischl**, wo sich Kaiser Franz Joseph I. und Elisabeth, die berühmte Sisi, einst verlobten. Kaiservilla und Lehár-Villa sind nostalgische Zeugen der k. u. k-Zeit.

In Bad Ischl beginnt der lohnenswerte Abstecher nach Süden zum ❽****Hallstätter See** und nach **Hallstatt**, am nördlichen Fuß des gewaltigen **Dachsteinmassivs** gelegen. Die Region um den See samt Dachstein ist als »Inneres Salzkammergut« Teil des UNESCO-Welt-kultur- und -naturerbes. Der schon von Alexander von Humboldt gerühmte Blick auf das pittoreske Hallstatt, die Fahrt in das Salzberg-werk, eine Führung durch die Dachsteinhöhlen oder die Aussicht auf das Dachsteinmassiv: Jede dieser Attraktion lohnt den Ausflug.

Inneres Salzkammer-gut

Von Bad Ischl führt der Weg westlich zum **Wolfgangsee**, an dessen nördlichem Ufer ❾***St. Wolfgang** und das aus Benatzkys walzerse-liger Operette bekannte **Weisse Rössl** einen Abstecher lohnen. Wer einen Teil seiner Rundreise aus der Höhe nachvollziehen möchte, sollte eine Fahrt mit der Schafbergbahn machen. Am südlichen Ufer entlang führt die Strecke dann weiter nach ❿***St. Gilgen**, einst Wohnsitz von Mozarts Mutter und Schwester, und von dort, nach einem kurzen Stück am Fuschlsee, zurück nach **Salzburg**.

Zum Weissen Rössl

Ab in den Süden!

Tour 4

Länge: ca. 270 km
Dauer: ca. 2 Tage

Wer noch nicht weiß, wo er seinen nächsten Badeurlaub ver-bringen soll, ist mit dieser Rundfahrt durch Kärnten gut bera-ten. Sie führt zu warmen Badeseen vor malerischer Bergku-lisse und streift interessante Städte wie Klagenfurt oder Villach. Zwei Tage benötigt man mindestens dafür, es können aber auch leicht zwei Wochen oder mehr daraus werden.

Von ❶***Spittal an der Drau** mit seinem entzückenden Renaissance-schloss Porcia fährt man zunächst im Liesertal parallel zur Autobahn nach ❷***Gmünd**, wo das beeindruckende **Porschemuseum** Auto-fans anzieht. Das malerische **Maltatal** zweigt in Gmünd nach Nord-westen ab und endet nach Wasserfällen und einem Wildpark an der ❸**Kölnbreinsperre**, einer der gewaltigsten Talsperren Österreichs.

Durch das Maltatal

Die Hauptstrecke führt von Gmünd weiter nach Norden, wo man hinter Krems nach Osten abbiegt und auf der kurvenreichen, 35 km langen und mautpflichtigen Nockalmstraße die ❹**Nockberge** quert.

Von Gmünd nach Gurk

Sie sind benannt nach den sanften Rundungen, die man hier Nockn nennt. Nach einem kurzen Stück am Flüsschen Gurk entlang biegt man in der Ebene Reichenau nach Osten in Richtung Deutsch-Griffen und ➎****Gurk** ab. Die Domkirche in Gurk ist die bedeutendste romanische Kirche Österreichs. In Gurk geht der Weg dann wieder Richtung Süden und führt nach ➏***St. Veit an der Glan**.

Richtung Klagenfurt

Hauptattraktion von St. Veit an der Glan ist die einige Kilometer östlich gelegene **Burg Hochosterwitz**, deren Zugangsweg durch immerhin 14 Tore gesichert wird. Auf dem Weg nach Süden biegt man in Willersdorf links ab und erreicht nach wenigen Kilometern den ➐***Magdalensberg**, eine der bedeutendsten keltisch-römischen Siedlungen Österreichs und heute eine Ausgrabungsstätte. Nächstes Ziel ist vor dem Ort Maria Saal der neben der Bundesstraße stehende **Kärntner Herzogstuhl**. Das Kärntner Freilichtmuseum veranschaulicht die Lebensweise vergangener Jahrhunderte. In ➑****Maria Saal** lohnt die Wallfahrtskirche einen Besuch. Danach folgt nach wenigen Kilometern die Kärntner Hauptstadt ➒***Klagenfurt**.

Wörther See

Westlich geht es nun zum viel besuchten ➓****Wörther See**. An seinem Südufer liegt **Maria Wörth**, dessen malerischer alter Ortskern auf einer Halbinsel im See zu den beliebtesten Zielen der Region gehört. Danach fährt man am **Südufer** entlang weiter zum eleganten

Kurbad ⑪**Velden**, in dem sich der Jetset gerne trifft. Ein Bummel an der Strandpromenade gehört dazu. Wenige Kilometer südlich liegt der kleine Faaker See, einer der bekanntesten Badeseen Kärntens. Von dort führt die Straße über Warmbad Villach, wo man sich im gepflegten Thermalbad eine Ruhepause gönnen kann, weiter nach ⑫****Villach**. Eine schöne Variante ist auch die Fahrt am lebhaften **Nordufer** des Wörther Sees entlang über Moosburg und Feldkirchen zum Ossiacher See. Er zieht nicht nur Wassersportbegeisterte an seine Ufer, sondern auch Musikliebhaber, die den **Carinthischen Sommer** im Hauptort ⑬**Ossiach** am Südufer genießen wollen. Am Nordufer geht es hoch hinauf: Nach 12 km kurvenreicher Strecke bietet sich von der Gerlitzen ein wunderschöner Blick hinab auf den See und auf die im Süden aufragenden Karawanken.

Die B 100 führt, parallel zur Autobahn, von Villach nach Nordwesten. In Feistritz biegt man nach Norden zum ⑭*****Millstätter See** ab, er liegt traumhaft zwischen dem Seerücken im Süden und den Nockbergen im Norden. ⑮****Millstatt** am Nordufer, das schon zu römischer Zeit besiedelt war, besitzt eine sehenswerte Stiftskirche. Von hier sind es nur noch wenige Kilometer bis **Spittal an der Drau**, dem Ausgangspunkt der Kärntenrundfahrt.

Zurück nach Spittal

REISEZIELE VON A BIS Z

Beeindruckende Alpenlandschaften, wunderschöne Almen, klare Bergseen und Städte mit reichlich Charme und Kultur: Österreich beweist schon lange seine Attraktivität als vielseitiges Urlaubsziel – und das nicht nur im Winter!

✳ Achensee

✦ **G 5**

Bundesland: Tirol
Höhe: 929 m ü.d.M.

Der hellgrüne, an einen norwegischen Fjord erinnernde Achensee, nordöstlich von Innsbruck gelegen, ist von dunklen Nadelwäldern umgeben. Mit 9 km Länge, 1 km Breite und 133 m Tiefe ist er der größte und schönste der Tiroler Seen.

Gebirgsluft und Freizeitparadies

Westlich und südlich des Sees ragen die Gipfel des Karwendelgebirges auf, im Osten das Rofan- oder Sonnwendgebirge. Das Wasserkraftwerk Jenbach nutzt die 380 m Gefälle vom Achensee zum Inntal. Besonders für Segler und Surfer bietet der See zahlreiche Möglichkei-

Zur Achenseeflotte zählt auch die »St. Benedikt« mit Heimathafen in Pertisau.

Achensee erleben

AUSKUNFT
Tourismusverband Achensee
Rathaus 387, A-6215 Achenkirch
Tel. 05246 5 30 00
www.achensee.com

ÜBERNACHTEN
Hotel Fürstenhaus ●●●●
A-6213 Pertisau am Achensee

Tel. 05243 6 35 44 20
www.fuerstenhaus.at
Das große Fresko im Treppenhaus
zeigt eine Jagdszene – hier stand
das legendäre »Fischerhaus« von
Kaiser Maximilian I. Das charmante
Hotel mit großem Wellnessbereich
ist das einzige Gasthaus vor Ort
mit direkter Seelage.

ten. Badegäste müssen schon hartgesotten sein, um sich in das selbst
im Sommer höchstens 18 °C kalte Wasser zu begeben. Von Mai bis
Oktober verkehren auf dem See Ausflugslinienschiffe. Eine **Seerund-
fahrt** dauert ca. 2 Stunden. Für Eisenbahnfreunde ist eine Fahrt mit
der ältesten dampfbetriebenen **Zahnradbahn** Europas von Jenbach
zum Achensee ein Erlebnis – die Fahrpläne von Bahn und Schiff sind
aufeinander abgestimmt. Die über 100 Jahre alte Achenseebahn
überwindet auf der 6,7 km langen Strecke einen Höhenunterschied
von 440 m. Auch Wanderungen und Bergtouren bieten sich rund um
den Achensee an, im **Rofangebirge** steht Klettern hoch im Kurs. Im
Winter zieht es Langläufer, Winter- und Schneeschuhwanderer nach
Maurach-Eben, Pertisau und Achenkirch, wo zusätzlich ein be-
schneites Skigebiet für Pistenvergnügen sorgt.

ORTE AM ACHENSEE

Aus dem Inntal kommend, zieht die Straße zunächst in aussichtsrei-   **Maurach-**
chen Kehren aufwärts. Am südlichen Ende des Achensees erreicht sie   **Eben**
den Ort Maurach-Eben (960 m; 2850 Einw.). Etwas außerhalb steht
die **barocke Pfarr- und Wallfahrtskirche zur hl. Notburga** (15. bis
18. Jh.). Die fromme Magd aus Rattenberg und einzige weibliche
Heilige Tirols (1265 – 1313) gilt als Schutzherrin der Dienstmägde.
Im Hochaltar befindet sich ein Glasschrein mit dem stehenden Ske-
lett Notburgas. Kunstvolle Stuckaturen umgeben die Deckenbilder
im Langhaus, sie zeigen Episoden aus dem Leben der Heiligen, so das
Sichelwunder: Als einst ihr Herr, ein Bauer, Notburga befahl, nach
dem Angelusläuten weiterzuarbeiten und sie dadurch an der An-
dacht hinderte, warf sie mit dem Ausruf »Der Herrgott soll richten
zwischen dir und mir« die Sichel in die Luft, wo sie an einem Son-
nenstrahl hängen blieb. Vom Ortsteil Maurach führt die gut 2 km
lange **Rofanseilbahn** zur 1834 m hoch gelegenen, bewirtschafteten

Mit der Dampfzahnradbahn geht's ganz gemütlich zum Achensee.

Erfurter Hütte auf dem **Mauritz-köpfl** (beliebter Startplatz für Drachenflieger). Neben den prachtvollen Ausblicken bieten sich auch lohnende Gebirgswanderungen zu anderen Gipfeln. Wer nicht allzu weit wandern möchte, dem empfiehlt sich der rund 45-minütige Fußweg zum Gschöllkopf (2036 m). Hier hat man für eine Aussichtsplattform einen Adlerhorst aus Stahl nachempfunden – Besucher blicken aus der Mitte des Adlernests in die erhabene Bergwelt ringsum. Hier startet auch der **Airrofan Skyglider**, in den man sich einhängt, um mit bis zu 80 km/h in die Tiefe zu sausen.

Rund 5 km nordwestlich von Maurach-Eben liegt am Westufer des Sees der Urlaubsort Pertisau (950 m; 600 Einw.). Hier lohnt der Besuch des **Erlebniszentrums Tiroler Steinöl Vitalberg**, in dem die Gewinnung von Steinöl nachgestellt ist – so wie sie seit 1902 im Bächental von Familie Albrecht betrieben wird. Das Steinöl spielt unter anderem auch in den zahlreichen Wellnesshotels rund um den See eine große Rolle.

Erlebniszentrum: Tgl. 10.00–16.30, im Sommer 9.00–17.00 Uhr, Eintritt: 6 €, www.steinoel.at

Achenkirch Die Achenseestraße führt auf einer eindrucksvollen Strecke mit Tunnels und Durchblicken zum Wasser vom Ostufer des Sees nach Norden. Am anderen Ufer stürzt die **2053 m hohe Seekarspitze** schroff zum Wasser ab. Das lang gezogene Dorf Achenkirch (930 m; 2156 Einw.) liegt am Nordende des Sees. Sehenswert sind neben den prächtigen alten Bauernhäusern die Pfarrkirche von 1748 und das durchaus sehenswerte **Heimatmuseum** im Sixenhof mit seinen Originalgegenständen früheren bäuerlichen Lebens. Rund 9 km nördlich verläuft kurz vor dem Achenpass (941 m) die österreichisch-deutsche Grenze.

Heimatmuseum: Mai–Okt. tgl. 13.00–17.00 Uhr, Eintritt: 3,50 €, Kinder bis 15 J. frei, www.sixenhof.at

** Admont

 ⊹ M 4

Bundesland: Steiermark
Höhe: 639 m ü.d.M.
Einwohnerzahl: 2535

Admont, mitten in einem weiten Talbecken der Enns gelegen, besitzt als besondere Attraktion die wohl schönste und größte Klosterbibliothek der Welt. Doch das Städtchen wartet nicht nur mit Kultur auf – bei Admont beginnt das »Gesäuse«, der jüngste österreichische Nationalpark.

* BENEDIKTINERSTIFT ADMONT

Die Benediktinerabtei Admont geht auf eine Stiftung der hl. Hemma von Gurk zurück und wurde 1074 vom Salzburger Erzbischof Gebhard gegründet. Sie brannte 1865 bis auf die wertvolle Bibliothek fast völlig ab und wurde in den Folgejahren wieder aufgebaut. Die früheren Höfe hat man zu einem Park umgestaltet. Das Benediktinerstift Admont ist das **älteste bestehende Kloster der Steiermark**, bis heute geistliches, kulturelles und wirtschaftliches Zentrum der Region. Seine Betriebe (Forstwirtschaft, Bau- und Kulturabteilung, Gärtnerei etc.) beschäftigen rund 1000 (weltliche) Mitarbeiter.

Kloster und Park

❶ Mitte März – Anf. Nov. tgl. 10.00 – 17.00 Uhr, Eintritt: 9,50 €, www.stiftadmont.at

Überragt wird die **Kirche** von zwei 70 m hohen Türmen. Der Innenraum ist dreischiffig. Zur Ausstattung gehören eine Immaculata, geschaffen von Martin Altomonte, und eine geschnitzte Weihnachtskrippe (1755). Gestickte Wandteppiche umgeben den Hochaltar, vor dem sich eine Kopie der »Admonter Maria« befindet (1310; Original im Grazer Joanneum).

Stiftskirche

Der barocke Bibliothekssaal (72 m lang, 14 m breit) im Ostflügel der Abtei ist der kunsthistorisch wichtigste Teil der Anlage. Bemerkens-

**Bibliothek

Admont erleben

AUSKUNFT
Tourismusverband Alpenregion Nationalpark Gesäuse
Hauptstraße 35

A-8911 Admont
Tel. 03613 2 11 60 10
www.alpenregion.cc

Die Bibliothek des Benediktinerstifts Admont gehört
zu den schönsten Klosterbibliotheken der Welt.

wert sind die **Deckenfresken** Altomontes mit Darstellungen der
»vier letzten Dinge« (Himmel und Hölle, Tod und Gericht), die überlebensgroßen Statuen der Propheten Moses und Elias sowie der Apostel Petrus und Paulus. Die **Bibliothek** enthält weit über 100 000 teils
wertvolle Bände, darunter 1100 Handschriften und 900 Inkunabeln
(Drucke bis 1500).

Sammlungen   Im Stiftsmuseum gibt es neben einer umfassenden Sammlung von
Mineralien, Insekten, Vögeln und Säugetieren eine kostbare kunsthistorische Sammlung sowie zeitgenössische Kunst.

UMGEBUNG VON ADMONT

Ennstaler   Die Ennstaler Alpen sind ein dicht bewaldeter, steiler Gebirgszug der
Alpen   **Nördlichen Kalkalpen** bei Admont mit malerischen Felsformationen. Ihre höchste Erhebung erreichen sie im Hochtor (2372 m). Geübte Kletterer und Bergsteiger finden in dieser Region zahlreiche
lohnende Touren.

*National-   Das »Gesäuse« ist ein hochalpines **Durchbruchstal** zwischen Ad-
park Gesäuse   mont und dem östlich gelegenen Hieflau. Der Name soll das Ge-
räusch ausdrücken, das die Enns bei ihrem Weg durch die hoch aufragenden Felsen erzeugt. 2002 avancierte der eindrucksvollste Teil
der Ennstaler Alpen zum Nationalpark. Zwischen Admont und Hief-

lau haben die Wasser der brausenden Enns auf rund 16 km Länge einen mächtigen Kalkalpenstock
durchschnitten. **»Eine Sinfonie
aus Fels und Wasser«** wird das
Gesäuse daher auch genannt. Egal,
wie man diese großartige Landschaft erlebt – vom Auto oder Zug
aus, auf einer Wanderung, beim
Klettern oder per Rad –, es bleibt
auf jeden Fall für alle Zeiten ein un-
vergesslicher Anblick.

❶ www.nationalpark.co.at

Schloss Röthelstein

Rund 3 km südlich des Marktes Admont liegt an einem Waldhang
Schloss Röthelstein (817 m; 17. Jh.), ein Bau mit doppelgeschossigem
Laubenhof und einer barocken Schlosskapelle. Die über 300 Gemälde des Schlosses, das im Zweiten Weltkrieg stark beschädigt wurde,
hängen heute teils im Kapitelsaal, teils im Museum. Eine Übernach-
tung im Schloss Röthelstein kann sich heute übrigens jeder leisten:
Das Schloss ist ein Jugend- und Familiengästehaus.

Wallfahrts-kirche Frauenberg

Ursprünglich spätgotisch, wurde die Wallfahrtskirche Frauenberg,
6 km westlich von Admont, im 17. Jh. barockisiert. Im Inneren sind
Fresken aus dem Marienleben und ein schöner Kreuzaltar von J. Th.
Stammel.

✳ Altenburg

✦ P 2

Bundesland: Niederösterreich
Höhe: 387 m ü.d.M.
Einwohnerzahl: 819

**Der kleine Ort Altenburg im ▸Waldviertel, rund 30 km nördlich
von Krems an der Donau, verdankt seine Bekanntheit dem
Benediktinerstift, Barockjuwel des Waldviertels.**

✳ BENEDIKTINERSTIFT

Altes Kloster

Die üppigen Formen des Bauwerks und seine mächtige, über 200 m
lange Ostfront bilden einen ganz eigenen Kontrast zur herben Natur
der Umgebung. Durch Plünderungen und Zerstörungen im Dreißigjährigen Krieg wurde das bereits 1144 gegründete Kloster fast ver-

Altenburg erleben

AUSKUNFT
Gemeinde Altenburg
Zwettlerstraße 16

A-3591 Altenburg
Tel. 02982 27 65 oder 34 51 14
www.altenburg.at

nichtet. Beim Wiederaufbau entstanden die Stiftsbauten in ihrer heutigen Form, innen mit prächtigen Stuckdekorationen im Barock- und Rokokostil. Dem ursprünglich vorhandenen Bau wurden eine Bibliothek, ein Kaisertrakt und ein Marmorsaal angefügt.

*Kunstvolle Bibliothek
Besonders sehenswert ist die farbenprächtige Klosterbibliothek, eine der großartigsten und reichhaltigsten Österreichs. Der Bibliothekssaal ist drei Stockwerke hoch und 48 m lang, die **Deckengemälde** (das Urteil Salomos, die göttliche Weisheit, das Licht des Glaubens u. a.) stammen von Paul Troger. Unterhalb der Bibliothek befindet sich eine **Krypta** mit interessanten Fresken, insbesondere grotesken Totentanz-Szenen.

Die **Stiftskirche**, ein ovaler Kuppelraum, wurde 1730 bis 1733 von Josef Munggenast erneuert. Das Kuppelfresko gehört zu den monumentalsten Arbeiten Paul Trogers. Am Hochaltar ist die Himmelfahrt Mariens in sehr überzeugender Art und Weise dargestellt, darüber die hl. Dreifaltigkeit.

In den vergangenen Jahren haben Ausgrabungen das so genannte **»Kloster unter dem Kloster«** freigelegt: Refektorium, Kapitelsaal, Arbeits- und Wohnräume der Mönche, einen Kreuzgang und die romanisch-gotische Veitskapelle. Die riesigen **Gartenanlagen** wurden in den letzten Jahren von den Mönchen des Benediktinerordens neu gestaltet. Insgesamt sind es fünf Themengärten, die sich über Stift und Park verteilen: Apothekergarten mit alten Heilpflanzen, Kreuzganggarten mit mittelalterlichen

Stift Altenburg

Schöpfungsgarten

Johannishof

N ←

©BAEDEKER

1 Pforte/Klosterladen
2 Prälatenhof
3 Kaiserhof
4 Kaisertrakt
5 Brunngarten
6 Kirchhof
7 Altane
8 Mönchszellen u. Abtshaus (14. Jh.)
9 Kreuzgang (14. Jh.)
10 Bibliothek/ Krypta

Symbolpflanzen, Garten der Stille, Garten der Religionen und Schöpfungsgarten.

❶ Mai–Okt. tgl. 10.00–17.00 Uhr, Eintritt: 9 €, www.stift-altenburg.at

Ein akustischer Leckerbissen sind Auftritte der **Altenburger Sängerknaben**, die oft die Gottesdienste mit ihrem Gesang bereichern, wenn sie nicht gerade auf Tournee sind.   **Großer Chor**

UMGEBUNG VON ALTENBURG

Südöstlich von Altenburg liegt malerisch über einem Abhang zur Kamp die **Rosenburg**. Der reich gegliederte Schlossbau (14. bis 17. Jh.), bereits im 19. Jh. restauriert und der Öffentlichkeit zugänglich gemacht, besitzt einen prächtigen Turnierhof. Beeindruckend ist vor allem die Bibliothek mit einer reich geschnitzten Kassettendecke und das Vogelzimmer, dessen Wände mit Vogeldarstellungen geschmückt sind. Die Rosenburg ist **würdiger Rahmen** für sommerliche Schlosskonzerte und Festspiele. Auf kleine Besucher wartet die Märchenwelt, beliebteste Attraktion aber ist die **Falknerei**. Adler, Falken, Eulen und Geier zeigen ihre faszinierenden Flugkünste. Hier wird auch über Artenschutz sowie

Der Falkner auf der Rosenburg kennt sich auch mit Adlern aus.

Geschichte und Entwicklung der Falknerei informiert. Zudem belebt man hier eine alte niederösterreichische Tradition wieder, nämlich die Falknerei zu Pferde, die Jagd mit dem Beizvogel.

Rosenburg: April–Okt. tgl. 9.30–16.00, Mai–Sept. bis 17.00 Uhr, Greifvogelfreiflug-Vorführungen um 11.00 und 15.00 Uhr, 14,50 €; Falknerei zu Pferd in historischen Kostümen mit Jagd- und Hofmusik am ersten Wochenende im Monat, www.rosenburg.at

Südlich der Rosenburg trifft man auf Gars (244 m; 3450 Einw.), dessen romantische **Burgruine** ein Relikt aus der Babenberger-Zeit ist und alljährlich als Schauplatz sommerlicher Opernfestspiele dient. Musik lag hier offenbar schon früher in der Luft: Franz von Suppé war fast 20 Jahre lang als Sommerfrischler zu Gast in Gars und   **Gars**

schrieb hier auch seine Operette Boccaccio (Franz-von-Suppé-Gedenkstätte in der Kremser Straße 40). Gars hat das nostalgische Flair eines alten Kurorts, auch das moderne Erlebnisfreibad fügt sich in die natürliche Umgebung direkt am Fluss Kamp.

*Amethyst-welt Maissau

Die größte freigelegte Amethystader der Welt ist bei Maissau, 25 km südöstlich von Altenburg, zu besichtigen. In der Amethystwelt Maissau ist ein modernes **Erlebnismuseum** eingerichtet, das sich ganz dem geheimnisvollen Ruf des Edelsteins mit der unverwechselbaren Farbe widmet

❶ Feb.–Dez. tgl. 9.00–17.00, Jan. nur Fr.–So., Mai–Sept. bis 18.00 Uhr, Eintritt: 8 €, www.amethystwelt.at

✴ Arlberg

────────────────── ✴ D 5 ●

Bundesländer: Tirol und Vorarlberg

Kaum eine andere Region hat so viele Olympiasieger und Weltmeister im Wintersport hervorgebracht wie der Arlberg. Das ganze Massiv wurde mit zahlreichen Bergbahnen und hunderten Liften überzogen, die im Sommer auch von Wanderern genutzt werden.

Wintersport-paradies

Arlberg ist eigentlich nur der Name des Passes (1793 m), der Tirol und Vorarlberg verbindet, im allgemeinen Sprachgebrauch bezeichnet man jedoch das ganze Massiv, das Teil der ▶**Lechtaler Alpen** ist, schlicht und einfach als Arlberg. Er bildet sowohl die Wasserscheide zwischen Rhein und Donau als auch die Wetterscheide. Das hat zur Folge, dass im Winter regelmäßig große Schneemengen fallen und rund um den Arlberg mit dem alles überragenden Valluga (2811 m) die bekannten Wintersportorte St. Anton, Lech, Zürs und Stuben entstanden.

Arlbergstraße

Die Arlbergstraße führt vom Rheintal durch das bei ▶Bludenz beginnende **Klostertal** Richtung Osten zum Inntal und überwindet dabei den Arlbergpass.

Flexenstraße

Östlich von Stuben Richtung Norden zweigt die 1895–1900 gebaute Flexenstraße ab und führt über den 1784 m hohen **Flexenpass** zum Lechtal. Sie ist landschaftlich sehr eindrucksvoll und bietet prächtige Ausblicke auf die Verwallgruppe. Vor Lawinen schützen zahlreiche Galerien die Straße, die in großartigen Windungen an der schroffen Felswand der **Stubenbachschlucht** vorbeiführt. Die nördliche Zufahrt ist zwischen Warth und Lech im Winter oft geschlossen.

Arlberg erleben

AUSKUNFT
Tourismusverband St. Anton
Dorfstr. 8
A-6580 St. Anton
Tel. 05446 2 26 90
www.stantonamarlberg.com

Lech Zürs Tourismus
Dorf 2
A-6764 Lech am Arlberg
Tel. 05583 216 10
www.lech-zuers.at

ESSEN
Fux Restaurant + Bar + Kultur
€€€€
Omesberg
A-6764 Lech am Arlberg
Tel. 05583 29 92
www.fuxi-mi.net
Im ersten Stock wird feine Gourmet-Fusion-Küche serviert, das auch anspruchsvolle Gäste befriedigen kann. Im Erdgeschoss befindet sich ein Steakhouse, das selbstverständlich auch handmassiertes Wagyu-Beef kredenzt.

Verwallstube €€€
Kandaharweg 9/Bergstation Galzig
A-6580 St. Anton am Arlberg
Tel. 05446 2 35 25 10
Die edle Gaststube, 2085 m hoch gelegen, ist bekannt für ihre schmackhaften Fischspezialitäten.

ÜBERNACHTEN
Das Mooser €€€€
Unterer Mooserweg 2
A-6580 St. Anton am Arlberg
Tel. 05446 26 44
www.mooserhotel.at
Direkt an der Galzig-Abfahrt liegt das kühn in den Felsen gebaute Hotel für Menschen, die das Besondere lieben.

Post Lech €€€€
Dorf 11
A-6764 Lech am Arlberg
Tel. 05583 2 20 60
www.postlech.com
Der feine Gasthof hat eine prominente Gästeliste. Das Service wird auch dem verwöhntesten Anspruch gerecht.

ORTE AM ARLBERG

Eine lange Tradition als Wintersportort hat St. Anton am Arlberg (1284 m; 2500 Einw.). Hier entwickelte Hannes Schneider die Abfahrtsskitechnik der Arlbergschule und Stefan Kruckenhauser das Wedeln. Da der Ort dank des Straßentunnels kaum vom Verkehr tangiert wird, ist eine attraktive Fußgängerzone entstanden. Das **Ski- und Heimatmuseum** (Rudi-Matt-Weg 10) erzählt die Geschichte des Arlbergs, des alpinen Skisports und der Erschließung der Arlbergorte. In der traumhaften Villa aus dem Jahr 1912 ist außerdem ein äußerst empfehlenswertes Restaurant untergebracht. **Skimuseum:** Tgl. 15.00–18.00; Restaurant ab 18.00 Uhr

St. Anton am Arlberg

Lech am Arlberg (1450 m; 1600 Einw.) liegt am Zusammenfluss von Lech und Zürser Bach nördlich des Arlbergs. Vor 100 Jahren gehör-

*Lech am Arlberg

Das Arlberg-Gebiet bietet Pisten für Anfänger und Könner.

te der Ort zu den ärmsten und einsamsten Dörfern Vorarlbergs und war von der Entsiedlung bedroht. Mit dem aufkommenden Skitourismus, der die alte Walsersiedlung entdeckte, kam die Rettung. Heute ist Lech der **nobelste Wintersportort** Österreichs. Die Pfarrkirche wurde 1390 von den Walsern (aus dem Wallis stammend) im gotischen Stil errichtet und 1791 im Rokokostil umgestaltet. Sehenswert sind die Fresken aus dem 15./16. Jh. im Chorraum und Langhaus sowie zwei große Glocken: Sie mussten 1746 auf dem Kirchplatz gegossen werden, weil man sie auf den Saumwegen nicht transportieren konnte. In dem 1516 erwähnten »Weißen Haus« (Nr. 17) tagte zwischen 1563 und 1806 das aus dem frei gewählten Ammann und zwölf Geschworenen bestehende Walsergericht.

Zürs am Arlberg Zürs (1730 m; 145 Einw.) ist durch Pistenreviere mit Lech verbunden und hat sich wie dieses zu einem weltbekannten Wintersportort entwickelt. Schneereichtum im Winter – der erste Skikurs Österreichs wurde hier schon 1906 abgehalten – und herrliche **Wander- und Tourenmöglichkeiten** zur Sommerzeit locken die erholungsuchenden Gäste an. Sowohl Zürs als auch Lech ziehen vor allem im Winter **Adel und High-Society** an. Entsprechend gibt es alleine in Lech nicht weniger als 14 Haubenlokale!

UMGEBUNG DES ARLBERGS

Die Verwallgruppe baut sich im Norden der Silvretta zwischen Klostertal, Stanzer Tal, ▶Montafon und Paznauntal in mehreren, von tief eingeschnittenen Tälern gegliederten Teilgruppen auf. Im Norden stellt der Arlbergpass die Verbindung zu den Lechtaler Alpen und dem Skigebiet am Arlberg her. Kühne Gipfel, von kleinen Gletschern flankiert, steile Wände und Karmulden mit kleinen Seen (Valschavielsee, Versailsee, Blankaseen) sind kennzeichnend für das Gebiet. Ideal für **Bergtouren**: Gut ausgebaute Wege verbinden die Schutzhäuser; die Besteigung der höheren Verwallberge mit ihrem Hauptgipfel, der fünfzackigen Kuchenspitze (3170 m), sowie dem imposanten, 3059 m hohen Patteriol setzt jedoch einige Erfahrung und Übung im Klettern voraus.

**Verwall-
gruppe**

> **BAEDEKER WISSEN** ?
>
> *Luis Trenker in Stuben*
>
> Luis Trenker drehte in Stuben 1931 sein bekanntes Drama »Berge in Flammen«. Der Film, ein ebenso schlichter wie eingängiger Lobgesang auf Alpinismus und Völkerverständigung, brachte ihm den internationalen Durchbruch.

Zu den schönsten Skitouren des Verwalls zählt jene, die von Stuben am Arlberg über die Kaltenberg-Hütte (2100 m) auf den Kalten Berg (2900 m) führt. In der südlichen Verwallgruppe befindet sich die von St. Anton zugängliche Heilbronner Hütte (2320 m). Sie ist eine wichtige Zwischenstation für die bekannte und beliebte Tour über das Verwall zur Silvretta.

Skitouren

* Attersee

✳ K/L 4

Bundesland: Oberösterreich
Höhe: 465 m ü.d.M.

Schon Gustav Klimt fing die flirrenden Reflexe des Wassers und die Schönheit der Uferorte des Attersees in manchen Bildern ein. Mit 171 m Tiefe, 20 km Länge und 2–3 km Breite ist er der größte See des Salzkammerguts und der österreichischen Alpen – und seine Farbe ist einzigartig unter allen Binnengewässern dieser Region.

Rund um den See gibt es Wassersportmöglichkeiten wie Surfen, Tauchen (mit Sichtweiten bis 30 m!), Segeln und Wasserski, aber auch Tennis, Minigolf, Reiten, Wandern, Drachenfliegen und Paragliding. Linienschiffe verkehren zwischen den Seeorten.

Aktivurlaub

ORTE AM ATTERSEE

Attersee (Ort)

Attersee (1588 Einw.) war im 9. Jh. Kaiserpfalz, im 13. Jh. ließ der damalige Salzburger Erzbischof eine Burg für sich errichten. Aus der ehemaligen Burgkapelle ging die heutige Pfarr- und Wallfahrtskirche **»Maria Attersee«** hervor, ursprünglich gotisch wurde sie von Jakob Pawanger zwischen 1722 und 1728 barockisiert. Den Hochaltar gestaltete Josef Matthias Götz aus Passau. Sehenswert ist auch die spätgotische Laurentiuskirche im Ortsteil Abtsdorf – Hochaltar, Seitenaltäre und Kanzel schuf um 1700 der Bildhauer Meinrad Guggenbichler aus ►Mondsee.

Seewalchen

Ab 1900 verbrachte der Wiener Maler Gustav Klimt etliche Sommerfrischen in dem 4800-Seelen-Dorf Seewalchen am Attersee. Er war auch zu Gast in der **Villa Paulick**, wo heute Privatzimmer vermietet werden. Hier wurde er durch die befreundete Familie Flöge eingeführt – die Wiener Modeschöpferin Emilie Flöge war eines seiner bevorzugten Modelle.

Ein Anblick zum Träumen: der Attersee von Seewalchen aus

Attersee erleben

AUSKUNFT
Tourismusverband
Ferienregion
Attersee
Nußdorferstr. 15
A-4864 Attersee
Tel. 0 76 66/77 19
www.attersee.at

ESSEN UND ÜBERNACHTEN
Kaisergasthof €–€€
Weyregger Straße 75
A-4852 Weyregg

Tel. 07664 2 20 20,
www.kaisergasthof.at
Okt.–Mai Mo., Di. geschl.
Fangfrischen Fisch direkt aus dem See
serviert man in der ehemaligen kaiserli-
schen Poststation, außerdem werden
zeitgemäße und herzhafte regionale
oberösterreichische Schmankerl serviert.
Im Sommer Strandrestaurant direkt am
See. Außerdem gibt es das kleine Haus-
museum „Auf den Spuren der Habsburger" mit mehr als 300 Originalschau-
stücken aus der Kaiserzeit.

Auf einer malerischen Landzunge steht in Schörfling **Schloss Kam-**   **Schörfling**
mer, das Gustav Klimt auf mehreren Bildern verewigt hat. Das
Schloss ist in Privatbesitz, in der Schlossallee, die der Meister ebenfalls gemalt hat, liegt jedoch das neue **Gustav-Klimt-Zentrum**, das
sich in einer multimedialen Ausstellung (gestaltet vom ▶ Leopold
Museum in Wien) dem berühmtesten Feriengast der Region widmet.
Gustav-Klimt-Zentrum: Im Sommer tgl. 10.00–18.00 Uhr

** Ausseer Land

✦ L 4–5

Bundesland: Steiermark
Höhe: 659 – 1837 m ü.d.M.
Einwohnerzahl: 12 800

Das Ausseer Land markiert den geographischen Mittelpunkt
Österreichs und ist der steirische Teil des ▶Salzkammerguts.
Mit seinen Seen und dem markanten Loser-Gipfel, seinen wei-
ten Wiesen und nostalgischen Orten ist das Ausseer Land der
Inbegriff von Heimatfilmidylle.

Seine Entwicklung schon ab dem Mittelalter verdankt die Region ih-   **Inspiration**
ren reichen **Salzvorkommen** (▶Baedeker Wissen, S. 50). So richtig   **für Literaten**
berühmt wurde das Ausseer Land dann im 19. Jh. durch die vom
Wiener Hof zunächst missfällig beäugte Liebe des Erzherzogs Johann
zur hiesigen Postmeistertochter Anna Plochl (1804 – 1885). Mit Bil-
ligung seines kaiserlichen Bruders heiratete er sie 1829. Ab Mitte des

Bad Aussee erleben

AUSKUNFT
Tourismusverband Ausseerland
Bahnhofstr. 132
A-8990 Bad Aussee
Tel. 03622 54 04 00
www.ausseerland.at

WANDERN
Auf der Via Artis folgt man den Spuren
vieler Künstler, die das steirische Salzkammergut zu ihrer Wahlheimat erkoren
haben. Wie Perlen ist auf den vier jeweils in sich geschlossenen Künstlerwe-
gen landschaftliche Schönheit aneinan-
dergereiht: Via Artis Altaussee (4 km),
Bad Aussee (12 km), Grundlsee (10 km)
und Grimmingorte (12 km).

ESSEN
Blaa-Alm ⓔⓔ–ⓔⓔⓔ
Lichtersberg 73

A-8992 Altaussee
Tel. 03622 7 11 02
www.blaa-alm.co.at
Die urige Alm liegt im Wald, ist aber
nicht nur für ,Wanderer, sondern auch
mit dem Auto erreichbar. Bodenständig
gepflegt, jeden Di. Abend Hüttenmusik
(19.00 Uhr).

ÜBERNACHTEN
Hotel Erzherzog Johann ⓔⓔⓔ
Kurhausplatz 62
A-8990 Bad Aussee
Tel. 03622 5 25 07
www.erzherzogjohann.at
Besonders herzlich, heimelig und traditionell, in Teilbereichen aber auch durchaus trendig präsentiert sich dieses Hotel
mit seinem Johann SPA, einer angenehmen Wohlfühlwelt über den Dächern
von Bad Aussee.

19. Jh. entwickelte sich die Region zur bevorzugten Sommerfrische
vor allem der **literarischen Avantgarde**. Bekannt ist das steirische
Salzkammergut aber auch für sein lebendiges Brauchtum.

SEHENSWERTES IM AUSSEER LAND

*Bad Aussee Der pittoreske Kurort Bad Aussee (659 m; 4900 Einw.) ist das wirtschaftliche und **kulturelle Zentrum** des Ausseer Landes. Hier sollte
man keinesfalls unachtsam an den Auslagen vorbeilaufen: Fast jedes
zweite Geschäft bietet Tracht oder Handwerkskunst, gefertigt von
heimischen Händen und oft nach alten Traditionen. Einen Stopp
lohnt natürlich auch die Kurcafé-Konditorei.

Kammerhof Jahrhundertelang profitierte die Gegend von den reichen Salzvorkommen. Da die Salinen einer ordentlichen Verwaltung bedurften,
baute man um 1400 am Chlumeckyplatz das sehenswerte Salzamt,
heute Kammerhof genannt, mit dem **Heimatmuseum**. Es verbindet
Elemente der Spätgotik und der Renaissance miteinander und gilt als
ältester Profanbau der Steiermark.

Heimatmuseum: Mai u. Okt. Di. u. Sa. 16.00–18.00, Fr. u. So.
10.00–12.00, Juni–Sept. tgl. 10.00–12.00, 15.00–18.00 Uhr, www.
badaussee.at

Wenige Kilometer nördlich von Bad Aussee liegt zu Füßen des Toten Gebirges der reizvolle Altausseer See. Er lässt sich in 2 Std. umrunden, kleine Badebuchten laden zur Abkühlung. Es gibt hier keinen Autoverkehr, denn die Straße endet an zwei Parkplätzen im hübschen Ort **Altaussee** (719 m; 1800 Einw.).

*Altausseer See

Auf der anderen Seite des Ortes steigt der Weg zum alten Salzbergwerk an, wirtschaftliche Grundlage dieser Gegend seit dem 12. Jh. und im Zweiten Weltkrieg bombensichere Lagerstätte für unzählige Kunstschätze, darunter der Genter Altar und Werke von Michelangelo, Dürer, Rubens und Vermeer. Eine preisgekrönte Multimediaschau dokumentiert beeindruckend den Einsatz der Bergleute bei der Rettung dieser Schätze 1945. Von Altaussee führt die gewundene **Loser Panoramastraße** hinauf bis auf 1600 m Höhe, wo sich neben dem Bergrestaurant ein herrlicher Blick auf die Gipfel des Toten Gebirges und der Dachsteingruppe bietet.
Salzbergwerk: Mai, Sept.–Okt. 9.00, 11.00, 13.00, 15.00, Juni–Aug. 9.00–16.00 Uhr stdl., Eintritt: 15 €, www.salzwelten.at

Salzbergwerk

Nordöstlich von Bad Aussee liegt in einem waldumrahmten Wiesental der **Grundlsee** (709 m), der größte See der Steiermark. Seine Ufer sind weit und im hinteren Teil laden großzügige Liegewiesen zum Badetag. Dieses so genannte Gösslufer erreicht man mit dem Auto, per Schiff oder auf schönen Wegen zu Fuß. Von hier startet auch der kurze Fußweg an den **Toplitzsee** (20 Min.; ▶Baedeker Wissen, S. 186), über den man das Boot nehmen und weiter zum nur zu Fuß erreichbaren **Kammersee** wandern kann (5 Min.).

*Seen

Der heilklimatische Kurort **Bad Mitterndorf** (809 m; 3100 Einw.) besitzt eine moderne Therme. Er ist auch Ausgangspunkt für die herrliche Tauplitzalm (1650 m), die im Winter mit einem der ältesten Skigebiete Österreichs für familiären Pistenspaß sorgt und im Sommer Blumenliebhaber anzieht. Die Alm, auf der das Jungvieh weidet, ist weithin als riesiger Alpengarten bekannt. Malerisch liegen sechs Seen hier aneinander gereiht, die man höchst empfehlenswert auf einem einfachen Rundweg erkunden kann.

*Tauplitzalm

Am Ausgang ins Ennstal klebt der kleine Ort Pürgg (645 m; 919 Einw.) wie ein Adlerhorst in den Südabstürzen des Rantensteins. Mitten im Dorfkern liegt ein kunsthistorisches Kleinod: die romanische **Johanneskapelle**. Sie ist mit den mutmaßlich ältesten Fresken im nördlichen Alpenraum, aus der Zeit um 1200, geschmückt.

Pürgg

Entdeckungen in der Tiefe

Der kleine, von steilen Felswänden eingefasste Toplitzsee ist seit Kriegsende Gegenstand wilder Gerüchte: Hier sollen 1945 von den Nazis ein sagenhafter Goldschatz und Geheimdokumente versenkt worden sein. Nach aufwändigen Tauchexpeditionen ist das wahre Geheimnis des Bergsees endlich gelüftet.

In der Nacht vom 28. auf den 29. April 1945 fuhren zwei LKW des nahe gelegenen Konzentrationslagers Ebensee an den Toplitzsee. SS-Männer sprangen ab, luden Kisten in Fischerboote, ruderten auf den See hinaus und kehrten mit leeren Booten ans Ufer zurück. Es entstanden allerlei **Gerüchte und Legenden**: Enthielten die versenkten Kisten Gold und Geheimdokumente? Der »Stern« wollte 1959 Klarheit schaffen: Insgesamt sieben Kisten holte das beauftragte Taucherteam vom Seegrund. Doch die Kisten gaben nur dicke Bündel britischer Pfundnoten preis – **Falschgeld**, mit dem im Krieg der englische Geldmarkt überschwemmt werden sollte. Bei weiteren Expeditionen wurden Gegenstände der deutschen Marine aus den letzten Tagen des Krieges gefunden.

Stammtisch-Scherz

Die siebte große Tauchexpedition im Juni 2000 förderte außer gefälschten Pfundnoten eine **Blechkiste** zu Tage, in der jede Menge Bierflaschenkapseln mit der Aufschrift »Leider nicht!« lagen. Eine fröhliche Stammtisch-Runde aus Bad Aussee soll 1984 die Kiste im See versenkt haben, um den **Meeresbiologen Dr. Fricke** an der Nase herumzuführen. Doch Fricke war nicht hinter dem Nazi-Schatz her, sondern inspizierte die bisher unerforschten Tiefen des Toplitzsees.

Biologische Sensation

Er entdeckte, dass die Wassertemperatur über dem Grund knapp 6 °C beträgt, während sie bei Alpenseen im Durchschnitt bei 4 °C liegt. Außerdem fehlt im 103 m tiefen See ab ca. 20 m Tiefe der Sauerstoff und Fricke fand in der mehr als 80 m mächtigen, zunehmend salzhaltigen Tiefenschicht teils bis dahin unbekannte Bakterien und Würmer, die **ohne Sauerstoff** auskommen. Mit anderen Worten: In diesem See schwimmen die Fische immer oben, und die auf dem Grund kreuz und quer liegenden Bäume verwittern wegen des Sauerstoffmangels nicht.

Ein Ausflugsboot bringt Besucher auf den gerüchteumwobenen Toplitzsee.

✴ Baden bei Wien

◈ Q 3

Bundesland: Niederösterreich
Höhe: 220 m ü.d.M.
Einwohnerzahl: 25 000

Das reizvolle Biedermeier- und Villenstädtchen wurde zwischen 1803 und 1834 Treffpunkt der Wiener Gesellschaft. Nur 30 km südlich von Wien am Ostrand des Wienerwaldes gelegen, verdankte es seinen Aufschwung den regelmäßigen Sommeraufenthalten des Habsburgischen Hofes.

Besonders Musikern hatte es Baden angetan: Neben Mozart, Schubert, Carl Maria von Weber und Beethoven, der hier Teile der neunten Symphonie und der Missa Solemnis schrieb, liebten auch **Operetten- und Walzerkönige** wie Strauß Vater und Sohn, Josef Lanner oder Carl Millöcker seine heiter-beschwingte Atmosphäre. Schon zur Römerzeit wurde Baden bei Wien als Heilbad geschätzt und soll das bedeutendste Schwefelbad Österreichs gewesen sein (Aquae Pannoniae). Die **Schwefelquellen** erreichen wohlige Temperaturen bis 36 °C und die tägliche Schüttung beträgt über 4 Mio. Liter. Mit dem Wasser lassen sich unter anderem trefflich rheumatische Leiden und Gefäßerkrankungen behandeln.

**Villen-
städtchen
und Kurort**

Baden bei Wien

200 m

Mozartstr.
Andreas-Hofer-Str.
Hörag
Marchetstraße
Marchetstraße
Helenental Weg
Schlossgasse
Mühlbach
Doblhoffpark
Petzgasse
Helenenstraße
Helenenstraße
Johannesg.
Doblhoff
Schwechat
Thermal-
strandbad
Weilburgstraße
Weilburgstraße
Weilburgstraße
Habsburger-
Radetzky-
Straße
Elisabeth-
str.
Schmidtg.
Sauerhofstr.
Rollett-
museum
str.

Sommerarena
Kurpark
Congress-
Casino
Kaiser-
Renngasse
Kurmittelhaus
Brusatti-
platz
Kur- und
Bäderdirektion
Grüner
Markt
Pergerstr.
Weilburgstraße
Josefs-
platz

Lanner-
Strauß-
Denkmal
Franz-
Ring
Stadt-
theater
Platzl
Graben
Rathaus
Haupt-
platz
Beethoven-
haus
Frauen-
kirche
Kaiser-Franz-Joseph-Ring

St.
Stephan
Gumpoldskirchen
Kaiser-
haus
Neustifgasse
Wassergasse
am Fischertor
Braitnerstraße
Vöslauerstraße

Sauerhof

Vienna
Bahnhof, ↑
↓ Bad Vöslau

©BAEDEKER

Gesellschaftlicher Mittelpunkt in Baden ist das Spielcasino.

SEHENSWERTES IN BADEN BEI WIEN

Altstadt Am Hauptplatz sieht man außer der barocken Dreifaltigkeitssäule und dem klassizistischen Rathaus von Joseph Kornhäusel auch das vergleichsweise bescheidene **Kaiserhaus** (1792), von 1813 bis 1834 Sommerresidenz von Kaiser Franz I. Das Stadttheater (1909) am Hauptplatz hat sich besonders der Operette verschrieben. Eine Tafel in der Pfarrkirche St. Stephan (15. Jh.) erinnert daran, dass Mozart sein »Ave verum« für den Chorleiter dieser Kirche komponierte. **Ludwig van Beethoven** wohnte wiederholt in der Rathausgasse 10, wo er Teile der 9. Sinfonie schrieb.

Beethoven-Haus: Di.–Fr. 16.00–18.00, Sa. u. So. 10.00–12.00 u. 16.00–18.00 Uhr, Eintritt: 3 €

Bäder-architektur Vor allem in der Biedermeierzeit entstanden etliche hübsche Bäder, die inzwischen anderweitig genutzt werden, z. B. das Frauenbad (Josefsplatz 5). Heute logiert dort das **Arnulf Rainer Museum**, das dem in Baden geborenen und international anerkannten Künstler gewidmet ist und seine Werke präsentiert. Sehenswert ist außerdem das Leopoldsbad (Brusattiplatz 3), in dem die Touristinformation logiert. Ebenfalls sehen lassen können sich die neuen Bäder: Das Thermal-strandbad (Helenenstraße 17–19), im schönsten Jugendstil erbaut, bietet neben vielen Spiel- und Sporteinrichtungen einen riesigen Sandstrand! Die biedermeierliche Römertherme (Brusattiplatz 4) wird von einem modernen Glasdach überspannt. Im altehrwürdigen Hotel Sauerhof (Weilburgstraße 11–13) wohnten schon Grillparzer und Beethoven – damals allerdings noch ohne die Wohltat eines Wellnessangebots.

Museum: Do.–Mo. 10.00–18.00, Mi. 10.00–20.00 Uhr, Eintritt: 6 €, www.arnulf-rainer-museum.at

Am Anfang des Kurparks trifft man auf das prachtvoll gestaltete Casino Baden. Im Park erinnern Denkmäler an bedeutende Gäste, etwa der Beethoventempel (1926), die Grillparzerbüste (1899) und die Bronzegruppe (1912) der Komponisten Joseph Lanner und Johann Strauss. Die **Sommerarena**, ein Jugendstilbau mit beweglichem Glasdach, ist nostalgischer Schauplatz von Operettenaufführungen.

Casino Baden

Im Rollettmuseum werden Sammlungen prähistorischer und römischer Fundstücke präsentiert. Skurril ist die **Schädelsammlung** des Anatomen Josef Gall (1758 – 1828) am Weikersdorfer Platz 1.
❶ Mi.–Mo. 15.00 –18.00 Uhr

**Rollett-
museum**

Baden bei Wien erleben

AUSKUNFT
Tourist Information Baden
Brusattiplatz 3
A-2500 Baden bei Wien
Tel. 02252 22 60 06 00
www.baden.at

BADENER ROSENTAGE
Für Rosenfreunde gibt es im Doblhoffpark eine duftende Attraktion: Im Rosarium blühen und gedeihen rund 30 000 Rosenstöcke in mehr als 600 Arten. Jedes Jahr im Juni zur Zeit der schönsten Blüte dreht sich während der Badener Rosentage zwei Wochen lang alles um die königliche Blume. Vom Duftspaziergang bis zum Rosenball reicht die Palette der Veranstaltungen. Das gesamte Programm ist einzusehen unter www.baden.at oder erhältlich im Tourismusbüro.

ESSEN
❶ *Do & Co Casino Baden* ⊜⊜⊜
Kaiser-Franz Ring 1
A-2500 Baden
Tel. 02252 4 35 02

www.doco.com
Do & Co steht als Name für gehobene Esskultur mit mediterranem Einschlag, das Casino und die Terrasse im Kurpark bieten den stimmigen Rahmen dazu.

ÜBERNACHTEN
❶ *Grand Hotel Sauerhof* ⊜⊜⊜
Weilburgstraße 11
A-2500 Baden bei Wien
Tel. 02252 41 25 10
www.sauerhof.at
Das prachtvolle Biedermeier-Palais im Herzen der Kurstadt sah schon viele illustre Gäste, darunter die Dichter Franz Grillparzer und Friedrich Schlegel.

❷ *Hotel Schloss Weikersdorf* ⊜⊜⊜
Schlossgasse 9–11
A-2500 Baden bei Wien
Tel. 02252 48 30 10
www.hotelschlossweikersdorf.at
Elegantes Hotel im Doblhoffpark. Sein Gourmetrestaurant verwöhnt mit österreichischen Spezialitäten, im historischen Schlosskeller kann man die Weine der Region verkosten.

Bludenz

C 5

Bundesland: Vorarlberg
Höhe: 588 m ü.d.M.
Einwohnerzahl: 13 801

Die Vorarlberger Bezirkshauptstadt Bludenz ist von einer wundervollen Bergkulisse umgeben. Sie entwickelte sich vom einstigen Silberbergbau-Zentrum zum heutigen wirtschaftlichen Mittelpunkt des Vorarlberger Oberlandes.

Vorarlberger Wirtschaftszentrum
Bludenz erstreckt sich 60 km südlich von Bregenz an der Ill, dem Schnittpunkt der fünf Täler ▶Montafon, Brandner Tal, Klostertal, Walgau und Großes Walsertal. Mit dem Bau der Arlbergbahn im Jahr 1884 begann der wirtschaftliche Erfolg der Stadt, heute prägen Handel, Gewerbe, Textil-, Schokolade- und Bierindustrie das Bild.

SEHENSWERTES IN BLUDENZ

Barocke Stadthäuser
Urkundlich wurde Bludenz erstmals 830 erwähnt. Die Stadt verfügt über eine **altertümliche, eng gebaute Altstadt** mit einer mittelalterlichen Stadtbefestigung, zwei erhaltenen Stadttoren und barocken Stadthäusern. Südländisch anmutende Laubengänge laden zum Bummeln ein. Wer Lust hat, sich Stadt und Umgebung von oben anzusehen, kann mit einer Seilbahn auf den »Sonnenbalkon« Muttersberg (1412 m) nördlich über dem Ort hinauffahren. Wahrzeichen der Stadt ist die Pfarrkirche **St. Laurentius** (1491 – 1514). Von der Innenausstattung des einschiffigen Baus mit Sternrippengewölbe im Chor sind besonders zwei Bilder beachtenswert, auf denen die Heimsuchung und Vermählung Mariens dargestellt sind.

UMGEBUNG VON BLUDENZ

Brandner Tal
Südwestlich der Stadt Bludenz erstreckt sich ca. 12 km lang das Brandner Tal. Das **Bergdorf Brand** (1037 m; 650 Einw.), Luftkur- und Wintersportort, ist der Ausgangspunkt für Touren im ▶Rätikon-Gebirge.

*Rätikon
Der Rätikon-Gebirgszug bildet die Grenze zur Schweiz, er erstreckt sich mit tief eingeschnittenen Seitentälern, schroffen Wänden und bizarren Gipfeln zwischen der Silvretta-Gruppe (▶Montafon) und dem Rheintal, das hier im Süden die Schweiz von ▶Liechtenstein trennt. Die Straße von Brand führt direkt auf das gewaltige Felsmas-

Bludenz erleben

AUSKUNFT
Bludenz Tourismus
Werdenbergerstraße 42
A-6700 Bludenz
Tel. 05552 63 62 17 90
www.bludenz.travel

ESSEN
Gasthof Sonne ⊜⊜
Jagdbergstr. 29
A-6721 Thüringerberg
Tel. 05550 24 19
Die Speisekarte wechselt alle 2 bis 3
Wochen, das ist der beste Beweis, dass
man es hier mit regional-saisonaler Kü-
che ernst meint. Großartige Aussicht.

siv der **Schesaplana** (2965 m) zu, das zu den eindrucksvollsten Bergen Vorarlbergs zählt. Mit der Lünerseebahn fährt man auf zur Neu-
en Douglass-Hütte (1979 m), die Bergstation liegt am 1,5 km langen
Lüner See, der als Speicherbecken für die Illwerke dient. Auch wenn
er künstlich angelegt ist, gehört er zu den schönsten Alpenseen. In
drei Stunden kann man von hier zur Schesaplana aufsteigen oder den
See gemütlich umrunden.

Das Große Walsertal nördlich von Bludenz zählt zu den schönsten   ***Großes**
Hochgebirgstälern Österreichs. Seit November 2000 ist das dünn be-   **Walsertal**
siedelte Tal ein von der UNESCO anerkannter Biosphärenpark . Hier
lassen sich schöne Wanderungen unternehmen, fast 50 bewirtschaftete Almen mit Sennereien und Jausenstationen laden unterwegs zur
Rast. Im Winter rufen drei familienfreundliche Skigebiete zum Pistenspaß. Die **Propstei St. Gerold** (gegründet 960) ist das kulturelle
Zentrum des Großen Walsertals, hier gibt es einen Seminarbetrieb,
einen Klosterladen und ein Restaurant.

* Bregenz

✦ C 4/5

Bundesland: Vorarlberg
Höhe: 395 m ü.d.M.
Einwohnerzahl: 28 000

**Bregenz besticht durch seine wunderschöne Lage. Geöffnet
zum Bodensee und umgeben von eindrucksvollen Bergen, ist
es ein wahrer Touristenmagnet – nicht zu vergessen seine Bedeutung für Freunde der klassischen Musik. Jeden Sommer
pilgern sie zu den Bregenzer Festspielen und genießen die
Aufführungen auf der Seebühne.**

Festspielstadt am Bodensee

Die Hauptstadt und drittgrößte Stadt des Bundeslandes Vorarlberg liegt auf einem in Terrassen zum See abfallenden Plateau zu Füßen des Pfänders. Seit 15 v. Chr., als die Römer die keltische Siedlung Brigantium eroberten und in der Folgezeit daraus eine Handels- und Verkehrsmetropole machten, war Bregenz für die Bodenseeschifffahrt ein **bedeutender Hafenplatz**. Im Mittelalter begründete der Holzhandel einen gewissen Wohlstand, nach dessen Niedergang der Kornhandel. Neuer wirtschaftlicher Aufschwung setzte 1884 mit der Eröffnung der Arlbergbahn, dem Beginn der österreichischen Dampfschifffahrt auf dem Bodensee und der systematischen Industrialisierung ein. Seit 1860 Sitz des Landtages von Vorarlberg, avancierte die Stadt am Bodensee 1923 schließlich zur Landeshauptstadt. Bregenz ist ein wichtiger Verkehrsknotenpunkt im Dreiländereck Deutschland–Österreich–Schweiz.

Alt und Neu

Hier begegnen sich Vergangenheit und Gegenwart: Die **Unterstadt**, aus der vereinzelt weiße Hochhäuser in den Himmel ragen, wird beherrscht von dem modernen Festspiel- und Kongresshaus am Ufer, dem im Zentrum gelegenen Kunsthaus des Stararchitekten Peter Zumthor sowie vom neuen, modernen Hafengelände. Im Gegensatz dazu versteckt sich die ruhige, romantische **Oberstadt** mit ihrem historischen Altstadtkern, ihren drei Gassen und hübschen Fachwerkhäuschen hinter Baumkronen und nur die Zwiebelkuppel des Martinsturms ist von weitem zu erkennen. Die Uferanlagen mit herrlichem Blick auf den See laden zum Flanieren, Radfahren und Inline-

Schöne Lage am Bodensee: Blick über Bregenz

Bregenz erleben

AUSKUNFT
Bregenz Tourismus
Rathausstr. 35 a
A-6900 Bregenz
Tel. 05574 4 95 90
www.bregenz.travel

KULTUR IM SOMMER
Seit 1946 sind die Bregenzer Festspiele
fester Bestandteil der internationalen
Musiktheaterwelt und ziehen jedes Jahr
im Juli/August Hunderttausende von Besuchern aus dem In- und Ausland an.
Karten und Infos unter: www.bregenzer
festspiele.com

ESSEN
❶ *Fischerstüble* ⓔⓔⓔ
In der Schanz 30
A-6972 Fußach
Tel. 05578 7 57 50
www.fischerstueble.at
Fangfrische Bodenseefische kredenzt
man auf der Terrasse mit Blick auf den
kleinen Hafen von Fußach. Bodensee-
spezialitäten sind Felchen sowie Egli und
Flussbarsch.

❷ *Kornmesser* ⓔⓔⓔ
Kornmarktstraße 5

A-6900 Bregenz
Tel. 05574 5 48 54
www.kornmesser.at
Im renovierten Barockhaus von 1720
wird »g'hörige« Gasthausküche geboten, im Garten sitzt man unter herrlichen
alten Kastanien.

ÜBERNACHTEN
❶ *Deuringschlössle* ⓔⓔⓔ – ⓔⓔⓔⓔ
Ehreguta-Platz 4
A-6900 Bregenz
Tel. 05574 4 78 00
www.deuring-schloessle.at
Das Schlössle in der Oberstadt aus dem
17. Jh. zeigt die Spuren seiner aristokra-
tischen Vergangenheit in den Zimmern
und Suiten. Alle Räume sind individuell
gestaltet und die Küche ist sensationell!

❷ *Hotel Deutschmann* ⓔⓔ
Rheinstraße 83 a
A-6900 Bregenz
Tel. 05574 6 77 40
www.deutschmann-bregenz.at
Das komfortable, gediegene Hotel in
Zentrumsnähe veranstaltet auch Spezial-
programme für Gruppen und Gesell-
schaften und wird als Familienbetrieb in
2. und 3. Generation geführt.

Skating ein, die Schiffe zu Ausflügen auf den Bodensee. Südliches
Flair strahlt das Zentrum mit seinem Einkaufsviertel und Märkten
sowie teils verkehrsberuhigten Geschäftsstraßen aus.

SEHENSWERTES IN BREGENZ

Schon 1888 wurden entlang des Bodenseeufers weitläufige Parkanlagen geschaffen, vom Zentrum der Unterstadt durch Bahngleise und
die städtische Hauptverkehrsstraße abgetrennt. Im Osten ist der
Schiffshafen Ausgangspunkt von Ausflugs- und Kursschifffahrten   **Uferanlagen/**
Promenade

auf dem Bodensee. Westlich gibt es einen Bootsverleih und vor dem Musikpavillon zuweilen ein heiteres Promenadenkonzert. Etwas weiter stößt man auf das Spielcasino und das ausgedehnte Sport- und Freizeitareal mit Hallenbad, Sport- und Motorboothafen.

*Festspiel- und Kongresshaus mit Seebühne
Am Bodenseeufer steht das Festspiel- und Kongresshaus, ein mehr funktionaler als ästhetisch schöner Bau (1992–1997). Die vorgelagerte schwimmende Seebühne ist jedes Jahr Schauplatz für das »Spiel auf dem See« der **Bregenzer Festspiele**. Begonnen hat die Geschichte der Seebühne im Jahre 1946 auf zwei Kieskähnen im Bregenzer Gondelhafen. Fundament der heutigen Seebühne, die als größte der Welt auch im Guinness-Buch der Rekorde verzeichnet ist, sind 200 Pfähle. Über 400 Menschen bevölkern während der Opern-, Operetten-, Musical- und Ballettaufführungen die Bühne, fast 7000 Zuschauer finden auf der Tribüne Platz.

Unterstadt
Den Mittelpunkt der neueren Unterstadt bildet der **Kornmarktplatz**, früheres Zentrum des Getreidehandels. Heute findet hier dienstags und freitags (8.00–13.00 Uhr) ein Wochenmarkt statt, wo frisches Obst und Gemüse, duftendes Brot und fangfrischer Bodenseefisch angeboten werden. Zwischen Kornmarkttheater und dem im klassischen »Schönbrunner Gelb« erstrahlenden »Kaiserlich-Königlichen Postgebäude« (1895) steht das Kunsthaus Bregenz, an der Nordseite des Platzes das vorarlberg museum. Die Rokoko-Rundkapelle St. Nepomuk (1757), nordöstlich an der Kornmarktstraße gelegen, ist dem hl. Johannes von Nepomuk, Schutzpatron der in Wassernot Geratenen, geweiht.

*Kunsthaus Bregenz
1997 wurde das Kunsthaus Bregenz (KUB) eröffnet, konzipiert vom Schweizer Architekten Peter Zumthor. Der **»gläserne Kubus«** wirkt, von außen betrachtet, wie ein Leuchtkörper, der das sich verändernde Licht des Himmels und des Sees in sich aufnimmt und je nach Tageszeit, Witterung und Blickwinkel zurückstrahlt. Wechselnde Ausstellungen widmen sich der zeitgenössischen Kunst mit den Schwerpunkten Bildende Kunst, Architektur und Design.
🕐 Di.–So. 10.00–18.00, Do. bis 21.00 Uhr, Juli und Aug. tgl. bis 20 Uhr, Eintritt: 9 €, www.kunsthaus-bregenz.at

vorarlberg museum
Das Vorarlberger Landesmuseum, 1857 gegründet, befindet sich seit 1905 am Bregenzer Kornmarktplatz. Man sieht sich als zentraler Ort, an dem die Zeugnisse der Kunst und Kultur des Landes gesammelt, bewahrt, erforscht und der Öffentlichkeit zugänglich gemacht werden. In den letzten Jahren wurde es nach den Plänen des Bregenzer Architekturbüros Cukrowicz Nachbaur komplett neu gestaltet und in seiner Dimension verdoppelt. Es bildet nunmehr den westlichen Anschluss der Kulturmeile bestehend aus Kunsthaus, Landestheater

und vorarlberg museum, wie das Landesmuseum seit seiner Eröffnung im Sommer 2013 heißt.

❶ www.vorarlbergmuseen.at

Durch die Rathausstraße mit dem Rathaus (1686 als Getreidespeicher errichtet, seit 1810 Rathaus) kommt man zum Leutbühel – das Alte Rathaus von 1662 wird heute als Wohnhaus genutzt.

Leutbühel

Oper im See

*Seit 1946 lädt Bregenz zu seinem Kulturfestival
ein. Star unter den vielen Veranstaltungsorten
ist natürlich die größte Seebühne
der Welt, die Operngenuss
in unvergleichlicher
Atmosphäre erlaubt.*

▶ **Produktionen auf der Seebühne**

Die Zauberflöte *von Wolfgang Amadeus Mozart*	2013 / 2014
André Chénier *von Umberto Giordano*	2011 / 2012
Aida *von Giuseppe Verdi*	2010 / 2009
Tosca *von Giacomo Puccini*	2008 / 2007
Der Troubadour *von Giuseppe Verdi*	2006 / 2005
West Side Story *von Leonard Bernstein*	2004 / 2003
La Bohème *von Giacomo Puccini*	2002 / 2001

▶ **Besucher der Festspiele**
kommen aus:

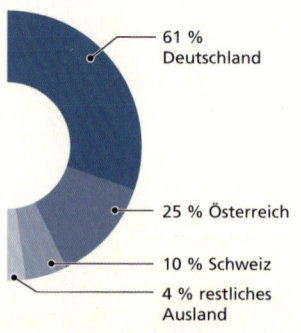

61 %
Deutschland

25 % Österreich

10 % Schweiz

4 % restliches
Ausland

▶ **Platzangebot der Veranstaltungsorte**

6800	Seeb...
2000	Werkstattbühne
1650	Festspielhaus
550	Theater am Kornmarkt
400	See-Studio
400	Theater Kosmos
300	See-Foyer
200	Park-Studio
200	Kunsthaus Bregenz
12 500	**gesamt**

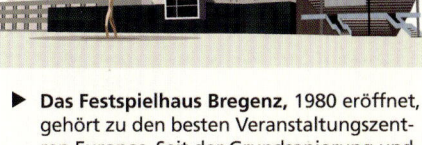

▶ **Das Festspielhaus Bregenz,** 1980 eröffnet, gehört zu den besten Veranstaltungszentren Europas. Seit der Grundsanierung und Erweiterung 2006 bietet das Gebäude der Bregenzer Architekten Dietrich/Untertrifaller nun 18 Räumlichkeiten zwischen 100 und 1656 Plätzen.

▶ **Die größte Seebühne der Welt**
In einem festen Betonkern im Bodensee befinden sich Garderoben, Technikräume und die Orchesterwanne für die Wiener Symphoniker. Alle zwei Jahre wird das spektakuläre Bühnenbild auf rund 300 Stelzen um diesen Kern aufgebaut.

▶ **Bühnenbild zu André Chénier**

1 Zugangsleitungen (Strom, Steuer, etc.)

2 Piloten aus Holz und Stahl (300 Stelzen)

3 Lautsprecher sind im Bühnenbild eingebaut

4 Wasser- und Abwasserleitungen

5 Drehkranz, Scherenhub und Fahrwagen bewegen den Brief

6 Im Kopf eingebaut: Schienensystem, dass Augen öffnet und schließ; Drehachse, die den Kopf bewegt

zum Vergleich

2

5

©BAEDEKER

Im Vergleich zu den Salzburger Festspielen

■ Bregenzer Festspiele ■ Salzburger Festspiele

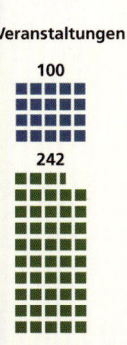

Veranstaltungen
100
242

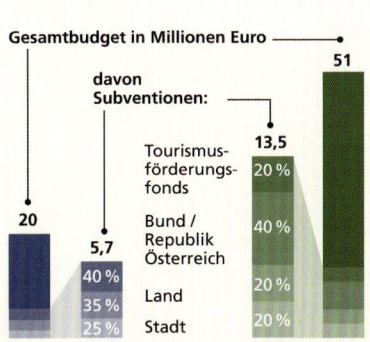

Gesamtbudget in Millionen Euro

davon Subventionen:

51

13,5

Tourismus-förderungs-fonds 20 %

Bund / Republik Österreich 40 %

Land 20 %

Stadt 20 %

20

5,7

40 %

35 %

25 %

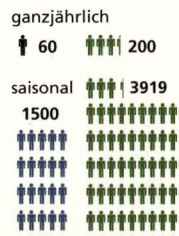

♦ = 60 Mitarbeiter

ganzjährlich
♦ 60   ♦♦♦ 200

saisonal ♦♦♦ 3919
1500

Licht- und Schattenspiele am Bregenzer Kunsthaus

Über die kopfsteingepflasterte Maurachgasse gelangt man zum unteren, wappengeschmückten Stadttor der einst befestigten ***Oberstadt** (Altstadt). Hier befand sich früher die keltische und später die ummauerte römische Stadt Brigantium. Der **Martinsturm** (1599 – 1602) ist das Wahrzeichen der Stadt. Seine barocke, mit Holzschindeln bedeckte Zwiebelhaube gilt als größte Mitteleuropas und bietet einen herrlichen Blick auf die Stadt und den Bodensee. Im oberen Turmgeschoss sind wechselnde Ausstellungen zu sehen.

Gleich nebenan befindet sich der **Ehregutaplatz**, benannt nach der sagenhaften Stadtretterin. Als 1407 in den Appenzeller Kriegen (1403 – 1408) Bregenz von Schweizern belagert wurde, soll die Bettlerin Guta den geplanten Angriff der Belagerer belauscht haben. Rechtzeitig konnte sie die Bregenzer warnen und so die Stadt retten. Noch bis in die 1920er-Jahre rief der Stadtwärter vom Martinsturm täglich um 19.00 Uhr die Worte »Ehret die Guta« als Schutz für die Stadt.

Pfarrkirche St. Gallus Die Pfarrkirche St. Gallus ist ein einfacher gotischer Bau (14./15. Jh.; um 1740 erweitert) mit spätbarocker Innenausstattung der Vorarlberger Bauschule. Sie gilt als besonders schönes Beispiel für den **Bodenseebarock**. Auf dem Altarblatt »Anbetung der Könige« trägt eine der Hirtinnen die Züge der österreichischen Kaiserin Maria Theresia.

UMGEBUNG VON BREGENZ

Kloster Mehrerau In idyllischer Lage nahe am Bodensee befindet sich westlich das 1094 gegründete, mehrfach zerstörte Kloster Mehrerau mit neuromanischer, 1961 von 1964 umgestalteter Kirche. Die Anlage wurde von **Benediktinern** gegründet und steht heute im Besitz des **Zisterzienserordens**, der eine Internatsschule, ein Sanatorium, eine Landwirtschaft und einen Klosterkeller (Mo. geschlossen) betreibt.

Den schönsten Blick auf Bregenz, den Bodensee sowie die nahe und ferne Bergwelt hat man vom **Hausberg der Bregenzer** und der höchsten Erhebung am Bodensee, dem 1064 m hohen ***Pfänder**. Mit einer Kabinenseilschwebebahn gelangt man in wenigen Minuten auf den Berg. Die Talstation mit dem liebevoll gestalteten »Pfänderbahn Museum« ist mit dem Stadtbus Linie 1, Haltestelle Pfänderbahn, erreichbar und gut 5 Gehminuten vom Hafen. Bei der Bergstation der Schwebebahn (1022 m) befinden

sich das Berghaus Pfänder mit Restaurant, nebenan eine Adlerwarte mit Greifvogel-Flugschau und im **Alpenwildpark**. In etwa fünf Minuten erreicht man von hier den Gipfel. Auf dem Rundwanderweg mit Waldlehrpfad kann man in 30 Minuten alpenländische Wildtiere, darunter Alpensteinböcke, Hirsche, Mufflons und Murmeltiere beobachten (www.pfaenderbahn.at).

* Bregenzerwald

 C/D 4/5

Bundesland: Vorarlberg
Höhe: 398 – 2090 m ü.d.M.

Rund ein Viertel von Vorarlbergs Landesfläche bedeckt der Bregenzerwald. Allerdings straft der Name Lügen, denn allzu viele Bäume gibt es wegen Rodung hier nicht mehr – gerade mal ein Viertel der Gesamtfläche dieser Region ist heute noch bewaldet. Die gepflegte Kulturlandschaft mit ihren saftigen Wiesen, rauschenden Bächen und kleinen Wäldchen ist aber absolut idyllisch zu nennen.

Der Bregenzerwald bildet den Nordteil der Vorarlberer Alpen und steigt vom Bodensee zum ▶Arlberg an. Im nördlichen Teil, der vom Pfänderstock bei Bregenz bis zum Hochälpele bei Bezau reicht, zeigt er sich sanft hügelig mit weit zerstreuten, auf »Sonnenterrassen« gelegenen Siedlungen. Sein südlicher Teil hingegen weist Hochgebirgscharakter mit steilen Felsen auf, dazwischen liegen die breiten Auen

Sonnenterrassen und Hochgebirge

Bregenzerwald erleben

AUSKUNFT
Bregenzerwald Tourismus
Gerbe 1135
A-6863 Egg
Tel. 05512 2365
www.bregenzerwald.at

ESSEN
Gasthof Hirschen ⊖⊖⊖
Hof 14
A-6867 Schwarzenberg
Tel. 05512 2944
Mi., Do. geschl.
www.hirschenschwarzenberg.at
Im 250 Jahre alten Gasthof speist (und

wohnt) man gepflegt. Das Ambiente
im ehrwürdigen Haus ist durchaus edel,
die Speisekarte betont schlicht und
geradlinig.

ÜBERNACHTEN
Gasthof Krone Hittisau ⊖⊖⊖⊖
Am Platz 185
A-6952 Hittisau
Tel. 05513 3201
www.krone-hittisau.at
Der alteingesessene Gasthof wurde tip-
top renoviert, ohne ihm etwas von sei-
nem Charakter zu nehmen. Schlafen, Es-
sen, Wohlfühlen.

von Bezau bis Schoppernau. Tief eingeschnitten zieht sich das Tal der
Bregenzer Ache vom Hochtannberg bis zum Bodensee bei der Stadt
▶Bregenz hin.

Käse und Architektur
Das bekannteste Produkt des Bregenzer Waldes ist sein herzhafter
Bergkäse. Die Kunst seiner Herstellung wurde von Appenzeller Sen-
nen nach dem 30jährigen Krieg übernommen. Der würzige Käse
bescherte dem Bregenzerwald die Aufnahme in die **österreichi-
schen Genussregionen**. In Sennereien kann man zusehen, wie der
Käse gemacht wird (www.kasestrasse.at). Zweites augenfälliges
Merkmal im Bregenzerwald ist der Hang seiner Bewohner zu muti-
ger Architektur. Der traditionelle **Werkstoff Holz** wird mit Glas und
Stein kombiniert und die neuen Bauten stehen harmonisch Seite an
Seite mit den jahrhundertealten Bauernhöfen.

URLAUBSORTE UND AUSFLUGSZIELE IM BREGENZER WALD

Riefensberg
Im kleinen Riefensberg (781 m; 1000 Einw.), nahe der deutschen
Grenze im nördlichsten Teil des Bregenzerwaldes, empfiehlt sich der
Besuch der **Juppenwerkstatt**. Die Juppe, wie man die hiesige Tracht
nennt, wird aus schwarzer Glanzleinwand mit speziellen Techniken
glänzend gemacht.
Juppenwerkstatt: Mai–Okt. Di. u. Fr. 10.00–12.00, Fr. auch 14.00–16.00
Uhr, www.juppenwerkstatt.at

Etwa 7 km südlich von Riefensberg liegt Hittisau (798 m; 1852 **Hittisau**
Einw.), ein richtiges Bilderbuchdorf. Prominent am Dorfplatz steht
der Gasthof Krone, die allererste Adresse für Genießer und architektonisch Interessierte (▶ Baedeker Wissen S. 135). Im Juli 2000 wurde
im neuen Feuerwehrhaus **Österreichs erstes Frauenmuseum** eröffnet. Die Initiatorin Elisabeth Stöckler begründete die Eröffnung damit, dass schließlich die »starken Frauen aus dem Bregenzerwald«,
wenn die Männer im Sommer zur Saisonarbeit das Gebiet verließen,
die harte Arbeit in der Landwirtschaft allein bewältigten.
Frauenmuseum: Do. 15.00 – 20.00 (im Winter bis 18.00), Fr., Sa. u. So.
10.00 – 12.00 u. 14.00 – 17.00 Uhr, Eintritt: 5 €, www.frauenmuseum.at

Über eine 88 m hohe Brücke gelangt man nach Lingenau (685 m; **Lingenau**
1341 Einw.). Die in besonders reinem Barockstil aus Quelltuffstein
errichtete St.-Anna-Kapelle (1722; 1968 renoviert) besitzt schöne
farbige Kirchenfenster mit Darstellungen verschiedener Heiliger. Etwas außerhalb des Dorfkerns steht ein monolithischer Baukörper aus
Sichtbeton, in dem der **Lingenauer Käsekeller** untergebracht ist.
Hier kann man einem Roboter bei der Pflege von rund 32 000 Käse-
laiben zusehen und feinsten Bergkäse kaufen.
Käsekeller: Mo. – Fr. 10.00 – 18.00, Sa. bis 17.00 Uhr, www.kaesekeller.at

Talaufwärts folgt Egg (3450 Einw.), Wirtschaftszentrum der Region **Egg**
und ein Ausgangspunkt für schöne Wanderungen. Das in der alten
Volksschule untergebrachte **Heimatmuseum** ist das älteste des Lan-
des Vorarlberg, mit vielen Exponaten aus den Bereichen Landschaft,
Sitte, Brauchtum und Wohnkultur. Besonders umfangreich ist die
Präsentation der Bregenzwälder Tracht.
Heimatmuseum: Do. u. Sa. 15.00 – 17.00, Fr. 14.00 – 17.00, So.
10.00 – 12.00 Uhr

Im Nachbarort Andelsbuch (613 m; 2350 Einw.) hat im Frühjahr **Andelsbuch**
2013 das neue **Werkraum Haus** seine Pforten für Besucher geöffnet.
Der Schweizer Architekt Peter Zumthor, der etwa auch für das schöne ▶ Kunsthaus Bregenz verantwortlich zeichnet, hat den Bregenzer-
wälder Handwerkern ein Haus entworfen, das Platz für Schulungen,
Vorträge und Ausstellungen bietet (www.werkraum.at).

Verlässt man Egg hingegen über die kleinere Straße in Richtung Wes- **Schwarzen-**
ten, kommt man nach Schwarzenberg (696 m; 1800 Einw.), mit sei- **berg**
nem malerischen Dorfkern und seinen 250 Jahre alten Holzhäusern
eines der schönsten Wälderdörfer. Viel besucht ist die barocke Pfarrkirche: Die Apostelbilder und das Hochaltarbild wurden von der
Malerin Angelika Kauffmann (1741 – 1807) angefertigt, der der
Dichterfürst Goethe ein »unglaubliches Talent« bescheinigte. Das
Angelika-Kauffmann-Museum, gleichzeitig Heimatmuseum, in ei-

Buntes Herbstlaub im Bregenzer Wald

nem uralten Bauernhaus widmet sich der berühmten Schwarzenbergerin, der laut Herder »vielleicht kultiviertesten Frau Europas«. Tatsächlich hielt sie sich nur zweimal einige Wochen hier auf, ansonsten lebte sie in London und Rom, fühlte sich aber zeitlebens ihrer Heimat verbunden. Dank der Schubertiade, eines jährlichen musikalischen Programms mit dem Themenschwerpunkt Franz Schubert, ist der Ort weit über seine Grenzen hinaus bekannt geworden (www.schubertiade.at).

Museum: Mitte Mai–Okt. Di.–So. 10.00–17.00 Uhr, Eintritt: 7 €

Bezau Bezau (2000 Einw.), Hauptort des mittleren Bregenzerwaldes, ist die Heimat der Baumeisterfamilie Thumb: Michael († 1690) sowie seine Söhne Christian († 1726) und Peter (1681–1766), der die Wallfahrtskirche Birnau geschaffen hat. Der Bahnhof war von 1902–1980 Endstation des von Bregenz herführenden **»Wälderbähnle«**, das heute als Museumsbahn zwischen Bezau und Bersbuch verkehrt.

❶ Ende Mai–Anfang Okt. Sa. u. So., Juli u. Aug. fallweise wochentags, www.waelderbaehnle.at

Schoppernau Talaufwärts kommt man in den schrofferen hinteren Brengenzerwald und in den Geburts- und Wohnort von Vorarlbergs bedeutendstem Dichter des 19. Jh.s, **Franz Michael Felder** (1839–1869).

Er machte auch als kritischer Zeitgenosse und Sozialrevolutionär von sich reden. In der **Dichterstube** des Gemeindeamtes sind Briefe und Dokumente über sein Leben und Schaffen ausgestellt. Schoppernau (860–2080 m; 930 Einw.) ist auch Ausgangspunkt für Klettertouren und schöne Wanderungen bis in das Kleine Walsertal.

Dichterstube: Mo. 16.00–18.00, Do 9.00–11.00, Fr 17.00–19.00, So 9.30–11.30 Uhr

✳ Bruck an der Mur

 ✳ O 5

Bundesland: Steiermark
Höhe: 498–1630 m ü.d.M.
Einwohnerzahl: 12 500

Genau an der Mündung der Mürz in die Mur wurde das bereits 860 erstmals urkundlich erwähnte Städtchen gegründet. Bruck an der Mur besaß in früheren Jahrhunderten einige Bedeutung aufgrund seiner Lage an der Salz- und Eisenstraße.

Seinen Namen erhielt das Städtchen nach den Brücken (abgeleitet von den wechselnden Bezeichnungen »Prukka«, »Prukke« und »Prukkha«). Und auch heute noch ist Bruck ein **wichtiger überregionaler Knotenpunkt für den Straßen- und Bahnverkehr** sowie eine Gewerbe- und Handelsstadt. Wichtigste Industrien sind Drahterzeugung und Papierherstellung. Außerdem beherbergt die Stadt Österreichs einzige Bundeslehranstalt für Forstwirtschaft. **Alte Handelsstadt**

Durch König Ottokar II. wurde die ehemalige Römersiedlung Poedicum 1263 neu angelegt und erhielt 1277 von Rudolf von Habsburg Stadtrecht. Im Mittelalter war Bruck Hauptstapelplatz des Venedighandels mit umfangreichen Brau- und Marktprivilegien, im 16. Jh. war es Landtagssitz. Nach der Brandkatastrophe von 1792 entstand die heutige Stadt. Den größten Aufschwung erlebte Bruck ab 1844 durch die Eröffnung der Eisenbahnlinie Mürzzuschlag–Bruck–Graz und der 24 Jahre später errichteten Linie Bruck–Leoben. **Geschichte**

Die Häuser der Siedlung liegen zu beiden Seiten von Mur und Mürz, das alte Ortszentrum befindet sich nördlich der Mur. Von den zwölf Türmen, die die mittelalterliche Stadt sicherten, ragen heute noch der Uhrturm, der Schifferturm sowie die Türme im Stephaniepark und in der Friedrichsallee in den Himmel. Bei einem Bummel durch die Fußgängerzone im Zentrum lassen sich neben historischen Kleinoden viele Geschäfte entdecken – und am Abend ist das nächste »Beisl« nicht weit. **Um Mur und Mürz**

Bruck an der Mur erleben

AUSKUNFT
Stadtmarketing Bruck an der Mur
Koloman-Wallisch-Platz 1
A-8600 Bruck an der Mur
Tel. 03862 89 01 21
www.bruckmur.at

ESSEN
❶ **Baderhaus** ⓔⓔⓔ
Schiffländ 15
A-8600 Bruck an der Mur
Tel. 03862 3 33 33
www.baderhaus.at, So., Mo. geschl.
Das ehemalige Badehaus aus dem
16. Jh., dessen Fundamente und alte
Mauern hier und da noch zu sehen sind,
beherbergt heute ein k.u.k.-Erlebnis-
restaurant.

ÜBERNACHTEN
❶ **Hotel Schwarzer Adler** ⓔ
Minoritenplatz 8
A-8600 Bruck an der Mur
Tel. 03862 56 76 80
www.schwarzer-adler-bruck.at
Ein kleines Hotel, direkt im Zentrum gelegen, das für Geschäftsleute, Stadt-
bummler oder Radfahrer ideal ist. Alle
Zimmer verfügen über SAT-TV, Telefon
sowie einen Internetzugang.

SEHENSWERTES IN BRUCK AN DER MUR

Koloman-Wallisch-Platz
Auf dem Koloman-Wallisch-Platz, einem der größten zentralen Plätze der Steiermark, steht der **Eiserne Brunnen**. Früher diente der Renaissancebrunnen von 1626 mit kunstvoll gearbeiteter schmiedeei-
serner Überdachung zur Wasserversorgung der Stadt. 1710 wurde
die Pestsäule im Auftrag der Bürgerschaft errichtet, um die Plage von
der Stadt abzuhalten.

*Korn-messerhaus
Der Eisenhändler Pankraz Kornmess ließ sich 1499 bis 1505 ein
prächtiges Haus am Hauptplatz erbauen, das heute als einer der
schönsten spätgotischen Profanbauten Österreichs, mit deutlich ve-
nezianischem Einfluss, gilt. Um das Erdgeschoss verläuft ein Laubengang, die Fassade wird von einer wunderbaren Loggia geschmückt.
Ebenfalls sehenswert sind die **Arkadenhöfe** im Apothekerhaus
(1520 bis 1530), im Fabriziushaus, einem der ältesten Patrizierhäuser
der Stadt, und im Rathaus (1530). Letzteres wurde behutsam renoviert, der Hof mit Glas überdacht.

Stadtpfarr-kirche Maria Geburt
Oberhalb des Koloman-Wallisch-Platzes erhebt sich die gotische
Pfarrkirche aus dem 15. Jh. Beachtung verdienen vor allem das raffi-
nierte **Netzrippengewölbe** und die **Sakristeitür** (1500), eine schöne Arbeit aus Eichenholz und Schmiedeeisen im Stil der österreichischen Gotik. Im 17. Jh. wurde der Innenraum dann barock umgestaltet, das Altarbild stammt aus dem 19. Jh., geschaffen wurde es vom
Maler Matthias Schiffer.

Die Mittergasse führt ostwärts zur Minoritenkirche (13. Jh.). Sie gehörte zu einem 1782 aufgehobenen Kloster und gilt als **eine der ältesten und bedeutendsten Saalkirchen Österreichs**. Besonders die Wandmalereien aus dem 14. Jh. und ein frühgotischer Kreuzgang sind sehr sehenswert.

Minoriten-kirche Maria im Walde

Vom Minoritenplatz gelangt man über einen Treppenweg (5 Min.) zum Schlossberg, wo nur mehr Mauerreste an die einst mächtige Burg Landskron erinnern. Der Aufstieg lohnt alleine des herrlichen Ausblicks über die Stadt und ihre Umgebung wegen.

Schlossberg

UMGEBUNG VON BRUCK AN DER MUR

In Bruck an der Mur treffen sich wirklich viele Verkehrswege. Radfahrer können wählen zwischen dem Murradweg R2, der sich aus dem Westen kommend von hier bis nach Graz fortsetzt, dem Mürztalradweg R5 Richtung Semmering, dem Lamingtalradweg R41, der ins Hochschwabgebiet verläuft, und dem Seebergradweg R13, der nach Marizaell führt.

Rad-knotenpunkt

Nur wenige Gehminuten südlich vom Zentrum erstreckt sich ein ausgedehntes Erholungsgebiet: jahrhundertealte Bäume, Naturlehrpfade, Wanderwege, Mountainbike-Strecken, ein Naturschutzzentrum mit Auffangstation für bedrohte Tierarten, ein Streichelzoo und ein von Kindern (!) geplantes Waldspielgelände. Die Wanderung auf den bewirtschafteten **Hochanger** (1312 m) gehört zu den schönsten Touren in dieser Region (www.naturschutzzentrum.at).

Weitental

Folgt man von Kapfenberg der Straße nach Mariazell erreicht man nach ca. 14 km den Ort **Thörl** am Fuß des *****Hochschwab**. Der Hochschwab ist das größte Plateaugebirge östlich der Enns mit hochalpinem Charakter, durchsetzt von einer Vielzahl von Seen. Der gleichnamige Gipfel des Massivs liegt auf 2277 m Höhe, der Aufstieg stellt keine nennenswerten technischen Schwierigkeiten. Trotzdem ist der verkarstete »Schwaben« nicht nur bei Wanderern, sondern auch bei Kletterern äußerst beliebt, manche der Kalkwände im Massiv türmen sich bis zu 800 m Höhe auf. Naturliebhaber kommen bei einer Tour voll auf ihre Kosten, mit ziemlicher Sicherheit trifft man auf einige

BAEDEKER TIPP

! *Ein (fast) verschwundener See*

Nordwestlich von Tragöss liegt der Grüne See (757 m). Im Winter verschwindet er fast ganz, im Sommer wird er je nach Niederschlagsmenge durch eine Karstquelle wieder aufgefüllt. Schön ist der Spaziergang vom Parkplatz zum See (ca. 30 Min.), den man dann in einer weiteren Stunde umrunden kann. Zwei Gaststätten laden zur Einkehr ein.

Bruck an der Mur

Kapfenberg, Aflenz

Essen
❶ Baderhaus

Übernachten
❶ Hotel Schwarzer Adler

Vertreter von Europas größtem Gemsenbestand, und auch eine Kolonie Steinböcke lebt hier. Ausgangspunkt für das nicht durch Seilbahnen erschlossene Hochschwabmassiv ist der Gasthof Bodenbauer in St. Ilgen knapp hinter Thörl.

Burg Oberkapfenberg

Nordöstlich von Bruck liegt das Städtchen Kapfenberg, das von der Burg Oberkapfenberg (14. Jh.) überragt wird. Nicht nur ihre Burgschänke ist einen Besuch wert, auch der Rittersaal und die Falknerei sind ein beliebtes Ausflugsziel.

❶ Flugvorführungen: Mai–Okt. Di.–So. 11.00 u. 15.00 Uhr, 8 €, www.narrenfreiheit.at

*Bärenschützklamm

Mixnitz, 12 km südöstlich von Bruck gelegen, bildet den Ausgangspunkt für eine Wanderung durch die wildromantische Bärenschützklamm, die **eine der schönsten Wasser führenden Felsenklammen Österreichs** ist, und Wanderer mit schroffen Felsen und Wasserfällen beeindruckt. Ihre Gesamtlänge beträgt 1300 m, der Höhenunterschied 350 m.

❶ Zugänglich Mai–Okt.

Das 26 km südlich von Bruck gelegene Frohnleiten (6000 Einw.) gilt **Frohnleiten**
als das **»steirische Rothenburg«** und ist ein anschauliches Beispiel
für die im Mittelalter als Straßendorf angelegten Märkte.

** **Dachstein**

————————— ✦ K/L 5

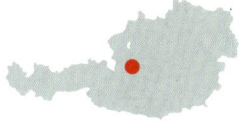

Bundesländer: Salzburg, Oberösterreich
und Steiermark
Höchste Erhebung: Hoher Dachstein
(2995 m ü.d.M.)

**Mit seinen 2995 m ist der Hohe Dachstein der höchste Gipfel
des gleichnamigen Massivs. Er erfreut sich bei Bergsteigern
großer Beliebtheit, man kann aber auch die Seilbahn zum
Gletscher nehmen. Die Landesgrenze zwischen Oberösterreich
und der Steiermark verläuft übrigens genau durch die Bergstation am Hunerkogel.**

Der Dachstein ist ein mächtiger, stark verkarsteter Hochgebirgsstock **Riesiges**
der Nördlichen Kalkalpen mit weiten Hochflächen, wo Oberöster- **Bergmassiv**
reich, Salzburg und die Steiermark aneinander grenzen. Das riesige,
gegen Norden geneigte Bergmassiv besitzt eine Reihe 2000 bis knapp
3000 m hoher Gipfel mit scharfem Profil. Zwischen den Berggipfeln
sind imposante Gletscher eingebettet, darunter der Große Gosau-
Gletscher und der Hallstätter Gletscher. Der Nordabfall der Dachsteingruppe umschließt in steilen Wänden die hübschen Gosauseen
und den ▶Hallstätter See. Seit Ende 1997 gehört die historische Kulturlandschaft der Region Hallstatt-Dachstein mit ihren seltenen
Pflanzen und Tieren sowie ihren bedeutenden archäologischen
Fundstätten zum **Weltkultur- und Weltnaturerbe der UNESCO.**

Insgesamt ist die Dachsteinregion ideales Gebiet für anspruchsvolle **Klettergebiet**
Kletterpartien – allerdings sollten sich Anfänger hier in Bescheiden-
heit üben. Wer die noch relativ einfache Tour zur Gletscherhochflä-
che mit Bravour meistert, kann sich an den steil ansteigenden Graten
(z. B. Torstein, 2948 m, Großer Koppenkarstein, 2865 m) versuchen.
Gut ausgebaute Wege führen zu den wichtigsten Berghütten im Glet-
schergebiet: Von der Simony-Hütte (2206 m) beim Hallstätter Gletscher und von der Adamek-Hütte (2196 m) beim Gosaugletscher aus
erklettert man den **Hohen Dachstein** in rund drei Stunden. Beliebt
ist auch der nordwestlich anschließende grandiose ***Gosaukamm**,
eine wilde, zackenartige Bergkette hoch über dem Gosautal. Die Hof-
pürglhütte (1703 m) südöstlich der Bischofsmütze (2459 m), erreicht
man von der Adamek-Hütte über den Linzer Steig. Unterhalb des

Dachstein erleben

AUSKUNFT
Dachstein Tourismus
Winkl 34
A-4831 Obertraun am Hallstättersee
Tel. 050 140
www.dachstein-salzkammergut.com

*Dachstein
Gletscherbahn
Ramsau*
A-8972 Ramsau am Dachstein 79
Tel. 03687 22 04 28 10
www.derdachstein.at

Gosaukamms führt der Weg zum Gablonzer Haus (1550 m) auf der Zwieselalm, eine der schönsten Hochalmen des Salzkammergutes. Von hier gelangt man zu Fuß in etwa zwei Stunden auf den Großen Donnerkogel (2054 m). Östlich schließt sich an den Dachsteinstock die wasserlose, von Dolinen durchsetzte Hochfläche »Auf dem Stein« an, in deren Nordabfall gegen den Hallstätter See und das Trauntal die beiden gewaltigen **Dachsteinhöhlen** (►Hallstätter See) liegen.

Skispaß Drei große Skigebiete stehen zur Verfügung: das Gebiet **Dachstein West am Gosaukamm**, das zwar klein ist, aber jede Menge Fun bietet, die **Freesportsarena Krippenstein**, wo auch Einsteigern ins Tiefschneefahren auf die Sprünge geholfen wird, sowie der **Dachsteingletscher** selbst, auf dem die Skisaison sogar von Oktober bis Mitte Juli andauert.

> **!** **TIPP**
>
> *Dachstein-Skywalk*
>
> Wer Alpin-Feeling genießen möchte, ohne dabei erst klettern zu müssen, wagt sich auf den Dachstein-Skywalk: Die Aussichtsplattform mit einem Glasboden liegt direkt neben der Bergstation der Dachstein-Seilbahn über der 250 m steil abfallenden Felswand des Hunerkogels und bietet herrliche Tief- und Ausblicke. Seilbahn: tgl. 8.30–16.10 Uhr

Auch Wanderer kommen hier auf ihre Kosten. Um den von steilen Felswänden umschlossenen Vorderen Gosausee (933 m) ist ein einfacher Spazierweg angelegt, der herrliche Blicke zum Dachstein mit dem Gosaugletscher bietet. Von hier führt ein Wanderweg in knapp zwei Stunden vorbei an der Holzmeisteralm (973 m) und der Gosaulacke zum Hinteren Gosausee (1154 m).

Eine lohnende Weitwanderung ist der **Dachsteinrundwanderweg**, der in acht Etappen einmal rund um und dabei auch quer über den Berg führt. Highlights bei der Wanderung sind etwa der bizarre Gosaukamm, die Auffahrt mit der Seilbahn, aber auch die Gletscherquerung sowie die abschließende Tour durchs ► Ausseer Land. Insgesamt sind für die 129 km lange Runde ca. acht Tage zu veranschlagen, sie ist auch als Package mit Gepäcktransport buchbar (www.dachsteinrundwanderweg.at).

Auf Wanderungen erschließt sich die ganze Schönheit des Dachsteingebiets.

Weniger Sportliche fahren mit der Gletscherbahn (Talstation: Ramsau) entlang der nahezu senkrecht aufragenden Südwand. Frühaufsteher nehmen die Sonnenaufgangsgondel und erleben so ein Bergfrühstück der Extraklasse. Rund um die Bergstation gibt es neben dem Skywalk noch den **Dachstein-Eispalast**, der ein Stück weit durch den Gletscher führt und in dem fantastische, von Künstlerhänden gestaltete Eisskulpturen zum Entdecken einladen. Die einfachste Möglichkeit, die hochalpine Welt zu Fuß zu erleben, bietet der präparierte **Gletscherweg**, der zur höchsten Schutzhütte des Dachstein-Gebirges, der Dachsteinwarte (2741 m), führt. Die Gehzeit ab der Bergstation beträgt rund eine Stunde. Auf der oberösterreichischen Seite ist der Dachstein ähnlich spannend über den Krippenstein erschlossen (▶Hallstätter See).

Bergstation Dachsteinwarte: Sommer tgl. 7.50–17.10, Winter tgl. 8.30–16.10 Uhr, Berg- und Talfahrt 32 €, www.derdachstein.at

** **Donautal**

L–S 2–3

Bundesländer: Oberösterreich und
Niederösterreich

Österreich und die Donau – selten ist ein Fluss so eng mit dem Namen eines Landes verbunden. Und das, obwohl Österreich an der Gesamtlänge des Stroms nur rund 350 km Anteil hat.

Österreichs Hauptstrom

Die Donau ist nach der Wolga der zweitlängste Fluss in Europa und Hauptstrom Österreichs. Von seinen Quellflüssen Brigach und Breg in Süddeutschland bis zur Mündung in das Schwarze Meer in Rumänien legt der Fluss etwa 2900 km zurück.

Historische Bedeutung

Als **einzige von West nach Ost führende Europäische Wasserstraße** hat die Donau Jahrtausende hindurch eine wichtige Rolle in der Geschichte der Völker gespielt. Sie zeichnete den Weg vor für die große Heerstraße vom Rhein zum Schwarzen Meer, die Römer errichteten befestigte Lager an ihren Ufern (Vindobona, Carnuntum) und die Nibelungen zogen längs dem Strom ihrem Schicksal entgegen. Auch die Franken unter Karl dem Großen, die Kreuzfahrer unter Kaiser Barbarossa und Napoleon I. gingen diesen Weg. In umgekehrter Richtung, donauaufwärts, führte Attila die Hunnen nach Frankreich, auch die Awaren und Ungarn drangen nach Westen vor. Blutige, Europas Schicksal entscheidende Schlachten sind an den Ufern der Donau geschlagen worden. Zweimal hat das Abendland bei Wien dem Ansturm der Türken standgehalten (1529, 1683), und mit der verlorenen Schlacht bei Aspern begann 1809 der militärische und politische Abstieg Napoleons I.

Naturschutz

Viele Jahrzehnte lang war die Donau samt ihrer Ufer durch die Einleitung von Abwässern und Abfallprodukten sowie durch Kraftwerksanlagen belastet. Inzwischen ist man bemüht, die Belastungen für den Wasserhaushalt zu verringern. Die ▶Wachau, Weltkultur- und Weltnaturerbe, sowie der Abschnitt zwischen Wien und Hainburg sind die letzten verbleibenden freien Fließstrecken der Donau in Österreich (Nationalpark Donau-Auen, ▶S. 218).

Von Passau bis Bratislava

Zwischen der deutsch-österreichischen Grenze bei Passau und der oberösterreichischen Landeshauptstadt Linz verläuft die Donau streckenweise in großen Schleifen in dem waldumrahmten Tal zwischen dem Mühlviertel im Norden und dem Innviertel im Süden. Jenseits von Linz folgt der Strudengau, ein bewaldetes Engtal zwischen Ardagger und Ybbs, dann der Nibelungengau bis Melk. Am berühmtesten ist die Wachau mit ihren alten Städtchen zwischen Melk und

Donautal erleben

AUSKUNFT
Donau Oberösterreich
Lindengasse 9
A-4040 Linz
Tel. 0732 7 27 78 00
www.danube.at

*Donau
Niederösterreich*
Schlossgasse 3
A-3620 Spitz
Tel. 02713 3 00 60 60
www.donau.com

Krems, weiter strömt der Fluss durch das Tullner Becken bis nach Wien. Die Donauniederung östlich von Wien in Richtung der slowakischen Hauptstadt Bratislava lässt schon den Übergang zur ungarischen Pusztalandschaft erkennen. **Straßen- und Bahnverbindungen** begleiten den Strom. Sie kürzen den Weg häufig ab, finden aber immer zurück zum Fluss, vor allem in den landschaftlich schönsten Abschnitten. **Radwanderungen** entlang der Donau sind beliebt: Der Abschnitt zwischen Passau und Wien bzw. Hainburg gehört zu den schönsten Radwanderwegen Europas. Der gesamte **Donau-Radwanderweg verläuft von Donaueschingen bis nach Budapest** (1260 km). Auch zu Wasser kann man die Donau sehr gut erleben und sie auf ihrer gesamten Länge in Österreich und bis weit über die Grenzen hinaus mit **Schiffen** befahren. Über Termine, Fahrzeiten und Preise informieren die Büros der verschiedenen Schiffsgesellschaften (Adressen ▶S. 655).

** FAHRT DURCHS DONAUTAL

Der Strom verlässt das fast südländisch anmutenden Passau, wo Inn und Ilz in die Donau münden, und kommt zunächst durch ein gewundenes Waldtal nach Obernzell, dem letzten bayerischen Ort. Als erstes grüßt die Ruine **Krempelstein** vom rechten Ufer, bald danach Schloss Vichtenstein. Dann folgen das **Donaukraftwerk Jochenstein** und auf der linken Donauseite – direkt am Donauradweg – das **Haus am Strom**, eine Umweltstation mit didaktisch gut aufgebauter Informationsausstellung zum Thema Wasser. Bald rechts hinter Engelhartszell, wo sich das **einzige Trappistenkloster Österreichs** befindet, wird das Donautal dann enger, links ragen die Schlösser Rannariedl und Marsbach auf. Nach einer mächtigen Kehre um die ***Schlögener Schlinge** mit schönen Aussichtspunkten wechselt das Bild: Die Ufer werden von freundlichen Urlaubsorten wie Obermühl und Neuhaus, mit seiner weithin sichtbaren Burg, gesäumt. Beim lang gestreckten **Aschach**, einem der ältesten Märkte an der Donau mit schönen Giebelhäusern aus dem 16. bis 18. Jh., treten die Berge

Von Passau nach Linz

Eindrucksvoll: Aussichtspunkt an der Donauschlinge bei Schlögen

zurück und geben den spektakulären Blick bis zur Alpenkette frei. Etwas südlich der Donau liegt das bereits im Nibelungenlied genannte Städtchen **Eferding**. Lohnenswert ist die Besichtigung der spätgotischen Stadtpfarrkirche und des Starhembergschen Schlosses (13. Jh., mehrfach umgebaut) mit seiner klassizistischen Schauseite. Gegenüber von Schloss Ottensheim, das in Privatbesitz ist, sieht man den weitläufigen Gebäudekomplex von Stift Wilhering (▶Linz, Umgebung). Im Schloss sind das Familienmuseum und das Museum der Stadt Eferding untergebracht. Angekommen in **Linz**, vermittelt der Blick von der Schiffsanlegestelle den Besuchern einen Eindruck von der schönen Lage der Stadt.

Starhembergsches Schloss: Mai–Sept. So. 10.00–12.00 u. 14.30–17.00, Führungen auch Mi.–Sa. 15.00 Uhr, Eintritt: 4,50 €

Von Linz bis Melk Von Linz aus lohnt sich ein Abstecher 15 km südöstlich in das berühmte Augustiner-Chorherrenstift ▶St. Florian und 2 km weiter östlich zum Freilichtmuseum Sumerauerhof. Gegenüber der Ennsmündung liegen die alte Zollstation **Mauthausen** und Schloss Pragstein (15. Jh.), die romanische Barbarakapelle der Pfarrkirche zeigt Wandmalereien aus dem 14. Jh. Ein Salzstadel am Ortsende erinnert an den Salzhandel im Mittelalter. Zu Mauthausen gehören auch Österreichs größte Granitbrüche. Von 1938 bis 1945 mussten hier Häftlinge des rund 3 km nordwestlich des Ortes liegenden berüchtigten **Konzentrationslagers** (heute Gedenkstätte) arbeiten. In dem Lager – die 49 Außenstellen eingeschlossen – wurden mehr als 200 000 Menschen gefangen gehalten, von denen über die Hälfte unter unmenschlichen Bedingungen starb. Die österreichische Bundesregierung hat ein Gebäude als Museum eingerichtet und das übrige Lager in eine Mahn- und Gedenkstätte umgewandelt. Verschiedene Denkmäler weisen darauf hin, aus welchen Ländern die Inhaftierten stammten. Etwa 4 km ennsaufwärts entstand auf den Resten des römischen Lagers »Lauriacum« die **älteste Stadt Österreichs**, **Enns**, deren Altstadt mittelalterlich geprägt ist. Unter der gotischen Basilika St. Laurenz (13. Jh.) wurden die Fundamente des römischen Kapitols, einer frühchristlichen Basilika sowie einer karolingischen Kirchenanlage freigelegt.

Gedenkstätte Mauthausen: Tgl. 9.00–17.30, begleitete Rundgänge Juli u. Aug. 11.00 u. 15.00 Uhr, Eintritt: 2 €, www.mauthausen-memorial.at

Östlich von Mauthausen erscheint das Habsburgerschloss Wallsee mit einem markanten Turm aus dem 14. Jh. Den Beginn des Strudengaus, des engen, wildromantischen Flusstals, bildet der Ort Ardagger Markt. Rund 2,5 km südöstlich befindet sich der Gemeindeteil **Ardagger Stift** mit dem gleichnamigen ehemaligen Kollegiatsstift (1049–1784). Sehenswert ist die spätromanische Pfeilerbasilika mit spätgotischen, barocken und klassizistischen Ausstattungsstücken

Strudengau

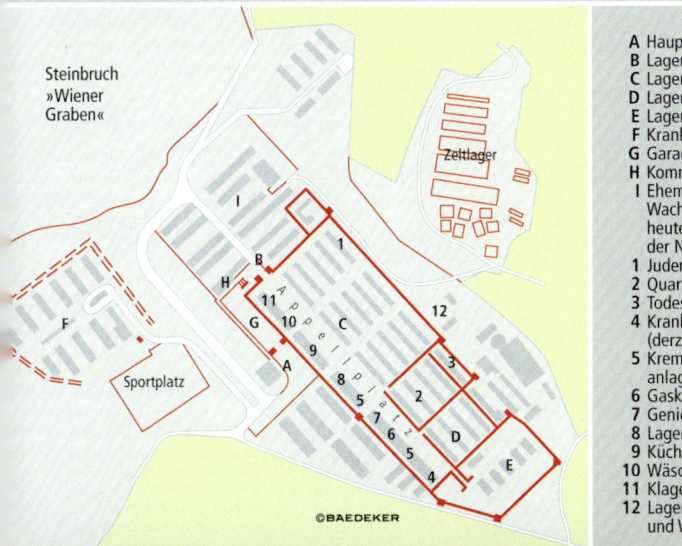

An der schönen blauen Donau...

... und in den angrenzenden Landschaften lebt fast die Hälfte der Bevölkerung Österreichs. Der mit 2857 km nach der Wolga zweitlängste Fluss Europas fließt auf 357 km durch Österreich. Er ist Energielieferant, Verkehrsweg, Naturschutz- und Erholungsgebiet.

▶ Die Donau in Zahlen

Länge (gesamt)	2857 k
Länge (Österreich)	ca. 357 k
Gesamtgefälle (Österreich)	155
Pegelschwankung (Österreich)	bis zu 7
schiffbar (gesamt)	2655 km, davon 2414 km für große Güterschif

▶ Energiegewinnung durch natürliches Gefälle der Donau

Von den 109 Laufkraftwerken Österreichs befinden sich elf an der Donau. Zwischen diesen elf Kraftwerken liegen 129 Höhenmeter. Da sie nur geringen Schwankungen unterliegen, werden sie zur Deckung des größten Teils des Stromverbrauchs eingesetzt.

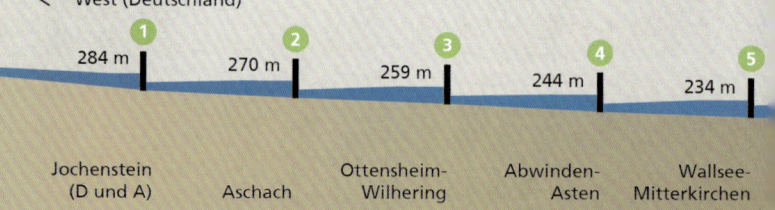

← West (Deutschland)

Die Donau als Wirtschaftsfaktor
Güterverkehr auf der Donau im österreichischen Teil in Prozent

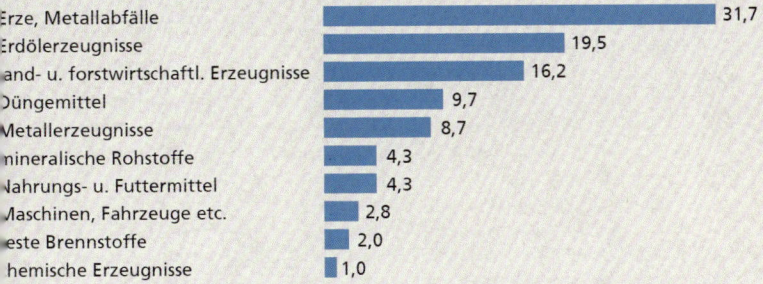

- Erze, Metallabfälle — 31,7
- Erdölerzeugnisse — 19,5
- Land- u. forstwirtschaftl. Erzeugnisse — 16,2
- Düngemittel — 9,7
- Metallerzeugnisse — 8,7
- mineralische Rohstoffe — 4,3
- Nahrungs- u. Futtermittel — 4,3
- Maschinen, Fahrzeuge etc. — 2,8
- feste Brennstoffe — 2,0
- chemische Erzeugnisse — 1,0

Die beliebtesten Flüsse für Flusskreuzfahrten (Buchungen in Deutschland 2011)

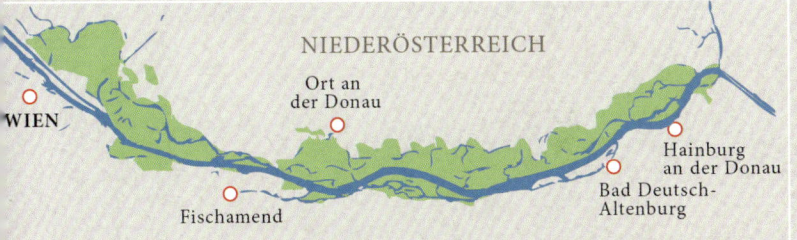

Donau 33,1 %   Nil 23,7 %   Rhein 22,8 %   andere 20,4 %

Der Nationalpark Donau-Auen
Zwischen den Ballungsräumen Wien und Bratislava erstreckt sich ein »grünes Band« mit einer Fläche von über 9300 Hektar. Davon sind 65 Prozent Auwald, 15 Prozent Wiesen und 20 Prozent Wasserflächen. Mehr als 800 Pflanzenarten, 30 Säugetier- und 100 Brutvogelarten, 8 Reptilien- und 13 Amphibienarten sowie rund 60 Fischarten leben im Nationalpark.

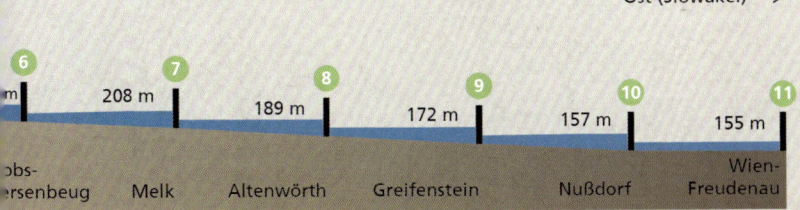

©BAEDEKER

Ost (Slowakei) →

6 — 208 m — 7 — 189 m — 8 — 172 m — 9 — 157 m — 10 — 155 m — 11

...bs-...ersenbeug | Melk | Altenwörth | Greifenstein | Nußdorf | Wien-Freudenau

und dem eindrucksvollen Margaretenfenster (um 1240) im Ostchor.
Das Mostbirnhaus vermittelt ganz modern Genuss, Kultur und Ge-
schichte des volkstümlichen Getränks, das dem Viertel unterhalb der
Donau den Namen ▶Mostviertel gab. Am linken Donauufer folgt das
malerische Schifferstädtchen **Grein**. In seiner mächtigen Burg logiert
das Oberösterreichische Schifffahrtsmuseum. Die **Greinburg** ist
auch bekannt durch ihren entzückenden Arkadenhof aus dem 17. Jh.
Am Stadtplatz steht eines der ältesten erhaltenen und regelmäßig im
Sommer bespielten Rokoko-Theater Österreichs (www.grein.info).
Die Stadt Persenbeug wird überragt vom gleichnamigen Schloss,
in dem der letzte österreichische Kaiser Karl I. (1887 – 1922) geboren
wurde. Eine Brücke verbindet Persenbeug mit Ybbs. Sehenswert sind
die gotische Pfarrkirche, der Stadtkern mit alten Häusern und Renaissancebrunnen. Hier beginnt der **Nibelungengau**, so genannt,
weil die Region im Nibelungenlied, das im frühen Mittelalter im
bayerisch-österreichischen Raum entstanden ist, eine dramatische
Rolle spielt. Von rechts mündet die Ybbs in die Donau, und nach wenigen Kilometern schaut hoch vom Berg linker Hand die barocke

Störche finden einen reich gedeckten Tisch in den Donauauen.

Wallfahrtskirche Maria Taferl (443 m) ins Tal. Die stattliche frühbarocke Kirche soll an der Stelle einer Eiche entstanden sein, an deren Stamm ein Gnadenbild (Taferl) der Muttergottes angebracht war.
Die zweitürmige Wallfahrtskirche wurde 1660–1710 von Lugaro und
Gerstenbrand erbaut, die Kuppel stammt von Jakob Prandtauer. Innen sieht man barocke Deckengemälde und andere Fresken: im
Langschiff Szenen aus dem Leben des hl. Joseph, im Querschiff aus
der Marienlegende. Unter der Orgelempore ist die Gründungslegen-
de dargestellt. Beachtenswert sind ferner eine figurenreiche Kanzel
und eine mit Goldzierrat geschmückte Rokokoorgel, beide aus dem
18. Jh. Am Hochaltar, ebenfalls 18. Jh., befindet sich das Gnadenbild,
umgeben von einem puttenbesetzten Strahlenkranz. Das heutige
Gnadenbild ist allerdings eine Kopie des 1755 mitsamt der alten
Eiche verbrannten Originals. Die neu restaurierte Schatzkammer mit
ihren Fresken in buntem, volkstümlichen Barock ist ebenfalls sehenswert. Von der Terrasse vor der Kirche hat man je nach Wetter
eine herrliche Aussicht auf die Alpenkette vom Wiener Schneeberg
bis zum Watzmann im Westen.
Mostbirnhaus: März–Nov. Di.–So. 10.00–17.00,
Mai–Sept. 9.00–17.00 Uhr, www.mostbirnhaus.at
Schiffahrtsmuseum: Mai–Okt. tgl. 9.00–17.00 Uhr, Eintritt: 5 €,
www.schloss-greinburg.at
Wallfahrtskirche Maria Taferl: April–Okt. 7.00–20.00, Nov.–März
7.00–18.30 Uhr, Schatzkammer April–Okt. Di.–So. 10.30–16.30 Uhr,
www.basilika.at

Donauabwärts liegt auf der südlichen Seite des Stroms das Städtchen   **Pöchlarn**
Pöchlarn (213 m; 3900 Einw.). Bereits 4000 Jahre vor der Zeitrech-
nung siedelten hier Menschen, die Römer errichteten einen Limes-
stützpunkt. Funde vom römischen Donauhafen Arelape sind im
Heimatmuseum im Welserturm ausgestellt. Pöchlarn sei, so wird
behauptet, das im Nibelungenlied erwähnte **»Bechelaren«**, Sitz des
Markgrafen Rüdiger, der die Burgunder (Nibelungen) auf ihrem Weg
zu König Etzel gastfreundlich aufnahm. An diese Begebenheit erinnert ein modernes Denkmal. Der Maler Oskar Kokoschka wurde am
1. März 1886 in Pöchlarn geboren. In seinem 2002 modernisierten
und umgebauten Geburtshaus, gelegen in der Regensburger Straße 29, wurde eine **Kokoschka-Gedenkstätte** eingerichtet. Sie zeigt
nicht nur Grafiken und Dokumente, sondern auch wechselnde Ausstellungen mit Werken des Künstlers.
Heimatmuseum: Mo.–Fr. 9.00–12.00 u. 13.00–15.00,
So. 10.00–12.00 Uhr, Eintritt: 2 €
Kokoschka-Gedenkstätte: Mai–Ende Okt. tgl. 10.00–17.00 Uhr,
Eintritt: 5 €, www.oskarkokoschka.at

▶siehe dort   **Wachau**

Von Krems nach Wien Krems ist wichtiger Verkehrsknotenpunkt und Ausgangsort für Ausflüge in die ▶Wachau, in das ▶Waldviertel und in den am anderen Donauufer gelegenen Dunkelsteiner Wald. Ab hier weitet sich das Donautal, an den Ufern zieht sich das Tullner Feld hin. Im Strom tauchen immer wieder kleine Inseln auf. Am Nordufer liegt der Ort Altenwörth, wo Karl der Große 791 die Awaren besiegte. Zwentendorf wurde durch sein Atomkraftwerk bekannt, dessen Inbetriebnahme 1978 eine Volksabstimmung verhinderte.

Tulln Kurz hinter Zwentendorf liegt am rechten Ufer die Stadt Tulln (170 m, 15 198 Einw.). Bis dorthin war König Etzel einst seiner Braut Kriemhild entgegengereist, und sehr viel früher hatten hier die Römer die Siedlung »Comegena« errichtet. Kunsthistorisches Schmuckstück der Stadt ist der spätromanische **Karner** (13. Jh.), ein elfeckiger Bau mit eigenartigem Trichterportal. Die Gebäude des im 13. Jh. gegründeten **Minoritenklosters** stammen aus dem 18. Jh. und beherbergen u. a. Kunstausstellungen und ein kleines **Zuckermuseum** (Minoritenplatz 1). Das **Römermuseum** am Marc-Aurel-Park 1b dokumentiert mit Originalfunden, Dioramen und Modellen das Leben im Kastell Comagenis. Ein Raum ist dem von Rudolf I. gegründeten Kaiserlichen Frauenstift vorbehalten. Die Geburtsstadt des Malers Egon Schiele (1890 – 1918) hat ihrem großen Sohn zudem ein Museum im ehemaligen Bezirksgefängnis eingerichtet. Zu sehen sind im **Egon Schiele Museum** (Donaulände 28) u. a. eine Dokumentation zu Leben und Werk Schieles sowie mehr als 100 Originalwerke. Bei Höflein umfließt die Donau die letzten Ausläufer des Wienerwaldes, wendet sich dann nach Südosten und passiert schließlich Korneuburg (▶Weinviertel) und Klosterneuburg mit seinem berühmten ▶Augustinerstift.

Zuckermuseum: Führungen n. V. unter Tel. 02272 60 22 30, Eintritt: 2 €, www.tulln.at

Römermuseum: April – Okt. Mi. – So. 10.00 – 17.00 Uhr, Eintritt: 3,50 €, www.tulln.at

Egon-Schiele-Museum: April – Okt. Mi. – So. 10.00 – 17.00 Uhr, Eintritt: 5 €, www.egon-schiele.eu

Von Wien nach Hainburg Der ***Nationalpark Donau-Auen** beginnt kurz hinter ▶Wien und zieht sich bis zur Einmündung der March bei ▶Hainburg etwa 38 km lang hin. Hier wird **eine der letzten intakten Flussauenlandschaften Europas** mit ihrem einzigartigen Tier- und Pflanzenbestand geschützt. Neben der geglückten Ansiedlung von Bibern hat nun auch der Seeadler wieder Einzug in die Donau-Auen gehalten. Spannend gestaltet sich der Besuch des **schlossORTH Nationalpark Zentrums** in Orth, das Wissen multimedial verbreitet – besonders anschaulich auf dem Au-Erlebnisgelände mit Unterwasser-Beobachtungsstation. Am meisten bekommt man als Besucher bei einer von Nationalpark-

betreuern geführten Tour zu sehen, die hier gebucht werden kann.
Weitere Ziele ▶Hainburg, Petronell-Carnuntum
Nationalparkzentrum Donau-Auen: Ende März – Sept. tgl. 9.00 – 18.00,
Okt. u. Nov. tgl. 9.00 – 17.00 Uhr, www.donauauen.at

Dornbirn

✦ C 5

Bundesland: Vorarlberg
Höhe: 436 m ü.d.M.
Einwohnerzahl: 46 000

**Dornbirn, die größte Stadt des Bundeslandes Vorarlberg, liegt
nur wenige Kilometer südlich von Bregenz. Sie ist das wirtschaftliche Zentrum der Region und außerdem ein international bedeutender Messestandort.**

Die liebevoll von ihren Bewohnern als **»Gartenstadt im Grünen«** **Vom Dorf zur**
bezeichnete Stadt ist nach Hohenems die zweitjüngste Stadt des Bun- **beliebten**
deslandes: Zusammengewachsen aus fünf Gemeinden, wurde 1901 **Stadt**
das bis dahin größte Dorf der Donaumonarchie zur Stadt erhoben.
Nach dem Ersten Weltkrieg 1919 votierten 70% der Bevölkerung
Dornbirns in einer Volksabstimmung für den Anschluss an die
Schweiz. Doch bei den Friedensverhandlungen in Saint-Germain
kam dieses Thema überhaupt nicht zur Sprache. Heute ist Dornbirn
die **Wirtschaftshochburg** Vorarlbergs. War es früher vor allem die
Textilindustrie, so ist es heute ein breites Spektrum aus Handel, Industrie und Gewerbe, das den Motor brummen lässt. Das Stadtzentrum ist rund um den Marktplatz eine Fußgängerzone, auf dem vor
allem mittwochs und samstags beim Markt reges Leben herrscht.
Dornbirn genießt in der Region einen guten Ruf als Einkaufsstadt.

SEHENSWERTES IN DORNBIRN

Sehr markant am Marktplatz ist die mächtige klassizistische Fassade **St. Martin**
der Kirche St. Martin. Ihre gewaltig wirkende, tempelartige Säulen-
vorhalle (1840) mit bemaltem Giebelfeld gruppiert sich zusammen
mit dem klassizistischen Pfarrhof um den freistehenden gotischen
Glockenturm aus dem Jahr 1493.

Südlich davon steht das von der bekannten Vorarlberger Familie **Rotes Haus**
Rhomberg 1639 erbaute Rote Haus, ein typisches Rheintaler Holzhaus mit Außenstiege, Butzenscheibenfenstern und Spitzgiebeln. Es
wurde nach dem Vorbild eines Straßburger Ziegelfachwerkbaus rot

Dornbirn erleben

AUSKUNFT
Dornbirn Tourismus
Rathausplatz 1
A-6850 Dornbirn
Tel. 05572 2 21 88
www.dornbirn.info

ESSEN
❶ *Rotes Haus* ⊖⊖ – ⊖⊖⊖
Marktplatz 13
A-6850 Dornbirn
Tel. 05572 3 15 55
www.roteshaus.at
Im Winter Mo. geschl.
Nicht nur geografisch das erste Haus am
Platz, man isst hier wirklich vorzüglich

und das beständig: Das Rote Haus ist
bereits seit 1639 ein beliebter Gasthof.

ÜBERNACHTEN
❶ *Martinspark Hotel* ⊜⊜
Mozartstraße 2
A-6850 Dornbirn
Tel. 05572 37 60
www.martinspark.at
Österreichs erstes Designhotel wurde
bis ins kleinste Detail vom Architekten-
duo Carlo Baumschlager & Dietmar
Eberle entworfen. Heute wirkt es allerdings wie eine nostalgische Reminiszenz
an das, was man vor zwanzig Jahren
einmal Moderne nannte.

gestrichen – die Farbe stammt von der früher üblichen Färbung mit Ochsenblut. Heute befindet sich in dem Gebäude ein Restaurant mit ausgezeichneter Küche.

Stadtmuseum Das städtische Museum von Dornbirn ist im historischen Lorenz-Rhomberg-Haus, einem rund 200 Jahre alten Patrizierhaus am Marktplatz, untergebracht.
🕐 Di.–So. 10.00–12.00 und 14.00–17.00 Uhr, Eintritt: 3,50 €, stadtmuseum.dornbirn.at

inatura An der Marktstraße Richtung Süden findet sich die »inatura Erlebnis Naturschau Dornbirn«, ein Museum zur Vorarlberger Pflanzen- und Tierwelt, zu Geologie und Mineralogie. Besonders eindrucksvoll sind die verschiedenen Forschungsstationen. Sie geben Einblicke in Technik, Mechanik und Physik und so auch in die daraus resultierenden Wunder der Natur.
🕐 Tgl. 10.00–18.00 Uhr, Eintritt: 10,50 €, www.inatura.at

UMGEBUNG VON DORNBIRN

Karren Etwa 2,5 km südlich der Stadt erhebt sich der 975 m hohe Berg Karren mit seinem architektonisch recht außergewöhnlichen Panoramarestaurant. Den Gipfel erreichen Besucher ganz bequem mit einer Kabinenseilbahn.

Vor dem Eingang zur Rappenlochschlucht im Gütle wurde 1999 in einem ehemaligen Spinnereikomplex das Rolls-Royce Museum aus der Sammlung Franz Vonier eröffnet. Zu bestaunen sind vorwiegend **Fahrzeuge der »Goldenen Jahre«** (1923 – 1938) mit berühmten Vorbesitzern wie König George V. und John Lennon.

Rolls-Royce Museum

❶ April – Okt. Di. – So. 10.00 – 18.00, Nov. – März 10.00 – 17.00 Uhr, Eintritt: 9 €

Ganz in der Nähe des Rolls-Royce Museums, im Gütle 11c, sind rund 120 Krippen aus aller Welt im Krippenmuseum ausgestellt.

Krippen-museum

❶ Mai – 6. Januar Di. – So. 10.00 – 17.00 Uhr, Eintritt: 3 €, www.krippenmuseum-dornbirn.at

Der Gasthof Gütle im gleichen Komplex bildet den Ausgangspunkt für Erkundungen der wildromantischen, von der tosenden Ache durchströmten Rappenlochschlucht. Über gesicherte Wege, Steige und Brücken gelangt man in 30 Minuten zum Staufensee und von dort weiter zum malerischen Alploch.

Rappenloch-schlucht

Etwa 10 km östlich oberhalb von Dornbirn kommt man zum Bödele (1148 m), einem landschaftlich reizvollen Fleckchen Erde mit Wiesen, Moorsee und Fichtenwäldern. Es wird sowohl als sommerliche

Bödele

Erholungsregion wie auch als schneesicheres Skigebiet mit rund 23 km Pisten geschätzt und war Trainingsort vieler österreichischer Skipioniere. Die tolle Aussicht reicht vom Säntis im Westen über das Bodenseegebiet bis zu den Allgäuer Alpen und zur Braunarlspitze (2649 m), dem höchsten Gipfel des Bregenzer Waldes.

Hohenems   6 km südwestlich von Dornbirn liegt die frühere Rheintalresidenz Hohenems (433 m; 15 000 Einw.). Trotz mittelalterlicher Stadtrechte darf sich der Ort erst seit 1983 Stadt nennen und ist damit die jüngste Vorarlbergs. Auf dem Schlossberg, den man in ca. 40 Minuten besteigen kann, thronen die Ruine Alt-Ems (713 m; 12. Jh.) und die als Zweitburg erbaute Burg Neu-Ems (oder Schloss Glopper; 14. Jh.). Im Stadtgebiet erhebt sich die 1797 erbaute Pfarrkirche St. Karl Borromäus, die mit Fresken von Andreas Brugger ausgeschmückt ist und einen Renaissance-Hochaltar besitzt. Gleich nebenan befindet sich ein außerordentliches Beispiel italienischer Renaissance, der **Palast der Grafen Waldburg-Zeil** (1562). In dessen Archiv wurden 1755 und 1779 die **Handschriften C und A des Nibelungenliedes** gefunden. Der Palast steht nach wie vor in gräflichem Besitz, allerdings kann man im Restaurant einkehren. In der 1864 gebauten Villa Heimann-Rosenthal in der Schweizer Straße 5 wurde 1991 ein **Jüdisches Museum** eingerichtet. Es dokumentiert das Leben der Hohenemser Juden und ihre Bedeutung für das Land in bemerkenswerter Weise.
Jüdisches Museum Hohenems: Di. – So. 10.00 – 17.00 Uhr, Eintritt: 7 €, www.jm-hohenems.at

✳ Eisenstadt

✦ R 4

Bundesland: Burgenland
Höhe: 182 m ü.d.M.
Einwohnerzahl: 13 100

Eisenstadt, die Hauptstadt des Burgenlandes, hat ihren Charme als Residenzstadt der Fürstenfamilie Esterházy bis heute behalten. Besonders reizvoll ist ihre Lage – zwischen Wien (50 km) und dem Neusiedler See (15 km), am Beginn der unendlich wirkenden Ebene nach Osten.

Fürstliche Residenz-stadt   Eisenstadt ist untrennbar verbunden mit klassischer Musik: Fürst Nikolaus Esterházy förderte den bekannten Komponisten und Hofkapellmeister **Joseph Haydn** (1732 – 1809), der dreißig Jahre seines Lebens in Eisenstadt verbrachte. Bereits 1118 in einer Chronik erwähnt, 1264 auch in einer Urkunde, erhielt Eisenstadt 1373 schließlich das Stadtrecht. Von 1445 bis 1648 gehörte der Ort dann den

Habsburgern, 1648 wurde es eine königlich ungarische Freistadt und die Residenz der Fürsten Esterházy. Im Jahr 1921 kam Eisenstadt erst wieder zu Österreich. Die hübsche Ortschaft ist nun schon seit 1925 die burgenländische Hauptstadt.

SEHENSWERTES IN EISENSTADT

Beherrschendes Bauwerk der Stadt ist das Schloss der Fürsten Esterházy. Mit vier Ecktürmen und Innenhof errichtet (1388 – 1392), wurde die mittelalterliche Burg ab 1663 vom italienischen Barockbaumeister Carlone umgestaltet. Ende des 18. Jh.s modernisierte der Franzose Moreau es in der jetzigen Form. Prunkstück ist der über drei Stockwerke reichende *Haydnsaal mit kunstvollen Fresken, wo der Komponist viele seiner Werke (ur-)aufführte. Heute kann man die gepriesene Akustik im Rahmen der Haydn-Festspiele genießen, die jedes Jahr im September stattfinden. Die Glanzlichter des Schlosses inklusive Haydnsaal können mit einem Audioguide besichtigt werden, wer sich einer Führung anschließt, bekommt die Räume der Fürstin im Westflügel zu Gesicht. Das **Weinmuseum**, untergebracht in den historischen Kellergewölben des Schlosses, gibt einen Über-

Schloss Esterházy

Mit viel Prunk und hervorragender Akustik begeistert der Haydnsaal im Schloss Esterházy die Konzertbesucher.

Eisenstadt erleben

AUSKUNFT
Eisenstadt Tourismus
Gloriettallee 1
A-7000 Eisenstadt
Tel. 02682 6 73 90
www.eisenstadt-tourismus.at

ESSEN
❶ *Henrici* ⓔⓔⓔ
Esterházyplatz 5, A-7000 Eisenstadt
Tel. 02682 6 28 19
www.henrici.at
Die ehemaligen Schlossstallungen beherbergen ein modernes Restaurant. Serviert wird gute neue österreichische Küche, dazu werden ausgezeichnete Esterházy-Weine ausgeschenkt.

ÜBERNACHTEN
❶ *Gasthof Ohr* ⓔⓔ
Rusterstraße 51
A-7000 Eisenstadt
Tel. 02682 6 24 60
www.hotelohr.at
Ein zentral und doch recht ruhig gelegener Familienbetrieb, der sich auch durch seine gute Küche einen Namen in Eisenstadt gemacht hat.

blick über die Weinbautradition im Burgenland. Hinter dem Schloss erstreckt sich der herrliche **Schlosspark** im Stil eines Englischen Gartens. Dieser ist – bis auf einen kleinen privaten Bereich – für Besucher öffentlich zugänglich.

🕐 6. Jan.–März Fr.–So. 9.00–17.00, April–Mitte Nov. tgl. 9.00–18.00, Mitte Nov.–Dez. Do.–So. 9.00–17.00 Uhr, Eintritt: 9 €, esterhazy.at

Altstadt Aufgrund der historischen Entwicklung wird die Altstadt östlich vom Esterházyplatz auch **»Freistadt«** genannt: 1648 erkauften sich die Eisenstädter Bürger vom Fürsten Esterházy die Freiheit zum fürstlichen Preis von 16 000 Gulden und 3000 Eimern Wein (das sind immerhin rund 159 000 Liter, was etwa 9000 Gulden entsprach). Die **Domkirche** in der Pfarrgasse, ein dreischiffiger gotischer Hallenbau aus dem 15. Jh., ist dem Schutzpatron des Burgenlandes, dem heiligen Martin, geweiht.

Haydn-Haus Musikfreunde zieht es zum Haydn-Haus in der Haydngasse 19, einst Wohnhaus des Komponisten. Gezeigt werden u. a. Originalinstrumente, Porträts und Handschriften.

🕐 Mitte März–Mitte Nov. Di.–So. 9.00–17.00 Uhr, Juni–Sept. auch Mo., Eintritt: 4 €, haydn-haus.at

Landesgalerie Die Landesgalerie am Franz-Schubert-Platz 6 ist ein Schauplatz für zeitgenössische und moderne Kunst in allen Spielarten: Nicht nur bildende Kunst, Plastiken und Skulpturen werden gezeigt, sondern auch Installationen und Medienkunst. Wechselnde Ausstellungen ergänzen die Dauerausstellung „Schnittpunkt Burgenland", die sich der Kunstgeschichte des Landes von der Monarchie über die Kriegs- und Zwischenkriegszeit bis ins Hier und Heute widmet.

❶ Jan.–Mai Di.–Sa. 9.00–17.00, Juni–Sept. Mo.–Sa. 9.00–17.00, Okt.–Mitte Nov. Di.–Sa. 9.00–17.00, Mitte Nov.–Dez. Mo.–Fr. 9.00–17.00; So. und Feiertage immer 10.00–17.00 Uhr, Eintritt frei, landesgalerie-burgenland.at

Als die Juden von Kaiser Leopold I. aus Wien vertrieben wurden, entstand im 17. Jh. in Eisenstadt-Unterstadt, nordwestlich des Schlosses, ein abgegrenztes jüdisches Viertel. Es existierte bis ins 20. Jh., hier liegt auch der jüdische Friedhof. Das Österreichische Jüdische Museum ist im 1694 erbauten Haus des ungarischen Landesrabbiners Wertheimer in der Unterbergstraße 6 untergebracht. Besonders schön ist die angeschlossene ehemalige Privatsynagoge.

Jüdisches Museum

❶ Mai–Okt. Di.–So. 10.00–17.00 Uhr, Eintritt: 4 €, www.ojm.at

Ganz in der Nähe zeigt das Burgenländische Landesmuseum, im früheren Haus der jüdischen Familie Wolf in der Museumgasse untergebracht, Geschichte, Volks- und Naturkunde des Burgenlandes, darunter die vielfältige Vogelwelt des Neusiedler Sees.

Burgenländisches Landesmuseum

❶ Mitte Feb.–Mitte Dez. Di.–So., Juni–Sept. auch Mo. 9.00–17.00 Uhr, Eintritt: 5 €, landesmuseum-burgenland.at

Weiter westlich erhebt sich der 1701 bis 1705 künstlich aufgeschüttete Kalvarienberg mit einem eindrucksvollen **Passionsweg**. Mehr als 300 Holz- und Steinfiguren begleiten ihn in 24 Stationen. Auf dem höchsten Punkt steht die wuchtige **Bergkirche** mit rundem Grund-

Kalvarienberg

Eisenstadt

riss und niedrigen Türmen. Die **Wallfahrtskirche Maria Heimsuchung**, das Wahrzeichen von Eisenstadt, wurde in den Jahren 1715 bis 1803 nach den Plänen von Dr. Paul I. Esterházy errichtet. Der Fürst selbst erlebte den Spatenstich nicht mehr, da er 1713 an der Pest starb. Der heute ausgebaute Teil stellt lediglich das Presbyterium dar, eigentlich war der Bau war als Riesenkirche geplant. Das Deckenfresko Christi Himmelfahrt (1722) stammt von Wolfgang und Christian Köpp, zwei Eisenstädter Freskenmalern. Auf der Empore steht die berühmte Haydnorgel (1797), auf der so manches seiner Werke unter seiner Leitung zur Uraufführung gelangte. Das prunkvolle **Mausoleum von Joseph Haydn** unter dem Nordturm ist eine Stiftung anlässlich seines 200. Geburtstags durch Fürst Paul Esterházy. Haydn ist in Wien beigesetzt und später nach Eisenstadt überführt worden.

UMGEBUNG VON EISENSTADT

Wallfahrts-kirche Loretto
Die barocke Wallfahrtskirche Loretto, 10 km nördlich von Eisenstadt, besuchen jährlich mehr als 200 000 Pilger. An ihren Kreuzgang schließt sich zum Hof hin die Gnadenkapelle an. Auf dem Altar hinter einem Gitter steht die Statue der »Schwarzen Madonna«.

*Burg Forchtenstein
Etwa 16 km südwestlich von Eisenstadt thront auf hohem Fels die mächtige Burg Forchtenstein aus dem frühen 14. Jh. 1635 bis 1652

Das Zeughaus von Burg Forchtenstein zeigt einstiges Beutegut.

ließen die Esterházys sie wegen der drohenden Türkeneinfälle mit
Toren und Höfen festungsähnlich ausbauen. Ihr martialisches Äußeres findet im Innern in den reichhaltigen Waffensammlungen und
der Rüstkammer seine Entsprechung. Freundlicher wirkt die üppig
bestückte **Schatzkammer** – Zeugnis der Esterházy'schen Sammellei-
denschaft – mit teils recht exotischen Objekten, darunter ein Augsburger Silberprunktisch, Kommoden aus China und ein Vogelbauer
aus Meissener Porzellan.

❶ April–Okt. tgl. 10.00–18.00 Uhr, Eintritt: 9 €,
www.burg-forchtenstein.at

SÜDBURGENLAND

Obwohl das Burgenland für seine
steppenartigen Weiten bekannt ist,
besteht es zu einem guten Teil aus
waldreichem Hügelland im Wech-
selspiel mit sonnenverwöhnten
Weinrieden. Burgen und Museen,
traditionsreiche Kurorte und so
manch köstlichen edlen Tropfen
gibt es zu entdecken (www.sued
burgenland.info).

Über dem Markt Lockenhaus, nahe
der ungarischen Grenze nach Köszeg, thront auf einem Bergsporn die
stattliche ***Burg Lockenhaus** aus
dem 13. Jh. Sie gilt als letzte echte
Ritterburg des Burgenlandes und ist
eine Attraktion des grenzüberschreitenden Naturparks Geschrieben-
stein. Sehenswert sind der Kapitelsaal der Tempelritter, eine zwei-
schiffige Halle mit gotischem Kreuzrippengewölbe und die Burgkapelle mit Fresken aus der Bauzeit. Die Dauerausstellung »Der
Templerorden« informiert auch über die Geschichte der ehemaligen
Burgherren. Seit 1982 findet alljährlich im Juli ein **Kammer-
musikfestival** statt, initiiert vom Lockenhauser Pfarrer Herowitsch
und dem in Riga geborenen Geiger Gidon Kremer.

❶ Mai–Okt. tgl. 9.00–17.00, April, Nov.–Mitte Dez. tgl. 9.00–16.00 Uhr,
Eintritt: 6,50 €, www.ritterburg.at

> **BAEDEKER TIPP** ❗
>
> ### Uhudler wird nicht gejodelt
>
> Kein akustischer, sondern ein kuli-
> narischer Genuss ist der Uhudler,
> ein Wein, der aus unveredelten
> Trauben ausschließlich im Südbur-
> genland gekeltert wird und der
> fein nach Waldbeeren schmeckt.
> Es handelt sich bei den Trauben
> um verschiedene Rot- und Weiß-
> weinsorten, die ab 1860 aus Ame-
> rika eingeführt wurden, weil sie
> reblausresistent waren. Anstatt
> ihnen Edelsorten aufzupropfen
> machen Uhudler-Winzer direkt
> aus diesen Traubensorten den ro-
> séfarbigen Wein. Kosten kann
> man ihn in der Vinothek beim
> Weinmuseum Moschendorf.

Im nahen Kurort Bad Tatzmannsdorf (1376 Einw.) dreht sich alles
um Kur, Therme und Bewegung. Die erste urkundliche Erwähung
der Heilquellen findet sich in der Regensburger Chronik von 1621,
im ausgehenden 19. Jh. ist der Ort mit seinen **Moorbädern** zum ers-

**Bad Tatz-
mannsdorf**

ten Heilbad Ungarns aufgestiegen. Heute schreibt man Gesundheit noch immer groß, denn Moorschlamm, Mineral- und Thermalwasser sind anerkannte Heilmittel. Die neue öffentliche **Avita-Therme** macht aber auch Gesunden Spaß.

*Burg Güssing

Güssing (229 m; 3800 Einw.), die Bezirkshauptstadt im südlichsten Burgenland, schmiegt sich an einen erloschenen Vulkankegel, auf dem die 1157 als Wehranlage errichtete älteste Burg des Bundeslandes thront. Nach mehrmaligem Besitzwechsel gelangte sie 1524 in den Besitz der Familie Battyány. Zur Abwehr von Gefahren aus dem Osten wurde sie im 16. und 17. Jh. zu einer Festung ausgebaut.
❶ Ostern–Okt. Di.–So. 10.00–17.00 Uhr, Eintritt: 5,90 €, www.burgguessing.info

Naturpark in der Weinidylle

Östlich von Güssing erstreckt sich der Naturpark in der Weinidylle – ein beschauliches Fleckchen mit Auwäldern und Feuchtwiesen, Weingärten und Kellervierteln. Die Weinidylle ist das **kleinste der burgenländischen Weinbaugebiete**, angebaut werden die Sorten Blaufränkisch und Welschriesling. Mehr Infos liefert das **Weinmuseum** in Moschendorf. Einen Besuch lohnt auch das **Geschichtenhaus** im Ort Bildein (361 Einw.), das die große Geschichte anhand der Schicksale von Grenzbewohnern berührend vermittelt.
Weinmuseum: Mai–Okt. tgl., Nov.–April Sa., So. 14.00–19.00 Uhr, Eintritt: 2 €, www.weinidylle.at
Geschichtenhaus: Ostern–Okt. Sa., So. 14.00–17.00 Uhr, Eintritt: 4 €, www.geschichtenhaus.at

Freilicht-museum Ensemble Gerersdorf

Westlich von Güssing hat man im Örtchen Gerersdorf ein sehenswertes Freilichtmuseum errichtet. Das »Dorf im Dorf« besteht aus rund 30 Bauernhäusern des Burgenlandes aus dem 18. und 19. Jh.
❶ Ostern–Okt. tgl. 10.00–18.00 Uhr, Eintritt: 5 €

* Faaker See

L 6

Bundesland: Kärnten
Höhe: 560 m ü.d.M.

Der malerische Faaker See ist Österreichs südlichstes Badegewässer – und eines der beliebtesten obendrein. Er ist umgeben von Wiesen und Wald, im Süden ragt aus der Karawankenkulisse der markante Mittagskogel (2143 m) auf.

Touristisch bestens erschlossen ist der etwa 5 km südöstlich von Villach gelegene kleine See, der nicht nur als südlichster, sondern mit

292 Sonnentagen im Jahr auch als sonnenreichster Badesee Österreichs gilt. Bei Wassertemperaturen von bis zu 27 °C stehen Baden,
Kanu und Kajak fahren, Segeln und Surfen hoch im Kurs. An Land
gibt es Beachvolleyballplätze, um den See verläuft ein 12 km langer
Radweg. Auch der Drauradweg ist nicht weit, ebenso sind die wan-
derbaren Karawanken oder die Villacher Alpe (▶Villach Umgebung)
nur einen Katzensprung entfernt. Nur wenige Autominuten sind es
zudem nach ▶Villach und nach Velden am ▶Wörthersee.

Etwas südlich des Faaker Sees liegt malerisch die Burgruine Finkenstein samt Burgschänke in den Bergen. Im Sommer finden in der ca.
1200 Gäste fassenden Burgarena Konzerte von Klassik bis Pop statt.

**Burgruine
Finkenstein**

❶ Burgschänke Mai–Mitte/Ende Sept. tgl.; Infos zu Konzertprogramm und
-karten: Tel. 04254 51 05 11, www.burgarena.at

Ein Bildstock vor dem Karawankenmassiv am Faaker See

Faaker See erleben

AUSKUNFT
Tourismusinformation
Faak am See
Dietrichsteiner Straße 2
A-9583 Faak am See
Tel. 04254 2 11 00
www.faakersee.at

EUROPEAN BIKE WEEK
Einmal im Jahr, Anfang September, wird es für fünf Tage mächtig laut am Faaker See – dann nämlich treffen sich Zigtausende von stolzen Harley-Davidson-Besitzern aus ganz Europa hier mit ihren Bikes. Zum satten Harley-Sound spielen Bands Livemusik, außerdem dürfen bei einer Parade jede Menge coole Maschinen bestaunt werden. Auch eine Stuntshow ist meist im Programm.

ESSEN
Bienenhütte ⓔⓔ
Lupinienweg 6
A-9580 Drobollach
Tel. 04254 28 58
Erhöht und mit schönem Blick über See und Karawanken liegt die Bienenhütte von Familie Petschnig. Dort, wo früher Bienen ihre Heimstatt hatten, gibt's heute herzhafte Hausmannskost.

ÜBERNACHTEN
Inselhotel Faakersee ⓔⓔⓔ – ⓔⓔⓔⓔ
A-9583 Faak am See
Tel. 04254 21 45, www.inselhotel.at
Das einzige Inselhotel Österreichs liegt auf einer autofreien Insel im Faaker See. Es ist sehr gut ausgestattet und bietet viele Sportmöglichkeiten.

✳ **Feldkirch**

✦ C 5

Bundesland: Vorarlberg
Höhe: 459 m ü.d.M.
Einwohnerzahl: 31 000

Feldkirch, Geburtsstadt vieler bedeutender Wissenschaftler und Künstler, ist die westlichste Stadt Österreichs. Nicht zuletzt wegen ihrer unmittelbaren Grenze zum Fürstentum Liechtenstein und zur Schweiz war sie für viele Menschen während des Krieges ein Schicksalsort.

Westlichste Grenzstadt
Die Stadt hat eines der am besten erhaltenen mittelalterlichen Stadtbilder von ganz Vorarlberg und liegt etwa 35 km südlich von Bregenz am Austritt der Ill aus dem Walgau in die Rheinebene. Bekannt ist Feldkirch auch als internationaler Eisenbahn- und Straßenverkehrsknotenpunkt. So musste der bekannte irische Schriftsteller James Joyce (1882–1941), der Autor von Werken wie »Ulysses«, 1915 in dieser Stadt einen unfreiwilligen längeren Aufenthalt einlegen. Als Österreich unter dem Hakenkreuz stand, verlebten hier zahlreiche vor den Nazis fliehende Menschen viele bange Stunden, Tage und

Wochen, war Feldkirch doch die letzte Station vor der Ausreise in die
rettende Schweiz.

Im Jahr 1200 von Graf Hugo I. von Montfort gegründet, stellte die   Stadtbild
Stadt, deren Namensform »ad Veltkirichun« (bei der Feldkirche)
erstmals 842 auftaucht, im Mittelalter einen wichtigen Stütz-, Lager-
und Schutzpunkt dar. Sie hat im Zentrum viel von ihrem **mittelalterlichen Gesicht** bewahrt. Von der historischen Stadtbefestigung
stehen heute etwa noch Mauern, zwei Tore und vier Türme. Enge
verträumte Gassen in der Altstadt, Kopfsteinpflaster, Laubengänge,
hübsche Fachwerkhäuser und viele reich gestaltete Fassaden zieren
zudem das romantische **»Studierstädtle«**, das seiner vielen Schulen
wegen gerne so genannt wird. Die Weinberge am Ardetzenberg zeugen heute noch davon, dass hier jahrhundertelang der **Weinbau** eine
beträchtliche Einkommensquelle war. Eine schöne Überlieferung ist,
dass Erzherzog Johann bei seinem Besuch in Vorarlberg 1839 den
Feldkircher Wein lobte und dabei sogar vom typischen »Feldkircher
Geschmack« gesprochen haben soll.

Feldkirch erleben

AUSKUNFT
***Stadtmarketing und Tourismus
Feldkirch***
Palais Liechtenstein
Schlossergasse 8
A-6800 Feldkirch
Tel. 05522 7 34 67
www.feldkirch.at

ESSEN
**❶ *Wirtschaft zum
Schützenhaus* ⒺⒺ**
Göfiser Straße 2
A-6800 Feldkirch
Tel. 05522 8 52 90
www.schuetzenhaus.at
Di. und Mi. geschl.
Über den Dächern der Altstadt, mit Blick
auf die Schattenburg und die Schweizer
Berge, liegt das romantische Schützen-
haus, das heimische Wirtshausküche
und saisonale Spezialitäten aus vorwie-
gend regionalen Produkten anbietet.

ÜBERNACHTEN
❶ *Hotel Alpenrose* ⒺⒺⒺ
Rosengasse 4–6
A-6800 Feldkirch
Tel. 05522 7 21 75
www.hotel-alpenrose.net
Das inmitten der Altstadt gelegene Haus
vereint den Charme eines alten Bürger-
hauses aus dem 16. Jh. mit dem Komfort eines modernen Hotels. Die 25 Zimmer sind geschmackvoll im Biedermeier-
stil eingerichtet.

❷ *Hotel Montfort* ⒺⒺ
Galuragasse 7
A-6800 Feldkirch
Tel. 05522 7 21 89
www.montfort-dashotel.at
Das Arthotel ist ruhig gelegen, die hellen, freundlichen Komfortzimmer sind
behindertengerecht eingerichtet und
bieten nicht nur einen Flatscreen-Fernse-
her, sondern auch kostenfreies WLAN.

SEHENSWERTES IN FELDKIRCH

Marktplatz Geschäftiges Zentrum der Altstadt ist der Marktplatz mit seinen schönen alten **Laubengängen** und **Patrizierhäusern**. An seiner östlichen Seite steht die 1218 von Graf Hugo von Montfort für den Johanniterorden gestiftete Johanneskirche.

Palais Liechtenstein Vom Marktplatz führt nordöstlich die Kreuzgasse mit ihren spätgotischen Häusern zum vornehmen Palais Liechtenstein (1697), heute Stadtbibliothek und Stadtarchiv.

Domkirche Über die Herrengasse kommt man zum Domplatz und zur 1478 nach einem Stadtbrand im spätgotischen Stil erneuerten Domkirche St. Nikolaus mit farbenprächtigen modernen Glasfenstern (1966). Von außen einfach erscheinend, birgt die **bedeutendste gotische Kirche Vorarlbergs** eine Innenausstattung von kunsthistorischer Bedeutung: auf dem rechten Seitenaltar eine »Beweinung Christi«, in der Predella das »Schweißtuch der Veronika«, zwei Gemälde von Wolf Huber sowie das zur Kanzel umgestaltete schmiedeeiserne Sakramentshaus von 1540.

Zu Füßen der Schattenburg liegt das mittelalterliche Feldkirch.

Feldkirch

Essen
1 Wirtschaft zum Schützenhaus

Übernachten
1 Hotel Alpenrose
2 Hotel Montfort

Etwas außerhalb der Stadtmauern liegt das Kapuzinerkloster (1605) mit Reliquie und Zelle des 1622 ermordeten und 1746 heilig gesprochenen Stadtpatrons St. Fidelis. Während der großen Hungerkatastrophe 1817 speisten die Kapuziner an die 2000 Menschen täglich.

Kapuziner-kloster

Eindrucksvollstes Zeugnis der alten Stadtbefestigung ist der um 1500 erbaute Katzenturm (Katzen = Kanonen). In seinem Obergeschoss befindet sich heute eine 7,5 t schwere Glocke. Das **Churertor**, auch Salztor genannt, steht etwas weiter westlich. Sein sechsgeschossiger Torturm wurde gegen Ende des 14. Jh.s erneuert.

Katzenturm

Schließlich kommt man zur Illbrücke. Da im Mittelalter hier die Ill leicht zu überschreiten war, errichtete man Befestigungsanlagen wie den bereits 1482 erwähnten mächtigen **Wasserturm** (östlich) und den **Diebesturm** (westlich). Am linken Illkai führt flussaufwärts der Graf-Rudolf-Wehrgang zu Zeughaus, Pulverturm und Mühletor.

Illbrücke, Illkai

Die größte und am besten erhaltene Burganlage Vorarlbergs ist die um 1260 erbaute Schattenburg. Ihr Name leitet sich vom mittelhochdeutschen »schade« (= Schutz) ab. Von Mitte des 13. Jh.s bis 1390 hatten hier die Grafen von Montfort ihren Sitz. Die Burg hat einen hübschen Innenhof mit Umgang, sehenswerte Räume sowie eine Burggaststätte. Im **Heimatmuseum** werden u. a. Waffen gezeigt.
① April–Okt. Mo.–Fr. 9.00–12.00 u. 13.30–17.00, Nov., Dez. Sa., So. 11.00–16.00, Jan.–März Di.–Fr. 13.30–16.00, Sa., So. ab 11.00 Uhr, Eintritt: 6 €, www.schattenburg.at

*Schatten-burg

UMGEBUNG VON FELDKIRCH

Rankweil   Etwa 6 km nordöstlich von Feldkirch lädt am Anfang des Laternser Tales die kleine Stadt Rankweil (470 m; 11 600 Einw.) ein. Mitten im Ort erhebt sich der Liebfrauenberg (515 m) mit Resten der alten Burg Hörnlingen (14. Jh.) und der im 15. und 17. Jh. in sie hineingebauten **Wallfahrtskirche Mariä Heimsuchung**. Die Kirche besitzt etliche Schätze, darunter eine Muttergottesstatue aus dem 15. Jh. und ein romanisches Holzkruzifix (Ende 12. Jh.), das 1728 eine Silberhülle erhielt und als »wundertätig« betrachtet wurde. Seit dem 13. Jh. floriert hier die Wallfahrt.

Laternser Tal   Mit einer Reihe kleiner, hübscher Orte beginnt östlich von Rankweil das windungsreiche Laternser Tal: **Batschuns** (570 m) mit seiner Bergkirche (1923), dem um 1400 erbauten Schloss Weißenberg und dem großen Exerzitienhaus von 1964; **Innerlaterns**, **Bad Laterns** und natürlich **Laterns** (998 m; 680 Einw.) selber, das von Rankweil aus auch in einem zweistündigen Spaziergang durch die »Üble Schlucht« zu erreichen ist.

Friesach

✳ **M 6**

Bundesland: Kärnten
Höhe: 636 m ü.d.M.
Einwohnerzahl: 5100

Für Geschichtsfreunde genau das Richtige ist ein Besuch in Friesach mit seiner mittelalterlichen Altstadt und dem Mittelalterfest im Sommer. Wegen seiner strategisch günstigen Lage an der Handelsstraße zwischen Wien und Venedig erlangte das Städtchen schon früh Bedeutung.

Lebendiges   Friesach vermittelt wie kaum eine andere Stadt in Kärnten **mittelal-**
Mittelalter   **terliches Flair**. An jedem letzten Juliwochenende trifft man sich hier zum Spectaculum, zu Österreichs größtem Mittelalterfest – mit Gauklern, Ritterspielen, Alchemisten und Spielleuten. Die rund 30 km nördlich von ▶Klagenfurt gelegene Stadt konnte ihren strategischen Vorteil auch finanziell nutzen. Von 1125 bis 1300 wurden hier Münzen geprägt, der Friesacher Pfennig besaß als Zahlungsmittel mehr als 200 Jahre lang bis nach Ungarn Gültigkeit. Im 13. Jh. kam der Deutsche Ritterorden, es folgte der Dominikanerorden. Bis 1803 gehörte Friesach den Erzbischöfen von Salzburg und war eine ihrer reichsten Städte. Es wurde mehrfach belagert, geplündert, zerstört – und wieder aufgebaut.

SEHENSWERTES IN FRIESACH

Zu den noch erhaltenen Teilen der mächtigen Stadtbefestigung um die Altstadt gehören die 1131 vollendete **Ringmauer** mit drei wehrhaften Tortürmen und der 800 m lange Stadtgraben.   ***Altstadt**

Mittelpunkt ist der lang gestreckte Hauptplatz, der von schönen alten Häusern gesäumt ist. Auf ihm stehen ein Renaissancebrunnen, auf dem Szenen aus der griechischen Mythologie zu sehen sind, und das Alte Rathaus aus dem 16. Jahrhundert.   **Hauptplatz**

Nördlich vom Hauptplatz steht an der Wiener Straße der **größte Kirchenraum Kärntens**: die ursprünglich romanische Stadtpfarrkirche St. Bartolomäus. Sehenswert sind hier nicht nur der Taufstein aus dem 12. Jh., die Chorfenster aus dem 13./14. Jh. und der barocke Hochaltar von 1679, sondern auch das Rokokogestühl und die Apostelfiguren aus dem 18. Jh.   **St. Bartholomäus**

Alljährlich im Sommer wird in Friesach bei einer opulenten Rittertafel das Mittelalter wieder lebendig.

Friesach erleben

AUSKUNFT

Tourismusinformation Friesach
Fürstenhofplatz 1, A-9360 Friesach
Tel. 04268 22 13 40
www.friesach.at

ESSEN

❶ **Schenke »Zum Krebsen«** ⓔ
Neumarkter Straße 19
A-9360 Friesach
Tel. 04268 23 36
www.schenke-zum-krebsen.at
Dieses Gasthaus, das sich seit 1926 in
Familienbesitz befindet, serviert eine
bodenständige Kärntner Küche.

ÜBERNACHTEN

❶ **Der Metnitztaler Hof** ⓔⓔ
Hauptplatz 11
A-9360 Friesach
Tel. 04268 2 51 00
www.metnitztalerhof.at
Das Haus am mittelalterlichen Hauptplatz von Friesach stammt aus dem
16. Jh., der Weinkeller wurde sogar
schon im 13. Jh. angelegt. Die komfortablen Zimmer sind im Kärntner Landhausstil eingerichtet, das Hotel verfügt
zudem über einen Wellnessbereich und
ein gemütliches Restaurant, das donnerstags allerdings Ruhetag hat.

Getreide-
speicher

Der monumentale Getreidespeicher aus dem 14. Jh. diente zur Lage-
rung der Getreideabgaben der Untertanen an den Stadtherrn von
Friesach, den Salzburger Erzbischof. Heute ist hier das Wachsstub'n
Café untergebracht, das gleichzeitig ein kleines **Wachsmuseum** ist.
❶ April–Okt. Di.–Sa. 9.00–18.00, So. 10.00–18.00, Nov.–März Mi.–Sa.
9.00–18.00, So. 10.00–17.00 Uhr, Eintritt frei

Dominikaner-
kloster

Seit 1251 ist hier das Dominikanerkloster ansässig, älteste Niederlas-
sung dieses Ordens im deutschsprachigen Gebiet. Die 1255 bis 1320
erbaute Kirche besitzt das **längste Kirchenschiff Kärntens** und statt
eines üppigen Turms nur einen kleinen Dachreiter – wie es sich für
einen Bettelorden gehört. Sie birgt zwei frühgotische Kostbarkeiten:
ein Astkruzifix (14. Jh.) und eine Sandsteinmadonna (um 1300).

Vom Haupt-
platz aus

In der **Heiligblutkirche**, südwestlich vom Hauptplatz, soll sich 1238
während der Messe ein Blutwunder ereignet haben. Von der einst mit
vier Türmen ausgestatteten **Rotturmanlage**, ursprünglich Teil der
Stadtbefestigung, sind noch zwei übrig. In 10 Minuten erreicht man
vom Hauptplatz aus zu Fuß die romantische **Petersbergkirche**, von
wo man den schönsten Blick über Friesach und seine Umgebung hat.
Weiter oberhalb stehen die stattlichen Reste der romantischen **Burg
Petersberg**, Schlossfestung der Salzburger Erzbischöfe (vor 1077).
Die heutige Burgschänke ist der einstige Wohnsitz des Burghaupt-
manns. Im Oberhof finden im Sommer Burgfestspiele statt. Wer das
Treppensteigen nicht scheut, sollte das reichhaltige Stadtmuseum im
sechsgeschossigen Bergfried besuchen.

Eine Reise mit der Zeitmaschine erlebt, wer die Baustelle der zukünftigen **Burg Friesach** besucht. Bei diesem Geschichtsexperiment entsteht auf ca. 4000 m² eine mittelalterliche Höhenburg in ihren verschiedenen Entwicklungsstufen, dazu gehören ein romanischer Bergfried, ein gotischer Palas und eine spätgotische Kapelle, aber auch verschiedene Wirtschaftsgebäude und ein Garten. Selbst Ringmauer und Toranlage wird die Feste später haben. Gebaut wird ausschließlich mit natürlichen Materialien wie Holz, Sand und Stein sowie mit Werkzeug und Methoden von damals – Motoren oder mit Strom betriebene Maschinen sind bei der Errichtung tabu. Wer dieses spannende Projekt besuchen möchte, fährt von Friesach aus die St. Veiter Straße stadtauswärts und folgt dann den Hinweisschildern.

● Führungen April – Okt. Mi. – So. 9.30, 11.00, 14.00 u. 16.00 Uhr, 8 €, www.burg-friesach.at

UMGEBUNG VON FRIESACH

Nur wenige Kilometer nördlich von Friesach beginnt das westlich ausgerichtete **Metnitztal**, das mit seinen Wäldern, Almen und sanft geschwungenen Bergen ein beliebtes, **ruhiges Sommer- und Winterurlaubsziel** ist. Beim Örtchen **Grades** steht das einstige Schloss der Bischöfe von ▶Gurk. Auch die Wallfahrtskirche St. Wolfgang ist sehenswert, sie besitzt eine schöne Innenausstattung. Rund 4 km westlich liegt der schon seit dem 9. Jh. besiedelte Markt **Metnitz**. Seine sehr beeindruckende frühgotische Wehrkirche weist eine üppige Barockausstattung auf, an der Außenwand des achteckigen Karners können Besucher eine Kopie des **monumentalsten Totentanzes Österreichs** bestaunen. Ein Abstecher lohnt sich auch nach Hüttenberg (▶Lavanttal), der Ort ist über Neumarkt in der Steiermark in ca. 1 Std. und 15 Min. erreichbar.

Friesach

Burg Geyersberg

150 m

©BAEDEKER

Geyersbergweg

Metnitz

Lastenstraße

Wien

Neumarkter Straße

Dominikanerinnenkonvent

Dominikanerkloster

Petersbergkirche

Getreidespeicher

Wiener Straße

Schellgasse

Burgruine Petersberg (Museum)

Fürstenhof

Stadtpfarrkirche

Altes Rathaus

Hauptplatz

Bahnhofstraße

Heiligblutkirche

Herrengasse

Stadtgraben

Ruine Rotturm

St. Veiter Str.

Ruine Virgilienberg

Burg Friesach, St. Veit/Glan, Klagenfurt

Essen
① Schenke »Zum Krebsen«

Übernachten
① Der Metnitztaler Hof

Gailtal

✦ J/K 6

Bundesland: Kärnten

Der abwechslungsreiche Gebirgszug und das schöne Tal sind durch Wanderwege und Hütten recht gut erschlossen. Da diese bisher vom Massentourismus weitgehend verschont geblieben sind, empfiehlt sich das lang gestreckte Gailtal als ein Erholung versprechendes Urlaubsziel.

Erholsames Urlaubsziel

Das Tal verläuft zwischen den Gailtaler Alpen im Norden und den Karnischen Alpen im Süden – beide gehören zusammen mit den Lienzer Dolomiten zu den Südalpen – und endet am Zusammenfluss der Gail mit der Drau bei ▶Villach.

Lesachtal

Entlang der Gail erstreckt sich westlich von Kötschach-Mauthen das Lesachtal. Noch urwüchsige Ortschaften mit stattlichen Höfen, weitläufige Almen und eindrucksvolle Bergformationen finden Besucher in diesem ruhigen Hochtal.

Kötschach-Mauthen

Der Hauptort des oberen Gailtals ist Kötschach-Mauthen (710 m; 3600 Einw.), ein Bergsteiger- und Wandererdorf. Sehenswert ist die spätgotische Hallenkirche »Unsere Liebe Frau« (1518 – 1527), auch **»Gailtaler Dom«** genannt, mit einzigartiger Gewölbedekoration: Das gotische Netzrippengewölbe wurde zu einem fantasievollen Schlingwerk weiterentwickelt. Schön sind auch im Chor das Fresko mit Bildern der Mariengeschichte und das Gnadenbild am Hochaltar.

Museum 1915 – 1918

Kötschach-Mauthen besitzt Museen der besonderen Art: Im Rathaus zeigt das »Museum 1915 – 1918 – Vom Ortler bis zur Adria« mit zahlreichen Exponaten die Grausamkeit und Absurdität eines Krieges anhand der Schicksale einfacher Soldaten und der Zivilbevölkerung auf beiden Seiten. Dazu gehören die **Freilichtmuseen** am Plöckenpass und am Monte Piano an der Grenze zu Italien, wo unter Einbeziehung historischer Anlagen und Objekte ehemalige Stellungen der alpinen Frontlinie gezeigt werden. Ziel ist es, für Völkerverständigung und Frieden zu werben.

Museum Rathaus: Mitte Mai – Mitte Okt. Mo. – Fr. 10.00 – 13.00 u. 15.00 bis 18.00, Sa., So. 14.00 – 18.00 Uhr, Eintritt: 4,80 €

Freilichtmuseen: ganzjährig zugänglich, Eintritt frei. Eine Broschüre ist im Tourismusbüro Kötschach-Mauthen für 2 € erhältlich.

Mussenstock

Europaweit einzigartig ist die **alpine Pflanzenwelt** am Blumenberg Mussenstock, dem östlichsten Eckpfeiler der Lienzer Dolomiten. Er liegt auf der anderen Seite der Drau genau dem Einschnitt des

Gailtal erleben

AUSKUNFT
Karnische Tourismus GmbH
Hauptstr. 14
A-9620 Hermagor
Tel. 04282 31 31
www.naturarena.com

1. KÄRNTNER ERLEBNISPARK
A-9620 Pressegger See, Hermagor
www.erlebnispark.cc
Mai–Sept. tgl. 9.00–18.00 Uhr
Hinter den Begriffen »Luna-Loop« und
»Nautic-Jet« verbirgt sich kein Raum-
fahrtzentrum, sondern der 1. Kärntner
Erlebnispark am Pressegger See. Wer
nicht im Seebad abtauchen will, kann
seine Fähigkeiten an Wackelrädern oder
beim Astronautentest erproben. Im
Kleinkinderparadies dürfen sich auch
die Jüngsten austoben.

ESSEN
**Landhaus Restaurant Genuss-
werkstatt Sonnleitner** ⊖⊖⊖
Mauthen 24
A-9640 Kötschach-Mauthen
Tel. 04715 2 69
www.sissy-sonnleitner.at
Mo. und Di. geschl.
Immer mehr Feinschmecker finden den
Weg in das kulinarische Paradies von
Sissy Sonnleitner. Wer Lust hat, einmal
selber im Topf zu rühren, kann hier auch
ein Kochseminar belegen.

Plöckenpasses gegenüber. Mehr als 500 Pflanzenarten, davon über
280 sogenannte höhere Pflanzen – etwa die botanische Königin, die
Paradieslilie – haben der Mussen ihren Ruf als Blumenberg der besonderen Art verschafft. Wer hier eine Wanderung unternimmt, wird
mit Ausblicken auf Orchideen- und Lilienwiesen belohnt.

Die **Karnischen Alpen** – sie bilden
die Grenze zu Italien – sind geolo-
gisch besonders interessant, denn
nirgendwo sonst im gesamten Alpenraum findet man so reiche
Zeugnisse aus dem Erdaltertum.
Ehemals grauen und rosafarbenen
Kalkschlamm, weiße tropische Riffe
sowie Pfanzen- und Tierfossilien,
aber auch rote Wüstenablagerun-
gen, finstere Bergwerke und rau-
schende Schluchten können Besucher im rund 830 km² großen
Geopark Karnische Alpen erkunden. Dabei vermitteln fünf Geo-
trails anhand aufgestellter Schauta-
feln umfangreiches Wissen. Das
Besucherzentrum liegt in Dellach,

> **BAEDEKER TIPP** ❗
>
> *Wulfenia carinthiaca*
>
> Die blau blühende Wulfenia
> carinthiaca ist strengstens ge-
> schützt und wächst in dieser Art
> nur hier auf der Welt. Unterarten
> sind noch im Himalaya und in Al-
> banien bekannt. Das Wachstums-
> gebiet befindet sich am Fuße des
> Gartnerkofels und ist in einer
> rund halbstündigen Wanderung
> vom ehemaligen Grenzübergang
> auf der Sonnenalpe Nassfeld aus
> leicht zu erreichen. Die Blütezeit
> schwankt je nach Länge des Win-
> ters, meist liegt sie zwischen Mitte
> Juni und Mitte Juli.

Ziel langer Wanderungen in den Karnischen Alpen
ist der schöne Wolayer See.

etwa 7 km von Kötschach-Mauthen entfernt. Es macht als interessantes modernes Museum 500 Mio. Jahre Erdgeschichte erlebbar.
❶ Mitte April–Mitte Okt. Do.–Sa. 10.00–15.30 Uhr, Juli u. Aug. auch Mo.–Mi., Eintritt: 5 €, www.geopark-karnische-alpen.at

Hermagor   Hermagor (600 m; 7000 Einw.) liegt im Herzen des Gailtals und ist Mittelpunkt von etwa 30 Ortsteilen und Weilern sowie Ausgangspunkt für Wanderungen und Touren. Die spätgotische **Pfarrkirche** (15. Jh.) wurde nach den Kriegen gegen die Türken neu erbaut. Im Chor hat man Wandmalereien aus dem 14. Jh. freigelegt. Rund 5 km östlich liegt der schilfgesäumte 1 km lange **Pressegger See** (560 m). Er wird wegen seiner Wassertemperatur von bis zu 28 °C auch die »Badewanne des Gailtals« genannt.

Nassfeld   Das durch Bergbahnen erschlossene Nassfeld, 20 km südwestlich von Hermagor, ist eines der beliebtesten Wintersportgebiete von ganz Österreich. Doch auch im Sommer lohnt ein Besuch, denn dann stehen rund 1000 km an Wanderwegen zur Verfügung.

** Gasteiner Tal

K 5

Bundesland: Salzburg
Höhe: 830–1137 m ü.d.M.

Mittlerweile bröckelt schon der Putz an so manchem Belle-Epoque-Hotel im Gasteiner Tal. Doch mit ein wenig Fantasie kann man leicht das Bild der einstigen feinen Gesellschaft, die die Annehmlichkeiten eleganter Unterkünfte genießt und das schöne Panorama bewundert, heraufbeschwören.

Als im 19. Jh. Adel und vermögendes Bürgertum die Alpen zur bevorzugten Sommerfrische erkoren, entwickelte sich auch das Gasteiner Tal zum **mondänen Urlaubsziel**. Eine Reihe berühmter Gäste wie Schubert, Schopenhauer, Bismarck oder Sir Arthur Conan Doyle und gekrönte Häupter wie indische Maharadschas oder der deutsche Kaiser Wilhelm I. fanden sich vor allem in Bad Gastein ein.

Treffpunkt der Hautevolee

Auch heute gehört das knapp 40 km lange Gasteiner Tal zu den beliebten Feriengebieten Österreichs. Vom Salzachtal zweigt es über die wildromantische Gasteiner Klamm nach Süden zu den ▶Hohen Tauern ab und steigt allmählich an. Die Tauernbahn führt durch das Tal, dann in einem 8,5 km langen Tunnel durch den Tauernhauptkamm (Autoverladung zwischen Böckstein im Norden und Mallnitz im Süden) – bis zum Bau des Felbertauerntunnels die einzige ganzjährige Ostalpenquerung. Besucher aus aller Welt schätzen neben den Thermen die **Wanderwege**, Walking- und Laufstrecken und besonders die vier ganz unterschiedlichen **Skigebiete**: Zur Auswahl stehen die Skischaukeln Stubnerkogel-Angertal-Schlossalm und Dorfgastein-Großarl, der Graukogel mit seinen langen und schweren Abfahrten sowie das hochalpine, bis zu 2700 m hoch gelegene Sportgastein mit schönem Backcountry für Skitourengeher und Freerider.

Beliebte Ferienregion

Mit Temperaturen zwischen 44 und 47 °C entspringt das Thermalwasser von Bad Gastein in 17 Quellstollen und wurde bereits zu römischen Zeiten genutzt. Auch Paracelsus pries die Thermen, deren Wasser weniger der Mineral- als vielmehr der Radongehalt wertvoll macht. Ob durch Bäder oder Inhalationen: Chronische Leiden wie Rheuma und Asthma, Kreislauferkrankungen oder Störungen des vegetativen Nervensystems erfahren eine deutliche Linderung. Das warme Thermalwasser macht aber auch Gesunden Spaß. Die beiden modernen Erlebnisbäder **Alpen- und Felsentherme** locken mit großen Wellnessbereichen und Spa-Anwendungen – besonders im Winter macht der Besuch müde Muskeln wieder munter und vor allem kalte Glieder wieder warm.

Radonthermen

Gasteiner Tal erleben

AUSKUNFT
Gasteinertal Tourismus
Tauernplatz 1
A-5630 Bad Hofgastein
Tel. 06432 3 39 30
www.gastein.com

ESSEN
Unterbergerwirt ⊕⊕⊕
Unterberg 110
A-5632 Dorfgastein
Tel. 06433 70 77
www.unterbergerwirt.com
Di. geschl.
Gekocht wird hier nach den fünf Elementen der Feng-Shui-Küche, wer möchte, bucht auch noch eine Ernährungsberatung nach TCM dazu. Es schmeckt auf jeden Fall ausgezeichnet.

Schmaranzbräu ⊕–⊕⊕
Wieden 52, A-5630 Bad Hofgastein
Tel. 06432 67 17
www.schmaranz.at
So. geschl.
Seit fast 500 Jahren wird in der revitalisierten alten Bauernkate nun schon Bier gebraut. Die Zutaten sind dabei heute durchweg biologisch, auch in der Küche.

ÜBERNACHTEN
Salzburger Hof ⊕⊕⊕–⊕⊕⊕⊕
Grillparzerstraße 1
A-5640 Bad Gastein
Tel. 06434 2 03 70
www.salzburgerhof.com
Das stilvolle Haus in typischer Jahrhundertwende-Architektur ist geschmackvoll eingerichtet, bietet guten Service und ist ein idealer Ausgangsort für Spaziergänge und Wanderungen.

Haus Hirt ⊕⊕⊕
Kaiserhofstraße 14
A-5640 Bad Gastein
Tel. 06434 2 79 70
www.haus-hirt.at
Die Sonnenterrasse mit wunderbarem Ausblick ist nur eins der Details in diesem Haus, die stilistisch an die alten Sommerfrischezeiten anknüpfen – das aber oft sehr zeitgemäß. Im Aveda-Spa, zu dem auch Hallenbad und Sauna gehören, kann man sich verwöhnen lassen.

SEHENSWERTE ZIELE IM GASTEINER TAL

»Entrische Kirche« Die Gasteiner Klamm am nördlichen Ende des Tales wird von der Durchgangsstraße in einem Tunnel umgangen. Ein Naturlehrpfad führt vom Parkplatz Klammstein in ca. 45 Minuten zur **Naturhöhle** »Entrische Kirche«. Ab dem 16. Jh. geheimer Versammlungsort der Protestanten, ist sie heute Winterquartier für etliche Fledermausarten. Zudem gilt die Höhle aufgrund von Erdstrahlen als »Ort der Kraft« – viele Besucher wurden hier angeblich von Beschwerden befreit. Ein Höhlenteil mit schönen Tropfstein- und Sinterformen ist für Besucher im Rahmen von Führungen zugänglich.

➊ Führungen April–Juni Di.–Fr., So. 12.00, 14.00, 15.00, Juli, Aug. tgl. 11.00, 12.00, 14.00, 15.00, 16.00, Sept. Di.–Fr., So. 12.00 u. 14.00 Uhr, 10,40 €

Südlich der Klamm liegt Dorfgastein (840 m; 1600 Einw.). Auf die umliegenden Berge führen herrliche **Wanderwege**, das Fulseck (2033 m) ist ein beliebtes **Skigebiet** (Skischaukel Dorfgastein-Großarl). Der noch recht ländlich wirkende Ort verbindet Bergromantik mit einem umfangreichen Sportangebot wie Mountainbiken, Paragliden, Snowboarden und Eisklettern.

Dorfgastein

Bad Hofgastein (860 m; 6750 Einw.), der alte Hauptort an der breitesten Stelle des Tals, ist ein **traditionsreiches Heilbad** und Ziel vieler Wintersportler, nicht zuletzt wegen seiner Loipen und der auch für weniger erfahrene Skiläufer gut gepflegten Pisten auf der Schlossalm (2050 m). Im 16. Jh. war es, bedingt durch den Goldbergbau, nach Salzburg der reichste Ort des Landes, was auch an der prächtigen **spätgotischen Pfarrkirche** abzulesen ist. Die Sanatorien und Kureinrichtungen werden von den aus Bad Gastein herbeigeleiteten Radonquellen gespeist, von wo auch ein dreistündiger Spaziergang bis nach Bad Hofgastein führt.

Bad Hofgastein

Den Reiz dieses Heilbads (1083 m; 5000 Einw.) macht vor allem die Lage des Orts vor dem großartigen Hochgebirgspanorama aus. Er war schon im Mittelalter bekannt und hat sich trotz moderner Kur- und Freizeiteinrichtungen wie dem Felsenbad und dem Casino ein wenig den Flair der Belle Epoque bewahrt. Welche erlesenen Gäste hier einst Landschaft und Wasser genossen, zeigt das **Gasteiner Museum** im Grandhotel de l'Europe in der Kaiser Franz Josef Straße 14. Zudem informiert es über den hiesigen Bergbau und das Badewesen. Authentisch lässt sich die Geschichte des Orts auch bei einem Rundgang mit einem Audio-Guide nachvollziehen, der von der örtlichen **Touristinformation** in der Kaiser Franz Josef Straße 27 verliehen wird.

*Bad Gastein

Wasserfall mitten im Ort: die Gasteiner Ache auf ihrem Weg durch Bad Gastein

Gasteiner Museum: Di.–So. 14.30–18.00 Uhr, Eintritt: 6 €, www.gasteinermuseum.com

Wo im Winter Pistenfans ihre Gaudi haben, lässt es sich im Sommer gut wandern. Besonders lohnenswert ist die Auffahrt auf den **Stubnerkogel** (2246 m), denn hier können Besucher nicht nur die Gegend erkunden, sondern auch ihre Schwindelfreiheit testen: auf einer 140 m langen Hängebrücke, die einen 28 m tiefen Abgrund überquert, und am

! *Rheumatherapie*

Leiden Sie an Rheuma? Dann beginnen Sie sofort eine Therapie im Gasteiner Heilstollen. Bis zum Jahr 1944 hat man bei Böckstein, am südlichen Talende, Gold geschürft. Als etliche der Bergleute von rheumatischen Leiden geheilt wurden, merkten die Mediziner auf. Seit 1952 nutzt man den Stollen nun schon zur Therapie, seine Wirkung beruht auf dem hohen Radongehalt der Luft, einer hohen Lufttemperatur (bis 42 °C) und hoher Luftfeuchtigkeit. www.gasteiner-heilstollen.com

Glocknerblick, einem exponierten Aussichtsplateau, von dem aus man einen herrlichen Ausblick auf den höchsten Berg Österreichs hat.

Am südlichen Ende des Gasteiner Tals liegt das alte Dorf **Böckstein**. Ein sehr malerisches Ensemble bildet die historische Montansiedlung Altböckstein mit ihren Betriebs-, Verwaltungs- und Wohngebäuden. Der frühere Salzstadel beherbergt heute das interessante **Montanmuseum** Böckstein.
🕐 Mai–Okt. tgl. 15.00–18.00 Uhr, Eintritt: 4 €, Führung Di. u. Do. 15 Uhr, 5 €

✴ Gmünd

✴ L 6

Bundesland: Kärnten
Höhe: 749 m ü.d.M.
Einwohnerzahl: 2600

Die auf eine wechselvolle Geschichte zurückblickende, lebhafte Kleinstadt ist heute stolz auf ihre zahlreichen Ateliers, Galerien und Ausstellungen. Sie bilden zusammen mit dem mittelalterlichen Ambiente eine gelungene Mischung.

Strategisch gute Lage
Die kleine Stadt Gmünd liegt am Zusammenfluss von Lieser und Malta sowie am Beginn des malerischen Maltatals. Wegen ihrer strategisch bevorzugten Lage an der Handelsstraße von Salzburg nach Venedig wurde die seit etwa 1250 bestehende Burg ausgebaut. Die Herrschaft Gmünd gehörte von 1639 bis 1932 den aus Südtirol stammenden Grafen Lodron.

Gmünd erleben

AUSKUNFT
Künstlerstadt Gmünd
Hauptplatz 20

A-9853 Gmünd
Tel. 04732 22 15 14
www.stadtgmuend.at

Kleiner Ort mit großer Kulturszene: Gmünd

SEHENSWERTES IN GMÜND

Die mächtige **Alte Burg**, heute größtenteils Ruine, stammt aus dem 13. bis 17. Jh. und wurde nach mehreren Bränden liebevoll restauriert. Heute ist hier ein Burgrestaurant untergebracht, zeitweise gibt es Ausstellungen oder Veranstaltungen zu besuchen. Die Altstadt ist von einer kräftigen **Ringmauer** mit vier Toren aus dem 16. Jh. umgeben. Am Oberen Stadttor kann man den mittelalterlichen Pranger betrachten. 1651 bis 1654 wurde das vergleichsweise schlichte **Stadtschloss** derer von Lodron am Hauptplatz von Gmünd errichtet. Seine steinernen Barocklöwen sind eine Gabe aus dem Mirabellgarten in Salzburg – der Löwe war das Wappentier der Grafen von Lodron.

Altstadt

Auch wer sich für Autos nicht sonderlich interessiert, wird hier bestimmt staunen: Die Wiege des legendären Porsche 356 – des ersten Autos mit dem Namen Porsche – stand in Gmünd! Von 1944 bis zum Jahr 1950 hatte Ferdinand Porsche die Porsche-Werke nach Gmünd verlegt: In dieser Zeit wurden 44 Coupés und 8 Cabrios von 300 Mitarbeitern gefertigt. 1982 entstand auf Initiative des Porschefans Helmut Pfeifhofer das sehenswerte private Porsche-Museum.

*Porsche Automuseum

➊ Mitte Mai – Mitte Okt. tgl. 9.00 – 18.00, sonst tgl. 10.00 – 16.00 Uhr, Eintritt: 7 €, www.auto-museum.at

Im **Haus des Staunens**, dem Pankratium in der Hinteren Gasse, entführt man Besucher auf eine inszenierte Reise durch eine visuell-

Pankratium

akustische Wunderwelt. Alles dreht und bewegt sich, fließt und rinnt; es klingt aus Rohren und aus Trichtern. Und auch die größte begehbare Geige der Welt wartet darauf, entdeckt zu werden.

❶ Mai, Juni, Sept., Okt. tgl. 10.00–17.00, Juli, Aug. 10.00–18.00 Uhr, Eintritt: 8,50 €, www.pankratium.at

UMGEBUNG VON GMÜND

*Nockberge

Östlich von Gmünd liegen die Nockberge, deren sanft gerundete, bis 2300 m hohe Kuppen (die Nocken), weite Almen, stille Seen und Moore, dunkle Bergwälder und einzigartige Tier- und Pflanzenwelt alle Wanderer begeistern. Die Nockberge sind ein **Schutzgebiet**, das international allerdings nicht anerkannt ist. Deswegen zählen sie offiziell nicht zu den österreichischen Nationalparks, eine Anerkennung als UNESCO-Biosphärenreservat wird jedoch angestrebt. Die rund 35 km lange, mautpflichtige Nockalmstraße beginnt nördlich bei Innerkrems und schlängelt sich nach Südosten bis zur Ebene Reichenau. Verschiedene Hütten und Stationen entlang dieser Straße informieren über den Nationalpark.

❶ www.nockberge.at

Geschichte einer Giftmischerin

Unheimliche Giftmischerin oder tragisches Opfer der Justiz? Eva Faschauner, die laut Anklage ihren Ehemann mit Arsen vergiftet haben soll, wurde nach dreijähriger Haft und Folter 1773 geköpft. Der damals Aufsehen erregende Fall wird im Heimatmuseum Gmünd ausführlich dokumentiert. Kirchgasse 48, A-9853 Gmünd Juni–Sept. tgl. 10.30.–12.30 u. 14.00–17.00 Uhr

Zwischen der Reißeckgruppe im Südwesten, der Ankogelgruppe im Westen und der Haffnergruppe im Norden erstreckt sich das rund 30 km lange, zu den großartigsten Gebirgstälern Österreichs gehörende ***Maltatal**. Sogar Löwen und Tiger, aber auch einheimisches Wild gibt es im **Tierpark Diana** bei Feistritz zu bestaunen. Das **»Tal der stürzenden Wasser«**, so der Beiname des kurz hinter Feistritz beginnenden Teils des Tals, besitzt mehrere Wasserfälle, darunter den fast 200 m hohen Fallbach-Wasserfall. Die ab der Falleralm mautpflichtige **Malta-Hochalmstraße** windet sich in großartigen Kehren über neun Brücken und durch sechs Tunnels hinauf bis zur **Kölnbreinsperre**, die eine der größten und mit ihrer 200 m hohen Staumauer auch die **höchste Talsperre Österreichs** ist. Toller Ausblick garantiert, aber nichts für schwache Nerven: Auf der neuen Aussichtsplattform **Airwalk** können sich Besucher sehr spektakulär der Höhenangst hingeben.

Maltatal: www.maltatal.com
Malta-Hochalmstraße und Airwalk: Mai–Okt. tgl. 7.00–18.00 Uhr, Tagesmaut PKW 18 €, www.verbund.com

** Graz

✦ O 5

Bundesland: Steiermark
Höhe: 368 m ü.d.M.
Einwohnerzahl: 267 800

Graz war im Mittelalter und in der Renaissance eine glanzvolle Residenzstadt der Habsburger. Als Erbe aus dieser Zeit besitzt der Ort auch heute noch eine der besterhaltenen historischen Altstädte Mitteleuropas – und gehört daher seit dem Jahr 1999 zum Weltkulturerbe der UNESCO.

Überragt vom weithin sichtbaren Schlossberg liegt die Stadt an den grünen Ufern der Mur, die hier aus einem engen Durchbruchstal in das fruchtbare Grazer Becken tritt. Die **Haupstadt der Steiermark** ist die zweitgrößte Stadt des Landes – doch sie hat einen sehr provinziellen Charme. Sicherlich trägt auch das milde Klima dazu bei, dass es sich in Graz besonders gut leben lässt.

Zweitgrößte Stadt Österreichs

Neben altem Adel und bodenständigem Trachtenbürgertum ist die studentische Szene höchst lebendig – jeder sechste Einwohner ist an einer der **vier Universitäten** eingeschrieben. Weltweit bekannt ist Graz aber auch für seine **vitale Kunstszene**, die zwei Aushängeschilder hat: das Avantgardefestival »styriarte« und der »Steirische Herbst«. Für die Wahl zur Europäischen Kulturhauptstadt im Jahr 2003 hatte sich die Stadt nochmals ins Zeug gelegt und mit dem

Studenten und Avantgarde

Die Altstadt von Graz liegt am Fuß des Schlossbergs.

Graz erleben

AUSKUNFT

Grazer Tourismus

Herrengasse 16
A-8010 Graz
Tel. 0316 8 07 50
www.graztourismus.at

VERGÜNSTIGUNGEN

Universalmuseum Joanneum

www.museum-joanneum.at
Die meisten der hochkarätigen Museen
in Graz werden vom Joanneum verwaltet. Beim Kauf einer 24-Stunden-Karte
(11 €) hat man Zugang zu allen Ausstellungen, die einzeln jeweils 8 € kosten.
Eine 48-Stunden-Karte kostet
17 €, darin eingeschlossen sind etwa das
Landeszeughaus, die Museen im Joanneumsviertel, das Kunsthaus Graz und
das Schloss Eggenberg.

3-Tages-Touristenticket

Freie Fahrt in allen öffentlichen Verkehrs-
mitteln inklusive Schlossbergbahn und
Lift sowie ermäßigten Eintritt in alle
Schausammlungen des Museum Joanne-
um bietet das 3-Tages-Ticket der Grazer
Linien. Es kostet 10,90 € und ist u. a. am
Bahnhof, am Flughafen und bei der Tou-
ristinfo erhältlich.

EINKAUFEN

Zahlreiche Geschäfte laden in der Altstadt zum Stöbern ein. Bestens sortiert
ist hier das Warenhaus Kastner & Öhler,
das mit 500 internationalen Marken die
größte Modeauswahl Österreichs bietet.
Auch wenn man nicht auf der Suche
nach kulinarischen Mitbringseln ist,
lohnt der Bauernmarkt am Kaiser-Josef-
Platz (tgl. bis 13.00 Uhr) alleine des Flairs
wegen einen Besuch.

ESSEN

❶ *Stainzerbauer* ⓔⓔⓔ

Bürgergasse 4
A-8010 Graz
Tel. 0316 82 11 60
www.stainzerbauer.at
Das beliebte Restaurant gibt sich klassisch: Dunkles Holz betont die weißen
Gewölbebögen des Hauses aus dem
16. Jh., auf der Speisekarte finden sich
steirische Spezialitäten.

❷ *Der Steirer* ⓔⓔ

Belgiergasse 1
A-8020 Graz
Tel. 0316 70 36 54
www.der-steirer.at
Todschickes Wirtshaus, dessen bodenständige Küche entsprechend fein und
oft auch überraschend daherkommt. Für
den kleinen Hunger greift man am besten zu den steirischen Tapas.

❸ *Mohrenwirt* ⓔ

Mariahilfer Straße 16
A-8020 Graz
Tel. 0316 71 20 02
Seit 1586 gibt es hier ein Gasthaus und
seit mindestens 40 Jahren hat sich die
Einrichtung nicht verändert. Gekocht
wird ebenso unverändert gut und solide,
etwa geröstete Leber oder Flecksuppe.

ÜBERNACHTEN

❶ *Erzherzog Johann* ⓔⓔⓔ

Sackstraße 3–5
A-8010 Graz
Tel. 0316 81 16 16
www.erzherzog-johann.com
Das schöne alte Palais im Stadtzentrum
besticht durch einen als Wintergarten
umgestalteten Arkadenhof.

❷ *Schlossberghotel* ⓔⓔⓔ
Kaiser-Franz-Josef-Kai 30
A-8010 Graz
Tel. 0316 80700
www.schlossberg-hotel.at
Eines von Europas feinsten Kunsthotels,
das direkt an der Mur am Fuße des
Schlossbergs liegt. Zeitgenössische Origi-
nalkunst wird hier in perfekt restaurier-
ter Architektur inszeniert. Antiquitäten
und Bilder schmücken die schön eingerichteten Zimmer.

❸ *Das Weitzer* ⓔⓔ
Grieskai 12–16
A-8020 Graz
Tel. 0316 7030
www.weitzer.com
In perfekter Lage gegenüber der Altstadt
liegt das alteingesessene Hotel Weitzer,
dem man vor wenigen Jahren einen extrem frischen Schwung verpasst hat. Die
Zimmer sind modern-reduziert und komfortabel ausgestattet. Cool: Gäste können einen schicken Mercedes SL mieten.

neuen Kunsthaus ein Wahrzeichen postmoderner Architektur geschaffen. Mit dem Umbau des Museums Joanneum zu seinem
200. Geburtstag im Jahr 2011 – hierfür wurde ein ganzer historischer
Gebäudekomplex mit **zeitgenössischer Architektur** neu gestaltet
– beweisen die Stadtväter, dass ihnen die neuen Ideen nicht ausgehen. Diese Mischung aus Tradition und Avantgarde, aus Renaissance
und Moderne, aus Festhalten am Bewährten und einer gewissen Auf-
geschlossenheit gegenüber dem Neuen macht den ganz besonderen
Reiz dieser schönen Stadt aus.

Wie Ausgrabungen beweisen, war das Gebiet der heutigen Stadt bereits 800 n. Chr. besiedelt, doch urkundlich wird Graz erstmals 1128
erwähnt. Der Name stammt vom slawischen »Gradec« (**»kleine
Burg«**). Als Handelszentrum gewann Graz mehr und mehr an Bedeutung. 1281 räumte der habsburgische König Rudolf I. der Stadt
besondere Privilegien ein, 1379 bis 1619 war sie Residenz der leopol-
dinischen Linie der Habsburger. Graz wurde vom 15. bis 17. Jh. gegen die vom Osten und Süden vordringenden Völker zur Festung
ausgebaut – die Türken belagerten die Stadt mehrmals erfolglos.
Dazu holte man **italienische Baumeister** ins Land, die ansässig wurden und private Aufträge übernahmen. Das brachte Renaissance ins
Stadtbild. Als 1619 Ferdinand II. zum deutschen Kaiser gewählt wurde, vereinigte er die gesamten österreichischen Länder. Seinen Hof
verlegte er nach Wien, womit die Bedeutung von Graz als Machtzen-
trum zu Ende war.

**Handels-
und Macht-
zentrum**

Im 19. Jh. förderte der beliebte, volkstümliche Erzherzog Johann die
wirtschaftliche und technische Entwicklung der Stadt und des Landes. Zu den wichtigsten **Wirtschaftszweigen** von Graz gehören
heute Automobilindustrie, Energie- und Umwelttechnik, Human-
und Biotechnologie sowie Kreativwirtschaft.

**Moderne
Technik**

SEHENSWERTES IN GRAZ

Altstadt Die Altstadt mit ihren farbenfrohen Fassaden und ihren vielen, äußerst reizvollen Innenhöfen kann sich der **größten geschlossenen Renaissancebebauung im deutschsprachigen Raum rühmen – dank der Baumeister, die man ursprünglich zur Errichtung von Festungsbauten in die Stadt geholt hatte. Der Stadtkern zählt zu den schönsten und am besten erhaltenen in Europa.

Hauptplatz Am Hauptplatz, dessen Mitte eine Brunnenplastik des Erzherzogs Johann ziert, beginnt der Spaziergang. Das **Rathaus** (1887–1893) beherrscht die Südseite des Platzes, nördlich an der Abzweigung zur Sporgasse fasziniert der Anblick des **Luegg-Hauses** mit Laubengang und Stuckfassade (17. Jh.) – der Name kommt übrigens von »um die Ecke luegen« (»um die Ecke gucken«).

Sporgasse Nach Osten geht die schmale Sporgasse ab, wo zwei besonders schöne Palais zu bewundern sind: das **Deutschritterordenshaus** (Nr. 22)

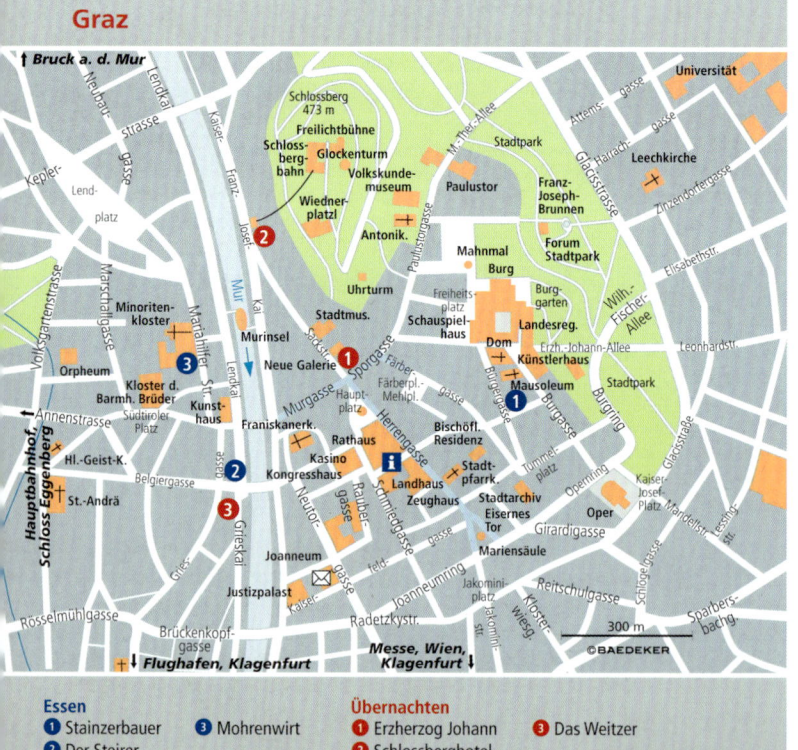

Essen
❶ Stainzerbauer   ❸ Mohrenwirt
❷ Der Steirer

Übernachten
❶ Erzherzog Johann   ❸ Das Weitzer
❷ Schlossberghotel

Highlights Graz

▶ **Altstadt**
Ein Bummel durch die stimmungs-
volle Altstadt von Graz verdeutlicht
schnell, warum sie zum UNESCO-
Weltkulturerbe gehört.
Seite 250

▶ **Dom und Mausoleum**
Der spätgotische Dom und das ma-
nieristisch-barocke Mausoleum ge-
genüber der Burg gehören zu den
Prachtbauten der oberen Altstadt.
Seite 252

▶ **Landhaus**
Ein Stück Italien mitten in der Grazer
Herrengasse? Fast wie ein venezia-
nischer Palazzo mutet das Landhaus,
ein prächtiger Renaissancebau, an.
Seite 252

▶ **Zeughaus**
Für Kenner alter Waffen ist die hier
präsentierte Sammlung ein ganz
besonderes Schmankerl.
Seite 252

▶ **Joanneumsviertel**
Das Universalmuseum hat sein altes
Quartier neu bezogen. Highlight sei-
ner Sammlungen ist jetzt das moder-
ne Naturkundemuseum.
Seite 253

▶ **Kunsthaus**
Ein freundlicher Fremdkörper im Zie-
gelrot der Dächer ist das aufsehener-
regende Kunsthaus mit seiner großen
Blase – laut Aussage der Architekten.
Seite 254

▶ **Uhrturm**
Wahrzeichen von Graz ist der Uhrturm auf halber Höhe des Schlossbergs. Tollen Ausblick gibt's dazu.
Seite 255

▶ **Schloss Eggenberg**
Die Zeit in einem Bauwerk inszeniert.
So könnte man das ab 1625 errichte-
te Schloss Eggenberg beschreiben,
das Teil des Weltkulturerbes Graz ist.
Seite 256

und das **Palais Saurau** (Nr. 25), dessen Giebel die Figur eines säbel-
schwingenden Türken ziert.

Biegt man rechts in der Sporgasse in die Hofgasse zum Freiheitsplatz
ab, steuert man auf das um 1825 erbaute Schauspielhaus zu. Eine
Vorstellung zu besuchen lohnt sich in diesem Theater alleine schon
wegen des schönen Innenraums. Auf dem Freiheitsplatz erinnert die
Statue des letzten Römischen Kaisers Deutscher Nation, Franz II., an
die vergangene Reichsherrlichkeit.

**Schauspiel-
haus**

Gleich daneben beginnt der Burg- und Dombezirk. In die Burg
(15. Jh.), ehemalige Residenz Friedrichs III. und einst ausgedehnte
Anlage, ist die Steirische Landesregierung eingezogen. Erhalten blieb
auch die originelle doppelläufige Wendeltreppe von 1499, eine beachtliche architektonische Leistung, zu sehen neben dem rechten

**Burg- und
Dombezirk**

Durchgang zum hinteren Burghof. Südlich der Burg steht der 1462 fertig gestellte spätgotische ***Dom**. Das Hauptportal mit Wappenschmuck erinnert an seinen Erbauer, Kaiser Friedrich III. Das sog. Landplagenbild (1480) an seiner Südseite zeigt das von Türken, Pest und Heuschrecken bedrohte Graz. Im barocken Inneren trennt ein schmaler Triumphbogen die breite Halle vom Chor. Beiderseits des Triumphbogens stehen kostbare Reliquienschreine (1477). Von der ursprünglich gotischen Einrichtung ist noch das Christophorusfresko bei der Kreuzkapelle übrig. Ein Glanzstück der ursprünglichen Kirchenausstattung ist nach langjähriger Restaurierung in Wien nun ebenfalls wieder hier zu sehen: Conrad Laibs Gemälde „Kreuzigung im Gedräng" (1457), das aufgrund seiner Qualität und seiner Größe (2,70 x 2,70 m) zu den bedeutendsten spätgotischen Tafelbildern im deutschsprachigen Raum zählt. Gegenüber steht das im manieristisch-barocken Stil für Kaiser Ferdinand II. erbaute ***Mausoleum** (1614 – 1633). Als Architekt zeichnete der Italiener Pietro de Pomis verantwortlich, an der Innenausstattung war J. B. Fischer von Erlach beteiligt. Die Anlage besteht aus der sehenswerten Katharinenkapelle, einem Kuppelbau, und der sich anschließenden Grabkapelle mit den Gräbern von Maria von Bayern, der Mutter des Kaisers, und von Ferdinand II.

Mausoleum: Tgl. 10.30 – 12.30 u. 13.30 – 16.00 Uhr, Eintritt: 4 €

Glockenspiel Am Glockenspielplatz tanzen um 11.00, 15.00 und 18.00 Uhr zwei rund 100 Jahre alte Trachtenfiguren nach immer anderen Melodien, die fünf Mal im Jahr neu zusammengestellt werden.

Herrengasse Über romantische Gässchen und Passagen gelangt man in die Herrengasse – die Schlagader der City. Die Fußgängerzone Herrengasse führt vom Hauptplatz nach Südosten und weist zahlreiche Repräsentationsbauten auf, darunter das **»Gemalte Haus«** (Nr. 3) mit Fresken von 1742 oder Haus Nr. 13, wo einst Napoleon übernachtete. Einer der bedeutendsten Renaissancebauten in Österreich mit italienischen Festungsbaumeister Domenico dell'Allio ist das ***Landhaus** (Herrengasse Nr. 16; 1557 – 1565), über Jahrhunderte hinweg Sitz der steirischen Landstände, heute des Landtags der Steiermark. Rundbogenfenster und eine Loggia bestimmen das Bild der Hauptfront zur Herrengasse hin. Der schmucke Arkadenhof ist an zwei Seiten von prachtvollen dreigeschossigen Lauben umgeben und im Sommer ein beliebter Kulturveranstaltungsort. Neben dem Landhaus steht das von 1642 bis 1644 erbaute ****Zeughaus** mit der weltweit größten und einzigartigen, weil vollständig erhaltenen Waffensammlung aus dem 16. bis 19. Jh., darunter Stücke aus der Zeit der Türkenkriege: Harnische, Helme und Prunkwaffen für sage und schreibe 28 000 Mann! Selbst für heutige Begriffe eine stattliche Armee! Eine kunsthistorische Kostbarkeit besitzt die gotische **Stadtpfarrkirche**

Sitz des Landtags der Steiermark: das Landhaus

(1519), mit barocker Fassade und Glockenturm versehen: Jacopo
Tintoretto wird die Himmelfahrt Mariä am Johann-Nepomuk-Altar
zugeschrieben. Im Chor zeigen die Glasfenster (1953) die Passion
Christi – unter den an der Geißelung Beteiligten erkennt man auch
Hitler und Mussolini. Schräg gegenüber der Kirche zweigt die nach
dem Barockbaumeister Johann Bernhard Fischer von Erlach (1656
bis 1723) benannte Gasse mit seinem Geburtshaus ab.

Zeughaus: April–Okt. Mi.–Mo. 10.00–17.00 Uhr, Eintritt: 8 €

Geht man über die Landhausgasse Richtung Mur, steht man schon   ***Joanneums-**
im neuen Joanneumsviertel, das zum 200. Geburtstag im Jahr 2011   **viertel**
prächtig entstaubt wurde. In mehrjähriger Bauzeit hat das spanische
Architektenteam Arge Nieto Sobejano & eep die drei historischen
Museumsbauten aus unterschiedlichen Epochen zu einer multifunk-
tionellen Einheit zusammengefügt. Untergebracht sind hier die Lan-

desbibliothek, die Neue Galerie Graz, die Multimedialen Sammlungen sowie das brandneue **Naturkundemuseum**, das nach wie vor das Herzstück des Joanneums ist. Hier präsentiert man 400 Mio. Jahre (steirischer) Erdgeschichte auf zwei Ebenen.

❶ Zugang Kalchberggasse, Di.–So. 10.00–17.00 Uhr, Eintritt: 8 €, www.joanneumsviertel.at

*Kunsthaus   Von hier gelangt man über die Hauptbrücke ans andere Ufer der Mur und schnurstracks ins Kunsthaus am Lendkai 1, das anlässlich des Projekts **Kulturhauptstadt Graz** 2003 erbaut wurde. Das futuristisch wirkende, im spannungsreichen Kontrast zu seiner Umgebung stehende Kunsthaus wird von seinen englischen Architekten Fournier und Cook selbst als »friendly alien« bezeichnet. Auf den Fundamenten thront eine große Blase mit einer teils transparenten, teils undurchsichtigen »Haut« aus Acrylplatten. Das Kunsthaus richtet hochkarätige Ausstellungen zeitgenössischer Kunst aus.

❶ Di.–So. 10.00–17.00 Uhr, Eintritt: 8 €

Murinsel   Ebenfalls 2003 wurde die Murinsel eröffnet, ein muschelförmiger, schwimmender, mit den Murpromenaden durch zwei geschwungene Stegbrücken verbundener **Stahlbau** des New Yorker Architekten und Designers Vito Acconci. Ursprünglich sollte die Insel mit multikulturellen Veranstaltungen belebt werden, doch meistens geht es

Ausstellungsort zeitgenössischer Werke: das Grazer Kunsthaus

hier ziemlich ruhig zu: Gelegentlich spielen ein paar Kinder auf der Anlage oder Städter nutzen sie, um ein Sonnenbad zu nehmen.

Über die Murinsel gelangt man schnell in die Sackstraße, eine belebte Straße, die geradewegs retour zum Hauptplatz führt. Das **Graz Museum** (Nr. 18), ist der urbanen Entwicklung der Stadt gewidmet, es befindet sich im barocken Palais Khuenburg, wo 1863 der österreichische Thronfolger Franz Ferdinand geboren wurde. Einen wunderschönen Renaissancehof besitzt das Haus Nr. 12, in dem der Krebsenkeller untergebracht ist. Kurz vor dem Hauptplatz liegt der Eingang zum **Warenhaus Kastner & Öhler**, das ein gutes Beispiel für steirische Wirtschaftsgeschichte ist. Es wurde 1884 errichtet und vor kurzem zeitgemäß umgebaut. Lohnenswert ist ein Besuch der Dachterrasse mit Skywalk, denn hier gibt es einen schönem Nahblick auf die City. Anschließend sticht das luxuriöse Portal zur Nobelherberge Erzherzog Johann ins Auge. Das Haus war bereits im 16. Jh. der größte Einkehrgasthof innerhalb der Grazer Stadtmauern.

Sackstraße

Graz Museum: Mi.–Mo. 10.00–17.00 Uhr, Eintritt: 5 €, www.grazmuseum.at

Überragt wird die Altstadt vom mehr als 120 m hohen Schlossberg. Die Standseilbahn (Abfahrtstelle Kaiser-Franz-Josef-Kai am Ende der Sackstraße) bietet einen schönen Ausblick und führt in 3 Minuten ganz hinauf aufs Plateau. Alternativ kann man vom Schlossplatz aus, der ebenfalls von der Sackstraße abgeht, zu Fuß 260 Stufen erklimmen oder den neuen Schlossberglift nehmen, der für die gleiche Strecke nur 30 Sekunden braucht. Mit dem Lift kommt man auf halber Höhe zum Grazer Wahrzeichen, dem ****Uhrturm** (1561; 28 m hoch). Sein Stundenzeiger ist länger als der für die Minuten, weil früher nur die Stunden weithin sichtbar angezeigt wurden, der Minutenzeiger wurde erst später hinzugefügt. Von hier aus eröffnet sich der schönste Blick auf die Altstadt von Graz mit ihren ziegelroten Dächern. Der Uhrturm und der weiter oben stehende **Glockenturm** (1588; 35 m hoch) sind die letzten Überbleibsel der einst so mächtigen Festungsanlage am Schlossberg, die man im 19. Jh. in eine schöne Parkanlage verwandelt hat.

Schlossberg

Der Schlossbergpark geht fast nahtlos in den Stadtpark über, der in der zweiten Hälfte des 19. Jh.s als englischer Park auf den geschleiften Festungsanlagen geschaffen wurde. Mittendrin steht der 1873 für die Weltausstellung in Wien gestaltete üppige **Kaiser-Franz-Joseph-Brunnen**. Die schattigen Wiesen ziehen Studenten zum Lernen ins Freie, kleine Cafés laden zur Rast ein.

Stadtpark

Am südlichen Glacis liegt der Kaiser-Joseph-Platz, der vom neobarocken Opernhaus (1898/1899) flankiert wird. Hier gibt es von Mon-

Kaiser-Joseph-Platz

tag bis Samstag immer vormittags einen schönen Bauernmarkt, auf dem viel Bioobst und -gemüse verkauft wird. Die meisten der angebotenen Produkte haben in der Steiermark eine lange Tradition, etwa Käferbohnen, Äpfel oder Kürbiskernöl.

UMGEBUNG VON GRAZ

**Schloss Eggenberg

Seit 2010 ist Schloss Eggenberg, ca. 5 km westlich des Stadtzentrums gelegen, Teil des UNESCO-Welterbes Graz. Das Schloss (1625 bis 1635), eine dem spanischen Escorial nachempfundene, gewaltige quadratische Anlage von Pietro de Pomis (▶Mausoleum), thront auf einer Anhöhe. Es stellt in seiner Gesamtheit eine **Allegorie der Zeit und des Universums** dar: Es hat insgesamt 365 Fenster, 31 Räume pro Stockwerk, 24 Prunksäle mit 52 Türen und insgesamt 60 Fenstern und vier die Himmelsrichtungen symbolsierende Ecktürme. Ganz im Zeichen der Astronomie steht auch das Bildprogramm des ab 1678 ausgestatteten Planetensaals. Der Maler Hans Adam Weissenkircher ordnete in den Deckengemälden die sieben zu seiner Zeit bekannten Himmelskörper den Wochentagen, römischen Göttern, Metallen und Eggenbergischen Familiengliedern zu. An den Seitenwänden vervollständigen die zwölf Tierkreiszeichen das astronomische Zahlenprogramm. Erdgeschoß und erster Stock beherbergen Sammlungen des Landesmuseums **Joanneum**, von dem es auch verwaltet wird. Zu besichtigen sind das Münzkabinett, das Archäologiemuseum und die Alte Galerie, zu deren bedeutendsten mittelalterlichen Kunstwerken die »Admonter Madonna« (um 1310) und das »Urteil des Paris« (um 1515) von Lucas Cranach d. Ä. zählen. Schloss Eggenberg ist untrennbar mit seinem ***Park** verbunden, der sich mit dem Zeitgeschmack gewandelt hat. Um die Mitte des 19. Jh.s ist hier jener Landschaftsgarten entstanden, der heute noch weitgehend zu sehen ist. Besonders attraktiv sind die majestätisch schreitenden Pfaue. Außerdem ist auch noch der Planetengarten, ein neu gestalteter Parkabschnitt, sehr sehenswert.

BAEDEKER TIPP

! *Innere Werte*

Wo immer ein Durchgang offen steht, lohnt meist ein Blick hinein: Graz besitzt viele traumhaft schöne Innenhöfe, oft sind hier auch Geschäfte oder Lokale untergebracht. Lugen Sie auch ruhig einmal ins Innere dieser Läden, denn gelegentlich können Sie hier noch Gewölbestrukturen sehen.

Schloss: Schlossbesichtigung inkl. der Prunkräume nur mit Führung: April–Okt. Di.–So. 10.00, 11.00, 12.00, 14.00, 15.00 u. 16.00 Uhr, Eintritt: 8 €
Joanneum: April–Okt. Mi.–So. 10.00–17.00, Nov.–Dez. 10.00–16.00 Uhr
Schlosspark: Nov.–März tgl. 8.00–17.00, April–Okt. 8.00–19.00 Uhr

Teil der UNESCO-Welterbestätte Graz: Schloss Eggenberg

St. Radegund (714 m; 2000 Einw.), etwa 15 km nordöstlich von Graz, ist ein beliebter Erholungsort mit interessantem Kalvarienberg. Von hier aus führt eine Seilbahn auf den **Hausberg der Grazer**, den Schöckl (1445 m). Der berühmte Mathematiker und Astronom Johannes Kepler, der 1594 bis 1600 in Graz Mathematik lehrte, nutzte den Berg für Naturbeobachtungen. Heute kann man mit dem Hexenexpress ins Tal rodeln.

Schöckl

Zwischen Semriach und Peggau befindet sich die 25 km nördlich von Graz liegende Lurgrotte. Diese **größte und schönste Tropfsteinhöhle Österreichs** ist nur im Rahmen einer Führung zu besichtigen. Der Zugang erfolgt von Semriach aus, weil in der Höhle meist um die 9 °C herrschen, ist warme Kleidung empfehlenswert.
❶ Mitte April–Okt. 10.00–16.00, Führungen: 11.00, 14.00, 15.30 Uhr, Dauer: ca. 70 Min., 6,50 €, www.lurgrotte.at

Lurgrotte

In Stübing am rechten Murufer hat man 1970 das Österreichische Freilichtmuseum eingerichtet. Die sehenswerte Anlage vereinigt mehr als 90 unterschiedlich alte **Bauernhäuser, Gehöfte, Ställe, Speicher, Mühlen und Spezialbauten** wie beispielsweise Dörr-, Selch- oder Köhlerhütten aus sechs Jahrhunderten. Aus allen Bundesländern Österreichs wurden Gebäude hierher verbracht. Neben jährlichen Themenschwerpunkten gibt es auch mehrere Volkskundeausstellungen und regelmäßig Handwerksvorführungen.
❶ April–Okt. tgl. 9.00–17.00 Uhr, Eintritt: 8,50 €, www.freilichtmuseum.at

*Österreichisches Freilichtmuseum

★★ Großglockner-Hochalpenstraße

✦ J 5

Bundesländer: Salzburg und Kärnten

Die Großglockner-Hochalpenstraße gehört zu den großartigsten und landschaftlich am eindrucksvollsten Hochgebirgsstraßen Europas. Sie erschließt mit den Hohen Tauern Österreichs höchstes Gebirgsmassiv und trotz neuer Nord-Süd-Verkehrswege übt sie auf viele Auto- und Radfahrer immer noch einen ganz besonderen Reiz aus.

Kurven und Aussichten
Von Bruck im Pinzgau bis Heiligenblut am Fuß des Großglockner führt sie nicht nur auf die Passhöhe und wieder hinab, sondern bietet auf mehr als 2000 m Höhe eine beispiellose **Panoramafahrt** von rund 9 km Länge. Trotz Fertigstellung der Felbertauernstraße und der Tauernautobahn (beide winterfest wegen der Tunnel) wird sie weiterhin oft genutzt. Zahlreiche Ausstellungen, Informationsstellen und Lehrwege informieren über Flora und Fauna: Auf dieser Straße durchfährt man nämlich sämtliche Klima- und Vegetationszonen vom mitteleuropäischen Österreich bis zur Arktis! Schon die Römer benutzten den **Alpenübergang** über das Hochtor. Ein befestigter Weg wurde allerdings erst im Hochmittelalter angelegt: Saumpferde transportierten Wein, Südfrüchte, Glas, Seide und Gewürze nach Norden, Salz, Pelze und Edelmetalle nach Süden. Angeregt durch das neue Reisemittel Auto beschloss man, eine Panoramastraße zu bauen. Von Norden her existierte bereits eine Mautstraße bis Ferleiten, von Süden her eine dem Alpenverein gehörende Privatstraße von Heiligenblut bis zum Glocknerhaus. Am 30. August 1930 erfolgte die erste Sprengung und schon am 3. August 1935 die Freigabe der Straße für den öffentlichen Verkehr. Für die Benutzung der ungefähr 48 km langen Straße mit maximal 12% Steigung muss eine **Mautgebühr** bezahlt werden. Befahrbar ist sie in der Regel von Mai bis Oktober. Aus Naturschutzgründen gilt ein Fahrverbot in der Nacht.
❶ Tgl. 10 – 17 Uhr, www.grossglockner.at

★★ PANORAMASTRASSE IM HOCHGEBIRGE

Wildpark Ferleiten
Von Bruck Richtung Süden folgt nach 14 km der Wildpark Ferleiten. Hier repräsentieren Rot-, Dam-, Sika-, Muffel-, Gams- und Steinwild, Wölfe und Luchse die großen Tiere dieser Bergwelt
❶ Mai – Nov. tgl. 8.00 Uhr bis Einbruch der Dunkelheit, Eintritt: 7 €, www.wildpark-ferleiten.at

Großglockner-Hochalpenstraße erleben

AUSKUNFT
Tourismusverband Heiligenblut
Hof 4, A-9844 Heiligenblut
Tel. 04824 20 01 21
www.heiligenblut.at

ÜBERNACHTEN
Senger ©©
Hof 23

A-9844 Heiligenblut
Tel. 04824 22 15
www.romantic.at
Eine Unterkunft in schönster Lage mit
herrlicher Aussicht auf den Großglockner. Besonders behaglich ist die Herberge durch die Verwendung von viel
»altem« Holz in diesem ehemaligen
Kärntner Bauernhaus.

Unmittelbar nach dem Wildpark passiert man das Mauthaus und
gelangt nach 5 km zum Parkplatz Piffkar (Naturlehrpfad) in 1620 m
Höhe. 2,5 km weiter, beim bereits über der Baumgrenze liegenden
Parkplatz Hochmais (1850 m), genießt man einen schönen Blick auf
die Ostabstürze des Wiesbachhorns (3564 m). In der Nähe der He-
xenküche (2058 m), 1,5 km weiter südlich, fand man Häftlingsketten
(17. Jh.), die verurteilten Strafgefangenen gehörten. Sie wurden in
Ketten über das Hochtor nach Venedig für Galeeren-Strafdienste ge-
trieben. Nach 3 km folgt das Museum Alpine Naturschau mit bota-
nischem Lehrpfad.

Spektakuläre Aussichten

Gleich südlich vom Museum
zweigt die 2 km lange Seitenstre-
cke (Steigung bis zu 14%) zur
Edelweißspitze ab. Der Parkplatz mit einer Aussichtsplattform
(2571 m) ist **der höchste Punkt
der Großglocknerstraße**. Bei
gutem Wetter hat man einen
traumhaften Panoramablick auf
nicht weniger als 37 stolze Dreitausender!

Der 311 m lange **Hochtortunnel**
markiert die Grenze zwischen
Salzburg und Kärnten. Beim Bau
der Straße fand man eine kleine
Herkulesstatue – der »Passheili-
ge« der Römer. Praktisch fürs Al-
bum: Am Tauerneck (2099 m) bekommt man Großglockner und
Zamitzkehren aufs Foto.

Heiligenblut am südlichen Ende der
Großglockner-Hochalpenstraße

Idylle am Wegesrand: Der Anblick auf Bergwelt und Straße ist an sich schon eine Belohnung!

Abstecher Gletscherstraße

Rund 3 km später folgt die Abzweigung der 9 km langen Gletscherstraße. An ihrem Ende wird man bei der **Kaiser-Franz-Josephs-Höhe** mit einem prächtigen Blick auf den höchsten Berg Österreichs, den Großglockner (3798 m), sowie auf Schwerteck, Leiterköpfe, Glocknerwand, Teufelskamp, Romariswandkopf, die drei Felsköpfe des Burgstalls und – dahinter – die Firnpyramide des Johannisbergs belohnt. Unterhalb der Aussichtsplattform, über einen Steig oder die Standseilbahn erreichbar, erstreckt sich die rund 9 km lange und 1,5 km breite **Pasterze**, der größte Gletscher der Ostalpen. Die nach ihrem berühmten Besucher benannte Kaiser-Franz-Josephs-Höhe bietet Touristen Panoramawege, Einkehrmöglichkeiten, die Wilhelm Swarovski Beobachtungswarte und ein **Besucherzentrum** mit profunden Informationen zum hochalpinen Lebensraum. Beim Besucherzentrum beginnt auch der 2,5 km lange Gamsgrubenlehrweg zu Entstehung und Bewegung der Gletscher und zur hochalpinen Tierwelt (►Hohe Tauern). Zurück auf der Großglocknerstraße folgt 2 km nach der Abzweigung Guttal der Rast- und Parkplatz Kasereck (1930 m). Zur Bergseite hin sind hier wieder einige Reste des einstigen Römerwegs erkennbar.

Besucherzentrum Kaiser-Franz-Josephs-Höhe: Mai–Mitte Juni tgl. 6.00–20.00, Mitte Juni–Mitte Sept. tgl. 5.00–21.30, Mitte Sept. bis Anf. Nov. tgl. 6.00–19.30 Uhr, Eintritt im Mautpreis enthalten

Heiligenblut (1301 m; 1100 Einw.) ist ein viel besuchter Sommer-
erholungs- und Wintersportort am Wiesenhang des Mölltals. Die
gotische **Wallfahrtskirche St. Vinzenz** (15. Jh.) ist eines der meistfotografierten Motive entlang der Großglockner-Hochalpenstraße.

*Heiligenblut

** Gurk

M 6

Bundesland: Kärnten
Höhe: 662 m ü.d.M.
Einwohnerzahl: 1300

**Der Dom von Gurk ist eine der bedeutendsten romanischen
Kirchen Österreichs und das Ziel vieler Wallfahrten. Gründerin
von Kirche und Kloster war Gräfin Hemma, die nach dem Tod
von Gatte und Söhnen eine der reichsten Frauen der Zeit war.**

In dem kleinen Markt Gurk, rund 30 km nordwestlich von ►Klagen-
furt, gründete Hemma 1043 Marienkirche und Frauenkloster, das
1072 vom Salzburger Erzbischof in ein Hilfsbistum verwandelt wurde. Aus ihm entstand über Jahrhunderte die heute selbstständige Diözese Gurk. 1788 zog das Domkapitel nach Klagenfurt, die 51 Bischöfe von Gurk residierten seit dem 12. Jh. auf Schloss Straßburg
(►Umgebung). Seit 1932 nutzt der Salvatorianerorden die im 17. Jh.
errichteten Stiftsgebäude.

*Romanische
Kostbarkeit*

* DOMKIRCHE

Der 1140 bis 1220 erbaute Dom
ist eine dreischiffige **Pfeilerbasilika** mit einem Querhaus und
drei Apsiden. Im 12. Jh. schon
wurden die Reliquien der hl.
Hemma in die Krypta unter
dem Chor überführt.
❶ Führungen: Tgl. 10.00 – 17.00,
So. ab 11.00 Uhr, Eintritt:
7,50 €, www.dom-zu-gurk.at

Die 41 m hohen **Türme** an der
Westfassade der schlichten
Domkirche tragen seit dem
Jahr 1682 Zwiebelhauben. Mit
gotischen Wandfresken und

Domkirche Gurk

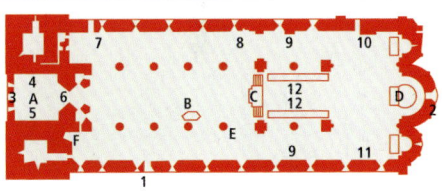

A Äußere Vorhalle	**D** Hochaltar
B Kanzel	**E** Zur Krypta
C Kreuzaltar	**F** Zur Bischofskapelle

1 Südportal mit	**7** Hemma-Reliquiar (1955)
Christus-Tympanon (1150)	**8** Samson-Tympanon (1200)
2 Löwe und Basilisk (1180)	**9** Hemma-Reliefs (1500)
3 Gotische Wand (1340)	**10** Christophorus-
4 Altes Testament (1340)	Fresko (1250)
5 Neues Testament (1340)	**11** Apokalypsen-Fresko (1380)
6 Trichterportal (1200)	**12** Chorgestühl (1680)

Gurk erleben

AUSKUNFT
Tourismusbüro Gurk
Dr. Schnerich Straße 12

A-9342 Gurk
Tel. 04266 81 25 27
www.gurk.at

Glasgemälden (um 1340) ist die äußere Vorhalle geschmückt, deren Portal von 1200 stammt. An der Nordwand zeigen Malereien Szenen aus dem Alten, an der Südwand aus dem Neuen Testament.

Innenraum Stilepochen verschiedener Jahrhunderte prägen den Bau im Inneren: Langhaus und Querhaus überspannt ein Netzrippengewölbe, den Chor ein Sternrippengewölbe. Das **Samsonportal** an der linken Langhauswand stammt von 1200. Der **Kreuzaltar** ist eine Rokoko-Schöpfung von Georg Raphael Donner (1741), die barocke **Kanzel** ein prächtiges Beispiel für die Anstrengungen der Gegenreformation. Sechs bunt bemalte **Holzreliefs** veranschaulichen die Legende der Klosterstifterin hl. Hemma. Ein Werk des sächsischen Meisters Michael Hönel ist der ganz in Gold gehaltene – und reich mit Schnitzfiguren (82 Engelsköpfe und 72 Statuen) verzierte – barocke **Hochaltar** (1626 – 1632). Zur Passionszeit wird er mit dem größten und ältesten Fastentuch Kärntens (1458) verdeckt, auf dem 99 Szenen zu sehen sind. Angeschaut werden kann es sonst nur während einer Führung. Ebenfalls nur bei den Führungen kann man die ***Bischofskapelle** auf der Westempore betreten. Das lohnt sich allerdings, denn der Raum besitzt einmalige spätromanische Fresken (um 1220) im Zackenstil. Von hundert Säulen wird die berühmte, im Rahmen der Führungen gezeigte ***Krypta** (Hemmagruft) unter dem Chor getragen, sie ist die Grabkirche der Stifterin Hemma († 1045). Diese wurde zwar erst viel später, im Jahr 1938, heilig gesprochen, doch bereits seit dem 12. Jh. reißt der Strom der Wallfahrer nicht ab.

Außen eher schlicht, innen eine der interessantesten Kirchen Österreichs: der Dom zu Gurk

UMGEBUNG VON GURK

Wenige Kilometer östlich von Gurk liegt am Fuß des 1147 erbauten **Straßburg** und mehrfach erweiterten Schlosses die kleine Stadt Straßburg (650 m; 2200 Einw.). Lange Zeit dem Verfall preisgegeben, wurde das Schloss mit dem prachtvollen Arkadenhof inzwischen restauriert und dient als schöner Rahmen für kulturelle Veranstaltungen. Es beherbergt volkskundliche Sammlungen sowie ein **Jagdmuseum**.
Jagdmuseum: Mai–Sept. tgl. 10.00–18.00 Uhr, Eintritt: 1,50 €

Hainburg

✳ R 3

Bundesland: Niederösterreich
Höhe: 161 m ü.d.M.
Einwohnerzahl: 5900

Eine der wichtigsten Fernhandelsstraßen Europas vom Baltikum bis zum Mittelmeer verlief einst durch Hainburg: die Bernsteinstraße. Auch die Grenzlage im Osten, kurz vor der Slowakei, machte Hainburg von der Antike bis heute zu einer historisch äußerst interessanten Stadt.

Im Mittelalter avancierte der Ort an der Donau zur Festungsstadt an **Geschichte** der Ostgrenze des Heiligen Römischen Reiches Deutscher Nation. Die Siedlung entstand am Fuß einer Burg und erhielt 1244 das Stadtrecht. Herzogin Margarethe von Österreich, die letzte Babenbergerin, heiratete hier 1252 Markgraf Ottokar von Mähren, später König von Böhmen. Mehrfach hatte Hainburg unter verheerenden Überfällen der Magyaren und der Türken zu leiden, 1683 wurden fast alle 8000 Einwohner umgebracht. Durch eine verstärkte Stadtbefestigung versuchte man dieser schwierigen Grenzsituation zu begegnen.

Hainburg und Carnuntum erleben

AUSKUNFT
Gästeinformation Hainburg
Informationsstelle Nationalpark
Donau-Auen
Ungarstraße 3
A-2410 Hainburg
Tel. 02165 6 21 11
www.hainburg.at

Archäologischer Park Carnuntum
(Freilichtmuseum Petronell, Amphitheater Bad Deutsch-Altenburg, Archäologisches Museum Carnuntinum)
Hauptstraße 1
A-2404 Petronell-Carnuntum
Tel. 02163 3 37 70
www.carnuntum.co.at

Alte Meister in ehrwürdigem Rahmen: Gemäldesammlung im Schloss Rohrau bei Hainburg

SEHENSWERTES IN HAINBURG

Altstadt Hainburg besitzt von der Burg bis zur Donau rund 2,5 km gut erhaltene Befestigungsmauern mit drei Toren und 15 Türmen. Das über 20 m hohe ***Wiener Tor** (13. Jh.) an der westlichen Stadteinfahrt ist das **größte mittelalterliche Stadttor Europas**. Der Unterbau besteht aus 22 Buckelquaderschichten, wohingegen der obere Teil einen erkerartigen, spitzbogigen Aufbau trägt. Die Figuren an den Torinnenseiten werden Etzel und Krimhilde genannt, die dem Nibelungenlied nach hier übernachtet haben sollen. Mehrere Museen, darunter auch das Stadtmuseum, befinden sich im Tor. Eine ganze Kolonie von Mausohrfledermäusen hat das Dachgewölbe im Frühjahr zu ihrer »Wochenstube« auserkoren. Das älteste Stadttor Hainburgs ist das massive Ungartor, um 1230 erbaut, im Osten der Stadt. Das Fischertor war 1683 der Schauplatz des brutalen Türkenüberfalls, bei dem fast die gesamte Einwohnerschaft des Orts getötet wurde – aus diesem Grund heißt die Straße zum Hauptplatz heute auch Blutgasse. Neben der barockisierten Stadtkirche ist am Hauptplatz besonders die **Mariensäule** von 1749 sehr bemerkenswert. Sie gilt als eine der sehenswertesten und schönsten Rokokosäulen in ganz Österreich.

UMGEBUNG VON HAINBURG

15 km südwestlich ist im Schloss Rohrau die **größte private Gemäl-** **Schloss**
desammlung Österreichs mit mehr als 400 Kunstwerken spani- **Rohrau**
scher und italienischer Meister des 17. und 18. Jh.s zu bewundern.
❶ Ostern – Okt. Di. – So. 10.00 – 17.00 Uhr, Eintritt: 8 €,
www.schloss-rohrau.at

Der kleine Ort Rohrau hat im **Joseph-Haydn-Geburtshaus** ein se- **Rohrau**
henswertes Museum zu Ehren des Komponisten und seines Bruders
eingerichtet.
❶ Di. – So. 10.00 – 16.00 Uhr, Eintritt: 5 €, www.haydngeburtshaus.at

Nordwestlich von Hainburg erstreckt sich das flache **Marchfeld** zwi- ****Schloss Hof**
schen Donauauen im Süden und Marchauen an der Grenze zur Slo-
wakei. Heute wird hier vorwiegend Gemüse angebaut – in historischer Zeit fochten die Habsburger im Marchfeld große Schlachten
aus (1278 bei Dürnkrut gegen Ottokar II. Premysl von Böhmen, 1809
bei Aspern gegen Napoleon). In Friedenszeiten ließen sich Adelige
hier Schlösser bauen, darunter Prinz Eugen von Savoyen, der in den
späten 1720er-Jahren den damaligen Stararchitekten Johann Lucas
von Hildebrandt mit dem Entwurf eines repräsentativen **Land- und**
Jagdsitzes beauftragte. 1755 erwarb Maria Theresia (▶Berühmte
Persönlichkeiten) von den Erben Eugens das Anwesen, ein eindrucksvolles Gesamtkunstwerk des europäischen Barock. Sehenswert ist nicht nur das vorbildlich renovierte Schloss, sondern auch
der fast 50 ha große **Garten**, der ebenso umsichtig in barocker Ma-
nier neu gestaltet wurde.
❶ April – Nov. tgl. 10.00 – 18.00 Uhr, Eintritt: 11 €, Schlossführung
tgl. 11.00 u. 14.00, Gartenführung tgl. 15.00 Uhr, 3 €,
www.schlosshof.at

** PETRONELL-CARNUNTUM
Öffnungszeiten aller Anlagen: Ende März – Mitte Nov. tgl. 9.00 bis
17.00 Uhr, Kombiticket 10 €, www.carnuntum.co.at

Fährt man von Hainburg aus rund 5 km donauaufwärts, erreicht man **Römische**
die Nachbarorte Bad Deutsch-Altenburg und Petronell-Carnuntum. **Siedlung**
Dort markieren mehr als 8 km ausgedehnte **Ausgrabungsfelder**
eine der größten und bedeutendsten römischen Siedlungen in diesem Raum aus dem 1. Jh. n. Chr.

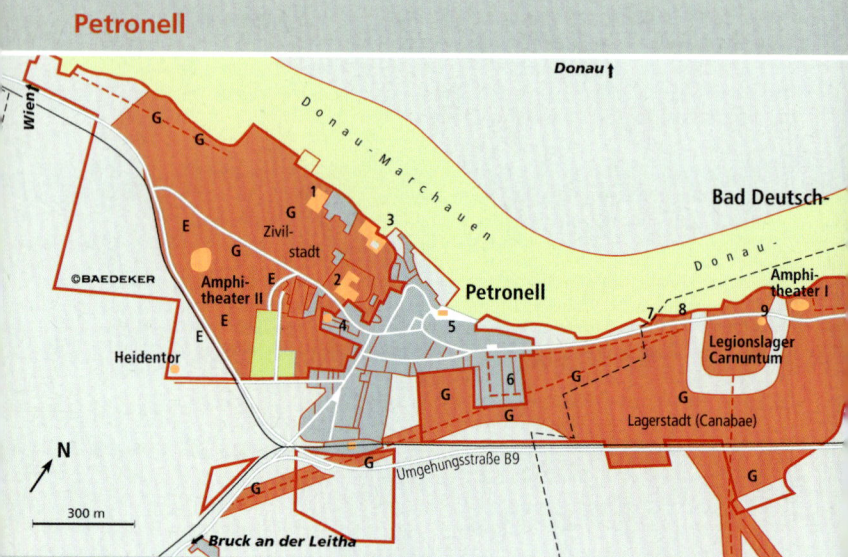

Petronell

Antike Siedlungsfläche (rot: Baudenkmäler und offen gehaltene Ausgrabungen)

Antike Landwirtschaft (geplante Anlage)

Bebaute Fläche

Naturschutzgebiete

1 Große Therme (»Palastruine«)
2 Wohnviertel der Zivilstadt (Freilichtmuseum)
3 Schloss Petronell
4 Rundkirche Petronell
5 Pfarrkirche Petronell
6 Auxiliarlager (Kastell) Petronell
7 Statthalterpalast (?)
8 Heiligtum der Epona (?)
9 Porta principalis dextra

10 Badeanlage
11 Tempelbezirk der orientalischen Gottheiten (Mühläcker)
12 Canabae im Bereich Mühläcker
13 Schloss Deutsch-Altenburg
14 Museum Carnuntinum
15 Pfarrkirche und Karner Deutsch-Altenburg
16 Tumulus Bad Deutsch-Altenburg (Kirchenberg)

Geschichte   Schon 6 n. Chr. wurde Carnuntum als bedeutende keltische Stadt im Königreich Noricum erwähnt. Hier errichtete die Legion XV Apollinaris des Kaisers Tiberius zwischen 35 und 40 n. Chr. ein großes Militärlager. Zusammen mit dem zivilen Siedlungsbereich entwickelte es sich am Schnittpunkt von Bernsteinstraße und Limesstraße zur Hauptstadt der Provinz Oberpannonien mit bis zu 50 000 Einwohnern. Immer wieder kamen römische Regenten in die Stadt, von 171 bis 173 n. Chr. war Carnuntum das Hauptquartier von Marc Aurel, 193 n. Chr. wurde hier Septimius Severus zum römischen Kaiser ausgerufen. Unter dem Druck der Goten und Hunnen begannen sich ab 400 n. Chr. die Römer aus Carnuntum zurückzuziehen.

Freilicht-museum   Von den Bauten der Zivilstadt sind umfangreiche Reste freigelegt worden. **Fundamente von Wohnhäusern, Thermen und Kanälen**

17 Tempelbezirk des Jupiter
   Optimus Maximus Karnuntinus
   am Pfaffenberg (heute zerstört)

E Größere im Grundriss geortete Einzelbauten

G Gräberfeld

·------ Antike Straßen

------ Gemeindegrenzen

vermitteln einen Eindruck vom Leben der Zivilbevölkerung in Carnuntum. Im Grabungsgelände kann man den Archäologen unmittelbar bei der Arbeit zusehen. Drei prachtvolle Gebäude hat man erst kürzlich sehr behutsam rekonstruiert, die **Stadtvilla**, das **Haus des Lucius** und die **Römische Therme** geben eine Idee davon, wie damals die Wohlhabenden lebten. In der rekonstruierten Stadtvilla »villa urbana«, werden an ausgewählten Sommerabenden römische Gaumenfreuden im Rahmen eines Fünf-Gänge-Menüs serviert.

Rund 500 m vom Freilichtmuseum entfernt und leicht zu Fuß zu erreichen ist die Große Therme, gelegentlich irrtümlich als Palastruine bezeichnet. Freigelegt wurden u. a. Fußbodenheizungen, Kanäle, Bade- und Schwimmbecken. **Große Therme**

Das etwa 700 m entfernt gelegene Amphitheater der Zivilstadt (Amphitheater II) ist im 2. Jh. n. Chr. entstanden und hat 13 000 Besuchern Platz geboten, die Arena maß 68 x 51 m. Vom Parkplatz aus führt ein bequemer Fußweg zum Theater. **Amphitheater II**

In Wirklichkeit war das Heidentor weder ein Tor noch heidnisch, sondern wurde als **Doppeltriumphbogen** für Kaiser Constantin von 354 bis 361 errichtet. Zwei mächtige Pfeiler sind heute noch erhalten. **Heidentor**

Im heutigen Bad Deutsch-Altenburg stand im Militärlager von Carnuntum das **Amphitheater I** für 8000 Besucher. Hier wurde mut- **Militärstadt**

Blick auf das Amphitheater der Römerstadt Carnuntum

maßlich der neue Kaiser Septimus Severus ausgerufen. In den letzten Jahren hat man begonnen, hier im Sommer **Gladiatorenkämpfe** in originaler Ausrüstung nachzustellen, musikalisch werden sie von authentischen Blechblasinstrumenten sowie einer Wasserorgel begleitet. Auch die Begleitrituale werden originalgetreu nachgestellt: Der Einzug der Gladiatoren wird von Tänzerinnen begleitet, vor dem Kampf wird die Schutzgöttin Nemesis angerufen.

Gladiatorenkämpfe: Aug. u. Sept. an ausgewählten Tagen, meist 14.00 u. 16.00 Uhr, 14 €, www.carnuntum.co.at

Museum Carnuntinum

Weit mehr als 3000 Ausstellungsstücke – sie machen nur einen kleinen Teil der insgesamt geborgenen Funde aus – sind im 1904 eröffneten Römermuseum Carnuntinum in der Badgasse 40 – 46 in Bad Deutsch-Altenburg ausgestellt. Zu sehen sind etwa **Werkzeuge, Waffen, Schmuck und Kunstgegenstände**. Diese und ganz besonders die Objekte des Mithraskultes präsentieren den Besuchern eindrucksvoll die Kultur der Carnuntiner Bevölkerung.

∗ Hall in Tirol

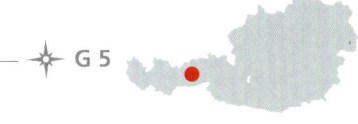 G 5

Bundesland: Tirol
Höhe: 574 m ü.d.M.
Einwohnerzahl: 12 900

Hall in Tirol ist eine der am vollständigsten erhaltenen mittelalterlichen Städte in Österreich. Sie verdankt sowohl ihren Namen als auch ihre Bedeutung dem Salzbergbau, der vom 13. Jh. bis in die Sechzigerjahre des 20. Jh.s betrieben wurde.

10 km östlich von Innsbruck, am Fuß der steil aufragenden Bettelwurfkette (2725 m), liegt die historische Salzstadt Hall. Früher auch Solbad, dient das ehemalige Kurhaus heute als Veranstaltungszentrum. Die pulsierende Kleinstadt besitzt zwei große idyllische Stadtplätze, verwinkelte Ecken, malerische Gässchen, schöne Zeugnisse der Gotik und des Barock sowie mehr als 300 Altstadthäuser, von denen viele den mittelalterlichen Stadtplatz umrahmen.

Mittelalterliche Salzstadt

SEHENSWERTES IN HALL IN TIROL

Unübersehbares Wahrzeichen der Stadt ist die südlich vom Unteren Stadtplatz durch das Münzertor erreichbare **Burg Hasegg** (um 1280) mit dem zwölfeckigen Münzerturm. In der Burg wurden von 1486 bis 1809 Münzen geprägt, das **Technische Museum Münze Hall** zeigt Prägemaschinen der vergangenen Jahrhunderte. Das ebenfalls im Burgkomplex untergebrachte **Stadtmuseum** dokumentiert das Haller Kultur- und Wirtschaftsleben der letzten Jahrhunderte.
❶ April–Okt. Di.–So. 10.00–17.00, Nov.–März Di.–Sa. 10.00–17.00 Uhr, Eintritt: 8 €, www.muenze-hall.at

Münze Hall

Auf dem Weg von der Burg zur Altstadt passiert man die reliefgeschmückte Barbara-Säule, von der Bruderschaft der Knappen 1486 ihrer verehrten Patronin geweiht.

Barbara-Säule

In der Fürstengasse, etwas unterhalb vom Oberen Stadtplatz, zeigt das Bergbaumuseum in einem realistisch **nachgebildeten Bergwerk** aus dem Halltal die alte Technik der Salzgewinnung.
❶ Führungen: Mo., Do., Sa. 11.30 Uhr, Eintritt: 3,50 €

Bergbaumuseum

Mittelpunkt der höher gelegenen malerischen Altstadt ist der von liebevoll restaurierten alten Häusern gesäumte Obere Stadtplatz. Dort steht auch das **mittelalterliche Rathaus**, in dem man den Ratssaal, dessen Gebälk von 1451 stammt, und die Bürgermeisterstube

Oberer Stadtplatz

Hall in Tirol erleben

AUSKUNFT
Tourismusverband Region
Hall-Wattens
Wallpachgasse 5, A-6060 Hall in Tirol
Tel. 05223 4 55 44-0,
www.hall-wattens.at

ESSEN UND ÜBERNACHTEN
❶ *Gartenhotel Maria*
Theresia ⊕⊕⊕
Reimmichlstraße 25

A-6060 Hall
Tel. 05223 5 63 13
www.gartenhotel.at
Die Zimmer des Hotels sind modern ausgestattet und haben einen traumhaften
Ausblick auf die Tiroler Bergwelt. Doch
hier isst man auch vortrefflich, viele der
Zutaten stammen aus der eigenen Landwirtschaft. Auf den Tisch kommen feine
Gerichte wie Lammrückenfilet, aber
auch deftige Wirtshausspeisen.

(1660 getäfelt) besichtigen kann. Auf einer Terrasse erhebt sich die
spätgotische, 1752 im Rokokostil neu ausgestattete **Pfarrkirche
St. Nikolaus**. Eine interessante Reliquiensammlung bewahrt die im
linken vorderen Teil befindliche Waldlaufkapelle, sie wurde vom Ritter Florian von Waldlauf zusammengetragen.
🕐 zu Gottesdienstzeiten geöffnet

Stiftsplatz Am kleinen Stiftsplatz liegen die **Jesuitenkirche** und das 1773 auf-
gehobene **Jesuitenkolleg**, heute Bezirksgericht. Es besitzt nach ori-
ginalgetreuer Restaurierung einen der schönsten barocken Innenhöfe Tirols. Die **Stiftskirche** mit sehenswertem Stiftsportal und
Arkadenhof aus der Renaissance, auch Herz-Jesu-Basilika genannt,
gehört zum von Erzherzogin Magdalena 1567 bis 1569 erbauten, zwischenzeitlich geschlossenen, seit 1912 wieder benutzten Damenstift.

UMGEBUNG VON HALL IN TIROL

Absam Rund 2 km nördlich von Hall liegt das alte Dorf Absam (632 m;
6700 Einw.) mit einer viel besuchten **Wallfahrtskirche**. Der Ort gilt
als **Tirols schönstes Krippendorf**: Zwischen Weihnachten und Dreikönig sind hier rund 250 Krippen zu besichtigen.

Wattens Am südlichen Innufer liegt der Ort Wattens (567 m; 7700 Einw.), wo
seit jeher Glasdiamanten und optische Geräte hergestellt werden.
Anlässlich ihres hundertjährigen Firmenjubiläums (1995) ließ die
Firma Swarovski den Künstler **André Heller** nach eigenen Vorstellungen die ****Swarovski Kristallwelten** errichten. Heller inszenierte zusammen mit anderen Künstlern das Thema Kristall überraschend, spannend und sinnlich. Unter einem grasbewachsenen

Hügel in Form des wasserspeienden Kopfes eines alpinen Riesen, vor dem ein kleiner See liegt, schuf er »Räume, dem Staunen und dem Amusement« gewidmet. Vorbei an **Kristallarbeiten bekannter Künstler** wie Picasso, Miró, Dali oder Warhol führt der Weg durch farbenfrohe, glitzernde »Wunderkammern«. Im Park findet sich ein **Labyrinth** in Form einer Hand. Die Swarovski Kristallwelten gehören zu den meistbesuchten Attraktionen Österreichs.

❶ Tgl. 9.00 – 18.30 Uhr, Eintritt: 1 €, www.kristallwelten.swarovski.com

Weitere 11 km innabwärts folgt Schwaz (535 m; 13 000 Einw.), das seine Bedeutung dem Erzabbau (Silber und Kupfer) verdankt. Um 1500 hatte Schwaz 20 000 Einwohner und war damit nach Wien die bevölkerungsreichste Stadt des Landes. Die alten Häuser des Marktes stammen noch aus der Blütezeit des Bergbaus (1450 – 1550). Nahe der Brücke am Stadtplatz erinnert das gotische **Fuggerhaus** mit Erkertürmchen und Laubenhof daran, dass die Fugger die bedeutendsten Unternehmer im Schwazer Bergbau und Edelmetallhandel wa-

Schwaz

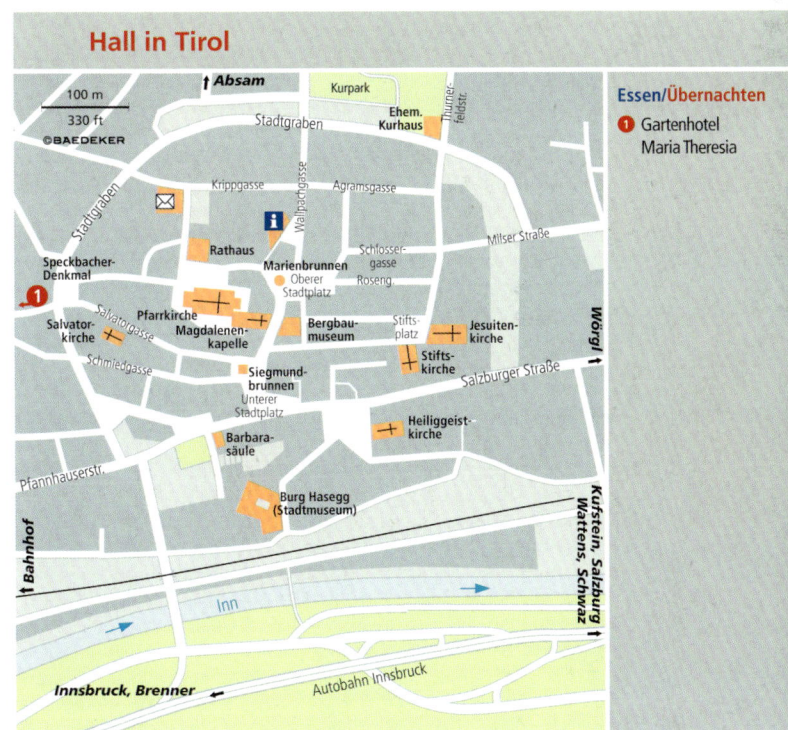

Im Zauberreich von Swarovskis Kristallwelten glitzert und funkelt es überall märchenhaft.

ren. Die Pfarrkirche aus dem 15. Jh. ist die **größte gotische Hallenkirche Tirols**, deren Dach mit dem »Bergsegen«, 15 000 gehämmerten Kupferplatten, gedeckt ist. Einst war die Nordhälfte des barock gestalteten Kirchenraums für die Bürger, die Südhälfte für die Knappen bestimmt. Einen Besuch lohnt das **Museum der Völker** am Stadtrand, ein Museum für Kunst und Ethnografie. Etwa 1 km östlich von Schwaz, in der Alten Landstraße 3a, wurde der frühere Sigmund-Erb-Stollen (Silberbergbau) als **Schaubergwerk** eingerichtet: Mit einer Grubenbahn fährt man 800 m tief in den Berg ein – vorbei an Sinter- und Tropfsteinbildungen – und erlebt eine spannende, rund 90-minütige Führung.

BAEDEKER TIPP

! *Unendliche Weiten*

Vom Stollen ins Universum – in Schwaz kein Problem: Direkt neben dem Schaubergwerk bringt das Zeiss-Planetarium Besuchern kosmische Ereignisse näher. Alte Landstraße 15, Tel. 05242 7 21 29, www.planetarium.at

Museum der Völker: Mo.–Sa. 14.00–18.00, So. 10–18.00 Uhr, Eintritt: 6 €
Schaubergwerk: Mai–Sept. tgl. 10.00–17, Okt.–April tgl. 10.00 bis 16.00 Uhr, Eintritt: 16 €, www.silberbergwerk.at

Innabwärts liegt östlich von Stans am Berghang das vierflügelige
Schloss Tratzberg. Es diente schon Kaiser Maximilian und den Fug-
gern als Jagdschloss. Der spätgotische, in der Renaissance erweiterte
und reich ausgestattete Bau ist das **einzige Schloss in Tirol mit original erhalten gebliebener Einrichtung**. Interessant ist ein 46 m
langes Wandbild – mit der Darstellung von 148 Habsburgern.
❶ Führungen: April–Okt. tgl. 10.00–16.00 Uhr, eigene Führung für Kinder,
Eintritt: 10 €, www.schloss-tratzberg.at

***Schloss
Tratzberg**

✳ Hallein

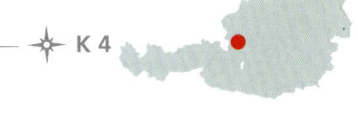

✦ K 4

Bundesland: Salzburg
Höhe: 460 m ü.d.M.
Einwohnerzahl: 20 000

**Über Jahrtausende wurde in der uralten Salinen- und Kelten-
stadt Hallein das »weiße Gold« abgebaut. Die Salzgewinnung,
mit der bereits die Kelten etwa 700 v. Chr. auf dem Dürrnberg
begannen, verhalf der Stadt zu beträchtlichem Wohlstand.**

Hallein liegt am Austritt der Salzach aus dem Gebirge in das Voral-
penland, rund 15 km südlich von Salzburg. Im hohen Mittelalter begründete der **Salzabbau** die wirtschaftliche Machtstellung Halleins
im Ostalpenraum. Gefördert durch die Salzburger Erzbischöfe und
seiner Lage an einer der bedeutendsten Nord-Süd-Verbindungen,
kam die Stadt zu Wohlstand – heute noch ablesbar an der schönen
Altstadt. Erst 1989 endete mit der Schließung der Saline Hallein der
Jahrtausende während Salzabbau (▶Baedeker Wissen S. 50/51). Hallein ist **Bezirkshauptstadt des Tennengau**.

SEHENSWERTES IN HALLEIN

Die pittoreske Altstadt von Hallein lädt in ihre **kleinen Gassen** zum
Flanieren ein, vorbei an Barock- und Rokokohäusern, Torbögen und
Statuen. Von der **mittelalterlichen Pfarrkirche** ist der gotische Chor
erhalten. Sehenswert sind der Hochaltar (1799) mit einem Altarbild
des Malers Andreas Nesselthaler und der spätgotische Taufstein.

Altstadt

An der Nordseite der Pfarrkirche findet man das Grab des Organis-
ten und Komponisten **Franz Xaver Gruber** (1787–1863), der das
Weihnachtslied »Stille Nacht« schrieb. Gegenüber der Kirche liegt in
seinem ehemaligen Wohnhaus das »Stille Nacht«-Museum.
❶ gl. 15.00–17.00, 1. Advent–6. Jan. tgl. 11.00 – 17.00 Uhr, Eintritt: 2 €

**»Stille Nacht«-
Museum**

Hallein erleben

AUSKUNFT

Tourismusverband Hallein
Mauttorpromenade 6
A-5400 Hallein-Pernerinsel
Tel. 06245 8 53 94
www.hallein.com

ESSEN

Gasthof Hohlwegwirt €€
Salzburgerstraße 84
A-5400 Hallein-Taxach
Tel. 06245 82 41 50
www.hohlwegwirt.at
Mo., Di. geschl.
Der traditionsreiche Gasthof serviert
klassische österreichische Küche, aber
auch feine Wildpasteten und Fischge-
richte. Besonders empfehlenswert sind
die köstlichen Desserts. Die umfassende
Weinkarte kann sich sehen lassen.

**Eines der vielen Exponate im Kelten-
museum: Schnabelkanne, ca. 400 v. Chr**

***Kelten-
museum** Das großartige Keltenmuseum mit Sitz im ehemaligen Salinenver-
waltungsgebäude am Pflegerplatz 5 dokumentiert sehr anschaulich
die Salzgewinnung. Es besitzt eine **einmalige Sammlung von
Zunftgeräten**, volkskundlichen Exponaten und zahlreichen Funden
aus hiesigen Siedlungen und Gräbern aus der Hallstatt- und Latène-
zeit (750 – 15 v. Chr.).
❶ Tgl. 9.00 – 17.00 Uhr, Eintritt:
6 €, www.keltenmuseum.at

UMGEBUNG VON HALLEIN

Die ***Salzwelten Salzburg** Bad Dürrnberg sind das älteste Schaubergwerk der Welt. Ein besonderes Erlebnis sind die Fahrt mit der
Grubenbahn, die langen Bergmannsrutschen und die unterirdische
Floßfahrt über den großen Salzsee, der sich übrigens schon auf deutschem Gebiet befindet. Zum See geht es durch enge Stollen, weite
Hallen und an glänzenden Felsen vorbei.
❶ Führungen: April–Okt. tgl. 9.00 – 17.00, Nov.–März tgl. 10.00 – 15.00 Uhr,
18 €, www.salzwelten.at. Im Preis enthalten: Eintritt ins Kelten- und ins
Stille-Nacht-Museum sowie der Besuch des Keltendorfs am Dürrnberg

Hier wähnt man sich in frühere Zeiten versetzt: Auf dem einstigen **Keltendorf**
keltischen Siedlungsgebiet am Dürrnberg wurden ein Wirtschaftshof
und ein Fürstengrab rekonstruiert, die zeigen, wie das Leben der Kelten vor etwa 2500 Jahren ausgesehen haben muss.
❶ April–Okt. tgl. 9.00–17.00, Nov.–März tgl. 10.00–15.00 Uhr, Eintritt:
18 € als Kombiticket mit einer Führung in den Salzwelten Salzburg sowie
Eintritt ins Kelten- und ins Stille-Nacht-Museum, www.salzwelten.at

Schon die Römer lobten seine Schönheit, doch der Abbau von Adne- **Adneter**
ter Marmor begann erst zur Zeit der Spätgotik (um 1500) im großen **Marmor**
Stil. Er fand weltweit Verwendung, ob im Wiener Stephansdom, in
der Kirche St. Peter in Salzburg, bei der Mariensäule auf dem Münchner Marienplatz oder in der Jerusalemer Grabeskirche. Der wunderbar rötlich schimmernde Stein stammt aus den Marmorbrüchen von
Adnet östlich von Hallein. Ein Marmorlehrpfad, eine Kugelmühle
und das **Marmormuseum** informieren über das kostbare Material.
❶ Mitte April–Okt. Di. 9.00–11.00, Do., Sa. 15.00–17.00 Uhr, Eintritt:
3 €, marmormuseum.adnet.at

Rund 12 km südlich von Hallein
liegt die Ortschaft Golling (480 m;
4000 Einw.) mit dem malerischen
*Golling-Wasserfall. Er stürzt in
zwei Stufen rund 75 m herab. Der
seitlich vom Schwarzenbach ausgebaute Weg führt nach einem
steilen Aufstieg bald über eine
romantische Holzbrücke zum Ursprung des Bachs. Auch die große
Salzach hat in der Nähe von Golling eine geradezu wildromantische Schlucht geschaffen. Vom
Pass Lueg aus sind es nur wenige
Schritte bis zu den *Salzachöfen,
ein imposanter, knapp 80 m tiefer
Durchbruch im Dachsteinkalk
zwischen Tennen- und Hagengebirge. Die Felswände weisen zahlreiche, durch Wirbelbildung des
fließenden Wassers entstandene,
riesige Vertiefungen, sogenannte

Die Fahrt über den unterirdischen Salzsee im
Bad Dürrenberger Bergwerk ist ein Erlebnis.

Erosionskolke, auf. Zwischen Golling und Pass Lueg mündet die
Lammer von Osten kommend in die Salzach. Folgt man ihr flussaufwärts, trifft man bei Oberscheffau auf die *Lammeröfen – eine etwa
1 km lange, verwinkelte Klamm, die ein beeindruckendes Schauspiel
aus Licht, tosendem Wasser und Schatten bietet. Gesicherte Steige

führen tief hinunter. Die Salzach und die Lammer zählen zu den besten **Rafting-Revieren** der Alpen und auch die Möglichkeiten zum **Canyoning** sind in den zahlreichen Schluchten um Golling nahezu grenzenlos: Vom Anfänger bis zum Profi findet hier wohl jeder ein geeignetes Angebot (▶ Urlaub aktiv S. 141).

Golling-Wasserfall: Mai–Okt., Eintritt: 2,50 €
Salzachöfen: Mai–Okt., Eintritt: 2,50 €
Lammeröfen: Mai–Okt., Eintritt: 3,50 €

★★ Hallstätter See

✦ L 4

Bundesland: Oberösterreich
Höhe: 508 m ü.d.M.

Die Region Hallstatt-Dachstein mit dem idyllischen Hallstätter See wurde aufgrund ihrer reichhaltigen prähistorischen Fundstätten und der einzigartigen Natur von der UNESCO 1997 zum Weltkultur- und Weltnaturerbe erklärt.

Hallstattzeit Der Hallstätter See am nördlichen Fuß des gewaltigen Dachsteinmassivs ist 8,5 km lang, 1 bis 2 km breit und etwa 125 m tief. Die schmalen, von steilen bewaldeten Wänden eingeschlossenen Seeufer gehören zu den **ältesten besiedelten Gebieten Österreichs**. Um 1846 hat man beim Rudolfsturm auf dem Salzberg fast 1000 Keltengräber mit kostbaren Beigaben entdeckt. Umfangreiche Ausgrabungen und zahlreiche Funde bezeugen, dass die Kelten hier etwa zwischen 800 und 450 v. Chr. ein auf dem Salzabbau basierendes Wirtschaftsimperium besaßen. Archäologen fanden hier erstmals auch Gegenstände aus Eisen. Nach seinem reichsten Fundort wird dieser **Zeitabschnitt vorgeschichtlicher Hochkultur**, der gleichzeitig den Beginn der Eisenzeit markiert, Hallstattzeit genannt.

SEHENSWERTES AM HALLSTÄTTER SEE

★★Hallstatt Alexander von Humboldt nannte Hallstatt **»den schönsten Seeort der Welt«**, wie man ihm angesichts der bezaubernden, am steilen Berghang klebenden Häuser zustimmen mag. Besonders begeistert zeigen sich asiatische Besucher, die den Ort in Scharen besuchen, und in China sogar schon eine Kopie von Hallstatt aufgestellt haben. Den schönsten Blick hat man vom See aus. Hallstatt wurde nach dem hier schon in frühgeschichtlicher Zeit betriebenen Salzbergbau benannt (Hall = Salz), ist aber erst seit 1877 mit Bahn und Fähre, die man noch heute nehmen kann, und seit 1890 über eine Straße am

Hallstätter See erleben

AUSKUNFT
Tourismusbüro Hallstatt
Seestraße 169, A-4830 Hallstatt
Tel. 06134 82 08
www.hallstatt.net

ESSEN UND ÜBERNACHTEN
Bräu-Gasthof ©©
Seestraße 120

A-4830 Hallstatt
Tel. 06134 82 21
www.brauhaus-lobisser.com
Wohnen hinter historischen Mauern,
speisen auf einer Seeterrasse am Ufer:
Beides geht im Bräu-Gasthof. Die Zimmer sind rustikal eingerichtet, die Küche
ist gut bürgerlich, auch Seefisch kommt
auf den Tisch. Was will man mehr?

Seeufer zu erreichen (Parkplatz am Südausgang des Umgehungstunnels). Davor war man auf Boote angewiesen.

Die gotische Pfarrkirche zieht insbesondere wegen des eigenartigen **St. Michaels-**
Pagodendachs ihres Turms die Blicke auf sich. Im Inneren birgt sie **kapelle**
zwei sehenswerte Flügelaltäre (1450, 1515) und spätgotische Fresken.
Die **Krypta** bewahrt alte Totenschädel, viele davon bemalt und mit
Namen und Lebensdaten versehen. Aufgrund des Platzmangels im

Vom Rudolfsturm auf dem Salzberg bietet sich ein
zauberhafter Blick auf Hallstatt und den See.

winzigen Friedhof wurden die vorhandenen Gräber in rascher Folge neu belegt und die Gebeine der »Vorgänger« im Beinhaus verwahrt.

Museum Hallstatt

Das Museum Hallstatt in der Seestraße 56 widmet sich der **kultur-geschichtlichen Entwicklung der Region** in 26 Themenschwerpunkten – beginnend mit dem Gräberfeld am Salzberg bis zur Aufnahme in die UNESCO-Welterbeliste. Multimediale Elemente sorgen für eine spannende Aufbereitung.

❶ April, Okt. tgl. 10.00 – 16.00, Mai – Sept. tgl. 10.00 – 18.00, Nov. – März Mi. – So. 11.00 – 15.00 Uhr, Eintritt: 7,50 €, www.museum-hallstatt.at

Seltenes Naturschauspiel: die Rieseneishöhle

Ganz gemütlich mit der Standseilbahn oder zu Fuß etwas beschwerlicher über den Soleleitungsweg erreicht man vom Zentrum Hallstatts aus den **Salzberg**. Bei der Bergstation erhebt sich der **Rudolfsturm** mit seiner Aussichtsterrasse und einem Berggasthof. Ein kurzer Fußweg bringt Besucher – vorbei am Hallstätter Gräberfeld – zu den **Salzwelten Hallstatt** mit dem ältesten Salzbergwerk der Welt. Bergmannsrutschen befördern die Gäste hier in den Untergrund zum Salzsee, mit der Grubenbahn geht es anschließend wieder hinauf ans Tageslicht.

Salzwelten Hallstatt: Führungen: Ende April – Mitte Sept. 9.30 – 16.30, Mitte – Ende Sept. 9.30 – 15.30, Okt. 9.30 – 15.00 Uhr, Zugang nicht für Kinder unter vier Jahren, festes Schuhwerk empfohlen, Eintritt: 7 €, www.salzwelten.at

✶✶ DACHSTEINHÖHLEN

Koppen-brüllerhöhle

Benannt nach dem Höhlenbach, der aus dem Koppenberg mit Getöse herabstürzt, ist die Koppenbrüllerhöhle eigentlich eine riesige Quelle im Berg. Wenige Kilometer östlich des Hallstätter Sees bzw. Obertrauns gelegen, erreicht man sie über einen kurzen Fußweg vom Ortsende Obertraun aus, vorbei am empfehlenswerten Gasthaus Koppenrast. Die Rieseneis- und Mammuteishöhle sind beide am

Nordrand des Dachsteinplateaus gelegen. In wenigen Minuten bringt die Schwebebahn südlich von Obertraun Besucher zur Mittelstation (1350 m) auf die Schönbergalm. Von dort sind es jeweils gut 15 Minuten Fußmarsch zur Rieseneis- und zur Mammuthöhle, die neben der Eisriesenwelt bei ▸Werfen die großartigsten Höhlen der Ostalpen sind. Bei Temperaturen von 0 bis 3 ° C ist für die Besichtigung beider Höhlen festes Schuhwerk und warme Kleidung unabdingbar. In der **Rieseneishöhle**, einer der größten Eishöhlen der Welt, legt man auf rund 800 m Weg insgesamt etwa 120 m Höhenunterschied zurück. Der Anblick der Tropfsteinhöhle und der Eisfälle, Eispaläste und Eisdome – entstanden aus einsickerndem und wieder gefrorenem Schmelzwasser – entschädigt für alle Strapazen. Die **Mammuthöhle** bekam ihren Namen aufgrund ihrer immensen Größe von über 50 km Länge. Rund 1 km davon sind touristisch erschlossen. Was die Höhlenforscher bei ihren mehrtägigen Höhlenaufenthalten erleben, wird anschaulich vermittelt.

> **BAEDEKER TIPP**
>
> **!** *Five Fingers*
>
> Als Pendant zum Skywalk auf der anderen Seite des ▸Dachsteins kann man am Krippenstein die moderne Aussichtsplattform Five Fingers besuchen. Diese ragt mit fünf Stegen wie eine Hand über einen 400 m tiefen Abgrund und bietet, neben zittrigen Knien, sensationelle Panoramaaussichten über das UNESCO-Welterbe Inneres Salzkammergut.

Koppenbrüllerhöhe: Mai–Sept. tgl. 9.00–16.00 Uhr, Eintritt: 11 €, www.dachstein-salzkammergut.com

Rieseneishöhle: Mai–Mitte Juni, Sept., Okt. tgl. 9.20–16.00, Mitte Juni–Aug. tgl. 9.20–16.30 Uhr, Eintritt inkl. Seilbahnfahrt 28 €, Kombiticket mit Mammuthöhle 34 €

Mammuthöhle: Mitte Mai–Mitte Juni tgl. 10.30–14.30, Mitte Juni–Anf. Sept. tgl. 10.15–15.00, Anf. Sept.–Okt. tgl. 10.30–16.00 Uhr, Eintritt inkl. Seilbahnfahrt 28 €, Kombiticket mit Eishöhle 34 €

Kunst und Expeditionen

Nicht genug damit, dass die Höhlen von natürlicher Schönheit sind, man setzt sie mit Kunstinstallationen noch mehr in Szene. Auch die **Eisklangkonzerte** im August in der Eishöhle erfreuen sich sehr großer Beliebtheit. Zudem sind Höhlenexpeditionen für Anfänger im Programm. Sowohl die Höhlen als auch die Bergbahnen werden von der Dachstein Tourismus AG in Obertraun (Winkl 34) betreut, hier gibt es für Besucher nähere Infos.

Dachstein Tourismus: Tel. 050 140, www.dachstein-salzkammergut.com

*Hoher Krippenstein

Auf den Hohen Krippenstein (2108 m), ein Eldorado für Paraglider, führt die Schwebebahn von der Mittelstation hoch zur Bergstation (2079 m; Berghaus Krippenstein). Mit einer weiteren Schwebebahn geht es hinab zur Gjaidalm (1795 m), von der ein alpiner Steig zur Simony-Hütte (2203 m) am ▸Dachstein führt.

* Hochkönig

K 5

Bundesland: Salzburg

Südöstlich an das Steinerne Meer schließt der Hochkönig, eine der schönsten Gebirgsgruppen der Nordalpen, an. Das mächtige, in schroffen Wänden abbrechende Massiv wird auch poetisch »Übergossene Alm« oder »Ewiges Schneegebirge« genannt und ist nicht nur für Wanderer ein geschätztes Ziel.

Beliebtes Wanderziel Gekrönt von einem gewölbten Eisfeld ragt der Gipfel des Hochkönig (2941 m) nur wenig heraus. Dank der freien Lage des Bergstocks ist die **Aussicht vom Gipfel** großartig. Auch im Winter ist der Hochkönig ein beliebtes Ferienziel, »Hochkönigs Winterreich« ist dem Skiverbund Amadé angeschlossen (▶St. Johann im Pongau). Besteigen kann man den Hochkönig ohne besondere Schwierigkeit südlich vom Arthur-Haus (1503 m) bei Mühlbach oder von ▶Werfen aus über die Ostpreußen-Hütte (1630 m). Mehr Erfahrung erfordert der Anstieg von Hinterthal, vorbei am mächtigen Hochseiler (2793 m). Der »Königsjodler« über die Teufelshörner ist der schwierigste Klettersteig und wirklich nur etwas für geübte Alpinisten.

ORTE AM HOCHKÖNIG

Maria Alm Maria Alm (800 m; 2000 Einw.) westlich des Hochkönigmassivs zählt zu den drei Ortschaften von »Hochkönigs Bergreich« und besitzt zahlreiche Liftanlagen. Der 84 m hohe, schlanke Spitzturm seiner **Wallfahrtskirche** (1480) ist einer der höchsten Kirchtürme Österreichs und ein markantes Zeichen in der Landschaft.

Herrlich wandern kann man auch bei Mühlbach am Fuß des Hochkönigs.

Das gemütliche, recht traditionelle Bergdorf **Dienten** (1071 m; 750 Einw.) erfreut seine Gäste durch üppigen Blumenschmuck.

Das **Bergbaumuseum** und ein Schaustollen (Kupferabbau) in **Mühlbach** (854 m; 1500 Einw.) weisen auf die jahrtausendealte Bergbaugeschichte in dieser Gegend hin. Eine Gedenktafel im Ort erinnert zudem an den Mühlbacher Sepp Bradl, der als erster

Hochkönig erleben

AUSKUNFT
Tourismusverband Maria Alm
Am Gemeindeplatz 7
A-5761 Maria Alm
Tel. 06584 2 03 88
www.hochkoenig.at

WANDERBUS
Der Wanderbus bringt in den Sommermonaten morgens Wanderer in geeigne-
te Ausgangsposition und nachmittags
die müde gewordenen Gipfelstürmer
wieder nach Hause. Er verkehrt zwischen
Maria Alm, Hintermoos, Hinterthal,
Dienten, Dientner Sattel, Mühlbach und

Arthurhaus; den Fahrplan erhalten
Besucher beim Tourismusverband.

ÜBERNACHTEN
Die Übergossene Alm ⊜⊜⊜⊜
Sonnberg 23
A-5652 Dienten
Tel. 06461 23 00
www.uebergossenealm.at
Am Fuß des Bergmassivs Hochkönig liegt
dieses Premium-Wellnesshotel auf rund
1240 m Höhe. Zur Wahl stehen traditio-
nell-alpenländisch oder modern-reduziert eingerichtete Zimmer, zum Restaurant gehört ein gut sortierter Weinkeller.

Skiflieger der Welt 1936 im slowenischen Planica die magische Marke von 100 m überflogen hat.

❶ Juni, Sept. Do.–Sa. 13.30–17.00, Juli, Aug. Mi.–Sa. 13.30–17.00 Uhr,
Führungen im Schaustollen an Öffnungstagen um 14.00, Juli, Aug. auch
15.30 Uhr, Eintritt Museum 6, Führung Schaustollen 7, Kombiticket 11 €,
www.bergbau-museum-sbg.at

✱✱ # Hohe Tauern

✦ **H/J/K 5**

Bundesländer: Salzburg, Tirol (Osttirol) und
Kärnten
Höchste Erhebungen: Großglockner
(3798 m ü.d.M.) und Großvenediger (3674 m ü.d.M.)

**Gewaltig ist dieser Gebirgszug, der das Salzburger Land süd-
lich gegen Osttirol und Kärnten abgrenzt. Die Zentralalpen
entfalten hier vor ihrem Ausklingen nach Osten noch einmal
ihre ganze Pracht. Geführte Wildbeobachtungs- und Wandertouren locken in den Nationalpark Hohe Tauern.**

Weite Firnflächen und zerrissene Hängegletscher, steile, eisbedeckte   **Faszinierende**
Felsspitzen und blendend weiße Schneegiebel – diese großartigen   **Bergwelt**
Bilder bietet der vom westlichen Birluckn bis zum Murtörl reichende
Hauptkamm der Hohen Tauern. Die kurzen, tief eingeschnittenen

Hohe Tauern erleben

NATIONALPARK-VERWALTUNGEN

Nationalpark Tirol Sekretariat und Verwaltung, Besucherzentrum

Kirchplatz 2
A-9971 Matrei
Tel. 04875 5 11 20
Juni Mo.–Fr. 10.00–12.00, Juli–Sept.
Mo.–Sa. 10.00–18.00, Okt. Mo.–Fr.
10.00–12.00 u. 14.00–18.00, Wintersaison Mo.–Fr. 14.00–18.00 Uhr
Eintritt frei
www.hohetauern.at
Im Besucherzentrum Nationalparkhaus informiert eine erlebnisorientierte, interaktive Ausstellung über die Region.

Nationalpark Kärnten Verwaltung

Döllach 14
A-9843 Großkirchheim
Tel. 04825 6 16 10
www.nationalpark-hohetauern.at

BIOS Nationalparkzentrum Mallnitz

A-9822 Mallnitz 36
Tel. 04784 7 01
Mitte April–Anf. Okt.
tgl. 10.00–18.00 Uhr
Eintritt: 8,70 €
www.bios-hohetauern.at
Zu sehen sind die Dauerausstellung »Entdecke unsichtbare Wunder« sowie jährlich wechselnde Sonderschauen.

Nationalpark Salzburg Verwaltung und Besucherzentrum

Gerlos Straße 18
A-5730 Mittersill
Tel. 06562 40 84 90
Tgl. 9.00–18.00 Uhr
Eintritt: 8,50 €
www.nationalpark.at
Das moderne Besucherzentrum Nationalparkwelten führt Interessierte an acht Erlebnisstationen durch den hochalpinen Naturraum des Gebiets.

und in jähen Stufen abwärts führenden **Nordtäler** münden in das Salzachtal, das die Kette parallel begleitet. Wild schäumende Gletscherabflüsse (»Achen«) stürzen in **gewaltigen Wasserfällen** (Krimmler Fälle, Kesselfall, Gasteiner Fall) die Talstufen hinab oder zersägen sie in tiefe Klammen (Siegmund-Thun-Klamm, Kitzlochklamm, Liechtensteinklamm). Nach **Süden** ziehen vom Hauptkamm des Gebirges recht lange Seitenkämme abwärts zum Drautal mit seinen Seitentälern: Das Osttiroler Iseltal und das Kärntner Mölltal dringen tief in den Hauptstock vor. Stark besiedelt und gut für den Fremdenverkehr gerüstet, stehen sie im Gegensatz zur düsteren Großartigkeit der meisten Täler auf der Salzburger Nordseite.

Venediger-gruppe Die westlichste Gruppe der Hohen Tauern, die Venedigergruppe, weist nach den Bergen des Ötztals die größte Gletscherbedeckung der österreichischen Alpen auf. Hauptgipfel ist der ***Großvenediger** (3674 m), der mit seiner prächtigen, allseits von Eis umgebenen Firnpyramide gletscherkundigen Wanderern keine großen Schwierigkei-

ten macht. Die Region ist Ziel zahlreicher Bergsteiger, Skitourengeher schätzen die herrliche Abfahrt über das große Obersulzbachkees.

Der kaum vergletscherte Kamm der Granatspitzgruppe verbindet die
Venedigergruppe mit der Glocknergruppe. Nicht die namengebende
Granatspitze (3086 m) ist die höchste Erhebung dieses Gebirgszuges,
sondern der nach Süden vorgeschobene Große Muntanitz (3232 m).

Granatspitz-gruppe

Etwa 40 Gletscher – sie werden auch als »Kees« oder »Winkel« bezeichnet – verteilen sich auf die verschiedenen Kämme der Glocknergruppe. Die rund 9 km lange **Pasterze**, der größte Gletscher der
Ostalpen, und der gewaltige ****Großglockner** (3798 m) bilden den
Kern dieser großartigen Gebirgsformation, die im Sommer problemlos auf der ►Großglockner-Hochal-
penstraße erreichbar ist. Bereits
1561 hatte der Hofkartograf Wolfgang Lazius in seinem Atlas als einzigen Gipfel den »Glocknerer« ein-
getragen. Der **erste Versuch der
Besteigung** des Großglockner im
August 1799 gelang wegen widriger
Witterungsverhältnisse nur teilweise, die Expedition erklomm den
Gipfel des 28 m niedrigeren Klein-
glockner, den man vom Tal aus für
den höheren gehalten hatte. Am 28.
Juli 1800, etwa ein Jahr später, wur-
de dann tatsächlich der Gipfel des Großglockner erreicht, bei diesem
Versuch aber auch gleich von mehreren Bergsteigern.

Glockner-gruppe

BAEDEKER TIPP !

Hüttentrekking

Hautnah erlebt man die Natur des
Nationalparks bei einer Wanderung von Hütte zu Hütte, die mindestens zweitägig sein sollte. Ist
man erst einmal aufgestiegen, bedarf eine solche Tour nicht mehr
allzu großer Anstrengung und die
Aussichten entlang der Höhenwege sind wirklich spektakulär.
www.virgentaler-huetten.at

** NATIONALPARK HOHE TAUERN

Am Nationalpark Hohe Tauern haben die Bundesländer Salzburg,
Kärnten und Tirol Anteil. Er ist mit einer Fläche von 1800 km² das
größte Naturschutzgebiet im gesamten Alpenraum. Mehr als
80 Jahre alt ist die Idee eines Nationalparks in den Ostalpen schon.
Mit dem Ziel, Flora und Fauna zu schützen, erwarb der Münchner
Verein Naturschutzpark 1909 12 km² Alm- und Waldflächen auf der
Nordseite der Hohen Tauern, im Felber- und Stubachtal. Teile der
Glocknergruppe in Osttirol und am Hohen Sonnenblick folgten in
den anschließenden 50 Jahren. Das Bemühen um ein großflächiges
Schutzgebiet war lange Zeit erfolglos. Erst das Naturschutzgesetz von
1970 brachte den politischen Anstoß und 1971 eine erste vertragliche
Vereinbarung zwischen Salzburg, Kärnten und Tirol. Kärnten erklär-
te 1983 ein 200 km² großes Gebiet in der Schober- und Glockner-

Entstehung des National-parks

Österreichische Bergwelten

Österreichs Alpen können zwar beinahe 1000 Dreitausender aufweisen, doch selbst ihr höchster Gipfel, der Großglockner, kratzt nur an der 4000er-Marke. Daran mag es liegen, dass die großen alpinistischen Leistungen im 19. Jh. vor allem in der Schweiz gefeiert wurden. Dort allerdings waren die meisten Erstbesteiger Briten.

▶ **Die höchsten Berge**
... der österreichischen Alpen gehören zu den Ötztaler Alpen oder zu den Hohen Tauern.

Hinterer Brochkogel
3628 m

Vorderer Brochkogel
3565 m

Weißkugel
3738 m

Wildspitze
3768 m

Similaun
3599 m

Hintere Schwärze
3628 m

Ötztaler Alpen

©BAEDEKER

▶ **Erstbesteigungen**
Die Erstbesteiger der österreichischen Gipfel könnten nicht unterschiedlicher sein Bauern, Geistliche, Beamte, Schriftsteller, Touristen, Landvermesser, Ärzte. Nur ei hatten sie gemeinsam: Sie waren alle Österreicher.

Berg Bergsteiger (Land)			Similaun Kaserer (A)		Wildspitz Klotz (A
vor 1800	1800	1834		1841	184
Großes Wiesbachhorn Zanker/ Zorner (A)	Großglockner Horasch (A)			Großvenediger Meinlinger/ Gravenegg (A)	

Vorderer Brochkogel
Karlinger/ Senn u.a.

1858	1861	1862	1867	187
Hinterer Brochkogel Wachtler (A)	Weißkugel Specht (A)		Hintere Schwärze Pfeiffer (A)	Glocknerwa Pöschl

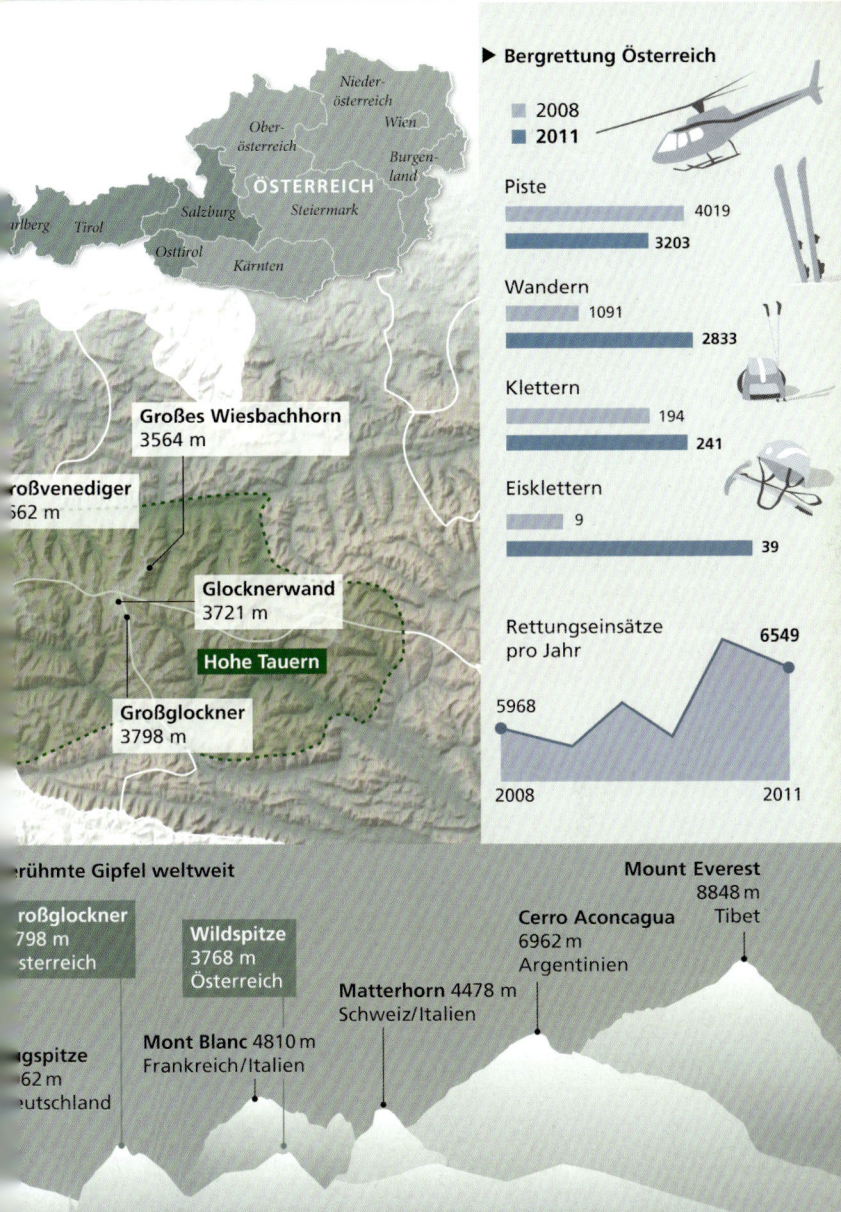

Niederösterreich
Wien
Oberösterreich
Burgenland
ÖSTERREICH
Salzburg
Steiermark
rlberg
Tirol
Osttirol
Kärnten

▶ Bergrettung Österreich

2008
2011

Piste
4019
3203

Wandern
1091
2833

Klettern
194
241

Eisklettern
9
39

Rettungseinsätze
pro Jahr
6549
5968
2008   2011

Großes Wiesbachhorn
3564 m

oßvenediger
62 m

Glocknerwand
3721 m

Hohe Tauern

Großglockner
3798 m

rühmte Gipfel weltweit

Mount Everest
8848 m
Tibet

Cerro Aconcagua
6962 m
Argentinien

Matterhorn 4478 m
Schweiz/Italien

Mont Blanc 4810 m
Frankreich/Italien

oßglockner
798 m
sterreich

Wildspitze
3768 m
Österreich

gspitze
62 m
eutschland

gruppe zum Nationalpark, 1984 folgte dann Salzburg mit Teilen des Pinzgau am Nordabfall der Hohen Tauern. 1991 erhielt der Nationalpark mit der Beschlussfassung des Tiroler Nationalparkgesetzes schließlich seine heutige Größe.

Schutzzonen Die von Landes- und Bezirksbehörden verwalteten und überwachten Schutzzonen gliedern sich in **Außenzonen** (Almen und Kulturland), **Kernzonen** (Hochgebirge und Urlandschaft mit unberührter Natur) sowie **Sonderschutzgebiete**. Die Gesetze sind streng: Im gesamten Nationalpark ist die Errichtung von neuen Skiliften, Straßen und Anlagen zur Energiegewinnung generell verboten. Darüber hinaus ist in der Kernzone und in den Sonderschutzgebieten nicht nur jeder Eingriff in die Natur, sondern auch jede Beeinträchtigung des Land-

Station Glocknerblick: Wandern mit phantastischer Aussicht auf Österreichs höchsten Berg

schaftsbildes untersagt. Das Schutzgebiet reicht in seiner Höhenausdehnung von ca. 1000 m bis in die hochalpine Stufe hinein.

Im Hochgebirge ist die Vegetationsperiode recht kurz und die Pflanzen sind häufig ziemlich extremen Witterungsschwankungen ausgesetzt. Nur noch **Zwergstrauchheiden**, **Polsterpflanzen**, verschiedene **Flechten** und den **Gletscherhahnenfuß** sieht man in den höchsten Regionen. Gut angepasst ist auch die **Zirbe**, eine langsam wachsende, widerstandsfähige Kiefernart. Man trifft hier vor allem auf Tiere wie Gams, Murmeltier und Hermelin, Birk- und Schneehuhn sowie Steinadler und Bartgeier.

Flora und Fauna

Den Nationalparkverwaltungen der Bundesländer geht es in erster Linie darum, Besuchern die wunderbare Gebirgslandschaft auf umweltschonende Weise zu erschließen und Kenntnisse über das empfindliche Ökosystem der Hochalpen zu vermitteln. In den Besucherzentren wird nicht nur Wissenswertes über den Nationalpark in spannenden **Ausstellungen** aufbereitet, man erhält hier auch Informationen über Wandertouren, Hütten, Museen und vieles andere. Im Sommer werden **geführte Wildbeobachtungen, Wanderungen und Trekkingtouren** unterschiedlichster Schwierigkeitsgrade geboten. Broschüren helfen bei der Erkundung des Hochgebirges auf eigene Faust. Um das Gebiet vom Autoverkehr zu entlasten, wurden **Buszubringerdienste** geschaffen, außerdem verkehren in den für privaten Verkehr gesperrten Tälern **»Nationalparktaxis«**.

Ziele des Nationalparks

Imst

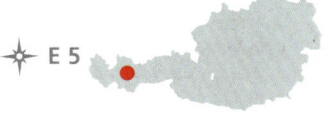

E 5

Bundesland: Tirol
Höhe: 828 m ü.d.M.
Einwohnerzahl: 9500

Auf einer Terrasse über dem Inn, am Anfang des Gurgltals, liegt die alte Stadt Imst. Sie ist der wichtigste Straßenknotenpunkt zwischen Innsbruck und Landeck und ein guter Ausgangspunkt für Touren ins Ötztal und Pitztal.

Imst wurde schon 763 als »Oppidum Humiste« (= hervorsprudelnde Quelle) urkundlich erwähnt und war einst bekannt für seine Vogelhändler, die mit ihren Käfigen voller Kanarienvögel kreuz und quer durch Europa zogen. Berühmt wurde die Stadt aber auch durch das erste SOS-Kinderdorf, das der **Sozialpädagoge Hermann Gmeiner** 1949 hier gründete. Der Leitsatz seiner Handlungen war: »Kleine Schritte, große Hoffnung«.

Erstes SOS-Kinderdorf

Imst erleben

AUSKUNFT

Imst Tourismus
Johannesplatz 4, A-6460 Imst
Tel. 05412 6 91 00
www.imst.at

ESSEN

Gasthof Sonne €€ – €€€
Johannesplatz 4

A-6460 Imst
Tel. 05412 6 72 92
www.sonne-imst.at
In der gemütlichen holzgetäfelten Gaststube werden typische Tiroler Speisen
und ausgewählte Weine serviert, bei
schönem Wetter lädt der Biergarten zum
Verweilen ein. Auch einige traditionell
eingerichtete Zimmer werden vermietet.

SEHENSWERTES IN IMST

Im Zentrum Auffällig in der Stadt mit ihren Patrizierhäusern, Kirchen und Kapellen sind die zahlreichen Brunnen. Neu eröffnet wurde das **Museum
im Ballhaus**, das im 16. Jh. erbaut wurde und als Lager für Stoffbal-
len gedient hat. In dem nun neu adaptierten Räumen in der Ballgas-
se 1 zeigt man Kunstwerke und Objekte, die für die Geschichte der
Stadt von Bedeutung sind. Sonderausstellungen sind im Dachgeschoss zu sehen. Die spätgotische **Pfarrkirche Mariä Himmelfahrt**
hat den höchsten Kirchturm in Tirol (86 m) und den vierthöchsten
Österreichs. An der Außenwand sind einige Reste von Fresken (um
1500) erhalten, darunter eine Christophorusdarstellung.
Museum im Ballhaus: Di., Do., Fr. 14.00 – 18.00, Sa. 9.00 – 12.00 Uhr,
Eintritt: 3 €

Schemenlauf Interessant ist der Schemenlauf, ein alle drei Jahre stattfindender alpenländischer Fastnachtsbrauch, der seit 2010 zum immateriellen
UNESCO-Weltkulturerbe zählt. Im **Haus der Fasnacht** im Strele-
weg 6 wird die alte Tradition modern dokumentiert.
❶ Fr. 16.00 – 19.00 Uhr, Eintritt: 4 €, www.fasnacht.at

UMGEBUNG VON IMST

Rosengarten-
schlucht Sehr empfehlenswert ist eine Wanderung durch die wildromantische
Rosengartenschlucht, die mit einer besonderen **Gesteinsvielfalt** aufwarten kann. Sie erstreckt sich auf einer Länge von rund 1,5 km, Ausgangspunkt ist die Johanneskirche im Stadtzentrum.

Nassereith Rund 13 km nordöstlich von Imst liegt das als **Sommererholungs-
und Wintersportort** beliebte Nassereith (843 m; 2000 Einw.), in dem
es auch ein Fastnachtmuseum gibt. Im kleinen Ort findet alle drei

Jahre an einem Sonntag vor dem Faschingssonntag das sogenannte **»Schellerlaufen«** statt, ein bunter Maskenumzug. Nördlich kann man über den Fernpass (1209 m) nach Ehrwald und weiter bis nach Garmisch fahren.

Fasnachtmuseum: Fr. 16.00 bis 19.00 Uhr, Eintritt: 3 €, www.fasnacht-nassereith.at

Östlich führt eine recht gut ausgebaute Panoramastraße über das Mieminger Plateau nach **Telfs** (630 m; 14 700 Einw.), das durch das **»Schleicherlaufen«**, einen weiteren alten, alle fünf Jahre stattfindenden Fastnachtsbrauch bekannt ist.

❶ www.schleicherlaufen.at

Stams (671 m; 1300 Einw.) liegt rund 25 km innabwärts auf leicht erhöhtem Gelände am südlichen Flussufer. Die große Zisterzienserabtei zählt zu den schönsten barocken Baudenkmälern Öster-

Barocke Prachtentfaltung in der Stiftskirche Stams

reichs. Sie wurde 1273 von Elisabeth von Bayern, Mutter des in Neapel 1268 hingerichteten letzten Hohenstaufen Konradin, zum Gedächtnis an ihren Sohn gestiftet. Die aus dem 13. Jh. stammende, im 17./18. Jh. veränderte Stiftskirche mit den markanten Türmen ist das **größte barocke Gotteshaus Tirols** und die Gruftkirche der Tiroler Fürsten. Sehenswert ist die Fürstengruft, die 1670 in den Fußboden versenkt und mit zwölf vergoldeten Holzstatuen der hier bestatteten Fürsten und Fürstinnen geschmückt wurde. Auch der Hochaltar von 1613 mit 84 Figuren, ein Meisterwerk barocker Schnitzkunst, die Kanzel (um 1740) und das schmiedeeiserne Chorgitter (18. Jh.) verdienen Beachtung. In der südlich angebauten Heiligblutkapelle (1716) ist ein filigran gearbeitetes Rosengitter zu bewundern. Stams ist auch durch sein berühmtes **Skigymnasium** (erbaut 1977–1982) bekannt, das schon viele österreichische Olympiasieger und Weltmeister wie Marlies Schild oder Toni Innauer hervorgebracht hat.

Zisterzienserabtei: Führungen Okt.–Mai Mi. 14.00, Juni–Sept. tgl. 9.00–11.00 u. 13.00–16.00 Uhr zu jeder vollen Std., Eintritt: 4,70 €, www. stiftstams.at

✹✹ Innsbruck

✦ F 5

Bundesland: Tirol
Höhe: 574 m ü.d.M.
Einwohnerzahl: 121 000

Im Nebeneinander von Natur und Kultur liegt die besondere Attraktivität von Innsbruck. Einerseits ist es möglich, die Stadt mit den engen, winkligen Gassen und ihrer urbanen Kultur zu genießen. Andererseits kann man sich in der gesunden Natur ringsum allerlei sportlichen Aktivitäten wie Bergsteigen, Wandern und Skifahren widmen.

Die Stadt im Gebirge

Innsbruck, die schöne Landeshauptstadt von Tirol, liegt »herrlich in einem breiten, reichen Tale zwischen hohen Felsen und Gebirgen« (Goethe), oder etwas nüchterner ausgedrückt, im weiten Längstal des Inn und am Schnittpunkt großer Verkehrslinien von Deutschland nach Italien und von Wien in die Schweiz. Überall in der Stadt öffnen sich **Durchblicke auf die Berge**, die über den anmutigen Mittelgebirgsterrassen aufragen: nördlich die Gipfel der Nordkette (Karwendelgebirge), im Süden über dem bewaldeten Rücken des Bergisel die Saile (2403 m) und die Gruppe der Serles (2718 m), südöstlich über den Lanser Köpfen die runde Kuppe des als Skigelände beliebten Patscherkofels (2247 m). Der historische Stadtkern Innsbrucks begeistert vor allem mit **mittelalterlich engen, winkligen Gassen** und hohen Häusern spätgotischen Gepräges, an denen man vielfach schöne Erker und Portale sieht. In den Außenbezirken, besonders im Osten und im Norden der Stadt, sind dagegen recht moderne Viertel entstanden. Anlässlich der **Olympischen Winterspiele 1964 und 1976** errichtete man Sportanlagen, die noch heute der Schauplatz nationaler und internationaler Wettbewerbe sind. Innsbruck ist nicht nur **Universitätsstadt** und Bischofssitz, sondern auch Industriestandort mit regelmäßig stattfindenden Messen. Durch seine Lage vor Nordwinden geschützt, erfreut sich die Stadt eines vergleichsweise milden Klimas. Die Landeshauptstadt ist zudem die wichtigste Fremdenverkehrsgemeinde in Tirol.

Innsbruck erleben

AUSKUNFT
Innsbruck Tourismus
Burggraben 3

A-6021 Innsbruck
Tel. 0512 5 98 50
www.innsbruck.info

INNSBRUCK-CARD

Die beim Tourismusverband erhältliche Innsbruck-Card (für 24, 48 oder 72 Std.) berechtigt zum günstigeren Eintritt in Museen und zur freien Fahrt mit öffentlichen Verkehrsmitteln und Bergbahnen.

SHOPPING

Die Maria-Theresien-Straße bietet das beste Shoppingvergnügen: Das Kaufhaus Tyrol (Nr. 31) ist ein klassisches Warenhaus mit 100-jähriger Tradition, sein modernes Gegenstück ist die elegante Shopping-Mall „Rathausgalerien" (Nr. 18) mit einem 37 m hohen gläsernen Turm. Original tirolerische Mitbringsel findet man in den Altstadtgassen.

ESSEN

❶ *Gasthof Weißes Rössl* €€ – €€€
Kiebachgasse 8
A-6020 Innsbruck
Tel. 0512 58 30 57
www.roessl.at
So. geschl.
Ein traditionsreiches Altstadtwirtshaus, in dem schon seit dem 16. Jh. Gäste verpflegt werden. Viele Stammgäste kehren hier ein, außerdem gibt es eine Terrasse.

❷ *Sitzwohl* €€
Stadtforum
A-6020 Innsbruck
Tel. 0512 56 28 88
www.restaurantsitzwohl.at
So. geschl.
Schickes Restaurant mitten in der Innenstadt, das durch seine fantasievolle mediterran-tirolerische Fusion-Küche besticht. Wie wär's etwa einmal mit Oktopus-Gröstl? Mittags speist man gut in der Tagesbar. Im angeschlossenen Ladengeschäft gibt's Spezialitäten aus dem Restaurant auch für zu Hause.

❸ *Stiftskeller* €€
Burggraben 31
A-6020 Innsbruck
Tel. 0512 57 07 06
Das in der Hofburg untergebrachte Restaurant mit großem Gastgarten serviert schmackhafte gutbürgerliche Küche in nostalgischem Ambiente.

ÜBERNACHTEN

❶ *Grand Hotel Europa* €€€
Südtiroler Platz 2
A-6020 Innsbruck
Tel. 0512 59 31
www.grandhoteleuropa.at
Das führende Haus der Stadt – gegenüber dem Bahnhof gelegen – war früher Stammhaus der Aristokratie. Heute ist es sowohl eine Hochburg des Tourismus als auch der Innsbrucker Gesellschaft.

❷ *Romantikhotel Schwarzer Adler* €€€
Kaiserjägerstraße 2
A-6020 Innsbruck
Tel. 0512 58 71 09
www.deradler.com
Dieses historische Wirtshaus bietet Urlaubern heute eine komfortable Unterkunft im Herzen der Altstadt. Besonders beliebt sind die ruhigen Zimmer mit Bergblick und Balkon.

❸ *Weißes Kreuz* €€
Herzog-Friedrich-Straße 31
A-6020 Innsbruck
Tel. 0512 59 47 90
www.weisseskreuz.at
In diesem Gasthof mitten in der Altstadt wohnte schon der 13-jährige Mozart auf seiner ersten Italienreise. Die Zimmer sind gemütlich und mit viel Holz eingerichtet, WLAN ist kostenfrei. Das Restaurant serviert Alpenspezialitäten.

Die schöne Lage am Inn zu Füßen des Karwendel, das Stadtbild und ein reges Kulturleben machen Innsbruck so außergewöhnlich.

Funde aus der Bronzezeit weisen auf eine frühzeitliche Besiedlung hin. Auch die Illyrer und Römer hinterließen ihre Spuren. Kurz nach der Zeitenwende entstand als erste Siedlung in der Flussebene das kleine **Römerkastell Veldidena**, das dem heutigen Ortsteil »Wilten« seinen Namen gab. An seiner Stelle erhebt sich seit dem 12. Jh. ein Prämonstratenserstift. Die eigentliche Gründung als Brückenmarkt (»Innspruke«) erfolgte 1180 durch die Grafen von Andechs, die vom bayerischen Ammersee stammten. Im Jahr 1239 wurde Innsbruck zur Stadt erhoben und mit Mauern und Türmen umgeben. 1363 fiel die Stadt an eine Nebenlinie der Habsburger und war von 1420 bis 1665 Residenz. Unter Kaiser Maximilian I. (1490–1519; ►Berühmte Persönlichkeiten) wurde die Stadt zentraler Verwaltungssitz und somit ein Mittelpunkt von Kunst und Kultur. Zeitweise war die **Lieblingsstadt Maximilians** Hauptresidenz der deutschen Krone. Im Jahr 1665 starb die Tiroler Linie der Habsburger aus, was das Ende Innsbrucks als Residenzstadt bedeutete. Dafür gründete Kaiser Leopold I. vier Jahre später die Universität. 1703 versuchten die Bayern vergebens, Innsbruck und ganz Tirol einzunehmen. Erst unter dem Druck Napoleons fiel Tirol 1805 an Bayern. Trotz erfolgreichem Befreiungskampf und siegreicher Schlachten am Bergisel (1809 unter Andreas Hofer, ►Berühmte Persönlichkeiten) kam Tirol wieder zu

Bayern. Erst der Wiener Kongress von 1814/1815 sprach es erneut Österreich zu. Anstelle von Meran wurde 1849 Innsbruck Hauptstadt Tirols. Nach dem Bau der Brennereisenbahn (1867) begann für Innsbruck das Zeitalter der Industrialisierung.

SEHENSWERTES IN INNSBRUCK

Die Altstadt gehört zu den besterhaltenen mittelalterlichen Stadtkernen Österreichs. Vorherrschend im profanen Hausbau ist das **Inn-Salzach-Stadthaus**: lang gestreckter Grundriss, Lichtschacht zwi-   ****Altstadt**

Highlights Innsbruck

► **Goldenes Dachl**
Die populärste Sehenswürdigkeit der Stadt besteht aus 2657 vergoldeten Kupferschindeln. Der Erker diente einst als luftige Zuschauerloge.
Seite 295

► **Dom zu St. Jakob**
Erst 1950 wurde der im Krieg zerstörte Dom wieder hergestellt. Im Innenraum befinden sich viele Schätze: von Altären bis zu Deckengemälden.
Seite 297

► **Hofkirche**
Interessante Grabmäler können in der imposanten Hofkirche bestaunt werden: Der Freiheitskämpfer Andreas Hofer fand hier seine letzte Ruhestätte, das Grabmal Maximilians I. ist leer, dafür aber sehr beeindruckend.
Seite 299

► **Ferdinandeum**
Zu sehen sind Sammlungen zur Geschichte und Kunst Tirols, eine Galerie mit niederländischen und flämischen Meisten sowie die Originalskulpturen des Goldenen Dachls.
Seite 301

► **Wiltener Pfarrkirche**
Das Gotteshaus im Innsbrucker Stadtteil Wilten ist mit seinen Deckenfresken und Stuckaturen eine der schönsten Rokokokirchen Nordtirols.
Seite 301

► **Bergisel**
Die Skisprungschanze ist wirklich spektakulär: Nicht nur weil Architektin Zaha Hadid mit ihr fast schon ein modernes Wahrzeichen geschaffen hat, sondern auch, weil die Aussicht einfach schwindelerregend ist.
Seite 304

► **Tirol Panorama**
Wer das 1000 m² große Rundgemälde »Der Mythos Tirol« betrachtet, taucht in die spannende Zeit der Tiroler Freiheitshelden ein.
Seite 304

► **Schloss Ambras**
Die Exponate im Schloss vermitteln ein Bild des Landes – quer durch Wirtschaft, Handwerk und Landschaft, dazu wird die Geschichte der Tiroler Freiheitskämpfe beleuchtet.
Seite 305

schen dem Vorder- und Hinterhaus, vier- bis fünfgeschossige, schmale Fassaden mit schönen Portalen und Erkern. Auf eine Feuerverordnung Maximilians I. gehen die Graben- und Muldendächer zurück. Auffallend in der Altstadt sind die erdgeschossigen **Laubengänge**, die sich beidseitig der Herzog-Friedrich-Straße entlangziehen. In seinen prachtvollen Renaissance-, Barock- und Rokokobauten wird die einstige Bedeutung Innsbrucks als Residenz sichtbar.

*Maria-Theresien-Straße

An der Maria-Theresien-Straße stehen stattliche alte Bauten. Mit dem über 2300 m hohen Kamm der Nordkette im Hintergrund bietet sich ein großartiges Bild. Der nördliche Straßenabschnitt ist platzartig erweitert. Den südlichen Abschluss der Maria-Theresien-Straße bildet die **Triumphpforte** . Maria Theresia (▶Berühmte Persönlichkeiten) hatte sie 1765 aus Anlass der Heirat ihres Sohnes Leopold, des späteren Kaisers Leopold II., mit der spanischen Infantin Maria Ludovica an der damaligen Stadtgrenze aus den Quadern des abgebrochenen Georgstors errichten lassen. Die 1774 angebrachten Marmor-

Stattliche Bürgerhäuser im Rokokokleid säumen die Herzog-Friedrich-Straße.

reliefs zeigen auf der Südseite die Hochzeit und beklagen auf der Nordseite den Tod des während der Festlichkeiten unerwartet verstorbenen Kaisers Franz I., dem Vater des Bräutigams. Das **Alte Landhaus** an der Ecke zur Meraner Straße wurde von 1725 bis 1728 von Hofbaumeister Georg Anton Gumpp als monumentaler Barockpalast, mit reich gegliederter Fassade und geschnitzten Türen, errichtet. Heute hat die Tiroler Landesregierung hier ihren Sitz. Der Landtagssaal ist mit Fresken von Cosmas Damian Asam ausgeschmückt. An den rechteckigen Hof schließt sich die Landhauskapelle an, deren Fassadengiebel eine von Putten getragene Wappenkartusche mit dem Tiroler Adler ziert. Schräg gegenüber dem Alten Landhaus steht die **Servitenkirche**, die 1615 erbaut und später verändert wurde. Beachtenswert sind das Dreifaltigkeitsfresko an einem Erker der Außenwand und im Inneren die kostbar geschnitzten Bänke aus dem 17. Jahrhundert. Vor dem Neuen Rathaus erhebt sich ein Wahrzeichen Innsbrucks: die **Annasäule**. Sie wurde 1706 zur Erinnerung an den Abzug der bayerischen Truppen am Annatag (26. Juli) des Jahres 1703 gestiftet. Auf dem Säulenschaft erhebt sich eine Statue der Jungfrau Maria, die hl. Anna steht auf dem Sockel neben dem hl. Georg, dem Schutzpatron Tirols, und anderen Heiligen.

Von Süden führt die **Herzog-Friedrich-Straße**, die direkte Verlängerung der imposanten Maria-Theresien-Straße, mit ihren stattlichen Bürgerhäusern direkt zu der populärsten Sehenswürdigkeit der Stadt, dem berühmten Goldenen Dachl. Der mit einem Dach aus 2657 vergoldeten Kupferschindeln gedeckte spätgotische Prunkerker wurde 1497 bis 1500 errichtet. Der Erker diente dem Hof als luftige Zuschauerloge bei Volksfesten auf dem Stadtplatz. Man fügte ihn der nach 1420 aus zwei Bürgerhäusern zur Residenz umgebauten Fürstenburg an. Ursprünglich reichte der Erker über die gesamte Gebäudehöhe, das oberste Stockwerk wurde erst im 19. Jh. aufgesetzt. Wappenreliefs schmücken die untere Brüstung des Erkers, das mit einer offenen Plattform (»Söller«) versehene obere Geschoss ist mit figürlichen Reliefs verziert. Das Goldene Dachl steht symbolisch für die Vision Maximilians I. (1459 – 1519), sein Reich in ein »goldenes Zeitalter« zu führen. In dem Haus wurde das **Museum Goldenes Dachl** (vormals: Maximilianeum) eingerichtet: eine **Gedenkstätte** für

✱✱Goldenes Dachl

Das berühmte Goldene Dachl

Innsbruck

Essen
1. Gasthof Weißes Rössl
2. Sitzwohl
3. Stiftskeller

Übernachten
1. Grand Hotel Europa
2. Romantikhotel Schwarzer Adler
3. Weißes Kreuz

Kaiser Maximilian I. Zu sehen sind u. a. eine Urkunde mit der Unterschrift Maximilians I., ein von Hofmaler Bernhard Strigel geschaffenes Porträt des Kaisers von 1507/1508, ein Harnisch und eine gusseiserne Ofenplatte mit Jagdszenen. Wer einen Blick vom Prunkerker werfen möchte, muss das Museum besuchen.

Museum Goldenes Dachl: Mai – Sept. tgl. 10.00 – 17.00, Okt. – April Di. – So. 10.00 – 17.00 Uhr, Eintritt: 4 €

Gegenüber dem Goldenen Dachl zieht das schöne Helblinghaus die Aufmerksamkeit auf sich. Der ursprünglich spätgotische Bau wurde 1730 barock umgestaltet. Beachtenswert ist die **Stuckfassade mit Putten**, Akanthusblättern und weiteren schmuckvollen Ornamenten, die von Wessobrunner Künstlern gestaltet wurden. **Helblinghaus**

Westlich vom Goldenen Dachl liegt am Innufer die so genannte Ottoburg, ein **Wohnturm** von 1495 mit vier Erkern und einem traditionsreichen Gasthof in seinem Inneren. Vor dem Gebäude steht eine von Christian Plattner 1909 geschaffene Bronzegruppe der Tiroler Freiheitskämpfer mit der Inschrift »Anno 1809«. **Ottoburg**

> **!** **BAEDEKER TIPP**
>
> *Ein Haus für einen Riesen*
>
> Herzog Siegmund der Münzreiche ließ 1490 für seinen riesenhaften Leibwächter Niklas Haidl das Burgriesenhaus in der Hofgasse Nr. 12 erbauen. Dabei sagt der Name schon alles: Haidl maß sagenhafte 2,22 m!

Der im 14. Jh. mit dem anschließenden Alten Rathaus als Wachtturm erbaute, später noch einmal veränderte, 57 m hohe **Stadtturm** steht an der Ostseite der Herzog-Friedrich-Straße. Von dem 33 m über der Straße liegenden Umgang bietet sich ein weiter Rundblick.

Unter den Lauben des Kohleggerhauses, Wohnhaus des einstigen Stadtrichters Walter Zeller d. Ä. (Herzog-Friedrich-Straße 35, Eingang »McDonalds«) ist ein heraldisches **Gewölbefresko** aus den Jahren 1495/1496 zu sehen, mit dem Blutbahn- oder Quaternionenadler, dessen Gefieder mit den Wappen der Stände und Länder des Heiligen Römischen Reiches geschmückt ist. Dabei handelt es sich um die älteste öffentliche Darstellung des alten Reichssymbols. **Kohleggerhaus**

Der heutige barocke Dom wurde von 1717 bis 1724 erbaut und nach schwerer Zerstörung im Zweiten Weltkrieg erst 1950 wieder hergestellt. Johann Jakob Herkomer (†1717) hat das Bauwerk geplant und wurde während der Bauphase von Johann Georg Fischer, Herkomers Schwiegersohn und Schüler, abgelöst. 1904 wird die ehemalige Stadtpfarre St. Jakob zur Propstei und 1964 zur **Bischofskirche** erhoben. Ihr Äußeres bestimmt eine mächtige Doppelturmfront und eine hohe Chorkuppel. **Dom zu St. Jakob**

Dom St. Jakob

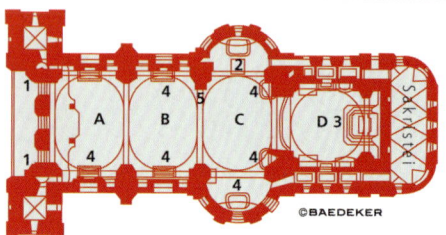

A St. Jakob als Fürbitter für Kirche, Reich, Land und Stadt
B St. Jakob bittet für die leidende Menschheit
C St. Jakob empfiehlt dem Volk die Verehrung der Madonna
D St. Jakob als Führer der Spanier gegen die Sarazenen.

1 Patrone der Diözese Brixen
2 Grabmal des Erzherzogs Maximilian II.
3 Hochaltar
4 Seitenaltäre
5 Kanzel

Im Innenraum imponieren die Deckengemälde (Verherrlichung des hl. Jakob) sowie die Stuckaturen der Brüder Cosmas Damian Asam und Egid Quirin Asam. Die barocken Marmoraltäre wurden 1726 bis 1732 errichtet. Am Hochaltar befindet sich der größte Schatz der Kirche, das **Gnadenbild »Maria hilf«**, geschaffen von Lukas Cranach d. Ä. (um 1530). Die reich skulptierte Kanzel stammt aus der Zeit um 1725. Im nördlichen Seitenschiff steht das prunkvolle Grabmal des Erzherzogs Maximilian III. (1558 bis 1618), einem Hochmeister des Deutschen Ordens: Sein von den Brüdern Reinhardt gegossenes Grabmal ist ein Meisterwerk des Bronzegusses im Frühbarock.

Hofburg Die Kaiserliche Hofburg, ein vierflügeliger Bau in den Formen des Wiener Spätrokokos, stammt aus dem 15./16. Jh., auf Anweisung Maria Theresias wurde sie im 18. Jh. im Barock- und Rokokostil erneuert. Gezeigt werden Prunkräume mit Stuckaturen und Deckengemälden. Sehenswert ist besonders der »Riesensaal«, ein mit poliertem Marmor ausgekleideter und weißgolden dekorierter Festsaal mit Bildnissen der Kaiserfamilie und drei großen Deckenfresken (1775), geschaffen von Franz Anton Maulpertsch. Das **Alpenverein-Museum**, das bis 2014 hier untergebracht ist, informiert über die Geschichte des Bergsteigens. Das Museum besitzt das älteste Bergrelief der Welt: ein von Kaiser Maximilian I. um 1500 in Auftrag gegebenes Relief des Wettersteins. Im Erdgeschoss der Hofburg lädt eine Filiale des berühmten Wiener Hotels Sacher zum Besuch ein.

Hofburg: März – Aug. Mo., Di., Do. – So. 9.00 – 17.00, Mi. 9.00 – 19.00, Sept. – Feb. tgl. 9.00 – 17.00 Uhr, Eintritt: 8 €, www.hofburg-innsbruck.at
Alpenverein-Museum: Öffnungszeiten wie Hofburg, Eintritt: 4 €

In den Jahren 1553 bis 1563 wurde die ***Hofkirche** in spätgotischem Stil erbaut. Beim Haupteingang steht das Grabmal Andreas Hofers (►Berühmte Persönlichkeiten), der 1823 hier beigesetzt wurde. Daneben ruhen seine Kampfgenossen Josef Speckbacher (1767 – 1820) und Joachim Haspinger (1776 – 1858). Im Hauptschiff der Kirche steht das (leere) ****Grabmal Maximilians I.** († 1519, begraben in Wiener Neustadt), bedeutendstes Werk deutscher Renaissanceplastik. Es soll die Idee des deutschen Kaisertums darstellen. Mittelpunkt ist der schwarze Marmorsarkophag mit der Bronzefigur des Kaisers (1584; Alexander Colin), das schmiedeeiserne Gitter ist ein Werk des Prager Kunstschlossers G. Schmiedhammer (1573). An den Seiten des Sarkophags erzählen 24 Marmorreliefs Begebenheiten aus dem Leben des Kaisers. Um den Sarkophag sind 28 überlebensgroße **Bronzestandbilder** (1508 – 1550), u. a. seine Vorfahren und Zeitgenossen, gruppiert. In der Nürnberger Werkstatt Peter Vischers d. Ä. entstanden um 1513 einige der berühmten, »Schwarze Mander« genannten Statuen, 20 Männer und acht Frauen, die der Kaiser für würdig erachtete, ihm im Tod das Geleit zu geben. Dazu gehören z. B. der sagenhafte König Artus von England und der Ostgotenkönig Theoderich, beide geschaffen nach Zeichnungen von Albrecht Dürer. Die Figur der Elisabeth von Österreich wird Veit Stoß und Hans Leinberger zugeschrieben. Auf der nördlichen Empore der Kirche stehen 23 zum Maximiliansgrab gehörende **Bronzestatuetten** von Heiligen aus der Familie der Habsburger. Die Ebert-Orgel (1555 – 1561) ist die größte fast noch original erhaltene Renaissanceorgel in Österreich und die älteste nördlich der Alpen.

❶ Mo. – Sa. 9.00 – 17.00, So. 12.30 – 17.00 Uhr, Eintritt: 5 €, www.hofkirche.at

Über dem »Franziskanerbogen«, dem Straßendurchlass zwischen Rennweg und Burggraben, liegt die Silberne Kapelle, 1578 bis 1587 **Silberne Kapelle**

Innsbrucks schönster Blick: Die imposante Annasäule erhebt sich vor dem Karwendel.

Die Schwarzen Mander bewachen das leere Maximiliansgrab.

als **Grabkapelle Erzherzog Ferdinands II.** erbaut (Zugang von der Hofkirche). Ihren Namen erhielt sie nach einer in Silber getriebenen Madonna und Reliefs der Lauretanischen Litanei am Altar. In den Mauernischen befinden sich die Grabmäler des Erzherzogs († 1595) und seiner Gemahlin († 1580), beide von Alexander Colin.

Hofgarten   Die Stadtsäle mit dem Landestheater (1846) liegen an der Ostseite des Rennwegs. Nördlich davon erstreckt sich der Hofgarten mit dem **Kunst- und Konzertpavillon**. Er entstand um 1400 zunächst als Obst- und Gemüsegarten des Hofes. Östlich vom Hofgarten erstreckt sich das Messegelände, Schauplatz der Innsbrucker Herbstmesse.

Kongress-   An der Westseite des Rennwegs (Nr. 3–5) befindet sich das Tiroler
zentrum   Kongresszentrum Innsbruck. Das historische Kernstück des Gebäudes ist die »Dogana«, eine 2000 m² große und rund 13 m hohe **Säulenhalle** aus dem 16. Jh., die – durch einen Gang mit der Hofburg verbunden – im ausgehenden Mittelalter das Ballspiel-, Komödien- und Reithaus der Habsburger war.

Alte   Das im Jahr 1562 als **Jesuitenkolleg** errichtete und 1673 erneuerte
Universität   Gebäude der Alten Universität sowie die 1722 umgestaltete Alte Universitätsbibliothek liegen an der Universitätsstraße. Dazwischen steht die Jesuitenkirche, ein kreuzförmiger Zentralbau (1627–1640) mit

60 m hoher Kuppel. Gegenüber befindet sich das modernste Univer-
sitätsgebäude der Stadt, in das 1999 die Fakultät für Sozial- und Wirt-
schaftswissenschaften einzog und das noch im selben Jahr einen
Preis für »Neues Bauen in Tirol« erhielt.

Das Tiroler Volkskunstmuseum in der Universitätsstraße 2 besitzt
Modelle von mehr als 20 Tiroler Bauernstuben, darunter gemauerte
Häuser mit Erker aus dem Oberinntal und Holzhäuser aus dem Zillertal, Trachten, Bauernmöbel und Werkzeuge aus den verschiedenen Regionen Tirols, Keramik sowie Schmiedekunst. Eine **Krippensammlung** zeigt Weihnachtskrippen vom 18. Jh. bis heute.
❶ Mo.–Mi., Fr.–So. 10.00–18.00, Do. 10.00–21.00 Uhr, Okt.–Mai
Mo. geschl., Eintritt: 8 €

(margin) ***Tiroler Volkskunstmuseum**

Besuchenswert ist auch das **Tiroler Landesmuseum** Ferdinandeum
in der Museumsstraße mit Sammlungen zur Geschichte und Kunst
Tirols sowie einer Galerie niederländischer und flämischer Meister.
Hier sind die **Originalskulpturen des Goldenen Dachls** ausgestellt.
❶ Di.–So. 9.00–17.00 Uhr, Eintritt: Kombiticket Tiroler Landesmuseen
10 €, www.tiroler-landesmuseen.de

(margin) ***Ferdinandeum**

Im Osten der Innenstadt – an der Sill – ist im Alten Zeughaus ein
landeskundliches Museum eingerichtet. Gezeigt werden hier bis zu
240 Mio. Jahre alte **Fossilien**, Exponate zu Mineralogie, Bergbau,
Kartografie, Jagd und Technik, Wildbach- und Lawinenverbauung,
Münzen sowie eine Uhrensammlung, Musikinstrumente und eine
Ausstellung zur Geschichte der Tiroler Freiheitskämpfe.
❶ Di.–So. 9.00–17.00 Uhr, Eintritt: Kombiticket Tiroler Landesmuseen
10 €, www.tiroler-landesmuseen.at

(margin) ***Museum im Zeughaus**

Im ehemaligen Sudhaus des Adambräu am Bahnhof ist das Haus der
Architektur für Tirol untergebracht. Die oberen Geschosse beherbergen das Archiv für Baukunst der Innsbrucker Architekturfakultät, im
unteren Drittel hat sich das frühere Architekturforum – jetzt »aut.
Architektur und Tirol« – angesiedelt.
❶ Di.–Sa. 11.00–17.00 Uhr, Eintritt frei, www.aut.cc

(margin) **Haus der Architektur**

Im südlichen Innsbrucker Stadtteil Wilten steht die zweitürmige Wiltener Pfarrkirche (1751–1755), **eine der schönsten Rokokokirchen Nordtirols**. Den Innenraum schmücken Deckenfresken von
Matthäus Günther und Stuckaturen von Franz Xaver Feichtmayr.
Das Gnadenbild »Maria unter den vier Säulen«, eine Sandsteinskulp-
tur aus dem 14. Jh., ziert den Hochaltar.

(margin) ***Wiltener Pfarrkirche**

Gegenüber der Kirche befindet sich der umfangreiche Gebäudekomplex von Stift Wilten, einem **Prämonstratenserkloster** (1138). Die

(margin) **Stift Wilten**

Skisprungschanze »Bergisel«

Der Bergisel am Südrand von Innsbruck ist historischer Boden: 1809 verlief hier die heiß umkämpfte Front der Tiroler Freiheitskriege unter Andreas Hofer. 1927 fand das erste Skispringen auf der Naturschanze statt. Sogar der Papst war 1988 auf dem Bergisel zu Besuch und hielt im Stadion eine Messe ab. 2001 wurde die renommierte Architektin Zaha Hadid für die Neugestaltung von Stadion und Sprungschanze gewonnen. Heute ist der »Leuchtturm« von Innsbruck ein modernes Wahrzeichen der Stadt.

❶ Juni - Okt. tgl. 9.00 – 18.00, Einlass bis 17.30 Uhr
Nov. – Mai tgl. 10.00 – 17.00, Einlass bis 16.30 Uhr
www.bergisel.info

Technische Daten
Höhe: 50 m, Spitze 791 m ü. d. M.
Höhendiff.: Anlauf-Auslauf 128 m
Zuschauerplätze: 28 000
Schanzenrekord: 136 m (Adam Malysz, 2004)

❶ *Aufstieg*
Sportliche bewältigen die 455 Stufen vom östlichen Stadion-Eingang bis zum Schanzenturm zu Fuß. Bequemer und schneller ist die Auffahrt mit

Skispringer über den Dächern von Innsbruck

dem neuen Schrägaufzug. Dieser befördert bis zu 350 Personen pro Stunde und legt die 250 m lange Strecke zwischen Eingang und Turm in ca. 2 Minuten zurück. Dort bringt ein Aufzug Besucher zum Turmkopf hinauf.

❷ *Turm*
Eine 16 x 20 m große Fundamentplatte trägt den Turmschaft. In den Untergeschossen sind Technik, Lager und Personalräume untergebracht.

❸ *Turmkopf*
Auf dem Betonschaft des Turmes wurde ein dreigeschossiger Stahlhut mit Restaurant, Aussichtsplattform und Rettungsebene aufgesetzt. Die auskragenden Ebenen reichen bis zu 12 m über den Turmschaft hinaus.

❹ *Anlauframpe*
Der Entwurf sah ursprünglich einen Durchlaufträger über vier Felder mit drei Stützen vor. Ausgeführt wurde das Tragwerk für die steile Anlaufbrücke dann aber als so genannter Fischbauch, ein Stahlfachwerk- Trog mit Seilunterspannung, der stützenfrei über 68,5 m schiefe Länge führt und dabei bis zu 35° Neigung hat.

❺ *Panorama-Restaurant Café im Turm*

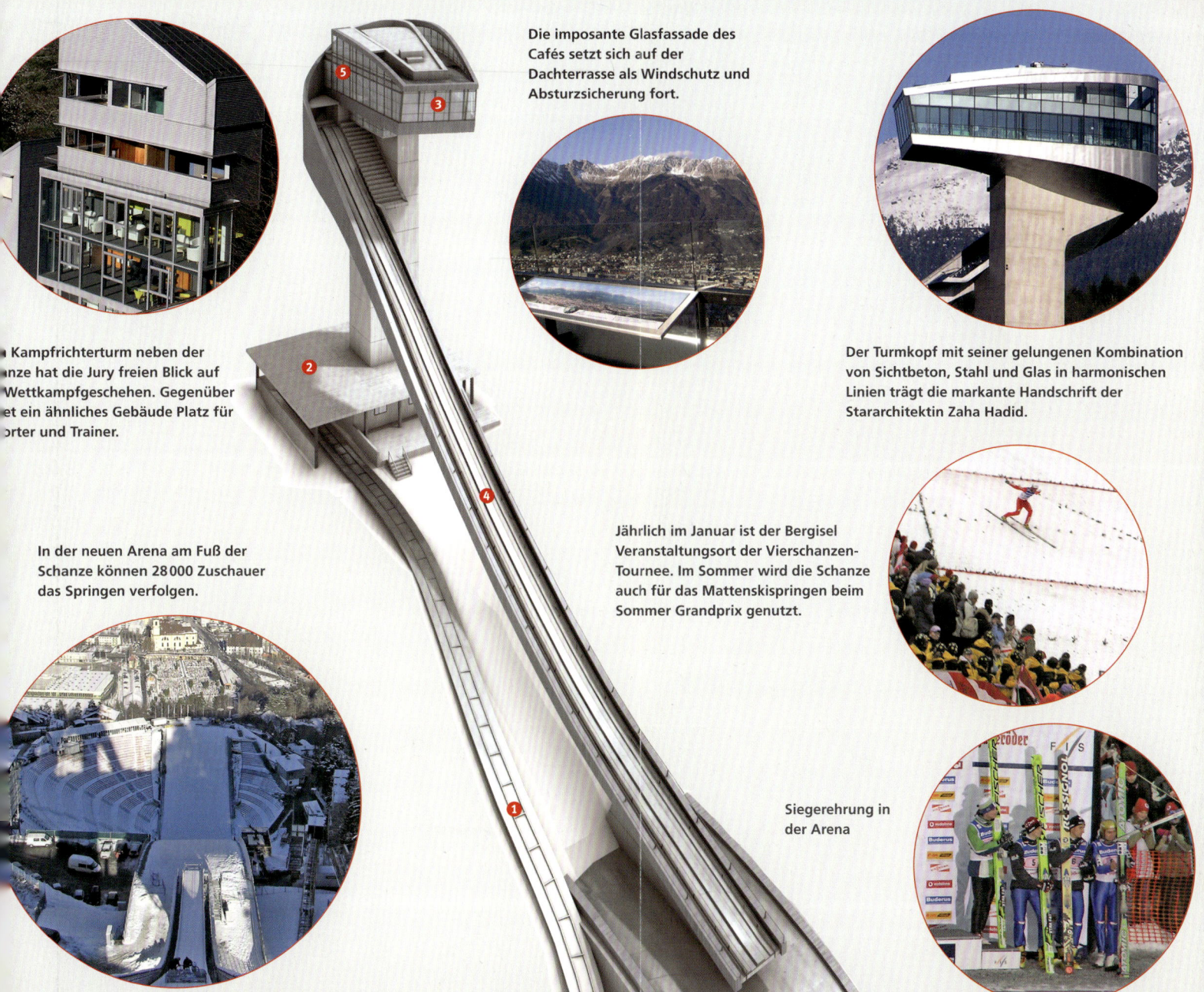

Die imposante Glasfassade des Cafés setzt sich auf der Dachterrasse als Windschutz und Absturzsicherung fort.

Der Turmkopf mit seiner gelungenen Kombination von Sichtbeton, Stahl und Glas in harmonischen Linien trägt die markante Handschrift der Stararchitektin Zaha Hadid.

Kampfrichterturm neben der
anze hat die Jury freien Blick auf
Wettkampfgeschehen. Gegenüber
et ein ähnliches Gebäude Platz für
rter und Trainer.

In der neuen Arena am Fuß der Schanze können 28 000 Zuschauer das Springen verfolgen.

Jährlich im Januar ist der Bergisel Veranstaltungsort der Vierschanzen-Tournee. Im Sommer wird die Schanze auch für das Mattenskispringen beim Sommer Grandprix genutzt.

Siegerehrung in der Arena

Anlage wurde in den Jahren 1670 bis 1695 barock umgestaltet. In der Vorhalle der 1651 bis 1665 errichteten Stiftskirche sieht man die große gotische Holzfigur des an der Klostergründung angeblich beteiligten Riesen Haymon (um 878). Eine von Löwen flankierte Treppe zum »Thron Salomonis« öffnet sich im Giebelaufsatz des Hochaltars.
❶ Besichtigung nur mit Führung nach Voranmeldung: Tel. 0512 58 30 48 51, www.stift-wilten.at

✳ BERGISEL

Sportanlagen Im Süden der Stadt erhebt sich der Bergisel (750 m), zu Fuß von Wilten in etwa 15 Minuten erreichbar. Auf dem Berg befindet sich das moderne Wahrzeichen der Stadt: Die **Sprungschanze**. Im Winter kämpfen hier die Athleten um Skisprung- und Snowboard-Lorbeeren, Normalsterbliche genießen zu jeder Jahreszeit eine atemberaubende Sicht auf Innsbruck und die moderne Architektur der Sportstätte, die 2001/2002 nach den Plänen der **Stararchitektin Zaha Hadid** erbaut wurde.

Museum Tirol Panorama Schräg unterhalb des Stadions hat man eine moderne Gedenkstätte für den Tiroler Freiheitskampf geschaffen, der am Bergisel einen Hauptschauplatz hatte. Die Attraktion ist das Museum Tirol Panorama mit dem Riesenrundgemälde **»Der Mythos Tirol«**: Auf 1000 m² dokumentiert das 360-Grad-Panoramabild (1869) alle Facetten des Freiheitskampfs, zeigt Landschaften und Menschen sowie den unbändigen Drang nach Freiheit. Über einen unterirdischen Zugang gelangt man zum Kaiserjägermuseum von 1880.
❶ Sept.–Juni tgl. 9.00–17.00, Juli u. Aug. Mo.–Mi., Fr.–So. 9.00–17.00, Do. 9.00–19.00 Uhr, Eintritt: 7 €, www.tiroler-landesmuseen.at

✳ HAFELEKAR UND HUNGERBURG

Herrliche Aussichten Im Norden von Innsbruck liegt auf einer etwa 900 m hohen Mittelgebirgsterrasse die **Landhaussiedlung Hungerburg**. Man erreicht sie entweder mit der 2007 eingeweihten und von Zaha Hadid entworfenen »Hungerburgbahn«. Oder von einer beim Kongresszentrum beginnenden Standseilbahn sowie auf der Höttinger Höhen-

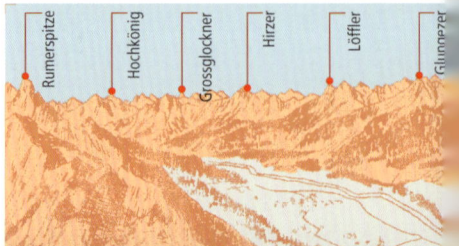

Panorama vom Hafelekar

Rumerspitze · Hochkönig · Grossglockner · Hirzer · Löffler · Glunezer

straße. Unterhalb der Siedlung liegt der Innsbrucker **Alpenzoo** (Hungerburgbahn-Station), mit 727 m der höchstgelegene Zoo Europas. Auf etwas mehr als 4 ha werden in naturnah gestalteten Gehegen, in Terrarien und Aquarien etwa 2000 Alpentiere von rund 150 Arten gepflegt. Kein anderer Zoo der Welt zeigt eine derart vollständige Sammlung von Wildtieren aus dem Alpenraum. Dies ist nur ein Grund, weshalb hier eine Reihe von Welterstzuchten gelungen sind. Von der Hungerburg führt die **Nordkettenbahn**, eine etwa 3500 m lange Seilschwebebahn, über die Zwischenstation Seegrube (1905 m) auf das 2334 m hohe Hafelekar, von dem sich eine herrliche Aussicht bietet. Biker fahren Downhill wieder ab.

❶ April–Okt. tgl. 9.00–18.00, Nov.–März tgl. 9.00–17.00 Uhr, Eintritt: 8 €, www.alpenzoo.at

UMGEBUNG VON INNSBRUCK

Südöstlich von Innsbruck liegt jenseits der Inntalautobahn das märchenhaft anmutende Renaissanceschloss Ambras. Erzherzog Ferdinand II. (1563–1595) ließ es für seine nicht standesgemäße bürgerliche Gattin, die Augsburgerin Philippine Welser, als Sommerresidenz ausbauen. Der Name leitet sich von »ad umbras« (lat. für »im Schatten liegend«) ab. Im Unterschloss befinden sich die Waffensäle, im ersten Stock des Kornschüttgebäudes die wertvolle **Kunstkammer** (Plastiken und Kunstgewerbe). Das Hochschloss mit hübschem Innenhof beherbergt das Badezimmer von Philippine Welser, im ersten und zweiten Stock sind Kunstwerke (Malerei und Plastik) ausgestellt. Der **Spanische Saal**, eines der frühesten Beispiele deutscher Renaissance-Raumgestaltung (1570/1571), zählt zu den bedeutendsten freistehenden Saalbauten dieser Epoche: Er besitzt eine Kassettendecke und zeigt an den Wänden 27 Porträts der Tiroler Landesfürsten. Umgeben ist das Schloss von einem schönen **Park** mit altem Baumbestand, auf der Südseite des Spanischen Saals liegt ein für die Renaissance typischer »Keuchengarten«, eine Mischung aus Nutz- und Ziergarten. Restaurant und Gartencafé sorgen für das leibliche Wohl.

*Schloss Ambras

❶ Tgl. 10.00–17.00 Uhr, Eintritt: 10 €, www.khm.at/ambras

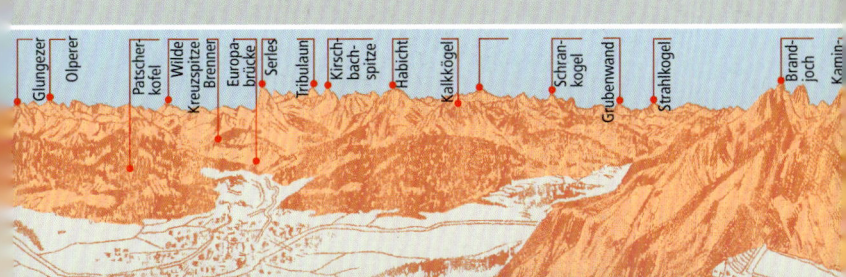

Renaissanceschloss Ambras vor den Toren Innsbrucks

Igls 5 km südlich von Innsbruck liegt die »**Sonnenterrasse Innsbrucks**«, wie der Luftkurort und Wintersportplatz Igls (870–900 m) genannt wird. Wer mag, kann auf der **Olympia-Bobbahn** eine rasante Fahrt buchen – gelenkt von einem Profipiloten geht es mit bis zu 100 km/h durch 14 Kurven. Eine 3700 m lange Schwebebahn führt auf den Patscherkofel (2247 m). Von der Bergstation (1951 m) ist der Gipfel zu Fuß in etwa einer Stunde oder mit einem Sessellift zu erreichen. Der **Patscherkofel** ist ein gutes Skigelände, im Sommer laden hier Wege zum Wandern ein. Der **Zirbenweg**, ein 7 km langer, als Lehrpfad angelegter Wanderweg, führt durch den größten geschlossenen Zirbenbestand der Ostalpen. Erreichbar ist der Weg, an dem viele Alpenrosen blühen, vom Gipfel des Patscherkofels aus. Endstation ist die Tulfeinalm, von wo ein Sessellift hinunter nach Tulfes fährt.
Olympia-Bobbahn: www.olympiaworld.at

Brenner Die Hauptstraße von Innsbruck Richtung Süden führt durch das **Wipptal** bergan zum Brenner, der wichtigsten Verkehrsverbindung zwischen Deutschland und Italien. Mit nur 1347 m Höhe ist der Pass ins Südtiroler Etschtal der niedrigste ganzjährig nutzbare Alpenübergang in Westösterreich. Schon in römischer Zeit gab es einen Verkehrsweg entlang der östlichen Talschulter über den Brenner. Erst im 19. Jh. wurde die Straße, später auch die Autobahn, auf die andere Talseite verlegt. »Von Innsbruck herauf wirds immer schöner – da hilft kein Beschreiben ...«, schrieb schon J. W. von Goethe bei seiner Italienreise im Jahr 1786; und doch fahren viele achtlos an der reizvollen Landschaft vorbei. Dabei hat das Wipptal, von dem fünf schöne Hochtäler in die Gletscherwelt der **Stubaier- und Zillertaler Alpen** führen, Bergsportlern einiges zu bieten. Westlich von Matrei ist das Kloster **Maria Waldrast** auf 1636 m sehr sehenswert, Tirols höchste Wallfahrtsstätte. Das schöne Deckenfresko in dem spätgotischen Kirchenchor zeigt die Auffindung des Waldraster Gnadenbildes (um 1666). Das **Gschnitztal**, das etwa 5 km nach Matrei bei Steinach in das Silltal mündet, ist durch die Straße nach Trins erschlossen. Von Trins, mit barockisierter Kirche und Schloss Schneeburg (18. Jh.), ver-

> **BAEDEKER TIPP** ❗
>
> *Historische Tiroler Küche*
>
> Das älteste Kochbuch Tirols stammt von der Augsburger Patriziertochter und späteren Gattin von Erzherzog Ferdinand II., Philippine Welser, die im 16. Jh. lebte. Es enthält 245 Rezepte, die den Geschmack jener Zeit spiegeln.

läuft die Straße weiter nach Gschnitz, wo es alte Bauernhöfe mit Fassadenmalerei, verzierten Giebeln und interessanten Inschriften zu sehen gibt. Am südlichen Talhang des Gschnitztals liegt die **Wallfahrtskapelle zur hl. Magdalena auf dem Bergl**, die an der Stelle eines Quellheiligtums aus vorchristlicher Zeit errichtet wurde. Im Inneren sind romanische Fresken zu sehen, so Adam und Eva im Paradies und die Flucht nach Ägypten. Kurz vor der Passhöhe, am Fuß des Padauner Kogels (2068 m), liegt der als Urlaubsziel geschätzte Ort **Gries** (1300 Einw.). Die Pfarrkirche Maria Heimsuchung, um 1530 als Kapelle erwähnt und im 19. Jh. neu errichtet, beherbergt beachtliche Deckengemälde sowie zwei Tafelbilder mit den 14 Nothelfern aus der abgetragenen Nothelferkapelle.

Südwestlich von Innsbruck liegt der kleine Ort Götzens (868 m; **Götzens** 3900 Einw.). Die Pfarrkirche zu den Aposteln Peter und Paul, im 18. Jh. von Franz Singer erbaut, gehört zu den **schönsten Sakralbauten des Rokoko im deutschen Sprachgebiet**. Sie ist mit Altären, Stuckaturen und Fresken prachtvoll ausgestattet. Die Gewölbefresken von M. Günther stellen Szenen aus dem Leben der Apostel dar. Das Hochaltarbild stammt von F. A. Maulpertsch.

Der Luftkurort Seefeld (1180 m; 3200 Einw.), in dem während der **Seefeld** Olympischen Winterspiele in Innsbruck (1964 und 1976) die Nordischen Skiwettbewerbe abgehalten wurden, gehört mit seinem ausgedehnten **Wintersportareal** zu den meistbesuchten Orten Tirols. Seefeld liegt 25 km nordwestlich von Innsbruck, auf dem weiten Wiesenplan des Seefelder Sattels. Das alte Bergbauerndorf ist seit dem **Hostienwunder** im Spätmittelalter Wallfahrtsziel: Der selbstherrliche Ritter Oswald Milser hatte bei der hl. Kommunion am Gründonnerstag 1384 unter Gewaltandrohung statt der kleinen Hostie (»für die kleinen Leute«) das für den Pfarrer reservierte große Abendmahlbrot gefordert. Als dieses die Lippen des wenig Gottesfürchtigen berührte, versank er bis zu den Knien im Fußboden, der sich erst wieder verfestigte, als dem Frevler die Hostie – sie wies Blutspuren auf – abgenommen wurde; bekehrt zog sich der Ritter ins Kloster zurück. Im Zentrum des Ortes, der sich weithin über das Tal erstreckt, steht die Pfarrkirche **St. Oswald** (15. Jh.). Auf dem spätgotischen Südportal ist das Hostienwunder dargestellt. Das Innere ist mit Fresken und Skulpturen ausgeschmückt; Beachtung verdienen auch der gotische Taufstein mit Renaissance-Holzhaube, das Relief des Pfingstwunders und die Kanzel. Weiter südwestlich kommt man zum Wahrzeichen von Seefeld, dem herrlich gelegenen barocken **Seekirchl**, einem achteckigen Bau von 1629.

* Innviertel

—————————— ✳ K/L 3

Bundesland: Oberösterreich

Kleine Dörfer und Weiler, Gehöfte und Kirchen prägen das Bild der Landschaft. Das Innviertel empfängt seine Gäste mit einer freundlichen Szenerie aus ländlichem Leben und Heimatverbundenheit, Natur, Ruhe und Beschaulichkeit.

Zwischen der Donau im Norden, dem Inn und der Salzach im Westen, dem bewaldeten Höhenzug Hausruck im Süden und dem Innbach im Osten gelegen, gehörte das Innviertel bis 1779 und von 1809 bis 1814 zu Bayern. Das Naheverhältnis zum Nachbarn manifestiert sich in der Innviertler Bierkultur, beispielsweise weist man hier die größte Brauereidichte in ganz Österreich auf. Selbstverständlich verspeist man im Innviertel auch gerne Knödel. Neben sportlichen Aktivitäten wie Radfahren, Golfen, Reiten oder Wandern kann man in der Region auch interessante kulturelle Entdeckungen machen: In Schärding widmet sich das Granitmuseum dem Handwerk der Steinmetzarbeit, in Michaelbeuern kann man dem sehr sehenswerten alten Benediktinerkloster einen Besuch abstatten.

Das Innviertel erleben

AUSKUNFT
Tourismusverband der Stadt Ried
Kirchenplatz 13

A-4910 Ried im Innkreis
Tel. 07752 851 80
www.ried.at

SEHENSWERTES IM INNVIERTEL

Einen wichtigen Impuls erhielt die Bildhauerkunst aus Ried im Inn-kreis (429 m; 11 400 Einw.), dem zentral gelegenen **Hauptort des Innviertels**. Hier war ab der Mitte des 17. Jh.s fast 200 Jahre lang eine der bedeutendsten Bildhauerdynastien beheimatet: Die Familie Schwanthaler, wohnhaft in der Schwanthalergasse 11, zählt in ihren Reihen immerhin 21 Bildhauerkünstler. Etliche ihrer Werke sind in der Stadtpfarrkirche und in weiteren Kirchen in der Umgebung zu finden. Das **Museum Innviertler Volkskundehaus** am Kirchen-platz 13 zeigt Schwanthaler-Skulpturen, volkskundliche Sammlun-gen und die überregional bedeutende Galerie der Stadt.

Ried im Innkreis

Museum: Di.–Fr. 9.00–12.00 u. 14.00–17.00, Sa. 14.00–17.00 Uhr, Eintritt: 3 €

Gut 40 km nördlich von Ried liegt das entzückende **Barockstädt-chen** Schärding (313 m; 4800 Einw.) hoch über dem Inn. Erhalten sind Reste der alten Stadtmauer, Tore und Türme, der lang gezogene Stadtplatz wird von den Fassaden barocker Bauten eingefasst. Beson-ders eindrucksvoll ist die Silberzeile am oberen Stadtplatz, ein bezau-berndes Häuserensemble, in dem einst vermögende Salz- und Holz-handelskaufleute lebten. Das **Stadtmuseum** im äußeren Burgtor zeigt einen Querschnitt durch die verschiedenen Epochen der Stadt-geschichte, das **Granitmuseum** (Am Wassertor) widmet sich dem alten Handwerk der Steinbrecher und Steinmetze sowie der Bildhau-erei in Granit. Mehrere Skulpturen sind in den Räumen ausgestellt.

*Schärding

Stadtmuseum: Mai–Okt. Mi.–So. 10.00–12.00 u. 14.00–17.00 Uhr, Eintritt: 2 €

Granitmuseum: April–Okt. tgl. 10.00–8.00 Uhr, Eintritt frei

> **BAEDEKER TIPP** ❗ *Zum Knutschen*
>
> Die trittsicheren, robusten und wuscheligen Isländerpferde sind wirklich entzückend. Im Reiter-dorf Ampflwang sind mehr als 600 von ihnen zu Hause, u. a. auf dem größten Isländergestüt Fest-landeuropas. Für Ausritte findet man hier optimales Terrain, wer mag, übt sich in Tölt oder Pass. www.reitzentrumhausruckhof.at

Folgt man dem Inn flussaufwärts, erreicht man nach 20 km Obern-berg (365 m; 1450 Einw.). Das freundliche Ortsbild des schon um 1250 genannten Marktes prägen **Giebelhäuser mit schönen Roko-kofassaden**. Die herrlichen Stuckfassaden des Wörndle-, Apothe-ker- und Schiffsmeisterhauses stammen von Johann Baptist Modler. Im Mittelalter war Obernberg Stapelplatz, vor allem für das auf dem Inn transportierte Salz. Das **Heimatmuseum**, untergebracht im Gur-tentor am Marktplatz 22, dokumentiert die Geschichte der Flößerei und Schifffahrt auf dem Inn.

Obernberg am Inn

Heimatmuseum: Mai–Okt. Fr.–So. 14.00–16.00 Uhr, Eintritt: 2 €

Braunau Bis heute leidet Braunau (352 m; 16 000 Einw.) darunter, Geburtsstadt von Adolf Hitler zu sein. Doch die alte **Handelsstadt** mit langer Geschichte und schönem, alten Ortskern geht mit diesem schweren Erbe aktiv um: Der Verein für Zeitgeschichte ruft mit Veranstaltungen und Aktionen für einen bewussten Umgang mit der jüngeren Vergangenheit auf. Braunau am rechten Innufer ist mit der gegenüberliegenden bayerischen Stadt Simbach durch eine Brücke verbunden. 1220 erstmals urkundlich erwähnt und 1260 zur Stadt erhoben, besaß sie im Lauf ihrer Geschichte diverse Handelsprivilegien. Die Bürger der Handelsstadt brachten es zu einem gewissen Wohlstand, der an der **schmucken Altstadt** sichtbar wird. Am Stadtplatz steht der alte Salzburger Torturm mit einem Glockenspiel, östlich davon der Stadtturm, der noch aus der Gründungszeit von Braunau stammt. Der mächtige, 96 m hohe Turm der **Pfarrkirche St. Stephan**, 1439 bis 1466 errichtet, ist der dritthöchste Kirchturm Österreichs und das Wahrzeichen von Braunau. Als Hauptbaumeister der dreischiffigen gotischen Kirche gilt Stephan Krumenauer. Beachtenswert sind u. a. die Kanzel und in der fünften Kapelle links vom Chor der »Bäckeraltar« aus dem 16. Jh. An den Außenmauern findet man eine Vielzahl von Grabsteinen, darunter ein Epitaph des einstigen Stadthauptmannes Hans Staininger, der wegen seines rund 2 m langen Bartes berühmt war. Bart, Adels- und Wappenbrief sind Teil der kulturhistorischen Sammlungen des **Bezirksmuseums** der Stadtgemeinde. Sie

Verwinkelt stehen die alten Färberhäuser
in Braunau dicht nebeneinander.

sind in zwei Gebäuden untergebracht, die ihrerseits zu den ältesten
der Stadt gehören: In der **Herzogsburg** (14. Jh.; Altstadt 10) und im
Glockengießerhaus in der Johann-Fischer-Gasse 18–20, einer original erhaltenen Glockengießerwerkstatt von 1380. Hier ist das
Heimatmuseum zu finden, in der Herzogsburg erfährt man u. a.
Stadtgeschichtliches. Zudem gehört auch noch das **Vorderbad**, eine
mittelalterliche Badestube in der Färbergasse 13, zum Bezirksmuseum. Vor dem Geburtshaus Adolf Hitlers – es steht in der Salzburger
Vorstadt – wurde ein aus Mauthausener Stein gehauenes **Mahnmal
für die Opfer des NS-Regimes** aufgestellt.

Bezirksmuseum Herzogsburg: Di.–Sa. 13.30–17.00 Uhr,
Eintritt: 3,30 €, www.braunau.at
Heimatmuseum im Glockengießerhaus: Führungen nach Anmeldung,
Tel. 07722 80 82 37, Eintritt mit Herzogsburgticket 3,30 €,
www.braunau.at
Historische Badestube Vorderbad: Di.–Sa. 10.00–17.00 Uhr,
Eintritt: 2 €, www.braunau.at

Rund 5 km südöstlich von Moosdorf und bereits im Salzburgischen
liegt das **Benediktinerkloster** Michaelbeuern. Es blickt auf eine
mehr als tausendjährige Geschichte zurück. Von Ostern bis Ende
Oktober findet hier sonntags um 14.00 Uhr eine **Klosterführung**
statt: Höhepunkte der Tour sind die sehenswerte barocke Klosterbibliothek mit der Waltherbibel, einem kostbaren Werk romanischer
Buchmalerei (um 1140), und der schöne, von Franz Nikolaus Strei-
cher im Rokokostil ausgestaltete Abteisaal. Der Hochaltar der Stiftskirche wurde 1691 von Meinrad Guggenbichler aus Mondsee und Johann Michael Rottmayr geschaffen.

**Michael-
beuern**

❶ Führungen: Ostern–Okt. So. 14.00 Uhr, 2 €,
www.abtei-michaelbeuern.at

Etwa 20 km südlich von Ried im Innkreis liegt Frankenburg (519 m;
4800 Einw.). Alle zwei Jahre wird hier im Juli und August auf der Na-
turfreilichtbühne das **»Frankenburger Würfelspiel«** in Erinnerung
an ein historisches Ereignis aufgeführt: Im Mai 1625 sollte ein neuer
Geistlicher ins Amt eingesetzt werden, wogegen sich Bürger und
Bauern zur Wehr setzten. Der bayerische Statthalter versprach ihnen
Gnade, falls sie die Rebellion beendeten – die allerdings war »gna-
denlos«: 36 Menschen mussten je zu zweien um ihr Leben würfeln,
die Verlierer wurden anschließend gehenkt. Das makabre Würfelspiel war einer der Auslöser für den oberösterreichischen Bau-
ernkrieg des Jahres 1626. Nun spielen seit 1925 rund 400 Franken-
berger Laiendarsteller alle zwei Jahre in ungeraden Jahren das
grausame Ereignis für Tausende von Zuschauern nach – als Mah-
nung gegen Intoleranz und Fanatismus.

Frankenburg

❶ www.wuerfelspiel.at

Die rätselhafte Welt der Sisi

Mit den schnulzigen »Sissi-Filmen« der 1950er-Jahre hat Kaiserin Elisabeth von Österreich so gut wie nichts gemein. Sisi fühlte sich am Wiener Hof nie heimisch, ihre Rolle als Monarchin lehnte sie ab. Aus sich selbst schuf sie eine Kunstfigur, die aus nichts als Ästhetik bestand.

Sisi war wunderschön. Aber war sie auch glücklich?

Es begann wie im Märchen. Eigentlich war für Österreichs Kaiser Franz Joseph I. Helene als Frau ausgewählt worden, die Tochter des bayerischen Herzogs Maximilian aus dem Wittelsbacher Haus. Doch es sollte anders kommen. Als die **15-jährige Elisabeth** ihre Schwester zur Verlobung nach Bad Ischl begleitete, verliebte sich der junge Herrscher über das damals mächtigste Reich Europas Hals über Kopf in sie. Kurze Zeit später reiste die Auserwählte auf einem rosengeschmückten Raddampfer donau-abwärts nach Wien, umjubelt von Menschenmassen, die das Ufer säumten. Die **Traumhochzeit** des Jahrhunderts am 24. April 1854 war an Pomp kaum zu übertreffen.

Unglückliche Kaiserin

Nach den Flitterwochen in Laxenburg fand das Märchen auch schon sein Ende. Der **kaiserliche Alltag** sah ein überaus reglementiertes Leben vor. Mit aller Härte versuchte der Hof, aus dem »bayerischen Landkind« eine würdige Kaiserin zu machen. Vor allem Sophie, eine wirklich böse Schwiegermutter, achtete mit Argusaugen darauf, dass Sisi, wie Elisabeth nun hieß (die Schreibweise »Sissi« hat sich erst seit den Kinofilmen mit Romy Schneider eingebürgert), sich an das steife Hofzeremoniell hielt. Sisi verabscheute das leere und formale Leben am Hof, hasste Wien und ihre Schwiegermutter. Zwar wurde sie von ihrem Mann geliebt, doch wegen der Regierungsgeschäfte hatte Franz Joseph kaum Zeit für sie und stand zu sehr unter der Fuchtel seiner Mutter. Diese übernahm auch die **Erziehung der Kinder** (drei Töchter und ein Sohn). Anfangs begehrte die junge Kaiserin dagegen auf, doch letztlich kapitulierte sie. Und dann häuften sich noch die Gerüchte von den Liebschaften des Kaisers. Von ihrer eigenen Mutter hatte sich Sisi einmal sagen lassen müssen, eine Prinzessin habe zu lernen, sich mit **Anmut zu langweilen**. Sisi versuchte stattdessen, aus ihrer Rolle herauszutreten – mit Selbstinszenierung und Verweigerung.

Eitel, klug und ruhelos

Über Jahre hinweg galt Sisi in Europa als »die schönste Monarchin der Welt«, für Sisi war **Schönheit der zentrale Punkt** ihres Lebens. Für ihr bodenlanges Haar kreierte sie eine Flechtfrisur, die ihren Kopf fast wie eine natürliche Krone schmückte. Sie fastete exzessiv, hatte bei einer Körpergröße von 1,72 m eine Taillenweite von nie mehr als 50 cm und trat nur **makellos** aussehend in die Öffentlichkeit. Sie lächelte nicht, weil sie ihre Zähne nicht schön fand, und verbarg meist ihre Hände – die der franzö-

Ein angemessenes Hochzeitsgeschenk: die Kaiservilla in Bad Ischl

sischen Kaiserin Eugénie waren feiner geschnitten. Später ließ sie sich nicht mehr fotografieren oder malen: Das strahlende Gesicht ihrer Jugend sollte nicht von den Bildern einer alternden Frau ersetzt werden. In der Öffentlichkeit verschwand sie hinter Fächern und Schirmen. Sisi trieb auch verbissen **Sport**. Sie konnte stundenlang reiten und legte lange Fußwanderungen in irrwitzigem Tempo zurück. Aber hinter dem schönen Gesicht verbarg sich auch ein kluger Kopf: Sie beherrschte elf Sprachen, darunter Ungarisch, las Homers Werke im Original, dazu Heine, Byron und Shakespeare, dachte **liberal und antimonarchistisch** und befürwortete, zum Entsetzen des Hofes, Reformen in der maroden k.u.k.-Monarchie. Ihr Geld deponierte sie in der republikanischen Schweiz, wo es ihr sicherer schien. Später kehrte die nach heutigen Erkenntnissen wohl unter **einer manisch depressiven Erkrankung** leidende Kaiserin Wien, dem Habsburger Reich und ihrem Mann immer häufiger den Rücken. Sie besuchte Griechenland, Spanien, den Vorderen Orient und England, ließ sich auf der Insel Korfu einen Palast errichten und trug als Zeichen ihres Freiheitsdrangs einen tätowierten Anker auf der Schulter, was die ihren Leichnam obduzierenden Ärzte später schockte: So etwas vermutete man nur bei Schwerverbrechern! Während ihrer 44 Ehejahre hielt sich Sisi zusammengenommen kaum vier Jahre in Wien auf. »Da fährt sie hin – die Kaiserin, die Reiserin«, spotteten die Wiener, wenn sie wieder einmal die Stadt verließ. Der Kaiser ließ sie gewäh-

ren. Für Liebe hatte Sisi keinen Platz mehr – ihrem Gemahl besorgte sie eine **Geliebte**, die Schauspielerin Katharina Schratt, mit der Franz Joseph bis zu seinem Tod 1916 eine Beziehung unterhielt.

Ihren Mörder gefunden

Nach dem **tragischen Selbstmord** ihres Sohnes Rudolf auf Schloss Mayerling im Jahr 1889 wollte Sisi dann auch nicht mehr leben. Am **10. September 1898** wurde sie in Genf – mehr als Zufallsopfer – von dem italienischen Anarchisten Luigi Lucheni mit einer Feile erstochen. »Sie hat ihren Mörder gefunden«, soll Marie Válerie, Sisis Lieblingstochter, später einmal geklagt haben.

Bilder einer Kaiserin in der Kaiservilla

* Bad Ischl

L 4

Bundesland: Oberösterreich
Höhe: 469 m ü.d.M.
Einwohnerzahl: 14 000

Bad Ischl, bekannt als Verlobungsort der späteren Kaiserin Sisi und Treffpunkt der eleganten Welt, liegt von waldreichen Höhen umgeben im Herzen des ▶Salzkammerguts.

Die Bedeutung des entzückenden **Kurorts** als Sommerfrische begann, als der Wiener Arzt Dr. Wirer 1827 der nach sechsjähriger Ehe immer noch kinderlosen Erzherzogin Sophie empfahl, in Bad Ischl kuren zu gehen. Das erfreuliche Ergebnis: vier Buben, die daher scherzhaft auch die Salzprinzen genannt wurden. Kaiser Franz Joseph I., der älteste Sohn, verbrachte 60 Jahre lang die Sommerzeit in Bad Ischl. Heute noch kann man an den schönen **Villen** und gepflegten **Parkanlagen** die frühere Bedeutung des Orts ablesen. Auch berühmte Musiker wie Anton Bruckner, Johann Strauß (▶Berühmte Persönlichkeiten) und Franz Lehár sowie die Dichter Nikolaus Lenau und Johann Nestroy gaben sich hier ein Stelldichein.

Kaiserliche Sommerfrische

SEHENSWERTES IN BAD ISCHL

Am Nordufer der Ischl steht die Kaiservilla, **Sommerresidenz von Franz Joseph I.**, die er und seine Frau Elisabeth von der Kaisermutter zur Hochzeit geschenkt bekamen. Sie ist heute im Besitz seines Urenkels Markus Habsburg, der – wären die Zeiten anders – den Titel Erzherzog trüge, so aber lediglich ein Magister vor seinem Namen führt. Der Besitzer wohnt hier und ist zeitweise vor Ort anzutreffen. Im schönen Kaiserpark steht, versteckt zwischen Bäumen, das für Kaiserin Elisabeth gebaute **Photomuseum Marmorschlössl**, in dem das Photomuseum des Landes Oberösterreich untergebracht ist.

Kaiservilla

❶ Mai–Sept. tgl. 9.30–17.00, Okt. tgl. 10.00–16.00, Jan.–März Mi. 10.00 bis 16.00 Uhr, Eintritt: 13 €, www.kaiservilla.at

Im gepflegten **Kurpark** steht das ehemalige Kurhaus, das heute als Kongress- und Theaterhaus genutzt wird und eleganter Rahmen für Vorträge, Konzerte, Ballett-, Oper- und Operettenaufführungen ist.

> **!** **BAEDEKER TIPP**
>
> *Sommerevents in Bad Ischl*
>
> Zwei Termine sind in und um Bad Ischl sehr empfehlenswert: Rund um den 18. Ausgust zelebriert man den Kaisergeburtstag mit nostalgischem Pomp. An einem Wochenende gegen Ende August ruft Bad Goisern zum Brauchtumsfestival Gamsjagatage.

Bad Ischl

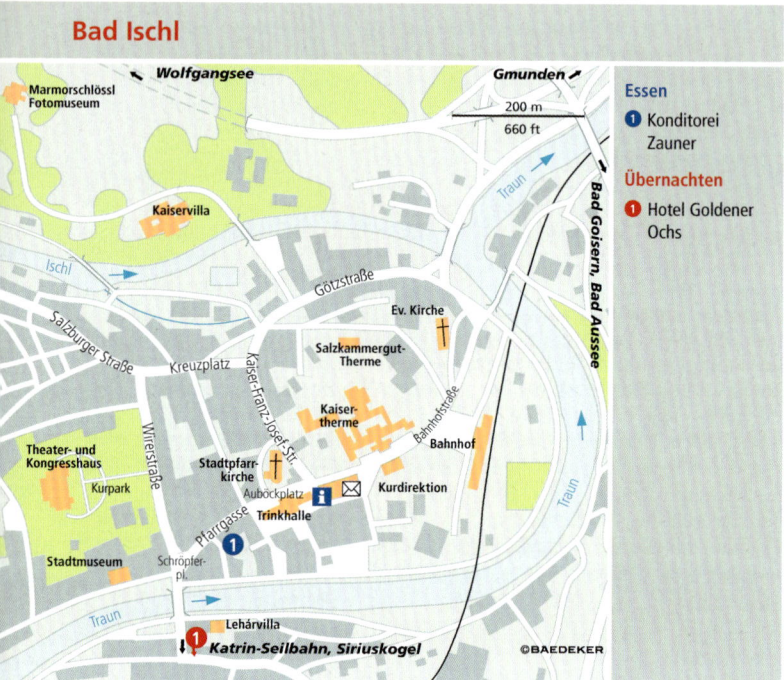

Essen
❶ Konditorei Zauner

Übernachten
❶ Hotel Goldener Ochs

Stadtmuseum Das Stadtmuseum zur Geschichte und Volkskunde des Salzkammergutes und Bad Ischls ist im ehemaligen Hotel Austria an der Esplanade 10 eingerichtet. Dazu gehört auch die Sarsteiner-Sammlung, eine Ostasienkollektion.
◷ Mai–Okt. Mi. 14.00–19.00, Do.–So. 10.00–17.00, Jan.–April Fr.–So. 10.00–17.00 Uhr, Eintritt: 5,10 €, www.stadtmuseum.at

Lehár-Villa Jenseits der Traun steht die Villa von Franz Lehár (▶Berühmte Persönlichkeiten) am Lehár-Kai 8, sein Domizil ab 1912 bis zu seinem Tod 1948. Der **Meister der Wiener Operette** vermachte sie der Stadt unter der Bedingung, ein Lehár-Museum darin einzurichten.
◷ Mai–Sept. Mi.–So. 10.00–17.00 Uhr, Eintritt: 5,40 €

Salzkammergut-Therme Das moderne Thermalbad mit angeschlossenem Hotel in der Voglhuberstraße 10 knüpft an die Kurtradition des Bades an. Es bietet viel Wellness und mit den Naturheilmitteln Salz, Sole, Schwefel und Soleschlamm auch Linderung bei Erkrankungen der Atemwege und des Bewegungsapparats.
◷ Tgl. 9.00–24.00 Uhr, 4-Stunden-Karte 15,50 €, www.eurothermen.at

Bad Ischl erleben

AUSKUNFT

Tourismusverband Bad Ischl
Auböckplatz 5 (Trinkhalle)
A-4820 Bad Ischl
Tel. 06132 27 75 70
www.badischl.com

ESSEN UND ÜBERNACHTEN

❶ *Hotel Goldener Ochs* €€
Grazer Str. 4
A-4820 Bad Ischl
Tel. 06132 2 35 29
www.goldenerochs.at
Das 1791 gegründete Hotel zählte schon
den Operettenkomponisten Franz Lehár
zu seinen Stammgästen. Die meisten der
gemütlichen Zimmer besitzen einen Balkon oder einen Erker mit schönem Ausblick über die Traun. Das hoteleigene
Restaurant »Lehár-Stuben« serviert ausgezeichnete österreichische Gerichte.

❶ *Konditorei Zauner*
Hasnerallee 2
A-4820 Bad Ischl
Tel. 06132 2 37 22
www.zauner.at
Mo. u. Di. geschl.
Landesweit ist die Konditorei Zauner be-
kannt für ihren köstlichen Zaunerstollen,
dessen Rezept ein Familiengeheimnis ist.
Am besten genießt man ihn im Café an
der Esplanade am Traunufer, wo im
Sommer die Kurmusik Bad Ischl drei mal
wöchentlich (Mo., Do., Sa. 15.30 bis
17.00 Uhr) ein Konzert gibt.

UMGEBUNG VON BAD ISCHL

Unmittelbar südlich der Stadt erhebt sich der Hausberg Siriuskogel ***Siriuskogel**
(598 m), den man zu Fuß in etwa 45 Minuten bezwingen kann. Etwas
weiter führt eine Schwebebahn zur **Katrinalm** (1480 m) mit schöner
Aussicht auf den Dachsteingletscher.

Bad Goisern (500 m; 7500 Einw.) ist ein Kurort, dessen Jodschwefel- **Bad Goisern**
quelle bei Haut- und Gelenksleiden hilft. Bekannt ist der bäuerlich
anmutende Ort für seine Bodenständigkeit. Im **Hand.Werk.Haus**
auf Schloss Neuwildenstein im Rudolf-von-Alt-Weg 6 kann man lo-
kales Handwerk erstehen und bei Führungen mehr darüber erfahren.
Das berühmteste Produkt der Region, der zweigenähte Goiserer-
Bergschuh, wird nach wie vor von Schuster Steflitsch-Hackl hergestellt – die Wartezeiten für die handgefertigten Maßschuhe betragen
mehr als ein halbes Jahr. Das **Heimat- und Landlermuseum** zeugt
u. a. von den Protestanten, die vom erzkatholischen Österreich ihres
Glaubens wegen nach Rumänien umgesiedelt wurden.
Hand.Werk.Haus: Führungen Do. 14.30 – 15.45 Uhr, Eintritt: 3,90 €, www.
handwerkhaus.at
Goiserer-Bergschuh: www.goiserer.at
Heimat- und Landlermuseum: Juni – Sept. Di., Do., Sa., So. 10.00 – 12.00,
Mi. u. Fr. 10.00 – 12.00 u. 15.00 – 17.00 Uhr, Eintritt: 3 €

Soleleitungs-weg
Bad Goisern liegt am Soleleitungsweg, der von Hallstatt über Bad Ischl nach Ebensee führt. Der ebene Weg – er ist aufgeteilt in vier Etappen zu je 10 km – folgt der ältesten **Pipeline** der Welt: 1607 wurde die Rohrleitung von Hallstatt nach Ebensee in Betrieb genommen, über die Sole vom Bergwerk zur Saline transportiert wurde.

* Judenburg

 N 5

Bundesland: Steiermark
Höhe: 737 m ü.d.M.
Einwohnerzahl: 9300

In römischer Zeit und im Mittelalter war Judenburg eine bedeutende Stadt am Kreuzungspunkt wichtiger Handelsstraßen. So durfte das Städtchen im 14. Jh. die erste Goldmünze im Alpenraum prägen, den Judenburger Gulden.

Altes Handelszentrum
Judenburg liegt im Herzen der Steiermark auf einer Terrasse über dem rechten Ufer der Mur. Von hallstattzeitlicher Besiedlung der Umgebung zeugt der Strettweger Kultwagen (um 600 v. Chr.), von dem eine Kopie im Stadtmuseum zu besichtigen ist, das Original steht im Landesmuseum Joanneum in Graz. Durch die Verlagerung der Handelswege und diverse Stadtbrände büßte Judenburg erheblich an Bedeutung ein. Erst mit dem Bau der Eisenbahn begann allmählich ein erneuter Aufschwung.

Zum Handeltreiben braucht man Geld. Um an das stets knappe Gut zu kommen, siedelten etliche Landesherren auf ihrem Gebiet Juden an und ließen sich diese »Großzügigkeit« mit klingender Münze lohnen. Ab dem Spätmittelalter gab es neben jüdischen Bankiers auch

Judenburg erleben

AUSKUNFT
Tourismusverband Judenburg
Burggasse 3, A-8750 Judenburg
Tel. 03572 471 27
www.judenburg-tourism.at

ÜBERNACHTEN
Hotel Schloss Gabelhofen ⓔⓔⓔ
Schlossgasse 54

A-8753 Fohnsdorf
Tel. 03573 5 55 50
www.gabelhofen.at
Dieses 5 km von Judenburg entfernte Hotel gilt als eine exklusive Adresse im Grünen. Es war zuerst ein Bauernhaus, wurde aber 1450 zum Schloss ausgebaut – und 1994 schließlich in ein erstklassiges Hotel umgewandelt.

christliche Geldverleiher, die sich 1496 in Österreich der jüdischen Konkurrenz auf drastische Weise entledigten: Sie setzten beim Kaiser deren Vertreibung durch und verdienten dabei ganz ordentlich.

SEHENSWERTES IN JUDENBURG

Trotz der Stadtbrände besitzt das älteste Handelzentrum der Steiermark in der **Altstadt** noch einige Bauten aus der Blütezeit im Hochmittelalter. Wahrzeichen ist der 75 m hohe **Stadtturm** (1449 – 1509), das oberste Geschoss mit der umlaufenden Galerie wurde erst nach dem Brand von 1840 aufgesetzt. Um den Hauptplatz gruppieren sich das **Rathaus** mit Gründerzeitfassade und alte Bürgerhäuser mit schönen Arkadenhöfen. Reste der mittelalterlichen Burg findet man am Ufer der Mur. Sehenswert sind in der **Kirche St. Nikolaus** eine Muttergottes mit Kind aus Kalkstein (um 1420) und Apostelfiguren aus der Werkstatt des Judenburger Barockkünstlers Balthasar Prandtstätter. Die Magdalenenkirche besitzt kostbare mittelalterliche Glasfenster und Fresken (1370 – 1420).

> **BAEDEKER TIPP**
>
> **!**
>
> *Die Sonne – völlig neu gesehen*
>
> Das Planetarium Judenburg – im höchsten allein stehenden Stadtturm Österreichs am Kirchplatz 1 untergebracht – ist das modernste Kleinplanetarium Europas. Hobbyastrologen können dank fortschrittlicher Technik und 3D-Show völlig neue Ausblicke auf die zahlreichen Himmelskörper werfen. www.sternenturm.at

Vom Judenburger Stadtturm geht der Blick weit über den Ort.

Burg Liechtenstein Oberhalb der Stadt ragen die Reste der Burg Liechtenstein (12. Jh.) auf, einst Stammsitz des Minnesängers **Ulrich von Liechtenstein** (ca. 1200 – 1275). Bekannt wurde er insbesondere durch den »Frauendienst«, eine Sammlung bedeutender Minnelieder.

UMGEBUNG VON JUDENBURG

Benediktiner-abtei Seckau Über Knittelfeld führt der Weg rund 10 km nördlich zur Benediktinerabtei Seckau. Die von Mauern umschlossene Abtei wurde um 1140 von Augustiner-Chorherren gegründet, 1782 jedoch aufgehoben und 1883 von Beuroner Benediktinern übernommen. Das Stift gilt als eines der **Wahrzeichen der Steiermark**, es ist bekannt für sein Gymnasium und berühmt für seine Basilika. 1988 wurde das altehrwürdige Ensemble modern umgebaut, besonders gelungen ist die Neugestaltung des Klosterhofs, der zu den schönsten Renaissanceanlagen des Bundeslandes zählt. Im Klosterladen erhält man u. a. die Erzeugnisse der klostereigenen Destillerie – einfach köstlich! Der ursprünglich romanische **Dom** wurde im Jahre 1164 geweiht und zwischen 1480 und 1510 gotisch eingewölbt. Bemerkenswert sind im linken Seitenschiff das Renaissancemausoleum des Erzherzogs Karl II., der Freskenzyklus zum Leben Johannes des Täufers (13. Jh.) sowie die modernen Fresken der »Seckauer Apokalypse« (1952 – 1960; H. Böckl).

❶ Führungen: Mai – Okt. tgl. 11.00 u. 14.00 Uhr, Treffpunkt Klosterpforte, Eintritt: 5 €, www.abtei-seckau.at

＊ Kaisergebirge

✳ H 4

Bundesland: Tirol
Höchste Erhebung: Ellmauer Halt
(2344 m ü.d.M.)

Von unvergleichlicher Wucht und Schönheit sind die großartig geformten und durch düstere Schluchten getrennten Gipfel des Kaisergebirges. Das wildzerklüftete Massiv ist besonders für Bergsteiger und Kletterer ein Dorado.

Adel verpflichtet Das Kaisergebirge erhebt sich mit seinen mächtigen, steilen Mauern und Türmen recht unvermittelt aus dem weiten Wald- und Wiesenvorland östlich vom Inn und nördlich der Kitzbüheler Alpen. Das Gebirge gliedert sich in zwei Bergketten, den **Zahmen Kaiser** im Norden und den noch höheren **Wilden Kaiser** in südlicher Richtung. Das Kaisertal im Westen und das Kaiserbachtal im Osten tren-

Kaisergebirge erleben

AUSKUNFT
Tourismusverband Wilder Kaiser
Dorf 35, A-6352 Ellmau
Tel. 050 509
www.wilderkaiser.info

ÜBERNACHTEN
Hotel der Bär ⊙⊙⊙
Kirchbichl 9

A-6352 Ellmau
Tel. 05358 23 95
www.hotelbaer.com
Im gemütlichen Hotel gibt es nicht nur
stilvoll-modern eingerichtete Zimmer,
sondern auch eine Saunalandschaft mit
Dampf- und Hallenbad, Sanarium und
Kneippanlage. Das Restaurant lässt
nichts zu wünschen übrig.

nen diese beiden Bergzüge voneinander, die im Quellgebiet über das
1580 m hohe Stripsenjoch miteinander verbunden sind.

Sportliche kommen am Wilden Kaiser auf ihre Kosten: Die **SkiWelt**   **Wilder Kaiser**
Wilder Kaiser-Brixental zählt zu den Großen den Landes, im Som-
mer werden die Wanderer verwöhnt. So gibt es hier etwa einen kos-
tenfreien Wander- und Bäderbus und zahllose geführte Themenwan-
derungen, außerdem sind gleich sechs Berge durch Seilbahnen
erschlossen und durch Wanderwege miteinander verbunden. Das
Bergmassiv ist aber auch ein Paradies für Kletterer, denn es gibt anspruchsvolle Klettergärten und einige berühmt-berüchtigte alpine
Kletterrouten. Die höchste Erhebung des Wilden Kaisers, der dreiza-
ckige **Ellmauer Halt** (2344 m), ist allerdings Könnern vorbehalten.
Einen leichteren Gipfelsieg feiert man am Hinteren Goinger Halt
(2192 m ü.d.M.), was aber nicht heißt, dass man dafür keine Kondition bräuchte! Auch Trittsicherheit und Schwindelfreiheit sind unbedingt gefragt – die Mühen des Aufstiegs werden dann aber mit einer
wunderschönen Aussicht auf die gesamte Region belohnt.

Von seltener Schönheit ist der Hintersteiner See, der an der Südwest-   **Hintersteiner**
flanke des Gebirges liegt. In seinem **klaren Wasser** – es ist so sauber,   **See**
dass es fast schon Trinkwasserqualität hat – spiegeln sich die Felsen
des Scheffauer (2113 m), in seinen Fluten kann man sich nach einer
Wanderung herrlich erfrischen.

In einem 400 Jahre alten Bauernhaus in Söll, direkt am Fuß des Wil-   **Bienenwelt**
den Kaisers gelegen, findet sich die Tiroler Bienenwelt. Hier gibt es
ein **Museum zum Thema Imkerei**, ein umfangreiches Naturheil-
kundearchiv sowie die Möglichkeit, Bienenvölker hinter Glasscheiben direkt in ihrem Stock zu bestaunen.
❶ Mai–Okt. 9.00–17.00 Uhr, Eintritt: 2, Führung jede Stunde, 4 €,
www.tirolerbienenwelt.at

Kapruner Tal

J 5

Bundesland: Salzburg
Höhe: 757 m ü.d.M.

Morgens Sommerskilaufen im Gletscherskigebiet Kitzsteinhorn, nachmittags Baden im Zeller See: Diese gelungene Kombination können Urlauber im Kapruner Tal erleben.

Gletscherski und Wasserkraft

Wer auch in der wärmeren Jahreszeit auf Schnee und Eis nicht verzichten möchte, muss hohe Regionen wie das Kapruner Tal in den ▶Hohen Tauern erklimmen. Zusammen mit Zell am See (▶Zeller See) bildet es die **Europasportregion**. Die technisch imponierenden Wasserkraftwerke im Kapruner Tal liefern einen großen Teil der Elektrizität in Österreich. Bereits zu Anfang des 20. Jh.s. wurden Pläne zur Nutzung der Wasserkraft entwickelt. Nach dem »Anschluss« Österreichs an das Deutsche Reich 1938 begannen die Bauarbeiten und wurden während des Zweiten Weltkriegs auch unter Einsatz von Zwangsarbeitern fortgesetzt. Das Kapruner Tal war nach dem Krieg die größte Baustelle im Land, finanziert mit maßgeblicher Unterstützung aus Marshallplan-Geldern. Es geriet in zweifacher Hinsicht zum **»Mythos Kaprun«**: Einmal wurden die Bauarbeiten zum

Kraftwerksgruppe Glockner-Kaprun

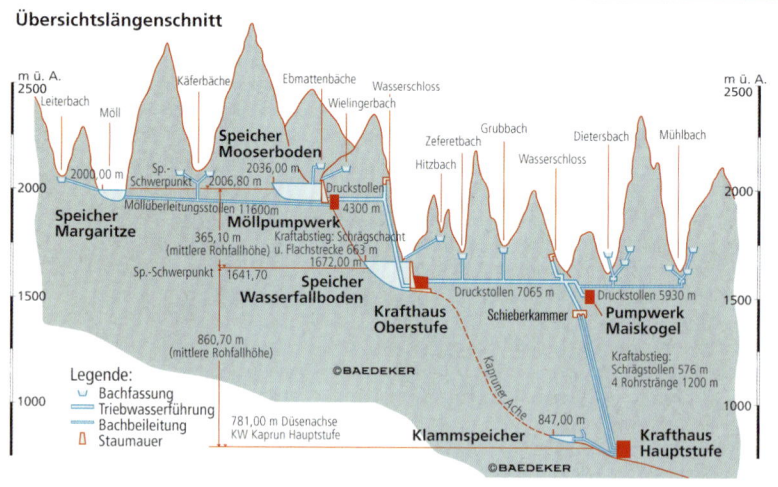

Kapruner Tal erleben

AUSKUNFT
Fremdenverkehrsverband Kaprun
Salzburger Platz 6

A-5710 Kaprun
Tel. 06547 8 64 30
www.kaprun.at

Kampf und Sieg der Technik gegen die Naturgewalt hochstilisiert. Zum anderen stand das Projekt als nationales Symbol für den Aufbauwillen Österreichs nach den Verheerungen des Krieges und für den Übergang von der Agrarwirtschaft zum Industriezeitalter.

Vor 100 Jahren war Kaprun noch ein unbedeutender Weiler. Mit dem Bau der Kraftwerke begann der Aufschwung. Heute ist die Stadt ganz auf Tourismus und Sport eingestellt. Die wuchtige Burg Kaprun, deren erste urkundliche Erwähnung aus dem Jahr 1280 stammt, bildet seit ihrer Restaurierung einen würdigen Rahmen für kulturelle Veranstaltungen. In **Vötters Fahrzeugmuseum** in der Schlossstraße 32 kommen Oldtimerfans auf ihre Kosten: Mehr als 150 Fahrzeuge aus den 1950er- bis 1970er-Jahren begeistern die Besucher. Traurige Berühmtheit erlangte Kaprun, als am 11. November 2000 bei einem verheerenden Brand im Tunnel der Standseilbahn 155 Menschen starben. Die Standseilbahn wurde aufgegeben und durch die Gondelbahnen Gletscherjet 1 und 2 ersetzt. Im 400 Jahre alten Steinerbauernhaus am Kirchbichl wurde vor Kurzem das **Kaprunmuseum** eröffnet, das sich den Themen Urgeschichte und Tourismus widmet. Im ebenfalls neuen **Tauernspa** im Ort lassen sich auf 48 000 m² Regentage formidabel verbringen. **Kaprun**

Vötters Fahrzeugmuseum: Tgl. 10.00 – 18.00 Uhr, Eintritt: 7 €, www.oldtimer-museum.at
Kaprunmuseum: Mi. u. Fr. 10.00 – 12.00, So. 15.00 – 18.00 Uhr, Eintritt: 3,90 €, www.kaprunmuseum.at
Tauernspa: www.tauernspakaprun.com

Das **Informationszentrum** im Kraftwerk Hauptstufe am südlichen Ortsrand von Kaprun zeigt Wissenswertes über die Entwicklung und Technik des Kraftwerks, von einer Galerie aus lässt sich das Geschehen in der Maschinenhalle miterleben **Kraftwerk Hauptstufe**

❶ Tgl. 8.00 – 18.00 Uhr, Eintritt frei

Für erfahrene Wanderer gibt es ab der Shuttle-Endstation (Bergstation Schrägaufzug) **Bergtouren** auf gut erschlossenen Wegen zu den Hütten und Gipfeln der umliegenden Tauernberge zu unternehmen, beispielsweise in gut fünf Stunden über das Heinrich-Schwaiger-Haus (2802 m; Unterkunft) auf das Große Wiesbachhorn (3564 m). **Großes Wiesbachhorn**

Sonniger Rastplatz mit bester Aussicht auf das hintere Kapruner Tal

Man kann aber auch einfach auf der Aussichtsterrasse des Restaurants Heidnische Kirche die wundervolle Aussicht auf die Gletscher des hinteren Kapruner Tals genießen.

*Kitzstein- Zehn Monate im Jahr kann man am Kitzsteinhorn (3029 m) dem
horn Pistenvergnügen frönen. Eine Auffahrt lohnt aber auch für eine Wanderung im Sommer. Außerdem lädt die **Gipfelwelt 3000** zu Erkundungen ein: Zunächst lässt man sich auf Salzburgs höchstgelegener Panoramaplattform den Atem von der Aussicht auf dreißig 3000er rauben, bevor es durch den Berg geht – im 360 m langen Stollen sind Infotafeln zum Lebensraum Alpen aufgestellt. Schneestrand mit Ice Bar, Führungen und das Cinema 3000 runden das Angebot ab.
❶ www.kitzsteinhorn.at

* Karwendel

✳ **F/G 5**

Bundesland: Tirol

Das Karwendelgebirge, zwischen Seefeld in Tirol, Innsbruck und dem Achensee gelegen, gehört zu den Nördlichen Kalkalpen. Auffallendstes Merkmal sind seine mächtigen Steilwände und hoch gelegenen Felsenkessel, die Kare.

Karwendel erleben

AUSKUNFT
Verein Alpenpark Karwendel
Lendgasse 10a

A-6060 Hall in Tirol
Tel. 05245 2 89 14
www.karwendel.org

Bereits 1928 wurde die erste Schutzverordnung für das Gebiet erlassen, heute steht das Karwendelgebirge unter Naturschutz und ist unter dem Begriff Alpenpark Karwendel (rund 920 km²: 730 km² in Österreich, 190 km² in Deutschland) in verschiedene Schutzzonen eingeteilt. Die höchste Erhebung des Karwendels ist mit 2749 m die Birkkarspitze, der einzige ständig besiedelte Ort der nur von Norden (Bayern) zugängliche Weiler **Hinterriß**. Das Gebirge gliedert sich in vier parallel verlaufende Kalkmassivketten mit tief eingeschnittenen Längs- und Quertälern. Zahlreiche Gipfel sind auf guten Wegen leicht zu erreichen, andere nur über schwere Kletterpartien, weshalb das Gebiet für Anfänger und auch für Fortgeschrittene attraktiv ist.

Alpenpark Karwendel

Die südlichste der vier Ketten, die Solsteinkette, erhebt sich unmittelbar über dem Inntal und blickt als »Innsbrucker Nordkette« der Tiroler Landeshauptstadt buchstäblich in die Gassen hinein. Innsbruckbesucher kennen den berühmten Blick von der Maria-Theresien-Straße auf die schneebedeckten Berge, die dem Stadtbild seinen charakteristischen Hintergrund geben. Die **Nordkettenbahn** von Innsbruck führt über die Zwischenstation Seegrube (1905 m) auf das 2334 m hohe Hafelekar (▶Panoramakarte S. 305).

Solsteinkette

In der zweiten nordwärts folgenden Kette, der Bettelwurf- oder Gleirschkette, lockt vor allem die Spitze des Großen Bettelwurfs (2725 m), **einer der schönsten Aussichtsberge Tirols**. Aber auch Hoher Gleirsch (2492 m), Speckkarspitze (2621 m) oder Großer Lafatscher (2696 m) sind für Bergbegeisterte interessant.

Bettelwurfkette

Über dem Karwendelhaus (1790 m; bewirtschaftet) erhebt sich in der dritten Kette, der Hinteren Karwendel- oder Birkkarkette, die ebenmäßige Pyramide der **Birkkarspitze** (2749 m). Dieses beliebte Kletterziel erfordert allerdings eine wirklich gute Kondition und erhebliche Trittsicherheit.

Hintere Karwendelkette

Am nördlichsten liegt die Vordere Karwendelkette, auch Karwendelgebirge im engeren Sinn. Hier verläuft die deutsch-österreichische Grenze. Ihre Hauptgipfel sind die Östliche Karwendelspitze (2537 m) und die Westliche Karwendelspitze (2385 m), für einen geübten Bergsteiger keine Schwierigkeit.

Vordere Karwendelkette

Naturpark-
haus

In Hinterriß hat man 2009 das Naturparkhaus errichtet, ein **Besu-cherzentrum**, das auf moderne Art und Weise viel Wissenswertes zur Natur und Geschichte, zur Jagd und zu den Menschen des Karwendels vermittelt. Außerdem kann man sich hier gute Wandertipps für die nähere Umgebung und die Region holen.
❶ Mai–Okt. tgl. 9.00–17.00 Uhr, Eintritt: 2 €, www.karwendel.org

Klassische
Karwendel-
tour

Ca. zwei bis drei Tage benötigt man für eine der eindrucksvollsten Wanderrouten: Sie führt vom Grenzort Scharnitz unterhalb des Scharnitzpasses über den Wanderweg 201 am Karwendelbach entlang zum **Karwendelhaus** (1765 m) am Fuß der Birkkarspitze. Der Weg führt zum **Kleinen Ahornboden** und zur Falkenhütte am Fuß der beeindruckenden Laliderer Wände. Über weitere zahlreiche Almen und bewirtschaftete Hütten führt die Tour bis hinunter nach Pertisau am ▶Achensee.

Die Eng-Alm am Großen Ahornboden im Karwendel erreicht man nur von Bayern aus.

Kaunertal

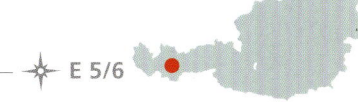

⁕ E 5/6

Bundesland: Tirol

Das Kaunertal ist ein rund 28 km langes rechtes Seitental des Oberinn und wird vom Faggenbach durchflossen. Ab Prutz gelangt man über die mautpflichtige Gletscher-Panoramastraße mit einer erheblichen Steigung von maximal 14 % und wunderbaren Ausblicken über die Region zum 6 km langen Stausee Gepatsch-Speicher.

An der Mündung des Kaunertals in den oberen Inn liegt der altertümliche Sommerurlaubsort Prutz (866 m; 1700 Einw.). »Der Herrgott lässt's regnen über Gerechte und Ungerechte, nur über die Prutzer nicht«, heißt es im Volksmund über diese äußerst **niederschlagsarme Gegend**. Beim Ort befindet sich ein Kraftwerk, dem das Wasser aus dem Gepatsch-Speicher durch einen 14,8 km langen Druckstollen zuströmt.

Prutz

Rund 8 km hinter dem Dorf Feichten (1289 m) erreicht die Straße die 630 m lange und 130 m hohe Staumauer des vom Gepatsch-Ferner gespeisten Gepatsch-Speichers. Er bildet einen 6 km langen **Stausee** mit etwa 140 Mio. m³ Inhalt. Eine schmale Straße führt am See entlang bis zum Talende bei der Gepatsch-Alm (2000 m). Hier steht auch das **Gepatsch-Haus** mit einer besonderen Geschichte – sie ist die erste Schutzhütte einer deutschen Alpenvereinssektion auf österreichischem Boden.
❶ www.gepatschhaus.at

Gepatsch-Speicher

Die Kaunertaler Gletscher-Panoramastraße, entlang der 29 Stationen zum Anhalten und Staunen einladen, wurde bis auf 2750 m hinaufgeführt. Am oberen Ende können sich hungrige Autofahrer im Gletscherrestaurant stärken, ein Sessellift bringt die Besucher weiter auf 3010 m. Nach etwa 25 Minuten erreicht man von dort eine Stelle nahe der **Karlesspitze** (3160 m) mit einem imposanten Blick auf Österreich, Italien und die Schweiz.
❶ www.gletscherpark.com

Panoramastraße

Kaunertal erleben

AUSKUNFT
Tourismusbüro Kaunertal
Feichten 134

A-6524 Kaunertal
Tel. 050 22 52 00
www.kaunertal.com

Der Gepatsch-Stausee ist Tirols größter Wasserspeicher.

Gepatsch-Ferner Südlich des Gepatsch-Speichers erstreckt sich der rund 8 km lange Gepatsch-Ferner, **zweitgrößter Gletscher der Ostalpen nach der Pasterze**. Dem Gletscher entströmt der Faggenbach.

∗ Kitzbühel

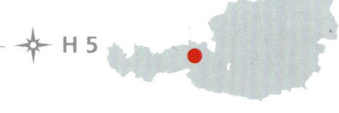 H 5

Bundesland: Tirol
Höhe: 800–2000 m ü.d.M.
Einwohnerzahl: 8100

Das mondäne Wintersportparadies Kitzbühel war schon im 16. und 17. Jh. aufgrund seines Kupfer- und Silberbergbaus eine blühende Stadt. Heute ist der Ort der ganzen Welt durch sein berühmtes Hahnenkamm-Skirennen ein Begriff.

Vom Bergbau zum Tourismus Seine Beliebtheit als bevorzugtes Winterurlaubsziel geht auf die segensreiche Neugier des Wahl-Kitzbühelers **Franz Reisch** zurück: Nach der Lektüre des Buches »Auf Schneeschuhen durch Grönland« des norwegischen Polarforschers Fridtjof Nansen wollte Reisch Ende des 19. Jh.s genau wissen, was es mit diesen merkwürdigen Schuhen auf sich hatte. Er ließ sich aus Norwegen welche schicken, machte 1892/1893 die ersten Rutschversuche und veranstaltete bereits 1895 mit seinen Freunden in Kitzbühel **das erste Skirennen**. Den Sprung in die Top Ten der Nobelorte schaffte Kitzbühel, als der englische Kronprinz es ab 1935 zu seinem bevorzugten Winterurlaubsziel erkor. »Kitz« hat sich auf ein internationales Ferienpublikum eingestellt, im Spielcasino, in den Nachtbars und auf den Golfplätzen geben sich Jet-Set und »Adabeis« gern ein Stelldichein.

Die Tradition des **klassischen Skilaufs** wird in Kitz, wie man die Stadt gemeinhin bezeichnet, hochgehalten, die Infrastruktur ist gut ausgebaut. Angebote für Snowboarder, Freestyler, Tourengeher, Langläufer und Winterwanderer machen die Region zu einer Top-Adresse für **Winterurlaub**. Aber auch im Sommer wird Sport in den Kitzbüheler Alpen groß geschrieben: Wanderer und Bergsteiger, Rennradfahrer und Mountainbiker, Golfer und Tennisspieler, Läufer und Walker, Radfahrer und E-Bikefahrer kommen hier gleichsam auf ihre Kosten. Hochkarätige internationale Sportevents – neben den Hahnenkamm-Skirennen im Januar etwa das ATP Tennisturnier im Juli oder der Triathlon im Juni – runden das Angebot ab.

*Sportregion

Kitzbühel erleben

AUSKUNFT
Kitzbühel Tourismus
Hinterstadt 18
A-6370 Kitzbühel
Tel. 05356 6 66 60
www.kitzbuehel.com

EINKAUFEN
Vom klassischen Dirndl bis zum alpin inspirierten Schmuckstück wird allerlei Spezielles aus den Werkstätten der Region feilgeboten. Daneben liegen Mode und Style der internationalen Fashionwelt in den Auslagen der Boutiquen.

ESSEN
Tennerhof ⊚⊚⊚⊚
Griesenauweg 26, A-6370 Kitzbühel
Tel. 05356 6 31 81
www.tennerhof.com
Di. geschl.
Die Küche des Tennerhofs gehört mit ihren Kreationen zu den Höhepunkten der

Tiroler Gastronomie. Im Sommer speist man schön auf einer Gartenterrasse.

Gasthof Eggerwirt ⊚⊚⊚
Untere Gänsbachgasse 12
A-6370 Kitzbühel
Tel. 05356 6 24 55
www.eggerwirt-kitzbuehel.at
Ein familiär geführter Betrieb mit gutbürgerlicher Küche. Elegant speist man im Wintergarten, in der Gänsbachstube treffen sich gerne die Einheimischen.

ÜBERNACHTEN
Hotel Schloss Lebenberg ⊚⊚⊚
Lebenbergstraße 17
A-6370 Kitzbühel
Tel. 05356 69 01
www.schloss-lebenberg.at
Das renovierte Schloss Lebenberg, auf einem Hügel am Stadtrand gelegen, vereint den Zauber vergangener Tage mit dem Komfort der heutigen Zeit.

Das schöne Stadtbild und die herrliche Bergkulisse machen Kitzbühel zu einem der beliebtesten Urlaubsorte Österreichs.

SEHENSWERTES IN KITZBÜHEL

**Unterinn-taler Bauern-hausstil

Der idyllische Ort mit **mittelalterlicher Anlage** liegt auf einem lang gestreckten Hügel. Im Zentrum verlaufen zwei Straßen, die breite »Vorderstadt« und die etwas schmalere »Hinterstadt«. Schöne Bauten, Gewerkenhäuser und breite, niedrige Gebäude im Unterinntaler Bauernhausstil prägen das Stadtbild. Anders als bei den Inn-Salzach-Städten sind die Häuser nicht aneinandergebaut, sondern nach bayerischem Vorbild durch kleine Abstände (Bauwiche) voneinander getrennt. Dadurch konnten die Kitzbüheler sowohl die strengen feuerpolizeilichen Vorschriften von Kaiser Maximilian (▶Berühmte Persönlichkeiten) umgehen, wonach Hausdächer ummauert werden mussten, als auch den **bäuerlichen Charakter** des von den weit vorspringenden Satteldächern geprägten Stadtbildes erhalten.

Altstadt

Gegenüber dem Casino liegt die schlichte gotische **Katharinenkirche**, mit einem modernen Christophorusfresko von 1950 an der Außenwand. Im Inneren verdienen ein Flügelaltar mit bemalten Außenflügeln und eine auf einer Mondsichel thronende Madonna (spätes 15. Jh.) Beachtung. Ganz in der Nähe steht das mittelalterliche Jochberger Tor, das einzige noch heute in Kitzbühel erhaltene Stadttor, bei dem auch die alte Burg vermutet wird. Das **Museum Kitzbühel** ist in den beiden interessantesten Gebäuden des Ortes untergebracht: dem alten Getreidekasten und dem mehr als 700 Jahre alten Südwestturm, dem ältesten erhaltenen Gebäude Kitzbühels. Gezeigt werden Exponate zur politischen, wirtschaftlichen und kulturellen Geschichte der Stadt und der Region sowie Sonderausstellungen.

Museum Kitzbühel: Dez.–Ostern Di.–Fr., So. 14.00–18.00, Sa. 10.00 bis 18.00, Ostern–Juni, Okt. Di.–Fr. 10.00–13.00, Sa. 10.00–17.00, Juli–Sept. Mo.–Mi., Fr.–So.10.00–17.00, Do. 10.00–20.00, Weihnachtsferien Mo. bis Mi., Fr.–So. 10.00–18.00, Do. 10.00–20.00 Uhr, Eintritt: 6 €, www.museum-kitzbuehel.at

Nördlich der Altstadt steht die von 1435 bis 1506 erbaute, später barock veränderte **Pfarrkirche St. Andreas**. Äußerlich ist die Kirche ein massiger Bau, der niedrige Turm trägt eine barocke Haube. Das Innere ist ausgestattet mit schönen Stuckaturen und Deckengemälden. Den Chor schmücken Fresken aus dem 15. Jh., angefügt ist die Rosakapelle mit Maßwerkfenstern und einem Deckengemälde der hl. Rosa (um 1750). Beachtenswert ist auch der schwarz-goldene Hochaltar des Kitzbüheler Bildhauers Simon Benedikt Faistenberger (17. Jh.). Die Unterkirche der kleinen doppelgeschossigen **Liebfrauenkirche** stammt von 1373. Das Deckengemälde von der Krönung Mariens (1739) in der Oberkirche schuf Simon Benedikt Faistenberger. Sehenswert sind ferner das Rokokogitter (1781) und die Orgel. Stolz der Stadt ist der gewaltige Wehrturm mit der 6332 kg schweren Glocke, die als klangschönste des Landes gilt.

Außerhalb der Altstadt

UMGEBUNG VON KITZBÜHEL

Außerhalb von Kitzbühel lohnt das Bauernhausmuseum Hinterobernau einen Besuch. Ein **alter Bauernhof** aus dem Jahr 1559 des Salzburg-Tiroler Einhaustyps wurde eingerichtet wie vor 100 Jahren. Zum Anwesen gehören eine Rauchküche, eine Stube und Schlafkammern, ein Stall und ein Stadel – alles mit entsprechenden Gegenständen, Gerätschaften und Werkzeugen ausgestattet – sowie eine kleine Kapelle und ein Bauerngarten.

❶ Juni–Sept. Mo–Sa. 13.00–17.00 Uhr, Eintritt: 4 €

Bauernhausmuseum

Der Hahnenkamm (1655 m; Kabinenbahn und Sessellift) wird als Höhenkurgebiet, für Wanderungen sowie im Winter wegen seines idealen Skigeländes besucht. In der Bergstation der Hahnenkammbahn zeigt das **Bergbahnmuseum** Exponate zur Entwicklung des Skisports, im Skisimulator kann man den Höllenritt über die berüchtigte Abfahrtsstrecke **»Streif«** täuschend echt nachvollziehen. Bei einer Wanderung entlang dieser im Sommer lässt sich ermessen, was eine Abfahrt hier bedeutet. Auf realen Brettern muss man allerdings

*Hahnenkamm

nicht zwangsläufig die weltberühmte Hahnenkamm-Rennstrecke (3,5 km lang) nehmen, es gibt auch die harmlosere Familienstreif.
Bergbahnmuseum: Tgl. 10.00 – 16.00 Uhr, Eintritt frei

*Kitzbüheler Horn Im Nordosten von Kitzbühel ragt das Kitzbüheler Horn (1998 m) mit Gipfelhaus, Kapelle, Restaurant und Sendemast auf, »dessen Gipfel, vom Städtchen aus betrachtet, zwei runde Hügel bilden, die einem Frauenbusen ziemlich ähnlich sehen«, so der österreichische Feuilletonist Daniel Spitzer im Jahr 1877. Von dem mit einer Seilbahn über die 1273 m hohe Pletzeralm bequem erreichbaren Horn (Aufstieg von Kitzbühel etwa 4 – 5 Std.) bietet sich eine großartige Aussicht: von den Radstädter Tauern im Süden bis zu den Ötztaler Alpen, im Norden das nahe Kaisergebirge, ganz im Westen die Lechtaler Alpen, im Osten der Hochkönig. Nahe dem Gipfelhaus wurde ein 20 000 m² großer **Alpenblumengarten** angelegt.
● www.alpenhaus.at

> **! BAEDEKER TIPP**
>
> *Wildpark Tirol*
>
> Ein beliebtes Ausflugsziel ist der 4 km von Kitzbühel entfernte Wildpark Tirol in Oberaurach. Auf einer Fläche von 40 ha leben mehr als 200 Alpentiere, die man aus der Nähe beobachten kann. Mai – Okt. u. Weihnachten tgl. 10.00 – 17.00 Uhr, Jan. – April Mo. u. Di. geschl., Eintritt: 7 €, www.wildpark-tirol.at

St. Johann in Tirol Etwa 10 km nördlich von Kitzbühel liegt St. Johann in Tirol (660 m; 8700 Einw.). Der wichtige Straßenknotenpunkt ist sowohl im Sommer als auch im Winter ein gern besuchter Ort mit malerischen Bauernhäusern. In der doppeltürmigen **Pfarrkirche Mariä Himmelfahrt** (1723 – 1728), dem Wahrzeichen des Orts, sind schöne Stuckaturen und ein Deckengemälde von Simon Benedikt Faistenberger zu bewundern; in der **Antoniuskapelle** (1671 – 1674), einem achteckigen frühbarocken Zentralbau, befindet sich ein Kuppelfresko von Josef Schöpf (1803). Die im Westen des Ortes gelegene **»Spitalkirche in der Weitau«** besitzt eine Rokokoausstattung von 1740 und das einzige gotische Bildfenster in Tirol – gleichzeitig das größte und bedeutendste mittelalterliche Glasgemälde des Bundeslandes: zehn farbige Glasscheiben mit Heiligen- und Stifterfiguren (um 1480) auf einem zweibahnigen Spitzbogenfenster hinter dem Hochaltar.

Kitzbüheler Alpen Die Kitzbüheler Alpen schließen sich östlich an das Zillertal an und werden im Süden vom Salzachtal bzw. Pinzgau begrenzt. Als **größter Schieferalpenzug Österreichs** erstrecken sie sich mit ihren weitverzweigten sanften Kämmen auf rund 100 km Länge. Ihr natürlich baumarmes Almgelände senkt sich von den Kammhöhen bis zu den Böden der zahlreichen Längs- und Quertäler herab und hat die Entwicklung der Kitzbüheler Alpen zu einem der ausgedehntesten und der beliebtesten Skigebiete Österreichs, ja Europas, sehr begünstigt. Am höchsten und mit ausgeprägtesten Formen zeigen sich die Kitzbüheler Alpen im westlichen Teil, vom **Kreuzjoch** (2558 m) zum **Torhelm** (2495 m) und nordwärts über viele Erhebungen zum **Großen Galtenberg** (2425 m) bei Alpbach, sowie auf dem **Salzachgeier** (2470 m). Markantester Berg der Kitzbüheler Alpen ist der **Große Rettenstein** (2363 m) südwestlich von Kitzbühel, erreichbar von der Oberlandhütte (1041 m) bei Aschau aus.

Oberlandhütte: www.oberlandhuette-aschau.at

* Klagenfurt

 M 6

Bundesland: Kärnten
Höhe: 445 m ü.d.M.
Einwohnerzahl: 95 000

Klagenfurt ist eine lebhafte Industrie- und Handelsstadt und zeigt dennoch in ihren alten Vierteln mit schönen Gassen und zauberhaften Arkadenhöfen südländisches Flair. Für seine Bemühungen um den Erhalt der idyllischen Altstadt wurde der Ort mehrfach ausgezeichnet.

»Rose vom Wörther See« nennt sich die südlichste österreichische Landeshauptstadt am Ostufer des Sees. Sie ist südlich begrenzt vom Waldrücken der Sattnitz, hinter dem die Karawanken aufragen. | **Rose vom Wörther See**

Mitte des 12. Jh.s wurde der Marktflecken an einer Furt über die Glan angelegt. Der Name bezieht sich neueren Forschungen zufolge darauf, dass der Volksaberglaube in dem sumpfigen Gebiet um die Furt unheimliche, Menschenopfer fordernde Wasserdämonen vermutete. Hier liegt auch der Ursprung der **Sage vom Lindwurm**, der in den Sümpfen gelebt und das Vieh der Bauern gerissen haben soll – bis ein tapferer Kärntner ihn angeblich erschlagen hat und fortan Herkules genannt wurde. Sowohl der Lindwurm als auch Herkules sind heute noch präsent – in Stein gehauen auf dem Neuen Platz. 1514 wurde die Stadt von einem Brand zerstört. Zu dieser Zeit suchten die Kärntner Landstände eine eigene Stadt und baten Kaiser Maximilian I. (►Berühmte Persönlichkeiten), ihnen das verarmte Städtchen einfach zu schenken. Dieser entsprach 1518 schließlich ihrer Bitte. Klagenfurt avancierte in der Folge zur neuen Landeshauptstadt – vorher hatte St. Veit an der Glan diesen Status inne – und dehnte sich aus. Von 1527 bis 1558 wurde der Lendkanal angelegt, der die Gräben um die Stadt mit Wasser füllte und Klagenfurt auch noch heute mit dem Wörther See verbindet. | **Geschichte**

Klagenfurt erleben

AUSKUNFT
Klagenfurt Tourismus
Neuer Platz 1
A-9010 Klagenfurt am Wörthersee
Tel. 0463 5 37 22 23
www.info.klagenfurt.at

ESSEN
❶ Augustin Ⓔ
Pfarrhofgasse 2, A-9020 Klagenfurt
Tel. 0463 51 39 92
So. geschl.
Das Augustiner Wirtshausbier stammt aus Puntigam (Graz), trotzdem ist das Lokal ein beliebter Klagenfurter Treffpunkt. Die Küche ist recht bodenständig.

ÜBERNACHTEN
❶ Palais Hotel Landhaushof ⒺⒺⒺ
Landhaushof 3
A-9020 Klagenfurt

Tel. 0463 59 09 59
www.landhaushof.at
In diesem denkmalgeschützten Renaissancepalais im Herzen der Altstadt ist ein exklusives Hotel untergebracht. Die Zimmer sind mal modern, mal im historischen Stil eingerichtet. Auch ein Wellnessbereich ist vorhanden.

❷ Hotel Goldener Brunnen ⒺⒺ
Karfreitstraße 14
A-9020 Klagenfurt
Tel. 0463 5 73 80
www.goldener-brunnen.at
Zentrale Lage und schöne Umgebung: Durch verglaste Arkaden blickt man auf den begrünten, sehr romantischen Innenhof mit einem Café und Boutiquen, von den straßenseitig gelegenen Zimmern des Hotels geht der Blick auf den Domplatz von Klagenfurt.

SEHENSWERTES IN KLAGENFURT

Neuer Platz Zentrum der **malerischen Altstadt** ist der weiträumige Neue Platz mit dem **Lindwurmbrunnen**, dem Wahrzeichen Klagenfurts. Vorbild für den Kopf der 1590 entstandenen steinernen Plastik war der Schädel eines in der Nähe gefundenen eiszeitlichen Wollhaarnashorns, der heute im Landesmuseum gezeigt wird. Diesen Schädel hielt man damals für einen Drachenkopf. Die Herkulesfigur, gefertigt vom Schöpfer des Hochaltars im Gurker Dom, Michael Hönel, und das eiserne Gitter wurden im Jahr 1636 hinzugefügt. Um den Neuen Platz gruppieren sich zudem etliche schöne alte Häuser. Das ehemalige Palais Rosenberg an der Westseite des Neuen Platzes – es wurde um 1650 erbaut – dient seit 1918 als **Rathaus**. Hier ist heute auch die Touristeninformation untergebracht. Haus Nr. 4, Nr. 7 und Nr. 10 besitzen schöne Arkadenhöfe, Nr. 9, eine Apotheke an der Ostseite, kann mit einigen entzückenden Rokoko-Stuckaturen im Innenraum aufwarten. An der Ostseite steht auch das sehenswerte, 1764 errichtete älteste Standbild der Kaiserin Maria Theresia (►Berühmte Persönlichkeiten). 1873 wurde das alte Hartbleistandbild durch die jetzige Bronzestatue ersetzt.

Die Kramergasse ist die älteste Fußgängerzone Österreichs (seit **Kramergasse**
1961) und **eine der ältesten Straßen der Stadt**, gesäumt allerdings
mit Häusern aus der Gründer- und Jugendstilzeit. Hier findet sich
auch eine kleine Skulptur des »Wörther-See-Mandls« (1965) von
Heinz Goll (▶Wörther See).

Kern des ältesten Stadtbezirks ist der lang gestreckte Alte Platz mit **Alter Platz**
der **Dreifaltigkeitssäule** (1689). Er wird umrahmt von prächtigen
Barockbauten mit Arkadenhöfen, dazu gehören das **Alte Rathaus**
(17. Jh.) mit malerischem dreistöckigen Laubenhof und das **Haus
zur Goldenen Gans** (Nr. 31; um 1500), einst Quartier des Kaisers.
Er trat dafür seine später geschleifte Burg den Landständen zum Bau
des Landhauses ab.

Nördlich vom Alten Platz erhebt sich die Stadtpfarrkirche St. Egid, **Stadtpfarr-**
ein stattlicher, etwas düsterer Bau aus dem 17./18. Jh., mit zahlrei- **kirche St. Egid**
chen alten **Wappensteinen** und **Wappengrabsteinen**. Die zur Kir-
che gehörende **Winterkapelle** wurde von Prof. Ernst Fuchs, einem
der Gründer der Wiener Schule des Phantastischen Realismus, kürzlich farbintensiv umgestaltet.
❶ Mo.–Sa. 9.00–12.00, So. Führungen um 14.00 u. 15.00 Uhr, Eintritt:
5 €, st-egid-klagenfurt.at

Der repräsentativste Profanbau der Stadt, das von 1574 bis 1594 an ***Landhaus**
Stelle der herzoglichen Wasserburg errichtete Landhaus, steht zwischen dem Alten Platz und dem weiter westlich gelegenen Heilig-
Geist-Platz. Sein Äußeres prägen zwei von Zwiebelhelmen gekrönte
Treppentürme und ein doppelgeschossiger Arkadenhof. Nach einem
Brand wurde der sehenswerte
Große Wappensaal 1739/1740 **Der Alte Platz mit Dreifaltigkeitssäule,**
eingebaut, die Wände schmücken **Stadtmodell und schmucken Bürgerhäusern**
665 Wappen der Kärntner Land-
stände. Ein Gemälde des Kärntner Barockmalers Joseph Fromiller von 1728 ziert die Decke: Die
Huldigung der Stände an Karl VI.
Nordwestlich des Landhauses erhebt sich das Jugendstilgebäude
(1908–1910) des inzwischen erweiterten **Stadttheaters**.
Landhaus: April–Okt. Di.–Fr.
9.00–16.00, Sa. u. Feiertage
9.00–14.00 Uhr, Eintritt: 3 €

Über die Ursulinengasse und die
Wiesbadener Straße gelangt man

wieder zum Neuen Platz. Einen Block weiter in östlicher Richtung steht das **Museum Moderner Kunst Kärnten** in der Domgasse. Werke namhafter Künstler des 20. und 21. Jh.s zählen zu den eigenen Sammlungsbeständen. Diesen ist ein Teil des Museums gewidmet, daneben gibt es wechselnde Sonderausstellungen.

❶ Di.–Mi., Fr.–So. 10.00–18.00, Do. 10.00–20.00 Uhr, Eintritt: 5 €

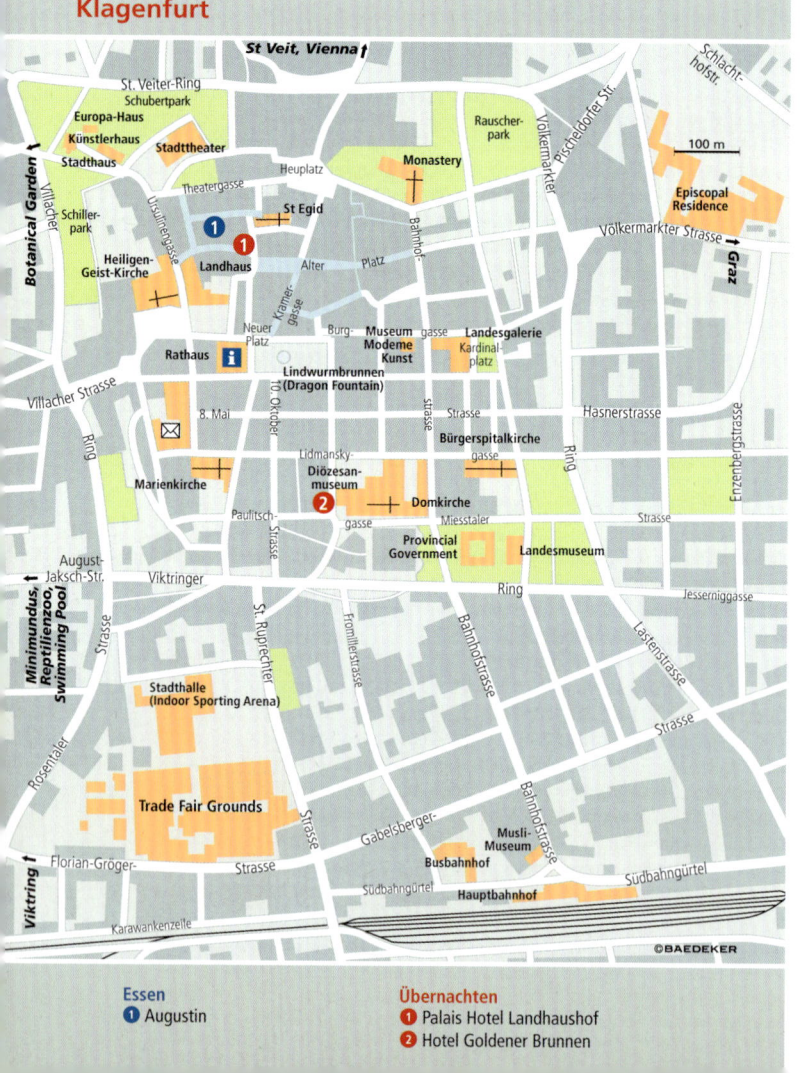

Klagenfurt

Essen
❶ Augustin

Übernachten
❶ Palais Hotel Landhaushof
❷ Hotel Goldener Brunnen

Über den neuen Platz führt die Karfreitstraße südlich zur Domkirche, die von den protestantischen Ständen von 1578 bis 1591 erbaut wurde. 1604 wurde sie den Jesuiten übergeben, seit dem Jahr 1787 ist sie Kathedrale des in Klagenfurt residierenden Fürstbischofs des Bistums Gurk. Das Innere der **ältesten Wandpfeilerkirche Österreichs**, deren lichte Raumgestaltung von umlaufenden Emporen bestimmt wird, ist mit Stuckarbeiten und Gemälden aus dem 18. Jh. ausgeschmückt.

Domkirche

> ! **BAEDEKER TIPP**
>
> *Alte Freunde*
>
> Die Städtepartnerschaft zwischen dem österreichischen Klagenfurt am Wörther See und Wiesbaden in Deutschland gilt als die älteste in ganz Europa. Sie wurde schon 1930 gegründet und ist heute noch sehr lebendig.

Die üppige Kanzel ist wohl ein Werk von Christoph Rudolph (1726), das Hochaltargemälde stammt von Daniel Gran (1752). In den Seitenkapellen sieht man farbenreichen Marmorschmuck.

Das Diözesanmuseum am Domplatz in Klagenfurt präsentiert kirchliche Gewänder, sakrale Kunst, Volkskunst und Glasgemälde. Fachleute halten die **»Magdalenenscheibe«** (1170) für das älteste Glasgemälde Österreichs.
 Juni–Mitte Okt. Mo.–Sa. 10.00–12.00, Mitte Juni–Mitte Sept. auch 15.00–17.00 Uhr, Eintritt: 3 €

Diözesanmuseum

Gegenüber der Domkirche erhebt sich das stattliche Gebäude der Landesregierung. Östlich daneben steht das von 1879 bis 1884 errichtete Kärntner Landesmuseum in der Museumsgasse 2. Es besitzt umfangreiche Sammlungen zur **Natur- und Kulturgeschichte Kärntens** und Exponate zur Stadtgeschichte, darunter den Wollnashornschädel, »Vorbild« für den Klagenfurter Lindwurmbrunnen. Reliefs des Großglockners, der Villacher Alpe und der Ostkarawanken zeigen die Kärntner Gebirgswelt. Im Museumspark sind römische Steindenkmäler, Grab- und Votivsteine aufgestellt, die in Virunum auf dem Zollfeld nördlich von Klagenfurt gefunden wurden.
 Di.–Mi., Fr. 10.00–18.00, Do. 10.00–20.00, Sa., So. 10.00–17.00 Uhr, Eintritt: 7 €

*Landesmuseum Rudolfinum

In der Bahnhofstraße 50, dem Geburtshaus von Robert Musil, ist das Robert-Musil-Literaturmuseum eingerichtet. Es dokumentiert zudem Leben und Werk der Schriftstellerinnen **Ingeborg Bachmann** und **Christine Lavant**.
 Mo.–Fr. 10.00–17.00, Sa. 10.00–14.00 Uhr, Eintritt frei, www.musilmuseum.at

Robert-Musil-Literaturmuseum

Westlich vom Stadtzentrum liegen am Ufer des Wörther Sees das riesige Städtische Strandbad und die Schiffsanlegestellen. Einen aus-

*Minimundus

Wer Geduld mitbringt, kann nachzählen: Offiziell schmücken
665 Landstädte-Wappen den Wappensaal des Landhauses.

giebigen Besuch lohnt neben dem Europapark das entzückende Minimundus: Die »kleine Welt am Wörther See« zeigt **Nachbildungen
von berühmten Bauwerken** aus aller Welt im Maßstab 1 : 25, ein
Hafenbecken mit Modellschiffen und eine Modelleisenbahn.
❶ April, Okt. tgl. 9.00 – 18.00, Mai, Juni, Sept. tgl. 9.00 – 19.00, Juli, Aug.
Mo., Di., Do. – So. 9.00 – 20.00, Mi. 9.00 – 23.00 Uhr, Eintritt: 13 €,
www.minimundus.at

Botanischer Nordwestlich der Altstadt liegt am Fuß des Kreuzbergl in einem alten
Garten Steinbruchgelände der Botanische Garten von Klagenfurt. Auf Fels-
bänken und Geländestufen werden neben der einheimischen Pflanzenwelt auch Gewürz-, Nutz- und Heilpflanzen gezeigt. Wer in freier
Natur noch nicht das Glück hatte, auf eine **Wulfenia Carinthiaca** zu
treffen, wird hier fündig. Im Botanischen Garten befindet sich auch
der Zugang zum **Bergbaumuseum** in Klagenfurts einstigem Luft-
schutzstollen. Die reiche Bergbaugeschichte des Landes wird illus-
triert durch wunderschöne Mineralienfunde.
Botanischer Garten: Mai – Sept. tgl. 9.00 – 18.00, Okt. – April Mo. – Do.
9.00 – 16.00 Uhr, Eintritt frei
Bergbaumuseum: April – Okt. tgl. 9.00 – 18.00 Uhr, Eintritt: 5 €,
www.bergbaumuseum-klagenfurt.at; warme Kleidung nicht vergessen!

UMGEBUNG VON KLAGENFURT

▶Wörther See, S. 613   **Maria Saal**

Südwestlich von Klagenfurt liegt das eingemeindete Viktring, be-   **Viktring**
kannt wegen seines ehemaligen Zisterzienserstifts (1142 gegründet,
1786 aufgelassen), **eine der bedeutendsten Klosteranlagen Kärn-**
tens. Heute ist hier ein Gymnasium mit musischem Schwerpunkt
untergebracht. Während der Sommermonate veranstaltet das **Musik-**
forum Viktring jedes Jahr Meisterkurse und Konzerte von Neuer
Musik bis Jazz. Die ehemalige Stiftskirche ist die einzige im deutschen Sprachraum erhaltene **Zisterzienserkirche** aus dem 12. Jh. Im
Chor sind kostbare Glasgemälde aus der Zeit um 1400 zu sehen.
Musikforum Viktring: www.musikforum.at

Die gipfelreiche, zwischen 20 und 40 km breite und etwa 120 km lan-   **Karawanken**
ge Kette der Karawanken südlich von Klagenfurt, ein Teil der südlichen Kalkalpen, setzt die Linie der Karnischen Alpen nach Osten fort
und bildet die Grenze zu Slowenien. Ihr langer Kamm erhebt sich
zwischen den Tälern der Drau und der Save. Die meisten Gipfel sind
relativ leicht zu ersteigen, von oben bietet sich ein schöner Blick auf
die Kärntner Seen. Einige Höhenwege gestatten es, mehrere Berggipfel nacheinander ohne größeren Höhenverlust zu erklimmen, die
höchste Erhebung der Karawanken ist der Hochstuhl (2238 m
ü.d.M.). In den Karawanken gibt
es mehrere Alpenübergänge, dar-   **Weltberühmte Architektur im Minimundus**
unter den Loiblpass auf der Fern-
straße Klagenfurt–Ljubljana.

Auf halbem Weg zur slowenischen Grenze liegt die **Büchsen-**
macherstadt Ferlach (466 m;
7200 Einw.), in der das Gewerbe
des Waffenherstellers seit mindestens 1551 (erste urkundliche Erwähnung des Puchsenschifters
Hans Glawitsch) fest verankert
ist. Noch heute haben die hier
handgefertigten Ferlacher Jagd-
waffen einen ganz ausgezeichneten Ruf. Im Schloss ist ein **Jagd-**
und Büchsenmachermuseum
untergebracht.
❶ Mitte Mai–Mitte Okt. tgl. 10.00 bis
18.00, Mitte Okt.–Mitte Mai Di.–Fr.
14.00–18.00 Uhr, Eintritt: 5,50 €

Heimat berühmter Schriftsteller

Klagenfurt ist Geburtsort von Robert Musil, der durch seinen Roman »Der Mann ohne Eigenschaften« berühmt geworden ist. Ebenfalls hier geboren wurde Ingeborg Bachmann, die sich vor allem durch ihre Lyrik einen Namen gemacht hat. Der nach ihr benannte und jährlich verliehene Literaturpreis gehört zu den begehrtesten seiner Art.

Die alljährlich im Frühsommer in Klagenfurt stattfindenden **»Tage der deutschsprachigen Literatur«** werden auch »schönster Betriebsausflug der Literatur« genannt. Von wem dieses Zitat stammt, darum ranken sich Legenden, belegt ist, dass der Kritiker Marcel Reich-Ranicki die Veranstaltung als literarische Modenschau und als Dichtermarkt sah. Seit 1977 sind die Literaturtage der Rahmen für die Vergabe des **Ingeborg-Bachmann-Preises**, der zu den begehrtesten Literaturpreisen überhaupt zählt. Gestiftet von der Stadt Klagenfurt ist der Preis aktuell mit 25 000 € dotiert. 14 Autoren und Autorinnen werden dann dazu eingeladen, in maximal 30 Minuten aus einem unveröffentlichten Werk oder einem Manuskript zu lesen. Danach müssen sie sich einer öffentlichen Diskussion mit den acht Jurymitgliedern stellen. Diese Debatten haben Tribunalcharakter und sind schon fast ein Stück Fernsehkultur. Die Jury bestimmt letztlich auch den Gewinner. Neben dem Bachmann-Preis gibt es noch weitere Preise, einer davon wird direkt vom Publikum vergeben.

Ingeborg Bachmann

Benannt ist der auch als »Oskar der deutschsprachigen Autoren« bezeichnete Preis nach der in Klagen-furt geborenen Ingeborg Bachmann (1926–1973), die als eine der **bedeutendsten Lyrikerinnen und Prosaschriftstellerinnen des 20. Jh.s** gilt. Sie wollte zunächst Musik komponieren, studierte dann aber Philosophie, Germanistik und Psychologie und erregte erstmals mit ihrem Gedichtband »Die gestundete Zeit« (1953) das Aufsehen der Öffentlichkeit. Dafür erhielt sie den Literaturpreis der Gruppe 47, die sich zur Förderung junger, unbekannter Talente formiert hatte. Weitere renommierte Auszeichnungen folgten. Auch mit ihren Erzählungen konnte Bachmann überzeugen, so gewann sie mit ihrem ersten Erzählband »Das dreißigste Jahr« (1961) den **Deutschen Kritikerpreis**. Bedeutung erlangte sie, weil sie ihrer Zeit voraus war: Zwei ihrer Geschichten (»Ein Schritt nach Gomhorra«, »Undine geht«) gehören zu den frühesten feministischen Äußerungen der Nachkriegszeit; ihre posthum erschienene Todesarten-Prosa thematisierte früh das Mörderische in normalen Beziehungen.

Österreichische Autoren

Ingeborg Bachmann ist nicht die einzige Berühmtheit im Bereich Literatur, die Österreich hervorgebracht hat. Einer der ersten in einer langen Reihe von großen Schriftstellern seit der Aufklärung war Franz Grillparzer (1791–1872), der sich vor allem als Dramatiker einen Namen machte. Gemeinsam mit Johann Nepomuk Nestroy (1801–1862) und Ferdinand Raimund (1790–1836) zählt er zu den wichtigsten Vertretern des **Biedermeier** (1815–1848). Der im heutigen Böhmen geborene Adalbert Stifter (1805–1868) trat in ihre Fußstapfen, sein Werk bewegt sich im Grenzbereich zwischen deutscher und tschechischer Literatur. Die Autoren Marie von Ebner-Eschenbach, Ferdinand von Saar, Ludwig Anzengruber und Peter Rosegger nahmen mit ihrem **Spätrealismus** (1870–1890) den Naturalismus vorweg, danach folgten die großen Namen der sogenannten **Wiener Moderne** wie Arthur Schnitzler (1862–1931) und Karl Kraus (1874–1936). In der Zwischenkriegszeit sahen sich viele Schriftsteller zum Auswandern gezwungen, so auch Stefan Zweig (▶ Berühmte Persönlichkeiten) und Robert Musil. Nach dem Zweiten Weltkrieg setzte die österreichische Literatur erst in den 1960er-Jahren mit Thomas Bernhard (1931–1989), Peter Handke (*1942), Ingeborg Bachmann und Elfriede Jelinek (▶Berühmte Persönlichkeiten) – sie wurde 1946 geboren und hat 2004 den Nobelpreis für Literatur erhalten – wieder zu einer neuen Hochblüte an.

Robert Musil

Auch der Schriftsteller Robert Musil (1880–1942) wurde in Klagenfurt geboren. Sein Lebenswerk, »Der Mann ohne Eigenschaften« (1930–1933) ist unvollendet, gilt aber als einer der **einflussreichsten Romane des 20. Jh.s**. Musil setzt sich darin umfassend mit dem Zerfall der Habsburger Monarchie (»Kakanien«) auseinander, der für ihn praktisch die Auflösung der bisherigen Ordnung darstellt. Seine klare, ironische und stellenweise sehr **mystische Sprache** ist eine innovative Leistung von weltliterarischer Bedeutung. Die dritte im Bunde der wichtigsten Kärntner Autoren ist übrigens **Christine Lavant** (1915–1973), der mit ihrem Gedichtband »Die Bettlerschale« (1956) der Durchbruch gelangt. Wer mehr über diese drei Autoren erfahren möchte, erhält in Klagenfurt Infos: Ingeborg Bachmann, Robert Musil und Christine Lavant ist hier ein Museum gewidmet (▶Robert-Musil-Museum), das Besucher sehr anschaulich informiert.

Alljährlich: Tage der Literatur

Kleinwalsertal

✳ D 5

Bundesland: Vorarlberg

Südwestlich von Oberstdorf, nahe der österreichisch-deutschen Grenze, liegt das Kleinwalsertal, auch Kleines Walsertal genannt. Das Große Walsertal erstreckt sich südlich des Bregenzer Waldes bzw. nördlich von ▶Bludenz.

Zwischen Deutschland und Österreich

Obwohl das 15 km lange Kleinwalsertal zum österreichischen Bundesland Vorarlberg gehört, erhielt es 1891 **Zollanschluss an das Deutsche Reich** – es ist durch mächtige Zweitausender (Widderstein, Untschenspitze, Hoher Ifen) von Österreich getrennt und hat somit zum übrigen Vorarlberg keine Straßen- bzw. Bahnverbindung. Es gibt hier österreichische Briefmarken, auch die Autos haben österreichische Kennzeichen (Zollausschlussgebiet). Allerdings durften bis vor einiger Zeit im Kleinwalsertal Verhaftete nicht über deutsches Gebiet nach Österreich transportiert werden und mussten in Begleitung eines erfahrenen Bergführers einen mehrstündigen Fußmarsch über verschiedene Joche und Pässe hinüber nach Österreich auf sich nehmen. Im 14. bis 16. Jh. erwartete Kriminelle im Kleinwalsertal eine andere Strafe: Kapitalverbrecher mussten am Tatort eigenhändig drei Kreuze, **»Sühnekreuze«**, aus Stein meißeln und aufrichten. Sie stehen in Mittelberg unterhalb der Pfarrkirche St. Jodok neben der Walmendingerhornbahn.

*Landschaft und Siedlungen

Das Kleinwalsertal ist ein breitwelliger Talgrund, durch den die Breitach fließt und über dessen waldbedeckte Flanken schroffe Kalkgipfel aufragen. Es ist **eines der reizvollsten und bekanntesten Gebirgstäler** und wird wegen seines Hochgebirgsklimas und der schneesicheren Lage besonders als **Wintersportregion** viel besucht. Die Gemeindeteile Riezlern, Hirschegg, Mittelberg und Baad umfassen etwa 5000 Einwohner. Ihre Vorfahren sind um 1300 aus dem schweizerischen Kanton Wallis eingewandert – willkommen als Spezialisten für die Erschließung rauer Hochgebirgstäler. Mit weit reichenden Freiheiten wie Selbstverwaltung, vererbbaren Lehnshöfen und niedrigen Naturalabgaben versüßten die mittelalterlichen Lan-

Kleinwalsertal erleben

AUSKUNFT
Kleinwalsertal Tourismus
Walserstraße 264

A-6992 Hirschegg
Tel. 05517 5 11 40
www.kleinwalsertal.com

Charakteristisch für das Kleine Walsertal ist das Walserhaus.

desherren die Mühen der Kolonisten. Die Landesherren wechselten, Freiheiten wie die »Schwizer« Mundart aber blieben, und auch das traditionelle walserische Brauchtum, erkennbar etwa an alten Trachten, wird weiterhin gepflegt.

Ausgehend von Oberstdorf im Allgäu erreicht man nach 6 km die Grenze bei der **Walserschanz** (991 m). Ganz in der Nähe befindet sich der obere Eingang der wildromantischen Breitachklamm. Ein Steig mit zahlreichen Brücken und Galerien führt zwischen bis zu 100 m hohen Felswänden abwärts, an einem Wasserfall vorbei und zum Ausgang der Klamm auf deutschem Gebiet.

*Breitach- klamm

❶ April–Sept. tgl. 9.00–18.00, Okt.–März tgl. 9.00–16.00 Uhr, Eintritt: 3,50 €, www.breitachklamm.de

Riezlern (1100 m; 2000 Einw.), größter Ort des Kleinwalsertals, liegt an der Einmündung des Schwarzwassertals. Im Walserhaus ist nicht nur das Tourismusbüro untergebracht, sondern auch das **Heimatmuseum**, das sich den Walsern widmet, sowie das **Skimuseum**. Im Tourismusbüro erhält man ein Begleitheft zu den drei Walser-Kulturrundwegen in Riezlern, Hirschegg und Mittelberg.

Riezlern

Heimatmuseum: Weihnachten–Ostern, Juni–Okt. Mo.–Do. 14.00–17.00, Fr. 9.00–12.00 Uhr, Eintritt: 2 €

Skimuseum: Tgl. 9.30–17.00 Uhr, Eintritt frei

Kanzelwand-
bahn und
Fellhorn

Südlich von Riezlern führt die Kanzelwandbahn bis auf 2000 m Höhe, wo ein ausgedehntes **Wander- und Skigebiet** beginnt. Nördlich der Ortschaft ragt das Fellhorn (2039 m) auf, zu dem von deutscher Seite her eine Kabinenbahn hinaufführt.

Hirschegg

Hirschegg (1124 m) wird von Wanderern und Skiläufern als Standquartier geschätzt. Auf einer Anhöhe über dem Leidtobel, wo einst ein Hirsch mit einem Bären gekämpft haben soll, steht heute die **Hirschegger Pfarrkirche**. Das im modernen Stil erbaute Veranstaltungszentrum »Walserhaus« ist der Treffpunkt der Feriengäste. Hier ist das Tourismusbüro untergebracht sowie die **Ausstellung »Bergschau 1122«**, die sich der Evolution von Flora und Fauna in den Allgäuer Alpen widmet. Weitere Bergschaustationen finden sich im Alten Rathaus in Oberstdorf und an der Fellhorn-Gipfelstation, aber auch in der Breitachklamm.

Walserhaus: Tgl. 9.30 – 17.00 Uhr, Eintritt frei, www.bergschau.com

✶✶ Klosterneuburg ⟶ ✦ Q 3

Bundesland: Niederösterreich
Höhe: 192 m ü.d.M.
Einwohnerzahl: 26 000

Von der Donau durch einen breiten Augürtel getrennt, liegt das Weinstädtchen am nordöstlichen Rand des Wienerwaldes. Klosterneuburg lockt seine Besucher besonders mit sakraler und moderner Kunst – die gibt es im berühmten Augustiner-Chorherrenstift und in der Sammlung Essl zu sehen.

✶ CHORHERRENSTIFT

Stiftsgebäude

Die umfangreiche Klosteranlage hoch über der Donau geht auf eine Stiftung des Babenberger Markgrafen Leopold III. (des Heiligen) im 12. Jh. zurück. Einer Legende zufolge wurde sie genau an der Stelle erbaut, wo Leopold neun Jahre nach der Eheschließung den verloren gegangenen Brautschleier seiner Frau Agnes wiederfand. Zu den Gebäuden des Stifts, die nur im Rahmen einer Führung zugänglich sind, gehören die **Stiftskirche**, die **Leopoldskapelle**, ein romanisch-gotischer **Kreuzgang**, der **Leopoldihof** sowie der **Stiftskeller**. Täglich werden zu unterschiedlichen Zeiten Führungen zu verschiedenen Themen angeboten. Wer die Schatzkammer, die Residenzräume und das Stiftsmuseum auf eigene Faust entdecken möchte, kann sie mit einem Audioguide erkunden.

Klosterneuburg erleben

AUSKUNFT
Tourismusverein Klosterneuburg
Bahnhof Kierling
Niedermarkt 4

A-3400 Klosterneuburg
Tel. 02243 3 20 38
info.klosterneuburg.net

❶ Mai – Mitte Nov. 9.00 – 18.00, Mitte Nov. – April 10.00 – 17.00 Uhr, Stiftsticket gültig für alle Eintritte und Führungen eines Tages, 15,50 €, www.stift-klosterneuburg.at

Von 1114 bis 1136 wurde die romanische Stiftskirche erbaut und im 17./18. Jh. aufs Schönste barockisiert. Ende des 19. Jh.s erhielten die beiden Türme neugotische Spitzhelme. Der Komponist und Organist Anton Bruckner lobte den Klang der berühmten Orgel (1642) – es handelt sich um die weltweit **größte erhaltene Monumentalorgel**, deren Klang sehr genau dem Zustand von 1642 entspricht.

Stiftskirche

Der Verduner Altar in der Leopoldskapelle des Chorherrenstifts ist ein schönes Beispiel mittelalterlicher Emailkunst.

**Leopolds-
kapelle**

Eine Treppe führt hinab in die Leopoldskapelle (12. Jh.; einst Kapitelsaal), die Grabkapelle Leopolds III., in der hinter einem Gitter der berühmte **★★Verduner Altar** zu sehen ist. Dieses **großartige Emailwerk des Mittelalters** besteht aus 51 Bildtafeln nach biblischen Motiven, ausgeführt in Grubenschmelzmalerei auf vergoldetem Kupfer. Als Verkleidung des Ambo (Kanzel) in der romanischen Kirche schuf 1181 Meister Nikolaus von Verdun die Emailtafeln – er hat auch am Kölner Dreikönigsschrein gearbeitet. Nach einem Brand im Jahr 1330 wurden die Tafeln zum heutigen gotischen Flügelaltar zusammengefasst. In einem vergoldeten Silberschrein ruhen die Gebeine des Stifters. Beachtenswert sind auch die schönen Glasfenster, sie stammen aus dem 14. und 15. Jh.

**★Residenz-
trakt**

1730 begann Kaiser Karl VI., Vater Maria Theresias, mit einem groß angelegten Neubau. Kirchliche und weltliche Gebäude sollten die Anlage auf die vierfache Größe erweitern. Doch die Arbeiten wurden nach zehn Jahren mit dem Tod des Kaisers eingestellt und die Gebäude erst 1834 bis 1842 in deutlich verkleinertem Maßstab fertig gebaut. Gleichwohl ist der Residenztrakt eine großartige Barockanlage.

Stiftsmuseum

Das Stiftsmuseum beherbergt eine der reichsten Sammlungen gotischer Tafelmalerei in ganz Österreich. In zehn Sälen werden Meister-

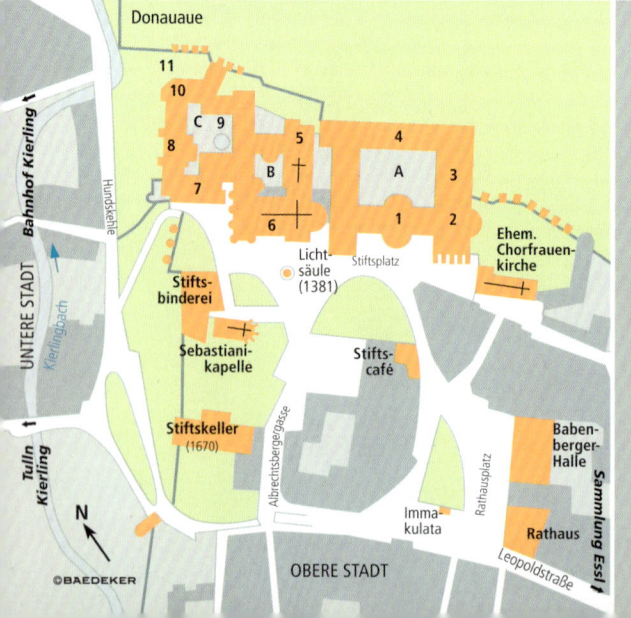

Klosterneuburg

A Kaiserhof
   im Stiftsneubau
   (im 2. Stock das
   Stiftsmuseum)
B Kreuzgang (Freisinger
   Kapelle, Lapidarium)
C Leopoldihof
1 Kaiserstiege (oben
   Bibliothek)
2 Marmorsaal
3 Kaiserzimmer
4 Prälatur
5 Leopoldskapelle
   (Verduner Altar)
6 Stiftskirche
7 Ehem. Turm
8 Stiftsarchiv
9 Brunnen (1592)
10 Mosmillerflügel (1620)
11 Orangerie

©BAEDEKER

werke vom 14. Jh. bis zur Donauschule um 1500 präsentiert. Hervor-
zuheben ist der **Babenberger-Stammbaum**, ein 8 m breiter Bild-
bogen mit Szenen aus der Geschichte der Herrscherfamilie in
27 Bildfeldern. In der vor Kurzem neu eröffneten **Schatzkammer**
sind die historischen Schätze des Stifts ausgestellt. Zu den wertvollsten Exponaten zählen der österreichische Erzherzogshut und die
Schleiermonstranz, zudem Hauptwerke mittelalterlicher Goldschmiedekunst, sakrale Textilien und Kunstwerke aus Elfenbein.

Das Stiftsweingut Klosterneuburg, 1114 von Markgraf Leopold III. **Vinothek**
gegründet und damit **das älteste Weingut Österreichs**, bringt vorzügliche Weine hervor. Auf rund 110 ha werden in den besten Lagen
Wiens und Niederösterreichs hervorragende Weine erzeugt, die in
der Vinothek am Rathausplatz 24 verkostet werden können. Wer
mehr über die barocken Kelleranlagen und die Geschichte der örtlichen Weinproduktion erfahren möchte, kann an einer der täglichen
Weinkellertouren inklusive Weinprobe in der Vinothek teilnehmen.
❶ Mo.–Fr. 9.00–18.00, Sa. 9.00–17.00 Uhr, Weinkellerführung tgl.
15.00 Uhr, Führung im Stiftsticket enthalten, einzeln 10 €

WEITERE SEHENSWÜRDIGKEITEN IN KLOSTERNEUBURG

Einen eindrucksvollen Kontrast zum hübschen Städtchen mit seinen ***Sammlung**
alten Bürgerhäusern und dem barocken Rathaus bildet das vom ös- **Essl**
terreichischen Architekten Heinz Tesar erbaute **moderne Kunsthaus** (An der Donau-Au 1) mit der bemerkenswerten Sammlung
Essl: Die Bandbreite der seit den 1990er-Jahren international ausge-
richteten Sammlung reicht vom Informel über den Wiener Aktionismus und die realistischen Tendenzen der 1970er- bis zur »Neuen
Malerei« der 80er-Jahre und zum Stil- und Medien-Pluralismus
der Gegenwart. Beispiellos ist hier die österreichische Malerei seit 1945
dokumentiert und in einen internationalen Kontext gestellt. Zusätzlich werden jährlich Sonderausstellungen gezeigt.
❶ Di., Do.–So. 10.00–18.00, Mi. 10.00–21.00 Uhr, Eintritt: 7 €,
www.essl.museum

Im Stadtteil Gugging steht seit 1885 die gleichnamige Landesnerven- **Museum**
klinik. Internationale Bekanntheit haben einige ihrer heutigen Insas- **Gugging**
sen durch ihre künstlerischen Arbeiten erlangt – und damit die
Kunstrichtung **Art Brut** bereichert. Das Museum Gugging (Am
Campus 2) ist ihnen und ihrer Kunst gewidmet. Zu sehen sind Werke der Gugginger Künstler, dazu Sonderausstellungen zum Thema.
❶ Sommer Di.–So. 10.00–18.00, Winter Di.–So. 10.00–17.00 Uhr,
Eintritt: 7 €, www.gugging.org

✳ Krems an der Donau

✦ P 3

Bundesland: Niederösterreich
Höhe: 221 m ü.d.M.
Einwohnerzahl: 24 000

Ein Spaziergang durch die malerischen Gassen von Krems gleicht einer Reise durch die Jahrhunderte. Gut erhaltene historische Bauten prägen das Bild der Stadt, die mit der Wachau seit 2000 Weltkulturerbe der UNESCO ist.

»Tor zur Wachau«

Krems, das »Tor zur Wachau«, zugleich eine der ältesten Städte Niederösterreichs, liegt umgeben von Weinbergterrassen am östlichen Ende der ▶Wachau und am Schnittpunkt des Donauhandelswegs mit der Nord-Süd-Verbindung von Wald- bzw. Weinviertel mit dem Alpenvorland. Neben dem Tourismus spielt der **Weinbau** nach wie vor eine wirtschaftlich große Rolle.

Die Wachau ist Feinschmecker-Land: Gasthof in Krems

Krems an der Donau erleben

AUSKUNFT
Krems Tourismus
Utzstraße 1
A-3500 Krems
Tel. 02732 8 26 76
www.krems.info

ESSEN
❶ Relais & Châteaux Restaurant Mörwald Kloster Und ⬤⬤⬤⬤
Undstraße 6
A-3500 Krems
Tel. 02732 7 04 93
www.relaischateaux.at
So., Mo. geschl.
Man speist hier zwar in einem ehemaligen Kloster, doch die Küche mit ihren kreativen Innovationen hat so gar nichts Spartanisches an sich. Das Restaurant zählt zu den besten Österreichs.

❷ Gasthaus Amon-Jell ⬤⬤⬤
Hoher Markt 8–9
A-3500 Krems
Tel. 02732 8 23 45
www.amon-jell.at
Mo. geschl.

BAEDEKER TIPP

❷ Weingut Nigl ⬤⬤

Wohnen beim Spitzenwinzer Nigl, der ein altes Weingut in Senftenberg, knapp 9 km von Krems, perfekt revitalisiert hat. Auch die Küche ist hervorragend.
Kirchenberg 1,
A-3541 Senftenberg,
Tel. 02719 2 60 95 00,
www.weingutnigl.at

Traditionelle Wirtshauskultur auf hohem Niveau: Die vielfach ausgezeichnete Köchin Ulli Amon-Jell ist eine Paradevertreterin der neuen Österreichischen Küche.

ÜBERNACHTEN
❶ Gourmethotel am Förthof ⬤⬤
Förthofer Donaulände 8
A-3504 Krems
Tel. 02737 8 33 45
www.hotel-foerthof.at
Typisches Wachauer Landhotel mit einer äußerst charmanten Gastgeberin. Hier ist richtig, wer zentrumsnah und doch idyllisch wohnen möchte.

Im Jahr 995 urkundlich erwähnt, erhielt Krems im 12. Jh. Stadtrecht und entwickelte sich zu einer **Münzstätte** (»Kremser Pfennig«). Klostergründungen aus der Karolinger-Zeit und danach verstärkten den Weinbau deutlich. Bis zum 19. Jh. war Krems eine bedeutende Handelsstadt. Bekanntester Kremser ist der Barockmaler Martin Johann Schmidt (1718–1801), auch **Kremser Schmidt** genannt.   **Geschichte**

SEHENSWERTES IN KREMS

Das **Steiner Tor** (1480), letztes der mittelalterlichen Stadttore und Wahrzeichen von Krems, bildet den westlichen Abschluss der altstädtischen Hauptachse Obere und Untere Landstraße. Es trägt einen barocken Aufsatz (1754) und wird flankiert von zwei Rundtürmen.   ***Altstadt**

Museum Krems

Am Dominikanerplatz steht die ehemalige Dominikanerkirche aus dem 13. Jh. mit zugehörigem Kloster, das 1786 aufgehoben wurde. Heute ist in den einstigen Klosterräumlichkeiten (Körnermarkt 14) das Museum Krems untergebracht. Hier wird Besuchern nicht nur die **Welt der Winzer** gezeigt, sondern auch das kulinarische Produkt **Kremser Senf** beleuchtet. Zu sehen sind zudem erlesene Kunstschätze, darunter die Kopie einer in der Nähe von Krems ausgegrabenen kleinen Statue, genannt **Fanny vom Galgenberg**. Diese ist stolze 32 000 Jahre alt und somit die zweitälteste bisher bekannte Menschenplastik überhaupt.

❶ April, Mai Mi.–So. 11.00–18.00, Juni–Mitte Okt. tgl. 11.00–18.00 Uhr, Eintritt: 5 €, www.museumkrems.at

St. Veit

Am Pfarrplatz steht, gegenüber dem Rathaus, die Pfarrkirche St. Veit. Ursprünglich war sie eine romanische Anlage, wurde dann aber gotisch und ab 1616 vom italienischen Baumeister C. Biasino barock umgebaut. Die sehenswerten **Deckenfresken** sind Werke des Kremser Schmidt, Hochaltar, Kanzel und Chorgestühl hat J. M. Götz von 1733 bis 1735 gestaltet.

Piaristen-kirche

Durch die Piaristengasse gelangt man zur hoch gelegenen, originellen Piaristenkirche, einem stattlichen Bau der Spätgotik (Chor um 1457; Langhaus 1511–1515) und offenbar ein Werk der Wiener Dombauhütte. Die meisten **Altarbilder** sind Arbeiten des in der Region bekannten Barockmalers Kremser Schmidt.

*Gozzoburg

Die Gozzoburg am Hohen Markt, die **älteste Stadtburg nördlich der Alpen**, wurde Mitte des 13. Jh.s von dem Kremser Stadtrichter Gozzo erbaut und weist mit dem Gerichtssaal, dem Wappensaal, der Katharinenkapelle und dem Freskenraum architektonische und kunsthistorische hochmittelalterliche Juwelen auf. Sie ist aus konservatorischen Gründen leider nur im Rahmen von limitierten Sonderführungen zu besichtigen.

❶ Führungen April–Okt. Fr.–So. 14.00 Uhr, Eintritt: 5 €, www.museumkrems.at

Großes Sgraffitohaus

Etwas weiter westlich in der Margaretengasse steht das Große Sgraffitohaus (Nr. 5; um 1560), ein Gebäude mit Meisterwerken der Sgraffitokunst des Malers **Hans von Pruch**.

Simandl-brunnen

In der Unteren Landstraße steht der Simandlbrunnen. »Simandl« (= kleiner Simon) bittet seine Ehefrau auf Knien um die Herausgabe des Schlüssels. Der **Sage** nach hatten die ängstlichen Kremser Bürger die Stadt einst kampflos an die böhmischen Truppen übergeben wollen. Daraufhin übernahmen die energischen Bürgerfrauen das Kommando über die Stadtverteidigung und die Ehemänner.

Eine uralte Scherzfrage: Was liegt zwischen Krems und Stein? Richtig! Vom Steiner Tor gelangt man westlich in den Stadtteil »Und«. Im ehemaligen Kapuzinerkloster werden heute in der Küche die Kochlöffel des **Gourmetrestaurants** Mörwald Kloster geschwungen.

**Kapuziner-
kloster Und**

Die bemerkenswerte Kunsthalle Krems am Franz-Zeller-Platz 3 zeigt in einem ehemaligen Tabakfabrikgebäude österreichische und internationale Kunst des 19. und 20. Jh.s. Gegenüber der Kunsthalle empfangen zwei lebensgroße Deix-Figuren die Gäste des **Karikaturmuseums** (Steiner Landstraße 3). Es widmet sich u. a. den Karikaturisten **Manfred Deix** mit seinen treffsicheren Darstellungen, nicht nur der österreichischen Seele, und **IRONIMUS** (Gustav Peichl), der

*Kunsthalle

Essen
❶ Mörwald Kloster UND
❷ Gasthaus Amon-Jell

Übernachten
❶ Gourmethotel am Förthof
❷ Weingut Nigl

auch für die Architektur verantwortlich zeichnet. Darüber hinaus sind im Museum immer wieder Wechselausstellungen zu sehen.

Kunsthalle Krems: Tgl. 10.00 – 18.00 Uhr, Eintritt: 10 €, www.kunsthalle.at

Karikaturmuseum: Sommer tgl. 10.00 – 18.00, Winter 10.00 – 17 Uhr, Eintritt: 10 €, www.karikaturmuseum.at

*Kunstmeile
Das östlich ans Karikaturmuseum anschließende Gebäude ist eine aufgelassene Teppichfabrik, die heute die **Factory** der Kunsthalle Krems, das **Unabhängige Literaturhaus** Niederösterreichs und die **Artothek** beherbergt. Sie alle sind Teil der Kunstmeile Krems, die sich zwischen dem historischen Stadtkern von Krems und der mittelalterlichen Altstadt von Stein erstreckt. Zur Kunstmeile gehören noch viele weitere kulturelle Institutionen wie **Galerien**, die ebenfalls besucht werden können.

⊕ www.kunstmeile-krems.at

Steiner Altstadt
Die Kunstmeile führt über die Steiner Landstraße weiter in den Stadtteil Stein, dessen ebenso sehenswerte historische Innenstadt mit dem **Kremser Tor** aus dem 15. Jh. und dem **Göttweigerhof** aus dem 13./14. Jh. beginnt. Die ehemalige Minoritenkirche dient heute als Klangraum für Konzerte, u. a. für das jährliche Glatt-&-Verkehrt-Festival (▶Feiertage, Feste, Events). Vorbei an der Pfarrkirche **St. Nikolaus** mit Deckenfresko und Altarbildern vom Kremser Schmidt erreicht man den **Passauerhof** – er wurde schon 1263 als Zehnthof des Passauer Bischofs in den Annalen genannt –, das **Mauthaus**, ein prächtiges Renaissancehaus von 1536, und das **Mazzettihaus**, ein Barockpalais von 1721, in dem der Mozartforscher Ludwig von Köchel geboren wurde. Vor dem **Linzer Tor** steht das Wohnhaus des Kremser Schmidt, der hier von 1756 bis zu seinem Tod 1801 lebte.

In der modernen **Weinerlebniswelt Sandgrube 13** am Stadtrand wandeln Besucher an acht Stationen auf den Spuren des edlen Rebsafts »Grüner Veltliner«. Weingarten und Weinkeller können besichtigt werden, dazu gibt es kunstsinnige Stationen und einen Film zum Thema. Nach so viel Wissenswertem darf zum Schluss verkostet werden.

⊕ Nov. – April Mo. – Sa. 10.00 – 17.00, Mai – Okt. auch So. 10.00 – 16.00 Uhr, Eintritt: 11 €, www.sandgrube13.at

Stift Göttweig

Haupteingang

6 7
5 2
4
3
1

– – – Geplante Vollendung   ©BAEDEKER

1 Erentrudiskapelle
2 Brunnenobelisk
3 Schatzkammer, nur mit
  Gruppenführung
4 Kreuzgangflügel
5 Kaiserstiege
6 Fürstenzimmer
7 Kaiserzimmer

Wenige Kilometer südlich von Krems thront, weithin sichtbar auf einer bewaldeten Anhöhe, das ebenfalls seit 2000 zum Weltkulturerbe der UNESCO gehörende *Stift Göttweig. Es wurde 1083 vom Passauer Bischof Altmann gegründet und 1094 den Benediktinern überlassen. In Anlehnung an das benediktinische Mutterkloster wird Stift Göttweig auch das »österreichische Montecassino« genannt. Nachdem das Kloster 1718 größtenteils abgebrannt war, begann im Jahr 1719 der – nicht vollendete – Wiederaufbau im Barockstil nach Plänen des Baumeisters Johann Lukas von Hildebrandt. Die prachtvolle, architektonisch sehr eigenwillige **Stiftskirche** besitzt zwei bemerkenswerte Türme, die in stumpfen Pyramiden enden. Dazwischen steht eine Vorhalle mit vier toskanischen Säulen. Ungewöhnlich ist der rosafarbene Anstrich, im

Franz Anton Pilgrams Kaiserstiege von 1738 im Stift Göttweig

reich ausgestatteten Kirchenraum dominieren die Gold-, Braun- und Blautöne. Beachtenswert sind der mächtige Hochaltar von 1639, die Glasfenster hinter dem Hochaltar, das Chorgestühl, der reich verzierte Orgelprospekt aus dem Jahr 1703 und die Altmannkrypta mit dem Reliquienschrein des Klostergründers. Im westlichen Trakt des Stifts befindet sich die dreigeschossige **Kaiserstiege** (1738), eines der schönsten Treppenhäuser des Barock, das Deckengemälde (1739) von Paul Troger stellt die Apotheose Kaiser Karls VI. dar. In den Fürsten- bzw. Kaiserzimmern ist das »Museum im Kaisertrakt« mit jährlichen Sonderausstellungen der eigenen Kunstsammlungen zu sehen. Die ständige Ausstellung »Klosterleben« zeigt Arbeit und Leben der Göttweiger Mönche früher und heute. Von der Gartenterrasse des Stiftsrestaurants aus hat man einen überwältigenden Panoramablick über das Donautal. Hier können auch die Weine des stiftseigenen Kelleramts verkostet werden.

Stiftsanlage: Ganzjährig 8.00 – 18.00 Uhr, www.stift-goettweig.at
Museum im Kaisertrakt: Ende März – Mai, Okt. tgl. 10.00 – 18.00, Juni – Sept. tgl. 9.00 – 18.00 Uhr, Eintritt: 7 € ohne, 9 € mit Führung, Führung Mo. – Fr. 11.00, 14.00 u. 15.00, Sa., So. auch 12.00 Uhr

Kremsmünster

M 3

Bundesland: Oberösterreich
Höhe: 345 m ü.d.M.
Einwohnerzahl: 6400

**Hauptanziehungspunkt von Kremsmünster ist ein Benedikti-
nerstift, das auf einer Terrasse über dem Kremstal thront. Das
Städtchen liegt etwa 35 km südwestlich von Linz.**

✳ BENEDIKTINERSTIFT

**Kloster-
gründung**
Der Sage nach hatte im Jahr 777 Gunther, Sohn des Bayernherzogs
Tassilo, in den umliegenden Wäldern einen Eber gejagt und war dabei ums Leben gekommen. Sein betrübter Vater soll darauf die Gründung eines Klosters an dieser Stelle beschlossen haben. Somit ist
Kremsmünster nach Mondsee das zweitälteste Kloster Österreichs,
wenn man vom erst seit dem 19. Jh. zu Österreich gehörenden Salzburg
einmal absieht. Gunthers Grabmal ist in der **Stiftskirche** zu sehen. Ab
1680 wurde dieser ursprünglich romanisch-gotische Bau aus dem
13. Jh. vom Barockbaumeister Carlo A. Carlone umgestaltet, üppiger
Stuck und schöne Fresken zieren die Deckengewölbe des Gotteshauses.
Das riesige Hochaltarbild der Verklärung Christi stammt von J. A.
Wolf, die meisten der Marmorengel an den Seitenaltären schuf Michael
Zürn (1682–1686). In der **Schatz-
kammer** wird ein einzigartiges
kunsthistorisches Kleinod aufbewahrt: der **Tassilo-Kelch**. Er ist
etwa 25 cm hoch und mehr als 3 kg
schwer. Das vergoldete Kupfergefäß
entstand wohl im Jahr 768 anlässlich der Hochzeit von Herzog Tassilo mit der langobardischen Prinzessin Luitbirg und zählt zu den
schönsten Werken frühmittelalterli-
cher Goldschmiedekunst. Auch ein

Stift Kremsmünster

A Oberer Meierhof
B Äußerer Stiftshof
C Unterer Meierhof
D Prälatenhof

E Konvikthof
F Küchenhof
G Portnerhof
H Kreuzhof

1 Eichentor
2 Fischbehälter
3 Brückenturm
4 Gästetrakt
5 Konviktsspeisesaal
6 Konviktstrakt
7 Akademische
  Kapelle
8 Schatzkammer
9 Kunstsammlungen

10 Kapitelzimmer
11 Kaisersaal
12 Refektorium;
   darüber Bibliothek
13 Marienkapelle
14 Konventstrakt
15 Klerikatstrakt
16 Gymnasium
17 Sternwarte
18 Gartenhaus

Kremsmünster erleben

AUSKUNFT
Tourismusbüro Bad Hall–
Kremsmünster
Kurpromenade 1
A-4540 Bad Hall
Tel. 07258 72 00
www.badhall.com

ESSEN
Stiftsschank Kremsmünster ⊜⊜
Stift 1, A-4550 Kremsmünster
Tel. 07583 75 55
www.stift-kremsmuenster.at
Im klösterlichen Ambiente schmecken
gutbürgerliche Gerichte wie Forelle aus
dem Stiftskalter besonders gut.

Scheibenkreuz von 1170 und der Codex millenarius, eine Evangelienhandschrift aus Mondsee (um 800), sind sehr sehenswert.

Im 17. und 18. Jh. wurden die heutigen Stiftsgebäude errichtet. Der **Stiftsgebäude** prächtige **Kaisersaal** und die ebenso schöne **Bibliothek** mit rund 160 000 Bänden werden bei der Führung gezeigt. Immer zugänglich sind die **Fischkalter** von C. Carlone, fünf mit mythologischen Figuren verzierte Wasserbecken (1691) im äußeren Stiftshof. Die 50 m hohe **Sternwarte** des Klosters, mathematischer Turm genannt und 1748 bis 1759 erbaut, ist **das älteste Hochhaus Europas**. Ihre Sammlungen dokumentieren die naturwissenschaftliche Entwicklung der vergangenen 250 Jahre, seit 1762 ist sie meteorologische Station. Das Gymnasium sorgt bereits seit 1549 für Bildung und Erziehung. Hier drückte einst Adalbert Stifter die Schulbank.
Stiftsgebäude: Führungen Mai–Okt. tgl. 10.00, 11.00, 14.00, 15.00 u. 16.00 Uhr, 7 €, www.stift-kremsmuenster.at
Sternwarte: Führungen ab 4 Pers. von Mai–Okt. tgl. 10.00 u. 14.00 Uhr, 8 € pro Person

UMGEBUNG VON KREMSMÜNSTER

Östlich außerhalb von Kremsmünster steht Schloss Kremsegg. Es **Schloss** beherbergt eine **Musikinstrumentensammlung** mit Raritäten wie **Kremsegg** dem Horn von Zar Peter oder einer Trompete von Louis Armstrong. Gezeigt werden außerdem historische Klaviere.
❶ Mo., Mi.–So. 10.00–17.00 Uhr, Eintritt: 5 €, www.schloss-kremsegg.at

Es rief die Mediziner auf den Plan, dass Bauern Kropfprobleme mit **Bad Hall** Quellwasser aus dem 8 km östlich gelegenen Bad Hall (388 m; 4800 Einw.) zu begegnen wussten. Und man wurde fündig: Die Salzquellen sind jodhaltig. Ab Mitte des 19. Jh.s avancierte das Bad zum gerne besuchten Kurort. Bruckner und Grillparzer kamen, Mahler schwang vor dem Kurorchester seinen Taktstock. Heute lässt man es sich in der **Mediterrana Therme** gut gehen. Einen Besuch lohnt außerdem das Handwerk- und Heimatmuseum **»Forum Hall«** in der Eduard-Bach-Straße 4, das auch Sonderausstellungen zeigt.

Mediterrana Therme: Tgl. 9.00–24.00 Uhr, Eintritt: 15 € für 4 Std., www.eurothermen.at

Forum Hall: April–Okt. Do.–So. 14.00–18.00 Uhr, Eintritt: 5 €, www.forumhall.at

Pfarrkirchen

Das südlich anschließende Dorf Pfarrkirchen besitzt eine berühmte, ursprünglich gotische, barock umgestaltete **Kirche** mit entzückender Rokokoausstattung. Stuckarbeiten, Fresken und Altarbilder sind das Werk des Malers Wolfgang Heindl (1693–1757).

Schlierbach

Schlierbach (407 m; 2800 Einw.) ist bekannt für seine 1355 gegründete **Zisterzienserabtei.** Ab 1674 wurde die Kirche von der Künstlerfamilie Carlone neu erbaut und aufs Üppigste mit Stuck und Fresken geschmückt. Berühmt ist das Kloster auch für zwei weitere Attraktionen: Die **Glasmalereiwerkstätte**, die im Jahr 1884 gegründet wurde, hat schon die Fenster für die Verkündigungskirche in Nazareth, die Gedächtniskirche in Hiroshima und die Europakapelle in Brüssel hergestellt. Köstlich ist der Stiftskäse, der in den barocken Kellergewölben ideal heranreift und dessen Herstellung man in der **Schaukäserei** gut verfolgen kann.

Stift Schlierbach: Führungen April–Okt. tgl. 10.30 u. 14.00 Uhr, 8 €, www.stift-schlierbach.at

✳✳ **Krimml**

✦ **H 5**

Bundesland: Salzburg
Höhe: 1067 m ü.d.M.
Einwohnerzahl: 850

Schon alleine, um von hier aus den höchsten Wasserfällen Mitteleuropas einen Besuch abzustatten, lohnt sich ein Zwischenstopp in dem kleinen Ort Krimml.

Wasserwunderwelt

Das hoch über dem Salzachtal gelegene Krimml ist Ausgangspunkt für den Besuch der Krimmler Wasserfälle. Bevor man sich aber auf den Weg macht, lohnt sich ein Besuch in der Wasserwunderwelt. Hier wird Besuchern in einer **Ausstellung** anschaulich vermittelt, welche fantastischen Möglichkeiten in einem Wassertropfen liegen und wofür man Wasser gebrauchen kann.

❶ Mai–Okt. tgl. 9.30–17.00 Uhr, Eintritt: 7 €

★★ KRIMMLER WASSERFÄLLE

Südlich vom Gerlos-Pass, der das Zillertal in Tirol mit dem Salzach- **Spektakuläre**
tal im Land Salzburg verbindet, stürzt die **Krimmler Ache** von einem **Naturschön-**
schönen Hochtal in drei Stufen insgesamt 380 m in die Tiefe. 1961 **heit**
wurden die Krimmler Wasserfälle unter Naturschutz gestellt, sie gehören zu den bedeutendsten At-
traktionen der Ostalpen. Vom Was-
serfallparkplatz führt ein ca. 4 km
langer, mit etlichen Aussichtskanzeln ausgestatteter **Wanderweg** in
gut anderthalb Stunden bis hinauf
über die oberste Fallstufe.
🕐 zugänglich Mitte April–Okt.,
www.wasserfaelle-krimml.at

Der Besuch der Wasserfälle ist eine
ziemlich feuchte Angelegenheit,
denn die stürzenden Wasser sorgen
für ständigen Sprühnebel, was ein
günstiges Klima für viele seltene
Moosarten schafft. Darunter fällt
das faszinierende **Leuchtmoos**,
eine winzige Moosart, die über
Licht reflektierende Zellen verfügt.
Besonders wenn es auf grauem
Stein in Felsspalten wächst, blinkt
es dort je nach Lichteinfall golden
hervor. Holt man den moosbe-
wachsenen Stein aber ans Tageslicht, ist es sofort vorbei mit dem
goldenen Schimmer – und dem
»sagenhaften« Goldfund.

23 Gletscher speisen die Krimmler Wasserfälle.

UMGEBUNG VON KRIMML

Vom oberen Ende der Wasserfälle geht es in gut zwei Stunden südlich **Krimmler**
weiter durch das schöne Hochtal zum Krimmler Tauernhaus **Tauernhaus**
(1631 m) mit Bewirtschaftung und Unterkunft. Das urkundlich bereits 1389 genannte **Berghaus** verfügt über moderne Einrichtungen,
die alte Gaststube hingegen blieb seit Jahrhunderten unverändert.

Geübte Bergsteiger gehen von hier aus in fünf Stunden zum Glo- **★Glocken-**
ckenkarkopf (2913 m) an der italienischen Grenze. Die Wanderung **karkopf**
vom Krimmler Tauernhaus zur Passhöhe Krimmler Tauern (2633 m)

Krimml erleben

AUSKUNFT
Tourismusverband Krimml
A-5743 Krimml
Tel. 06564 7 23 90
www.krimml.at

ESSEN
Krimmler Tauernhaus ◉◉
A-5743 Krimml
Tel. 0664 2 61 21 74
www.krimmler-tauernhaus.at
Mit Ausblick auf das Bergpanorama des Krimmler Achentals speist man hier in rustikalen Stuben heimische Spezialitä-

ten – die Zutaten stammen aus der eigenen Landwirtschaft und Jagd. Nur zu Fuß, mit dem Mountainbike oder mit dem Nationalparktaxi erreichbar.

ÜBERNACHTEN
Alpengasthof Finkau ◉◉
Oberkrimml 120
A-5743 Krimml
Tel. 06564 83 80
www.finkau.at
Traditioneller Alpengasthof mit einer Seesauna am Finkau-See, gelegen im idyllischen Wildgerlostal.

dauert etwas mehr als drei Stunden. Von dort geht es über einen uralten Saumpfad in das Südtiroler Ahrntal. Das sympathische Tauernhaus ist aber auch ein hervorragender Ausgangspunkt für Rundtouren in der herrlichen Bergwelt.

Gerlosstraße Die in schönen Kehren angelegte Gerlosstraße (mautpflichtig) führt von Krimml etwa 17 km über den Scheitelpunkt auf der Filzsteinalpe zum **Durlaßboden-Stausee** (1400 m). Eine Rundwanderung führt einmal um den See, Einkehrmöglichkeiten gibt es im Gasthof Finkau, an der Bärschlagalm und im Seestüberl auf der Dammkrone.

Wald im Pinzgau Salzachabwärts Richtung Osten folgt nach etwa 5 km Wald im Pinzgau (885 m; 1100 Einw.). Noch vor dem Zentrum wartet der Ortsteil Vorderkrimml mit einer zum **Schaustollen** ausgebauten Mineraliengrotte (insbesondere Fluoridkristalle) auf. Wer dem Universum ein beträchtliches Stück näherkommen möchte, ist in **Europas höchstgelegenem Planetarium** und der Sternwarte im zur Gemeinde gehörenden Almdorf Königsleiten genau richtig.
Schaustollen: Juni–Sept. Mo.–Fr. 13.00–17.00 Uhr, Eintritt: 5 €
Planetarium: Vorstellungen Ende Mai–Juli, Sept., Okt. Mi.–Sa. 14.30 u. 20.30, Aug. Di.–Sa. 14.30 u. 20.30 Uhr, im Winter nur abends, Eintritt: 9 €, www.sternwarte-koenigsleiten.com

Neukirchen am Großvenediger Wer weiter dem Tal abwärts folgt, erreicht nach rund 4 km Neukirchen am Großvenediger (856 m; 2500 Einw.). Der Ort im ▶Nationalpark Hohe Tauern, dessen über Jahrhunderte gewachsenes und besonders **vorbildlich erhaltenes Dorfbild** mehrfach ausgezeichnet wurde, ist Ausgangspunkt für herrliche Bergtouren. Im Gebäude des Samerhofstalls ist ein **Nationalpark-Infozentrum** untergebracht, das in wechselnden Ausstellungen ganz unterschiedliche Ökosysteme beleuchtet. Gegenüber der Hohen Tauern liegen die Kitzbüheler Alpen. Eine Kabinenbahn führt auf den **Wildkogel** (2225 m; Bergstation 2093 m), der sich sowohl zum Wandern als auch zum Skifahren sehr gut eignet. Wer lieber im Tal unterwegs ist, sollte den in dichten Wald eingebetteten, etwa 50 m hohen **Untersulzbachfall** besuchen.

> ! **BAEDEKER TIPP**
>
> *Smaragde aus Österreich*
>
> Das Habachtal bei Bramberg am Wildkogel ist die einzige Fundstelle des grünen Edelsteins in ganz Europa. Besucher sind ihm vor Ort auf dem Smaragdwanderweg und bei geführten Mineralienexkursionen auf der Spur.

Er ist leicht zugänglich und wunderschön, ein schattiger Rundweg mit mehreren Aussichtskanzeln führt zudem in rund anderthalb Stunden einmal um ihn herum.

Nationalpark-Infozentrum: Geöffnet im Sommer tgl. 10.00 – 12.00 u. 15.00 – 18.00 Uhr

Nach weiteren 16 km erreicht man schließlich den Ort Mittersill (789 m; 5400 Einw.), das **Ferienzentrum des Oberpinzgaus**. Mittersill ist ein wichtiger Verkehrsknotenpunkt mit Verbindungen nach Norden über den Pass Thun nach Kitzbühel und St. Johann in Tirol, nach Süden führt die in den 1960er-Jahren angelegte, mautpflichtige Felbertauernstraße zum 5,3 km langen Felbertauerntunnel, die wintersichere Verbindung nach Osttirol und Kärnten.   **Mittersill**

∗ Kufstein

✦ **H 4**

Bundesland: Tirol
Höhe: 503 m ü.d.M.
Einwohnerzahl: 17 500

Kufstein ist ein viel besuchter Ferienort inmitten eines reizvollen Seengebietes, Altstadt und Innpromenade laden zum Flanieren ein. Große Bedeutung hat die alte Tiroler Grenzstadt auch für den Verkehr zwischen Bayern und Tirol.

Die »Perle Tirols« wird Kufstein, am Durchbruch des unteren Inn zwischen ▶Kaisergebirge im Osten und Pendling im Südwesten gelegen, in einem bekannten Volkslied genannt. Zum Schutz für die im Mittelalter zwischen Bayern und Tirol oft umkämpfte Siedlung entstand ihre markante Feste.   **»Perle Tirols«**

SEHENSWERTES IN KUFSTEIN

*Feste Kufstein

Ziemlich unbeschadet hat die Feste Kufstein, das **Wahrzeichen der Stadt**, die Stürme der Jahrhunderte auf ihrer schroffen Felsbastion hoch über dem Inn überstanden. Man erreicht sie zu Fuß auf einem überdachten **Stufenweg** rechts an der Pfarrkirche vorbei oder bequemer mit einem gläsernen **Schrägaufzug** vom Festungsneuhof aus. Erstmals im Jahre 1205 erwähnt, wurde die Feste 1504 von Kaiser Maximilian I. (►Berühmte Persönlichkeiten) den Bayern entrissen: Der Kaiser ließ die als unüberwindlich geltende Burg mit den beiden Riesenkanonen »Weckauf« und »Purlepaus« sturmreif schießen, er selbst hatte den ersten Schuss ausgelöst. Der Festungsverteidiger, Hans von Pienzenau, wurde öffentlich geköpft, weil er es gewagt hatte, die Mauern mit Besen abkehren zu lassen, um die Belagerer zu verhöhnen. In der Folgezeit wurde die Festung dann zur stärksten des Landes ausgebaut, der 90 m hohe sogenannte **»Kaiserturm«** entstand in den Jahren 1518 bis 1522.

❶ April – Okt. tgl. 9.00 – 18.00, Nov. – März tgl. 10.00 – 17.00 Uhr, Eintritt: 11 €, www.festungsarena.at

Heldenorgel

Berühmt ist die Heldenorgel (1931) im »Bürgerturm« der Festung: Sie hat 4307 Pfeifen und 46 Register. Täglich um 12.00 Uhr (im Sommer auch um 18.00 Uhr) wird sie zum Gedenken an die Opfer der beiden Weltkriege gespielt. Die **größte Freiorgel der Welt** ist angeblich 13 km weit zu hören.

Altstadt

Bei einem schönen Stadtspaziergang sieht man noch Reste der ehemaligen Stadtmauer, die **Wasserbastei**. Unterhalb der Festung verläuft die **Innpromenade**, bei der Brücke beginnt der Untere Stadtplatz mit dem Marienbrunnen (Marienstatue), diese Straße führt

Kufstein erleben

AUSKUNFT
Tourismusverband Ferienland Kufstein
Unterer Stadtplatz 8, A-6330 Kufstein
Tel. 05372 6 22 07
www.kufstein.com

ESSEN UND ÜBERNACHTEN
❶ *Hotel, Wirts- und Weinhaus Auracher Löchl* 😊😊 – 😊😊😊
Römerhofgasse 2 – 5

A-6330 Kufstein
Tel. 05372 6 21 38
www.auracher-loechl.at
Das Hotel bietet gut ausgestattete Zimmer im Tiroler Landhausstil mit Blick auf Inn und Pendling. Im angeschlossenen, seit 1409 bestehenden Weinhaus, dem ältesten Österreichs, werden regionale Spezialitäten wie Tiroler Gröstl oder Kufsteiner Käsespätzle mit Kruste serviert. Auch Dry Aged Beef steht auf der Karte.

Kufstein

direct ins Zentrum. Hier stehen das Rathaus und die **Pfarrkirche St. Vitus**, eine im Jahr 1400 anstelle eines älteren Gotteshauses erbaute spätgotische Hallenkirche.

Vom Oberen Stadtplatz gelangt man in zehn Minuten zum Kalvarienberg. Hier oben steht auch das Denkmal für den **berühmtesten Tiroler**, Andreas Hofer (►Berühmte Persönlichkeiten), es wurde 1926 vom Bildhauer Theodor Khuen geschaffen.

Andreas-Hofer-Denkmal

In Kufstein lohnt zudem ein Besuch der Tiroler Schauglashütte, sie ist die **Schauglasbläserei des Unternehmens Riedel**. Ihr ist ein interessantes Museum angeschlossen (►Wissen, S. 129).

Schauglashütte

UMGEBUNG VON KUFSTEIN

Kufstein ist von mehreren kleinen Seen umgeben, die die Eiszeit hinterlassen hat. Da die Gewässer im Sommer Badetemperaturen erreichen, gibt es hier Strandbäder und Bootsverleihe. Besonders hübsch sind der waldumrahmte **Stimmersee** (3 km südwestlich) und der **Hechtsee** (nördlich).

Seen

Keine 8 km nördlich von Kufstein liegt Ebbs. Im **berühmten Fohlenhof**, im Jahr 788 als »ad Episas« (Pferdetränke bzw. Rossbach)

Ebbs

Majestätisch blickt die Feste Kufstein über die Stadt.

erstmals urkundlich erwähnt, befindet sich das **Haflingergestüt** Tirols. Die als zäh bekannten Haflinger, eine Kreuzung aus Tiroler Gebirgsstute und Araberhengst, sind nicht nur zu besichtigen, sie werden auch zu touristischen Ausflugsfahrten vor Pferdewagen und Schlitten gespannt.

Gestüt: Tgl. 9.00 – 17.00 Uhr, Eintritt: 6 €, www.haflinger-tirol.com

Thiersee Westlich von Kufstein führt eine kurvenreiche Straße auf die Marblinger Höhe und weiter nach Thiersee (678 m; 2800 Einw.). Der reizende Ort zwischen der tief eingeschnittenen Thierseer Ache und dem eigentlichen See veranstaltet im Passionsspielhaus am Ufer seit 200 Jahren alle sechs Jahre **Passionsspiele**. Diese gehören neben den Oberammergauer Passionsspielen zu den berühmtesten im ganzen süddeutschen Sprachraum.

Rattenberg Der kleine Ort Rattenberg (521 m; 400 Einw.) bietet mit seinen typischen Innstadthäusern, erkergeschmückten stattlichen Bürgerhäusern (15./16. Jh.), gotischen Portalen und Lichthöfen, Winkeln und schmiedeeisernen Gasthofschildern ein einheitliches **mittelalterliches Stadtbild**. Von der Stadtmauer mit fünf Toren ist noch das turmartige Inntor erhalten. Die ursprünglich spätgotische **Pfarrkirche St. Virgil** (15. Jh.) wurde im Jahr 1735 barock ausgestattet, das Deckenfresko des Augsburgers Matthäus Günther im Langhaus stellt

u. a. Petrus und die hl. Katharina über dem Stadtbild von Rattenberg dar. Das **Augustinermuseum** im einstigen Eremitenkloster zeigt Schmiedearbeiten aus Gold und Silber, gotische Plastiken und Malerei aus dem 17. und 18. Jahrhundert. Auf einem Bergsporn über der Stadt steht die Ruine von **Schloss Rattenberg**, im 11. Jh. von den Bayern als Bollwerk gegen Tirol errichtet und im 15. Jh. von den Tirolern zu einer mächtigen Festung mit äußerem Mauerring ausgebaut. 1651 wurde in der Burg, die auch als Gefängnis diente, der Tiroler Kanzler Dr. Wilhelm Biener auf eine falsche Anklage hin enthauptet, Aufführungen der Burgfestspiele erinnern an diese Tragödie.
Augustinermuseum: Mai – Mitte Okt. tgl. 10.00 – 17.00 Uhr, Eintritt: 4 €, www.augustinermuseum.at

In **Kramsach** (519 m; 4600 Einw.), am nördlichen Innufer gelegen, gibt es eine Schule für Glaskünstler, das Schloss aus dem 17. Jh. steht im Besitz der gräflichen Familie von Taxis-Bordogna. Im sehr sehenswerten **Freilichtmuseum »Tiroler Bauernhöfe«** können auf einem Areal von gut 11 ha 14 Bauernhöfe aus allen Teilen Tirols besichtigt werden. Im Ortsteil Mariatal liegt zudem ein interessanter **Skulpturenpark** mit etwa 20 Werken des Künstlers Alois Schild.
Freilichtmuseum: Palmsonntag – Okt. tgl. 9.00 – 18.00 Uhr, Eintritt: 6 €, www.museum-tb.at

Südlich des Inns und des von sieben Burgen umgebenen Brixlegg erstreckt sich das Alpbachtal. Eine 10 km lange Bergstraße führt bis zum Hauptort ***Alpbach** (973 m; 2600 Einw.). Der Ort mit seinen ausnahmslos im bäuerlichen Landesstil errichteten Holzhäusern erhält immer wieder Auszeichnungen wie die Ernennung zum **»schönsten Dorf Österreichs«** oder zum

BAEDEKER TIPP !

»Schmunzelfriedhof«

Eine Kuriosität in Kramsach ist ein kleiner »Friedhof ohne Tote« mit etwa 60 alten schmiedeeisernen Kreuzen, auf denen – vom Kunstschmied Guggenberger zusammengetragen – originelle und humorvolle, auf jeden Fall aber authentische Grabsprüche angebracht sind. So reimte ein Witwer über seine streitbare Gattin: »Hier liegt mein Weib, Gott sei's gedankt. Oft hat sie mit mir gezankt. Oh lieber Wanderer, geh' gleich fort von hier, sonst steht sie auf und zankt mit Dir.«

Die Erfindung der Nähmaschine

Schneidermeister Josef Madersperger hat 1814 in Kufstein die erste Nähmaschine erfunden. Das Nähmaschinenmuseum in der Kinkstraße 16 in Kufstein widmet sich diesem Thema.
Mo.–Sa. 10.00–17.00 Uhr.

»Schönsten Blumendorf Europas«. Bekannt ist Alpbach weltweit indes als »Ort der Begegnung der Denker Europas«, denn Schriftsteller, Philosophen, Soziologen, Psychologen, Politiker, Volkswirtschaftler und Künstler treffen sich im **»Europäischen Forum Alpbach«**. Arthur Koestler, der wie Friedrich Dürrenmatt, Max Frisch, Theodor W. Adorno, Herbert Marcuse, Karl Popper, Hermann Josef Abs und Indira Gandhi einmal im Forum zu Gast war, beschrieb in seinem satirischen Roman »Die Herren Call-Girls« ironisch das breit gestreute Themenspektrum der Veranstaltung. 1999 zog das Forum in das neu errichtete, architektonisch interessante Congress Centrum Alpbach um.

* Lambach

L 3

Bundesland: Oberösterreich
Höhe: 366 m ü.d.M.
Einwohnerzahl: 9300

Lambach gedieh im Schutz der Burg, die der letzte Burgherr Graf Adalbero – er war gleichzeitig Bischof von Würzburg – in ein Benediktinerkloster umwandelte. Er hatte sich im Investiturstreit auf die Seite des Papstes geschlagen und musste sich gleich mehrmals hierher zurückziehen.

Alter Handelsplatz

An der alten Fernstraße von Salzburg nach Linz auf dem linken Traunufer liegt Lambach. Das Städtchen war im Mittelalter **Stapelplatz für Salz** aus dem ▶Salzkammergut, das hier umgeladen und in die damalige Hauptabnahmeregion Böhmen transportiert wurde.

SEHENSWERTES IN LAMBACH UND UMGEBUNG

Benediktinerstift

Die mächtige Klosteranlage besitzt ein prächtig ausgeschmücktes Refektorium (Stuck, Fresken), eine Bibliothek mit Fresken von Melchior Seidl und das einzige erhaltene barocke **Klostertheater** Österreichs (1746 – 1770). Es wurde mit einer Aufführung für die 15-jährige Marie-Antoinette eröffnet, die sich auf dem Weg nach Frankreich zu ihrer Hochzeit mit Ludwig XVI. befand. Von 1652 bis 1656 wurde die **Stiftskirche** im barocken Stil neu gebaut, von der alten Kirche

Lambach erleben

AUSKUNFT

Marktgemeinde
Lambach
Marktplatz 8

A-4650 Lambach
Tel. 07245 28 35 50
www.lambach.ooe.gv.at

aus romanischer und gotischer Zeit blieb nur der Westchor als Sockel für die neuen Türme übrig. Hinter der notwendig gewordenen Verstärkung der Mauern blieben die Originalfresken aus dem 11. Jh. verborgen – und erhalten. Von 1955 bis 1967 hat man ***Romanische Fresken** freigelegt und restauriert. Die Farben waren gut erhalten, die Gesichter der dargestellten Personen sind ausdrucksvoll. Stilistisch sind die Malereien eher von der östlich-byzantinischen als von der weströmischen Kirchenkunst beeinflusst. Interessant ist die zentrale Darstellung Marias mit dem Kind und zwei Hebammen. Sehr schön ist die Szene, in der die Hl. Drei Könige mit Herodes diskutieren – eine Anspielung auf den Investiturstreit um weltliche oder kirchliche Vormachtstellung? Vermutlich waren die Wandmalereien bereits zur Weihe der alten Kirche im Jahr 1089 fertiggestellt.

❶ Führungen: Tgl. 14.00 Uhr, Eintritt: 6 €, www.stift-lambach.at

Stadl-Paura

Wer sein Glück auf Erden auf dem Rücken der Pferde vermutet, sollte sich im **Österreichischen Pferdezentrum** Stadl-Paura, südwestlich von Lambach, umsehen. Bekannt ist der Ort aber auch wegen seiner architektonisch höchst eigenwilligen **Wallfahrtskirche**: Abt Maximilian Pagel hatte 1713 gelobt, eine Kirche zu erbauen, falls Lambach von der Pest verschont bliebe. Der schöne Barockbau wurde von 1714 bis 1724 von Johann Michael Prunner zu Ehren der Heiligen Dreifaltigkeit errichtet, mit der Zahl drei als maßgeblichem Element: Die Kirche steht auf dreieckigem Grundriss mit drei Türmen, drei Portalen, drei Altären und drei Orgeln.

Steyrermühl

In Steyrermühl bei Laakirchen, rund 15 km südlich von Lambach, hat die Papierproduktion eine lange Tradition. Daher wurde hier das **Österreichische Papiermacher-Museum** in den Hallen der ehemaligen Papierfabrik Steyrermühl eingerichtet.

Papiermuseum: April–Okt. Di.–So. 10.00–16.00 Uhr, Eintritt: 6 €, www.papiermuseum.at

Vöcklabruck

Mit viel Stolz verweist die freundliche Stadt Vöcklabruck (435 m; 11 000 Einw.) auf die **einzigen erhaltenen Wappentürme Kaiser Maximilians I.** (▶Berühmte Persönlichkeiten) in ihren Mauern. Carlo Antonio Carlone als Baumeister und sein Bruder Giovanni Battis-

Christus in der Synagoge: romanisches Fresko im Stift Lambach

ta Carlone als Stuckateur schufen hier mit der **Dörflkirche** ein weiteres barockes Kunstwerk. Ihre höchst eigenartige Architektur schulden der gotischen Kirche im Statteil Schöndorf dagegen die Reformationswirren: Die Lücke zwischen dem vorhandenen Turm und dem angefangenen Hauptschiff wurde einfach mit einem schmaleren Turm aufgefüllt.

Landeck

E 5

Bundesland: Tirol
Höhe: 816 m ü.d.M.
Einwohnerzahl: 7700

Landeck war schon zu römischen Zeiten Verkehrsknotenpunkt. Besonders im Mittelalter hatten Baumeister hier Konjunktur, denn die Passübergänge mussten gesichert werden.

»Sichere Kreuzung«

Das Städtchen liegt am Kreuzungspunkt der Ost-West-Verbindung von Wien nach Zürich und an der Nord-Süd-Verbindung von Deutschland nach Italien. Die mächtigen Mauern von Burg Landeck zeugen von der Dringlichkeit der Befestigungsarbeit. Sein heutiges

Erscheinungsbild verdankt der Ort im Wesentlichen der Industrialisierung Ende des 19./Anfang des 20. Jh.s (Chemie- und Textilindustrie). Der so erreichte Wohlstand zeigt sich an **repräsentativen Häusern**, vor allem im Stadtteil Angedair und in der Malser Straße. Landeck ist auch Zentrum eines beliebten Wintersportgebiets.

SEHENSWERTES IN LANDECK UND UMGEBUNG

An der Stelle eines älteren Sakralbaus entstand 1471 die Liebfrauenkirche. Ihr Mittelschiff ist fast doppelt so hoch wie die beiden Seitenschiffe. Im Tympanon des Westportals zeigt ein Relief Maria mit dem Kind und zwei Engeln. Sehenswert ist im Inneren der spätgotische, dem hl. Oswald geweihte **Flügelaltar** (16. Jh.), der später ergänzt wurde. In die Südwand ist der Deckstein vom Grab des Ritters Oswald von Schrofenstein (15. Jh.) eingelassen, an der südlichen Wand findet man zwei geschnitzte Totenschilde.   **Liebfrauenkirche**

Auf dem hoch aufragenden Felsen über dem Inn steht Burg Landeck (um 1200), die später mehrfach verändert und 1949 teilweise restauriert wurde. Beeindruckend an der Burg, die unter den Rittern von Schrofenstein ihre Glanzzeit erlebte, ist der mächtige **Bergfried** mit seiner weiten Sicht. Außerdem verdienen eine Halle mit gotischem Gewölbe und die mit Fresken (16. Jh.) geschmückte Kapelle Beachtung. Im Schloss präsentiert das heimatkundliche **Bezirksmuseum** die Kunst-, Kultur-, Wirtschafts- und Sozialgeschichte der Region. Neben dem bäuerlichen Wohnbereich (eingebaute Stuben aus dem 17. Jh., Rauchküche und Schlafkammer) sind Arbeitsgeräte für die Feld- und Milchwirtschaft zu sehen sowie das Gerichtszimmer des landesgerichtlichen Pflegers, der seit ca. 1300 seinen Amtssitz in der Burg hatte. In der Schlossgalerie werden jedes Jahr auch mehrere Kunstausstellungen gezeigt.   **Burg Landeck**
❶ April–Mitte Mai, Okt. Mo.–Fr., So. 13.00–17.00, Mitte Mai–Sept. Mo.–Fr., So. 10.00–17.00 Uhr, Eintritt: 7,50 €, www.schlosslandeck.at

Nördlich über Landeck liegt – am Nordufer der Sanna – das alte Gebirgsdorf Stanz (1035 m; 600 Einw.), Geburtsort des Barockbaumeis-   **Stanz**

Landeck erleben

AUSKUNFT

Tourismusverband Tirol West
Malser Straße 10

A-6500 Landeck
Tel. 05442 6 56 00
www.tirolwest.at

ters Jakob Prandtauer (1660–1726). Er war am Bau des Melker Stifts maßgeblich beteiligt. Die **spätgotische Kirche** von Stanz gehört zu den ältesten der Region. Von hier aus hat man einen schönen Blick auf den Talkessel von Landeck. Stanz ist aber auch von profanem Interesse: Von den rund 150 Haushalten im Dorf haben noch mehr als 50 eine Brennerei. Gebrannt wird hier vor allem die Stanzer Zwetschke, die zu den Genussprodukten Österreichs zählt, sie gedeiht hervorragend in dem trockenen alpinen Klima. Angeboten werden **Destillerieführungen** mit Verkostung sowie freitags eine Themenwanderung vom Bergdorf Grins bis nach Stanz.
Infos zum Thema Destillerien: www.brennereidorf.at

Schrofenstein Auf einem hohen Felshang erhebt sich nordöstlich des Ortes die Ruine der schon 1196 erwähnten **Burg** Schrofenstein. Von hier aus hat man eine herrliche Aussicht! Im Mittelalter stand aber wohl nicht diese, sondern die Kontrolle des Talkessels im Vordergrund.

Zams Rund 3 km nordöstlich von Landeck liegt am Südufer des Inn die Gemeinde Zams (775 m; 3300 Einw.). Beachtenswert ist die Pfarrkirche mit drei Rokokoaltären. Pittoresk auf einem Bergkegel steht die **Ruine Kronburg** (1380), die allein wegen der Aussicht auf die Landschaft ringsum schon den Aufstieg lohnt. Nördlich der Ortschaft erstreckt sich die über einen **Wasser-Erlebnis-Steig** begehbare Schlucht »Zammer Lochputz« mit dem Lötzer Wasserfall.

Nauders Innaufwärts von Landeck, im Dreiländereck Österreich–Italien–Schweiz, liegt südlich des Finstermünz-Passes (1006 m) der reizvolle **Ferienort** Nauders (1400 m; 1558 Einw.). Er trennt den Reschenpass (1507 m) von Italien und wird sowohl als Ausgangspunkt für Wanderungen als auch zum Wintersport besucht. Viele jahrhundertealte rätoromanische Bauernhäuser mit beeindruckenden Freitreppen, Erkern und Tordurchfahrten stehen hier. Sehenswert sind auch die beiden Schnitzaltäre in der **Pfarrkirche St. Valentin** mit ihrem schlanken gotischen Turm, in der romanischen **St. Leonhardskapelle**, der ältesten erhaltenen Kirche in Tirol, wurden 1951 unter spätgotischen Fresken romanische Wandmalereien aus dem 12. Jh. entdeckt. Über der Ortschaft erhebt sich **Schloss Naudersberg**, eine ehemalige Gerichtsburg aus dem 14./16. Jh., in die alte Kerker und Folterinstrumente sowie die Rüstkammer mit Gemäldegalerie besichtigt werden kön-

! BAEDEKER TIPP

Gesundes für durstige Kehlen

Die Ortschaft Grins (1006 m; 1380 Einw.) westlich von Landeck, am Eingang zum Stanzertal, zählt zu den schönsten Dörfern Tirols. Bekannt ist Grins aber auch wegen seiner Heilquelle: Aus einem Brunnen in der Ortsmitte fließt heilkräftiges Mineralwasser, das von jedermann frei getrunken werden darf. Wohl bekomm's!

nen. Die **Ruine der ehemaligen Zollfeste Hoch-Finstermünz** mit einem sehr imposanten Brückenturm steht mitten im Inn.

❶ www.nauders.com

Das etwa 35 km lange und recht enge **Paznauntal** im Westen Österreichs erstreckt sich von Landeck in südwestlicher Richtung bis nach Galtür. Von der Verwallgruppe im Norden und der Samnaungruppe im Süden eingeschlossen, wird es von der Trisanna durchflossen. Im Sommer sind die Orte im Tal Ausgangspunkte für Bergwanderungen und Touren ins Gebirge, im Winter ist das Tal ein vielseitiges Skigebiet. Die Straße durch das Paznauntal, auf der man von Galtür zur Bielerhöhe gelangt, bildet die östliche Zufahrt zur ▶Silvretta-Hochalpenstraße. Hinter Pians überquert die Straße die Sanna. Anschließend geht es unterhalb von Schloss Wiesberg (16. Jh.; in

»Trutzig« ist wohl der passende Ausdruck für Burg Landeck.

Privatbesitz) vorbei und unter dem kühnen **Trisanna-Viadukt** der Arlbergbahn hindurch (Aussichtsparkplätze) ins Paznauntal. Das Viadukt, 1884 errichtet, 1923 und 1964 umgebaut, ist 86 m hoch und 230 m lang. Bekannt wurde **Ischgl** (1377 m), der Hauptort des Paznauntals, durch sein Skigebiet, die Silvretta-Arena, die mit Samnaun in der Schweiz verbunden ist. Hier setzt man auf große Events, gigantische Open-Airs sind Fixpunkte jeder Wintersaison, die hier von November bis Mai dauert. Der Ort mit seinen rund 1600 Einwohnern hat mehr als 10 000 Gästebetten. Kunsthistorisch interessant ist die ursprünglich spätgotische **Pfarrkirche**, die 1757 ihre heutige Gestalt im Rokokostil erhielt. In ihrem Altar wird eine ganz besondere Reliquie aufbewahrt: ein um 1500 in Silber gefasster Knochen des hl. Stephanus, der aus dem Reliquienschatz Karls des Großen stammen soll. **Galtür** (1584 m; 800 Einw.), ein schneesicherer Wintersportort, wurde im Februar 1999 von einer verheerenden Lawinenkatastrophe heimgesucht, ist aber inzwischen durch verbesserte Lawinendämme geschützt. Die **Barockkirche** (17./18. Jh.) besitzt eine gotische Muttergottesstatue und reizende Rokokoaltäre.

❶ www.paznauntal-info.com

* Lavanttal

N 6

Bundesland: Kärnten

Für Urlauber, die abseits der großen Touristenströme Erholung in beschaulicher Atmosphäre suchen, ist das Lavanttal ein Geheimtipp. Die Gegend ist von Wald und Wiesen, von sanften Bergen und schönen Wanderwegen geprägt.

Unberührte Landschaft

Das Tal der Lavant erstreckt sich von dem südlich von ▶Judenburg an der Grenze zwischen der Steiermark und Kärnten gelegenen Obdacher Sattel bis zur slowenischen Grenze. Es verbindet die Täler der Mur im Norden und der Drau im Süden.

SEHENSWERTE ORTE IM LAVANTTAL

Bad St. Leonhard

Im oberen Lavanttal, dem **»Herzen des Paracelsusviertels«** (so die Eigenwerbung), liegt Bad St. Leonhard (721 m; 4500 Einw.), ein **Höhenluftkurort mit Schwefelquelle**. Die Gegend um Bad St. Leonhard weist zahlreiche Quellen auf, von deren Heilkraft schon Paracelsus überzeugt war. Entlang der gut ausgeschilderten Quellenwanderwege kann man auf seinen Spuren wandeln. Auf einem Hügel steht die mächtige Wallfahrtskirche St. Leonhard (14./15. Jh.), eine gotische Basilika mit wertvollen Glasgemälden.
❶ www.bad-st-leonhard-i-lav.at

Hüttenberg

Etwa 2 km südlich von Bad St. Leonhard beginnt ein sehr lohnenswerter Abstecher: Wo die Straße westwärts über die Saualpe führt, biegt man nach etwa 25 km in Hinterberg erneut rechts Richtung Hüttenberg am Steierbach ab. Dort lädt das **Heinrich-Harrer-Museum** zu einem Besuch ein. Der Forschungsreisende und Freund des Dalai Lama (▶Berühmte Persönlichkeiten), bekannt geworden durch sein mit Brad Pitt verfilmtes Buch **»Sieben Jahre in Tibet«**, vermachte seiner Heimatgemeinde eine einzigartige völkerkundliche Sammlung. Zudem war der Bergbau in Hüttenberg einst berühmt, schon die Römer schätzten die norischen Schwerter aus der Gegend.

Lavanttal erleben

AUSKUNFT
Regionalmanagement Lavanttal
Minoritenplatz 1

A-9400 Wolfsberg
Tel. 04352 28 78
www.region-lavanttal.at

Im Mittelalter war Hüttenberg Mitteleuropas Zentrum der Eisenge-
winnung, worüber das **Schaubergwerk Knappenberg** berichtet.
Heinrich-Harrer-Museum: April–Okt. tgl. 10.00–17.00 Uhr, Eintritt:
9 €, www.huettenberg.at
Schaubergwerk Knappenberg: April–Okt. tgl. 10.00–17.00 Uhr,
Eintritt: 9 €

Wolfsberg (462 m; 25 000 Einw.) ist **Hauptort des Lavanttals** und **Wolfsberg**
sein wirtschaftliches Zentrum. Die reizende Altstadt besitzt noch
Teile der Stadtbefestigung und wird überragt von Schloss Wolfsberg.
Erstmals 1178 erwähnt, wurde es seither stark verändert. Vor allem,
seit es 1846 in den Besitz der schlesischen Grafen von Henckel-Don-
nersmarck überging, die es im neugotischen Stil umbauen ließen.
Das **Schlossrestaurant** (Mo., Di. geschl.) ist in den Sommermonaten
ein lohnender Stopp, genießt man doch von der Terrasse einen einzigartigen Blick über das Lavanttal. Als modernes Museum vermittelt
das **Lavanthaus** in der St. Michaeler Straße 2 ein spannendes Panorama der Region Lavanttal, ihrer Kulturgeschichte und Natur.
Lavanthaus: Mitte April–Okt. Di.–So. 10.00–17.00 Uhr, Eintritt: 5 €,
www.lavanthaus.at

Die barocke Wallfahrtskirche Maria Loreto von St. Andrä

St. Andrä St. Andrä (430 m; 10 000 Einw.) war von 1225 bis 1859 Sitz der Fürst-bischöfe von Lavant, seither sind die Stiftsgebäude im Besitz der Jesuiten. In der **gotischen Pfarrkirche**, deren Anfänge in das 9. Jh. zurückgehen, findet man Reste von Wandmalereien aus dem 15. Jh. und zahlreiche Wappengrabsteine. Eine bemerkenswerte barocke Innenausstattung besitzt die zweitürmige barocke **Jesuitenkirche Maria Loreto** (1697).

Mostregion Das untere Lavanttal ist vom **Spargel- und Obstanbau** geprägt. Es gibt so manchen Mostwanderweg zu entdecken – natürlich mit entsprechenden Jausenstationen.

*Stift St. Paul Das auf einem 70 m hohen Felshügel gelegene Stift St. Paul besteht seit 1091 und ist seit 1809 im Besitz der Benediktiner, die aus St. Blasien im Schwarzwald übersiedelten. Nach Gurk ist die zweitürmige, 1264 geweihte Stiftskirche das bedeutendste romanische Bauwerk Kärntens, besonders eindrucksvoll sind der **Chor** und das **Südportal**. Der Innenraum ist gotisch gewölbt, neben Wandmalereien von 1470 findet man eine barocke Ausstattung. Eine der umfassendsten Kunstsammlungen Europas verleiht dem Stift zu Recht das Prädikat **»Schatzhaus Kärntens«**: Sie enthält Kunsthandwerk, erlesene sakrale Kunst, etwa das kostbare Adelheidkreuz aus dem 11. Jh., und eine wertvolle Gemäldesammlung. Nicht weniger bedeutend ist die Bibliothek mit rund 180 000 Bänden und kostbaren Handschriften. Sehenswert sind auch der Barock- und der Kräutergarten.

❶ Mai–Okt. Di.–So. 9.00–17.00 Uhr, Eintritt: 9,50 €, www.stift-stpaul.at

Lechtal • Lechtaler Alpen

✦ **D/E 5**

Bundesland: Tirol
Höchste Erhebung: Parseierspitze (3036 m ü.d.M.)

Der lange Zug der Lechtaler Alpen erstreckt sich als eine der mächtigsten Ketten der Nordalpen vom ▶Arlberg bis ins Außerfern mit dem Hauptort Reutte. Nordwestlich gegenüber liegen die Allgäuer Alpen, dazwischen bahnt sich der Fluss Lech seinen Weg. Das Lechtal ist im Vergleich zu anderen Regionen Tirols deutlich weniger touristisch erschlossen.

Parseierspitze Hauptgipfel und zugleich höchste Erhebung der Lechtaler Alpen ist die **»Königin der Nördlichen Kalkalpen«**, die Parseierspitze (3036 m). Weitere Hochgipfel sind die Wetterspitze (2895 m), der

Lechtal und Lechtaler Alpen erleben

AUSKUNFT
Lechtal Tourismus
A-6652 Elbigenalp 55b
Tel. 05634 5315
www.lechtal.at

ESSEN UND ÜBERNACHTEN
Gutshof zum Schluxen ⊚⊚
Unterpinswang 24
A-6600 Pinswang

Tel. 05677 89030
www.schluxen.at
Der prächtige Kachelofen unten in der
guten Stube erinnert an König Ludwig II., der einst prominenter Stammgast
im Hause war. Heute ist der Gutshof gemütlich im ländlichen Stil eingerichtet.
Die Küche bietet vor allem Tiroler Spezialitäten, die sind zeitgemäß interpretiert
und auf hohem Niveau zubereitet.

leicht besteigbare Muttekopf (2777 m), der mehrere Kilometer lange
Felskamm der Heiterwand und die stolze Valluga (2809 m).

Die zahlreichen Schutzhäuser in den Lechtaler Alpen sind aus dem
Stanzertal und dem Inntal im Süden leicht zu erreichen, wenn auch
Bergtouren hier alpines Können voraussetzen. Wer nicht unbedingt
Bergsteigen möchte, der geht auf dem 125 km langen **Weitwander-
weg** vom Lechursprung am Formarinsee bei Lech am Arlberg bis ins
Alpenvorland nach Reutte und weiter zu den Königsschlössern im
Allgäu. Die Route ist für jedermann in sechs bis acht Tagen zu schaf-
fen, auf Wunsch wird ein Gepäcktransport organisiert.
➊ www.lechweg.at

***Der
Lechweg**

Der Hauptort des Lechtals, Elbigenalp (1039 m; 850 Einw.), ist der
Geburtsort von **Anna Stainer-Knittel**, die als Malerin regionalen
Ruhm genießt. Großräumiger bekannt wurde Anna durch den Film
»Geierwally«, der sie als mutiges junges Mädchen zeigt, das einen
Jungvogel aus einem Adlernest nimmt – der Roman, auf dessen
Grundlage der Film gedreht wurde, basiert auf der Biografie einer
der ersten emanzipierten Frauen der
Alpen. Im Sommer wird auf der
Geierwally-Bühne Open-Air-Thea-
ter mit Stücken zu Frauenthemen
gespielt. Elbigenalp ist auch der Sitz
einer **Schnitzschule**. Kunsthistorisch Interessierte sind begeistert
von der **Lüftlmalerei** – volkstüm-
lich-barocke Fassadenmalerei – an
alten Bauernhäusern; ein gutes Begleitheft für eigene Erkundungen
gibt es bei der örtlichen Touristin-

Elbigenalp

! BAEDEKER TIPP

Zu Fuß über den Abgrund

Bei Holzgau überspannt seit dem
Jahr 2012 die längste Fußgängerbrücke Österreichs die Höhenbachschlucht. 200 m ist die Brücke
lang, sie führt über einen 110 m
tiefen Abgrund mit spektakulär
steilen Felswänden. Ein Adrena-
linkick der ganz besonderen Art!

formation. Eine besondere Sehenswürdigkeit erwartet Besucher in der **Martinskapelle**, die im 15. Jh. über einem Beinhaus errichtet wurde: Der heimische Künstler Johann Anton Falger, der künstlerische Ziehvater Stainer-Knittels, ließ sie 1832 auf eigene Kosten restaurieren und schmückte sie selbst aus. Bemerkenswert ist vor allem der Totentanz (1840), der aus 18 in zwei Reihen zusammengesetzten Tafelbildern mit Versen besteht. Sie zeigen die Konfrontation des Menschen – vom Papst bis zur Magd – mit dem Tod.

**Naturpark Tiroler Lech

Licca, »der schnell Fließende«, diesen Namen haben die Kelten dem Lech gegeben. Immer wieder verwüsteten seine Fluten weite Teile des Talbodens, deswegen regulierte man ihn ab 1910 weitgehend. Heute weiß man, dass viele der damaligen Maßnahmen kontraproduktiv waren, und so hat man damit begonnen, die **Wildflusslandschaft** zu renaturieren. Das Ergebnis ist beeindruckend: Durch die nunmehr wieder naturnahe Gewässerführung des Lechs bilden sich erneut charakteristische Landschaftstypen. Für Besucher gibt es naturkundlich geführte Touren im spektakulären Flussbett.
❶ www.naturpark-tiroler-lech.at

Gemütliche Berghütten wie das Edelweißhaus in den Lechtaler Alpen bieten Bergwanderern Verpflegung und Unterkunft.

Kurz vor Reutte passiert die Straße den Engpass der **Ehrenberger** **Burgruine** **Klause** (946 m). Sie hatte neben der militärischen Funktion einer **Ehrenberg** Talsperre auch die Aufgabe einer Zollstätte. Bewacht wurde sie von der 150 m höher auf einem steilen Felsrücken gelegenen und nur zu Fuß erreichbaren **Burg** (1296) sowie von der noch weiter oben liegenden **Festung am Schlosskopf** (1741). Das Burgensemble besteht heute weitgehend aus Ruinen, jedoch ist in der Klause ein sehenswertes **Rittermuseum** untergebracht. Dort werden in 14 Räumen Themen aus der Ritter- und Burgenzeit, etwa die Kreuzzüge, aufgegriffen. Am Schlosskopf ist eine Schaufestung mit Aussichtsturm und barockem Laufradkran eingerichtet.

❶ Weihnachten–Mitte Nov. tgl. 10.00–17.00 Uhr, Führungen: 3 €, www. ehrenberg.at

In einem weiten Talbecken des Lech liegt die Bezirkshauptstadt Reut- **Reutte** te (854 m; 6000 Einw.), die ein Verkehrsknotenpunkt zwischen Füs- sen, Pfronten, dem Fernpass, dem oberen Lechtal und dem **Tannhei-** **mer Tal** ist. Die ganze Region nördlich des Fernpasses wird Außerfern genannt. Bereits vor fast 2000 Jahren führte hier die ein- zige römisch-kaiserliche Staatsstraße über die Alpen, die **Via Claudia** **Augusta**. Bürgerhäuser aus dem 18. Jh. prägen heute das Bild der Stadt, die seit jeher Handels- und Wirtschaftszentrum des Außer- ferns war. Die Malerei an den Fassaden der Häuser – ausgeführt von Malern, die auch die Fresken in den Kirchen der Region schufen – ist eine Besonderheit der Kunstlandschaft des Lechtals. Ein schönes Bei- spiel für die mit Lüftlmalerei verzierten Bauten ist das **Zeillerhaus** am Untermarkt, das Wohnhaus einer wohlhabenden Künstlerfamilie aus Reutte. Beachtenswert sind die Tierdarstellungen über dem ge- malten Sims an der Nordwand: Franz Anton Zeiller (1716–1794) verewigte hier zur Strafe seine Nachbarinnen – zwei ältere Damen, die an seinen Malereien Anstoß genommen hatten – als Äffchenpaar mit Einkaufskorb. Im Heimatmuseum, dem **Grünen Haus** (16. Jh.) am Untermarkt, das durch seine grüne Fassade mit reicher Fresko- malerei (1779) von Johann Jakob Zeiller (1710–1783) auffällt, sind Exponate zur Geschichte der Region zu sehen sowie Schlüsselwerke aus der Zeillerwerkstatt und Bilder der Malerin Anna Stainer-Knittel.

Grünes Haus: Mai–Okt. Di.–Sa. 13.00–17.00 Uhr, Eintritt: 3 €, www.museum-reutte.at

Schöne Ziele in der Region sind auch die Seen, etwa der als Tauchge- **Seen** wässer beliebte **Urisee** und der wegen seiner guten Bademöglichkei- ten geschätzte **Frauensee**. Rund 6 km östlich von Reutte liegt zwi- schen bewaldeten Berghängen der zweitgrößte See Tirols, der über 6 km lange und 1 km breite, dunkelgrüne **Plansee** (976 m). Durch einen kurzen Flusslauf ist dieser mit dem ca. 3 km langen **Heiter-** **wanger See** verbunden.

Leoben

⊹ O 5

Bundesland: Steiermark
Höhe: 540 m ü.d.M.
Einwohnerzahl: 24 600

**Die in einer Murschleife gelegene Burgsiedlung »Liubina«
wurde 1263 von König Ottokar II. gegründet. Eisenverarbeitung hat in Leoben eine lange Tradition – der Vogel Strauß im
Stadtwappen erinnert daran, dass man ihn im Mittelalter für
das einzige Tier hielt, das Eisen fressen konnte.**

**Montan-
zentrum**

Leoben (»Liubina«: slaw. »liub« = lieb) ist seit dem Mittelalter das
Zentrum der **Eisen- und Schwerindustrie** in der Obersteiermark
und Sitz einer nach wie vor bedeutenden Montanuniversität. Ab 1415
besaß die Stadt das Stapelrecht des Vordernberger Eisenhandels; im
Jahr 1861 wurde hier die Österreichische Alpine Montangesellschaft
gegründet und 1868 erfolgte der Anschluss an das Eisenbahnnetz.

SEHENSWERTES IN LEOBEN UND UMGEBUNG

Altstadt

Mittelpunkt der Altstadt in der Murschleife ist der von Boris Podrecca neu gestaltete **Hauptplatz**, der vom Hacklhaus mit seinen prachtvollen Barockverzierungen (um 1660) und dem wappengeschmückten Alten Rathaus (1585) flankiert wird. 1717 errichtete die Bürgerschaft als Dank für das Erlöschen der Pest die Dreifaltigkeitssäule,
deren Skulpturenschmuck von Johann Jakob Schoy stammt. Am
Nordende des Platzes befindet sich der Engelsbrunnen (1794), über
dessen Becken sich die klassizistische Skulptur eines Engels erhebt,
der einen Schild mit dem Leobener Stadtwappen hält. Gegenüber
liebt der Bergmannsbrunnen (1799), der Bergknappen in maximili-
anischer Tracht zeigt. In der Homanngasse findet man **eines der
ältesten bürgerlichen Theater Österreichs**, das seit seiner Gründung im Jahr 1790 bespielt wird. Der Mautturm, wegen seiner pilz-
förmigen Haube vom Volksmund auch Schwammerlturm genannt,
wurde von Peter Carlone geschaffen. Einen Straßenzug weiter erhebt
sich die **Pfarrkirche St. Xaver** (1660 – 1665), deren Inneres den für
den jesuitischen Barockstil in Österreich charakteristischen üppigen,
schwarzgoldenen Schmuck aufweist. Daneben ist aber auch in Leoben die Zeit nicht stehen geblieben: Das ehemalige Dominikanerkloster mitten in der Altstadt trägt heute den Namen **»Leoben City
Shopping«** und birgt einen modernen Einkaufstempel; die Stahlele-
mente des Neuen Congress Zentrums wurden mit den freigelegten
alten Holzkonstruktionen des Alten Rathauses verbunden; und am

Murufer wurde mit dem **Asia Spa** ein zeitgemäßes Wellnessangebot inklusive Sauna- und Wasserwelt sowie Fitnessbereich geschaffen.

Meist nachdenkliche Blicke erntet die Skulptur »Double Wedding« von Dennis Oppenheim beim Neuen Rathaus (Kirchgasse 8) am Stadtkai. An das Neue Rathaus schließt sich die Kunsthalle Leoben an, die beachtliche Ausstellungen zu den Kulturen ganz unterschiedlicher Völker ausrichtet. Im angeschlossenen Museumscenter ist die **Industriegeschichte** der Stadt und der Region unter dem Titel »Schienen in die Vergangenheit« aufbereitet.

Kunsthalle, Museumscenter

❶ Di.–Sa. 10.00–17.00 Uhr, Eintritt: 5 €, www.museumscenter-leoben.at

Die bekannte Gösser Brauerei im südlichen Stadtteil Göss hat ihren Sitz im **ältesten österreichischen Benediktinerinnenstift** (gegründet 1020, aufgehoben 1782). Hier pflegt man die Kunst des Bierbrauens schon seit 1459. Das »Gösser« wird heute in die ganze Welt exportiert. Die Firma hat auch ein kleines Brauereimuseum eingerichtet, das Braumuseum Göss.

Gösser Brauerei

❶ Führungen: April–Okt. Sa., So. 11.00 u. 15.00 Uhr, Eintritt: 8 €, www.goesser.at

Leoben ist durch Eisenverarbeitung groß geworden – das Rohmaterial kam vom nahen Erzberg, zu dem heute die Steirische Eisenstraße führt. Gleich nach der Murbrücke passiert man den Ortsteil Dona-

Steirische Eisenstraße

Leoben erleben

AUSKUNFT
Tourismusverband Leoben
Peter-Tunner-Straße 2
A-8700 Leoben
Tel. 03842 4 81 48
www.tourismus-leoben.at

ESSEN
❶ *Arkadenhof* ⓔ
Am Hauptplatz 11
A-8700 Leoben
Tel. 03842 4 20 74
www.arkadenhof.at
Schon 1550 erbaut wurde die älteste
Brauereigaststätte Leobens. Hier werden
sechs verschiedene Biere vom Fass kredenzt, beim Eintritt lohnt zudem ein
Blick aufs schöne Renaissanceportal.

ÜBERNACHTEN
❶ *Hotel Kindler* ⓔ
Straußgasse 7 – 11
A-8700 Leoben
Tel. 03842 43 20 20
www.kindler.at
Dieses recht komfortabel ausgestattete
3-Sterne-Hotel mit familiärer Atmosphäre liegt günstig im Zentrum von Leoben,
ganz in der Nähe des Schwammerlturms
und der Fußgängerzone.

witz, der von den gigantischen Werksanlagen des internationalen
Stahlkonzerns Voestalpine dominiert wird. Nach rund 18 km erreicht man **Vordernberg** (820 m; 1000 Einw.), wo zerfallene Werke,
Herrenhäuser und informativ beschriftete Wirtschaftsgebäude von
der langen Tradition des kleinen Orts in der Eisenverarbeitung zeugen. Hier lässt sich der **einzige voll ausgestattete Holzkohlehochofen** Europas besichtigen, dessen über vier Etagen reichende Innenräume sich um einen 8 m hohen Ofenstock gruppieren.
Hochofenmuseum Vordernberg: Führungen Mai – Okt. Fr. – So. 14.00 Uhr
oder nach Voranmeldung unter Tel. 03849 8 32, Eintritt: 5,50 €,
www.radwerk-vordernberg.at

*Eisenerz   Das alte **Bergbaustädtchen** Eisenerz (736 m; 4800 Einw.) liegt am
Fuß des mächtigen Steirischen Erzbergs inmitten beeindruckender
Gebirgszüge. Seit dem Mittelalter der Wirtschaftsmotor der Region,
befördert der Abbau des Erzbergs – er wird auch »steirischer Brotlaib« genannt – heute nur noch wenig zu Tage. Einige der historischen **Radmeisterhöfe** – Radmeister nannte man die Besitzer der
Schmelz- bzw. Radwerke – sind immer noch in der **Altstadt** zu sehen. Insbesondere um den Bergmannplatz finden sich noch mehrere
Gebäude aus dem 16. bis 18. Jh. Auf einer Anhöhe steht die wehrhaft
befestigte gotische **Pfarrkirche St. Oswald** (1470 – 1518) mit verschiedenen Bergmannsmotiven. Der Schichtturm, etwas weiter westlich, dessen Glocke 1581 aus türkischen Kanonen gegossen wurde,
läutete einst zum Schichtwechsel im Bergwerk. Geschichte und Technik des Bergbaus sowie Kunsthandwerk im Zusammenhang mit der

Eisenbearbeitung zeigt das **Stadtmuseum** im Alten Rathaus am Bergmannplatz 1. Am **Steirischen Erzberg** (1465 m) wird Spateisenstein mit rund 33 % Eisengehalt abgebaut. Früher wurde im Stollen- und Tagebau gearbeitet, seit rund 200 Jahren gibt es jedoch nur noch den treppenförmigen Tagebau. Einen guten Überblick hat man übrigens vom Schichtturm und vom Aussichtspunkt bei der Eisenbahnhaltestelle Krumpental. Im letzten, 1986 stillgelegten Stollen ist ein **Schaubergwerk** eingerichtet, eine eindrucksvolle Schausprengung ist hier der Höhepunkt des Besuchs. Ein Erlebnis ist auch die Fahrt über das Tagebaugelände mit dem Hauly, einem 860 PS starken Schwerlaster. Für Eisenbahnnostalgiker gibt es die 1891 zum Erztransport zwischen Eisenerz und Vordernberg eingerichtete **Erzbergbahn**. Sie ist die steilste Normalspurbahn Österreichs und wird im Sommer als Museumsbahn mit Schienenbussen betrieben.

Stadtmuseum: Mai–Okt. Di.–So. 10.00–16.00 Uhr, Eintritt: 5 €, www.eisenerz.at

Schaubergwerk: Mai–Okt. tgl. 10.00–15.00 Uhr, Eintritt: 15 €, www.abenteuer-erzberg.at

Erzbergbahn: www.erzbergbahn.at

Liechtenstein

✦ B/C 5

Souveräner Staat
Fläche: 160 km²
Hauptstadt: Vaduz
Höhe: 460–2124 m ü.d.M.
Einwohnerzahl: 36 400

Liechtenstein, einer der kleinsten selbstständigen Staaten der Welt, ist nicht nur internationaler Finanzplatz, sondern auch Urlaubsziel für Wintersportler und Kulturinteressierte.

Das nur ca. 24 km lange und 12 km breite **Fürstentum** Liechtenstein liegt im Alpengebiet zwischen dem österreichischen Bundesland Vorarlberg sowie der Schweiz und erstreckt sich von der Westabdachung des Rätikon zum Rhein. Aus der ca. 430 m hoch liegenden Rheinebene im Norden ragen vereinzelt Hügel und niedrige Berge auf, während der von Ausläufern des Rätikons geprägte Süden des Landes sehr gebirgig ist und mit der Grauspitze, dem höchsten Berg, eine Höhe von 2599 m erreicht. Liechtenstein besteht zu zwei Dritteln aus Gebirge, rund 35 % der Landesfläche sind bewaldet. Ein Abstecher in das Fürstentum lohnt sich sowohl für historisch Interessierte, für Kunstliebhaber und Briefmarkensammler als auch für Wanderfreunde und Wintersportler.

Kleinstaat zwischen Rätikon und Rhein

Liechtenstein erleben

AUSKUNFT

Liechtenstein Tourismus
Städtle 38
FL-9490 Vaduz
Tel. +423 2 39 63 63
www.tourismus.li

ERLEBNISPASS

Der Pass für ein, zwei oder drei Tage
bietet freie Fahrt mit den öffentlichen
Verkehrsmitteln sowie kostenlosen
Eintritt bei vielen Attraktionen.

ESSEN

❶ *Torkel* ●●●●
Hintergasse 9
FL-9490 Vaduz
Tel. +423 2 32 44 10
www.torkel.li
Erstklassige Produkte aus der Region wie
Süßwasserfische werden im Torkel in
Köstlichkeiten verwandelt. Eine Terrasse
mit schöner Aussicht gehört zum Lokal.

ÜBERNACHTEN

❶ *Gasthof Löwen* ●●●●
Herrengasse 35
FL-9490 Vaduz
Tel. +423 2 38 11 44
www.hotel-loewen.li
Das älteste Hotel in Liechtenstein besticht mit historischen Räumlichkeiten
und einer einzigartigen Atmosphäre.
Auch auf der großen Gartenterrasse am
hauseigenen Weinberg speist man gediegen – mit Ausblick aufs Schloss.

❷ *Landhaus am Giessen* ●●
Zollstraße 16
FL-9490 Vaduz
Tel. +423 2 35 00 35
www.giessen.li
Am Südrand von Vaduz liegt dieses Haus
mit schönem Blick auf Stadt und Schloss.
Einige Zimmer sind modern, andere im
rustikal-traditionellen Stil eingerichtet.
Auch ein Schwimmbad ist vorhanden.

Wirtschaft Mittlerweile ist nur noch 1 % der Erwerbstätigen im Agrarbereich
beschäftigt und der Anteil der Landwirtschaft am Bruttoinlandsprodukt liegt lediglich bei 2 %, obwohl 40 % der Landesfläche landwirt-
schaftlich genutzt werden (Obst- und Gemüseanbau in der Rheinebene, Milch- und Viehwirtschaft in der Gebirgsregion). Reich geworden ist Liechtenstein, dessen Bewohner über **eines der höchsten
Pro-Kopf-Einkommen der Welt** verfügen, als Industriestandort
und vor allem als ein international bedeutender Finanzplatz. Wegen
seines Bankgeheimnisses und der günstigen Steuergesetze wurde das
Fürstentum Sitz zahlreicher Holdinggesellschaften. Man geht davon
aus, dass heute zwischen 40 000 und 100 000 »Briefkastenfirmen« im
Land registriert sind.

Bevölkerung Die Amtssprache ist Deutsch, im Alltag spricht man einen alemannischen Dialekt. Etwa 80 % der Einwohner Liechtensteins sind ka-
tholisch und 7 % protestantisch, die im Land lebenden Ausländer
(v. a. Schweizer, Österreicher und Deutsche) machen ca. ein Drittel
der Gesamtbevölkerung aus.

Geschichte

15 v. Chr.	Liechtenstein gehört zur römischen Provinz Rätien.
5. Jh.	Alemannische Germanen besetzen das Land.
1342	Die Grafschaft Vaduz entsteht.
1719	Kaiser Karl VI. erhebt verschiedene Herrschaften zum unmittelbaren Reichsfürstentum Liechtenstein.
1806	Napoleon schließt das Fürstentum dem Rheinbund an.
1815–1866	Liechtenstein gehört dem Deutschen Bund an.
1852–1919	Gemeinsames Zoll- und Steuergebiet mit Österr.-Ungarn
1923	Zoll- und Währungsunion mit der Schweiz.
1990	Liechtenstein wird 160. Mitglied der UNO.
1995	Beitritt zur Welthandelsorganisation (WTO)
2003	Eine neue Verfassung tritt in Kraft.
2008	Das Fürstentum unterzeichnet seinen Beitritt zum Schengenraum.

Im 14. Jh. beginnt die Geschichte des selbstständigen Fürstentums Liechtenstein. Zuvor war der Staat, dessen Gebiet bereits während der Jungsteinzeit besiedelt war, ab ca. 15 v. Chr. Teil der römischen Provinz Rätien und wurde im 5. Jh. von alemannischen Germanen besetzt. Die Grafschaft Vaduz entstand im Jahr 1342, 1712 erwarb sie der aus einem niederösterreichischen Adelsgeschlecht stammende **Fürst Hans Adam von Liechtenstein** und vereinte sie mit der Herrschaft Schellenberg. Am 23. Januar 1719 erhob Kaiser Karl VI. die beiden Herrschaften zum **Reichsfürstentum Liechtenstein**. Nach Ende des Heiligen Römischen Reiches Deutscher Nation 1806 schloss Napoleon das Fürstentum dem Rheinbund an. 1815 trat Liechtenstein dann dem Deutschen Bund bei, dem es als souveräner Fürstenstaat bis zu dessen Zerfall im Jahr 1866 angehörte. In der Zwischenzeit näherte sich Liechtenstein dem östlichen Nachbarn Österreich-Ungarn an, mit dem es von 1852 bis 1919 ein gemeinsames Zoll- und Steuergebiet bildete. 1923 ging das Fürstentum mit der Schweiz schließlich eine Zoll- und Währungsunion ein. Im Zweiten Weltkrieg blieb das kleine

> **?** **BAEDEKER WISSEN** *Familiensache*
>
> S. D. Fürst Hans-Adam II. hat nach dem Tod seines Vaters die Regentschaft am 13. November 1989 übernommen und setzte am 15. August 2004 seinen Sohn, S. D. Erbprinz Alois, als Stellvertreter ein. Er betraute ihn mit der Ausübung aller ihm gemäß Verfassung zustehenden Hoheitsrechte.

Land, das schon im Jahr 1868 sein Militär aufgelöst hatte, wie in allen europäischen Auseinandersetzungen zuvor auch, neutral. Seit 1990 steht **Fürst Hans-Adam II.** (geb. 1945), der schon 1984 die Regierungsgeschäfte Liechtensteins übernommen hat, unangefochten an der Spitze des Staates.

Liechtenstein und Vaduz

Essen
❶ Torkel

Übernachten
❶ Gasthof Löwen
❷ Landhaus am Giessen

Seit 1921 ist das Fürstentum Liechtenstein eine **konstitutionelle Erbmonarchie**. Eine neue Verfassung, die die Aufgaben von Parlament, Regierung und Fürst genau definiert, trat 2003 in Kraft. Der Landtag (Parlament) besteht aus 25 in geheimer Wahl für vier Jahre gewählten Abgeordneten; der Regierungschef und vier Regierungsräte bilden die Exekutive.

Verfassung

Seit der Zoll- und Währungsunion mit der Schweiz 1923 ist der **Schweizer Franken** die gesetzliche Währung. Nur die Briefmarken, die – weltweit sehr begehrt – dem Land reichlich Devisen einbringen, stammen aus dem Fürstentum selbst. Liechtenstein ist Mitglied des Europarates, der Europäischen Freihandelszone (EFTA) und der Vereinten Nationen (UN). 1995 trat es dem Europäischen Wirtschaftsraum (EWR) und der Welthandelsorganisation (WTO) bei, 2008 auch dem Schengenabkommen.

Währung

* VADUZ

Die Stadt Vaduz (460 m; 5200 Einw.), Residenz, Regierungs- und Parlamentssitz des Fürstentums Liechtenstein, ist auch das Zentrum des Fremdenverkehrs. Sie liegt nahe des rechten Rheinufers am Fuß der mächtigen Gipfel des Rätikon. In der **belebten Stadt** mit den vielen Cafés und Geschäften findet alljährlich im Sommer das internationale Open-Air-Pop-Festival »Little Big One« statt. Der Staatsfeiertag am 15. August endet immer mit einem prächtigen Feuerwerk.

Residenz und Regierungssitz

Östlich über Vaduz erhebt sich das Schloss (nicht zugänglich), dessen Anfänge in das 12. Jh. zurückreichen. Der Bergfried und die Bauten der Ostseite bilden den ältesten Teil der Anlage. Nachdem die Eidgenossen das Schloss im Schwabenkrieg 1499 in Brand gesteckt hatten, wurden zu Beginn des 16. Jh.s die beiden **Rundbastionen** im Nordosten und im Südwesten angelegt. Die Westseite erhielt im 17. Jh. ihr heutiges Aussehen. Von 1901 bis 1910 wurde das Schloss dann im Stil des 16. Jh.s restauriert.

Schloss Vaduz

Im Zentrum von Vaduz liegt der Rathausplatz mit dem Rathaus. Von hier führt die autofreie Hauptstraße Städtle etwa 500 m südwärts zur neugotischen Pfarrkirche (1869–1873, Fürstengruft). Am Städtle 37 steht der Engländerbau mit dem bereits seit 1930 bestehenden **Postmuseum**, das u. a. die berühmten Ausgaben der Liechtensteiner Briefmarken dokumentiert. Schräg gegenüber, am Städtle 32, befindet sich das ***Kunstmuseum Liechtenstein**. Entworfen wurde der dunkle Kubus von den Schweizer Architekten Morger, Degelo und Kerez. Die Fassade besteht aus schwarzem, gebrochenem Basalt und farbigem Flusskies mit schwarz eingefärbtem Zement. Einen Streif-

Städtle

zug durch die Kunstgeschichte vom frühen 19. Jh. bis in die 1950er-Jahre bietet das Museum im Erdgeschoss. Schwerpunkte sind Expressionismus, Surrealismus und Konkrete Kunst. Im Obergeschoss ist eine opulente Auswahl von – vorwiegend barocken – Bildern, Skulpturen und Kunstkammerstücken aus den Sammlungen des Fürsten von Liechtenstein ausgestellt (Rubens, Frans Hals, van Dyck, Brueghel). Daneben wird auch moderne und zeitgenössische Kunst präsentiert, hier liegen die Schwerpunkte auf Arte Povera, Rationalisten und Minimalisten. Am Städtle folgt bald der historische Gasthof Zum Hirschen (Nr. 43), der das **Liechtensteinische Landesmuseum** beherbergt. Es zeigt in mehr als 40 Räumen eine Ausstellung zur Kultur- und Naturgeschichte Liechtensteins.

Postmuseum: Tgl. 10.00–12.00 u. 13.00–17.00 Uhr, Eintritt frei

Kunstmuseum: Di., Mi., Fr.–So. 10.00–17.00, Do. 10.00–20.00 Uhr, Eintritt: 12 CHF, www.kunstmuseum.li

Landesmuseum: Tgl. 10.00–12.00 u. 13.00–17.00 Uhr, Eintritt: 8 CHF, www.landesmuseum.li

WEITERE ORTE IM FÜRSTENTUM LIECHTENSTEIN

Triesen Etwa 5 km südlich von Vaduz liegt Triesen (463 m; 4800 Einw.) mit altem Ortskern im Oberdorf. Die gotische **St.-Mamertus-Kapelle** hat eine romanische Apsis sowie eine wertvolle Innenausstattung aus gotischen Vesperbildern und Schnitzaltären. Sehenswert sind auch die **St.-Marien-Kapelle** (17. Jh.) und die Hugentobler Holzdecke in der **Pfarrkirche St. Gallus**. Der Ort ist Ausgangspunkt für Touren in das Lavena-, Rappenstein- und Falknisgebiet.

Triesenberg Eine mehrfach verzweigte Bergstraße führt von Vaduz in steilen Windungen hinauf in das schön gelegene Triesenberg (884 m; 2500 Einw.), eine alte Walsersiedlung. Das **Walser-Heimatmuseum** vermittelt einen Einblick in das Leben der Bergbauern, die sich im 13. Jh. am Triesenberg angesiedelt haben.

◐ Mo.–Fr. 7.45–12.00 u. 13.30–17.45, Sa. 8.00–11.00 u. 13.30 bis 17.00 Uhr, Eintritt: 2 CHF

Malbun Über Steg (1300 m), zwei um eine landwirtschaftliche Fläche angelegte ringförmige Siedlungen, erreicht man das 1600 m hoch gelegene Malbun. Hier enden das Hochtal und die Straße. Im Winter ist der kleine Weiler **Mittelpunkt des Liechtensteiner Skisports**. Die Sesselbahn, die von hier auf das 2014 m hohe Sareiser Joch hinauffährt, ist auch im Sommer in Betrieb.

Balzers Etwa 5 km südlich von Triesen erreicht man dann Balzers (472 m; 4500 Einw.). Einen Besuch lohnen die **Burg Gutenberg**, ferner die

Lohnt einen Besuch: Burg Gutenberg

gotische Kapelle St. Peter im Ortsteil Mäls und die Wallfahrtskapelle Maria Hilf. Im Gebiet von Balzers fand man bei Grabungen auch Objekte aus prähistorischer Zeit.

Burg Gutenberg: Außenhof frei zugänglich, Burgkapelle mit Rosengarten Mai–Okt. So. 10.00–19.00 Uhr, Eintritt frei

Der Industriestandort Schaan (5750 Einw.) liegt 3 km nördlich von Vaduz am Fuß des Drei-Schwestern-Massivs. Die spätgotische Kapelle St. Peter steht auf den Grundmauern eines römischen Kastells (4. Jh.). Im **Dorfmuseum Domus** wird über die Geschichte von Schaan informiert, außerdem finden Wechselausstellungen zum Kunstschaffen der Region statt. Über dem Ort befindet sich in idyllischer Lage die barocke Wallfahrtskapelle Maria zum Trost (18. Jh.), einer der wenigen Barockbauten des Landes. Auf einer Nebenstraße gelangt man zur kleinen Walsersiedlung **Planken**, von deren Bergterrasse man einen weiten Blick über das Rheintal und die gegenüberliegenden Schweizer Berge hat. Es ist Ausgangspunkt für Wanderungen im Drei-Schwestern-Gebiet. **Schaan**

Domus: Fr. 14.00–20.00, Sa., So. 14.00–18.00 Uhr, Eintritt frei

Etwa 5 km nordöstlich von Schaan erreicht man über die Straße Nr. 16 das Dorf **Nendeln**, zusammen mit dem weiter westlich gelegenen **Eschen** das Zentrum (4200 Einw.) des Liechtensteiner Unter- **Liechtensteiner Unterland** landes. In beiden Orten kamen recht bemerkenswerte Funde zutage, wie in Nendeln die Grundmauern einer römischen Villa. Sehenswerte Gebäude sind das Pfrundhaus, die Heiligkreuzkapelle auf dem Rofenberg (ehemals Versammlungsplatz) sowie die Kapellen St. Sebastian und St. Rochus in Nendeln. Erwähnung verdient ferner die beim Sportpark Eschen-Mauren errichtete Gedenkstätte für den Liechtenstein-Besuch von Papst Johannes Paul II. am 8. September 1986.

Am Ausläufer des Eschenbergs liegt die Gemeinde **Gamprin-Bendern** (1600 Einw.). Von hier aus führt der »Historische Höhenweg Eschnerberg« nach **Schellenberg** mit den Ruinen der Oberen und der Unteren Burg Schellenberg. Beide Burgen waren ab dem 13. Jh. im Besitz der aus dem süddeutschen Raum stammenden Herren von Schellenberg. Das **Biedermann-Haus** in Schellenberg, ein Holzbau aus dem 16. Jh., gibt als Zweigstelle des Landesmuseums Einblick in die bäuerliche Wohnkultur um 1900.

Biedermann-Haus: April–Okt. jeden 1. u. letzten So. im Monat 14.00 bis 17.00 Uhr, Eintritt frei

✶ Lienz

✦ J 6

Bundesland: Tirol
Landesteil: Osttirol
Höhe: 673 m ü.d.M.
Einwohnerzahl: 11 800

Lienz – als Sonnenstadt von Tirol bekannt – bricht mit der Zahl der jährlichen Sonnenstunden österreichische Rekorde. Ihre klimatisch günstigte Lage im Talbecken der Drau ist schon lange bekannt, davon zeugen historische Siedlungsspuren.

Geschichte Der Ort war vermutlich schon eine Siedlung der Illyrer, wurde um 1100 als »Luenza« erwähnt und erhielt 1252 Stadtrecht. Im 14. und 15. Jh. war Lienz Sitz der Grafen von Görz, später derer von Wolkenstein. Danach verlor es an politischer Bedeutung. Traurige Erinnerungen wecken die Gräber auf dem Kosakenfriedhof im Lienzer Stadtteil Peggetz. Im Sommer 1945 lagerten in den Wäldern rund um

Lienz erleben

Lienz 25 000 Kosaken, die auf deutscher Seite gegen die Rote Armee
und Tito-Partisanen gekämpft hatten. Als sie von den Briten an die
Sowjetunion ausgeliefert werden sollten, nahmen sich viele von ihnen das Leben.

Auffallend im Erscheinungsbild der reizvollen Dolomitenstadt, das **Stadtbild**
sieben alte Kirchen, zwei Klöster und Teile der Stadtmauer (darunter
der Iselturm) prägen, ist die **Bauweise der Häuser**. Anders als in
den Innstädten wie Innsbruck und Hall, wo die Häuser tief nach hinten reichen sowie eine schmale Straßenfassade und straßenseitige,
aneinandergefügte Giebel- oder Grabendächer aufweisen, sind die
Lienzer Häuser mit einem oder zwei Stockwerken niedriger, lang ge-
streckt und besitzen eine straßenseitige Traufe.

SEHENSWERTES IN LIENZ

Kern der Lienzer Altstadt am Ufer der Isel ist der schildförmige, mit **Hauptplatz**
dem **Florianibrunnen** geschmückte Hauptplatz, der in den Sommermonaten in eine Fußgängerzone verwandelt wird. An die langjährige

Lienz

Essen
❶ Hotel Haidenhof
❷ Parkhotel Tristachersee

Übernachten
❶ Traube (Romantikhotel)

Adelsherrschaft erinnert am Hauptplatz die **Liebburg** mit ihren beiden zwiebelhaubenbewehrten Ecktürmen. Sie wurde im 17. Jh. durch
die Grafen von Wolkenstein als Residenz errichtet. Nach einem Umbau dient sie heute als Rathaus. Am östlichen Ende des Hauptplatzes
steht die alte **Friedhofskapelle** (urspr. 16. Jh.) mit einem vorgesetz-
ten Rundturm. In der vom Johannes- zum Egger-Lienz-Platz führenden Muchargasse erhebt sich die einschiffige **Franziskanerkirche**
mit einer gotischen Pietà und beachtenswerten mittelalterlichen
Wandmalereien. Die Schweizergasse führt vom Egger-Lienz-Platz
westlich weiter zur Klösterlekirche (z. T. 13. Jh.) des erneuerten Do-
minikanerinnenklosters. Gegenüber in einem alten Holzhaus befindet sich die **Rieplerschmiede**, in der wöchentlich Schmiedevorfüh-
rungen auf dem Programm stehen.

Pfarrkirche St. Andrä

Die hoch gelegene Pfarrkirche St. Andrä am nördlichen Iselufer ist
eines der bedeutendsten gotischen Bauwerke Osttirols (1457
geweiht, Chor im 18. Jh. verändert). Bei der Orgelempore befinden
sich die Hochgräber der Burggrafen aus dem Hause Görz-Tirol und
Wolkenstein, beide aus rotem Adneter Marmor. Der gelungene Orgelprospekt mit den plastischen Arbeiten von Adam Baldauf aus
Brixen und bemalten Flügeln stammt aus dem Jahr 1618. Die Flügelaltäre sind Werke von Friedrich Pacher, das Holzkruzifix im rechten
Seitenaltar entstand um das Jahr 1500. Arkaden mit Wandbildern

umschließen den Kirchhof. Die **Totenkapelle** in der Kriegerge-
dächtnisstätte hat Clemens Holzmeister erbaut (1925). Im Inneren
beeindrucken vier großartige Wandbilder von Albin Egger-Lienz
(1868 – 1926). Der Maler wurde in Stribach bei Lienz geboren und ist
in der Kapelle beigesetzt.

Im Westen der Stadt erhebt sich auf einer bewaldeten Anhöhe   ***Schloss**
Schloss Bruck. Es wurde im 13. Jh. mit einem mächtigen Bergfried   **Bruck**
erbaut und im 16. Jh. erweitert. Eine Zeit lang war es die Residenz
der Grafen von Görz, später kam es in den Besitz der Habsburger.

Seit 1943 ist in dem Schloss das
Osttiroler Heimatmuseum untergebracht. Gezeigt werden Werke einheimischer Künstler, etwa
Gemälde von Franz Defregger
(1835 – 1921) und Albin Egger-
Lienz (1868 – 1926). Zum Bestand des Museums gehören auch
volkskundliche und naturwissenschaftliche Sammlungen.
❶ Mitte Mai – Anf. Sept. tgl. 10.00 bis
18.00, Anf. Sept. – Okt. Di. – So.
10.00 – 16.00 Uhr, Eintritt: 7,50 €

UMGEBUNG VON LIENZ

Etwa 5 km östlich von Lienz (an
der B 100) erreicht man die freigelegten Reste der **Römerstadt
Aguntum**, der ältesten römischen Talsiedlung in Österreich
(1./2. Jh. n. Chr.). Die umfangreichen, noch nicht abgeschlossenen
Ausgrabungen brachten bisher
ein Atriumhaus, eine Thermenan-   **Lienzer Impressionen: Liebburg am Hauptplatz**
lage und ein Stadttor zutage. Den
Besuchern stehen ein modern gestaltetes Museum, in dem u. a. Keramik und Schmuck zu sehen sind, und ein Aussichtsturm offen.
❶ Mai Mo. – Sa. 9.30 – 16.00, Juni – Aug. tgl. 9.30 – 18.00, Sept., Okt. tgl.
9.30 – 16.00 Uhr, Eintritt: 6 €, www.aguntum.info

In der Nähe von Aguntum befindet sich der »Lavanter Kirchbichl«,   **Lavanter**
nach seinem Fundort auf dem 810 m hohen Kirchbichl benannt. Ne-   **Kirchbichl**
ben Reliefsteinen aus der römischen Kaiserzeit ist besonders eine
frühchristliche Kirchenanlage, die seit 1948 bei Ausgrabungen frei-

gelegt wurde, zu beachten. Dabei hat man mehrere Bauphasen fest-gestellt: Nachdem die Kirche im 6. Jh. zerstört worden war, entstand im Mittelalter die Pfarrkirche St. Ulrich. Am Gipfel des Hügels steht die über einer frühchristlichen Kultstätte erbaute **Kirche St. Peter und Paul**, in deren Hauptaltar römische Fragmente mit figürlichen Darstellungen und Inschriften integriert sind. Am Fuß des Kirchbichels, am Beginn der Kreuzwegstationen, befindet sich ein kleines **Museum**, in dem einige Fundgegenstände zu besichtigen sind.

❶ www.gemeindelavant.at

*Lienzer Dolomiten

Im Süden von Lienz liegen zwischen Drautal und Gailtal die Lienzer Dolomiten, der nordwestliche Teil der Gailtaler Alpen. Mit ihren eindrucksvollen Gipfeln, darunter die **Große Sandspitze** (2770 m), die höchste Erhebung des ganzen Gebirges, und der **Hochstadel** (2681 m) mit 1500 m hoher Nordwand, zählen sie zu den prächtigsten Gruppen der österreichischen Alpen. Sie bieten zahlreiche Möglichkeiten für Berg- und Klettertouren aller Schwierigkeitsgrade.

Schober- gruppe

Nördlich von Lienz liegt die dem Großglocknergebiet vorgelagerte Schobergruppe, ein über 3200 m hoher Gebirgsstock zwischen dem

Schon die Römer und die frühen Christen schätzten eine schöne Aussicht, wie man an der Lage des Lavanter Kirchbichls erkennt.

Iseltal und dem Mölltal (Petzeck, 3283 m; Roter Knopf, 3281 m; Hochschober, 3240 m). Bizarre Gipfel, schön geformte Kare, kleine Seen und zahlreiche Firngletscher charakterisieren das Gebiet.

⁕ Linz

⟶✧ M 3

Bundesland: Oberösterreich
Höhe: 260 m ü.d.M.
Einwohnerzahl: 191 000

Linz ist die Hauptstadt des Bundeslandes Oberösterreich und – nach Wien und Graz – die drittgrößte Stadt des Landes. Die »Europäische Kulturhauptstadt« 2009 bietet eine interessante Mischung aus lebendiger Geschichte und zukunftsorientierter Gegenwart.

Aus der traditionellen Handels- und Industriestadt wurde ein **Zentrum neuer kultureller und wirtschaftlicher Ideen**. Linz bietet einen repräsentativen Querschnitt der jüngeren österreichischen Geschichte: Eisen und Stahl, exquisit dargebotene Musik und zukunftsträchtige Technologien wie die virtuellen Welten im Ars Electronica Center, aber auch heiteres Straßentheater, gemütliche Altstadtgassen und heimelige Gasthöfe sind hier zu finden.

Vergangenheit und Moderne

Aufgrund der strategisch günstigen Lage in einem Donauknie an der Stelle, wo sich das in die Ausläufer des Böhmerwaldes eingeschnittene Tal zum Linzer Becken weitet, siedelten hier bereits **Kelten und Römer**. Am Schnittpunkt der Handelswege nach Böhmen, Italien und Wien entwickelte sich die römische Siedlung **»Lentia«** im Mittelalter zu einem bedeutenden **Handelszentrum**. Kaiser Friedrich III., der 1485 bis 1493 hier residierte, erhob Linz 1490 zur »Hauptstadt ob der Enns«. 1497 erhielt die Stadt die Erlaubnis zum Bau einer Donaubrücke, 1785 wurde sie Bischofssitz. Heute spielen neben dem Handel auch Verkehr und Industrie eine große Rolle, wie sich an den weiten Hafenanlagen und dem ausgedehnten Industriegelände im Osten der Stadt zeigt.

SEHENSWERTES IN LINZ

Den Mittelpunkt der Altstadt bildet der 220 m lange und 60 m breite Hauptplatz, **der größte mittelalterliche Stadtplatz Österreichs**. Er besitzt eine beeindruckende Kulisse barocker Häuser mit schönen Renaissancehöfen und ist im Sommer Bühne für die Open-Air-Kon-

⁕Hauptplatz

Linz erleben

AUSKUNFT
Touristinformation Linz
Hauptplatz 1, A-4020 Linz
Tel. 0732 70 70 20 09
www.linz.at

ERLEBNISPASS
Linz Card
Die Linz Card für einen Tag oder drei
Tage (15/25 €) bietet freie Fahrt mit öf-
fentlichen Verkehrsmitteln und kosten-
freien Eintritt in die wichtigsten Museen.

SHOPPING
Die Landstraße, die vom Bahnhof zum
Hauptplatz führt, ist die Shoppingmeile
der Stadt, mit großen Warenhäusern
und überdachten Arkaden; kleinere
Fachgeschäfte und Boutiquen finden
sich in den umliegenden Seitengassen.

ESSEN
❶ *Zum Klosterhof* ☺☺
Landstraße 30
A-4020 Linz
Tel. 0732 77 33 73

Der schon 1930 gegründete Betrieb wird
in einem denkmalgeschützten Haus geführt und verfügt über einen der schönsten und größten Gastgärten (1500 Sitz-
plätze) in ganz Oberösterreich.

ÜBERNACHTEN
❶ *Domhotel* ☺☺
Baumbachstraße 17
A-4020 Linz
Tel. 0732 77 84 41
www.domhotel.at
Das zentral gelegene Hotel wurde vor
Kurzem renoviert, die Farben Hellblau,
Weiss und Beige ziehen sich wie eine
Leitlinie durchs ganze Haus.

❷ *Hotel Zum Schwarzen Bären* ☺☺
Herrenstraße 9
A-4020 Linz
Tel. 0732 77 24 77
www.linz-hotel.at
Die modernen Zimmer des Hotels sind
schick-reduziert eingerichtet, WLAN ist
kostenfrei verfügbar. Tipp: Hier kann
man auch im Wasserbett schlafen.

zerte im Rahmen des Linzer Kultursommers. An der Ostseite steht
das Alte Rathaus aus dem 17. Jh., in dem das Museum **Linz Genesis**
die Stadtgeschichte im Zeitraffer und konzentriert auf wenige herausragende Aspekte vorstellt. Die 20 m hohe Dreifaltigkeitssäule aus
Salzburger Marmor wurde 1723 als Dank für abgewendete Pest-,
Feuer- und Kriegsgefahr errichtet. Vom Hauptplatz startet der Mini-
zug **Linz City Express** stündlich zu einer gemütlichen Rundfahrt
kreuz und quer durch die Stadt.
Linz Genesis: Mo.–Fr. 9.00–13.00 u. 14.00–18.00 Uhr, Eintritt frei
Linz City Express: Fahrkarte 8 €, www.geigers.at

Minoriten- In der vom Hauptplatz abzweigenden Klosterstraße kommt man
kirche nach wenigen Schritten zur Minoritenkirche. An der Ausgestaltung
in Rokoko waren auch der Kremser Schmidt (Seitenaltargemälde)
und Bartolomeo Altomonte (Hochaltargemälde) beteiligt.

Daneben steht das Landhaus, ein weiträumiger Renaissancebau mit drei Innenhöfen an der Stelle des früheren Minoritenklosters, wo heute die Landesregierung von Oberösterreich tagt. Das prächtige Portal zeigt die Wappen der österreichischen Kernländer. Glanzstück des sehenswerten Laubenhofs ist der achteckige Planetenbrunnen (1582). Von 1612 bis 1626 lehrte der Astronom **Johannes Kepler** (1571 – 1630) an dem Kollegium, das sich einst im Landhaus befand.

Landhaus

Schloss Über die »Altstadt« genannte Gasse, an der die schönsten Häuser der Stadt zu sehen sind, führt der Weg hoch zum Schloss. Die einstige **Residenz des Kaisers Friedrich III.** wurde 1610 für Kaiser Rudolf II. in die heutige imposante Form gebracht. Vom Vorgängerbau sind heute noch die Befestigungsmauer, die Bastionen und das Friedrichstor erhalten, das mit einem Wappenstein (1481) und der Devise AEIOU – gedeutet als »Austria Est Imperare Orbi Universo«, »Alles Erdreich Ist Österreich Untertan« oder »Austria Erit In Orbe Ultima«, »Österreich wird ewig bestehen« – Kaiser Friedrichs III. geschmückt ist. Es beherbergt heute das anlässlich des Kulturhauptstadtjahrs 2009 komplett renoviert wiedereröffnete **★Schlossmuseum**. Das größte Universalmuseum Österreichs zeigt Dauerausstellungen zu kunsthistorischen, naturwissenschaftlichen und technischen Themen sowie temporäre Schauen. Zu sehen sind etwa historische Musikinstrumente und archäologische Funde, aber auch Kunstwerke vom Mittelalter bis zur Moderne.

❶ Di., Mi., Fr. 9.00–18.00, Do 9.00–21.00, Sa., So. 10.00–17.00 Uhr, Eintritt: 6,50 €, www.schlossmuseum.at

Linz besitzt einen der größten Stadtplätze Österreichs. In dessen Mitte erhebt sich die barocke Dreifaltigkeitssäule.

Bevor man über die Römerstraße wieder in die Altstadt hinabgeht, lohnt sich ein kurzer Abstecher in westlicher Richtung zur kleinen Martinskirche. Ursprünglich über einem Kleeblattgrundriss erbaut und 799 erstmals urkundlich erwähnt, ist sie wohl das **älteste noch bestehende Gotteshaus in Österreich**. Zu ihrem Bau wurden auch Fragmente römischer Grabsteine verwendet.

*Martins-kirche

Von der Römerstraße führt der Weg zur Promenade mit dem 1803 erbauten **Landestheater**, das Clemens Holzmeister 1956 durch den Bau für Kammerspiele erweitert hat.

Über die Herrenstraße südwärts gelangt man zum **Neuen Dom**, 1862 bis 1924 nach Plänen des Kölner Dombaumeisters Statz im neugotischen Stil errichtet. Er wird auch Mariendom genannt und ist die **größte Kirche Österreichs**. Der Turm dieser dreischiffigen Säulenbasilika aus gelblichem Sandstein mit einem Chorumgang und einem Kapellenkranz durfte, so erzählt man sich, die Höhe von 134 m nicht überschreiten, um den Wiener Stephansdom nicht zu übertreffen. Beachtenswert sind auch die schönen Gemäldefenster.

> **BAEDEKER TIPP**
>
> **Süßer Gruß**
>
> Die original Linzer Torte, eine sündige Köstlichkeit aus dunklem Teig und Johannisbeermarmelade, kann man nicht nur vor Ort verzehren, sondern auch anstelle einer Postkarte verschicken. Die traditionsreiche Konditorei Leo Jindrak in der Herrenstraße 22–24 – sie hat es 1999 mit der größten Linzer Torte aller Zeiten (Durchmesser: 4 m!) ins Guinness Buch der Rekorde geschafft – bietet den süßen Gruß in einer handlichen Größe zum Versand an. www.linzertorte.at

Der Rudigierstraße östlich des Neuen Doms folgt man bis zur Landstraße (Fußgängerzone) und wendet sich dann nordwärts. Rechter Hand sieht man die Karmeliterkirche (1690–1723) und die Ursulinenkirche (1736–1757). Das ehemalige Ursulinenkloster dient heute als »Landeskulturzentrum Ursulinenhof«.

Karmeliter-kirche

Zwischen den beiden Kirchen führt rechter Hand die Harrachstraße zum »Offenen Kulturhaus« am OK Platz 1, das zeitgenössische Kunst ausstellt. Einige Schritte weiter erhebt sich die **Deutschordenskirche** oder Seminarkirche, die 1718 bis 1725 von Johann Michael Prunner nach Plänen von L. v. Hildebrandt errichtet wurde und **einer der bemerkenswertesten Sakralbauten von Linz** ist.
Offenes Kulturhaus: Mo.–Fr. 16.00–21.00, Sa., So. 11.00–21.00 Uhr, Eintritt: 10 €, www.ok-centrum.at

Offenes Kulturhaus

In der Dametzstraße Nr. 23 lädt das modernisierte Stadtmuseum zu einer ausgiebigen Erkundung der Linzer Vergangenheit – und das in einem reizenden, 1607 bis 1610 errichteten Vorstadtpalais. Das Ge-

Stadtmuseum Nordico

bäude diente von 1710 bis 1786 als Jesuitenkonvikt für junge Männer aus nördlichen Ländern, daher der Name »Nordico«.

❶ Di., Mi., Fr.–So. 10.00–18.00, Do. 10.00–21.00, Sa., So. 13.00 bis 17.00 Uhr, Eintritt: 6,50 €, www.nordico.at

Landesgalerie Über die Fadingerstraße erreicht man das **»Francisco Carolinum«** in der Museumstraße 14, das Sitz der Landesmuseen ist und die Landesgalerie beherbergt, die v. a. Kunst des 20. Jh.s ausstellt.

❶ Di., Mi., Fr. 9.00–18.00, Do. 9.00–21.00, Sa., So. 10.00–17.00 Uhr, Eintritt: 6,50 €, www.landesmuseum.at

Stadtpfarr-kirche Mariä Himmelfahrt Bummelt man weiter in westlicher Richtung, kann man auf dem Pfarrplatz einen Blick in die Stadtpfarrkirche Mariä Himmelfahrt werfen. Rechts vom Hochaltar ist das Herz des 1493 in Linz gestorbenen Kaisers Friedrich III. beigesetzt, der Rest des Leichnams wurde in den Wiener Stephansdom überführt.

Alter Dom Der nahe gelegene Alte Dom wurde von 1669 bis 1678 im Stil des Jesuitenbarocks errichtet. Seine Orgel heißt nach ihrem genialsten Spieler **»Brucknerorgel«** – der Musiker und Komponist war hier von 1856 bis 1868 als Organist engagiert.

*Lentos Kunst-museum Jüngste Attraktion der Stadt ist am südlichen Donauufer das Lentos Kunstmuseum Linz, **eines der wichtigsten Museen für moderne Kunst in Österreich.** Der klare, lang gestreckte Bau der Zürcher Architekten Weber und Hofer stellt Werke des Expressionismus, der deutschen und österreichischen Malerei des vergangenen Jahrhunderts, angloamerikanische Pop-Art und künstlerische Fotografie aus.

❶ Di., Mi., Fr.–So. 10.00–18.00, Do. 10.00–21.00 Uhr, Eintritt: 6,50 €, www.lentos.at

Adalbert-Stifter-Haus An der Unteren Donaulände Nr. 6 wohnte Adalbert Stifter von 1848 bis zu seinem Tod 1868. Der Pädagoge, Maler und Schriftsteller war von 1850 bis 1865 als Schulrat für Oberösterreich tätig. Das Haus umfasst einen Gedenkraum, ein **Museum für die oberösterreichische Literaturgeschichte** sowie eine Kunstgalerie.

❶ Di.–So. 10.00–15.00 Uhr, Eintritt frei, www.stifter-haus.at

Brucknerhaus Weiter stromabwärts erreicht man das Brucknerhaus, ein 1974 eröffnetes Konzert- und Kongresszentrum des finnischen Architekten Heikki Siren. Es ist Veranstaltungsort des jährlichen Internationalen Brucknerfests. Der umliegende Donaupark bietet als besondere Attraktion jedes Jahr ein klassisches Open-Air-Konzert und die **Linzer Klangwolken**, mit modernster (Laser-)Technik visualisierte Musik.

Brucknerhaus: www.brucknerhaus.at
Linzer Klangwolken: www.klangwolke.at

Der Botanische Garten westlich der Altstadt (Roseggerstraße 20) begeistert Freunde stacheliger Schönheiten mit einer der **umfangreichsten Kakteensammlungen Europas,** rund 1100 Kakteenarten kann man hier bewundern. Auch das Alpinum, das Rosarium und das Tropenhaus sind einen ausgiebigen Blick wert.

Botanischer Garten

❶ Nov.–Feb. tgl. 8.00–17.00, März, Okt. tgl. 8.00–18.00, April, Sept. tgl. 8.00–19.00, Mai–Aug. tgl. 7.30–19.30, Gewächshäuser tgl. 8.00 bis 17.00 Uhr, Eintritt: 3 €

Südöstlich des Zentrums erstrecken sich die riesigen Werksanlagen des international erfolgreichen Stahlkonzerns Voestalpine direkt an den Ufern der Donau. Hier hat man die seltene Gelegenheit, den Besuch einer **modernen Ausstellung** mit einer **Werksführung** zu kombinieren, bei der man tatsächlich einen Blick hinter die Kulissen der Stahlverarbeitung werfen kann.

*Voestalpine Stahlwelt

❶ Mo.–Sa. 9.00–17.00 Uhr, Eintritt: 8 €, www.voestalpine-stahlwelt.at

Mit dem an der Nibelungenbrücke gelegenen Ars Electronica Center gegenüber der Altstadt verfügt Linz über eine außergewöhnliche Museumsattraktion. In dem **»Museum der Zukunft«** verschmelzen in interaktiven Installationen Bio- und Gentechnik, Neurologie, Robotik, Prothetik und Medienkunst zu zukunftsweisenden Versuchsanordnungen. Alljährlich im September findet das »Ars Electronica Festival« mit Konzerten, Vorträgen und Ausstellungen statt.

*Ars Electronica Center

❶ Di., Mi., Fr. 9.00–17.00, Do. 9.00–21.00, Sa., So. 10.00–18.00 Uhr, Eintritt: 8 €, www.aec.at

Die Linzer Altstadt beim Landhausportal

Die Linzer Klangwolke ist der faszinierende Versuch, Musik mit moderner Technik »sichtbar« zu machen.

*Pöstling-berg

Die 1898 eröffnete Bahn auf den westlich gelegenen Linzer Hausberg, den Pöstlingberg (537 m) mit barocker Wallfahrtskirche, soll die **steilste Adhäsionsbahn der Welt** sein. Sie überwindet auf 2,9 km immerhin 255 Höhenmeter. Der herrliche Ausblick reicht über das Mühlviertel und die Ausläufer des Böhmerwaldes im Norden über die Kalkalpen im Süden vom Ötschergebiet bis zum Traunstein bei Gmunden. Hier oben gibt es eine **Grottenbahn für Kinder**, die schon seit 1906 im ehemaligen Befestigungsturm fährt, bei der Mittelstation liegt der Linzer Tiergarten.

Bahn: Einzelfahrschein 3,40 €

Tiergarten: April–Okt. 9.00–18.00, Nov.–März 9.00–16.00 Uhr, Eintritt: 4,50 €, www.zoo-linz.at

UMGEBUNG VON LINZ

*Wilhering

Nach Meinung vieler Kritiker ist sie die **schönste Rokokokirche Österreichs**: die Kirche der 1146 gegründeten, im 18. Jh. nach einem Brand wieder erbauten Zisterzienserabtei in Wilhering, gut 8 km donauaufwärts. Das lichtdurchflutete Gotteshaus besticht durch eine wundervolle Raumwirkung. Die Altarbilder stammen von Martin Altomonte, die Fresken von seinem Sohn Bartolomeo.

Schloss Hartheim

Etwa 15 km westlich von Linz, in der Ortschaft Alkoven, erinnert das Renaissanceschloss Hartheim an die schrecklichsten Zeiten österreichischer Geschichte. Während des nationalsozialistischen Regims wurden hier rund 30 000 Menschen mit Behinderungen und Häftlinge aus dem Konzentrationslager Mauthausen, östlich von Linz (▶Donautal), durch Vergasung ermordet. Die **Gedenkstätte** nimmt sich auf eindrückliche Weise der Thematik an.

❶ Mo., Fr. 9.00 – 15.00, Di. – Do. 9.00 – 16.00, So. 10.00 – 17.00 Uhr, Eintritt Gedenkstätte frei, www.schloss-hartheim.at

* Lungau

⊹ L 5

Bundesland: Salzburg
Höhe: 1021 m ü.d.M. (Tamsweg)

Obwohl sich der Lungau topografisch nur nach Osten in Richtung Steiermark öffnet, gehörte er doch politisch zuerst zu Kärnten und seit dem Mittelalter zu Salzburg. Lange blieb das Gebiet recht abgeschieden – obwohl eine uralte Handelsstraße von Italien nach Salzburg hindurchführte.

Der Lungau, das **waldreiche Hochtalbecken** (1000 – 1200 m) zwischen den Niederen Tauern und den Gurktaler Alpen, ist bekannt für sein **gelebtes Brauchtum** und seine rund 60 Bergseen, die zu Wanderungen einladen. Bestrebungen um eine Deklaration als UNESCO-Biosphärenpark dürften vielleicht bald Erfolg haben. Touristisch wurde der Lungau erst in den 1970er-Jahren durch den Bau der mautpflichtigen **Tauernautobahn** mit dem Tauern- und dem Katschbergtunnel erschlossen, inzwischen ist er ein beliebtes Ferienziel. Die Einheimischen verweisen aber immer wieder gerne darauf, dass das Zahlenverhältnis von Rindern zu Gästebetten noch zu Gunsten der Rinder steht.

Abgeschiedene Idylle

Der Hauptort des Lungau ist Tamsweg (1022 m; 5600 Einw.), auch als Kältepol Österreichs bekannt – hier werden im Winter bis zu minus 40° C erreicht. Im Sommer erfreut man sich allerdings auch hier hoher Temperaturen. Bekannt ist die spätgotische ***Wallfahrtskirche St. Leonhard** (1430 – 1433), die südwestlich etwas außerhalb des Orts steht und eine der bedeutendsten Wallfahrtskirchen Österreichs ist. Berühmt sind ihre schönen **Glasfenster**, besonders das überwiegend aus blauen und goldgelben Scheiben gestaltete »Goldfenster«. Sehenswert sind ferner die gotischen Tafelbilder der Altäre (um 1460) und die Fresken im Chor (1433). Das **Heimatmuseum** in der Kirchengasse 2 beherbergt außer kirchlichem und bäuerlichem Gerät sowie römischen Fundstücken auch einen über 6 m hohen und 98 kg schweren Samson. Die Figur des Samson wurde wahrscheinlich aus

Tamsweg

Lungau erleben

AUSKUNFT
Ferienregion Lungau
Rotkreuzgasse 100
A-5582 St. Michael im Lungau
Tel. 06477 8988
www.lungau.at

KULTURWANDERWEG
Der Lungauer Kulturwanderweg (ausgeschildert) verbindet alle Ort im Lungau
und bietet auf Tafeln viel Wissenswertes
über Land und Leute, Geschichte und
Brauchtum der Region. Informationen
zu Länge und Streckenverlauf gibt es in
den örtlichen Tourismusbüros.

ESSEN
Bio-Landhotel Schlickwirt ⊚⊚
Oberweißburg 12
A-5582 St. Michael im Lungau

Tel. 06477 8915
www.schlickwirt.at
Gekocht wird hier fast ausschließlich mit
Zutaten aus regionaler biologischer
Landwirtschaft. Ein Geheimtipp ist das
Lammbeuschl. Auch Wiener Schnitzel,
Steak, Röstkartoffel-Pfandl und Palat-
schinken stehen auf der Karte.

ÜBERNACHTEN
St. Martin Chalets ⊚⊚
St. Martin 186
A-5582 St. Michael im Lungau
Tel. 0664 4961502
www.stmartinchalets.at
Zehn luxuriöse Öko-Chalets aus Holz für
vier bis 14 Personen wurden hier in tra-
ditioneller Baukunst errichtet – inklusive
Photovoltaik, Schafwolldämmung und
bezauberndem Schwimmbiotop.

der slawischen Mythologie übernommen und soll der Überlieferung
nach den großen Gott repräsentieren, der im Frühjahr die Natur wieder zum Leben erweckt. Bei sommerlichen Prozessionen wird der
Samson von starken Männern feierlich durch die Straßen getragen.
Heimatmuseum: Nur mit Führung zugänglich, Juni – Mitte Sept. Di., Do., Fr.
10.00 u. 14.00, Mi. 10.00 Uhr, Eintritt: 4 €

Prebersee 10 km nordöstlich von Tamsweg lädt der Prebersee zum Wandern
ein. Er ist am letzten Wochenende im August Schauplatz eines eigenartigen Wettbewerbs, des **»Wasserscheibenschießens«**: Der Schüt-
ze steht am einen Ufer, die Zielscheibe am anderen – gezielt wird auf
ihr Spiegelbild im Wasser! Das Geschoss drückt eine etwa 3 cm tiefe
Mulde ins Wasser, wird reflektiert und trifft als Querschläger die
Holzzielscheibe. Das funktioniert nur hier und das auch nur im Spätsommer, wenn das Wasser das ideale physikalische Gewicht und die
richtige Spannung für den Abprall hat. Als Ursprung des Wettbewerbs wird vermutet, dass Jäger bei der Entenjagd am See auf diesen
Effekt aufmerksam wurden und nach einigem Herumexperimentie-
ren 1834 den ersten Wettkampf im Preberseeschießen ausriefen.
Vom Prebersee aus ersteigt man in gut drei Stunden den nördlich
aufragenden Preber (2740 m).

Auch Mariapfarr, 5 km westlich von Tamsweg gelegen und nach ei- **Mariapfarr**
genem Bekunden der sonnenreichste Ort Österreichs, besitzt – wie
übrigens fast alle Lungauorte – einen Samson sowie eine hübsche
Wallfahrtskirche mit sehr alten Fresken. Im Pfarrhof des Örtchens
schrieb 1816 der Hilfsgeistliche Joseph Mohr den Text des berühmten Weihnachtsliedes »Stille Nacht, Heilige Nacht«, das zwei Jahre
später von Franz X. Gruber (▶Hallein) vertont wurde. Von Mariapfarr aus führt eine abwechslungsreiche Tageswanderung durchs
Göriachtal nördlich zum **Hochgolling** (2863 m), dem höchsten Gipfel der Schladminger Tauern.

Im weitere 5 km westlich gelegenen Mauterndorf befand sich schon **Mauterndorf**
zu römischen Zeiten eine Mautstelle. Im Mittelalter entwickelte es
sich zum bedeutendsten Umschlagplatz des Lungau, abzulesen an
den stattlichen Bürgerhäusern am Marktplatz. Burg Mauterndorf, ab
1253 auf den Grundmauern eines Römerkastells erbaut, beherbergt
heute u. a. das **Lungauer Landschaftsmuseum**. Die Burg selbst
kann mit einem Audioguide erkundet werden, für Kinder gibt es eine
eigene, sehr unterhaltsame Version. Die **Taurachbahn**, eine Schmal-
spurmuseumsbahn (Spurweite 760 mm) und einst Teil der Murtalbahn (▶Murau), verkehrt heute mit Dampf- und Dieselloks von Mitte Juni bis Mitte September zwischen Mauterndorf und St. Andrä.
Rund 6 km südlich von Mauterndorf erhebt sich das imposante
Schloss Moosham. Hier sind volkskundliche Sammlungen, eine Gerichtsstube und eine ehemalige Folterkammer zu sehen.
Lungauer Landschaftsmuseum: Mai–Okt. tgl. 10.00–18.00, Ende
Dez.–Mitte April Di., Do. 11.00–18.00 Uhr, Eintritt: 8,50 €,
www.burg-mauterndorf.at
Taurachbahn: www.club-760.at
Schloss Moosham: Schlossbesichtigung nur mit Führung, April–Sept.
Di.–So. 10.00, 11.00, 13.00, 14.00, 15.00 u. 16.00, Okt., Mitte Dez.–März
11.00 u. 14.00 Uhr, Eintritt: 10 €, www.schloss-moosham.info

St. Michael, gut 6 km südlich von Mauterndorf gelegen, besitzt ein **St. Michael**
familiäres Skigebiet und ist im Sommer auch bei Wanderern äußerst
beliebt. In der gotischen **Pfarrkirche** sind Fresken aus dem 13. und
14. Jh. zu sehen, zudem verdient die achteckige **Wolfgangkapelle**,
ein ehemaliger Karner, Beachtung.

Westlich murauwärts erreicht man nach 15 km das Örtchen Muhr, **Muhr**
Schauplatz von **Prozessionen mit Prangstangen**. Die Legende besagt, Bauern hätten am Ende einer Heuschreckenplage zum Dank
mehrere Meter hohe Stangen mit Blumen geschmückt und die blühende Pracht durch den Ort zur Kirche getragen. Zur Freude der
Touristen wird der farbenfrohe Brauch in Muhr und im nördlich
gelegenen Zederhaus heute noch ausgeübt.

Rotgüldental Am Ende des Murtals liegt Rotgülden, von wo man, vorbei am Unteren und Oberen Rotgüldensee, in vier bis fünf Stunden zum Großen Hafner (3076 m) aufsteigt. Bei Rotgülden wurde ab dem hohen Mittelalter Gold und Silber abgebaut. Noch bedeutungsvoller war aber das reiche **Arsenerzvorkommen**, wodurch Rotgülden zum weltweit größten Arsenlieferanten aufstieg. Der Abbau wurde erst 1924 ganz eingestellt.

** Maria Saal

M 6

Bundesland: Kärnten
Höhe: 505 m ü.d.M.
Einwohnerzahl: 3800

Die Wallfahrtskirche in Maria Saal gehört zu den bedeutendsten Kultstätten in ganz Kärnten. Nachdem um 750 der als Apostel von Kärnten bezeichnete Bischof Modestus eine Marienkirche geweiht hatte, sollte von hier aus das Land christianisiert werden.

** WALLFAHRTSKIRCHE

Österreichs Zentrum der Christianisierung Rund 5 km nördlich von ▶Klagenfurt, auf einer Anhöhe über dem Zollfeld gelegen, steht die Wallfahrtskirche. Der ersten Kirche von Bischof Modestus folgte eine weitere im 13. Jh. und schließlich das heutige spätgotische Gotteshaus, das zwischen 1430 und 1460 errichtet wurde. Kirche und Friedhof sind von einer **Festungsmauer** umgeben, deren Standhaftigkeit 1480 geprüft wurde, als ungarische Söldner mit unfreundlichen Absichten vor den Toren standen. Von den alten **Grabsteinen** an der Südwand der Kirche ist der »Keutschacher Epitaph« (um 1510) aus rotem Adneter Marmor mit einer Darstellung der Krönung Mariens sehenswert, außerdem verdienen zwei römische Steinreliefs Beachtung: Eines zeigt einen römischen Postwagen – vermutlich die Darstellung der Fahrt einer Toten ins Jenseits –, auf dem anderen schleift Achill Hektor um die Mauern von Troja. Das Innere der **dreischiffigen Hallenkirche** ist vielfältig und harmonisch. Herrliche Fresken stellen in den Deckenfeldern über dem Mittelschiff den Stammbaum Christi (1490) mit figürlichen wie ornamentalen Elementen dar. In der Mitte des barocken Hochaltars (1714) erstrahlt das Gnadenbild, eine Muttergottes mit verzücktem Ausdruck (1425). Eindrucksvoll sind auch die beiden gotischen Flügelaltäre im Chor, der Arndorfer Altar (links) und der St.-Georgs-Altar (rechts). Im linken Seitenschiff, in der zweiten Ka-

Maria Saal erleben

AUSKUNFT
*Fremdenverkehrsamt und
Gemeindeamt Maria Saal*
Am Platzl 7

A-9063 Maria Saal
Tel. 04223 22 14
www.mariasaal.at

pelle (Sachsenkapelle), befindet sich ein karolingischer Altartisch aus der ursprünglichen Kirche, unter dem in einem römischen Sarkophag die Reliquien des hl. Modestus († 763) ruhen. Sehenswert sind darüber hinaus die **Wandmalereien**, besonders das Dreikönigsfresko neben dem Hochaltar (15. Jh.). Die Südwand des Querhauses schmückt ein großes Fresko von Herbert Boeckl. Vor dem Südportal der Wallfahrtskirche steht zudem eine spätgotische Lichtsäule. Ausgewogene Proportionen lässt auch der achteckige romanische Karner erkennen, der um das Jahr 1500 mit einem freskengeschmückten Laubengang umgeben wurde.

UMGEBUNG VON MARIA SAAL

Nördlich der Ortschaft Maria Saal werden im Kärntner Freilichtmuseum, dem ältesten seiner Art in Österreich, aus den verschiedenen Tälern Kärntens die Lebensweisen und handwerklichen Traditionen vergangener Jahrhunderte veranschaulicht. Mühlen, Kohlenmeiler und Kalkofen informieren über bäuerliches Handwerk, integriert ist auch ein Naturlehrpfad. Für das vielseitige Museum sollte man sich einige Stunden Zeit nehmen. ❶ Mai–Okt. Mo.–Fr., So. 10.00 bis 16.00, Juli, Aug. 10.00–18.00 Uhr, Eintritt: 6 €, www.freilichtmuseummariasaal.at

*Kärntner Freilichtmuseum

Uralt: der Kärntner Herzogstuhl

Etwa 1,5 km nördlich von Maria Saal steht neben der Bundesstraße der von einem Eisengitter umgebene, schon uralte ***Kärntner Herzogstuhl**. Auf diesem aus Römersteinen zusammengefügten Doppelthron sprachen die Herzöge von Kärnten Recht.

Römisches Wandrelief an der Wallfahrtskirche Maria Saal, vermutlich die Darstellung einer Fahrt ins Jenseits

Virunum Nördlich des Herzogstuhls erstreckt sich das Zollfeld, eine ausgedehnte Talebene mit kleinen Wäldern, Hügeln und Sümpfen. Dort lag Virunum, die **Hauptstadt der römischen Provinz Noricum**. Das riesige Amphitheater wurde inzwischen ausgegraben, doch die Arbeiten dauern an. Fundstücke aus Virunum sind im Kärntner Landesmuseum zu bewundern.

Archäologischer Park Magdalensberg Von Willersdorf – nördlich von Maria Saal – führt eine Straße gut 6 km ostwärts zum Archäologischen Park Magdalensberg, der viel besuchten **Ausgrabungsstätte einer spätkeltisch-frührömischen Siedlung**. Zu sehen sind das Forum, Wohn- und Werkstätten, eine Marktbasilika, in der Handelsgeschäfte stattfanden, ein Tempel des Kaisers Augustus und der Stadtgöttin Roma sowie ein Repräsentationshaus und Badeanlagen. In den restaurierten antiken Bauten sind 22 Ausstellungen eingerichtet, gezeigt werden Keramik, Glas, Schmuck, Grabsteine, Wandmalereien und eine Kopie der Bronzestatue des »Jünglings vom Magdalensberg«.

❶ Mai–Mitte Okt. tgl. 9.00–18.00 Uhr, Eintritt: 5 €, www.landesmuseum.ktn.gv.at

** Mariazell

 O 4

Bundesland: Steiermark
Höhe: 870 m ü.d.M.
Einwohnerzahl: 1500

Ein geeigneter Ausgangspunkt für Wanderungen und Bergtouren, besonders im Hochschwabgebiet, ist der beliebte Luftkur- und Ferienort im Norden der Steiermark. Vor allem aber ist Mariazell Österreichs meistbesuchtes und bedeutendstes Wallfahrtsziel, dessen weithin sichtbare Basilika mit ihren drei Türmen das Ortsbild prägt.

** WALLFAHRTSKIRCHE

Die im Ort leicht erhöht gelegene Wallfahrtskirche von Mariazell geht der Legende nach auf folgende Begebenheit zurück: Abt Otker vom Kloster St. Lambrecht bei Murau schickte den Mönch Magnus in diese Gegend, damit er seelsorgerlich wirken solle. Magnus besaß eine selbst geschnitzte Statue der Muttergottes, die er auf seiner beschwerlichen Reise mit sich trug. Wie jeden Abend hielt er auch am 21. Dezember 1157 Ausschau nach einem geeigneten Schlafplatz, doch der Weg war plötzlich durch einen riesigen Felsbrocken versperrt. Der erschöpfte Magnus bat die Muttergottes um Hilfe – der Fels spaltete sich und gab den Weg frei. Auf der Anhöhe dahinter errichtete Magnus für sich eine kleine Zelle und für die Statue eine Kapelle. Bald darauf wurde der Ort zum geistlichen Zentrum der Gegend.

Legende

! Ingenieurtechnische Meisterleistung

BAEDEKER TIPP

Die schmalspurige Mariazellerbahn wurde in Etappen ab 1896 errichtet und ab 1911 vollständig elektrifiziert. Auf nur 84 km erlebt man hier den Wechsel vom sanften Donauland zum schroffen Gebirge: Über 600 Höhenmeter überwindet die Bahn von ▶St. Pölten bis zum Scheitelpunkt der Strecke auf fast 900 m. Zwei 180-Grad-Kehren, 19 Viadukte und 21 Tunnel säumen den Weg nach Mariazell, der neuerdings in ganz modernen Komfortzügen zurückgelegt wird.

Um 1200 wurde das erste Kirchlein im romanischen Stil errichtet. König Ludwig von Ungarn bedankte sich im 14. Jh. für erfolgreiche Feldzüge mit dem Ausbau zur gotischen Hallenkirche. Kaiser Ferdinand III. steuerte die finanzielleGrundlage für ihre **barocke Umgestaltung im 17. Jh.** durch Domenico Sciassia bei. Dieser beließ den gotischen Turm und umrahmte ihn mit zwei weiteren barocken Türmen. An der Innengestaltung wirkten die großen Barockmeister Jo-

Basilika

Mariazell erleben

AUSKUNFT
Tourismusverband
Mariazeller Land
Hauptplatz 13

A-8630 Mariazell
Tel. 03882 23 66
www.mariazell-info.at

hann Bernhard Fischer von Erlach d. Ä., der um 1700 den prächtigen Hochaltar schuf, und Fischer von Erlach d. J. maßgeblich mit. 1908 wurde die Kirche zur Basilika erhoben. Den Mittelpunkt der Kirche bildet die ***Gnadenkapelle**. Das Gnadenbild, die »Magna Mater Austriae«, ist eine spätromanische Figur, also nicht mehr die ursprüngliche Muttergottesstatue von Magnus. Den silbernen Gnadenaltar haben Augsburger Meister ausgeführt, die Kapelle ist von einem Silbergitter, das J. Wagner aus Wien im Auftrag von Maria Theresia (►Berühmte Persönlichkeiten) und ihrem Gemahl um 1750 gefertigt hat, umgeben. An den Kuppelraum schließen sich die beiden **Schatzkammern** mit Werken sakraler Kunst an, darunter kunstvolle Monstranzen, Bilder und kostbare Messgewänder. Die Fülle an Objekten bezeugt die Bedeutung der Wallfahrtskirche über Jahrhunderte.
Kirche: Mo. – Fr., So. 7.30 – 20.00, Sa. 7.30 – 21.30 Uhr,
www.basilika-mariazell.at

Basilika Mariazell: bedeutendste Wallfahrtskirche Österreichs

UMGEBUNG VON MARIAZELL

Eine prachtvolle Rundsicht bietet die Erzherzog-Johann-Aussichts-warte auf der Bürgeralpe (1266 m). Der Mariazeller Hausberg ist von Mariazell aus per Seilbahn erreichbar. In der **Erlebniswelt Holz-knechtland** können Klein und Groß auf spielerische Art nachemp-finden, wie mühsam die Arbeitswelt der Holzknechte gewesen ist.

Bürgeralpe

Matrei in Osttirol

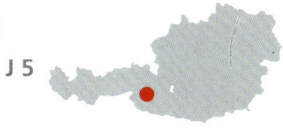

J 5

Bundesland: Tirol
Höhe: 1000 m ü.d.M.
Einwohnerzahl: 4700

Am südlichen Fuß der ►Hohen Tauern liegt der inzwischen als Luftkurort, zum Wintersport und als Tourenstützpunkt viel besuchte Markt Matrei in Osttirol – fast genau in der Mitte zwischen den höchsten Gipfeln Österreichs, dem Großglock-ner (3798 m ü.d.M.) und dem Großvenediger (3674 m ü.d.M.).

Durch den 5,3 km langen Felbertauerntunnel ist Matrei in Osttirol seit 1967 auch von Norden erreichbar. Früher war das anders: Ledig-lich von Lienz im Süden her kam man in die abgeschiedene Gegend, in der sich deshalb auch bäuerliche Kultur und Traditionen besser erhalten konnten als anderswo.

Abgeschie-dener Luftkurort

SEHENSWERTES IN MATREI

Im Zentrum des alpenländischen Orts steht die mächtige spätbaro-cke Pfarrkirche St. Alban (um 1780). Sie ist die **größte Dorfkirche Osttirols,** ihr Turm stammt noch vom gotischen Bau aus dem 14. Jh. Das Innere ist mit Deckenfresken (1780) geschmückt. Die Altäre wurden um 1800 geschaffen.
❶ www.pfarre-matrei.at

Pfarrkirche St. Alban

Die etwas abseits gelegene St.-Nikolaus-Kirche stammt aus roma-nischer Zeit. An der Fassade sind Fresken aus dem 14. Jh. zu sehen. Der als Chor ausgebaute Turm ist zum Langhaus hin mit zwei Räu-men geöffnet. Das untere Geschoss zeigt Fresken aus dem 13. Jh. (u. a. die Geschichte von Adam und Eva), die obere Etage Darstellun-gen von Heiligen und Aposteln (ebenfalls 13. Jh.). Beachtenswert sind ferner mittelalterliche Holzfiguren.
❶ www.matreiosttirol.at

St.-Nikolaus-Kirche

Matrei in Osttirol erleben

AUSKUNFT
Nationalpark Hohe Tauern
Rauterplatz 1, A-9971 Matrei in Osttirol
Tel. 050 21 25 00
www.osttirol-nationalpark.at

ÜBERNACHTEN
Hotel Goldried ⬤⬤ – ⬤⬤⬤
Goldriedstraße 15

A-9971 Matrei in Osttirol
Tel. 04875 6 11 30
www.hotel-goldried-tirol.com
Einen traumhaften Blick auf Matrei und
die beeindruckende Nationalparkland-
schaft hat man von diesem großen, aber
gemütlichen Hotel aus. Die Zimmer,
Apartments und Ferienwohnungen sind
hell und mit viel Holz eingerichtet.

*Panorama- Erst kommt die Auffahrt mit den Goldried-Bergbahnen, dann ge-
weg nießt man die Wanderung auf dem Panoramaweg Matrei–Kals mit
63 Dreitausendern samt Großglockner im Blickfeld (▶Baedeker
Wissen S. 284)! Im Winter frönt man hier dem Pistenvergnügen.

UMGEBUNG VON MATREI

Kalser Tal Das Kalser Tal zweigt in Huben, etwa 9 km südlich von Matrei, nach
Osten ab und endet nach 13 km in Kals. Blickpunkt ist die kleine ro-
manische **Georgskirche** auf der grünen Wiese zwischen Kals-Unter-
burg und Kals-Großdorf. Hinter Kals beginnt eine mautpflichtige
Straße, die bis zum Luckner-Haus am Fuß des Großglockners führt,
Ausgangspunkt für Wanderungen auf der Südseite des Berges.

Virgental Westlich von Matrei geht das Virgental ab. Die bis Ströden 20 km
lange Straße führt durch Schluchten und Tunnel aufwärts und gewährt einen schönen Blick auf das Talende mit der Dreiherrenspitze
(3499 m). Am Parkplatz in Ströden beginnt ein Wasserschaupfad, der
in zwei bis drei Stunden entlang der Isel rund 240 Höhenmeter bergauf führt. Wie kaum in einem anderen Tal der Hohen Tauern zeigt
sich die landschaftsformende Wirkung eines Gletscherbachs so beeindruckend wie an den Stufenfällen der Isel, den ***Umbalfällen**. Sie
eignen sich als Start- oder Endpunkt eines mehrtägigen Hüttentrek-
kings (▶S. 139). Das bauliche Prunkstück des Virgentals ist die gotische Wallfahrtskirche Unsere Liebe Frau Maria Schnee (1430 – 1456)
in **Obermauern** bei Virgen. Die Fresken (1484 – 1488) des Osttiroler
Malers Simon von Taisten schildern Leben und Sterben Jesu, ein weiterer bilderreicher Zyklus ist Maria gewidmet. Gut sechs Stunden
braucht der Aufstieg von Prägraten im Virgental zum Defreggerhaus
(2962 m; Sommerwirtschaft); von dort erreichen erfahrene Bergsteiger in etwa drei Stunden den Gipfel des ***Großvenedigers**.

![Blick vom Zedlacher Paradies bei Matrei auf die Lasörlinggruppe]

Blick vom Zedlacher Paradies bei Matrei auf die Lasörlinggruppe

✳✳ Melk

✦ O 3

Bundesland: Niederösterreich
Höhe: 228 m ü.d.M.
Einwohnerzahl: 5250

Zahlreiche Besucher aus aller Welt zieht das weithin sichtbare Benediktinerstift in Melk an. Es ist eines der bedeutendsten und prächtigsten Barockklöster Österreichs und gehört zusammen mit der Wachau, mit Krems und dem Stift Göttweig seit dem Jahr 2000 zum Weltkulturerbe der UNESCO.

Am Eintritt der Donau in die ▶Wachau liegt die kleine Stadt Melk, schon als Römerkastell »Namare« erwähnt und nach eigenem Verständnis das »Medelike« im Nibelungenlied. Doch nicht deswegen ist der Ort so berühmt. Sein bekanntes Benediktinerstift wartet mit diversen Superlativen auf: 17 500 m² Fläche, einer 362 m langen Südfront, 1888 Fenstern und einer 64 m hohen Kuppel.

Barockes Tor zur Wachau

Kloster mit langer Geschichte

Majestätisch thront das Stift auf einem 60 m hohen Felsen – die nach Westen gerichtete Schmalseite des in kräftigem Gelb und Weiß gehaltenen Komplexes ist schon von Weitem sichtbar. Die Stiftsgebäude wie Kirche und Bibliothek gruppieren sich um sieben Höfe.

Schon seit dem Jahr 1089 leben und wirken Mönche in ununterbrochener Folge in Melk. Zur Zeit der sogenannten Melker Reform im 15. Jh. war das Stift der Ausgangspunkt einer der bedeutendsten mittelalterlichen Klosterreformen.

❶ Mitte März – April u. Okt. tgl. 9.00 – 16.30, Mai – Sept. 9.00 – 17.30 Uhr

Führungen jeweils zur vollen Stunde: März 11.00 u. 14.00, April u. Okt. 10.00 – 15.00, Mai – Sept. 10.00 – 16.00 Uhr, Gruppen auch nach Voranmeldung: Tel. 02752 55 52 32 www.stiftmelk.at

❶ Stiftskirche
Der Höhepunkt der barocken Klosteranlage ist die Stiftskirche, die als eine der schönsten Barockkirchen nördlich der Alpen gilt. Nach dem Willen des Abtes und des Konvents sollte sie den religiösen Bezug der gesamten Klosteranlage und die Orientierung auf Gott hin deutlich sichtbar machen – was auch die besonderen Lichteffekte unterstützen.

❷ Bibliothek
Klöster hatten im Mittelalter nicht nur eine geistliche Bedeutung, sondern sie waren auch ein Hort des Wissens. Schon seit dem 12. Jh. ist eine Schule mit dem Stift verbunden. In der Bibliothek wurden wertvolle Handschriften gesammelt und auch selbst angefertigt.

❸ Marmorsaal
Dieser Saal, eine Meisterleistung barocker Raumkunst, diente als Speisesaal für das Kaiserhaus und wurde auch für Empfänge und verschiedene Zeremonien genutzt. Heute ist er ein Teil des Stiftsmuseums.

❹ Altane
Von der Altane, dem Verbindungsbalkon zwischen dem Marmorsaal und der Bibliothek, hat man einen wunderschönen Blick auf die Donau, die Wachau und die Stadt Melk.

❺ Stiftsmuseum
Das Museum informiert über den Stiftsgründer und die Stiftsgeschichte, die natürlich eng mit der österreichischen Geschichte verbunden ist. Ein Teil der Klosterschätze wird gezeigt, die wertvollsten, wie das spätmittelalterliche Melker Kreuz, sind aus konservatorischen Gründen nur auf Abbildungen zu sehen.

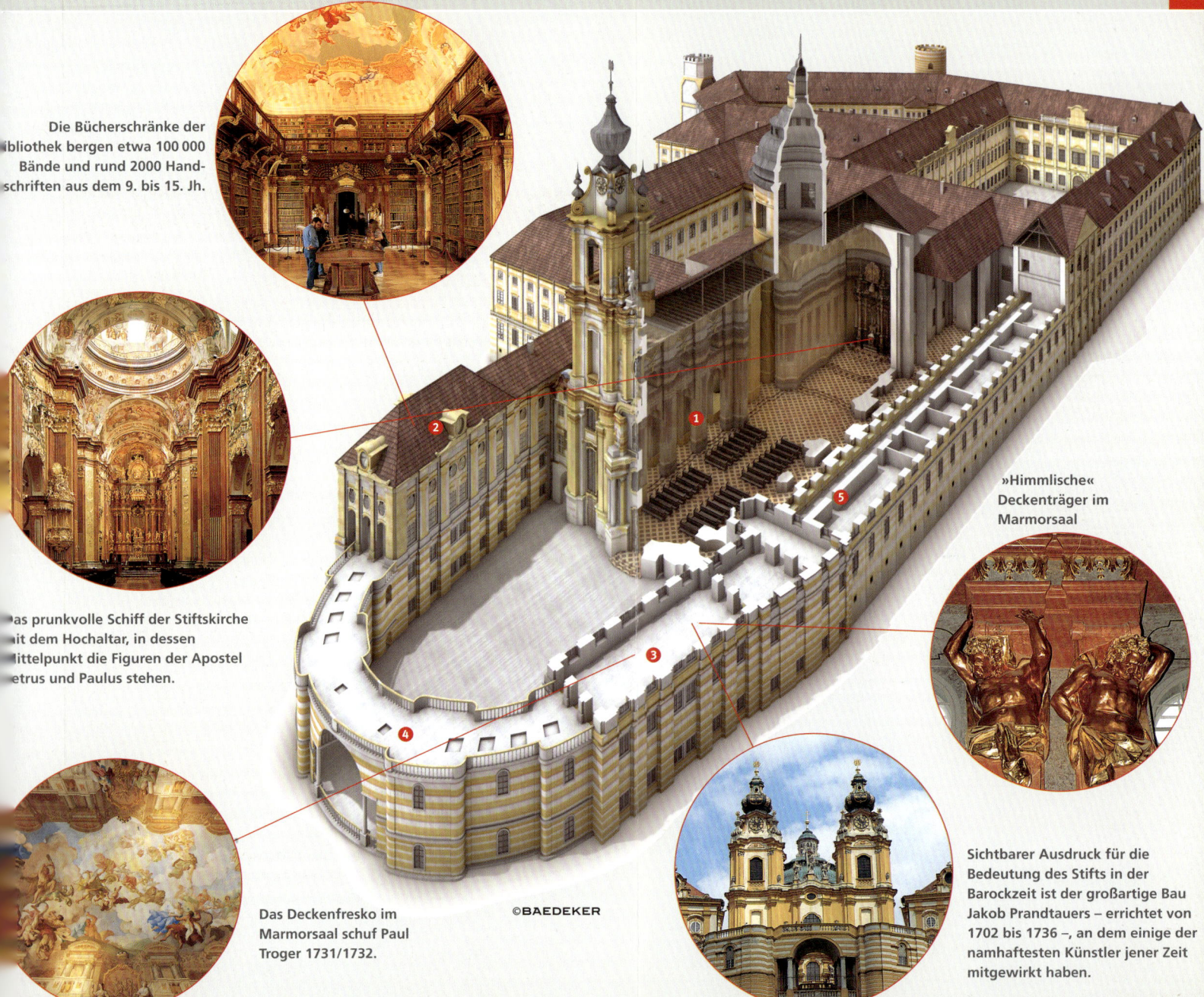

Die Bücherschränke der Bibliothek bergen etwa 100 000 Bände und rund 2000 Handschriften aus dem 9. bis 15. Jh.

Das prunkvolle Schiff der Stiftskirche mit dem Hochaltar, in dessen Mittelpunkt die Figuren der Apostel Petrus und Paulus stehen.

Das Deckenfresko im Marmorsaal schuf Paul Troger 1731/1732.

©BAEDEKER

»Himmlische« Deckenträger im Marmorsaal

Sichtbarer Ausdruck für die Bedeutung des Stifts in der Barockzeit ist der großartige Bau Jakob Prandtauers – errichtet von 1702 bis 1736 –, an dem einige der namhaftesten Künstler jener Zeit mitgewirkt haben.

Geschichte

Ab Ende des 10. Jh.s stand hier eine Burg der bayerischen Babenberger. Markgraf Leopold II. überließ 1089 Burg und Kirche den Benediktinern. Im Jahr 1113 überführte man die Gebeine des hl. Koloman hierher, und das Kloster entwickelte sich zu einem **geistlichen und kulturellen Zentrum des Landes**. Nachdem es unter den Auswirkungen der Reformation sowie unter Türkeneinfällen und mehreren Bränden erheblich gelitten hatte, errichteten von 1702 bis 1738 die Baumeister Jakob Prandtauer und Joseph Munggenast das prachtvolle Barockstift.

✶✶ BENEDIKTINERSTIFT MELK

Stiftsgebäude

Das Stift, **eines der monumentalsten Zeugnisse des österreichischen Barocks**, liegt auf einem steil zur Donau abfallenden Bergrücken und ist nur von Osten her zugänglich. Zur Zeit gehören dem Konvent 30 Mönche an, etwa 800 Schüler besuchen das traditionsreiche Gymnasium. Die ehemalige Orangerie am Stiftsgarten beherbergt das Stiftsrestaurant.

Stiftshöfe

Um sieben Höfe gruppieren sich die Stiftsgebäude. Von den Statuen der Schutzheiligen des Stifts, des hl. Koloman (rechts) und des hl. Leopold (links), wird das als Oktogon gestaltete Eingangstor flankiert. Danach folgt der **Vorhof** (Torwartlhof), wo man vor der palastartigen Ostfassade des Stifts mit einer großen Nachbildung des prächtigen Melker Kreuzes steht, das in der Schatzkammer des Stifts aufbewahrt wird. Über dem Rundbogentor ist das Stiftswappen angebracht. Auf die Benediktihalle – sie ist dem Ordensgründer gewidmet – folgt der **Prälatenhof**, geschmückt mit Statuen, die die Propheten und die vier sogenannten Kardinaltugenden Klugheit, Mut, Gerechtigkeit und Mäßigung darstellen.

Kaisergang und Kaiserzimmer (Museum)

Im Prälatenhof liegen rechter Hand das Stiftsgymnasium und der Zugang zur Kaiserstiege, deren Treppengeländer mit Putten und Steinplastiken besetzt sind. Sie führt zur Prälatur, zu den Kaiserzimmern und zu dem 196 m langen Kaisergang, wo Gemälde österreichischer Herrscher hängen. Die Kaiserzimmer, einst für durchreisende Gäste aus dem hohen Adel reserviert, sind als **Museum zur Geschichte und Gegenwart des Stifts** eingerichtet.

Marmorsaal

Der Marmorsaal, ein repräsentativer Festsaal, fasziniert vor allem durch seine strenge Gliederung und das schöne **Deckengemälde** des Malers Paul Troger: In mythologischen Szenen wird hier das Herrscherhaus gerühmt, das die Menschen vom Bösen zum Guten führt. Die Türstöcke sind aus echtem Marmor gefertigt, die Wände hingegen aus Stuckmarmor.

Marmorsaal und Bibliothek sind verbunden durch die Altane, eine **Altane**
mächtige **Terrasse**, die einen herrlichen Blick auf die Westfassade
der Kirche und den davor liegenden Kolomanihof, über die Stadt
Melk und das Donautal gewährt.

Im Norden des Kolomanihofs liegt die prachtvolle, in Braun-Gold ***Bibliothek**
gehaltene Bibliothek, nach der Kirche das zweitwichtigste Gebäude
eines Benediktinerklosters. Das **Deckengemälde** von Paul Troger
(1731/1732) zeigt eine symbolische Darstellung des Glaubens. Der
Bibliotheksbestand umfasst etwa 100 000 Bände, darunter 1888
Handschriften, 750 Inkunabeln (Frühdrucke bis 1500) und weitere
Werke vom 16. Jh. bis heute.

Die Stiftskirche gilt als **eine der schönsten Barockkirchen nördlich** ***Stiftskirche**
der Alpen. Das Innere des Kuppelbaus besticht durch seine Einheit
von Architektur, Plastik und Malerei sowie durch die mit Rot und
Gold erzeugte Farbigkeit. Ein besonderer Effekt wird dadurch erzielt,
dass der Hochaltar und die Kuppel in der Lichtzone liegen. Das Deckengemälde des Langhauses – es wurde vom Salzburger Meister
Michael Rottmayr 1722 ausgeführt – stellt die Verherrlichung des
hl. Benedikt dar. Im Querschiff links steht der Sarkophag des hl. Koloman. Prachtvoll ist außerdem der **Hochaltar** mit den Figuren der
Apostel Petrus und Paulus (18. Jh.;
Peter Widerin), im Kuppelgemälde

?	*Literarische Ehren*
BAEDEKER WISSEN	Zu neueren literarischen Ehren kam das Benediktinerstift Melk als Geburtsort und Alterssitz des Mönchs Adson von Melk. Er ist der Erzähler im Erfolgsroman »Der Name der Rose«, den der italienische Schriftsteller Umberto Eco 1980 veröffentlichte.

der Kirche ist die Dreifaltigkeit dargestellt, um die sich zahlreiche Heilige gruppieren. Auch der moderne
Volksaltar (H. Hütter, F. Fürst) aus
dem Jahr 1976 nimmt Elemente der
barocken Innengestaltung auf.

Der Garten – er wurde nach dem
Vorbild barocker und englischer
Landschaftsgärten angelegt – stellt
einen wesentlichen Teil der gesam-
ten Anlage dar, symmetrisch sind Stiftsgebäude und Außenanlagen
angeordnet. Blickfang in der ersten Ebene des **Stiftsparks** ist der barocke **Gartenpavillon**. Abt Thomas Pauer ließ ihn von Franz Munggenast nach Fertigstellung des Stiftsgebäudes zwischen 1747 bis 1748
erbauen. Die Räume des Pavillons wurden 1763 bis 1764 von Johann
Wenzel Bergl mit fantasievollen, exotischen Fresken ausgemalt. Wo
in der Barockzeit die Mönche entspannten, ist heute ein Selbstbedie-
nungs-Café untergebracht. Verschlungene Wege führen über die
zweite Ebene des Gartens, auf der dritten Ebene liegt ein Wasserre-
servoir mit barockem Becken, in dem eine zeitgenössische Installation aus Pflanzen von Christian Philipp Müller angebracht ist.

WEITERE SEHENSWÜRDIGKEITEN IN MELK

Melk (Ort) Auch der Ort unterhalb des Stifts lohnt einen Besuch. Die Achse bilden der Rathausplatz und die Hauptstraße mit dem Hauptplatz bzw. die parallel dazu verlaufende Sterngasse, der älteste Straßenzug von Melk. Am Rathausplatz stehen das ehemalige **Lebzelterhaus** (1657; heute Apotheke) und das **Rathaus** (1575) mit kunstvoller Eingangstür aus Holz und Kupfer. Das Schindeldach des Alten Brotladens am Ende des Rathausplatzes ist rund 400 Jahre alt. Am »Haus am Stein« hinter der Sterngasse wächst ein uralter Weinstock, der unter Naturschutz steht. Die Hochwassermarken am **Schiffsmeisterhaus** in Ufernähe zeigen den jeweiligen Wasserstand der Donau bei großen Flutkatastrophen an. Südlich der Linzer Straße steht die spätbarocke **Alte Post** (Linzer Straße 3), 1792 im Auftrag des Postmeisters Freiherr von Fürnberg erbaut. In ihre Fassade sind Stuckrelieftafeln eingelassen, auf Medaillons sind alte Postmeister zu sehen. Das Gebäude beherbergt heute das Melker Stadtmuseum, das vor allem ur- und frühgeschichtliche Exponate zeigt.
  ❶ www.melk.gv.at

UMGEBUNG VON MELK

Schloss Schallaburg Rund 5 km südlich von Melk liegt das Renaissanceschloss Schallaburg mit seinem terrakottageschmückten, zweigeschossigen Arkadenhof und seinem nach historischem Vorbild gestalteten Renaissancegarten. Es ist das **bedeutendste Werk der Renaissancearchitektur in Niederösterreich** und heute ein Kulturzentrum mit jährlich wechselnden Ausstellungen zu kulturgeschichtlichen und archäologischen Themen.
  ❶ April–Okt. Mo.–Fr. 9.00–17.00, Sa., So. 9.00–18.00 Uhr, Eintritt: 10 €, www.schallaburg.at

✶✶ Millstätter See

✦ L 6

Bundesland: Kärnten
Höhe: 588 m ü. d. M.

Der Millstätter See wird gerne als Sonnenregion Kärntens bezeichnet, was ein Blick auf die durchschnittlichen Temperaturen beweist: Der See kann sich auf bis zu 26°C erwärmen!

Sonnenregion Um den 12 km langen, 1,5 km breiten und bis zu 141 m tiefen See haben sich zahlreiche **Strandbäder** mit herrlichen Naturstränden

Millstätter See erleben

AUSKUNFT
Infocenter Millstätter See
Thomas-Morgenstern-Platz 1
A-9871 Seeboden
Tel. 04766 37000
www.millstaettersee.com

ESSEN
Villa Verdin ⊜⊜ – ⊜⊜⊜
Seestraße 69, A-9872 Millstatt
Tel. 0699 12181093
www.villaverdin.at
In der typischen Seevilla direkt am Wasser kocht man originell und gut. Wer

mag, nimmt sich auch ein Zimmer in dem schönen alten Gebäude.

ÜBERNACHTEN
Kollers Hotel ⊜⊜⊜⊜
Seepromenade 2–4
A-9871 Seeboden
Tel. 04762 81500
www.kollers.at
Das familiär geführte erstklassige Haus liegt zentral und doch direkt am Wasser am sonnenseitigen Ufer. Wellness kommt nicht zu kurz: Es gibt ein ganzjährig beheiztes Becken im Seewasser!

angesiedelt. Unterschiedliche (Wasser-)Sportmöglichkeiten machen den See zur beliebten Sommerurlaubsregion vor reizender Kulisse: Die Nockberge mit dem Nationalpark im Norden und das bewaldete, kaum besiedelte und über schmale Sträßchen befahrbare Südufer.

SEHENSWERTE ORTE AM MILLSTÄTTER SEE

Hauptort ist das am nördlichen Ufer gelegene Millstatt (604 m; 1300 Einw.), schon von Kelten und Römern als Siedlungsplatz geschätzt. Dieser positiven Bewertung schlossen sich auch die Benediktiner an, von deren um 1070 gegründeten **Stift Millstatt** noch beachtliche Bauten vorhanden sind. Dazu gehören der Stiftshof mit der beeindruckenden rundbogigen zweistöckigen Arkadengalerie und der mächtigen 1000-jährigen Gerichtslinde. Auch die prächtige Stiftskirche verdient Beachtung, ein dreischiffiger romanischer Pfeilerbau mit Stufenportal (um 1170), bemerkenswertem Netzrippengewölbe, dem ausdrucksstarken Weltgerichtsfresko (1513–1519), einem Meisterwerk der österreichischen Renaissance, und einer kostbaren barocken Innenausstattung, die den letzten geistlichen Herren des Klosters, nämlich den Jesuiten (1598–1773), zu verdanken ist. In der Fastenzeit wird der Hochaltar mit dem »**Millstätter Fastentuch**« verhängt. Diese kunsthistorische Kostbarkeit aus dem Jahr 1593 zeigt auf über 50 m² 41 Szenen des Alten und Neuen Testaments. Einen Blick zurück ins Mittelalter bietet auch der schöne Kreuzgang, Anfang des 12. Jh.s gebaut und später ausgeschmückt. Während der Saison bildet das Stift den würdigen Rahmen für die

*Millstatt

Der Charme der Jahrhundertwende lebt in den Villen am Millstätter See weiter.

Millstätter Musikwochen. Das **Stiftsmuseum** dokumentiert zum einen die Geschichte Millstatts, insbesondere die des Stifts, das unter den Benediktinern (bis 1469) ein Zentrum der Buchkunst und unter den St. Georgsrittern (1469–1598) auch ein bedeutendes Kunstzentrum war. Zum anderen beschäftigt es sich mit dem geologischen Aufbau des Kärntner Oberlandes anhand der dort vorkommenden Mineralien und Erze.

❶ Mitte Mai–Juni, Sept. tgl. 10.00–16.00, Juli, Aug. Mo.–Do., Sa., So. 10.00–18.00, Fr. 10.00–22 Uhr, Eintritt: 3,50 €

Seeboden In Seeboden (580 m; 6100 Einw.) am Westende des Millstätter Sees vermittelt der **Japanische Garten mit Bonsai-Museum** fernöstliches Flair. Fast alle der rund 4000 in Schalen gezogenen Bäume stammen aus Japan. Hier gedeihen sie in Zengärten, der Stamm des ältesten ausgestellten Baums, einer Fichte, zählt ganze 250 Jahresringe. Ein besonderes Ausflugsziel ist **Burg Sommeregg**: Im Restaurant kann man an Donnerstagabenden nach Ritterart speisen und im Juli und August nach Herzenslust im ritterlichen Mittelalter schwelgen, wenn Reiterspiele, Gaukler, Schwertkämpfer und Feuerspektakel die Besucher begeistern. Die düsteren Seiten, nicht nur des Mittelalters, zeigen das **Foltermuseum** und die angeschlossene Dokumentation von amnesty international.

Bonsai-Museum: April, Okt. Di.–Fr. 10.00–17.00, Mai–Sept. Mo.–Fr. 10.00–18.00, Sa. 10.00–17.00 Uhr, Eintritt: 8 €
Foltermuseum: April, Sept., Okt. tgl. 11.00–17.00, Mai, Juni tgl. 11.00 bis 18.00, Juli, Aug. 11.00–20.00 Uhr, Eintritt: 5,90 €, www.folter.at

Döbriach (606 m) am Ostufer des Millstätter Sees ist ein idealer **Ausgangspunkt für Wanderungen und Kletterpartien** im Nationalpark Nockberge. Wer vorher üben möchte, kann sich im Klettergarten Jungfernsprung von Plattformen direkt im See aus an Wänden mit Schwierigkeitsgraden von 5 bis 7+ versuchen.   **Döbriach**

UMGEBUNG DES MILLSTÄTTER SEES

Wenige Kilometer östlich des Sees liegt Radenthein (588 m; 6200 Einw.), dessen Umgebung einen besonderen Schatz birgt: Das dort abgebaute Magnesit eignet sich bestens für feuerfeste Verkleidungen. Im Zentrum befindet sich das **Granatium**, eine Erlebniswelt rund um den »Stein der Liebe und Leidenschaft« – den Edelstein Granat. Bis 1909 wurde der Laufenberger Granat in Radenthein abgebaut und zur Bearbeitung in die berühmten böhmischen Schleifereien geliefert. Zur Ausstellung gehören auch ein Stollen, eine Schlucht und eine Schürfstelle.   **Radenthein**

❶ Mai–Okt. tgl. 10.00–18.00 Uhr, Eintritt: 9,90 €, www.granatium.at

Weiter östlich kommt man nach **Bad Kleinkirchheim** (1100 m; 1700 Einw.), bekannt für sein hervorragendes Skigebiet in den Nockbergen, das Anfänger wie Könner gleichermaßen anzieht. Hier kann man hin und wieder den Olympiasieger von 1976, Franz Klammer, beim Carving treffen. Von der Piste direkt ins heiße Wasser, mit viel römisch-antikem Ambiente – das Thermal-Römerbad macht es möglich. Und auch die Therme St. Kathrein bietet spritzigen Spaß und Erholung für die ganze Familie.

BAEDEKER TIPP

Noble Villen

Dass Millstatt zu Kaisers Zeiten zum beliebten Ferienort des Adels avancierte, wird entlang des Villenwegs durch Millstatt deutlich, der an rund 20 Sommersitzen aus der Gründerzeit vorbeiführt. Die entsprechende Broschüre ist im Tourismusbüro Millstatt erhältlich.

* Mondsee

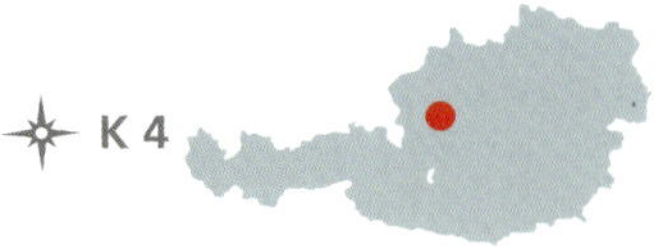

✦ **K 4**

Bundesland: Oberösterreich
Höhe: 481 m ü.d.M.

Der sichelförmige Mondsee, 11 km lang, über 2 km breit und malerisch vor der Kulisse der steil aufragenden Drachenwand und des Schafbergs gelegen, ist mit bis zu 26 °C der wärmste Badesee des Salzkammerguts und ein Paradies für Wassersportler. An den teils bewaldeten Ufern liegen außer dem Markt Mondsee auch noch einige kleinere Gemeinden sowie idyllische Hotels und Landhäuser.

SEHENSWERTES AM MONDSEE

*Mondsee (Ort) An der Nordwestspitze liegt der Ort Mondsee. Hier gründete ein bayerischer Herzog im Jahr 748 das somit älteste Kloster in Oberösterreich. Unter den Benediktinermönchen waren talentierte Buchmaler – der Tassilopsalter von 788 gilt als ältestes in Österreich geschriebenes Werk, der Mondseer Matthäus (um 800) als älteste deutsche Bibelübersetzung. Ihren Kunstsinn stellten die Klosteroberen auch dadurch unter Beweis, dass sie den **Barockbildhauer Meinrad Guggenbichler** (1649 – 1723) nach Mondsee holten, wo dieser

Ein Haus ohne Schornstein: das Mondseer Rauchhaus

Mondsee erleben

AUSKUNFT
Tourismusverband MondSeeLand
Dr. Franz Müller Straße 3
A-5310 Mondsee, Tel. 06232 22 70
mondsee.salzkammergut.at

ESSEN UND ÜBERNACHTEN
Schloss Mondsee ❶❷❸❹
Schlosshof 1 a

A-5310 Mondsee
Tel. 06232 50 01
www.schlossmondsee.at
Im ehemaligen Kloster wohnen Gäste
heute mit allem erdenklichen weltlichen
Luxus. Ebenso fein speist man im Restaurant Schlossgewölbe, die Küche ist
gehoben. Der Fisch kommt übrigens
täglich frisch aus dem See.

44 Jahre, bis zu seinem Tod, wirkte. 1791 wurde das Kloster aufgehoben, heute ist ein Hotel in den restaurierten Mauern untergebracht.
Beachtung verdient die **Pfarrkirche St. Michael**. Die gotische Kirche
wurde mit einer barocken Doppelturmfassade versehen. Zu Guggen-
bichlers Hauptwerken gehört der Corpus-Christi-Altar mit Weinran-
ken tragenden Putten im linken Seitenschiff.

So alt das Kloster auch ist, deutlich älter noch sind die **Siedlungs-**   **Mondsee-**
spuren aus der Jungsteinzeit (ca. 1900 v. Chr.). Sie gaben aufgrund   **Kultur**
ihrer Reichhaltigkeit der Pfahlbaukultur im Ostalpenraum den Na-
men »Mondsee-Kultur«. In einigen Räumen des ehemaligen Klosters
wurde ein Pfahlbaumuseum eingerichtet, die einstige Klosterbibliothek beherbergt das **Heimatmuseum** mit zahlreichen sakralen und
profanen Exponaten, darunter der Mondseer Einbaum. Südöstlich
der Kirche liegt das **Freilichtmuseum Mondseer Rauchhaus**, ein
altes Bauernhaus mit Hausrat, Beispiel für das bayerische Einhaus:
Der Rauch des Herdfeuers entwich nicht durch einen Abzug, sondern zog durch die Räume, wärmte Mensch und Tier, trocknete das
Getreide und räucherte Wurst und Schinken.
Heimatmuseum: Mai, Sept. Di.–So. 10.00–17.00, Juni–Aug. Di.–So.
10.00–18.00, Okt. Sa., So. 10.00–17.00 Uhr, Eintritt: 3 €
Freilichtmuseum: Mai–Aug. Di.–So. 10.00–18.00, Sept. Di.–So.
10.00–17.00, Okt. Sa., So. 10.00–17.00 Uhr, Eintritt: 3 €

Am südwestlichen Ufer des Mondsees ragt über 1000 m die steile   **Drachen-**
Drachenwand auf, von der die **Sage** Folgendes berichtet: Der dort   **wand**
wohnende Drache hatte sich einst in die Mondseer Pfarrköchin ver-
liebt, die ihn aber verschmähte, weil sie ihrerseits dem Pfarrer zugetan war. Zornentbrannt flog er hinab, um sie zu entführen. Unglück-
licherweise war die Angebetete aber deutlich schwerer, als der
Drache erwartet hatte. Infolgedessen prallten beide gegen die Felswand – und hinterließen ein heute noch sichtbares Loch.

Montafon

✳ C/D 5/6 ●

Bundesland: Vorarlberg

Das Montafon ist ein etwa 40 km langes, von der Ill durchflossenes Hochgebirgstal mit elf Orten (600 – 1450 m), das von bis zu 3312 m hohen Bergen umringt ist – schon Ernest Hemingway wusste diese reizvolle Region zu schätzen. Der wirtschaftliche Aufschwung des Montafons kam mit der Nutzung von Wasserkraft zur Stromerzeugung.

Rätoromanischer Ursprung
Südlich von ▶Bludenz beginnt das Tal und erstreckt sich zwischen den Bergmassiven des Rätikons im Westen und der Verwallgruppe im Osten. Südöstlich steigt es an bis zur Bielerhöhe (2032 m), die von der ▶Silvretta-Hochalpenstraße überquert wird. Das untere Montafon wird im Westen von der über 2600 m hohen, auch für Kletterer anspruchsvollen Zimba überragt, die wegen ihrer spitzen Pyramidenform das **»Matterhorn Österreichs«** genannt wird. Im oberen Teil des Montafons bestimmen die Stauseen und Gletscher des Bergmassivs der Silvretta das Bild der hochalpinen Landschaft (Piz Buin, 3312 m). Die ersten Siedler des Montafons waren Rätoromanen, woran noch viele Landschafts- und Familiennamen erinnern. Das freundliche Tal und seine Nebentäler sind ein **begehrtes Urlaubsziel** – im Sommer für Wanderer und Kletterer, die in der herrlichen, teils bizarren Hochgebirgswelt nicht lange nach anspruchsvollen Kletterpartien suchen müssen, im Winter für Skifahrer, die tief verschneite Gletscherhänge mit sonnigen Abfahrten genießen dürfen.

Ernest Hemingway
Einen Teil seines internationalen Bekanntheitsgrades verdankt das Montafon dem amerikanischen Schriftsteller und späteren Nobelpreisträger Ernest Hemingway (1899 – 1961), der auf seiner Reise quer durch Europa in zwei Wintern (1924/1925 und 1925/1926) mit seiner ersten Frau Hadley, seinem Sohn John und seinem Schriftstellerfreund John Dos Passos in **Schruns im Hotel »Taube«** (Zimmer Nr. 22) Station machte. Im Montafon, wo man zu damaliger Zeit wesentlich billiger lebte als in den weltbekannten Winterferienorten der Schweiz und Frankreichs, genoss Hemingway eine glückliche Zeit. Wenn man den Erinnerungen des 60-jährigen Schriftstellers glauben darf, verbrachten er und seine Frau Hadley die meiste Zeit auf Skiern. Viele Touren führten sie zum **Madlenerhaus** an der heutigen ▶Silvretta-Hochalpenstraße neben dem Silvretta-Stausee. Aber Hemingway arbeitete auch hier: Er stellte seinen ersten großen Roman fertig (»The Sun Also Rises«), der unter dem Titel »Fiesta« später ein Welterfolg wurde. »Schruns war ein guter Platz zum Arbeiten«, schrieb er in einem seiner Briefe. In der Erzählung »Schnee auf dem Kilimand-

Montafon erleben

AUSKUNFT
Montafon Tourismus GmbH
Montafoner Straße 21
A-6780 Schruns
Tel. 05556 72 25 30
www.montafon.at

ÜBERNACHTEN
Hotel Zimba ⓔⓔ
Veltlinerweg 2
A-6780 Schruns
Tel. 05556 7 26 30
www.hotel-zimba.at

Die heimelig wirkenden Zimmer haben einen Balkon. Gäste können sich im Zimba-Keller mit abendlicher Tanzmusik vergnügen, für die Kleinen gibt es eine Spielwiese vor dem Haus.

Gasthof Stern ⓔ–ⓔⓔ
Dorfstraße 37
A-6773 Vandans
Tel. 05556 7 27 45
Ein familienfreundliches Haus mitten im Grünen. Im Winter fährt der Skibus zu den Skigebieten der Umgebung.

scharo« erinnerte er sich an den Vorarlberger Winter, die Erzählung »Ein Gebirgsidyll« spielt auf der Tiroler Seite der Silvretta, und im letzten Kapitel seines erst 1964 postum erschienenen Werkes »Paris – ein Fest fürs Leben« machte er seine größte Liebeserklärung an das Montafon: »Wir liebten Vorarlberg und wir liebten Schruns.«

SEHENSWERTE ORTE IM MONTAFON

Am Talanfang, an der Mündung des Rellstals in das Illtal, liegt die Gemeinde Vandans (650 m; 2600 Einw.), eine alte rätoromanische Siedlung, deren Name sich vom rätoromanischen »fantauns« (Gewässer) ableitet. Der Ort, in dem jedes Jahr mehr als **eine halbe Million Blumen** für den sommerlichen Schmuck gepflanzt werden, war mehrfacher Landessieger beim Wettbewerb um die schönste Blumengemeinde Vorarlbergs und wurde einmal sogar zum »Schönsten Blumendorf Europas« gekürt.   **Vandans**

In einer Talweitung am rechten Ufer der Ill, an der Mündung des Litzbachs, liegt Schruns (690 m; 3600 Einw.), der **Hauptort des Tals**. Zusammen mit Tschagguns (686 m; 2100 Einw.) am linken Illufer bildet er das Zentrum des Fremdenverkehrs. Das Schrunser Wappen mit dem aufspringenden Stier soll darauf hinweisen, dass der Ort bis zum Ersten Weltkrieg einen großen Ruf als Viehmarkt genoss: Bis zu 2000 Rinder der berühmten **Montafoner Braunviehrasse** wurden hier jedes Jahr bis nach Schwaben, Ungarn, Italien und auf den Balkan verkauft. In einem mehr als 500 Jahre alten rätoromanischen Haus, dem ehemaligen Sitz der Bergrichter, ist das sehr sehenswerte   **Schruns**

Heimeliges Schneeparadies: Winterabend in Gargellen

Heimatmuseum untergebracht, das altes Kulturgut aus dem ganzen Tal beherbergt und über die Lebensweise der Montafoner informiert.
Heimatmuseum: Juni–Okt. Di.–Sa. 15.00–18.00 Uhr, Eintritt: 5 €

Tschagguns Über die Herkunft des Namens »Tschagguns« gibt es verschiedene Versionen, deren wahrscheinlichste besagt, dass sich das Wort vom keltischen »iaccana« ableitet, was soviel wie »Bad« oder »Brunnen« bedeutet. Die große Bedeutung des Wassers für das Tal kann regelrecht erwandert werden: Der **Aqua-Wanderweg** führt in etwa drei Stunden vorbei am Ausgleichsbecken Latschau der Illwerke, an gezähmten und ungezähmten Wildbächen, einem wasserbetriebenen Sägewerk, einer Schwefelquelle und der Lederquelle, einer der größten und wasserreichsten Quellen Europas, deren Wassertemperatur im Sommer wie im Winter kühle 4 °C beträgt. Zum Auftakt oder Abschluss einer Wanderung empfiehlt es sich, in der neuen Kneippanlage im Dorfpark zu kneippen. Die mitten im Fels thronende **Wallfahrtskirche Tschagguns** geht auf das Jahr 1339 zurück, durch Um- und Zubauten enthält das Gotteshaus heute Elemente der Gotik, der Renaissance und des Barock.

Von Schruns aus verläuft eine Straße 5 km nordöstlich im Litzbachtal aufwärts nach Silbertal (889 m). Im gleichnamigen, fast 20 km langen, von einem romantischen Wildbach durchflossenen Tal wurde zwischen dem 9. und 17. Jh. intensiv Silber- und Kupferbergbau betrieben. Die Geschichte des Stollenbaus dokumentiert das **Bergbaumuseum** im Silbertaler Gemeindehaus, das auch die Geschichte der Vorarlberger Illwerke und der Wasserkraftgewinnung veranschaulicht. Auf dem **Kristberg** (1442 m), zu dem eine Seilbahn hinaufführt, steht das älteste original erhaltene Gotteshaus im Montafon: die Bergknappenkapelle, die 1507 von verunglückten, aber geretteten Knappen gestiftet wurde.

Silbertal

Bergbaumuseum: Juni–Okt. Di.–Sa. 15.00–18.00 Uhr, Eintritt: 3 €

Nördlich von Schruns liegt Bartholomäberg (1085 m; 2250 Einw.), wahrscheinlich die älteste Siedlung des Montafon. Im **historischen Bergwerk** kann man sich beim Befahren der Bergknappenstollen über die früher sehr mühsamen, ja fast unmenschlichen Methoden der Erzgewinnung informieren. Im **Frühmesserhaus** (1657) ist seit einigen Jahren ein Museum untergebracht, das man nach und nach wachsen lässt. Nach dem Rohzustand im ersten Jahr präsentiert es sich nun bereits musealer, derzeit stehen die herausragende Architektur des frühbarocken Gebäudes sowie Meisterwerke des barocken Mobiliars im Vordergrund.

Bartholomäberg

> **!** **BAEDEKER TIPP**
>
> *Filmreifes Montafon*
>
> Nicht nur Urlauber schätzen die herrliche Umgebung: Im hinteren Silbertal mit seiner großartigen Naturkulisse wurde 1994 der Bestsellerroman »Schlafes Bruder« des österreichischen Schriftstellers Robert Schneider verfilmt.

Bergwerk: Mitte Juni–Mitte Okt. Mi., Fr., So. 13.00–17.00 Uhr, Eintritt: 6 €

Museum: Juni–Okt. Di.–Sa. 15.00–18.00 Uhr, Eintritt: 3 €

Das Gargellental biegt rund 7 km südöstlich von Schruns nach Südwesten ab und trennt das Rätikon von der Silvretta-Gruppe. Am Ende des Tals, hinter der Ortschaft Gargellen, kann man über das **Schlappiner Joch** (2202 m) zu Fuß in die Schweiz gelangen, ein uralter und in früheren Jahrhunderten viel benutzter Übergang. Am Ende dieser Tour liegt Klosters.

Gargellental

Gaschurn (1000 m; 1500 Einw.) ist **Ausgangsort für das Wintersportgebiet Silvretta-Montafon**, das größte Vorarlbergs, das auch österreichweit zu den Top Ten zählt. In Gaschurn selbst wird im **Tourismus-Museum** die Alpingeschichte spannend dokumentiert. Im Sommer erfrischt man sich hier im **Mountainbeach**, einem Naturerlebnispark. Die beiden Schwimmbiotope bieten 6300 m² Was-

Gaschurn

serfläche zum Planschen, Baden und Schwimmen. Zu den Highlights der Anlage zählen eine Luftmatratzen-Rafting-Strecke, eine Kletterwand, eine Kleinseilbahn und eine Kneippanlage.

Tourismus-Museum: Juni–Okt. Di.–Sa. 15.00–18.00 Uhr, Eintritt: 3 €

Partenen   Partenen (1027 m; 460 Einw.) liegt im Talschluss der Ill. Auffällig sind die großen Druckleitungen, die zu den Kraftwerken im Ort führen. Der Ort dient als Stützpunkt für Berg- und Skitouren in die Silvretta und in die Verwallgruppe. Hier beginnt auch die großartige ▶Silvretta-Hochalpenstraße. Eine Standseilbahn führt von Partenen zum **Trominier** (1730 m), von wo man zu Fuß z. T. durch Tunnel in 45 Minuten zum **Vermunt-Stausee** gelangt. Wer sportliche Kondition mitbringt, kann zum Trominier auch über die mit 4000 Stufen längste gerade Treppe Europas, die ehemalige Servicetreppe entlang des früheren Illwerke-Schrägaufzugs, gelangen. Bei Steigungen zwischen 20 und 86 % überwindet man hier 700 Höhenmeter. Jeder Begeher kann seine persönliche Bestzeit elektronisch festhalten.

Mostviertel

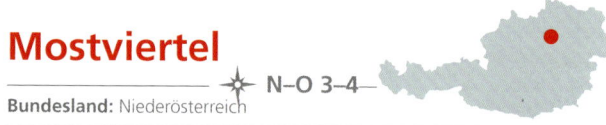

✦ N–O 3–4

Bundesland: Niederösterreich

Das Mostviertel im Südwesten Niederösterreichs ist für seine vielen Obstbäume bekannt. Weiter im Süden zeigt die Region, die als Wiege Österreichs gilt, ihre wilde alpine Seite.

Wirtschafts-   Das Land an der Schnittstelle zweier Welten – dem sanfthügeligen,
standort   obstreichen eigentlichen Mostviertel im Norden und den schroffen Höhenzügen im Süden – war im Mittelalter eine geschäftige und reiche Region. Die wald- und wasserreichen Täler der niederösterreichischen Alpen waren ideale Standorte für die **Verarbeitung von Eisen**, das, direkt aus dem nahen steirischen ▶Erzberg angeliefert, hier von den Schmieden kunstvoll verarbeitet wurde. Waidhofen an der Ybbs entwickelte sich zum **zentralen Umschlagplatz** zwischen Eisen- und Mosthändlern.

Moststraße   Rund **300 000 Obstbäume** verwandeln das Dreieck unterhalb der Donau zwischen den Städten Amstetten, St. Valentin und Waidhofen an der Ybbs jedes Jahr Ende April in ein strahlendes Blütenmeer. Das ist auch der Saisonauftakt für Erkundungen entlang der Moststraße, die auf 200 km zu diversen Mostheurigen, -wirten und -bauern mit Hofverkauf führt. Hier setzt man übrigens stark auf den **Birnenmost**, der besonders gut schmeckt.

❶ www.moststrasse.at

Mostviertel erleben

AUSKUNFT
Mostviertel Tourismus
Adalbert-Stifter-Straße 4
A-3250 Wieselburg
Tel. 07416 52191
www.mostviertel.info

ESSEN
Mostviertlerwirt Ott ©©
Marktplatz 4
A-3353 Seitenstetten
Tel. 07477 42304
www.mostviertlerwirt-ott.at
Familie Ott beweist in ihrem Landgasthof, dass Most nicht nur vorzüglich zum,
sondern auch hervorragend ins Essen
passt. Wie wäre es also einmal mit einem Rinderbraten in Mostsoße?

ÜBERNACHTEN
Schloss an der Eisenstraße ©©©
Am Schlossplatz 1
A-3340 Waidhofen an der Ybbs
Tel. 07442 505
www.schlosseisenstrasse.at
Historische Bausubstanz verknüpft mit
moderner Architektur und angesagtem
Design bietet dieses Haus, das direkt am
Ufer der Ybbs mit Blick auf die Türme
von Waidhofen liegt.

Mostviertler Bauernmuseum

Der Mostbauer Anton Distelberger sen. ist stolzer Besitzer der größten **volkskundlichen Privatsammlung** Österreichs (Gigerreith 39,
Amstetten). Mehr als 17000 Exponate rund um die Mostviertler und
ihre Kultur hat er über die Jahre zusammengetragen, mit viel Leidenschaft führt er durch sein kleines Reich.
❶ Öffnungszeiten nach Vereinbarung, Führungen auch für Einzelpersonen,
Tel. 07479 73341, Eintritt: 6 €, www.distelberger.at

Neuhofen an der Ybbs

Von hier lohnt die Fahrt rund 6 km in den Norden nach ▶Ardagger.
Danach ist es Zeit, der Donau endgültig den Rücken zu kehren, die
Tour führt also wieder in den Süden, wo in Neuhofen an der Ybbs
(319 m; 2800 Einw.) Österreichs Geburtsstunde schlug: Im Jahr 996
schenkte Kaiser Otto III. dem Bischof von Freising 30 Königshufen
(ca. 1000 ha Land) in der Gegend von Neuhofen. In der Schenkungs-
urkunde wird erstmals der Name »Ostarrichi« erwähnt. Daraus entwickelte sich »Österreich«. Ein Faksimile der Geburtsurkunde ist
heute im **Ostarrichi-Kulturhof** zu sehen, wo auch Kopien des Staats-
vertrags und der EU-Beitrittserklärung ausgestellt sind.
Kulturhof: Ende April–Okt. Mo., Di., Do., Fr. 9.00–12.00, Sa., So.
9.00–12.00 u. 13.00–17.00 Uhr, Eintritt: 3 €, www.ostarrichi-kulturhof.at

*Stift Seitenstetten

Im Jahr 1112 wurde das Stift von Udalschak von Still gegründet, seine heutige Form erhielt es hauptsächlich zwischen 1718 und 1747
durch Joseph Munggenast und nach dessen Tod durch Johann Gotthard Hayberger. Zu den Sehenswürdigkeiten des Benediktinerklosters gehören neben der **Stiftskirche** und dem historischen Hofgarten

die romanische Ritterkapelle, der Marmorsaal, die Bibliothek mit Fresken von Paul Troger sowie die Stiftsgalerie mit zahlreichen gotischen und barocken Werken.

❶ Führungen: Ostern bis Allerheiligen tgl. 9.30, 11.00, 14.30 u. 16.00 Uhr, Eintritt: 9 €, www.stift-seitenstetten.at

*Waidhofen an der Ybbs

Weiter südöstlich, und hier verlässt man die Moststraße, liegt Waidhofen (356 m; 11 400 Einw.) malerisch am Ufer der smaragdgrünen Ybbs. Im 12. Jh. blühte die Stadt auf, als am steirischen Erzberg der Abbau begann. Um die Mitte des 16. Jh.s wurden in der Region rund 20 % der europäischen **Eisenproduktion** abgewickelt. Heute präsentiert sich Waidhofen als regionales Schul- und Wirtschaftszentrum mit einem entzückenden **historischen Ortskern** und einer von Türmen geprägten Silhouette. Im lokalen Tourismusbüro (Schloßweg 2) gibt es ein Begleitheft zu einem geschichtsträchtigen Rundgang.

> **BAEDEKER TIPP** !
>
> *Wellenklänge*
>
> Wie ein Juwel funkelt der Lunzer See am westlichen Ötscherabhang in der Landschaft. Hier findet alljährlich auf der Seebühne das Wellenklänge-Festival statt. Initiatorin und Intendantin Suzie Heger stellt stets ein außergewöhnliches Programm zeitgenössischer Musikstile zusammen. Jedes Jahr im Juli, www.wellenklaenge.at

Auch das 10 km entfernte **Ybbsitz** (414 m; 3100 Einw.) war zur Blütezeit der Eisenverarbeitung ein bedeutender Ort, was in der Ausstellung **»Ferrum – Welt des Eisens«** spannend und anschaulich dokumentiert ist. Außerdem wird in Ybbsitz das internationale **Schmiedefest Ferraculum** im Zwei-Jahres-Rhythmus abgehalten (Juni – Juli, in geraden Jahren). Ein 3 km langer Themenweg führt zu drei ehemaligen Hammerwerken.

Ferrum: Mai – Okt. Mo. 13.00 – 17.00, Di. – So. 9.00 – 17.00, im Winter Mo. u. Mi. ab 13.00 Uhr, Jan. – März So. geschl., Eintritt: 6,60 €, www.ferrum-ybbsitz.at

Gaming

Nach 23 km erreicht man Gaming (431 m; 3200 Einw.), wo die größte **Kartause** Mitteleuropas – 1342 erbaut, im 18. Jh. säkularisiert – als renoviertes Gebäude sehenswerte Kunstschätze birgt. Beachtung verdienen der Dachreiter aus dem 14. Jh., die Deckenfresken von Wenzl Lorenz Rainer in der Barockbibliothek (1723) und die gotische, aber barockisierte **Maria Thron Kartausenkirche**. Ein Teil des Komplexes wird als internationales Internat geführt, ein anderer als Hotel.

❶ Führungen: Mai – Okt. tgl. 11.00 u. 15.00 Uhr, Eintritt: 5 €, www.kartause.at

**Ötschergräben

Gaming liegt an der Westflanke des wuchtigen Ötschermassivs, auf der anderen Seite des markanten Bergstocks schlängelt sich die

Mariazeller Bahn (►Tipp S. 405) entlang. Aufstiege zum Ötscher-
gipfel (1893 m) sind von allen Seiten aus möglich, zwei Lifte erschließen das Massiv aber auch weniger Konditionsstarken (Talstationen
in Lackenhof und Mitterbach am Erlaufsee). Eine schöne und zudem
moderate Wanderung führt von der Ostseite (Ausgangspunkt Wie-
nerbruck) durch die Ötschergräben, die treffend als **»Grand Canyon
Österreichs«** beschrieben werden – hier hat der Ötscherbach gewaltige Schluchten in die Felsen gegraben.

* Mühlviertel

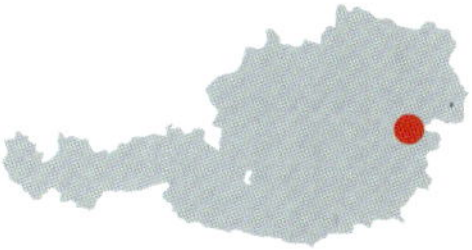

——————————— ✳ L/M/N 2/3
Bundesland: Oberösterreich

**Der Duft von Harz und Tannennadeln, Lichtungen in hellem
Grün, murmelnde Bäche, verschwiegene Seen, uralte Steine,
stille Moore und immer wieder Wälder: So präsentiert sich das
Mühlviertel auch heute noch.**

»Soweit das Auge ging, sah es kein anderes Bild als denselben   **Weite Wälder**
Schmelz der Forste, über Hügel und Täler gebreitet«, schrieb Adal-

**Vom Bärenstein sieht man über die Wipfel des Nordwaldes
bis weit zu den böhmischen Moldauseen.**

Mühlviertel erleben

AUSKUNFT

Oberösterreich Tourismus
Freistädter Str. 119
A-4041 Linz

Tel. 0732 22 10 22
www.muehlviertel.at
www.oberoesterreich.at

bert Stifter einst über das Mühlviertler Land. Der Wald spielt eine große Rolle als **Holzlieferant** vom Brennholz bis zum Geigenbau und ist Reservat zur Bewahrung von Flora und Fauna. Burgen und Schlösser grüßen von den Höhen des Hügellandes, das im Westen an Deutschland, im Norden an die Tschechische Republik, im Süden an die Donau und im Osten an das **Waldviertel** grenzt.

Böhmerwald. Der nordwestliche Teil mit dem Dreiländereck bildet die Ferienregion Böhmerwald, in der grenzüberschreitende Erlebnisse – ein Ausflug zu den **Moldaustauseen** oder eine Radtour entlang des Schwarzenberger Schwemmkanals – für Abwechslung sorgen. Im Winter findet man in **Schöneben** das Nordische Zentrum Oberösterreich, das mit 80 km jeweils klassisch und für Skating gespurter Loipen herausragend ist. Am nahen **Hochficht** gibt es ein familiäres Skigebiet, Hundeschlittentouren durch den Wald runden das Angebot ab.
  ❻ www.boehmerwald.at

Mühlviertler Alm Im waldreichen Hügelland lässt es sich gut wandern, vor allem aber kommen hier Reiter voll auf ihre Kosten: Die Mühlviertler Alm im östlichen Teil hat sich ganz dem Reitsport verschrieben und bietet mit 670 km Reitwegen die **größte Reitregion Europas**. Sie ist zu jeder Jahreszeit ein Mekka für Wanderreiter.
  ❻ www.muehlviertleralm.at

SEHENSWERTE ORTE IM MÜHLVIERTEL

Aigen-Schlägl Die Doppelgemeinde Aigen-Schlägl (596 m; 3200 Einw.) im Böhmerwald wird vor allem wegen ihrer von Wanderfreunden sehr geschätzten Umgebung und wegen des Stifts Schlägl besucht. Schöne Wege führen zum Hochficht (1338 m), zum Bärenstein (1076 m) oder zum Moldaublick mit Aussichtsturm. Das 1218 gegründete, im 17. Jh. neu erbaute **Prämonstratenser-Chorherrenstift Schlägl** besitzt eine ursprünglich frühgotische Stiftskirche, die barock umgestaltet wurde. Beachtenswert sind das kunstvolle Chorgitter (1684), die Kanzel (1646/1647) und das reich geschnitzte Chorgestühl (1735). Bekannt ist das Stift für seine regen musikalischen Aktivitäten von der Konzertreihe bis zum Orgelwettbewerb. Der Ausstellungsrundgang berührt den Kreuzgang, die romanische Krypta, die Gemälde- und Porträtgalerie, die Bibliothek, den früheren Kapitelsaal und die Prälatensakristei mit altem liturgischem Gerät. Bekannt ist das Stift aber auch für seine **Brauerei**, die 1580 erstmals erwähnt wurde und deren Biere heute rundum in der Gastronomie angeboten werden.

Stift Schlägl: Nur mit Führung Mai–Okt. Di.–Sa. 10.30–12.00 u. 14.00, So. 11.00 u. 14.00 Uhr, 5 €, www.stift-schlaegl.at

Brauereiführung: Mi. 14.00 Uhr, 9,50 € inkl. Verkostung, Anmeldung unter Tel. 07281 8801231

Haslach

In Haslach (531 m; 2500 Einw.), 10 km südöstlich von Schlägl am Südrand des dunkelgrünen Böhmerwaldes und einst inmitten blau blühender Flachsfelder gelegen, gibt es heute noch drei Webereien. Der reichen Textiltradition auf der Spur sind Besucher im Textilen Zentrum Haslach, wo das **Webereimuseum** u. a. ein Archiv mit historischen Musterbüchern zeigt. Ein besonderes Ausstellungsstück in der einstigen Leinenweberei Vonwiller, eine Kastenmangel aus der Zeit um 1825, befindet sich im Außenbereich. Jedes Jahr an einem Juliwochenende findet in Haslach ein beliebter Webermarkt statt.

Webereimuseum: April–Okt. Di.–So. 10.00–16.00, Nov.–März Do.–So. 10.00–16.00 Uhr, Eintritt: 6 €, www.textiles-zentrum-haslach.at

Bad Leonfelden

Gut 30 km östlich von Haslach folgt Bad Leonfelden (749 m; 4000 Einw.), ein beliebter **Moor- und Kneippkurort**. Die teils im Barock-, teils im Rokokostil ausgeführte Wallfahrtskirche Maria Schutz am Bründl wurde von 1762 bis 1791 errichtet. Nördlich von Bad Leonfelden erhebt sich der wegen seiner guten Wanderwege und Wintersportmöglichkeiten gerne besuchte **Sternstein** (1125 m; Sessellift), die höchste Erhebung des Mühlviertels.

Freistadt

Freistadt (560 m; 7400 Einw.), gut 30 km nordöstlich von Linz, liegt am alten Handelsweg nach Böhmen und besitzt eine **gut erhaltene mittelalterliche Altstadt** zu Füßen des mächtigen Bergfrieds und nahezu komplett vorhandene Befestigungsanlagen. Man bummelt durch idyllische Gässchen, vorbei an hübsch gestalteten Häuserfassaden und zahlreichen schönen Innenhöfen. An der nordöstlichen Ecke des weiten Hauptplatzes mit dem barocken Marienbrunnen führt ein Tor zum Schloss Freistadt (14. Jh.). In seinem Bergfried ist, über neun (!) Stockwerke verteilt, das **Mühlviertler Schlossmuseum** untergebracht, dessen Exponate sich unter anderem mit Volkskunde, Handwerk, Stadtgeschichte und Hinterglasmalerei befassen.

❶ Mo.–Fr. 9.00–12.00 u. 14.00–17.00, Sa., So. 14.00–17.00 Uhr, Eintritt: 4 €, www.museum-freistadt.at

Rainbach   Rund 7 km nördlich von Freistadt lädt in Rainbach die nostalgische **Pferdeeisenbahn** (Kerschbaum 61), mit der im 19. Jh. Salz transportiert wurde, zu einer Reise in die Vergangenheit ein.

❶ Betriebszeiten: Mai–Juli, Sept., Okt. So. 13.00–16.00, Aug. tgl. 14.00–16.00 Uhr, Fahrt, Museum und Führung: 8,50 €, www.pferde-eisenbahn.at

Kefermarkt   Kefermarkt (512 m; 2100 Einw.) liegt 10 km südlich von Freistadt und verfügt über eine einzigartige Attraktion: In der **Pfarrkirche St. Wolfgang** befindet sich ein 13,40 m hoher und 6,30 m breiter prächtiger gotischer Schnitzaltar aus Lindenholz. Der ***Flügelaltar** wurde in den Jahren 1409 bis 1497 geschaffen und ist geschmückt mit zum Teil lebensgroßen Figuren. Der Name des Schnitzkünstlers ist unbekannt, Auftraggeber waren die Herren von Schloss Weinberg, deren Stammsitz eine der mächtigsten Anlagen des Mühlviertels ist. In der Mitte des Schreins steht der hl. Wolfgang im Bischofsornat, flankiert vom hl. Christophorus und dem hl. Petrus.

❶ pfarre-kefermarkt.dioezese-linz.at

Grein   ▶Donautal

Kunstvolle Schnitzereien: Figuren am Altar der Pfarre St. Wolfgang

* Murau

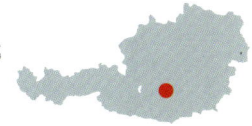

⟶ **M 5**

Bundesland: Steiermark
Höhe: 832 m ü.d.M.
Einwohnerzahl: 2100

**Welcher Ort kann sich schon rühmen, er sei auf einen Minne-
sänger zurückzuführen? Murau, am Fuß der über 1800 m hohen Stolzalpe gelegen, kann das: Es wurde vom Minnesänger
Ulrich von Liechtenstein im 13. Jh. gegründet.**

SEHENSWERTES IN MURAU

Direkt am linken Murufer liegt das historische Zentrum von Murau,   **Altstadt**
von den Stadtmauern sind noch Teile erhalten. Die kleine Innenstadt
erstreckt sich rechts und links der Anna Neumann Straße vom Raf-
faltplatz zum Schillerplatz. Dieser
heute auch **Hauptplatz** genannte
dreieckige Platz wurde um 1270 von
Ulrich I. von Liechtenstein angelegt,
in der Neuzeit wohnten hier bedeutende Hammerherrenfamilien.

Über der Altstadt erhebt sich die
Stadtpfarrkirche   St. Matthäus
aus dem 13. Jh., ein frühgotisches
Bauwerk mit schönen Fresken, vorwiegend aus dem 14. Jh., und einem
meisterhaften barocken Hochaltar.

> **!** **BAEDEKER TIPP**
>
> *Alte Bierbraukunst*
>
> Das Braumuseum im Gewölbekel-
> ler der Brauerei in Murau infor-
> miert Besucher über die Kunst des
> Bierbrauens. Hier weiß man Be-
> scheid, immerhin wird in diesen
> Mauern seit 1495 Bier hergestellt.
> Mai, Juni, Sept., Okt. Fr. 14.00 bis
> 18.00, Juli, Aug. Mi., Fr. 14.00 bis
> 18.00 Uhr, www.murauerbier.at

Die Kirche wiederum wird überragt vom Schloss (1628–1643), das   **Schloss**
auf dem Grund der einstigen Burg steht. Hier residierten Ulrich von   **Murau**
Liechtenstein und seine Nachfahren ca. 300 Jahre lang, dann traten
die Fürsten von Schwarzenberg die bis heute währende Nachfolge an.
Das Schloss wurde im 17. Jh. zum **vierflügeligen Renaissancebau**
mit schönem Arkadenhof umgebaut.
❶ Führungen Juni –Sept. Mi. u. Fr. 14.00 Uhr, Eintritt: 6 €

UMGEBUNG VON MURAU

Umgeben von ausgedehnten Wäldern und schönen Almen, ist Mu-   **Murtal**
rau ganzjährig ein beliebtes Ferienziel. Im Winter hat der **Kreisch-
berg** Kultstatus unter Snowboardern, im Sommer gilt die nahe Kra-
kau, ein Dorfverbund, der aus der Zeit gefallen zu sein scheint, unter

Murau erleben

AUSKUNFT
Informationsbüro Murau
Liechtensteinstraße 3 – 5

A-8850 Murau
Tel. 03532 2 72 00
www.murau.at

Wanderfreunden als heißer Tipp. Die Stadt selbst liegt direkt am **Murradweg**, der durchs Murtal vom Salzburger Land bis an die slowenische Grenze führt. Eisenbahnfreunde kombinieren einfach: Sie nehmen den Dampfbummelzug der **Murtalbahn** und radeln zurück.
Murtalbahn: Mitte Juni – Mitte Sept. Di. u. Mi., Fahrpreis: nach Tamsweg und retour 16,80 €, www.stlb.at

St. Ruprecht Was man alles aus und mit Holz, das in dieser Region reichlich vorhanden ist, machen kann, präsentiert 12 km muraufwärts in St. Ruprecht ob Mur das ungewöhnliche steirische **Holzmuseum**.
Holzmuseum: April, Mai, Okt. tgl. 9.00 – 16.00, Juni – Sept. tgl. 9.00 – 17.00 Uhr, Eintritt: 7,50 €, www.holzmuseum.at

St. Lambrecht Am Rand des Naturparks Zirbitzkogel-Grebenzen, der sich bei Wanderern großer Beliebtheit erfreut, liegt der Markt St. Lambrecht. Er ist Sitz eines großen **Benediktinerstifts**. Wahrscheinlich kamen die ersten Mönche des im 11. Jh. gegründeten Klosters aus St. Blasien im

Ruhig ist es in den einsamen Schilfbuchten am Neusiedler See.

Schwarzwald. Die Stiftskirche mit den beiden Zwiebeltürmen stammt noch aus dem 14./15. Jh., während die anderen Klosterbauten im 17./18. Jh. errichtet wurden. Während des Zweiten Weltkriegs war hier ein Nebenlager des KZ Mauthausen untergebracht. Das Stift besitzt eine beachtliche **Kunstsammlung** sowie ein **Vogelmuseum**, beide können im Rahmen einer Führung besichtigt werden.

❶ Führungen: Mitte Mai–Mitte Okt. Mo.–Sa. 10.45 u. 14.30, So. nach der Messe u. 14.30, Mitte Okt.–Mitte Mai Di. u. Sa. 10.45 Uhr, Eintritt: 8 €, www.stift-stlambrecht.at

Oberwölz, mit rund 1000 Einwohnern die kleinste Stadt der Steiermark, liegt etwa 30 km nordöstlich von Murau und beherbergt das **Österreichische Blasmusikmuseum**. Dies nennt eine außerordentlich reichhaltige Instrumentensammlung sein Eigen.   **Oberwölz**

Blasmusikmuseum: Mai–Sept. tgl. 10.00–12.00 u. 14.00–17.00 Uhr, Eintritt: 2,50 €

** **Neusiedler See**

R 4

Bundesland: Burgenland
Höhe: 115 m ü.d.M.

Flirrendes Licht, das Rascheln des Schilfs, Gezwitscher und Geschnatter von Tausenden von Vögeln im Frühjahr und im Herbst: Dem Reiz des Neusiedler Sees kann man sich kaum entziehen. Im Dezember 2001 wurde die grenzüberschreitende Region zum UNESCO-Weltkulturerbe erklärt.

Der einzige Steppensee Mitteleuropas liegt zu etwa vier Fünfteln auf österreichischem Gebiet, der Süden ist ungarisch. Bei etwa 35 km Länge und 5 bis 15 km Breite ist er nur 1 bis 1,80 m tief. Daher erwärmt sich das salzhaltige Wasser im Sommer außerordentlich schnell auf bis zu 30 °C. Der einzige nennenswerte Zufluss, die Wulka, bringt höchstens ein Viertel dessen, was durch **Verdunstung** wieder verloren geht, alles andere wird über Niederschläge zugeführt. Einen Abfluss besitzt der See nicht. Je nach Verdunstung schwankt der Wasserstand gewaltig: Immer wieder war der See (nahezu) völlig ausgetrocknet, wie alte Annalen kundtun, beispielsweise in den Jahren 1773, 1811 bis 1813 und 1864 bis 1870. Fast zur Gänze ist der See von einem bis zu 5 km breiten **Schilfgürtel** umgeben, so dass man vom Ufer aus das Wasser oft kaum sehen kann. Etwa 10 bis 15 % des Schilfes werden geschnitten und dienen als Flecht- und Rohmaterial für Stuckarbeiten. Lediglich am Ostufer bei Podersdorf ist das Ufer einigermaßen frei zugänglich. Surfer und Segler finden   **Einzigartiger Steppensee**

Neusiedler See erleben

AUSKUNFT
Neusiedler See Tourismus
Obere Hauptstr. 24
A-7100 Neusiedl
Tel. 02167 86 00
www.neusiedlersee.com

ESSEN
Gasthaus zur Dankbarkeit
€€€ – €€€€
Hauptstraße 39
A-7141 Podersdorf
Tel. 02177 22 23
www.dankbarkeit.at
Mi. u. Do. geschl.
Gedeckt wird der Tisch in diesem Gasthaus mit den Produkten des Seewinkels: Tomaten und Paprika, Mangalitzaschweine und Steppenrinder, Weidegänse und Zander wandern in den Kochtopf. Und das schmeckt ganz köstlich.

Sundowner
Die Mole West in Neusiedl ist ein schicker Treffpunkt direkt am See mit Sonnenuntergangsblick. Mit einem Cocktail in der Hand einfach auf der Holzterrasse über dem Wasser auf einem Sofa Platz nehmen und der Sonne beim Versinken zusehen – das ist Urlaub!
www.molewest.at

ÜBERNACHTEN
Residenz Velich €€€
Illmitzerstraße 13
A-7143 Apetlon
Tel. 02175 5 40 00
www.velich.at
Das alte Zollhaus im Seewinkel wurde vom Jungwinzer Heinz Velich in eine schöne Residenz umgewandelt, die sich nach außen noch immer historisch, nach innen aber höchst modern gibt.

aufgrund der hervorragenden Windverhältnisse beste Möglichkeiten, Motorboote allerdings sind aus Naturschutzgründen untersagt.

Nationalpark Ein Eldorado für Naturliebhaber ist der Neusiedler See, dessen Schilfgürtel **seltenen Tieren wie der Äskulapnatter oder dem Mondhornkäfer, aber vor allem rund 300 Vogelarten, insbesondere **Wat- und Wasservögeln**, Lebensraum bietet. Besonders eindrucksvoll ist die Szenerie im Frühjahr und im Herbst, wenn die Zugvögel Halt machen. Zahlreiche seltene (Wasser-)Pflanzen begeistern Botaniker. Zum Schutz dieser einzigartigen Fauna und Flora hat Österreich 1993 gemeinsam mit Ungarn den Nationalpark Neusiedler See-Seewinkel eingerichtet, der den südlichen Bereich des Sees und das Gebiet der Lacken, kleinere Salzseen in der Puszta östlich des Sees, umfasst. Das **Informationszentrum** und die **Biologische Station** befinden sich in Illmitz. Das umfangreiche Besucherprogramm bietet zahlreiche geführte Exkursionen, dazu Touren mit dem Pferdewagen durch den Nationalpark und Filmvorträge zum Thema. **Nationalpark-Informationszentrum:** April–Okt. Mo.–Fr. 8.00–17.00, Sa., So. 10.00–17.00, Nov.–März Mo.–Fr. 8.00–16.00 Uhr, Eintritt frei, www.nationalpark-neusiedlersee-seewinkel.at

Das pannonische Klima im Burgenland ist gekennzeichnet durch   **Weinbau**
geringe Niederschläge, kühle Winter und heiße Sommer. Für den
Weinbau sind diese klimatischen Merkmale beste Voraussetzungen.
Im flacheren Gebiet rund um den See dominieren die Roten wie
Blauer Zweigelt, Blaufränkisch, St. Laurent oder Merlot. Wo der
See hingegen im Westen zum Leithagebirge ansteigt, werden aus den
Sorten **Pinot Blanc, Chardonnay und Welschriesling** mineralische
Weißweine gekeltert. Im Seewinkel
begünstigen das Mikroklima und
die sandigen Böden die Süßwein-
produktion. Viele der hier ansässi-
gen Winzer produzieren Weine der
europäischen Spitzenklasse. **Zwei
Weinstraßen** führen westlich und
östlich am Neusiedler See entlang.
Die Traubenlese gehört zu den beliebtesten Besuchszeiten.

RUND UM DEN
NEUSIEDLER SEE

Mörbisch (115 m; 2300 Einw.) am
südwestlichen Ufer unweit der ungarischen Grenze ist ein anspre-
chender kleiner Ort mit charakte-

BAEDEKER TIPP ❗

Der Popcorn-Vogel

Männliche Großtrappen gelten
mit rund 16 kg Gewicht als die
schwersten flugfähigen Vögel. Sie
sind Steppenbewohner und als
solche heutzutage eine Rarität. In
Österreich findet man eine nennenswerte Population im Seewinkel, was im Frühjahr Heiterkeit
bei der Vogelbeobachtung beschert: Anlässlich der Balz stülpt
das bis zu 1 m große Männchen
sein Federkleid quasi nach außen,
um die Weibchen zu beeindrucken. Das hat starke Ähnlichkeit
mit aufplatzendem Popcorn.

ristischen Laubenhäusern und langen Hofgassen. Ein 1,7 km langer
Damm führt zum **Badestrand**, dem eine Insel vorgelagert ist. Hier
bieten sich auch gute Möglichkeiten zum Surfen oder Segeln. Die
Mörbischer Seebühne lädt jedes Jahr im Juli und August zu den Operettenaufführungen der beliebten **Seefestspiele** ein. Dann gibt es
auch ein großes Feuerwerk.
Seefestspiele: www.seefestspiele-moerbisch.at

Rust (123 m; 1800 Einw.), Fremdenverkehrszentrum und bekannter   ***Rust**
Weinbauort (»Ruster Ausbruch«), ist Sitz der österreichischen
Weinakademie, die Weinseminare und Verkostungen anbietet.
30 000 l Wein und 60 000 Gulden kostete 1681 die Ernennung zur
königlich-ungarischen Freistadt. Das Städtchen besitzt noch zahlreiche gut erhaltene Bürgerhäuser aus Renaissance und Barock, die Altstadt steht unter Denkmalschutz. Ein reizvoller Blickfang sind die
vielen **Storchennester** und ihre klappernden Bewohner. Zum Bade-
platz und zum Seerestaurant führt der 1 km lange Straßendamm
durch den Schilfgürtel (Parkplatz). Die von einer alten Wehrmauer
umgebene ***Fischerkirche** mit unregelmäßigem Grundriss besitzt
beachtliche Fresken (14./15. Jh.). Ihr Name leitet sich der Sage nach

Hier war der Klapperstorch in eigener Sachte tätig:
Storchennest in Rust.

von Ruster Fischern her, die eine in Seenot geratene Königin retteten
und dafür eine stattliche Geldsumme zum Bau der Kirche erhielten.

St. Marga- Nahe der Straße von Rust nach St. Margarethen liegt ein schon von
rethen den Römern benutzter **Steinbruch**. Sein Leithakalk wurde bereits
beim Bau des Stephansdoms, des Burgheaters und anderer Wiener
Bauten verwendet. Die von zeitgenössischen Bildhauern geschaffe-
nen Großplastiken verleihen der Szenerie ein eigenwilliges Gesicht.
Vor der eindrucksvollen Felsenkulisse werden alle fünf Jahre im
Sommer **Passionsspiele** aufgeführt. Zudem dient der Steinbruch als
Rahmen für Opernfestspiele. Der **Familypark** in St. Margarethen
(Märchenparkweg 1) verzaubert mit Märchenwelt, Streichelzoo, Zir-
kus und anderen Attraktionen besonders die Kleinen.
Passionsspiele: Nächste Spiele im Jahr 2016, www.passio.at
Familypark: April–Sept. tgl. 9.00–18.00, Okt. tgl. 10.00–17.00 Uhr,
Eintritt: 19,50 €, www.familypark.at

Purbach Purbach (124 m; 2700 Einw.) ist ein Wein- und Ferienort mit gut er-
haltenem Mauerring und vier wuchtigen Toren aus der Zeit der Tür-

keneinfälle. Das Wahrzeichen der Stadt, der **»Purbacher Türke«**, ist auf dem Rauchfang eines Hauses nahe beim Türkentor zu sehen.

Neusiedl (131 m; 7100 Einw.) am Nordende des Sees ist eines der hiesigen **Wassersportzentren**: Der 1,5 km lange Damm führt durch den Schilfgürtel zu den Badeanlagen am offenen Wasser mit Strandbad, Segel- und Surfschule sowie Jachtschule. Die Burgruine Tabor ist entgegen anders lautender Gerüchte kein römisches, sondern ein mittelalterliches Bauwerk.

? **BAEDEKER WISSEN**

Wussten Sie schon ... ?

... wie Purbach zu seinem Wahrzeichen, dem »Türken«, kam? Anno 1532 verschlief ein Türke nach übermäßigem Weingenuss in einem Keller den Abzug seines Heeres und versuchte – nachdem er von den Hausbewohnern entdeckt worden war –, durch den Kamin zu entwischen, in dem er dann aber prompt hängen blieb. Die Einheimischen schonten sein Leben, dafür trat er zum christlichen Glauben über.

Ein Abstecher nach Südosten führt zum Markt Halbturn (128 m; 1900 Einw.). Das kaiserliche **Jagdschloss**, 1711 von Lukas von Hildebrandt erbaut, zählt zu den schönsten Barockschlössern Österreichs. Maria Theresia (►Berühmte Persönlichkeiten) ließ den großen Saal von Anton Maulpertsch mit Deckengemälden ausschmücken. Heute ist das Schloss oft Rahmen für Kunstausstellungen und Konzerte.
❶ www.schlosshalbturn.at

Halbturn

Gleich daneben liegt der Ort Mönchhof (131 m; 2300 Einw.), in dem ein sehenswertes **Freiluftmuseum** zum Besuch lädt: Mit viel Liebe wurden rund 20 alte Gebäude wie Höfe, Werkstätten und Läden in der Region abgetragen, hier wieder aufgebaut und neu bestückt.
❶ April, Mai, Sept., Okt. Di.–So. 10.00–18.30, Juni–Aug. tgl. 10.00 bis 18.30 Uhr, Eintritt: 5,50 €, www.dorfmuseum.at

Freiluftmuseum Mönchhof

Etwa 6 km südlich von Halbturn liegt der Ort Frauenkirchen (124 m; 2800 Einw.), benannt nach seiner von italienischen Meistern erbauten barocken **Wallfahrtskirche** (1695–1702). Das gotische Gnadenbild am Hochaltar stammt aus der mittelalterlichen Kirche, die während der Türkenkriege zerstört worden war. Es heißt, das ursprüngliche Gnadenbild sei die stillende Muttergottes im Seitenaltar gewesen. Neben der Kirche erhebt sich der eigenartige Kalvarienberg mit spiralförmig ansteigendem Kreuzweg.

Frauenkirchen

Podersdorf (121 m; 2100 Einw.), 15 km südlich von Neusiedl, verfügt über den **einzigen schilffreien Strand** am See. Es ist Hauptanlaufstelle von Surfern, denen man hier bereits ab Ende März zusehen kann. Im Sommer locken das riesige Strandbad, ein gut ausgebautes Radwegenetz und einige Reitbetriebe.

Podersdorf

Seewinkel   Südlich von Podersdorf erstreckt sich zwischen dem Neusiedler See und der ungarischen Grenze der so genannte Seewinkel, ein von vielen **Lacken** (kleine flache Wasserflächen) übersätes Salzsteppegebiet mit interessanter Tier- und Pflanzenwelt. Im Frühjahr und im Herbst dienen die Lacken als Schlafplatz für unzählige Zugvögel. Ganz typisch für den Seewinkel sind **Pusztadörfer**, die genauso gut 100 km weiter östlich in der ungarischen Tiefebene stehen könnten, wie Illmitz (117 m; 2400 Einw.) und Apetlon (121 m; 1800 Einw.) mit ihren charakteristischen schilfgedeckten Bauernhäusern. Von hier aus lassen sich wunderbare Rad- und Wandertouren durch die Salzsteppe und zum Neusiedler See unternehmen.

* Niedere Tauern

L/M/N 5

Bundesländer: Salzburg und Steiermark
Höchste Erhebung: Hochgolling (2863 m ü.d.M.)

Dicht bewaldete und kaum besiedelte Täler, verträumte Almen, majestätische Gipfel, Bäche und klare Seen – in den Niederen Tauern ist diese Idylle in weiten Teilen noch zu finden.

Idyllischer   Vom Murtörl, wo die Mur entspringt, im Westen bis zu den Seckau-
Gebirgszug   er Alpen im Osten reicht der Gebirgszug. Im Norden wird er begrenzt vom Enns-, Palten- und Liesingtal, im Süden vom Murtal. Zahlreiche Täler schneiden von Norden und Süden in das Gebirge ein, doch nur wenige Pässe führen hindurch – ideal für Ruhe und naturnahe Erholung suchende Menschen. Die höheren Gipfel des Hauptkamms bergen einige Schwierigkeitsgrade für Kletterkünstler. Vor allem in den äußeren Bereichen der Niederen Tauern finden Wanderer und Wintersportbegeisterte hervorragende Bedingungen. Die westlichste Teilgruppe der Niederen Tauern sind die **Radstädter Tauern** vom Murtörl bis zum Radstädter Tauernpass. Kühne Felsformationen charakterisieren die höchsten Gipfel, vom Hohen Weißeck (2712 m) und vom Mosermandl (2680 m) bietet sich eine herrliche Aussicht. Großer Beliebtheit erfreuen sich die Radstädter Tauern als Skigebiet. (▶Radstadt, ▶St. Johann im Pongau).

Schladminger   Die Schladminger Tauern beginnen östlich des Radstädter Tauern-
Tauern   passes und sind für **Bergwanderer** die wohl interessanteste Gruppe der Niederen Tauern. Ihre höchsten Gipfel, der Hochgolling (2863 m) mit seiner mächtigen Nordwand und die breite Pyramide der Hochwildstelle (2747 m), sind von Schladming im Ennstal über die Golling-Hütte (1630 m) oder die Preintaler Hütte (1656 m) gut zu erreichen und werden entsprechend frequentiert. Zum Skilaufen eignen

Niedere Tauern erleben

AUSKUNFT

Schladming-Dachstein
Tourismusmarketing
Ramsauerstr. 756

A-8970 Schladming
Tel. 03687 2 33 10
www.schladming-dachstein.at

sich besonders die nördlichen Ausläufer wie die Planai (1894 m) mit der Schladminger Hütte oder der Hauser Kaibling (2015 m) mit der Krummholz-Hütte. Charakteristisch für die Hochregion sind **ihre traumhaft gelegenen Bergseen**: die Giglachseen bei der Ignaz-Mattis-Hütte, der Riesachsee am Weg zur Preintaler Hütte, das Gebiet des Klafferkessels oder der fast unbesiedelte Naturpark Sölktäler im Osten der Schladminger Tauern, von Norden her erreichbar über Großsölk und die im Winter gesperrte Erzherzog-Johann-Straße.

Idealer Ausgangspunkt für die vielfältigen Sportunternehmungen, die die Niederen Tauern zu bieten haben, ist die alte Bergmannstadt Schladming (750 m; 4300 Einw.) – Austragungsort der FIS Alpine Ski WM 2013. Von der Stadtbefestigung Schladmings steht nur noch das **Salzburger Tor** aus dem 17. Jh. Die imposante katholische Stadtpfarrkirche verfügt über eine barocke Innenausstattung, die evangelische Kirche (1862) ist das größte evangelische Gotteshaus der Steiermark und besitzt einen Flügelaltar aus der Reformationszeit. Das sehenswerte **Stadtmuseum** im Bruderladenhaus (1681) erinnert an die Wirren der Reformationszeit, widmet sich aber auch dem Thema Bergbau und der regionalen Kultur- und Naturgeschichte. Auch Sonderausstellungen werden gezeigt.
Stadtmuseum: Juni–Mitte Okt. Di., Do. 9.00–12.00 u. 13.00–17.00, Mi., Fr. 9.00–13.00 Uhr, Eintritt: 3 €; Führung Do. 15.00 Uhr, Preis inkl. Eintritt: 5 €

Schladming

! BAEDEKER TIPP

Der Hofmannsche Glaube …

… war vor etlichen Jahrhunderten die Bezeichnung für den Protestantismus in der Steiermark. Ein Hofmann von Grünpichl, der auf Burg Strechau bei Rottenmann im Paltental residierte, erwirkte nämlich im Jahr 1579 Glaubensfreiheit für die Steiermark und richtete auf seiner Burg eine protestantische Hauskapelle ein.
Mai–Okt. tgl. 10.00–16.00 Uhr, Führung: 9 €, www.burg-strechau.at

Der Hauptkamm der **Wölzer Tauern** ist recht weit entfernt von größeren Siedlungen. Seine bis in die oberen Regionen bewachsenen Gipfel, darunter der Greim (2474 m), die Oberwölzer Schoberspitze (2423 m) und der Hohenwart (2361 m), stellen keine allzu hohen Anforderungen an Bergsteiger.

Rotten- Mit den ausgedehnten Rottenmanner und Seckauer Tauern endet der
manner und zentrale Gebirgszug der Niederen Tauern. Von Trieben aus lohnt sich
Seckauer der Aufstieg zum scharfkantigen **Großen Bösenstein** (2449 m) über
Tauern die Edelraute-Hütte (1725 m) am Kleinen Scheiblsee und weiter über
den Kammweg zum Hochschwung und Seitner Zinken bis zur Brei-
teckkoppe. Den höchsten Gipfel der Seckauer Tauern, den **Hoch-**
reichhart (2416 m), erreicht man nordöstlich von Kalwang oder von
Süden über den Kammweg vom Seckauer Zinken (2398 m).

✳ Ossiacher See

✦ M 6

Bundesland: Kärnten
Höhe: 501 m ü.d.M.

Ein wenig abseits des Massentourismus liegt der lang ge-
streckte Ossiacher See nordöstlich der Stadt ▸Villach. Der dritt-
größte See Kärntens lockt durch seine schöne Lage und die
angenehmen Wassertemperaturen von bis zu 26 °C.

Beliebtes Nicht nur Wassersportler kommen auf dem 11 km langen, 1 km brei-
Urlaubsziel ten und bis zu 47 m tiefen See auf ihre Kosten, die Umgebung bietet
auch jede Menge andere Sportmöglichkeiten. Wer einen Rundum-
blick genießen möchte, vertraut sich am besten der Ossiacher See
Schifffahrt an: Vom Frühjahr bis zum Herbst fahren die Schiffe
mehrmals täglich in einem Zickzackkurs fast alle Orte am Seeufer an.

SEHENSWERTE ORTE AM OSSIACHER SEE

Burg Wer von Villach her den Ossiacher See ansteuert, kann die mächtige
Landskron Burgruine Landskron (676 m) gar nicht verfehlen. Das einstige Renaissanceschloss, lange im Besitz der vermögenden Familie Khevenhüller, bietet nicht nur einen wunderbaren Ausblick über den See
und die umgebende Landschaft, sondern auch eine einzigartige tierische Attraktion: einen **Greifvogel-Zoo**, in dem Adler, Eulen, Falken und Geier ihre Flugkünste zeigen.
❶ April–Juni, Sept. Mo.–Sa. 10.30–16.00, So. 10.30–17.30, Juli, Aug. tgl.
10.30–18.30, Okt. tgl. 10.30–16.00 Uhr, Eintritt: 10 € inkl. Flugschau

Gerlitzen Die Gerlitzen Alpe (1909 m) gilt aufgrund ihrer besonderen Thermik
als Eldorado für **Paraglider**. Wer es einmal versuchen möchte, kann
hier einen Tandemflug buchen. Wer lieber mit den Füßen auf dem
Boden bleibt, findet auf der Gerlitzen ein gepflegtes **Ski- und Wan-**
dergebiet mit einem überwältigenden Rundumblick: Im Süden ra-

Ossiacher See erleben

AUSKUNFT
Tourismusinformation Ossiach
Ossiach Nr. 8, A-9570 Ossiach
Tel. 04243 497
www.ossiachersee.info

ESSEN UND ÜBERNACHTEN
Naturgasthof Schlosswirt €€
A-9570 Ossiach

Tel. 04243 87 47
www.schlosswirt-ossiach.at
Die Zimmer sind mit viel Holz und nach
Feng-Shui-Kriterien eingerichtet, in der
Küche legt man Wert auf eine vollwertige Naturküche. Tipp: Es gibt frischen
Fisch aus dem Ossiacher See. Der zum
Gasthof gehörende Badestrand ist nur
wenige Gehminuten entfernt.

gen die Karawanken auf, im Nordwesten die Nockberge, und ganz im
Westen erkennt man auch noch die Gipfel der Hohen Tauern.
❶ www.gerlitzen.com

Vor rund 1000 Jahren ließen sich am südöstlichen Ufer im heutigen **Ossiach**
Ossiach (505 m; 800 Einw.) Benediktinermönche nieder. Einer der
Äbte des ehemals berühmten Benediktinerstifts, das 1783 durch Kaiser Joseph II. aufgehoben wurde, verfügte sogar über eine kleine
Flotte venezianischer Galeeren, mit denen 1552 Kaiser Karl V. übers
Wasser eskortiert wurde. Sehenswert ist die **Stiftskirche**, eine ur-

**Die Gerlitzen Alpe (1909 m) ist nicht nur ein beliebtes Ski- und
Wandergebiet, sondern auch ein Paradies für Paraglider.**

sprünglich romanische Pfeilerbasilika, die im 18. Jh. barock verändert wurde. Sie besitzt üppige Stuckdekorationen, ausgeführt von einem Wessobrunner Meister. Die Deckenmalerei hat der bekannteste Kärntner Barockmaler, Joseph F. Fromiller, um 1750 beigesteuert.

Beachtung verdient auch der spätgotische Flügelaltar in der Nordwestkapelle, der Mittelschrein birgt eine Madonna mit Kind zwischen der hl. Katharina und der hl. Margarete. Alljährlich ist Ossiach im Juli und August Ziel zahlreicher Musikliebhaber, die die Opernaufführungen, Konzerte und Liederabende des renommierten **»Carinthischen Sommers«** genießen. Ein Teil des Programms wird auch in Villach aufgeführt.
❶ www.carinthischersommer.at

Einöde-Winklern An der Straße nach Radenthein zieht es Puppenfreunde nach Einöde-Winklern ins **Puppenmuseum**. Auf unnachahmliche Art hat die Puppenmacherin Elli Riehl (1902–1977), die aus Villach stammte und 1950 nach Winklern zog, zuerst Kinder, später auch Erwachsene aus ihrer Lebensumwelt als Puppen »porträtiert«. Auf diese ganz eigenwillige Weise wurde ein Stück der Kultur und der Lebensweise Kärntens festgehalten.
❶ April, Mai tgl. 9.00–12.00 u. 14.00–18.00, Juni–Sept. tgl. 9.00–18.00, Okt. tgl. 14.00–18.00 Uhr, Eintritt: 5,20 €, www.elli-riehl-puppenwelt.at

✳ Ötztal

✛ E 6

Bundesland: Tirol

Namentlich ist das Ötztal vor allem durch die rund 5300 Jahre alte Mumie und den in Ötz geborenen DJ Ötzi bekannt. Beliebt ist das Tal hauptsächlich bei Bergtouristen, denn die finden hier eine vorzügliche Infrastruktur vor.

Ausweg aus der Armut Von den drei Tiroler Hochgebirgstälern Kauner-, Pitz- und Ötztal ist das letztere mit 55 km nicht nur das längste, es hat auch die meisten Erfahrungen mit dem Fremdenverkehr. Denn am südlichen Talende in Vent wurde der Bergtourismus sozusagen »erfunden«: Der dort amtierende Pfarrer **Franz Senn** (1831–1884), selbst ein begeisterter Bergsteiger, sann auf Abhilfe gegen die bittere Armut der Bergbauern und sah einen Ausweg im Tourismus. Also ließ er um 1860, teils aus eigenen Mitteln, die ersten Wege anlegen, bildete Einheimische zu Bergführern aus und bot Touristen Unterkunft und Verpflegung im Pfarrhaus. Der energische Seelsorger gehörte folgerichtig auch zu den Gründern des Österreichischen Alpenvereins 1862 in Wien und des Deutschen Alpenvereins 1869 in München. Der Anfang des Ötztals ist breit und fruchtbar, dann verengt es sich im mittleren Teil zu einer Folge von Schluchten, die sich mit weiten Wiesen abwechseln. Vorbei an Wasserfällen steigt die Straße in mehreren Stufen nach Süden an und bietet dabei vielfach einen eindrucksvollen Blick auf die Gipfel und Gletscher der Ötztaler Alpen. Ziemlich weit hinten im Tal liegt der **Hauptort Sölden** bereits auf 1377 m (4200 Einw.), hier dreht sich von Oktober bis Mai alles um den Skisport – bis hinauf zu den Gletschern. Zusammen mit Obergurgl-Hochgurgl ist Sölden eine der Top-Skisport-Adressen der Alpenrepublik. Vom Ende des Tals führt die nur wenige Monate im Jahr befahrbare Timmelsjochstraße hinüber nach Südtirol.

Am 19. September 1991 fand ein deutsches Ehepaar beim Abstieg **Ötzi** von der Fineilspitze in der Nähe von Sölden eine **mumifizierte Leiche**. Der Körper des alsbald unter dem Namen Ötzi bekannt gewordenen Jägers oder Kriegers – hier streiten sich die Gelehrten – hatte seit der ausgehenden Jungsteinzeit rund 5300 Jahre im Eis überdauert. Aus gegebenem Anlass wurde der Fundort genau vermessen, und es stellte sich heraus, dass der Ötzi gut 90 m von der österreichischen Grenze entfernt auf italienischem Boden gelegen hatte. Infolgedessen ist er heute im Südtiroler Archäologiemuseum in Bozen zu bestau-

Ötztal erleben

AUSKUNFT
Ötztal Tourismus
Gemeindestraße 4, A-6450 Sölden
Tel. 057 2 00
www.oetztal.com

ÜBERNACHTEN
Naturhotel Waldklause ⊝⊝⊝⊝
Unterlängenfeld 190
A-6444 Längenfeld
Tel. 05253 54 55
www.waldklause.at
Ein angesagtes Designhotel in Niedrigenergiebauweise, das auch durch seine außergewöhnliche Holz-Glas-Stein-Architektur besticht (► Baedeker Wissen S. 136). Der Wellnessbereich hat Sauna, Dampfbad, und beheizten Außenpool.

Posthotel Kassl ⊝⊝
Hauptstr. 70, A-6433 Ötz
Tel. 05252 63 03
www.posthotel-kassl.at
Das altehrwürdige Posthotel, seit dem 17. Jh. Landgasthof in Familienbesitz, bietet eine großzügige Bade- und Saunalandschaft. Im Restaurant werden z. B. leckere Fischgerichte serviert.

nen, wo er in einem klimatisierten Schaukasten bei –6 °C liegt. In Umhausen im Ötztal gibt es ein Ötzi-Dorf.

Wasseraction Das untere Ötztal ist auch bekannt für seine vielfältigen actionreichen **Wasser- und Bergsportangebote** wie Rafting, Canyoning, Kajak- und Kanusport (▶Urlaub aktiv). An der Mündung der Ötztaler Ache in den Inn liegt zudem die neue **Area 47** (Ötztal-Bahnhof), eine Wassererlebniswelt, die mit ihren gigantischen Rutschen und steilen Kletterwänden nichts für schwache Nerven ist.
❶ www.area47.at

SEHENSWERTE ORTE IM ÖTZTAL

Ötz Ötz (820 m; 2300 Einw.) liegt rund 5 km südlich der Einmündung der Ötztaler Ache in den Inn und ist wegen seines milden Klimas viel besucht. Beachtenswert sind die Häuser mit gotischen Portalen, Erkern und Fassadenmalereien aus der Renaissance, darunter der Gasthof Stern. Die hoch gelegene **Pfarrkirche** (14. Jh.; im 17./18. Jh. erweitert) hat einen gotischen Turm und einen schönen Altar. Unter dem Chor befindet sich die gotische St.-Michaels-Kapelle mit dem »Höllenrachenrelief«: Der dreihörnige Teufel reißt die Augen auf und streckt gleich zwei Zungen heraus, während auf seiner Brust der hl. Michael in Siegerpose steht. Das **Turmmuseum** am Schulweg zeigt eine Sammlung historischer Abbildungen des Ötztals sowie

Archäologischer Freilichtpark: Ötzidorf in Umhausen

zeitgenössische Kunst. Im Garten sind Skulpturen zu bewundern. Etwa 3 km südwestlich von Ötz liegt auf einer bewaldeten Terrasse über dem Tal der 800 m lange und 30 m tiefe **Piburger See** (915 m; Naturschutzgebiet), einer der wärmsten Badeseen Tirols. Erlaubt ist das Baden aus Naturschutzgründen jedoch nur an seinem Südende.

Südlich von Ötz folgt die älteste Siedlung des Tals: Umhausen (1036 m; 3100 Einw.) ist ein freundlicher **Ferienort** auf dem Schuttkegel des Hairlachbachs. Sehenswert sind die gotische Pfarrkirche (15. Jh., mehrmals erweitert) mit einem Renaissancekreuz (1580) und das Gasthaus Krone mit Fassadenbildern und stuckverziertem Renaissanceerker (1684). Im **Ötzidorf** hat man das Leben zur Zeit des berühmtesten Ötztalers nachgestellt. Dieser archäologische Freilichtpark veranschaulicht das Leben, Wohnen und Wirtschaften in der Jungsteinzeit. Rund 3 km südöstlich von Umhausen stürzt der ***Stuibenfall**, der höchste Wasserfall Tirols, unter einer natürlichen Felsbrücke hindurch 160 m in die Tiefe.
Ötzidorf: Mai–Sept. tgl. 9.30–17.30, Okt. tgl. 9.30–17.00 Uhr, Eintritt: 6,50 €, www.oetzi-dorf.at

Umhausen

10 km talaufwärts von Umhausen liegt der Kurort Längenfeld (1179 m; 4300 Einw.) Bestimmt wird das Stadtbild von der Pfarrkirche St. Katharina (ursprünglich spätgotisch) mit ihrem 74 m hohen Turm. Touristisch bestimmend ist die neue, nach Feng-Shui-Prinzipien erbaute Bade- und Wellnesslandschaft **Aqua Dome**.

Längenfeld

Hinter Huben verengt sich das Ötztal zu einer wilden Schlucht und erweitert sich erst wieder bei Sölden. Sehenswert ist die Pfarrkirche, ein ursprünglich spätgotischer, 1752 barockisierter Bau mit einem beachtlichen Deckengemälde und einem gotischen Taufbrunnen (1522). Ihre größte Höhe erreichen die Ötztaler Alpen in dem sich nordwärts ziehenden Kamm, auf dem sich das steile, firnglitzernde Trapez der ***Wildspitze** (3774 m) erhebt. Zur Wildspitze führen mehrere Wege: der kürzeste von der Breslauer Hütte (2840 m) bei Vent, der wohl schönste von Mittelberg im Pitztal unter dem prächtigen Mittagskogl (3162 m) oder von Sölden über die Braunschweiger Hütte (2759 m) und den beeindruckenden Mittelbergferner. Beliebt ist dieser Alpenzug bei Bergsteigern, aber auch bei Skifahrern, da die vielen, oft bis zur Gipfelwechte befahrbaren Spitzen und die ausgedehnten, verhältnismäßig leichten Pisten großartige Eindrücke vermitteln. Die Abfahrt von der Wildspitze über Hochsölden nach Sölden zählt mit einem Höhenunterschied von rund 2400 m zu den längsten und schönsten Skiabfahrten der gesamten Alpen.

Sölden und Hochsölden

Kurz nach Zwieselstein (1472 m), wo sich das Ötztal in das Gurgler Tal (links) und das Venter Tal (rechts) verzweigt (»zwieselt«), beginnt

*Timmelsjochstraße

Die Timmelsjochstraße bietet einzigartige Aussichten.

die Timmelsjochstraße, die nach Moos im Passeiertal in Südtirol führt (mautpflichtig). Von Anfang Juni bis Ende Oktober (je nach Witterung) ist die Straße, die das 2509 m hohe Timmelsjoch überwindet, zwischen 7.00 und 20.00 Uhr geöffnet. Auf der Passhöhe verläuft die Staatsgrenze zu Italien. Entlang der knapp 35 km langen Strecke sind fünf **Erlebnisstationen** eingerichtet, die sich unterschiedlichen Themen wie Geologie oder Schmuggel widmen. Die Aussichten unterwegs sind einzigartig.

❶ www.timmelsjoch.com

Pitztal

✦ E 5

Bundesland: Tirol

Zwischen dem Ötztal im Osten und dem Kaunertal im Westen liegt das Pitztal. Es erschließt etwas abseits der großen Reiserouten die faszinierende Gebirgswelt der Ötztaler Alpen mit ihren zahlreichen Wasserfällen.

Pitztalstraße Eine 39 km lange Straße führt durch das vom Pitzbach durchflossene Tal. Sie zweigt südlich von Imst ab und endet im prächtigen Talschluss am Fuß des Mittelbergferners. Das Pitztal wird zur Erholung im Sommer, aber auch zum Wintersport besucht und bildet den Aus-

Pitztal erleben

AUSKUNFT
Tourismusverband Pitztal
Unterdorf 18

A-6473 Wenns
Tel. 05414 869 99
www.pitztal.com

gangspunkt für zahlreiche Bergtouren. Von Imst kommend, erreicht man zuerst Arzl, das »Tor zum Pitztal«. Hier spannt sich – über die Pitzenklamm – **Europas höchste Fußgängerbrücke** mit einer Höhe von 94 m. Mutige können von der 137,5 m langen Brücke sogar einen Bungee-Sprung wagen.
❶ www.arzl-pitztal.info

Wenns
Der hübsche Ort Wenns (979 m; 2000 Einw.) liegt auf einer fruchtbaren Talterrasse. 5 km südwestlich oberhalb von Wenns befindet sich das Dorf **Piller** (1349 m), geht man noch 4 km weiter bergauf, erreicht man die Pillerhöhe (1558 m) mit einer tollen Aussicht.

Jerzens
Ein Stück weiter liegt das **Zirbendorf** Jerzens (1107 m; 1000 Einw.). Der geschlossene Zirbenwald oberhalb der Ortschaft schützt die Siedlung seit ihrer Entstehung vor Lawinen und Muren. Zirbenholz findet traditionellerweise beim Hausbau Verwendung, außen wie innen. Bekannt ist in der Region auch der Zirbenschnaps, der aus frischen Zirbenzapfen im Hochsommer angesetzt wird. In der **Ausstellung** »Die Zirbe – Grenzgängerin mit Talenten« huldigt man dem alpinen Baum, auch ein 3D-Film zum Thema wird gezeigt.
❶ Tgl. 9.00–18.00 Uhr, Eintritt frei

St. Leonhard
Weiter talaufwärts erreicht man, unterhalb der im Südwesten aufragenden Rofelewand (3353 m), St. Leonhard (1371 m; 1400 Einw.). Der **Hauptort des Pitztals** – der Fläche nach die viertgrößte Gemeinde Tirols – zieht sich 34 km lang durch das Tal.

✳ Radstadt

✦ **K 5**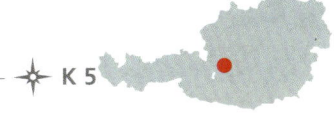

Bundesland: Salzburg
Höhe: 856 m ü.d.M.
Einwohnerzahl: 4800

Der lebhafte, freundliche Ort Radstadt am Anfang der Radstädter Tauernstraße liegt zwischen den Radstädter Tauern im Süden und dem Dachsteinmassiv im Norden.

Radstadt erleben

AUSKUNFT
Tourismusverband Radstadt
Stadtplatz 17
A-5550 Radstadt
Tel. 06452 7 47 20
www.radstadt.com

ESSEN
Hubertus Hotel ❸❸❸❸
Am Dorfplatz 1

A-5532 Filzmoos
Tel. 06453 82 04
www.johannamaier.at
Küchenchefin Johanna Maier zählt zu
Österreichs absoluten Spitzenköchen.
Wer nicht nur bei ihr speisen, sondern
auch von ihr lernen möchte, besucht einen Kochkurs. Im angeschlossenen Hotel kann man auch wunderbar wohnen,
die Zimmer sind gemütlich eingerichtet.

Stadt im Gebirge Radstadt ist ein zentral gelegener Ausgangspunkt für Ski- und Wandertouren in die umliegenden Gebirgsmassive und Mitglied im Skiverbund Amadé (▶St. Johann im Pongau). Im Winter verkehren hier
Ski- und im Sommer Wanderbusse.

Geschichte Schon zur Hallstattzeit besiedelt, war es in römischer Zeit eine wichtige Station an der Römerstraße von Venedig nach Salzburg und im
hohen Mittelalter bedeutungsvoll für den Expansionsdrang der Salzburger Erzbischöfe nach Süden. Während der Bauernkriege in den
Jahren 1525/1526 hielt Radstadt zur Freude des Erzbischofs einer
Belagerung von 5000 Bauern stand. Einer seiner Amtsnachfolger ver-
trieb 1731/1732 dafür 3000 protestantische Gläubige aus der Radt-
städter Gegend. 1861 wurde Radstadt mit Salzburg österreichisch.

SEHENSWERTES IN RADSTADT

Historisches Ortsbild Die Gassen mit den hübschen alten Bürgerhäusern sind einen ausgiebigen Bummel wert. Überreste einer mittelalterlichen Stadtmauer,
darunter drei wuchtige Rundtürme aus dem 16. Jh., umgeben den
lang gestreckten Stadtkern. Dass bei Baumaßnahmen das historische
Ortsbild bewahrt bleibt, wird von der Gemeinde penibel überwacht.
Der **Kapuzinerturm** besitzt noch seinen originalen Dachstuhl von
1534 und beherbergt einen Teil des **Heimatmuseums**. Der größere
Teil – Exponate aus der Römerzeit, sakrale Kunst, altes Handwerk
und ein Porträt des Komponisten Paul Hofhaimer (1459 – 1537) – ist
in **Schloss Lerchen** zu sehen. Am Stadtteich beginnt der **Millenni-
umspfad**, der auf 33 Tafeln die Geschichte der Stadt erzählt. Er wurde 1996 zur 1000-Jahr-Feier Österreichs eingerichtet.
Museum und Schloss: Juni–Sept. Do., Fr., So. 10.00–12.00 u. 14.30 bis
17.00 Uhr, Eintritt: 3,50 €

UMGEBUNG VON RADSTADT

Radstadts markanter Hausberg nördlich der Stadt, der Roßbrandgipfel (1768 m; Radstädter Hütte, bewirtschaftet), gibt bei klarem Wetter den Panoramablick auf rund 150 Alpengipfel frei. Über Eben im Pongau führt die Straße westlich um den Roßbrand herum nach **Filzmoos** (1055 m; 1500 Einw.), südlicher Ausgangspunkt für Bergtouren in die Dachsteingruppe (▶Dachstein). Rund um die markante Bischofsmütze sind 300 Kletterrouten angelegt, Filzmoos gilt daher als das Kletterparadies Nr. 1 des Salzburger Landes. Im Winter zieht die internationale Heißluftballonwoche alljährlich viele Besucher an.
❶ www.filzmoos.at

Roßbrand

Altenmarkt im Pongau (850 m; 3700 Einw.), westlich von Radstadt, ist römischen Ursprungs und gilt als **der älteste Ort des Ennstals**. Von hier aus erreicht man nach 12 km in Richtung Süden den idyllisch gelegenen Zauchensee (1350 m), an dem es diverse schöne Wandermöglichkeiten gibt.

Altenmarkt im Pongau

Flachau (927 m; 2700 Einw.), etwa 10 km südwestlich von Radstadt im Ennstal gelegen, ist mit einem ausgedehnten Ski- und Après-Ski-Angebot der östliche Ausgangspunkt für das Wintersportgebiet am

Flachau

Traditionelles Bauern-Anwesen in Altenmarkt

!

»... somebody to help ...«

Ihre Musik verbindet man gemeinhin nicht mit dieser Gegend, und doch stapfen die Beatles auf dem Cover ihrer LP »Help« durch den Obertauerner Schnee. Am 13. März 1965 kamen die Stars hierher, um auf den Pisten einige Szenen für ihren gleichnamigen Film zu drehen – gedoubelt, versteht sich. Am 21. März fiel die letzte »Österreich«-Klappe, und noch am selben Abend verließen die Beatles und ihre 66-köpfige Filmcrew den nunmehr berühmten Wintersportort.

Grießenkareck (1991 m). Südlich führt die Seilbahn hinauf zur schönen Durchachalm oberhalb des Zauchensees.

Obertauern (1650 m), in den Radstädter Tauern südlich von Radstadt, hat sich zum viel besuchten Sommerferien- und Wintersportort entwickelt und ist bestens ausgestattet mit Schleppliften, Sessel- und Kabinenbahnen, die etwa zur Seekarspitze (2350 m) oder zur Gamsleitenspitze (2357 m) fahren. Geübte Bergwanderer können von Obertauern aus mehrere Zweitausender in zwei bis vier Stunden ersteigen.

Saalfelden am Steinernen Meer

J 5

Bundesland: Salzburg
Höhe: 744 m ü.d.M.
Einwohnerzahl: 16 000

Der alte salzburgische Markt Saalfelden zu Füßen des Steinernen Meeres ist Zentrum einer Reihe kleinerer Sommerferien- und Wintersportorte im Mittelpinzgau.

SEHENSWERTES IN SAALFELDEN UND UMGEBUNG

Pfarrkirche Im Zentrum der modernen Kleinstadt steht eine neoromanische dreischiffige Pfarrkirche (19. Jh.) mit einer gotischen Krypta. Beachtenswert ist der spätgotische Flügelaltar (1539) in der Taufkapelle. Am Ufer des Ritzensees im Süden des Ortes erhebt sich Schloss Ritzen, in dem das **Pinzgauer Heimatmuseum** untergebracht ist. Es besitzt die **größte Krippensammlung Österreichs**, eine Mineraliensammlung sowie keltische und römische Ausgrabungsfunde.
Pinzgauer Heimatmuseum: Jan., Feb., Mai, Juni, Okt., Dez. Mi., Sa., So. 14.00 – 17.00, Juli, Aug., Sept. Di. – So. 11.00 – 17.00 Uhr, März, April, Nov. geschl., Eintritt: 4,50 €, www.museum-saalfelden.at

Saalfelden erleben

AUSKUNFT
Saalfelden Leogang Touristik
Bahnhofstr. 10
A-5760 Saalfelden
Tel. 06582 7 06 60
www.leogang-saalfelden.at

ESSEN
Kirchenwirt ©© – ©©©
Dorf 3, A-5771 Leogang
Tel. 06583 82 16
www.hotelkirchenwirt.at

Im Dorfwirtshaus, das es 1326 (!) schon
gegeben haben soll, spielt immer mal
wieder der Juniorchef mit seiner Band
auf. Serviert werden regionale Gerichte.

ÜBERNACHTEN
Forsthofalm ©©
Hütten 37
A-5771 Leogang
Tel. 06583 85 45
www.forsthofalm.at
►Wissen: Ökolodges

Oberhalb des Schlosses Lichtenberg liegt eine **Felsenhöhle mit Kapelle**, die wie ein Schwalbennest an der schroffen Felswand des Palfen wirkt. Sie wird als Einsiedelei von Bruder Raimund aus dem ►Kloster St. Lambrecht betreut.   **Einsiedelei**

Das Steinerne Meer nördlich von Saalfelden umfasst ein mächtiges, stark verkarstetes **Hochplateau der Salzburger Kalkalpen** mit Karrenfeldern, Höhlen und markanten Gipfeln. In seiner Gesamtheit erinnert es tatsächlich an ein Meer aus Fels und Stein, es bildet zudem die Grenze zwischen dem Salzburger Land und Bayern. Zusammen mit der nordwestlich gelegenen Reiteralpe, der südöstlich vorgelagerten Gruppe des ►Hochkönig und dem weiter östlich aufgebauten Hagengebirge umrahmt es das Berchtesgadener Land mit dem Königssee, das sich wie ein Dreieck südwärts weit ins Salzburgische hineinschiebt. Mit dem Hagengebirge im Nordosten ist das Steinerne Meer durch die Teufelshörner verbunden. Am Westrand des **beliebten Wander- und Klettergeländes** erreicht man von Saalfelden oder Maria Alm aus in jeweils vier Stunden das Riemannhaus (2177 m; bewirtschaftet, Unterkunft). Es   **Das Steinerne Meer**

> **!** BAEDEKER TIPP
>
> *Jazz in Saalfelden*
>
> Immer pünktlich zum letzten Augustwochenende wird die Stadt für insgesamt vier Tage zum Nabel der Jazzwelt. Das Festival bildet seit mehr als 30 Jahren einen Fixpunkt im europäischen Musikkalender. Die Konzerte finden entweder auf der Rathausplatzbühne oder auf den Bühnen der höher gelegenen Almen statt. www.jazzsaalfelden.com

dient auch als Ausgangspunkt für Gipfeltouren auf den Sommerstein (2306 m), das Breithorn (2504 m ü.d.M.), die Schönfeldspitze (2651 m ü.d.M.) und das Selbhorn (2643 m ü.d.M.). Nicht ganz ein-

Weit und sonnig ist das Saalachtal hinter Lofer, wo sich die
Loferer Steinberge erheben.

fach, dafür aber äußerst eindrucksvoll sind Wanderungen westlich
zum Ingolstädter Haus (2132 m ü.d.M.) oder in östlicher Richtung
zum Hochkönig (2941 m ü.d.M.).

Leogang Etwa 5 km westlich von Saalfelden liegt Leogang in einem schönen
Tal zu Füßen der gleichnamigen Berge. Ein höchst sinnliches Erlebnis erwartet Gäste an der Mittelstation der Leoganger Bergbahnen:
Während der Betriebszeiten können Besucher den **Sinne-Erlebnis-
park** durchwandern und sich dort im Fühlen (Barfußweg), Schme-
cken (Backstation), Hören (Lauschinsel), Riechen (Kräutergarten)
und Sehen (Zerrspiegel) üben. Die Tradition des Erz- und Minerali-
enbergbaus bewahren das **Bergbau- und Gotikmuseum** sowie das
Schaubergwerk Leogang.
Bergbau- und Gotikmuseum: Juni–Okt. tgl. 10.00–17.00 Uhr,
Eintritt: 6,90 €, www.museum-leogang.at
Schaubergwerk: Juni–Okt. tgl. 10.00–17.00 Uhr, Eintritt: 8,60 €

Saalachtal Nordwestlich von Saalfelden zwängt sich die Saalach in ein schmales
Tal zwischen dem Steinernen Meer, der Hochkaltergruppe und der
Reiteralpe im Norden und den Leoganger und Loferer Steinbergen
im Süden. Bei Weißbach erstreckt sich die rund 600 m lange, wildromantische *Seisenbergklamm. Sie ist vor etwa 12 000 Jahren entstanden, als das Eis der letzten Eiszeit in den Alpen schmolz. Die
Klamm ist von Mai bis Oktober zugänglich. Die Besichtigung – man
sollte möglichst schwindelfrei sein – dauert etwa eine Stunde. An der
Straße nach Lofer befindet sich etwa 1 km hinter Weißbach auf der

linken Seite der Eingang zur **Lam-prechtshöhle*. Hier beginnt ein rie-siges Höhlensystem, von dem einige hundert Meter als **Schauhöhle mit unterirdischem Wasserfall** ausge-wiesen sind. Der Sage nach soll hier die habgierige Tochter des auf der nahe gelegenen Burg Saalecker hau-senden Ritters Lamprecht das vom Vater unrechtmäßig zusammenge-tragene Vermögen versteckt haben. Deswegen sind in der Vergangenheit immer wieder Schatzsucher in die Höhle eingedrungen – und manch

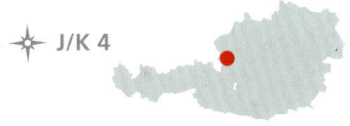

! BAEDEKER TIPP

Ein Berg für Biker

Die Bikeworld in Leogang lockt zwischen Mitte Mai und Ende September kühne Zweiradler und solche, die es werden wollen. Downhill, Freeride, Bikercross, Dual oder Dirt Jumps sind hier keine Fremdwörter. Aufwärts geht es auch mit Hilfe der Leo-ganger Bergbahnen. Weitere Informationen gibt es unter www.bike-pinzgau.at.

einer kam nicht mehr zurück. Die Lamprechtshöhle **zählt zu den längsten und tiefsten Durchgangshöhlen der Erde**. 1992 wurde der Lamprechtsofen erstmals auf seiner ganzen Länge durchquert, die Gesamthöhendifferenz, die die Höhlenforscher dabei überwan-den, betrug rund 1632 m.

Lamprechtshöhle: Mai–Okt. tgl. 8.30–19.00, Nov.–April Sa., So. 9.00–17.00 Uhr, Eintritt: 4,50 €, www.naturgewalten.at

★★ Salzburg

✈ **J/K 4**

Bundesland: Salzburg
Höhe: 425 m ü.d.M.
Einwohnerzahl: 148 500

Wo soll man bei Salzburg anfangen? Bei Mozart? Im Jahr 2006 feierte die Stadt den 250. Geburtstag des Musikgenies ausgie-big. Oder beim »Jedermann«, der jedes Jahr Tausende Fest-spielbesucher auf den Domplatz lockt? Oder doch bei kulina-rischen Genüssen wie den Nockerln und den Mozartkugeln?

»Die ganze Stadt ist eine Bühne ...«, sagte Max Reinhardt, Mitbe-gründer der weltberühmten **Festspiele** (▶Berühmte Persönlichkei-ten), über Salzburg. Es ist die Stadt Mozarts und der Erzbischöfe, des Barocks und der Kaffeehäuser, die Stadt Georg Trakls und Stefan Zweigs (▶Berühmte Persönlichkeiten), dazu Weltkulturerbe (seit 1997) sowie Kongress- und Messemetropole. In Erich Kästners hin-reißendem Roman »Der kleine Grenzverkehr« erhielt sie ein liebens-wertes literarisches Denkmal, auch kulinarisch hat sich der Ort durch Salzburger Nockerln und Mozartkugeln fast jedem Schlecker-mäulchen eingeprägt.

»Jedermann« und Mozart-kugeln

Salzburg erleben

AUSKUNFT
Tourismus Salzburg GmbH
Auerspergstr. 6
A-5020 Salzburg
Tel. 0662 88 98 70
www.salzburg.info
Weitere Infostellen befinden sich u. a. im
Hauptbahnhof und am Mozartplatz.

SALZBURG CARD
Mit der Salzburg Card – gültig für einen,
zwei oder drei Tage, erhältlich bei den
Touristinformationen und in Hotels – hat
man freien Eintritt zu vielen Sehenswürdigkeiten und Museen sowie freie
Fahrt mit den öffentlichen Verkehrsmitteln. Für eine Reihe von Veranstaltungen
gibt es zudem Ermäßigungen.

SHOPPING
In der Altstadt – mit Getreidegasse, Judengasse und den traditionellen Durch-
häusern – verbergen sich zahlreiche Geschäfte. Darunter alteingesessene Läden
ebenso wie internationale Ketten und
kleine Boutiquen. Auf der Suche nach
schöner Tracht führt der Weg südlich der
Altstadt ins Gwandhaus Gössl (Morzger-
straße 31). Am Universitätsplatz wird
täglich ein bäuerlicher Markt abgehalten, am Kajetanplatz jeden Freitag ein
Biobauernmarkt.

VERKEHR
Die Innenstadt Salzburgs ist weitgehend
autofrei. Wer das Auto nicht in einem
der teuren Parkhäuser abstellen möchte,
fährt am besten am Stadtrand auf einen
der großen Park-&-Ride-Parkplätze und
nimmt den Bus in die Innenstadt. Sämtliche Parkplätze in der Innenstadt sind
Kurzparkzonen (Parkzeit drei Stunden).

SALZBURGER FESTSPIELE
Die Karten für die Salzburger Festspiele
sind heiß begehrt – vor allem der »Jeder-
mann« ist sehr schnell ausverkauft. Auf
Nummer sicher geht, wer die Karten on-
line oder schriftlich bis spätestens An-
fang des Jahres bestellt.
Freier Kartenverkauf ab Ende März im
Kartenbüro der Salzburger Festspiele
Herbert von Karajan Platz 11
Postfach 140
A-5010 Salzburg
www.salzburgerfestspiele.at

ESSEN
❶ *Ikarus Hangar-7* €€€€
Wilhelm-Spazier-Straße 7 a
A-5020 Salzburg
Tel. 0662 2 19 70
www.hangar-7.com
Das Restaurant Ikarus im Hangar-7
(▶ S. 474) realisiert ein einzigartiges kulinarisches Konzept: Unter der Schirm-
herrschaft von Eckart Witzigmann werden im Monatsrhythmus Meisterköche
mit kulturübergreifender Innovations-
kraft aus aller Welt engagiert.

❷ *Carpe Diem Finest*
Fingerfood €€€ – €€€€
Getreidegasse 50
A-5020 Salzburg
Tel. 0662 84 88 00
www.carpediemfinestfingerfood.com
So. geschl.
Ein hochgelobtes Fusion-Lokal, das sich
dem kreativen Fingerfood verschrieben
hat – serviert wird dies in eigens entwi-
ckelten Cones, die optisch Eiswaffeltü-
ten ähneln. Wer doch lieber mit allem
Drum und Dran diniert: Im ersten Stock
gibt's große Gourmetküche.

❸ *Gwandhaus* ©©

Morzger Straße 31
A-5020 Salzburg
Tel. 0662 46 96 60
www.gwandhaus.com
Das Gössl Gwandhaus steht in der großen Tradition der Tuchhallen, die im Mittelalter von den Gilden für Verkauf und
Repräsentation errichtet wurden. Heute
kann man hier Trachten kaufen, aber
auch in traumhaftem Schlossambiente
hervorragend speisen.

❹ *Augustiner Bräu Kloster Mülln* ©

Lindhofstr. 7
A-5020 Salzburg
Tel. 0662 43 12 46
www.augustinerbier.at
Die Brauerei zu Salzburg Mülln wurde im
Jahr 1621 von Augustinermönchen ge-
gründet. Sie hat heute den größten Bier-
garten in Österreich.

❺ *Café Tomaselli* ©

Alter Markt 9, A-5020 Salzburg
Tel. 0662 8 44 48 80
Seit 1705 gibt es das berühmte Café
Tomaselli am Alten Markt, wo auch
schon Mozart einzukehren pflegte.

ÜBERNACHTEN

❶ *Hotel Schloss Mönchstein* ©©©©

Mönchsberg Park 26
A-5020 Salzburg
Tel. 0662 8 48 55 50
www.monchstein.at

Vom 14 000 m² großen Schlosspark aus
blickt man über die Stadt, die Zimmer
und Suiten sind romantisch und sehr
stilvoll mit Antiquitäten eingerichtet.

❷ *arthotel Blaue Gans* ©©©

Getreidegasse 41 – 43
A-5020 Salzburg
Tel. 0662 8 42 49 10
www.blauegans.at
Mit 650 Jahren gastronomischer Tradition ist die Blaue Gans das älteste Wirtshaus der Stadt.

❸ *Hotel Hohenstauffen* ©©©

Elisabethstr. 19
A-5020 Salzburg
Tel. 0662 87 21 93
www.hotel-hohenstauffen.at
Die Zimmer im Stadthotel in Bahn-
hofsnähe sind alles andere als gewöhnlich ausgestattet, etwa mit Himmelbett
im historischen Stil.

❹ *Altstadthotel Kasererbräu* ©©

Kaigasse 33
A-5020 Salzburg
Tel. 0662 84 24 45
www.kasererbraeu.at
Mitten in der Altstadt gelegen, lassen
sich von diesem gemütlichen Hotel aus
alle Sehenswürdigkeiten Salzburgs bequem zu Fuß erreichen. Bereits 1342
diente das Haus als Klosterherberge,
heute wird es von Familie Giebisch in
vierter Generation geführt.

Zu beiden Seiten der Salzach gelegen, gilt die Hauptstadt des gleich-   ****Stadtbild**
namigen Bundeslandes als **eine der schönsten Städte Europas**.
Jedes Jahr heißt Salzburg einige Millionen Besucher in seinen Mauern willkommen, vor allem zu Festspielzeiten herrscht enormer An-
drang. Die zwischen dem linken Salzachufer sowie Mönchs- und
Festungsberg zusammengedrängte Altstadt weist im Viertel am Fluss
mit seinen engen Gassen und schmalen Häusern eher romantische

Immer gut besucht: die Getreidegasse in Salzburg

Züge auf, wohingegen der Bereich zwischen Neutor und Neugebäude mit prächtigen Bauten den stattlichen Anblick einer Barockresidenz bietet. Am rechten Salzachufer liegen die neuen Stadtteile, im Osten überragt vom Kapuzinerberg.

Salzburg erkunden

Salzburg lässt sich am besten zu Fuß erkunden. Wer nur einen Tag Zeit hat, sollte zunächst die **Festung Hohensalzburg** besuchen, die einen prächtigen Panoramablick bietet und einen Eindruck von der Stadtanlage vermittelt. Ein **Altstadtbummel**, am besten vom Residenzplatz aus, ist obligatorisch. Für ganz Eilige empfiehlt sich eine Fiakerfahrt durch die romantische Innenstadt. Auch Schloss Mirabell auf der anderen Salzachseite lohnt einen Besuch. Zwischen Mai und September kann man das Stadtpanorama vom Wasser aus betrachten. Und wer Stadt und Wintersport kombinieren möchte, den bringt der Ski Shuttle von Mitte Dezember bis Mitte März täglich kostenlos ins Skigebiet Snow Space Flachau (Fahrzeit 1 Std.).

Altertum, Römerzeit, Christianisierung

Wie Funde vom Rainberg belegen, reicht die Besiedlung Salzburgs bis in die jüngere Steinzeit zurück. Die Illyrer gaben dem Ort den später von Kelten und Römern übernommenen Namen »Juvavum« oder **»Sitz des Himmelsgottes«**. Das römische Salzburg entstand

Mitte des ersten nachchristlichen Jahrhunderts. In der Zeit der Völkerwanderung verfiel Juvavum. Mit der Landnahme durch die heidnischen Bayern (6. Jh.) und der Gründung der Klöster St. Peter und Nonnberg durch den hl. Rupert (um 696) begannen neue, entscheidende Abschnitte in der Geschichte Salzburgs. Unter dem aus Irland

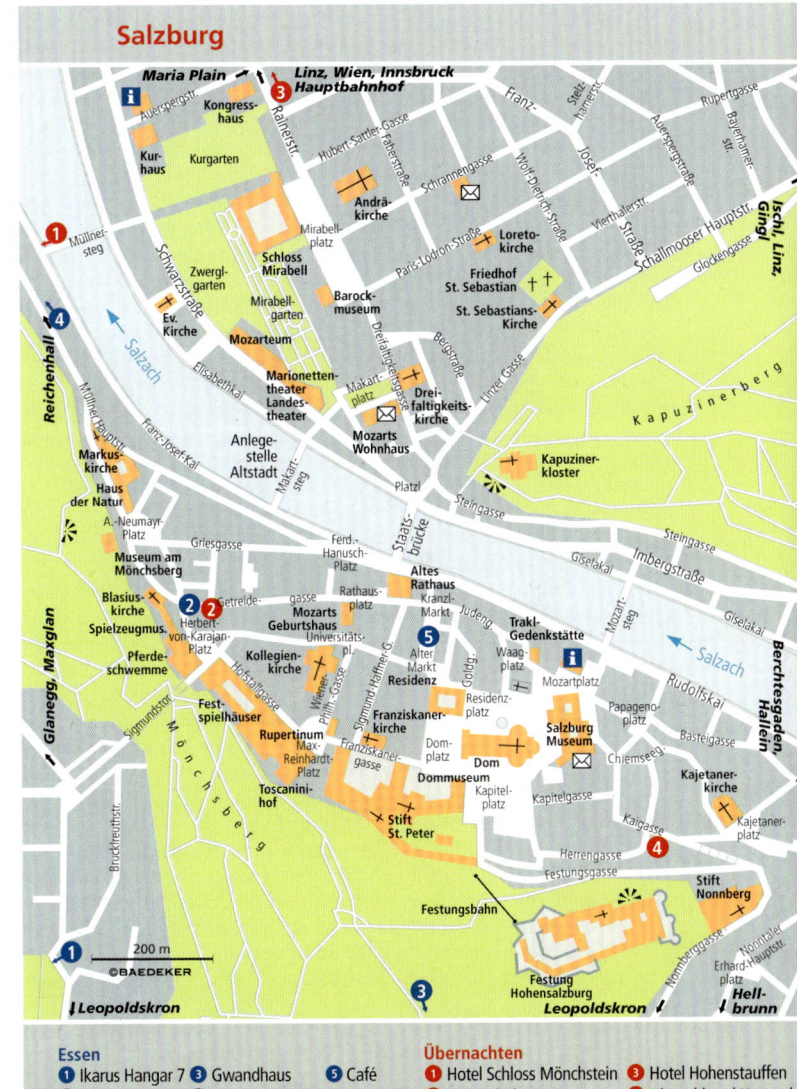

Salzburg

Essen
1 Ikarus Hangar 7   3 Gwandhaus   5 Café
2 Carpe Diem   4 Augustiner Bräu   Tomaselli

Übernachten
1 Hotel Schloss Mönchstein   3 Hotel Hohenstauffen
2 arthotel Blaue Gans   4 Altstadthotel Kasererb

Highlights Salzburg

▶ **Residenz**
Für Freunde von Kunst und Antiquitäten gehört eine Besichtigung der Residenz einfach zum Pflichtprogramm ihres Salzburgbesuchs.
Seite 459

▶ **Residenz-Neugebäude**
Nach einem Umbau sind hier unter einem Dach gleich mehrere interessante Ausstellungen zu sehen.
Seite 462

▶ **Dom**
Nicht nur bei Nacht in schöner Beleuchtung ist der Dom ein Highlight!
Seite 463

▶ **Stiftskirche St. Peter**
Die Kirche des Benediktinerkollegs beherbergt viele sehenswerte Grabmäler und Kunstgegenstände.
Seite 465

▶ **Großes Festspielhaus**
Das gewaltige Festspielhaus aus den 1950er-Jahren ist auch ohne Theaterkarten einen Besuch wert.
Seite 467

▶ **Museum der Moderne**
Moderne Kunst wird in diesem Salzburger Museum gleich an zwei Standorten gezeigt: im barocken Rupertinum im Herzen der Altstadt sowie am Mönchsberg in zeitgenössischem Rahmen mit tollem Blick auf die Dächer der City.
Seite 468

▶ **Mozarts Geburtshaus**
Fast schon eine Pilgerstätte ist das Geburtshaus des Wunderkindes und späteren Erfolgsmusikers Mozart. Zu sehen sind persönliche Gegenstände wie seine Kindergeige und Noten.
Seite 469

▶ **Festung Hohensalzburg**
Das Wahrzeichen Salzburgs thront schon seit dem 11. Jh. über der Altstadt und der Salzach.
Seite 472

▶ **Schloss Hellbrunn**
Die Wasserspiele der ehemaligen Residenz des Erzbischofs spenden an heißen Sommertagen Abkühlung.
Seite 479

stammenden Bischof Virgil (um 700 – 784) und seinem Nachfolger Arno wurde das 739 begründete Bistum Ausgangspunkt der Christianisierung der Alpenländer und des mittleren Donauraums.

Romanik und Gotik In der von romanischer Kunst beherrschten Zeitspanne (etwa 1000 bis 1250) entstanden neben der Hohensalzburg zahlreiche, so **solide gebaute Kirchen**, dass der deutsche König Konrad III. sagte, er habe nirgends besser gebaute Kirchen angetroffen als im Salzburger Gebiet. Während der Gotik (1250 – 1530) erlitt die weltliche Macht der Erzbischöfe schwere Rückschläge u. a. durch die Ungarnkriege. In der Kunst allerdings herrschte reges Leben. Als neue soziale Schicht etablierte sich das Bürgertum der durch ihre weitreichenden

Handelsbeziehungen wohlhabend gewordenen Stadt. Erzbischof Leonhard von Keutschach (um 1442 – 1519) sorgte für die heutige Gestalt der Festung Hohensalzburg.

Mit dem Erzbischof Wolf Dietrich von Raitenau (1559 – 1617) begann die vom Barock geprägte dritte große Epoche der Salzburger Kunstgeschichte. Der Kirchenfürst leitete eine umfassende Veränderung der Stadt ein, wobei die meisten Pläne erst durch Nachfolger verwirklicht wurden. Markus Sittikus von Hohenems (1574 – 1619) begann mit dem Bau des Doms in heutiger Form, Paris Graf von Lodron (1586 – 1653) vollendete ihn und verhalf der Stadt ab 1620 zu der starken Befestigung, die ihr die Schrecken des Dreißigjährigen Krieges ersparte. Unter Erzbischof Johann Ernst Graf von Thun (1643 – 1709) und durch die Arbeit des Baumeisters Johann Bernhard Fischer von Erlach entfaltete sich in der Stadt barocke Harmonie, die ihren Ruhm in der Welt begründete. Die Neugestaltung von Residenz und Schloss Mirabell verdankt Salzburg dem Erzbischof Franz Anton Fürst Harrach (1665 – 1727). **Prägendes Barockzeitalter**

Die politische Bedeutung Salzburgs in der Neuzeit war nur gering. Erzbischof Leopold Anton Freiherr von Firmian wies 1731 rund 30 000 Protestanten aus dem Land. 1803 verlor die Stadt ihre Souveränität, blieb aber Sitz eines Erzbischofs. Nach einem französischen und einem bayerischen Zwischenspiel **ab 1816 endgültig zu Österreich gehörend**, erlebte Salzburg im 19. Jh. einen wirtschaftlichen Aufschwung und erhielt durch die Eisenbahn Anschluss an den modernen Verkehr. Zu neuer Blüte brachte es die Stadt im 20. Jh., wozu wesentlich die Festspiele beitrugen, die 1920 mit einer Aufführung von Hugo von Hofmannsthals »Jedermann«, in der Inszenierung von Max Reinhardt, begannen. Im Zweiten Weltkrieg verursachten Bombenangriffe schwere Schäden an der einmaligen Bausubstanz, doch konnte das ursprüngliche Bild der Kulturmetropole durch behutsamen Wiederaufbau weitgehend wieder hergestellt werden. **Entwicklung seit 1800**

ALTSTADT

Den Mittelpunkt der Altstadt auf dem linken Salzachufer bildet der weite Residenzplatz. Als der **größte und schönste Barockbrunnen diesseits der Alpen** gilt der Tommaso di Garona zugeschriebene Residenzbrunnen aus Untersberger Marmor, mit schnaubenden Rossen, Atlanten, Delfinen und einem Triton mit erhobener Muschel. **Residenzplatz**

An der Westseite des Residenzplatzes steht die ehemalige fürsterzbischöfliche Residenz, ein von 1596 bis 1619 an Stelle des mittelalterlichen Bischofssitzes um drei Höfe errichteter Bau. Seine Hauptfront ***Residenz**

Mozart in Salzburg

Bereits mit 13 Jahren erhielt das »musikalische Wunder-kind« Mozart eine – zunächst allerdings unbezahlte – Stelle als Konzertmeister der fürsterzbischöflichen Kapelle, später wurde er zum Hoforganisten ernannt. Doch in Salzburg fühlte er sich zunehmend musikalisch eingeengt, auch war seine Musik den Salzburgern kaum bekannt. U.a. wegen seiner lang andauernden Konzert-reisen überwarf er sich mit Fürsterzbischof Hieronymus Colloredo und übersiedelte 1781 nach Wien.

▶ **Einige wichtige Figuren aus Mozartopern:**

Figaro

*Papageno
Papagena
Königin der Nacht
Sarastro*

*Don Giovanni
Leporello*

*Constanze
Bassa Selim
Belmonte*

▶ **Die Grafik zeigt Werke zeitlich gelistet nach dem KV**
Ludwig v. Köchel veröffentlichte 1862 erstmals ein Werkverzeichnis (Köchelverzeichnis) mit 626 Kompositionen von Mozart. In späteren Auflagen wurde die Liste ergänzt.

❶ Eine kleine
   Nachtmusi
❷ Idomeneo

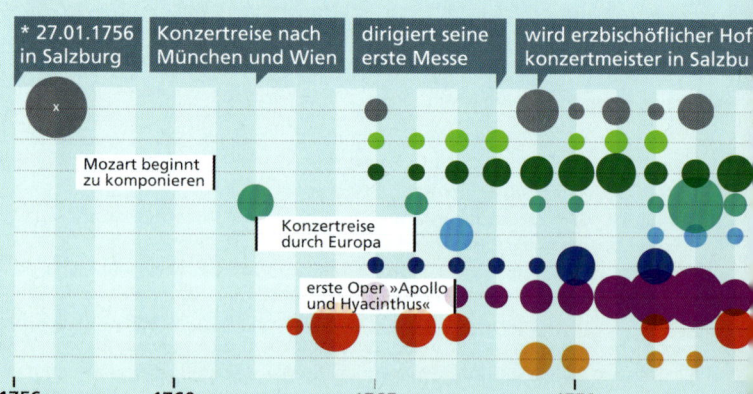

**Mozart-Orte
in Salzburg**

A Wohnhaus

B Geburtshaus

C Café Mozart

D Mozartplatz (Denkmal)

E Universität Mozarteum

F Stiftung Mozarteum

G Haus für Mozart

H Mozart-City Tour

I Marionettentheater

▶ **Mozart-Aufführungen**
im Marionettentheater
www.marionetten.at

©BAEDEKER

1 Die Entführung
aus dem Serail
2 Die Hochzeit
des Figaro

5 Don Giovanni
6 Die Zauberflöte
7 Requiem in
d-Moll

8 Klarinettenkonzert in
A-Dur
x konnten zeitlich nicht
eingeordnet werden

Anzahl der
Werke pro Jahr

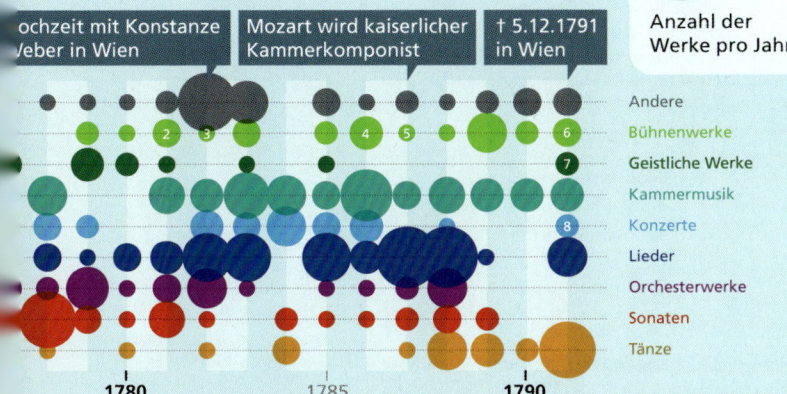

Hochzeit mit Konstanze
Weber in Wien

Mozart wird kaiserlicher
Kammerkomponist

† 5.12.1791
in Wien

Andere
Bühnenwerke
Geistliche Werke
Kammermusik
Konzerte
Lieder
Orchesterwerke
Sonaten
Tänze

1780   1785   1790

Für Eminenzen und Exzellenzen: Audienzsaal in der Alten Residenz

wurde 1710 mit einem Marmorportal versehen. Der architektonisch unbedeutende Nordwesttrakt kam 1792 dazu. Die **Prunkräume** können mit Führung besichtigt werden. Spätbarock und Frühklassizismus bestimmen die Ausstattung der Räume. Im zweiten Stock findet man neben Wand- und Deckengemälden von Johann Michael Rottmayr und Martin Altomonte reiche Stuckaturen und schöne Öfen. Noch aus dem 17. Jh. stammt der riesige Carabinierisaal, im Rittersaal finden Konzerte statt. Der prächtige Audienzsaal enthält flämische Gobelins (um 1600) mit Szenen aus der römischen Geschichte und kostbare Pariser Möbel. Im Kaisersaal hängen Porträts der römisch-deutschen Kaiser und Könige habsburgischer Herkunft (1273–1740). Die **Residenzgalerie** zeigt europäische Malerei vom 16. bis zum 19. Jh., herausragend sind die Werke niederländischer Meister aus dem 17. und österreichischer Meister aus dem 19. Jh.

Prunkräume: Tgl. 10.00–17.00 Uhr, Eintritt: 9 €
Residenzgalerie: Di.–So. 10.00–17.00 Uhr, Mitte Juli–Mitte Aug. auch Mo., Eintritt: 6 €, www.residenzgalerie.at

*Salzburg Museum   Die **Neue Residenz** an der Ostseite des Residenzplatzes entstand in den Jahren 1588 bis 1602 als Gästehaus der Erzbischöfe. Nach längerem Umbau (und der Schließung des Museums Carolino Augusteum) beherbergt die Neue Residenz das Salzburg Museum mit den reichhaltigen, wertvollen **kunst- und kulturgeschichtlichen Sammlungen** der Stadt und des Landes Salzburg. Besonders die Dauerausstellungen »Mythos Salzburg« und »Salzburg persönlich« geben interessante Einblicke in die Geschichte der Stadt und des ehemaligen Fürstentums. Seit fast 300 Jahren schon spielt das mit 35 Glocken ausgestattete **Glockenspiel** im Turm der Neuen Residenz dreimal täglich (um 7.00, 11.00 und 18.00 Uhr), vor allem Melodien von Michael Haydn und Wolfgang Amadeus bzw. Leopold Mozart. »Antwort« gibt das Hornwerk, der sogenannte »Salzburger Stier«, von der Festung Hohensalzburg.

❶ Di.–So. 9.00–17.00 Uhr, Eintritt: 7 €, www.salzburgmuseum.at

Ebenfalls in der Neuen Residenz untergebracht ist das Panoramamuseum, das einen historischen Rundblick bietet. 130 m² groß ist das Panoramabild (1824–1828) des Malers Johann Michael Sattler, das die Stadt und ihr Umland zeigt. Von einer Besucherplattform aus sieht man das ganze Rundgemälde, mit Fernrohren kann man sich in Details aus dem Alltag der Bürger vor 200 Jahren zoomen.

* Panorama-museum

❶ Tgl. 9.00–17.00 Uhr, Eintritt: 3 €

Die Südseite des Residenzplatzes beherrscht der 1614 bis 1628 von Santino Solari aus der dunkelgrauen Nagelfluh des Mönchsbergs erbaute Dom, **die erste frühbarocke Kirche nördlich der Alpen**.

** Dom

1657 waren auch die beiden 79 m hohen Türme vollendet. 774 wurde der erste Bau des Abtbischofs Virgil geweiht und Ende des 12. Jh.s durch eine fünfschiffige romanische Basilika ersetzt, die 1598 einem Brand zum Opfer fiel. Der heutige dritte Bau wurde 1944 durch Bomben schwer beschädigt, war aber bereits 1959 wieder restauriert. Die Portalfront mit vier Kolossalstatuen aus hellem Marmor zeigt zum Domplatz. Außen stehen die Landespatrone Rupert und Virgil mit Salzfass bzw. Kirchenmodell, innen Petrus und Paulus mit Schlüssel und Schwert. 1957/1958 kamen die drei mächtigen Bronzetore mit Symbolen für Glaube (links), Liebe (Mitte) und Hoffnung (rechts) von Toni Schneider-Manzell, Giacomo Manzù und

Dom

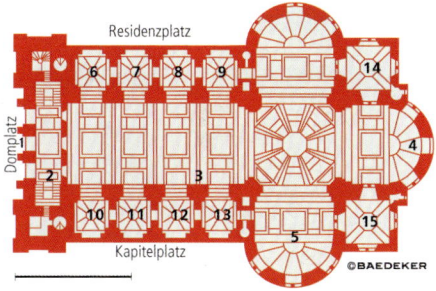

1 Eingang vom Domplatz (3 Bronzetüren)
2 Zugang zum Museum
3 Kanzel
4 Hochaltar
5 Zugang zur Krypta
6 Taufkapelle
7 St. Annakapelle
8 Verklärung-Christi-Kapelle
9 Kreuzkapelle
10 Sebastianskapelle
11 Karl-Borromäus-Kapelle
12 Martinskapelle
13 Heiliggeistkapelle
14 Rupertusoratorium
15 Virgilsoratorium

©BAEDEKER

Ewald Mataré dazu. An die Erbauer des Doms, Markus Sittikus und Paris Lodron, erinnern die Wappenschilde im Giebelaufsatz. Das **In-**

Glanzvoll, auch bei Nacht: Salzburgs Dom

nere des Doms überwältigt durch seine kühle Pracht. Im noch aus dem romanischen Dom stammenden Taufbecken (1321) wurde der spätere Domorganist Wolfgang Amadeus Mozart getauft. Arsenio Mascagni malte 1628 im Hochaltar die Auferstehung Christi. Von ihm und seinen Schülern stammen auch die Fresken in den Gewölbefeldern der Stuckaturen. Toni Schneider-Manzell schuf 1959 die Bronzekanzel an der dritten Säule rechts. Die Orgel des Salzburger Doms ist berühmt wegen ihres wundervollen Klangs. Unter der Vierung wurde von 1957 bis 1959 inmitten der Fundamente der Vorgängerbauten eine mehrräumige **Krypta** als neue Ruhestätte der Erzbischöfe angelegt. Im Mittelraum, der Kryptakapelle, steht der Altar auf einem Mauerrest des karolingischen Doms, das romanische Kruzifix stammt vom Beginn des 13. Jh.s. Der nördliche Raum gehörte einst zur Unterkirche des romanischen Doms, von der noch Vierungspfeiler, Wandhalbsäulen und Säulenbasen erhalten sind. Dieser Raum setzt sich außerhalb des Doms nach Osten fort und ist als **Domgrabungsmuseum** zugänglich. Das **Dommuseum**, das man aus der Vorhalle erreicht, zeigt wertvolle sakrale Gegenstände wie das karolingische Rupertuskreuz, aber auch Kurioses aus der erzbischöflichen Kunst- und Wunderkammer.

Domgrabungsmuseum: Juli und Aug. tgl. 9.00 – 17.00 Uhr, Eintritt: 2,50 €
Dommuseum: Mai – Okt. Mo. – Sa. 10.00 – 17.00, So. 11.00 – 18.00 Uhr, Eintritt: 6 €, www.salzburger-dom.at

Westlich vom Dom liegt der durch Bögen mit der Residenz und St. Peter verbundene Domplatz. In seiner Mitte steht eine um 1770 geschaffene Mariensäule. Auf dem Platz wird seit 1920 während der Salzburger Festspiele Hugo von Hofmannsthals **»Jedermann«**, das Spiel vom Sterben des reichen Mannes, aufgeführt.

Domplatz

An der Pferdeschwemme aus weißem Marmor auf dem Kapitelplatz wurden einst Pferde getränkt und gesäubert. Das **Palais** an der Ostseite des Platzes dient seit 1864 als Sitz der Salzburger Erzbischöfe.

Kapitelplatz

Um 690 wurde das Benediktinerstift St. Peter an der Westseite des Kapitelplatzes vom hl. Rupert gegründet und war bis 1110 Wohnsitz der Erzbischöfe. Die meisten der heutigen Gebäude stammen aus dem 17. und 18. Jh. Der weitläufige **Klosterbezirk** gruppiert sich um drei Innenhöfe, von denen der östlichste, nördlich an die Kirche anschließende Hof Teil der Klausur und für Besucher nicht zugänglich ist. Zentrum ist der Äußere Stiftshof mit dem sechseckigen Petrusbrunnen von 1673. An der Südseite befindet sich der Stiftskeller St. Peter, die wohl älteste Gaststätte Salzburgs. Durch den westlichen Durchgang kommt man in den dritten Hof und zum 1925/1926 von Peter Behrens erbauten Benediktinerkolleg mit Fassadenfresken von Anton Faistauer. In der Nordwestecke steht ein Holzkruzifix von Jakob Adlhart (1925). Die Räume zwischen den zugänglichen Höfen beherbergen eine **Gedenkstätte** für Johann Michael Haydn, den Bruder Joseph Haydns, der 1781 Nachfolger von Mozart als Hof- und Domorganist wurde. Die **Katakomben** sind in

Stift St. Peter

> **BAEDEKER TIPP**
>
> ## ! *Kunst im öffentlichen Raum*
>
> Wer über den Kapitelplatz schlendert, dem sticht sie sofort ins Auge: Eine vergoldete, 2 t schwere Kugel aus Kunststoff mit etwa 5 m Durchmesser, die auf einem schmiedeeisernen Gestell liegt. Darauf steht die 300 kg schwere bronzene Figur eines Mannes in schwarzen Hosen und weißem Hemd. Dieses Werk heißt »Sphaera« und ist eines von sieben modernen Kunstwerken, die in der Stadt aufgestellt sind.

den Fels gehauen und nur über steile Stufen zugänglich. Wann diese frühchristlichen Gebetsstätten entstanden sind, ist noch nicht eindeutig geklärt (evtl. im 3. Jh. n. Chr.). Im Rahmen der Führung betritt man zunächst die Kommunegruft mit den Gräbern von Michael Haydn und Nannerl, der Schwester Mozarts. Dann geht es hinauf in die Gertrauden- und die Maximuskapelle. Die ***Stiftskirche St. Peter** wurde von 1130 bis 1143 erbaut, 1605 bis 1625 verändert und 1770 bis 1777 im Rokokostil ausgeschmückt. Aus dieser Zeit stammen auch die Turmhauben. Innerhalb der Turmvorhalle ist das romanische Westportal (um 1240) mit Skulpturen im Bogenfeld erhalten, die Rokokotür stammt von 1768. Das Innere lässt die romanische Basilika erkennen und enthält Grabmäler. In der dritten Ka-

»Jedermann!« schallt es alljährlich bei den Salzburger
Festspielen über den Domplatz.

pelle an der Rückseite des Altars befindet sich das Felsengrab des hl.
Rupert mit einer Grabtafel von 1444. Nahezu alle Bilder der 16 Marmoraltäre hat der Kremser Schmidt (1718–1801) geschaffen. Aus
dem Jahr 1319 stammt die Marienkapelle an der Nordseite der Kirche. Beachtenswert sind eine Muttergottesstatue aus der gleichen Zeit
sowie frühgotische und moderne Fresken (1955).
Gedenkstätte: Mitte Mai–Sept. Di.–Sa. 13.00–17.00 Uhr, Eintritt:
2 €, www.michaelhaydn.com
Katakomben: Mai–Sept. Di.–Do. 10.30–17.00, Fr.–So. 10.30–16.00,
Okt., Dez.–April Mi., Do. 10.30 bis 15.30, Fr.–So. 10.30–16.00 Uhr, Eintritt:
1,50 €

***Franziska-
nerkirche** Nördlich von St. Peter erhebt sich die Franziskanerkirche, bis 1635
als Marienkirche die Pfarrkirche der Stadt. Das schlichte Äußere
steht in klarem Gegensatz zum spannungsreichen Innenraum: An
das spätromanische dunkle Langhaus (13. Jh.) schließt der lichte
hochgotische Chor an, ein Meisterwerk von Hans von Stethaimer
(15. Jh.). Das Netzgewölbe stammt von Stephan Krumenauer. Vor
dem barocken Kapellenkranz (1606–1704) steht seit dem Jahr 1709
der vermutlich von J. B. Fischer von Erlach geschaffene Hochaltar
mit einer geschnitzten Madonna von Michael Pacher (1498).

Die berühmten Salzburger Festspiele, an deren Aufführungen Künstler von Weltruf beteiligt sind, wurden 1920 unter Mitwirkung von Hugo von Hofmannsthal, Max Reinhardt und Richard Strauss ins Leben gerufen und erhielten ihre Taufe mit der Aufführung des **»Jedermann«** auf dem Domplatz. Alljährlich trifft sich hier von Ende Juli bis Ende August ein internationales Publikum.

*Salzburger Festspiele

Westlich der Franziskanerkirche und des Stifts St. Peter, zwischen dem Max-Reinhardt-Platz bzw. der Hofstallgasse und dem Mönchsberg, liegt der Festspielbezirk. Der 225 m lange Bau setzt sich zusammen aus dem Haus für Mozart (dem früheren Kleinen Festspielhaus) und dem Großen Festspielhaus. Dazwischen liegen das neu gestaltete Foyer, Direktionsräume, Werkstätten und der Karl-Böhm-Saal. Zahlreiche Umbauten prägen die Geschichte des ehemaligen Kleinen Festspielhauses: 1924/1925 wurde es von der früheren großen Winterreitschule zum Kleinen Festspielhaus umgestaltet, und dann nocheinmal 1926, 1937/1938 und 1963 verändert. Pünktlich zum Mozartjahr 2006 konnte ein neuerlicher Umbau des Kleinen Festspielhauses zum **Haus für Mozart** – nach Plänen der Architekten Wilhelm Holzbauer und François Valentiny – fertig gestellt werden. Jetzt stehen insgesamt 1495 Sitz- und 85 Stehplätze zur Verfügung. Die drei Eingangsportale gestaltete der Salzburger Bildhauer Josef Zenzmaier, die »Goldene Wand« im Foyer stammt von dem deutschen Künstler und Designer Michael Hammers. Das Neue oder **Große Festspielhaus** baute Clemens Holzmeister von 1956 bis 1960. Sein 40 m hohes, gewaltiges Bühnenhaus dringt tief in den Mönchsberg ein, von dem über 55 000 m³ Fels abgetragen wurden – manches davon fand Verwendung zur Verkleidung der Stahlbetonsäulen. Der Boden des Foyers besteht aus Adneter Marmor, im Pausensaal aus grünem Serpentin mit eingelegten Pferdemosaiken von Kurt Fischer. Das Stahlrelief »Huldigung an Anton von Webern« stammt von Rudolf Hoflehner. In der Eingangshalle stehen die zwei Plastiken »Musik« und »Theater« von Wander Bertoni, Robert Longo schuf die vier frei stehenden Großgemälde in Blau, Rot, Gold und Schwarz. Der besonders wegen seiner Akustik ge-

*Festspielbezirk

> **!** | BAEDEKER TIPP
>
> *Die Stierwascher*
>
> Die Salzburger wurden früher Stierwascher genannt. Warum? Der Spitzname beruht auf einer Legende, nach der die Einwohner der Stadt zur Zeit der Bauernaufstände im 16. Jh. massiv belagert wurden. Um nun zu zeigen, dass man sie nicht so schnell aushungern würde, führten sie jeden Morgen ihren letzten verbliebenen Stier – aber immer anders bemalt – gut sichtbar auf der breiten Festungsmauer entlang. Die Belagerer dachten, es wären noch ausreichend Vorräte vorhanden und zogen ab, die Salzburger wuschen den braven Stier – was ihnen promt den Namen »Stierwascher« einbrachte.

Gemütlich: Stadtrundfahrt mit der Kutsche

rühmte, fast quadratische Zuschauerraum hat 2179 Plätze.
❶ Führungen tgl. unregelmäßig während der Festspielzeit, 6 €

Aus dem Jahr 1693 stammt die **Felsen- oder Sommerreitschule** – ein ehemaliger Steinbruch am Mönchsberg –, sie wurde 1968/1969 von Clemens Holzmeister umgebaut. Ihre in drei Reihen aus dem Fels herausgehauenen Zuschauergalerien bieten insgesamt 1549 Plätze. Ursprünglich veranstaltete man Turniere und Reitvorführungen, heute finden hier Theater- und Opernaufführungen – auch im Rahmen der Salzburger Festspiele – statt.

Museum der Moderne Rupertinum

Gegenüber dem Haus für Mozart steht der eigenartige schmale, hohe Bau des Rupertinums. Jahrhundertelang diente es als Priesterseminar, seit 1983 logiert in seinen Mauern das Museum der Moderne Rupertinum. Schwerpunkte der Sammlung sind Werke aus der Zeit um 1900 (Toulouse-Lautrec, Klimt, Klinger), des Expressionismus (Kokoschka, Kollwitz und Barlach) und der österreichischen Avantgarde (Rainer, Brus). Das Rupertinum beherbergt außerdem die **Österreichische Fotogalerie** und ist für seine zahlreichen Sonderausstellungen bekannt. Ergänzt wird das Rupertinum zudem durch das Museum der Moderne auf dem Mönchsberg.
❶ Di., Do.–So. 10.00–18.00, Mi. 10.00–20.00 Uhr, Eintritt: 6 €, www.museumdermoderne.at

Kollegienkirche

Am Max-Reinhardt-Platz steht die Kollegienkirche, in den Jahren 1696 bis 1707 von J. B. Fischer von Erlach im Barockstil für die damalige **Universität** gebaut.

Marstallschwemme

Westlich des Universitätsgebäudes liegt der Herbert-von-Karajan-Platz, wo man auf die 1695 angelegte Marstallschwemme, einen **brunnenähnlichen Bau zur Säuberung der Pferde**, stößt. Die Rossebändigergruppe schuf 1695 Michael Bernhard Mandl. Zwischen Festspielhaus und Pferdeschwemme führt das mit Portalen der Brüder Hagenauer geschmückte Neu- oder Sigmundstor in die Stadtteile Riedenburg und Maxglan. Der 123 m lange Straßentunnel wurde in den Jahren 1764 bis 1767 durch den Mönchsberg gebrochen.

Beim Anton-Neumayr-Platz wartet der schon 1890 in Betrieb genommene Mönchsbergaufzug auf Besucher, die den herrlichen Panoramablick auf die Stadt vom **Mönchsbergplateau** genießen wollen. Sehenswert ist das Ensemble auch architektonisch: Der historische Wasserturm aus dem 19. Jh. wird gelungen kontrastiert vom avantgardistischen Neubau des MdM, des **Museums der Moderne Mönchsberg** (2004). Der gesamte Außenbau des Münchner Architektenteams Friedrich Hoff Zwink ist mit lokalem Untersberger Marmor verkleidet und durch vertikale Fugen

BAEDEKER TIPP !

Mozartkugeln

Für Freunde der süßen Leckerei ist die Brodgasse Nr. 13 eine wichtige Adresse: Im Stammhaus der Familie Fürst erfand der Salzburger Konditor Paul Fürst 1890 die Mozartkugel – sie wird heute noch nach dem Originalrezept hergestellt!

gegliedert. Das Museum der Moderne Mönchsberg zeigt – als Ergänzung zum Rupertinum – eine bedeutende Kollektion von Werken der klassischen Moderne und internationale Kunst seit 1945.
Mönchsbergaufzug: Sept.–Juni Mo., Di., Do.–So. 8.00–19.00, Mi. 8.00–21.00, Juli, Aug. tgl. 8.00–21.00 Uhr, Einzelfahrt: 2,10 €
MdM: Di., Do.–So. 10.00–18.00, Mi. 10.00–20.00 Uhr, Eintritt: 8 €, www.museumdermoderne.at

Am Museumsplatz, der nördlichen Verlängerung des Neumayr-Platzes, ist das Haus der Natur (Museumsplatz 5) in das ehemalige Ursulinenkloster eingezogen. Das faszinierende **Naturkundemuseum** mit Attraktionen wie Aquarium, Reptilienzoo und Weltraumhalle begeistert Erwachsene und Kinder gleichermaßen.
❶ Tgl. 9.00–17.00 Uhr, Eintritt: 7,50 €, www.hausdernatur.at

*Haus der Natur

Die Getreidegasse ist eine recht altertümliche Gasse mit schönen Bürgerhäusern, schmiedeeisernen Geschäfts- und Wirtshausschildern und hübschen Läden. Am Haus Nr. 3 erinnert eine Gedenktafel an **August Bebel**, der hier 1859/1860 als Drechslergeselle arbeitete. In südlicher Richtung führen Hausdurchgänge, sogenannte »Durchhäuser«, zum Universitätsplatz. Beliebtestes Ziel ist ***Mozarts Geburtshaus** in der Getreidegasse Nr. 9: Hier wurde Wolfgang Amadeus Mozart (▶Baedeker Wissen S. 460) am 27. Januar 1756 geboren, 1747 bis 1773 wohnte Familie Mozart im dritten Stock. Die Räume sind als ein **Museum** eingerichtet, mit Gegenständen aus Mozarts Leben und Schaffen, darunter seine Kindergeige, Bildnisse, ein Klavichord von 1760, ein 1780 gefertigtes Hammerklavier und Noten. In der zweiten Etage widmet sich eine Ausstellung dem Thema »Mozart auf dem Theater«, im ersten Stock werden regelmäßig Sonderausstel-

Getreidegasse

Trutziges Wahrzeichen der Stadt

Hoch über der Altstadt von Salzburg thront die Festung, von hier aus schweift der Blick auf die Salzach und den Kapuzinerberg. Die gewaltige Hohensalzburg (542 m) mit ihren mittelalterlichen und barocken Wehrbauten ist eine der besterhaltenen Burgen Europas.

❶ Jan.–April, Okt. tgl. 9.30–17.00, Mai–Sept. 9.00–19.00 Uhr
Der Burghof, die Georgskirche sowie die Museen können ohne Führung besichtigt werden. Nur im Rahmen von Führungen (ca. 40 Min.) zugänglich sind die Prunkräume der Salzburger Erzbischöfe.
Tel. 0662 84 24 30 11
www.hohensalzburg.com

❶ *Burghof*

Der Haupthof ist das Zentrum der Burg. Hier liegt mit der im Jahr 1539 gegrabenen Zisterne und der Georgskirche das Herz der Festung.

❷ *Salzburger Stier*

Die Freiorgel aus dem Jahr 1502 spielt täglich um 7.00, 11.00 und 18.00 Uhr nach dem Glockenspiel des Residenz-Neugebäudes. Angelegt wurde das Hornwerk mit 200 zinner-nen Pfeifen unter Erzbischof Leonhard von Keutschach.

❸ *Fürstenzimmer*

Die Goldene Stube besitzt Marmorportale, deren Türen kunstvoll mit schmiedeeisernen Ranken beschlagen sind. Der sich anschließende Große oder Goldene Saal wirkt mit seiner blau und rot bemalten Holzvertäfelung und seinen Säulen aus rotem Adneter Marmor sehr festlich.

❹ *Georgskirche*

An der Außenwand der 1501/1502 erbauten Kirche sieht man das prachtvolle Hochrelief Leonhard von Keutschachs, von Hans Valkenauer im Jahr 1515 und damit bereits zu Lebzeiten des Erzbischofs geschaffen. Im Inneren stellen 13 Reliefs, gehauen aus Adneter Scheckmarmor (1502), Christus und die Apostel dar.

Hohensalzburg

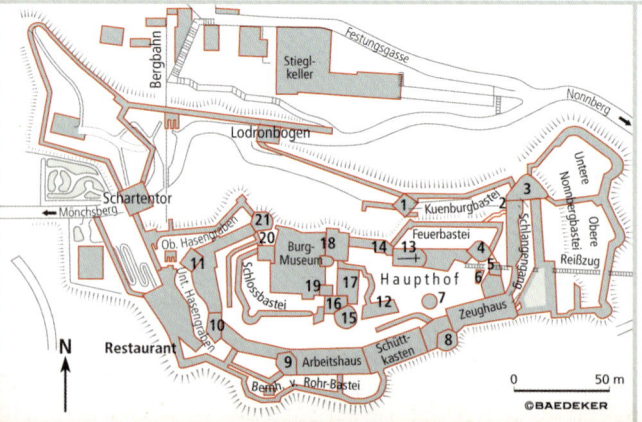

1 Keutschachbo
2 Brücke
3 Bürgermeister
4 Trompeterturm
5 Reißturm
6 Höllenpforte
7 Zisterne
8 Schmiedturm
9 Geyerturm
10 Hasenturm
11 Reckturm
12 Kaplanstöckl
13 Georgskirche
14 Krautturm
15 Kuchelturm
16 Pfisterei
17 Wallmeisterst
18 Hoher Stock
19 Feuertürme
20 Keutschachzis
21 Glockenturm

© BAEDEKER

0   50 m

Mit der Standseilbahn sind Sie in zwei Minuten auf der Festung.

©BAEDEKER

Von der Festung sieht man auf die wunderbare Altstadt und den jenseits der Salzach liegenden Kapuzinerberg.

lungen gezeigt, das hintere Haus berherbergt die sehenswerte Ausstellung »Bürgerliche Wohnung in Salzburg zur Mozartzeit«.
❶ Sept.–Juni tgl. 9.00–17.30, Juli, Aug. tgl. 9.00–20.00 Uhr, Eintritt: 7 €

Rathaus Am östlichen Ende der Getreidegasse steht das barocke Rathaus (1616–1618) mit reizvoller **Muschelverzierung** aus der Zeit des Rokoko. Umgeben ist es von alten Salzburger Bürgerhäusern, die schon im Mittelalter aufgrund der beengten räumlichen Situation vier bis fünf Stockwerke in die Höhe wuchsen.

Alter Markt Südöstlich folgt der Alte Markt, einer der stimmungsvollsten und ältesten (13. Jh.) Plätze in Salzburg. Das alteingesessene Café Tomaselli lockt zur süßen Pause – auch Mozart war hier schon zu Gast. Die 1591 eröffnete **Fürstbischöfliche Hofapotheke** gegenüber besitzt eine schöne Rokokoeinrichtung. In der Mitte des Alten Marktes steht der **Markt- oder Florianibrunnen** (1687), sein interessantes Renaissancespiralgitter ist noch älter (1583).

Trakl-Gedenkstätte Folgt man der Judengasse in Richtung Osten, kommt man auf den Waagplatz, wo 1887 im Haus Nr. 1 a der Dichter Georg Trakl geboren wurde. Heute ist in dem Gebäude eine **Forschungs- und Gedenkstätte** eingerichtet.
❶ Führungen: Mo.–Fr. 14.00 Uhr, 4 €

Mozartplatz Auf dem anschließenden Mozartplatz steht das **Mozartdenkmal**, geschaffen im Jahr 1842 von Ludwig Schwanthaler. In der östlich abgehenden Pfeifergasse Nr. 11 wohnte **Paracelsus** 1525. Im Jahr 1540 kam der Arzt und Philosoph nach Salzburg zurück, wo er am 24. September 1541 im Haus Kaigasse 8 starb. Begraben ist Paracelsus auf dem Sebastiansfriedhof.

Kajetaner-kirche Am Kajetanerplatz steht die in den Jahren 1685 bis 1697 von dem italienischen Architekten Giovanni Gaspare Zuccalli turmlos mit breiter Palastfassade erbaute Kajetanerkirche, deren sakraler Charakter äußerlich nur von der **ovalen Kuppel** betont wird. Die Ausstattung des barocken Kirchenbaus stammt einheitlich aus der Zeit um 1730, das Kuppelfresko schuf Paul Troger.

✶✶ FESTUNG HOHENSALZBURG

Wahrzeichen Salzburgs Den Südostgipfel des Mönchsbergs mit der Festung, 120 m über der Salzach, erreicht man in 2 Minuten mit der **Standseilbahn** (Festungsgasse) oder zu Fuß in etwa 30 Minuten – vom Kapitelplatz aus durch die Festungsgasse bzw. vom Mönchsberg durch das Scharten-

Hier ist Salzburg am ältesten: Alter Markt mit dem »Cafe Tomaselli«

tor. Schon beim Aufstieg ergeben sich immer wieder prächtige Ausblicke. Der Mönchsberg erstreckt sich von der Hohensalzburg in
Richtung Westen und Nordwesten, ein fast 2 km langer, mit Laub-
wald bedeckter Bergrücken 60 m über der Altstadt. Auf seinen schattigen Parkwegen kommt man zu einigen schönen Aussichtspunkten.

Geschichte

Im Jahr 1077 wurde die Burg unter Erzbischof Gebhard während des
Investiturstreits zur Stärkung der geistlichen Machtstellung erbaut.
Sie erhielt ihre heutige Gestalt im Wesentlichen um 1500 durch **Erzbischof Leonhard von Keutschach**, dessen Wappensteine – die mit
der Rübe – überall zu sehen sind. Der Dreißigjährige Krieg bewog
Erzbischof Paris Lodron, weitere Befestigungen und Modernisierun-
gen durchzuführen. Mit der Vollendung der Kuenburg-Bastei 1681
war der Ausbau endgültig abgeschlossen. Nur ein einziges Mal in
ihrer Geschichte wurde die Hohensalzburg belagert: 1525 zogen auf-
ständische Bauern vor die Burg, konnten sie aber nicht einnehmen.
Die 1861 aufgelassene Festung diente bis 1938 zeitweilig als Kaserne
und Gefängnis. Seit 1953 treffen sich hier in den Sommermonaten
Kunstfreunde aus aller Welt in der von Oskar Kokoschka und dem
Salzburger Galeristen Friedrich Welz ins Leben gerufenen »Schule
des Sehens«, der heutigen Internationalen Sommerakademie.

Burghof

Auf der steilen Zufahrt (kein privater Autoverkehr!) kommt man
durch drei Sperrbogen hindurch, an der riesigen Wand der Feuerbas-
tei von 1681 vorbei zu einer früher durch Pferde betriebenen, heute
noch benutzten **Versorgungsseilbahn** von 1504. Weiter geht es

durch die Rosspforte in den äußeren Burghof, den **Haupthof**, mit seinen alten Linden und der schon 1539 gegrabenen Zisterne.

Innenräume Der Rundgang durch die Festung beginnt mit der ehemaligen Gerichtsstube im **Reck- oder Gerichtsturm**, dessen Plattform (170 m über der Stadt) ebenfalls eine hervorragende Aussicht bietet. Weiter geht es über den Wehrgang zum »**Salzburger Stier**«, einer Freiorgel von 1502 mit 200 Pfeifen, die täglich nach dem Glockenspiel des Residenz-Neugebäudes zu hören ist. Eine Wendeltreppe führt in den dritten Stock zu den spätgotischen Fürstenzimmern.

Burgmuseen Enthalten im Festungsticket ist der Eintritt in die sehenswerten Museen der Burg: Das **Festungsmuseum** informiert über die Burggeschichte, die mittelalterliche Gerichtsbarkeit und die ritterlichen Wohnverhältnisse; das **Rainer-Regiments-Museum** ist dem von 1871 bis 1928 hier einkasernierten Salzburger Hausregiment »Erzherzog Rainer« Nr. 59 gewidmet; und das **Marionettenmuseum** präsentiert Figuren aus dem weltberühmten Salzburger Marionettentheater, etwa jene aus der Aufführung von Mozarts »Zauberflöte«.

Hangar-7 Am Salzburger Flughafen, westlich der Altstadt, hat sich Didi Mateschitz (▶Berühmte Persönlichkeiten) einen Hangar aus Stahl und Glas bauen lassen, um die stetig wachsende Sammlung historischer Flugzeuge der »Flying Bulls« zu beherbergen. Alle Exponate sind, ungeachtet ihres Alters, noch flugtauglich! Daneben läßt sich im Hangar-7 nicht nur Kulinarik (▶ S. 454), sondern auch Kunst erleben:

Geschwungene Fassade im Halboval: Dreifaltigkeitskirche

Dreimal im Jahr präsentiert HangART-7 Talente und aktuelle künstlerische Strömungen aus den unterschiedlichsten Erdteilen.

❶ www.hangar-7.com

NEUSTADT

Wichtigster Übergang von der Altstadt zur Neustadt ist die breite Staatsbrücke vom »Rathausbogen« zum **Platzl**, um das schon im 12. Jh. eine brückenkopfartige Vorstadt erwuchs. Vom Platzl aus führt die Dreifaltigkeitsgasse – vorbei an der Ledererergasse und dem engen Königsgässchen, die beide den Verlauf der ersten Stadtmauer des 13. Jh.s kennzeichnen – auf den Makartplatz. Der frühere Hannibalplatz wurde später nach dem Salzburger Maler Hans Makart (1840 – 1884) benannt. **Am rechten Salzachufer**

Den Platz überragt die von J. B. Fischer von Erlach 1694 bis 1702 errichtete Dreifaltigkeitskirche, ein barocker Kuppelbau mit geschwungener Fassade im Halboval. Nach einem Brand 1818 wurden die Turmobergeschosse stark erhöht und damit die Optik wesentlich verändert. **Dreifaltig-keitskirche**

Am Makartplatz Nr. 8 steht das *Wohnhaus Mozarts, das Vater Leopold mit der Familie ab 1773 bis zu seinem Tod 1787 bewohnte. Mit dem Umzug in diese Achtzimmerwohnung entkam die Familie Mozart der mittelalterlichen Enge der Getreidegasse. Hier war genügend Platz, um gesellschaftliche Kontakte

> **!** BAEDEKER TIPP
>
> ### *Stille Nacht*
>
> Der Dichter des berühmten Weihnachtsliedes »Stille Nacht, heilige Nacht«, der Pfarrvikar Joseph Mohr, wurde 1792 in der Steingasse in Salzburg geboren, wuchs in der Stadt auf und besuchte dort das Priesterseminar.

zu pflegen, man musizierte oder vergnügte sich im Garten. Nachdem die Mutter Anna Maria 1778 gestorben war, Wolfgang Amadeus 1780 Salzburg verlassen und Mozarts Schwester Nannerl 1784 geheiratet hatte, lebte Leopold Mozart alleine in der geräumigen Wohnung. Im Zweiten Weltkrieg wurde das Gebäude schwer beschädigt. Die Stiftung Mozarteum kaufte es 1989 und ließ es in seinem ursprünglichen Zustand wieder herrichten. Hier ist auch die **»Mozart Ton- und Filmsammlung«** untergebracht, die sämtliche Audio- und Videoaufzeichnungen im Zusammenhang mit Mozart archiviert.

Mozarthaus: Tgl. 9.00 – 17.30, Juli, Aug. 9.00 – 20.00 Uhr, Eintritt: 7 €
Mozart Ton- und Filmsammlung: Mo., Di., Fr. 9.00 – 13.00, Mi., Do. 13.00 – 17.00 Uhr, Eintritt frei

Am Südende des Makartplatzes steht das 1892/1893 errichtete Landestheater. Im Seitenflügel hat das 1913 gegründete **Marionetten-** **Landes-theater**

theater (Eingang Schwarzstraße 24) seinen Sitz. Aufgeführt werden hier nicht nur einfache Puppenspiele, sondern auch Ballette, Operetten und insbesondere die fünf großen Mozartopern.

Mozarteum Das Gebäude Schwarzstraße 26 hat der Münchner Architekt Richard Berndl 1910 bis 1914 für die Internationale Stiftung Mozarteum gebaut. Ziel und Aufgabe der 1880 gegründeten Stiftung ist es, »das Erbe Mozarts zu bewahren«. Untergebracht sind Unterrichts- und Verwaltungsräume der Hochschule für Musik und darstellende Kunst Mozarteum, eine Bibliothek und zwei Konzertsäle. Im Basteigarten steht das sogenannte **Zauberflötenhäuschen**, ein Gartenhaus des früheren Freihaustheaters am Naschmarkt in Wien, in dem Mozart 1791 die »Zauberflöte« komponiert haben soll. 1873 gelangte es durch Schenkung nach Salzburg, seit 1950 steht es am jetzigen Platz. ❶ www.moz.ac.at

*Mirabell-garten Der Mirabellgarten (Haupteingang am Makartplatz), liefert mit seinen Terrassen, Marmorstatuen und Springbrunnen ein ausgezeichnetes **Beispiel barocker Gartenkunst**. Entworfen wurde er um 1690 von J. B. Fischer von Erlach. Den Mittelpunkt bildet eine Fontäne, umgeben von Gruppen mythologischer Figuren als Allegorien für die Elemente Feuer, Luft, Erde und Wasser. In der südwestlichen Ecke des Gartens findet man ein 1717 nach französischem Vorbild angelegtes Heckentheater.

*Zwergl-garten Im Zwerglgarten ließ um 1715 Erzbischof Franz Anton Harrach 28 groteske Zwergenfiguren aufstellen. Kronprinz Ludwig von Bay-

Wo könnte ein Mozartkonzert schöner sein als im Marmorsaal von Schloss Mirabell?

ern fand sie so scheußlich, dass er sie 1812 entfernen ließ. Bedauerlicherweise wurde nur ein Teil der Figuren später wiedergefunden und am ursprünglichen Platz aufgestellt. Die zwischen 1,20 und 1,40 m großen Steinfiguren stellen stark verfremdet unterschiedliche Charaktere oder Berufe dar – darunter eine Bäuerin, einen Ballspieler, einen Lahmen und eine bucklige Frau.

! Wasser marsch!

An lauen Sommerabenden lud der Erzbischof seine Gäste in den Park an den Fürstentisch ein. Wenn ihm die Stimmung ausgelassen genug schien, winkte er seinem Brunnenmeister, und aus jedem Hocker schoss ein starker Wasserstrahl hervor. Natürlich durften sich die Gäste dann nicht vor dem Erzbischof, der »auf dem Trockenen saß«, erheben …

Erzbischof Wolf Dietrich von Raitenau ließ **Schloss Mirabell** 1606 für seine Freundin und die Mutter seiner 15 Kinder, die Kaufmannstochter Salome Alt, errichten. Nach Wolf Dietrichs Sturz 1612 musste sie das Schloss verlassen, das dann als erzbischöfliche Sommerresidenz diente. Zwischen 1721 und 1727 wurde es von Lukas von Hildebrandt zu einem spätbarocken Palast umgestaltet. Nach dem Stadtbrand von 1818 stellte ihn Peter von Nobile nach der klassizistischen Auffassung seiner Zeit wieder her. Seit 1947 ist Schloss Mirabell **Amtssitz des Bürgermeisters** und der Stadtverwaltung. Von Hildebrandts Bau ist vor allem die prachtvolle Treppe, die **Engelsstiege**, mit Marmorbalustrade, Stuckornamenten und entzückenden Putten von Georg Raphael Donner erhalten. Die Treppe führt zum wunderschönen Marmorsaal im ersten Stock, der heute für Konzerte und Trauungen eifrig genutzt wird.

Engelsstiege: Tgl. ca. 8.00 – 18.00 Uhr
Marmorsaal: Mo., Mi., Do. ca. 8.00 – 16.00, Di., Fr. 13.00 – 16.00 Uhr, nicht bei Sonderveranstaltungen, Eintritt frei

Ein Trakt der ehemaligen Orangerie des Mirabellschlosses ist heute Teil des Salzburger Barockmuseums. Die europäische Kunst des 17. und 18. Jh.s ist hier vor allem durch **Ölskizzen, Modelle und Entwürfe** für Kunstwerke von Rubens, Rottmayr, Veronese, Tiepolo und andere vertreten.

Barock-museum

❶ Mi. – So. 10.00 – 17.00 Uhr, Juli u. Aug. auch Di., www.barockmuseum.at

Wenn man nach der Staatsbrücke nicht nach links zum Makartplatz abbiegt, sondern geradeaus geht, kommt man geradewegs in die Linzer Gasse. Nach wenigen hundert Metern folgt auf der linken Seite die ursprünglich aus dem 16. Jh. stammende, von 1749 bis 1753 im Rokokostil erneuerte Sebastianskirche mit dem Sebastiansfriedhof. Im Durchgang findet man links an der Wand das Grabmal des Arztes und Naturforschers **Theophrastus Paracelsus**, der 1541 in Salzburg starb. Der Friedhof St. Sebastian wurde unter der Ägide von Erzbi-

***Friedhof
St. Sebastian**

schof Wolf Dietrich nach dem Vorbild eines italienischen Campo Santo angelegt und bietet eine gute Übersicht über die Grabmalkunst des 17. bis 19. Jh.s. In seiner Mitte steht das kunstvoll gestaltete Mausoleum für Erzbischof Wolf Dietrich (†1617), die **Gabrielskapelle**. Am Weg zur Kapelle ruhen Mozarts Vater Leopold (†1787), Constanze Mozart, wiederverheiratete von Nissen (†1842), und Genoveva von Weber (†1798), Mutter des Komponisten Carl Maria von Weber und Tante von Constanze Mozart.

Kapuziner-berg
Südlich der Sebastianskirche, Linzer Gasse 14, führt der Stefan-Zweig-Weg an Kreuzwegkapellen des 18. Jh.s und an dem Kapuzinerkloster mit prächtiger Panoramasicht von der »Kanzel« unterhalb des Klosters vorbei, hinauf zum Kapuzinerberg (638 m). Er ist von einem lichten Wald bedeckt und bietet mehrere **Aussichtspunkte**, darunter die »Aussicht nach Bayern«.

UMGEBUNG VON SALZBURG

*Wallfahrts-kirche Maria Plain
Am nördlichen Rand von Salzburg, in Bergheim, erhebt sich auf dem Plainberg (530 m) weithin sichtbar die barocke Wallfahrtskirche Maria Plain (1671 – 1674). Seit 1633 wird das von einem unbekannten Meister geschaffene **Gnadenbild** verehrt, weil es im niederbayeri-

Lustschloss Hellbrunn: Domizil von Erzbischof Markus Sittikus

schen Regen einen Brand nahezu unversehrt überstand. 1652 kam es
auf den Plainberg in eine kleine Holzkapelle. Die Pilger strömten in
Scharen, so dass man bald ein größeres Gotteshaus brauchte. Das
Gnadenbild wurde 1752 feierlich gekrönt. Sehenswert ist auch die
prachtvolle Ausstattung des in Blau und Gold gehaltenen Saalbaus.

Rund 15 km nordwestlich der Wallfahrtskirche Maria Plain liegt der **Markt** — **Oberndorf**
Markt Oberndorf (394 m) an der Salzach. Die **Stille-Nacht-Gedächt-**
niskapelle wurde 1937 anstelle der 1899 durch Hochwasser zerstörten Kirche St. Nikolai errichtet, in der am Heiligabend 1818 das Lied
»Stille Nacht, heilige Nacht« erstmals erklang.

Die ca. 4 km lange, von hohen alten Bäumen gesäumte Hellbrunner ***Schloss** — **Hellbrunn**
Allee führt zum Schloss. Erzbischof Markus Sittikus ließ von 1613 bis
1616 vom Dombaumeister Solari nach römischem Vorbild Schloss,
Park und Wasserspiele anlegen. Das **manieristisch-frühbarocke En-**
semble überdauerte die Jahrhunderte fast unverändert. Außerge-
wöhnlich sind die handgemalten chinesischen Papiertapeten im
Schlafzimmer, der prächtige Kachelofen im Speisesaal und der Fest-
saal. Das Schloss wird mit einem Audioguide besichtigt, für die
*Wasserspiele bekommt man eine Führung. Den Ziergarten
schmücken zahlreiche Statuen, Brunnen und Grotten mit durch
Wasserkraft betriebenen Spielereien und Scherzen – natürlich auf
Kosten anderer. Als originellste Anlage gilt aber das ***Mechanische**
Theater. Es präsentiert das Leben und Treiben in einer barocken
Kleinstadt mit 256 Figuren und Orgelwerk. Oberhalb des zentralen
Teiches steht auf dem Hellbrunner Berg das 1615 erbaute, früher nur
einen Monat im Jahr zur Jagdzeit bewohnte **Monatsschlössl**. Seit
1924 beherbergt es das Salzburger **Volkskundemuseum**, eine Abteilung des Salzburg Museums. Hinter dem Schlössl gelangt man zum
Steinernen Theater, eine natürliche Felsschlucht, in der 1617 eine
der ersten Opernaufführungen im deutschsprachigen Raum statt-
fand. An den Schlosspark schließt sich nach Süden hin der **Tiergar-**
ten Hellbrunn an. Bemerkenswert an dem 1961 aus dem Hirschgar-
ten hervorgegangenen Salzburger Zoo ist die erfolgreiche Tierhaltung
in weitgehend naturbelassenen Gehegen.

Schloss: April, Okt., Nov. tgl. 9.00–16.30, Mai, Juni, Sept. tgl. 9.00–17.30,
Juli, Aug. tgl. 9.00–21.00 Uhr, Eintritt: 9,50 €, www.hellbrunn.at
Volkskundemuseum: April–Okt. tgl. 10.00–17.30 Uhr, Eintritt: 2,50 €
Tiergarten: Nov.–März tgl. 9.00–16.30, April, Mai, Sept., Okt. tgl.
9.00–18.00, Juni, Juli tgl. 9.00–19.00, Aug. Mo.–Do., So. 9.00–19.00, Fr.,
Sa. 9.00–23.00 Uhr, Eintritt: 9,50 €, www.salzburg-zoo.at

Rund 6 km südwestlich von Hellbrunn, in St. Leonhard, befindet sich **Untersberg**
die Talstation der über 2800 m langen Schwebebahn auf den **Salz-**
burger Hochthron (1856 m), den höchsten österreichischen Gipfel

des Untersbergs. Als einziger unmittelbar aus der Ebene aufsteigender Gebirgsstock der nördlichen Kalkalpen ist er der mit Abstand auffallendste Berg bei Salzburg.

Untersbergbahn: Ab ca. 8.30 – 16.00/17.00 Uhr im Halbstundentakt, Berg- und Talfahrt 21 €, wwww.untersbergbahn.at

*Salzburger Freilicht- museum

Wenige Kilometer südwestlich von Salzburg bei Großgmain wurde 1984 das Salzburger Freilichtmuseum eröffnet. Es zeigt auf 50 ha in schöner Umgebung etwa 60 originalgetreu aufgebaute **Bauernhäuser** des Salzburger Landes aus verschiedenen Epochen (16. – 20. Jh.). An den Wochenenden kann man hier nach traditioneller Art arbeitenden Handwerkern zuschauen.

❶ März – Juni, Sept., Okt. Di. – So. 9.00 – 18.00, Juli, Aug. tgl. 9.00 bis 18.00 Uhr, Eintritt: 10 €, www.freilichtmuseum.com

Schloss Kleßheim

Rund 3 km nordwestlich vom Salzburger Stadtteil Maxglan steht das Barockschloss Kleßheim, das von 1700 bis 1709 nach den Plänen von J. B. Fischer von Erlach für den Fürsterzbischof Johann Ernst Graf von Thun errichtet wurde. Heute beherbergt es eine weltweit bekannte Tourismusschule, in seinem Park ist der **Golf & Country Club** Salzburg ansässig, außerdem bildet es den noblen Rahmen für das Salzburger **Spielcasino**.

Golf & Country Club Salzburg: www.golfclub-klessheim.com
Casino Salzburg: www.casinos.at

Salzkammergut

K/L 4

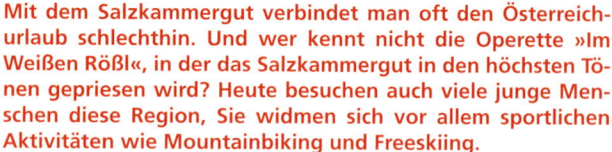

Bundesländer: Oberösterreich, Salzburg und Steiermark

Mit dem Salzkammergut verbindet man oft den Österreichurlaub schlechthin. Und wer kennt nicht die Operette »Im Weißen Rößl«, in der das Salzkammergut in den höchsten Tönen gepriesen wird? Heute besuchen auch viele junge Menschen diese Region, Sie widmen sich vor allem sportlichen Aktivitäten wie Mountainbiking und Freeskiing.

Urlaubs- region

Das zauberhafte seenreiche Voralpen- und Alpengebiet vereinigt Natur und Kultur aufs Schönste und ist **eine der meistbesuchten Fremdenverkehrsregionen Österreichs**. Außerordentlich vielfältig ist das Sportangebot, es reicht von gemütlich bis extrem. Herausragend sind das Mountainbike-Netz sowie die Kletter- und Freeskimöglichkeiten etwa am Dachstein. Die Kultursommer in verschiedenen Orten erfreuen Besucher mit ihren Konzerten, Lesungen und Aus-

Salzkammergut erleben

AUSKUNFT
Salzkammergut Tourismus
Salinenplatz 1

A-4820 Bad Ischl
Tel. 06132 2 69 09
www.salzkammergut.at

stellungen und die großartige Natur fasziniert wohl jeden Gast dieses schönen Landes. Beeindruckend ist der schroffe Gegensatz zwischen den Wasserflächen der über vierzig großen und kleinen Seen und den markanten Gipfeln und Steilwänden der umliegenden Berge. Vom Schafberg aus genießt man etwa einen geradezu traumhaften Blick über diese Landschaft.

Geografisch gesehen umfasst das Salzkammergut die Gebiete ▶Atter-see, Ausseer Land (▶Bad Aussee), ▶Bad Ischl und den ▶Wolfgangsee, die Ferienregion ▶Traunsee, den Fuschlsee (▶Wolfgangsee), das Innere Salzkammergut mit dem ▶Hallstätter See und dem ▶Dachstein sowie die Ferienregion ▶Mondsee. Damit gehört das Salzkammergut größtenteils zu Oberösterreich, greift aber mit dem Wolfgang- und dem Fuschlsee nach Salzburg und mit dem Ausseer Land in die Steiermark über. Das **Kernland des Salzkammerguts** war zu Beginn der Neuzeit die Region um Ischl, die als fürstlicher Grundbesitz und als Kammergut mit Sonderrechten ein außerordentlich lukrativer »Staat im Staate« war. Aus der politisch-wirtschaftlichen Fachbezeichnung wurde im Lauf der Zeit der heute ausschließlich geografisch-touristisch zu verstehende Begriff.

Geografische Lage

Steile Bergwände säumen den Altausseer See im Salzkammergut.

★★ St. Florian

✧ M 3

Bundesland: Oberösterreich
Höhe: 296 m ü.d.M.
Einwohnerzahl: 4500

Interessierte aller Kunstrichtungen kommen hier auf ihre Kosten: Architektur, Musik und die alte Bibliothek mit ihren Schätzen ziehen jedes Jahr viele Besucher nach St. Florian.

Barock und Musik   Wenn es um die glänzendsten Schöpfungen des Barock in Österreich geht, darf der Name des Marktes St. Florian, rund 15 km südöstlich der Landeshauptstadt ►Linz gelegen, nicht fehlen. Musikfreunde verbinden das berühmte Augustiner-Chorherrenstift mit dem genialen Musiker **Anton Bruckner**, der ganz in der Nähe geboren wurde und schon in seiner Jugend die St. Florianer Sängerknaben mit Musikalität und Stimme bereicherte und hier später als Domorganist wirkte.

★ AUGUSTINER-CHORHERRENSTIFT

Stiftslegende   Der hl. Florian, leitender Verwaltungsbeamter der römischen Provinz Noricum, hatte sich zum Christentum bekehrt und wurde deshalb Anfang des 4. Jh.s in der Enns ertränkt. Der Legende nach kam der Leichnam, obwohl mit einem Stein beschwert, wieder an die Wasseroberfläche und wurde an der Stelle des heutigen Stifts begraben. Als **Schutzpatron und Helfer in Feuergefahr und Wassernot** wird er verehrt und gleichzeitig ironisch kommentiert: »Oh heiliger Sankt Florian, verschon' mein Haus, zünd' andre an!« Die ältesten Mauerreste des Klosters gehen auf das 4. Jh. zurück. Es folgten eine romanische (1235 abgebrannt) und eine gotische Kirche. Nach dem Sieg über die Türken im Jahr 1683 und der Dankeswallfahrt des Kaisers zum Grab des hl. Florian entschloss sich die Klosterleitung zu einem barocken Neubau nach Plänen von Carlo Carlone. Nach dessen Tod 1708 führte Jakob Prandtauer den Bau bis 1751 weiter.
❶ Stiftsführungen Mai–Sept. tgl. 11.00, 13.00 u. 15.00 Uhr, Eintritt: 7,50 €, www.stift-st-florian.at

★★Stiftsbasilika   Am nördlichen Ende des Westflügels steht die mächtige Stiftsbasilika, ausgestattet mit zwei 80 m hohen Türmen. Die monumentale Raumwirkung im Inneren entsteht vor allem durch riesige Halbsäulen auf hohen Sockeln, hoch gelegene Fenster, die 36 m hohe Kuppel, verschwenderische Stuckdekorationen und die über die gesamte Decke reichenden Fresken. Das Chorgestühl und die Orgelempore sind reich geschnitzt und mit Putten geschmückt, die Kanzel besteht aus

St. Florian erleben

AUSKUNFT
Tourismusverband St. Florian
Marktplatz 2

A-4490 St. Florian
Tel. 07224 56 90
www.tiscover.com/st.florian

schwarzem Lilienfelder Marmor. **Anton Bruckners** musikalische Karriere begann bei den St. Florianer Sängerknaben. Gefördert vom Probst des Stifts, wurde er 1848 Stiftsorganist, bevor er 1854 nach Linz wechselte. Der Sarkophag des **»Musikanten Gottes«** steht in der Gruft unter der großen Kirchenorgel, die nach ihm benannt ist. Von Mitte Mai bis Mitte Oktober hat man täglich außer dienstags und samstags Gelegenheit, beim Orgelkurzkonzert (20 Min.) um 14.30 Uhr das wunderbare Instrument zu hören.

Prandtauers Meisterwerk ist die **Freitreppe** (Stiegenhaus) an der Hofseite des Westflügels, die nach Entwürfen von Carlone als Zugang zu den Kaiserzimmern mit Arkaden, Bögen und Pilastern über zwei Geschosse prunkvoll gestaltet wurde. In der Gotikgalerie sind die 14 farbenprächtigen Tafeln des **Sebastianaltars** von Albrecht Altdorfer (1480 – 1538), dem bedeutendsten Meister der Donauschule, zu sehen. Als Symbol weltlicher Macht liegt der ebenfalls von Prandtauer gestaltete **Marmorsaal** im Südflügel des Stifts, gegenüber der Basilika als Repräsentantin der geistlichen Macht. Heute ist er feierlicher Rahmen für Konzerte.

Kloster- gebäude

Im Ostflügel des Stifts befindet sich die herrliche ***Bibliothek** mit einem Deckengemälde von Bartolomeo Altomonte, das die Verbindung von Tugend und Wissenschaft darstellt. Mit ca. 150 000 Bänden, 950 Inkunabeln und 800 kostbaren Handschriften besitzt die Bibliothek zahlreiche bibliophile Schätze.

Der Chor der **St. Florianer Sänger- knaben** kann schon auf eine fast 1000-jährige Tradition zurückblicken: Er ist ab 1071, als die Augustiner das Kloster übernahmen, belegt. Inzwischen bereichert der Chor nicht nur den Gottesdienst an hohen Festtagen, sondern arbeitet

Stift St. Florian

1 Stiftstor und Bläserturm	5 Marmorsaal
2 Springbrunnen	6 Bibliothek
3 Treppenhaus	7 Sommerrefektorium
4 Kaiserzimmer	8 Nepomukstatue

auch mit berühmten Orchestern wie den Wiener Philharmonikern zusammen und unternimmt ausgedehnte Konzertreisen in Länder auf der ganzen Welt, etwa jüngst nach Mexiko.

UMGEBUNG VON ST. FLORIAN

Freilicht-museum Sumerauer-hof
Etwa 2 km östlich von St. Florian befindet sich im Ortsteil Samesleiten das Freilichtmuseum Sumerauerhof, ein mächtiger, seit dem 13. Jh. existierender **Vierkanthof**. Er blieb seit 1856 unverändert und wurde bis 1970 bewirtschaftet. Sehenswert ist die Ausstellung bemalter Bauernmöbel aus vier Jahrhunderten.
❶ Mai–Okt. Di.–So. 10.00–12.00 u. 13.00–17.00 Uhr, Eintritt: 2,50 €

★ St. Johann im Pongau

K 5

Bundesland: Salzburg
Höhe: 650 m ü.d.M.
Einwohnerzahl: 10 700

St. Johann im Pongau, Bezirkshauptstadt und modernes Zentrum des Pongau im mittleren Salzachtal, bietet vor allem maßgeschneiderten Winterurlaub für ein junges Publikum.

Ski und Après: Sportwelt Amadé
Der Ort hat sich mit Flachau, Wagrain-Kleinarl, Radstadt, Altenmarkt-Zauchensee, Eben und Filzmoos zur Salzburger Sportwelt zusammengeschlossen, die im Winter wiederum Teil von Ski Amadé ist. Ski Amadé spricht mit einem **Skipass für gleich fünf Regionen** natürlich vor allem sportliches Publikum an.
❶ www.salzburgersportwelt.com

SEHENSWERTES IN ST. JOHANN IM PONGAU

Pongauer Dom
St. Johann liegt auf einer sonnigen Terrasse über dem rechten Ufer der Salzach. Die neugotische zweitürmige Pfarrkirche St. Johannes, wegen ihrer Raumwirkung auch »Pongauer Dom« genannt, beherrscht das Bild der Stadt. 924 wurde sie erstmals erwähnt, musste aber von 1855 bis 1861 nach einem Stadtbrand neu errichtet werden.

*Liechten-steinklamm
Etwa 5 km südlich vom Ortskern bieten die brausenden Wassermassen des Großarlbachs in einer der großartigsten Felsschluchten der

Dramatischer Einfall der Natur: die Liechtensteinklamm

St. Johann im Pongau erleben

AUSKUNFT

Tourismusverband
St. Johann-Alpendorf
Ing.-Ludwig-Pech-Str. 1

A-5600 St. Johann
Tel. 06412 60 36
www.sanktjohann.com

Alpen ein überwältigendes Naturschauspiel. Ihren Namen verdankt die Klamm dem Fürsten zu Liechtenstein, der 1876 durch eine Geldspende die Erschließung ermöglichte. Wenn zur Mittagszeit die Sonne zwischen die Felswände auf den feinen Sprühregen des Schleierfalls scheint, bietet sich dem Betrachter ein zauberhaftes Bild in allen Regenbogenfarben. Die bis zu 300 m tiefe Klamm durchwandert man am besten morgens, denn dann herrschen die besten Lichtverhältnisse, zudem sollte man auf den gesicherten Wegen bleiben. Wer nach der Wanderung verschnaufen möchte, findet am Eingang der Klamm zwei Gaststätten. Der Wasserfall ist fast 60 m hoch.
❶ Mai – Sept. tgl. 8.00 – 18.00, Okt. tgl. 9.00 – 16.00 Uhr, Eintritt: 4,50 €, www.liechtensteinklamm.at

UMGEBUNG VON ST. JOHANN IM PONGAU

**Bischofs-
hofen**

Rund 8 km nördlich von St. Johann folgt an der Mündung des Mühlbachtals in das Salzachtal Bischofshofen (550 m; 10 300 Einw.). Jedes Jahr am 6. Januar findet hier das **Abschlussspringen der internationalen Vier-Schanzen-Tournee** statt, das Bischofshofens reichhaltiges Wintersportangebot krönt. In **St. Maximilian** sind Fresken und das Marmorgrabmal des Bischofs Sylvester von Chiemsee († 1453) beachtenswert. Das kostbare Rupertuskreuz (um 700), dessen Original im Salzburger Dommuseum aufbewahrt wird und von dem eine Kopie im Pfarrhof zu bestaunen ist, erinnert an irische Hochkreuze und daran, dass irische Mönche einst das Christentum in das Salzburger Land brachten.
❶ www.bischofshofen.com
St. Maximilian: pfarre-bischofshofen.net

Pfarrwerfen

Vor der Kulisse des Tennengebirges und des Hochkönigs, weitere 8 km nördlich, liegt Pfarrwerfen (553 – 1500 m; 2200 Einw.). Das Wahrzeichen des kleinen Ortes ist die Mühlenfreilichtanlage »7 Mühlen«, sechs von den ehemals sieben Wassermühlen am Mühlbach sind heute noch erhalten und können besichtigt werden.
❶ Mai – Okt. tgl. 8.00 – 19.00, Mahlvorführung: Fr. 15.00 – 18.00 Uhr, Eintritt: 3,50 €, www.7muehlen.at

In Werfenweng (901 m; 900 Einw.), einige Kilometer oberhalb von **Werfenweng**
Pfarrwerfen, sollten Wintersportfreunde das ausgezeichnete Salzburger **Landesskimuseum** besichtigen.
❶ Mi., Fr.–So. 13.00–17.00 Uhr, Eintritt: 4 €, www.skimuseum.at

Rund 8 km östlich von St. Johann liegt im Wagrainer Tal der beliebte **Wagrain**
Wintersportort Wagrain (838 m; 3000 Einw.). Auf dem Friedhof von
Wagrain findet man die Gräber des aufgrund seiner Affinität zum
Nationalsozialismus umstrittenen Schriftstellers Karl Heinrich Wag-
gerl (1897–1973) und des Geistlichen Joseph Mohr (1792–1848),
den Verfasser des Weihnachtslieds »Stille Nacht, heilige Nacht«.

Goldegg (850 m; 2450 Einw.), an einem idyllischen See gelegen, ver- **Goldegg**
weist stolz auf seine 70 km weit reichenden Langlaufloipen. Das romantische Schloss Goldegg besitzt einen Rittersaal mit schöner Holzdecke. Einen Teil der Räume nutzt das **Pongauer Heimatmuseum**.
❶ Mitte Juni–Mitte Sept. Mo., Di., Do.–Sa. 10.00–12.00 u. 15.00–17.00,
So. 15.00–17.00 Uhr; Schlossführungen: Mitte Juni–Mitte Sept. Mo., Di.,
Do.–So. 14.00, Mitte Sept.–Mitte Juni Do. 14.00 Uhr, Eintritt: 2,50 €, www.
museum-goldegg.at

✴ St. Pölten

✦ P 3

Bundesland: Niederösterreich
Höhe: 267 m ü.d.M.
Einwohnerzahl: 52 000

**St. Pölten ist die größte Stadt in Niederösterreich und seit 1986
auch die Landeshauptstadt des Bundeslandes, das bis dahin
von Wien aus verwaltet wurde. Das Stadtrecht erhielt St. Pölten schon im Jahr 1159 – als erster Ort in Österreich.**

Die Handels- und Industriestadt liegt 40 km westlich von Wien am **Junge**
Ufer der Traisen. Bedeutende Barockkünstler wie Jakob Prandtauer **Landes-**
wohnten in St. Pölten und gaben der Stadt ihr reiches Barockgepräge. **hauptstadt**
Hier ging zudem Paula von Preradovic, Verfasserin der österreichischen Hymne (»Land der Berge, ...«) zur Schule.

SEHENSWERTES IN ST. PÖLTEN

Das Altstadtzentrum bildet der Rathausplatz, einstiger Marktplatz **✴Rathaus-**
und 1995 von Boris Podrecca neu gestaltet. In der Mitte des Platzes **platz**
steht eine imposante **Dreifaltigkeitssäule** (1782). An der Nordseite

St. Pölten erleben

AUSKUNFT
Tourismusinformation St. Pölten
Rathausplatz 1
A-3100 St. Pölten
Tel. 02742 35 33 54
www.st-poelten.gv.at

ESSEN
❶ *Gasthof Graf* ⓔ – ⓔⓔ
Bahnhofplatz 7
A-3100 St. Pölten
Tel. 02742 35 27 57
Sa. u. So. geschl.
www.hotel-graf.at

In der klassischen Gaststube wird gut-bürgerliche Küche serviert, mittags sind sehr günstige Menüs im Angebot.

ÜBERNACHTEN
❶ *Austria Trend Hotel Metropol* ⓔⓔ
Schillerplatz 1, A-3100 St. Pölten
Tel. 02742 7 07 00
www.austria-trend.at
Das Hotel liegt inmitten der barocken Altstadt. Es entspricht mit seinem Komfort internationalen Standards und ist das erste Haus am Platz.

des Rathausplatzes steht die dem Rokoko zuzurechnende Franziska-nerkirche (18. Jh.), deren prächtige Kanzel und vier Altarbilder der Kremser Schmidt geschaffen hat. Das **Rathaus** (14. Jh.) an der Süd-seite lässt verschiedene Baustile erkennen, von Renaissanceportalen bis zur Barockfassade (Josef Munggenast, 1727). Bei der Renovie-rung der Westfassade 1984 wurde eine Freskomalerei aus dem 16. Jh. freigelegt. Der Rathausturm ist das Wahrzeichen St. Pöltens. Im Schuberthaus daneben fand 1821 die erste Schubertiade mit dem Komponisten statt.

Domplatz Durch die Marktgasse und die Kremser Gasse mit dem Stöhr-Haus (Nr. 41), einem bemerkenswerten Jugendstilbau des Wiener Archi-tekten Joseph Maria Olbrich (1867 – 1908), sowie durch die Domgas-se kommt man zum Domplatz. Hier befand sich einst der Kern der römischen Siedlung **Aelium Cetium**, heute ist er Schauplatz som-merlicher Open-Air-Veranstaltungen. Der Bischofshof, ein barocker Klosterbau, entstand im 17. Jh. Hier logiert heute das **Diözesanmu-seum** mit sakraler Kunst.
Diözesanmuseum: Mai – Okt. Di. – Fr. 9.00 – 12.00 u. 14.00 – 17.00, Sa. 10.00 – 13.00 Uhr, Eintritt: 4 €

Dom Der ursprünglich romanische, außen schlicht gehaltene Dom aus dem 12./13. Jh. wurde um 1722 nach den Entwürfen von Jakob Prandtauer im Barockstil umgestaltet. Beachtenswert sind hier vor allem die Fresken und die Gemälde von Daniel Gran und Bartolo-meo Altomonte sowie das schön geschnitzte und **vergoldete Chor-gestühl** nach den Entwürfen von Mathias Steinl. Die romanische

Rosenkranzkapelle aus dem 12. Jh. wurde in die Klosterkirche einbezogen, blieb dabei aber nahezu unverändert erhalten.

Als Zentrum der bischöflichen Siedlung wurde Ende des 11. Jh.s der **Riemerplatz**
Riemerplatz inmitten der Altstadt konzipiert, umgeben von schönen
Palais mit barocken Fassaden und schmiedeeisernen Balkongittern.

Via Rathausgasse erreicht man die Prandtauerstraße 2 und das von **Stadtmuseum**
Jakob Prandtauer ausgeführte einstige Karmelitinnenkloster, eine
Stiftung der Fürstin Montecuccoli. Es beherbergt heute das niederösterreichische Dokumentationszentrum für Moderne Kunst und
das Stadtmuseum St. Pölten: Neben einer ausführlichen Darstellung
der Stadtgeschichte sind hier auch bedeutende Werke St. Pöltener
Jugendstilkünstler zu sehen.
❶ Mi.–So. 10.00–17.00 Uhr, Eintritt: 5 €,
www.stadtmuseum-stpoelten.at

An der Dr.-Karl-Renner-Promenade im Südosten der Altstadt steht **Ehemalige**
die ehemalige Synagoge, die einzige **Jugendstilsynagoge** Niederös-   **Synagoge**

Die Orgel dominiert das Hauptschiff im Dom St. Pölten.

terreichs (restauriert). Heute dient sie kulturellen Veranstaltungen und beherbergt das Institut für Geschichte der Juden in Österreich. ❶ Mo–Fr. 9.00–13.00 Uhr

**Regierungs-
viertel und
Kulturbezirk**

Südöstlich der Altstadt entstand ab 1992 das Regierungsviertel mit dem elegant geschwungenen Landtagsgebäude, dem »Landtagsschiff« (Architekt: Ernst Hoffmann), und Verwaltungsbauten für die niederösterreichische Landesregierung. Angegliedert ist ein Kulturbezirk mit dem von Hans Hollein konzipierten neuen Bau des **Niederösterreichischen Landesmuseums**, das auf recht ungewöhnliche Art die Themen Natur, Kunst und Geschichte des Landes Niederösterreich präsentiert. Die moderne Konzeption des Museums zeigt sich besonders im Bereich Geschichte: Dort wird unter Themen wie Kommunikation, Herrschaft, Grenzen oder Arbeitswelten die Geschichte der Region dargestellt. Zum Kulturbezirk gehören

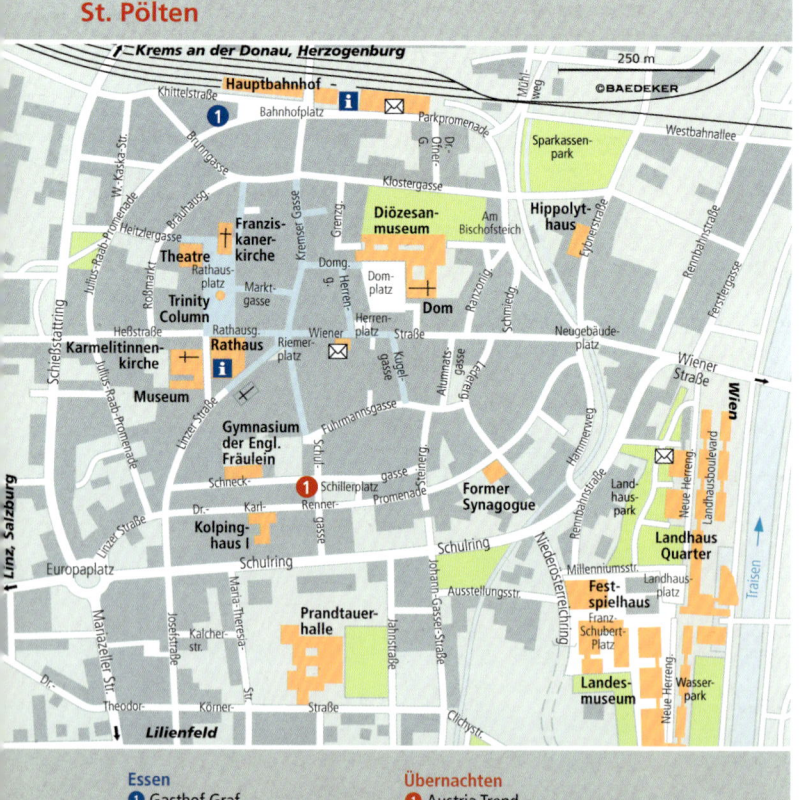

auch die Landesbibliothek und das Festspielhaus. Übergreifendes architektonisches Zeichen für das neue Stadtgebiet ist der 62 m hohe **»Klangturm«** von Ernst Hoffmann.

Niederösterreichisches Landesmuseum: Di.–So. 10.00–17.00 Uhr, Eintritt: 8 €, www.landesmuseum.net

Klangturm: Ende April–Okt. Di.–So. 9.00–17.00 Uhr, Eintritt frei

UMGEBUNG VON ST. PÖLTEN

Das *Augustiner-Chorherrenstift** von Herzogenburg, 12 km nördlich von St. Pölten gelegen, stammt aus dem 12. Jh. Jakob Prandtauer, Joseph Munggenast und J. B. Fischer von Erlach zeichnen für die barocken Stiftsbauten verantwortlich (ab 1724), Franz Munggenast für die reich ausgestattete Stiftskirche (1743–1750). Den 70 m hohen Turm (1767) krönt statt eines Helms der Herzogshut. Das Stift besitzt eine **bedeutende Sammlung sakraler Kunstwerke**, darunter spätgotische Werke der Donauschule.

Herzogen-burg

❶ Führungen: April–Okt. tgl. 9.30, 11.00, 13.30, 15.00 u. 16.30 Uhr, Eintritt: 9 €, www.stift-herzogenburg.at

Südlich von St. Pölten erreicht man *Lilienfeld** mit seinem sehenswerten, im Jahr 1202 gegründeten **Zisterzienserstift**. Es war im Mittelalter das größte Kloster Österreichs und ist mit einer sehr schönen Stiftsbibliothek und einem beachtenswerten gotischen Brunnenhaus ausgestattet. Die romanisch-gotische Pfeilerbasilika stammt aus dem 13. Jh., die barocke Ausstattung aus dem 18. Jh. Im Rahmen einer Führung kann man etwa das mittelalterliche Cellarium und das Laienbrüderdormitorium anschauen. Das **Zdarsky-Skimuseum** ist im historischen Torturm untergebracht. Hier findet man außer Heimatgeschichtlichem auch Erinnerungen an den Skipionier Mathias Zdarsky, der die erste feste Skibindung konstruierte und damit die kontrollierte Abfahrt auf zwei Brettln ermöglichte.

? BAEDEKER WISSEN

Dreimal Dirndl

Ein Dirndl ist üblicherweise sowohl ein junges Mädchen als auch das Trachtenkleid der Frauen. Im Pielachtal hat Dirndl noch eine dritte Bedeutung: So bezeichnet man die rötlichen olivenförmigen Früchte der Kornelkirsche, eines großen Wildstrauchs aus der Familie der Hartriegel. Seit einigen Jahren werden die Dirndl hier wieder in der Küche verwendet. Das Pielachtal erreicht man von St. Pölten aus am besten mit der Mariazeller Bahn.

Zisterzienserstift: Führungen im Sommer Mo.–Sa. 10.00 u. 14.00, So. 14.00 Uhr, im Winter nur mit Anmeldung, Eintritt ohne Führung 3, mit Führung 7 €

Zdarsky-Skimuseum: Do., Sa., So. 16.00–18.00 Uhr, Eintritt: 3 €

✳ St. Veit an der Glan
⎯⎯⎯⎯⎯⎯⎯⎯⎯⎯ ✦ M 6

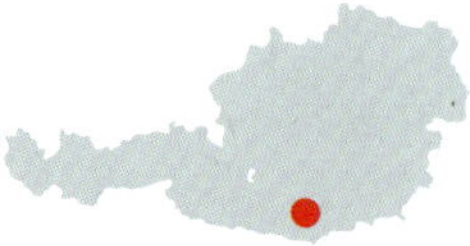

Bundesland: Kärnten
Höhe: 476 m ü.d.M.
Einwohnerzahl: 12 600

Von 1170 bis 1518 war St. Veit an der Glan der Sitz seiner Herzöge und die Hauptstadt Kärntens, bevor diese Funktion an Klagenfurt übertragen wurde. Die lebhafte Industriestadt besitzt neben einem von Urlaubern gerne besuchten hübschen Altstadtkern mit Befestigungsmauern aus dem 15. Jh. auch interessante modernere Architektur.

Herzog- und Blumenstadt
Herzogstadt, Blumenstadt, aber auch Urlaubsstadt oder Kulturstadt: Die rund 20 km nördlich von ►Klagenfurt gelegene Stadt kann mit viel Sehenswertem aufwarten und die Tourismusmanager sind um klingende Attribute nicht verlegen. Mit ihrem Blumenschmuck, der vor allem im Frühling auf dem schönen historischen Hauptplatz zu sehen ist, hat die Stadt schon mehrmals nationale und internationale Auszeichnungen errungen.

Gemütlich: ein Bummel über den blumengeschmückten Hauptplatz von St. Veit

![Blumengeschmückter Hauptplatz von St. Veit an der Glan]

St. Veit an der Glan erleben

AUSKUNFT
Tourismusinformation   A-9300 St. Veit an der Glan
St. Veit an der Glan   Tel. 04212 46606 01
Prof.-Ernst-Fuchs-Platz 1   www.stveit.carinthia.at

SEHENSWERTES IN ST. VEIT AN DER GLAN

Der lang gestreckte Hauptplatz ist von stattlichen, meist dreigeschos-   **Hauptplatz**
sigen Häusern umringt. Drei Denkmäler schmücken den Hauptplatz:
Die marmorne **Pestsäule** in der Mitte schuf der St. Veiter Bildhauer
Angelo de Putti 1715; unter den zahlreichen Figuren findet sich auch
die hl. Rosalia Sanibaldi aus Palermo, die als Pestheilige verehrt wurde. Nördlich der Pestsäule steht der 1566 errichtete **Schlüsselbrun-**
nen, dessen römische Marmorschale vom Zollfeld stammt. Ein bemerkenswertes Kunstwerk ist die große bronzene Bergmannsfigur in
der Mitte der Schale. Die südwestliche Platzhälfte schmückt ein
Brunnen mit der Bronzefigur von Walther von der Vogelweide (1676
errichtet, 1960 erneuert), der einige Zeit in St. Veit lebte.

Seine prachtvolle Barockfassade erhielt das spätgotische Rathaus im   **Rathaus**
Jahr 1754, der dreigeschossige **Renaissancearkadenhof** ist in Sgraf-
fitotechnik wundervoll bemalt. Der Sitzungssaal verdankt seinen
sehenswerten filigranen Stuck dem Künstler Joseph Pittner, der auch
für die Außenfassade verantwortlich zeichnet.

Eisenbahnfreunde zieht es unwiderstehlich ins Verkehrsmuseum am   **Verkehrs-**
Hauptplatz 29. Mehr als 1000 Exponate gewähren einen Einblick in   **museum**
die Entwicklung der Fortbewegung – von der Postkutsche bis zur
Dampflok. Auf Begeisterung stoßen auch die riesige Modelleisenbahn und der **Fahrsimulator** eines Triebwagens.
❶ Mai–Mitte Okt. tgl. 9.00–12.00 u. 14.00–18.00 Uhr, Juli u. Aug.
werktags durchgehend geöffnet, Eintritt: 7 €, www.museum-stveit.at

Die dem hl. Veit geweihte Stadtpfarrkirche ist eine dreischiffige spät-   **Stadtpfarr-**
romanische Pfeilerbasilika mit gotischem Chor, dessen Fresken vom   **kirche**
Anfang des 15. Jh.s stammen. Als keltisches Symbol deutet man das
Hirschgeweih über dem Westportal.

Einen spannungsreichen Kontrast zum historischen Ambiente bieten   **Moderne**
die **längste Glaspassage Österreichs**, eine Einkaufspassage am   **Architektur**
Herzog-Bernhard-Platz östlich der Stadtpfarrkirche, und das Hotel
Fuchspalast, das erste Kunsthotel Kärntens am Prof.-Ernst-Fuchs-

Platz 1, dessen farbenfrohe Tiffany-Außenfassade und die fantasievolle, an Tierkreiszeichen orientierte Innengestaltung vom Künstler Ernst Fuchs stammen. Leider haben Eigentümerwechsel und Schließungen des Hotels in den letzten Jahren für mehr Schlagzeilen gesorgt als die Architektur.

Hotel Fuchspalast: www.hotel-fuchspalast.at

UMGEBUNG VON ST. VEIT

**Burg Hochosterwitz

Bei Weitem nicht die einzige, aber die mit Abstand bemerkenswerteste Burg in St. Veits Umgebung ist Hochosterwitz. Wirkungsvoll liegt sie auf einem kegelförmigen Kreidefelsen, der knapp 10 km östlich von St. Veit die Talsohle um gut 150 m überragt. Bereits im Jahr 860 wurde sie erstmals urkundlich erwähnt. 1571 fiel die Burg nach wechselvoller Geschichte an das **Geschlecht der Khevenhüller**. Georg Freiherr von Khevenhüller (1534 – 1587), Landeshauptmann und kaiserlicher Ratgeber, ließ sie wegen der drohenden Türkeneinfälle zur Festung ausbauen. Immerhin 14 wehrhafte Tore und eine gut bestückte Waffenkammer für rund 700 Mann sorgten dafür, dass Burg Hochosterwitz niemals eingenommen wurde. Übrigens befindet sich das stolze Bauwerk bis heute im Besitz der Khevenhüller. Ein **Aufzug** steht für diejenigen zur Verfügung, die nicht so gut zu Fuß sind oder sich den Aufstieg ersparen möchten. Denn der ist auf jeden Fall mühsamer: In rund 30 Minuten geht es über den 620 m langen, steilen Burgweg durch 14 Torbauten – am Khevenhüller-Tor sieht man das Familienwappen aus weißem Marmor – und über fünf Zugbrücken hinauf zu dem von Laubengängen umgebenen inneren Burghof. Das Burgrestaurant bietet eine Stärkung für die »friedlichen Eroberer«. Im Sommer findet auch ein Ritterfest auf der Burg statt, dann sind dort etwa Schaukämpfe und eine Falkenshow sowie mittelalterliches Handwerk zu sehen.

Burg Hochosterwitz

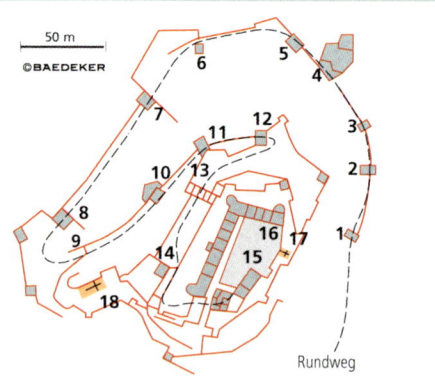

50 m

©BAEDEKER

Rundweg

1 Fähnrichstor
2 Wächtertor
3 Nautor
4 Engeltor
5 Löwentor
6 Manntor
7 Khevenhüllentor
8 Landschaftstor
9 Reisertor
10 Waffentor
11 Mauertor
12 Brückentor
13 Kirchentor
14 Kulmertor
15 Innerer Burghof
16 Restaurant
17 Burgkapelle
18 Kirche

🕐 April, Okt. tgl. 9.00 – 17.00, Mai – Sept. tgl. 8.00 – 18.00 Uhr, Eintritt: 12 € inkl. Museumsbesuch mit Führung, www.burg-hochosterwitz.com

∗ Semmering

✦ **P 4**

Bundesländer: Niederösterreich und Steiermark
Höhe: 985–1291 m ü.d.M.
Einwohnerzahl: 500

Zerklüftete Felsen, breite Bergrücken und weite Täler kennzeichnen die romantische Passlandschaft, die im frühen Mittelalter noch als wild und unzugänglich galt.

Erst 1160 wurde der erste Saumpfad über den Pass angelegt, der das Wiener Becken vom Mürztal trennt. Mit dem Bau der Semmeringbahn fanden ab 1854 auch die ersten Sommerurlauber hierher, und der Ort erlebte seine goldenen Zeiten als **Wiener Sommerfrische** der besseren Gesellschaft bis hinauf zum Habsburger Kaiser Karl. Vor allem auch Künstler – Oskar Kokoschka, Adolf Loos, Peter Altenberg, Karl Kraus – waren von der schönen Natur angetan. Zwischenzeitlich etwas ins Hintertreffen geraten, gilt der Semmering heute mit dem Ausbau des **Skigebiets Hirschenkogel**, ausgedehnten Wanderwegen und einer Vielzahl kultureller Veranstaltungen wieder als lohnendes Urlaubsziel. Mit seinen alten Sommervillen versprüht der Luftkurort nostalgisches Flair.

Ort und Pass

Die 41 km lange Semmeringbahn zwischen Gloggnitz und Mürzzuschlag, nach einem Entwurf des Eisenbahningenieurs Carl Ritter von Ghega (1802–1860) geschaffen, wurde 1854 nach sechsjähriger Bauzeit als **erste Gebirgsbahn Europas** eröffnet. Damals war der Bahnhof Semmering in 895 m Höhe der höchste auf Schienen erreichbare Punkt der Erde. Den Pass überwindet die Bahn durch 14 Tunnel und auf 16 teils zweistöckigen Bogenviadukten über tiefen Schluchten. Diese technische Meisterleistung eröffnete Österreich eine schnelle Verbindung von Wien nach Italien und einen Zugang zum Hafen von Triest, was die Militärstrategen begrüßten. 1998 erklärte die UNESCO die Bahn zum Weltkulturerbe.
❶ www.semmeringbahn.at

∗∗Weltkulturerbe Semmeringbahn

> **!**
> **BAEDEKER TIPP**
>
> *Bahnwanderweg*
>
> Entlang der Bahnstrecke verläuft der niederösterreichische Bahnwanderweg. Man fährt zunächst mit der Bahn hoch und wandert dann gemütlich zurück. Je nach angesteuertem Bahnhof sind zwischen 9,5 km (Breitenstein) und 21 km (Payerbach) zu gehen. Einer der Höhepunkte ist die Aussichtswarte am Doppelreiterkogel mit herrlichem Panoramablick.

Sessellifte führen vom Semmeringpass hinauf auf den Hirschenkogel (1324 m) – Austragungsort eines Ski-Weltcuprennens – und von Ma-

∗Hirschenkogel

Semmering erleben

AUSKUNFT
Kurverwaltung Semmering
Passhöhe 248

A-2680 Semmering
Tel. 02664 2 00 25
www.semmering.at

ria Schutz auf den **Sonnwendstein** (1523 m; Bergstation 1481 m).
Von hier bietet sich eine großartige Rundsicht auf Rax und Schneeberg, das Alpenvorland und die tief gelegene Semmeringbahn.

Gloggnitz Gloggnitz (442 m; 6000 Einw.), nördlicher Ausgangspunkt der Semmeringbahn und der Passstraße, ist ein günstiges Startquartier für
Touren in den ►Wiener Alpen. Ein berühmter Gloggnitzer hat die
jüngere Zeitgeschichte Österreichs mit geprägt: Dr. Karl Renner, der
erste Staatskanzler und Bundespräsident der Zweiten Republik Österreich (1945–1950). Er besaß seit 1910 eine Villa im Ort, in dem
nun das **Dr. Karl Renner Museum** in der Rennergasse 2 an ihn und
an die Geschichte des vergangenen Jahrhunderts erinnert.
❶ Feb.–Juni Fr. 14.00–20.00, Sa. 9.30–12.00 u. 14.00–19.00,
So. 9.30–12.00 u. 14.00–17.00, Juli–Dez. Mo.–Do., So. 9.30–12.00 u.
14.00–17.00, Fr. 14.00–20.00, Sa. 9.30–12.00 u. 14.00–19.00 Uhr,
Eintritt: 10 €, www.rennermuseum.at

Hermanns- Südöstlich von Gloggnitz, kurz vor Kirchberg am Wechsel, erreicht
höhle man die Hermannshöhle, eine mehr als 4 km lange **Tropfsteinhöhle**
mit wunderschönen Steinformationen, die zahllosen Fledermäusen
als Quartier dient.
❶ Führungen: Ende März–Anf. Nov. 9.30, 11.00, 13.30, 15.00 u. 16.30 Uhr,
Eintritt: 5 €, www.hermannshoehle.at

Mürzzuschlag Mürzzuschlag (680 m; 8600 Einw.), eine lebhafte Stadt und Hauptort
des Mürztals, gilt als beliebtes Sommer- und Winterurlaubsziel.
Schon Johannes Brahms weilte 1884 und 1885 zur Sommerfrische
hier und komponierte seine 4. Sinfonie. Wissenswertes über sein Leben und Werk vermittelt das **Brahms-Museum** in der Wiener Straße 4. Sehenswert ist das **Wintersportmuseum** (Wiener Straße 13)
mit der weltweit umfangreichsten Dokumentation des Wintersports,
insbesondere des alpinen Skilaufs – immerhin wurde 1893 in Mürzzuschlag das erste offizielle Abfahrtsrennen veranstaltet. Das **Südbahnmuseum** in den historischen Lokmontagehallen am Bahnhof
zeigt Lokomotiven und k.-u.-k.-Waggons.
Brahms-Museum: Mai–Sept. tgl. 10.00–12.00 u. 14.00–17.00,
Okt.–April Do.–So. 10.00–12.00 u. 14.00–16.00 Uhr, Eintritt: 4 €,
www.brahmsmuseum.at

Wintersportmuseum: Di.–So. 9.00–12.30 u. 14.00–17.00 Uhr,
Eintritt: 5 €, www.wintersportmuseum.com
Südbahnmuseum: April–Okt. Mo., Mi.–So. 10.00–13.00 u. 14.00 bis
17.00 Uhr, Eintritt: 7 €, www.suedbahnmuseum.at

Rund 10 km aufwärts im Mürztal erreicht man – am Fuß der Schnee-   **Neuberg**
alpe (1904 m) – den Ort Neuberg (732 m). Reizvoll ist das einstige
Zisterzienserkloster, 1327 gegründet, dessen Kirche aus dem
14./15. Jh. die berühmte Neuberger Madonna (14. Jh.) verwahrt.

In Krieglach (612 m; 5200 Einw.), südwestlich von Mürzzuschlag,   **Krieglach**
lebte ab 1877 der sozialkritische Volksdichter Peter Rosegger
(1843–1918). Sein Grab befindet sich an der Südwestecke des alten
Friedhofs, das Landhaus in der Roseggerstraße 44 ist als **Peter-**
Rosegger-Museum mit originalem Studierstüberl eingerichtet. Loh-
nend ist ein Besuch in **Alpl** (1100 m), Roseggers »Waldheimat« süd-
östlich von Krieglach. Dort steht die **Waldschule**, eine 1902 von
Rosegger gestiftete Landschule, die Bauernkindern den Erwerb von
Bildung erleichtern und die Abwanderung verhindern sollte. Einige
Zimmer sind original erhalten, in anderen ist ein Wandermuseum
untergebracht. Von dort geht es in 30 Minuten – nur zu Fuß! – zum
Unteren Kluppeneggerhof (Alpl 42), **Roseggers Geburtshaus**.
Peter-Rosegger-Museum: Jan.–Okt. Di.–Sa. 10.00–16.00, Nov., Dez.
Di.–Sa. 11.00–16.00 Uhr, Eintritt: 4 €
Waldschule: April–Okt. Di.–So. 9.00–17.00 Uhr, Eintritt: 3 €
Roseggers Geburtshaus: April–Dez. Di.–So. 10.00–16.00 Uhr,
Eintritt: 4 €

* Silvretta-Hochalpenstraße

————————————— ✦ **C/D 6** ●

Bundesländer: Vorarlberg und Tirol

Sie wurde 1953 fertiggestellt und war eigentlich ein Zugang
für die Baustellen von Staumauern und Kraftwerken – doch
dann haben Touristen die Hochalpenstraße für sich entdeckt.

Die mautpflichtige Straße, die insgesamt 34 Kehren auf 22,3 km auf-   **Kurvenreiche**
weist und bei Radlern als Herausforderung beliebt ist, kann nur im   **Alpenstraße**
Sommer befahren werden. Sie führt von Partenen nach Galtür und
verbindet so das ►Montafon mit dem Paznauntal. Von mehreren
Aussichtspunkten, an denen große Parkplätze angelegt sind, scheinen
die Gipfel der Silvrettagruppe an der Schweizer Grenze greifbar nahe.

VERLAUF DER SILVRETTA-HOCHALPENSTRASSE

Vermunt-
Stausee

9 km hinter Partenen erreicht die Silvretta-Hochalpenstraße den Vermunt-Stausee (1743 m; Kraftwerk) mit seiner 50 m hohen und 273 m langen Staumauer. Etwa 5 km hinter dem Vermunt-Stausee, unterhalb der großen Staumauer des Silvrettasees, zweigt rechts eine Zufahrt zum **Madlenerhaus** (1986 m; Unterkunft) ab. Es ist ein idealer Ausgangspunkt für Bergtouren in die Silvrettagruppe, allerdings nur für geübte Bergsteiger oder mit Führer. So gelangt man von hier in sechs Stunden zum Großlitzner (3109 m), dem kühnsten und schwer zu ersteigenden Gipfel der Silvretta.

Die **Bielerhöhe**, mit ihren 2032 m höchster Punkt der Straße und Wasserscheide zwischen Rhein und Donau, liegt auf der Grenze zwischen den Ländern Vorarlberg und Tirol. Der *Silvretta-Stausee** am Fuß des Piz Buin (3312 m) fasst 38,6 Mio. m³ Wasser, ist 2,5 km lang und 0,75 km breit. Seine Staumauer hat eine Höhe von 80 m, 52 m Breite

? BAEDEKER WISSEN

Wussten Sie schon ... ?

Die Trasse von der Bielerhöhe nach Galtür wurde nach dem Zweiten Weltkrieg mehr zufällig erschlossen: Aus der Zeit der Errichtung der großen Staumauer stand nämlich noch ein übergroßer Bagger als Relikt im Gelände. Anstatt ihn zum Abtransport zu zerlegen, bahnte sich der Bagger den Weg der künftigen Silvrettastraße nach Galtür.

Etwa zwei Stunden dauert der Rundgang um den Silvretta-Stausee auf der Bielerhöhe.

und 430 m Länge. Ein einzigartiges Erlebnis ist eine Motorbootfahrt auf diesem **höchstgelegenen Stausee Europas**, der Rundgang um den See dauert etwa zwei Stunden. Nun führt die Straße im **Klein-Vermunttal**, mit umliegendem gutem Skigelände, bald rasch abwärts ins Paznauntal nach Galtür.

❶ www.silvretta-bielerhoehe.at

✳ Spittal an der Drau

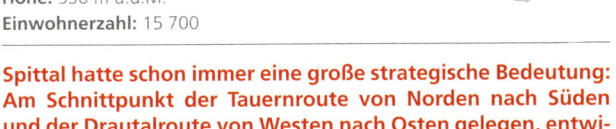

✦ K 6

Bundesland: Kärnten
Höhe: 556 m ü.d.M.
Einwohnerzahl: 15 700

Spittal hatte schon immer eine große strategische Bedeutung: Am Schnittpunkt der Tauernroute von Norden nach Süden und der Drautalroute von Westen nach Osten gelegen, entwickelte sich die Stadt im Lauf der Jahrhunderte zum wirtschaftlichen und geistigen Zentrum Oberkärntens.

Die Stadt liegt an der Einmündung des Liesertals in das Drautal, westlich vom ▶Millstätter See. Im Jahr 1191 stifteten die Grafen von Ortenburg ein »Spitel« mit Kapelle, also ein Hospital für Pilger und Reisende – und damit auch den Namen der Ortschaft. 1478 wurde Spittal von den Türken niedergebrannt, was die tatkräftigen Bürger aber nicht entmutigte.

*Am Schnittpunkt zweier Handelswege

SEHENSWERTES IN SPITTAL AN DER DRAU

Am lang gestreckten Hauptplatz stehen alte Bürgerhäuser, darunter das **Fuggerhaus** mit einem schönen Arkadenhof, das Burgstaller Erkerhaus und das Apothekerhaus mit Empire-Fassade. Das einstige Stadtschloss der Khevenhüller fungiert heute als Rathaus.

Hauptplatz und Neuer Platz

Schloss Porcia (auch Schloss Salamanca), das kunsthistorisch interessanteste Gebäude von Spittal, steht am Burgplatz. Es wurde ab 1527

*Schloss Porcia

Spittal an der Drau erleben

AUSKUNFT
Tourismusbüro und Kulturamt
Burgplatz 1 (Schloss Porcia)

A-9800 Spittal an der Drau
Tel. 04762 5 65 02 20
www.spittal-drau.at

vom spanischen Grafen Gabriel Salamanca erbaut, nach florentinischem Vorbild gestaltet und gilt als **Österreichs schönstes Bauwerk im Stil der italienischen Renaissance**. Benannt wurde es aber nach dem friaulischen Adelsgeschlecht, das von 1662 bis 1918 hier residierte. Das Portal, von Säulen gerahmt, hat einen barocken Aufsatz mit dem Wappen der Porcia – goldene Lilien auf blauem Grund –, umgeben von Laubwerk und allegorischen Gestalten. Prächtig präsentiert sich der mit fantastischen Figuren und Reliefmedaillons verzierte dreigeschossige Arkadenhof, im Sommer Rahmen für die »Komödienspiele«. Arkadenhof und Schlosspark sind Besuchern frei zugänglich. Das außerordentlich reichhaltige **Museum für Volkskultur** in den oberen Stockwerken liefert ein detailgenaues Bild der Kärntner Alltagsgeschichte. Im Salamanca- oder Westkeller ist die **Galerie Porcia** untergekommen, die zeitgenössische Kunst ausstellt.

Schloss Porcia: www.schloss-porcia.at
Museum für Volkskultur: Mitte April–Okt. tgl. 9.00–18.00, Nov.–Mitte April Mo.–Do. 13.00–16.00 Uhr, Eintritt: 8 €
Galerie Porcia: Mo.–Fr. 10.00–13.00 u. 16.00–18.00, Sa., So. 10.00–12.00 Uhr, Eintritt frei

UMGEBUNG VON SPITTAL AN DER DRAU

St. Peter in Holz (Teurnia) Rund 4 km nordwestlich von Spittal liegt an der Straße zum Mölltal auf einem bewaldeten Hügel das Dorf St. Peter in Holz (590 m). Hallstattgräber bezeugen eine Besiedlung des Hügels im 6. Jh. v. Chr. Ab

Im Arkadenhof von Schloss Porcia in Spittal, Österreich, finden im Sommer die Komödienspiele statt.

dem 3. Jh. v. Chr. folgten die Kelten, die ihre Ansiedlung »Teurnia« nannten, woraus die Römer dann »Tiburnia« machten. Um 600 n. Chr. wurde die Siedlung von Slawen zerstört. Bei Ausgrabungen stieß man auf das Forum, auf Reste von Stadtmauern und Hausfundamenten. Am Ende des Forums standen die Thermen. Teurnia war auch Sitz eines Bischofs: Am westlichen Ausläufer des Plateaus vom Holzer Berg hat man eine Bischofskirche gefunden und ein Gästehaus (Hospitium). In erhöhter Lage legte man ein großes Wohngebäude (4. Jh.) frei, das nun als **Freilichtmuseum** dient. Interessant sind auch die Reste der Fußbodenheizung. Das **Museum Teurnia** am Fuß des Hügels dokumentiert Ausgrabungsfunde. Ganz in der Nähe des Museums hat man eine frühchristliche **Friedhofskirche** entdeckt, deren südliche Seitenkapelle ein besonders schönes, gut erhaltenes **Bodenmosaik** (um

Kunstvoll: Bodenmosaik in Teurnia

500 n. Chr.) aufweist: Dargestellt sind in runden oder rechteckigen Feldern christliche Symbole, die auf antike Tiersymbole zurückgehen, etwa ein Hase, ein Stier, ein Hirsch, ferner ein Kelch mit einer Taube und einer Schlange sowie ein Baum mit Vögeln.

Museum Teurnia: Mai – Mitte Okt. Di. – So. 9.00 – 17.00 Uhr, Eintritt: 5 €, www.landesmuseum.ktn.gv.at

Spittal an der Drau ist auch Ausgangspunkt für Erkundungen des Oberen Drautals, in dem sich acht Feriendörfer zum **Outdoorpark Oberdrautal** zusammengeschlossen haben. Sie bieten, der Name besagt es schon, dem modernen Outdoorsportler jede Menge Aktivitäten: von beschaulichen Kanutouren auf der Drau über leichte Wasserklamm-Klettertouren bis hin zu Canyoning in den Kalkschluchten der Gailtaler Alpen. Wintersportler werden mit Schneeschuhwandern, Langlauf oder Skitouren glücklich. Wer es ruhiger angehen lassen möchte, der versucht es mit Bogenschießen, Golfen oder mit Angeln in der Drau.

Oberes Drautal

❶ www.oberdrautal.info

✳ Steirisches Thermenland

✦ P/Q 5/6

Bundesland: Steiermark

Das Steirische Thermenland ist eine vulkanisch geprägte Region, aus deren Tiefen heilkräftiges Thermalwasser hervorsprudelt. Es reicht von Bad Radkersburg an der Grenze zu Slowenien rund 60 km bis nach Bad Waltersdorf im Norden der Oststeiermark. Fünf Kurorte offerieren ihren Gästen warme Quellen und zahlreiche Wellness- und Sportangebote.

*Bad Radkersburg
Bad Radkersburg (210 m; 1300 Einw.) an der slowenischen Grenze ist die südlichste der fünf Thermalbadgemeinden. Der Innenstadtbereich wurde in den vergangenen Jahren vorbildlich restauriert, die entzückende Altstadt bietet fast **südländisches Flair**. Angewendet wird das örtliche Thermalwasser bei Gelenks- und Wirbelsäulenerkrankungen, Bandscheibenleiden und Rheumatismus.

*Riegersburg
Über Bad Gleichenberg, die älteste der Steirischen Thermalbadgemeinden mit schönem Biedermeierflair, führt der Weg zur rund 45 km nördlich gelegenen Riegersburg. Die auf hohem Basaltfelsen über dem Ort thronende Burg wurde oft als **stärkste Burg der Christenheit** bezeichnet. Im 12. Jh. erstmals genannt, entstanden ab dem 13. Jh. zwei Wehrbauten. Im 16. und 17. Jh. wurde das Hauptschloss als Bollwerk gegen die Türken ausgebaut. Seit 1822 gehört die größte Burganlage der Steiermark den Fürsten Liechtenstein, die sie wiederherstellen ließen. Man steigt von Süden in 15 Minuten über einen sehr steilen, durch sieben Tore und zahlreiche Bastionen gesicherten Felsenpfad zur Burg auf oder nimmt den **Panoramalift**. Das Wenzelstor ist Teil der Vorburg mit Graben und Zugbrücke, Magazin und Pulverturm. Hier mündet der in Fels gehaune Eselsteig, über den das Schloss in Notzeiten mit Nahrungsmitteln versorgt wurde. Die eigentliche Burg umschließt zwei von Laubengängen umgebene Höfe. Schöne Portale, Gemälde und eine Holzdecke schmücken den Rittersaal, sehenswert sind auch das Fürstenzimmer und der barocke Weiße Saal. Das **Hexenmuseum** in der Burg dokumentiert eines der dunkelsten Kapitel europäischer Geschichte mit besonderer Berücksichtigung der Steiermark. Zwischen 1546 und 1746 wurden hier rund 300 der Hexerei beschuldigte Personen, v. a. Frauen, hingerichtet. Die **Greifvogelwarte** der Riegersburg präsentiert Tiere wie Adler, Geier, Falken, Milane und Uhus.

❶ April, Okt. tgl. 10.00–17.00, Mai–Sept. tgl. 9.00–17.00 Uhr, Eintritt: 12 €, www.veste-riegersburg.at

Steirisches Thermenland erleben

AUSKUNFT
Thermenland Steiermark
Radersdorf 75, A-8263 Großwilfersdorf
Tel. 03385 6 60 40
www.thermenland.at

ESSEN UND ÜBERNACHTEN
Rogner Bad Blumau Hotel ⊕⊕⊕
A-8283 Bad Blumau 100
Tel. 03383 5 10 00
www.blumau.com
Wer die Hundertwasser-Architektur
nicht nur von außen betrachten, sondern auch einmal darin wohnen möchte,
der sollte hier Quartier nehmen.

! BAEDEKER TIPP

Schloss Kapfenstein ⊕⊕

Kapfenstein 1
A-8353 Kapfenstein
Tel. 03157 30 03 00
www.winkler.hermaden.at
Das Schloß aus dem 11. Jh. thront
auf einem Vulkanfelsen. Hier
wohnt und speist man wirklich
fürstlich. Empfehlenswert sind die
Weine aus dem eigenen Weingut.

Sinn für Abstruses sollte man schon haben für einen Abstecher nach
Edelsbach, etwas südwestlich von Riegersburg, zu »Gsellmanns Welt-
maschine«. Was Bauer Franz Gsellmann, inspiriert vom Brüsseler
Atomium (!), mit Zahnrädern, Gebläsen, Rohren, Küchenmaschi-
nen, Heiligenfiguren, Blaulicht, Spieluhren und vielen anderen Din-
gen in rund 20 Jahren zu einem faszinierenden und zweckfreien Ge-
wirr zusammengefügt hat, ist fast unbeschreiblich.

Gsellmanns Welt-maschine

❶ Mo., Mi. – So. 9.00 – 18.00 Uhr, www.weltmaschine.at

Östlich von Riegersburg liegt Loipersdorf (249 m; 1400 Einw.) mit
seiner 36 000 m² großen Therme, in
der es sich Besucher in den insgesamt 35 Becken, darunter ein Wel-
lenbad, sowie einem Saunadorf mit
acht Saunen und einem Fitnessbereich einmal richtig gut gehen lassen
können. Auch eine 27-Loch-Golfan-
lage ist vorhanden.

Loipersdorf

❶ www.therme.at

Wenige Kilometer nördlich von Bad
Loipersdorf lockt ein ganz besonde-
res Bad Gäste von nah und fern: Bei
*Bad Blumau hat Friedensreich
Hundertwasser (▶Berühmte Persön-
lichkeiten) eine weltweit einzigartige
Thermenanlage mit Bad, Wellness-
zone und Park geschaffen. »Freie

! BAEDEKER TIPP

Schokoparadies

In der Zotter Schokoladenmanu-
faktur in Riegersburg (Bergl 57)
erleben Besucher ein »Schokola-
den-Theater«, das – fairtrade –
die Sinne betört. Man erfährt Interessantes rund um Schokolade
und kann sich durch die Zotter-
Palette aus rund 100 verschiedenen Schokovariationen kosten.
Mai – Okt. Mo. – Sa. 9.00 – 20.00,
Nov. – April Mo. – Sa. 9.00 bis
19.00 Uhr, Anmeldung erforderlich unter Tel. 03152 55 54 oder
unter www.zotter.at,
Eintritt: 11,90 €

Hoch auf die Riegersburg geht es zu Fuß über einen steilen Felsenpfad.

Formen, fließende Linien und die Farben des Regenbogens«, lautet eine Beschreibung des Resorts, das so beliebt ist, dass man sich als Tagesgast besser vorher anmelden sollte.

❶ Tageskarte Therme ab 41 €, www.blumau.com

Bad Waltersdorf

Bad Waltersdorf (291 m; 2200 Einw.), etwa 65 km östlich von Graz gelegen, ist die nördlichste der fünf Thermalbadgemeinden. Die öffentliche **Heiltherme** verfügt über mehrere Thermalbecken mit Temperaturen zwischen 30 und 36 °C, eine Saunalandschaft und weit gefächerte Therapiemöglichkeiten. Geeignet ist ein Aufenthalt etwa bei Verletzungen des Bewegungsapparates, bei Atemwegsbeschwerden und bei allgemeinem Regenerationsbedarf. Natürlich fehlt auch das ergänzende Angebot für Wellness und Beauty, Gesundheitserziehung und sportliche Aktivitäten nicht.

❶ www.heiltherme.at

*Hartberg

Die Bezirkshauptstadt Hartberg (359 m; 6500 Einw.) blickt auf eine 3000-jährige Siedlungsgeschichte zurück. Die Innenstadt ist ein historisches Kleinod, geprägt von der imposanten barocken **Stadtpfarrkirche St. Martin**. Gleich daneben steht der romanische Karner (12. Jh), in dessen Untergeschoss einst das Beinhaus untergebracht war und dessen Obergeschoss als Taufkapelle diente. Die romanischen Fresken wurden zwischen 1889 und 1894 freigelegt und vom Restaurator Theophil Melicher ergänzt. Interessantes Hintergrundwissen zur Stadtgeschichte Hartbergs vermittelt das **Städtische Museum** in der Herrengasse 6.

● **Städtisches Museum:** Mi.–So. 10.00–16.00 Uhr, Eintritt: 4 €

Die größte Barockkirche der Steiermark, deren Grundriss dem Petersdom in Rom nachempfunden ist, steht im Ort Pöllau im wildromantischen Naturpark Pöllauer Tal 14 km östlich von Hartberg. Die **Stifts- und Pfarrkirche St. Veit** erhebt sich inmitten des Ortes neben dem heutigen Schloss, dem einstigen Augustiner-Chorherrenstift. Im Innerraum sind auf den Fresken sowohl biblische Darstellungen als auch Blumen und Naturmotive zu sehen.

Pöllau

Zu den meistbesuchten Attraktionen der Steiermark zählt das trutzige Schloß Herberstein, dramatisch in eine enge Klamm gezwängt und von der Straße aus nicht zu sehen. Seine Ursprünge gehen ins 13. Jh. zurück, ebenso lange wohnen die Herbersteins hier, die das Schloss in allen Stilepochen repräsentativ ausgebaut haben. Zum **Schlosspark** gehört ein sehenswerter **Tiergarten**. In unmittelbarer Nähe zum Schloss befindet sich der Stubenbergsee, eines der beliebtesten sommerlichen Ferienziele für Familien.

Schloss Herberstein

● Mitte März–April, Okt. tgl. 10.00–16.00, Mai–Sept. tgl. 9.00–17.00, Nov.–Mitte März Do.–So. 10.00–16.00 Uhr, Eintritt: 14 €, herberstein.co.at

* Steyr

✦ M 3

Bundesland: Oberösterreich
Höhe: 310 m ü.d.M.
Einwohnerzahl: 38 000

Steyr war schon im Mittelalter bekannte Eisenverarbeitungsmetropole und ist heute noch Sitz bedeutender Industriebetriebe wie BMW, MAN, SKF oder Steyr-Mannlicher. Inzwischen hat sich die Stadt mit dem malerischen Altstadtkern aber auch einen Namen als »Christkindlstadt« gemacht.

An der Einmündung der Steyr in die Enns ließen die Otakaren, Markgrafen und später Herzöge der Steiermark, im Jahr 980 die Styraburg an der Stelle des heutigen Schlosses Lamberg erbauen. Im Umkreis der Burg und der Pfarrkirche entstand in der Folgezeit eine Siedlung, die 1287 das Stadtrecht erhielt. Auf der Enns transportierte man das Eisen vom steirischen Eisenerz hierher, die Wasserkraft

Geschichte

Steyr erleben

der Steyr wurde zur Bearbeitung genutzt. Seit dem 14. Jh. ist Steyr ein Schwerpunkt der Waffenindustrie. Als dort Josef Werndl (1831 bis 1889) den Tabernakelverschluss für das Hinterladergewehr konstruierte, avancierte der Ort durch dessen serienmäßige Produktion zur Waffenschmiede Europas. Die Steyr-Daimler-Puch AG (Antriebs- und Fahrzeugtechnik) und Steyr-Mannlicher gehen auf Werndls Betrieb, die Steyr-Werke, zurück. Hochwasser ist keine Seltenheit in Steyr, aber ganz selten so extrem wie im August 2002, als die gesamte Altstadt unter Wasser stand. Der Schaden ging in die Millionen.

SEHENSWERTES IN STEYR

*Altstadt Die schöne Altstadt auf einer Landzunge zwischen Enns und Steyr zeugt vom Reichtum der Stadt. Insbesondere die stattlichen Bürgerhäuser aus der Gotik und Renaissance, aus Barock und Rokoko um den Stadtplatz verdienen Beachtung. Das Rathaus (1765 – 1778) besitzt eine schöne Rokokofassade, gegenüber, im **Bummerlhaus** am Stadtplatz 32 (älteste Teile aus dem 13. Jh.), wohnte schon Maximilian I. (►Berühmte Persönlichkeiten). Ein beeindruckendes Ensemble bilden das barocke Sieben-Sterne-Haus, das prunkvolle Meditzhaus und andere ähnlich reich verzierte Häuser. Durch die Pfarrgasse gelangt man zur gotischen **Stadtpfarrkirche** (15.– 17. Jh.) am Brucknerplatz. Die auch »Steyrer Münster« genannte Kirche ist ein Werk der Wiener Dombauhütte. Im Mesnerhaus war Anton Bruckner oft zu Gast. Nach dem Stadtbrand wurde die Burg von 1727 bis 1731 am Nordende der Altstadt entsprechend einem Entwurf des Linzer Baumeisters Prunner in ein repräsentatives **Schloss** umgebaut. Über den Burggraben führt zudem eine sehenswerte Arkadenbrücke.

Nördlich der Steyr steht die von Jesuiten im Zeichen der Gegenreformation erbaute barocke Pfarrkirche St. Michael (1635–1677) mit mächtigen Türmen und einem bemerkenswerten Giebelfresko. Gegenüber liegt die **Christkindlwelt** mit dem **Weihnachtsmuseum**. Zu sehen sind alter Weihnachtsschmuck und eine »Engerl-Werkstatt«. Eine Erlebnisbahn führt durch Weihnachtsbräuche aus aller Welt. In der Kirchengasse Nr. 16 ist der malerische **Dunklhof** (16. Jh.) mit seinem schönen Arkadengang beachtenswert (Sommerkonzerte), in der Sierninger Straße Nr. 1 steht das **Lebzelterhaus** mit einer Fassade von 1567, heute sind dort eine Bäckerei und ein Café untergebracht. Das **Schnallentor** in der Gleinker Gasse weist reichen Sgraffitoschmuck auf.

Weihnachtsmuseum: Ende Nov.–6. Jan. tgl. 10.00–17.00 Uhr, Eintritt: 3 €

Keinesfalls versäumen sollte man den Besuch des Museums Arbeitswelt (Wehrgrabengasse 7) in einer ehemaligen Messerfabrik im historischen Wehrgraben. Wechselnde Ausstellungen zeigen die Entwicklung seit Beginn der Industrialisierung und ihre Auswirkung auf Leben, Arbeit und Kultur der Bevölkerung, von der Robotertechnik bis zur Katholischen Soziallehre.
❶ Mitte März–Juli, Sept.–Mitte Dez. Di.–So. 9.00–17.00 Uhr, Eintritt: 5 €

UMGEBUNG VON STEYR

Folgende Geschichte liegt der **Wallfahrtskirche Christkindl** westlich von Steyr zugrunde: Der Bau wurde ab 1702 von Giovanni Battista Carlone begonnen und vollendet von dem Barockbaumeister Jakob Prandtauer. Der Türmer und Kapellmeister Ferdinand Sertl, der im 17. Jh. lebte und an Epilepsie litt,

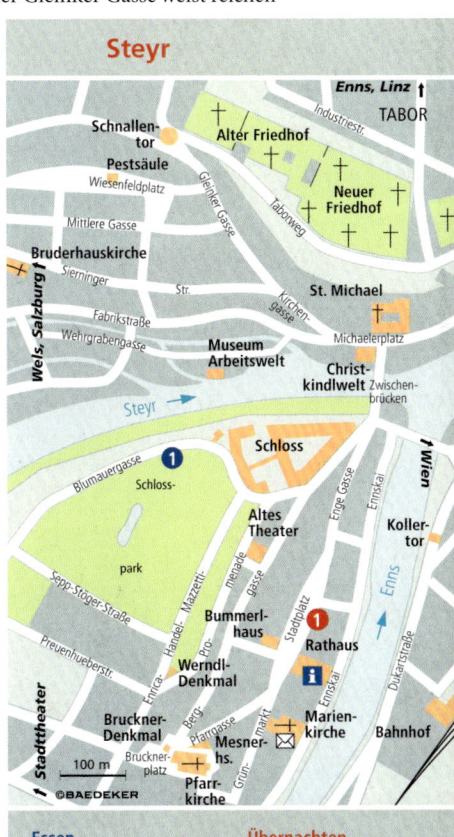

Steyr

Enns, Linz
TABOR
Industriestr.
Schnallen-tor
Alter Friedhof
Pestsäule
Wiesenfeldplatz
Gleinker Gasse
Taborweg
Neuer Friedhof
Mittlere Gasse
Bruderhauskirche
Sierninger
Str.
St. Michael
Kirchen-gasse
Fabrikstraße
Wehrgrabengasse
Wels, Salzburg
Museum Arbeitswelt
Michaelerplatz
Christ-kindlwelt
Zwischen-brücken
Steyr
Schloss
Wien
Blumauergasse
Schloss-
Enge Gasse
Ennskai
Altes Theater
Koller-tor
Handel-Mazzetti-Promenade
gasse
Stadtplatz
Enns
Sepp-Stöger-Straße
park
Bummerl-haus
Rathaus
Preuenhueberstr.
Werndl-Denkmal
Enrica-Berg-gasse
Grün-markt
Pfarrgasse
Marien-kirche
Dukartstraße
Stadttheater
Bruckner-Denkmal
Mesner-hs.
Bahnhof
100 m
Bruckner-platz
Pfarr-kirche
©BAEDEKER

Essen
❶ Orangerie im Schlosspark

Übernachten
❶ Stadthotel Styria

stellte eine kleine Jesuskindfigur aus
Wachs in eine Fichtenhöhlung, be-
tete täglich davor – und genas von
seiner Erkrankung. Diese Wachsfi-
gur ist heute noch im Hochaltar zu
sehen. In der Weihnachtszeit pen-
delt ein Oldtimerbus zwischen dem
Weihnachtspostamt in Christkindl und dem Steyrer Stadtplatz.
Das 1950 gegründete Weihnachtspostamt ist alljährlich von Advents-
beginn bis Dreikönig (6. Januar) ge-

öffnet und versieht inzwischen weit über zwei Millionen Briefe aus
aller Welt mit Sonderstempel bzw. einer Weihnachtsmarke.

Stodertal

✵ L/M/N 4

Bundesland: Oberösterreich

**Die Abgeschiedenheit des Stodertals erhielt dem Hochtal
seine Bodenständigkeit. Trotzdem ist es touristisch gut erschlossen und bietet Sportbegeisterten mit elf Zweitausen-
dern, die die Szenerie umrahmen, jede Menge Möglichkeiten.**

Das Stodertal östlich des Toten Gebirges ist der westlichste Ausläufer
der **Region Pyhrn-Eisenwurzen**, die das Ennstal, das Steyrtal und
die Region Pyhrn um den gleichnamigen Pass (954 m) umfasst. Wanderern wie Brettlbegeisterten bieten die Warscheneckgruppe (bis
2389 m) im Südosten und die Hutterer Höß (1831 m) gute Bedingungen, auf der Bärenalm werden seit 1986 Weltcuprennen gefahren.
Der Aufstieg zum 2515 m hohen Großen Priel im Toten Gebirge
dauert ab Hinterstoder etwa sieben Stunden.

**Wander- und
Skigebiet**

SEHENSWERTES IM STODERTAL UND
UMGEBUNG

Hinterstoder (600 m; 900 Einw.), der Hauptort des Tals, ist das Zentrum der Ferienregion Pyhrn-Priel. Das **Alpineum** (Hinterstoder 38)
vermittelt Informationen über die Entwicklung des Wintersports
und die Erschließung der Alpen. Eine schöne Wanderung führt zum
traumhaft gelegenen Schiederweiher, den man gerne die »Perle des
Stodertals« nennt. Von **Windischgarsten** aus (601 m; 2300 Einw.),

Hinterstoder

Die Wallfahrtskirche Christkindl liegt westlich von Styr.

Stodertal erleben

AUSKUNFT
Tourismusverband Pyhrn-Priel
Hauptstr. 28

A-4580 Windischgarsten
Tel. 07562 52 66 99
www.pyhrn-priel.net

beliebter Luftkurort und Wintersportzentrum südlich vom Sengsen-gebirge, steigt man in rund fünf Stunden zum Warscheneck (2389 m) auf, ein Sessellift führt auf den 859 m hohen Wurbauerkogl und eine Sommerrodelbahn wieder ins Tal.

Alpineum: Mai – Okt. Di. – So. 9.00 – 17.00 Uhr, Eintritt: 4 €

1997 wurde das Gebiet des Sengsen-gebirges und des Reichraminger Hintergebirges nördlich und östlich von Windischgarsten zum ***Natio-nalpark Kalkalpen** erklärt. Höchste Erhebung ist mit 1963 m der Hohe Nock. Unter dem Motto »Natur er-leben, erforschen, begreifen, bewah-ren« versucht man hier, die Erho-lung suchenden Gäste und die Erhaltung der Tier- und Pflanzen-welt unter einen Hut zu bekommen. Im **Nationalparkzentrum** in Molln kann man sich darüber informie-ren, was hier so kreucht und fleucht, und was für eine Bedeutung das Wasser für die Kalkalpen hat.

Nationalparkzentrum: Mai – Okt. Mo. – Fr. 8.00 – 17.00, Sa., So. 9.00 – 17.00 Uhr, www.kalkalpen.at

---

> ! BAEDEKER TIPP
>
> *Ich bin ein freier Wildbretschütz ...*
>
> In St. Pankraz am Fuß des Seng-sengebirges findet man ein kurio-ses Museum: das einzigartigste Wilderermuseum Europas. Hier erfährt man nicht nur einiges über die Wilderei und deren Hin-tergründe, sondern kann auch einmal seine eigene Begabung am Schießstand überprüfen. Ende April – Mai, Okt. Mi. – So. 10.00 – 16.00, Juni – Sept. Di. – So. 9.00 – 18.00 Uhr, Eintritt: 9 €, www.wilderermuseum.at

---

* Stubaital · Stubaier Alpen

F 5

Bundesland: Tirol

Von steilen Hängen und felsigen Berggipfeln gesäumt ist das vom Ruetzbach durchflossene Stubaital. Es beginnt bei Schön-berg an der Brennerstraße und führt südwestlich bis in die sehr stark vergletscherten Stubaier Alpen.

Stubaital erleben

AUSKUNFT
Tourismusverband Stubai
Stubaitalhaus, Dorf 3
A-6167 Neustift
Tel. 0501 88 10
www.stubai.at

ÜBERNACHTEN
Cappella Natura Vitalis Hotel ⊜⊜
Außerrain 6

A-6167 Neustift im Stubaital
Tel. 05226 25 15
www.hotel-cappella.com
Das Hotel ist mit nur 26 Zimmern – sie
alle haben einen Balkon und eine Sitz-
ecke – angenehm klein, entsprechend
gemütlich ist die Atmosphäre. Auch der
Wellnessbereich mit Finnischer, Bio- und
Dampfsauna sowie Massageangeboten
ist rundum gelungenen.

»Die Gegend eignet sich sowohl für Sommerfrischler, die es bei Spa-   ***Beliebtes**
ziergängen und Halbtagsausflügen bewenden lassen, als auch für   **Ausflugsziel**
Touristen, denen die Erdkruste erst dreitausend Meter überm Mee-
resspiegel interessant wird«, so Erich Kästner, der 1945 hier einige
Zeit lebte. Auch zum **Wintersport** werden die Orte im Stubaital gerne besucht. Auf dem Stubaier Gletscher kann man sogar im Sommer
noch Ski fahren, insgesamt von Oktober bis Juni.

SEHENSWERTES IM STUBAITAL UND UMGEBUNG

Erster Ort im Stubaital ist Mieders (952 m; 1750 Einw.), ein maleri-   **Mieders**
sches Dorf, das aufgrund seines Mineralbades schon im 19. Jh. zum
beliebten Erholungsort wurde. Das **hölzerne Schwimmbad** von
1927 gehört neben den Bädern von Telfs und St. Johann zu den ältesten noch bestehenden in ganz Tirol.

Fulpmes (936 m; 4200 Einw.), bekannter **Luftkur- und Skiort** sowie   **Fulpmes**
Hauptort des Tals, liegt inmitten hoher Bergketten und ist die Endstation der schmalspurigen **Stubaitalbahn**. Der Ort besitzt eine aus
dem mittelalterlichen Bergbau hervorgegangene bedeutende Klein-
eisenindustrie, seine Eispickel und Steigeisen sowie Werkzeuge wie
Messer und insbesondere der Krauthobel für die Küche waren weit
über das Tal hinaus bekannt. Das **Schmiedemuseum** im Riedlhaus
in der Fachschulgasse informiert anhand von Maschinen und Werkzeugen aus dem 19. Jh. über die Schmiedeindustrie des Tals. Die 1747
errichtete Pfarrkirche ist mit Rokokostuckatur ausgeschmückt. In der
Bahnhofstraße lohnt der Besuch des **Krippenmuseums**.
Schmiedemuseum: Sommer Mi. 14.00 – 17.00 Uhr, Eintritt: 2 €
Krippenmuseum: Di. – So. 10.00 – 12.00 u. 14.00 – 18.00 Uhr,
Eintritt: 4,80 €

Telfes Rund 2 km oberhalb der Ortschaft liegt Telfes (1002 m), das schon 1344 erwähnte älteste Pfarrdorf des Stubaitals. In der Barockkirche (1754) sind wunderschöne Deckenfresken zu bewundern. In Telfes können Besucher bei einem Besuch des **Greifvogelparks** diese Vogelarten aus nächster Nähe beobachten.

❶ Mitte Mai–Mitte Okt. tgl. 11.00–17.00 Uhr, Eintritt: 7 €

Neustift Neustift (994 m; 4600 Einw.), das **touristische Zentrum** des Tals, ist Luftkurort, Wintersportarena und Tourenstützpunkt. In der stattlichen, im Inneren durch die Weite des Saalbaus beeindruckenden, von 1768 bis 1774 neu erbauten Pfarrkirche sind die reichen Deckenmalereien sehenswert. Auf dem Friedhof mit ausschließlich schmiedeeisernen Grabkreuzen befindet sich auch das Grab von Franz Senn (1831–1884), dem Mitbegründer des Österreichischen und des Deutschen Alpenvereins (▶Ötztal). Ein Ausflug empfiehlt sich zum imposanten Grawa-Wasserfall, den man von Neustift aus nach ca. 13 km in Richtung Gletscher bei der Grawa Alm erreicht (Parkplatz).

> **!** BAEDEKER TIPP
>
> *Straßenbahn einmal anders*
>
> Zwischen Fulpmes und dem Innsbrucker Hauptbahnhof verkehrt seit 1904 die schmalspurige Stubaitalbahn, eine alpine Straßenbahn, die an der imposanten Bergkulisse der gletscherreichen Stubaier Alpen vorbeiführt (Gesamtstrecke: 18 km). Die Strecke ist sehr kurvenreich, die Fahrt dauert rund eine Stunde.

Etwa 18 km hinter Neustift gelangt man auf der Stubaier Gletscherstraße auf die Mutterbergalm (1728 m). Hier befindet sich die Talstation der *Stubaier Gletscherbahn, die das größte Gletscherskigebiet Österreichs mit drei Gondelbahnen erschließt, auch im Sommer lockt das schöne Panorama. Nahe der Bergstation liegt die Aussichtsplattform **Top of Tyrol** (3210 m), die sensationelle Blicke auf die Dolomiten, die Stubaier und Ötztaler Alpen freigibt. Wer mag, erkundet mit dem an der Bergstation geliehenen Audioguide den gesicherten Gletscherpfad, der zum **höchstgelegenen Bergrestaurant Österreichs**, der Jochdohle (3150 m) führt.

Stubaier Alpen Die Stubaier Alpen schließen sich als ein von vielen Tälern zerschnittenes, kompliziertes Gefüge unmittelbar nordöstlich an die Ötztaler Alpen an. Der Hauptkamm, der sich zwischen dem Timmelsjoch und der Brennersenke erstreckt, bildet die österreichisch-italienische Grenze zu Südtirol. Zwar erreichen die mächtigen Gletscher nicht ganz die Ausdehnung der Ferner im Nachbarmassiv, stehen ihnen jedoch an Wildheit nicht nach. Ihre durchschnittliche Kammhöhe und die Steilheit der Flanken aber übertreffen die aller anderen Gebirge in den Zentralalpen. Die Vielfalt der Stubaier Alpen erwandert man in etwas mehr als einer Woche am *Stubaier Höhenweg. Mit

120 km Länge und über 8000 Höhenmetern stellt er entsprechende Anforderungen an die Kondition, Trittsicherheit und Schwindelfreiheit sind ebenfalls Voraussetzung. Er kann in zwei Richtungen begangen werden, Start- bzw. Endpunkte sind die Innsbrucker Hütte sowie die Starkenburger Hütte. Die bestens bewirtschafteten Hütten en route dienen als Stützpunkte. Da es von jeder Hütte auch Abstiegsmöglichkeiten ins Tal gibt, kann für die Tour auch ein kürzerer Ausschnitt des Höhenwegs gewählt werden. Ihre größte Höhe und stärkste Vergletscherung erreichen die Stubaier Alpen in ihrem Hauptkamm, der **Pfaffengruppe**. Hier ragen das spitzkegelige Zuckerhütl (3507 m), das Schneedach vom Wilden Freiger (3418 m) und der stolze Gipfel der 3332 m hohen Schaufelspitze auf. Von Neustift im Stubaital führen die meistbegangenen Wege in die Firnwelt der Pfaffengruppe über die Dresdner Hütte (2308 m) und die Nürnberger Hütte (2297 m). Aus dem ▸Ötztal erreicht man die Hochregion über die Hildesheimer Hütte (2899 m) und über die Siegerlandhütte (2710 m) bei Sölden. Von der Amberger Hütte ist der **Schrankogel** (3497 m) zugänglich, der prächtige Hauptgipfel des zweiten großen Gletschergebiets der Stubaier Alpen, der schroffen **Alpeiner Gruppe**. Nordöstlich der Alpeiner Berge erhebt sich der bizarre Zug der Kalkkögel. Nördlich vom Gleirschjöchl nimmt die Vergletscherung ab und es breitet sich mit den **Kühtaier Bergen** eines der beliebtesten Tiroler Skigebiete aus. Das Alpenhotel Jagdschloss Kühtai und die nahe gelegene Dortmunder Hütte (1950 m), erreichbar sowohl aus dem Sellraintal als auch aus dem Ötztal, sind die viel besuchten Hauptquartiere dieses Winterparadieses. Ostwärts in Richtung Brenner liegt die Tribulaungruppe, eine großartige mehrgipfelige Dolomitenburg. Majestätisch ragt das bräun-

BAEDEKER TIPP ❗

Wilde Wasser

Die schönsten Naturschauplätze des Stubaitals hat man unter dem Namen WildeWasserPark zusammengefasst. Ausgeschilderte und mit Thementafeln bestückte Wege führen zu kraftvoll tosenden oder zart gurgelnden Bächen, zu Wasserfällen und Quellen. www.wildewasserweg.at

Der Kalkkögel prägt das Bild von Telfes bei Fulpmes.

lich-weiße »Matterhorn der Stubaier Alpen«, der **Pflerscher Tribulaun** (3096 m), empor, der von der Tribulaun-Hütte (2369 m) auf der Südtiroler Grenze aus nicht gerade leicht zu ersteigen ist.
Stubaier Höhenweg: www.stubaier-hoehenweg.at

Südsteiermark

✦ O–P 6

Bundesland: Steiermark

Der Südosten der Steiermark ist eine idyllische Patchwork-landschaft aus Weinrieden, Kürbisfeldern und kleinen Wäl-dern. Das mediterrane Klima sorgt dafür, dass hier fruchtige Weine voll sonniger Kraft gedeihen.

*Südstei-rische Toskana Der äußerste Süden der Steiermark mit seinen steilen Hügeln und schlanken Pappeln wird gerne als „Steirische Toskana" bezeichnet. Winzer, Weingasthöfe, Heurigen und ein Netz von Weingartenwan-der- und -radwegen finden Besucher zwischen Leutschach und Spiel-feld in der Grenzregion zu Slowenien. Vor allem an den Herbstwo-chenenden ist die Gegend bei Ausflüglern beliebt. Hier wachsen vor allem Rebsorten wie Welschries-ling, Sauvignon Blanc und Morillon, die für ihre Fruchtigkeit und Frische bekannt sind. In Österreichs höchst gelegenem Weinbauort **Kitzeck** (564 m; 1200 Einw.) erfährt man im **Historischen Weinbaumuseum** mehr zum Thema.
❶ April–Okt. tgl. 10.00–12.00 u. 14.00–17.00, Nov.–März Mo.–Fr. 9.00–12.00 Uhr, Eintritt: 2,50 €

Schilcher-heimat Östlich, an den sonnigen Abhängen der Koralpe (höchste Erhebung: Großer Speikkogel, 2140 m), die Kärnten von der Steiermark trennt, wächst die **Blaue Wildbacherrebe**. Aus ihr keltert man den säuerli-chen Roséwein Schilcher, der seit einigen Jahren eine Renaissance erlebt. Hier liegt zudem eines der Hauptanbaugebiete des berühmten **Steirischen Ölkürbisses**.

Deutsch-landsberg Die Bezirkshauptstadt Deutschlandsberg (372 m; 8100 Einw.), gleich-zeitig das Zentrum der Schilcherproduktion, wird überragt von einer sehenswerten **mittelalterlichen Burg**. In ihrem gotischen Wohn-turm und den daran angrenzenden ehemaligen Repräsentationsge-

Südsteiermark erleben

AUSKUNFT
Genussregion Süd & West
Steiermark
Hauptplatz 36
A-8530 Deutschlandsberg
Tel. 03462 4 31 52
www.diegenussregion.at

ESSEN UND ÜBERNACHTEN
Jagawirt ⓔⓔ – ⓔⓔⓔ
Sommereben 2

A-8511 St. Stefan ob Stainz
Tel. 03143 81 05
www.jagawirt.at
Im Wirtshof mit wunderbarem Flair kann
man nicht nur entspannt wohnen, sondern auch köstlich speisen. Der Jagawirt
ist bekannt für seine artgerecht gehaltenen Schweine unterschiedlichster alter
Rassen wie Mangalitza oder Turopolje.
Viele der angebotenen Wurstwaren
stammen aus eigener Produktion.

bäuden ist das **Burgmuseum Archeo Norico** untergebracht, das
neben der einstigen Folterkammer auch eine Sammlung, u. a. zur
Frühgeschichte und zu den Kelten, zeigt. Nach dem Besuch lohnt
eine Rast im ausgezeichneten Burgrestaurant.
Burgmuseum: Mitte April – Okt. Di. – So. 10.00 – 18.00 Uhr, Eintritt: 9 €,
www.archeonorico.at

Stainz

Die Straße ins rund 14 km entfernte Stainz lädt immer wieder zur
kurzen Rast: Wegen der schönen Ausblicke über die liebliche Hügel-
landschaft im Schatten der Koralpe, aber auch der Bauernläden wegen, die hier oft in historischen Häusern zu finden sind. In der Wein-
und Kürbisstadt Stainz (349 m; 2500 Einw.) lädt das **Jagdmuseum**
im gewaltigen Schloss, ein ehemaliges Augustiner-Chorherrenstift,
zum Besuch einer opulenten Jagdausstellung. Zu sehen sind Exponate zur Kulturgeschichte der Jagd wie barocke Tierbilder und kunstvoll bearbeitete Pulverhörner, Waffen aus ganz unterschiedlichen
Epochen wie Speerschleudern und kaiserliche Gewehre sowie eine
Falknereisammlung. Auch das Thema Wildökologie wird berührt,
man kann Tierfährten folgen und Tierstimmen lauschen.
❶ März – Okt. Mi. – So. 10.00 – 17.00 Uhr, Eintritt: 8 €,
www.museum-joanneum.at

*Gestüt Piber

Bei der Geburt sieht man den **Lipizzanern** ihre charakteristische
weiße Färbung noch nicht an – sie kommen mit grauem oder brau-
nem Fell zur Welt. Ursprünglich kamen die Pferde aus Spanien und
wurden ab 1580 in der Nähe des Ortes Lipica in Slowenien gezüchtet.
Durch den Ersten Weltkrieg wurde die Zucht 1920 ins Gestüt Piber,
30 km nördlich von Stainz, verlegt. Von hier stammen die berühmten
weißen Hengste, die an der Spanischen Hofreitschule in ►Wien ihre
Vorstellungen geben. Wer das Gestüt mit Museum besichtigt, kann

Ganzer Stolz des Gestüts Piber: Lipizzaner

anschließend im Shop auch noch Mitbringsel erwerben und eine Rast im Café Caballero einlegen.
❶ Besichtigung: April–Okt. tgl. 10.00, 11.00 u. 13.00–16.00, Nov.–März 11.00 u. 14.00 Uhr, Eintritt: 12 €, www.piber.com

Piber liegt ganz in der Nähe von **Bärnbach** (427 m; 5200 Einw.), rund 40 km westlich von Graz. 1979 beschlossen die Ortsväter, ihre erst 1948 bis 1952 erbaute Kirche **St. Barbara** umzugestalten. Sie gewannen Friedensreich Hundertwasser (►Berühmte Persönlichkeiten) dafür, der das Gotteshaus von 1984 bis 1987 mit einem goldenen Zwiebelturm und kräftigen Farben schmückte. Hinter seiner gläsernen Fassade zeigt das **Glasmuseum** im Stölzle Oberglas-Center einen Einblick ins Handwerk der Glasmacher.

Glasmuseum: Mo.–Fr. 9.00–17.00, Sa. 9.00–13.00 Uhr, Eintritt: 6 €

* Tannheimer Tal

D/E 5

Bundesland: Tirol

Dörfchen wie aus dem Bilderbuch, idyllisch gelegene Seen, ausgedehnte Wiesen, von denen einige im Frühling mit Krokussen übersät sind, bewaldete Hänge und dahinter schroff aufragende Felsen – diese Szenerie macht das Tannheimer Tal zu einem beliebten Sommer- und Winterferienziel.

Sonniges Wanderziel

Im Westen grenzt das Tannheimer Tal an das deutsche Allgäu und ist von dort aus über Sonthofen und Oberjoch (Grenze) erreichbar. Im Osten mündet die Straße über den Gaichtpass in ►Lechtal, 10 km südwestlich von Reutte. Höchste Erhebung ist das **Gaishorn** mit 2247 m beim Vilsalpsee südlich von Tannheim. Durch das breite, almenreiche Tannheimer Tal führte einst die Salzstraße von Tirol zum Bodensee über Gaichtpass und Oberjoch. Mit dem ausgezeichnet

Tannheimer Tal erleben

AUSKUNFT
Tourismusverband Tannheimer Tal
Oberhöfen 110, A-6675 Tannheim
Tel. 05675 6 22 00
www.tannheimertal.com

ÜBERNACHTEN
Bogner Hof ●●
Bogen 9

A-6675 Tannheim
Tel. 05675 62 97
www.bognerhof.at
Ein am Ortsrand in Richtung Naturschutzgebiet Vilsalpsee gelegenes, familiäres Alpenhotel mit 4-Sterne-Ambiente.
Die Zimmer sind im alpenländischen Stil
eingerichtet, auch ein Wellnessbereich
mit Dampfbad ist vorhanden.

ausgebauten Wegenetz ist es ein Eldorado für Wanderlustige, aber
auch Bergsteiger, Mountainbiker oder Paraglider sind hier gerne ge-
sehene Gäste. Das **Ballonfestival im Januar** lockt jedes Jahr eine
Menge Schaulustiger an. Alle fünf Dörfer warten mit Pisten und Ski-
schulen auf, dazu kommen 80 km gespurte Langlaufloipen.
❶ www.ballonfestival-tannheimertal.de

Tannheim
Der Hauptort des Tannheimer Tals (1097 m; 1000 Einw.) liegt an der
Einmündung des Vilstals ins Tannheimer Tal. Das sportliche Angebot reicht vom Eislaufplatz über Tennisanlagen bis zur Kletterwand.
Vom Neunerköpfle, mit der Gondelbahn erreichbar, sind Skiabfahrten bis ins Tal möglich. Inmitten eines Naturschutzgebietes gehört
der **Vilsalpsee** (1165 m) 4 km südlich von Tannheim zu den schönsten Ausflugszielen. Die Zufahrtstraße zum See ist allerdings zwischen 10.00 und 17.00 Uhr für anfahrende Autos gesperrt. In dieser
Zeit nimmt man einfach den Pendelbus, der mehrmals täglich ab
Tannheim fährt, eine Pferdekutsche, das Bimmelbähnchen Alpenex-
press, das Kindern Spaß macht, geht zu Fuß (1 Std.) oder fährt mit
dem Rad (30 Min.). Am See gibt es ein Restaurant, um den See führt
ein bequemer Wanderweg (1 Std.). In einer weiteren Stunde mit jeweils steilem Aufstieg gelangt man zur Oberen Traualpe mit dem
Traualpsee (1649 m) und zur Landsberger Hütte.
Restaurant Fischerstube am Vilsalpsee: www.fischerstube.co.at

Grän-
Haldensee
Das hübsche Dörfchen Grän-Haldensee (1134 m; 600 Einw.), gut
2 km östlich von Tannheim, sorgt gleich für mehrfachen Badespaß
inmitten der Bergwelt: Sein großes **Freibad** mit Wasserrutsche liegt
direkt am Haldensee und wird umweltfreundlich mit Solarenergie
erwärmt. Wer lieber direkt im Haldensee baden möchte, findet zwar
etwas kühlere Fluten, aber ebenfalls allerbeste Wasserqualität vor.
Einen Tret-, Ruderboot und Surfbrettverleih gibt es zudem im zuge-
hörigen Strandcafé.

Einen Ausflug wert ist der Haldensee im Tannheimer Tal.

✳ Traunsee

✦ L 4

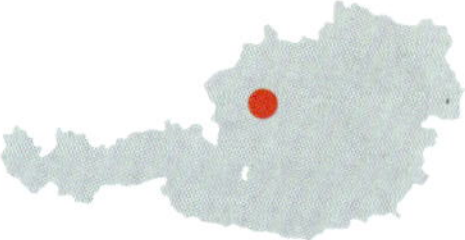

Bundesland: Oberösterreich
Höhe: 422 m ü.d.M.

Eingebettet im Osten zwischen den markanten Gipfeln des Traunsteins (1691 m), des Hochkogels (1486 m) und des Erlakogels (1575 m) – wegen seiner markanten Form auch »schlafende Griechin« genannt – sowie dem Gmundner Berg (830 m) und dem Höllengebirge im Westen, lohnt der malerische See einen ausgiebigen Besuch.

»Traumsee« »Der Traunsee – ein Traumsee«, so lautet die Eigenwerbung der von hübschen Orten gesäumten Seeregion. Mit 12 km Länge, bis zu 3 km Breite und 191 m Tiefe gehört er zu den **größten Seen des Salzkammergutes**, was sich auch im reichhaltigen sportlichen Angebot von Angeln und Surfen über Tauchen und Kanufahren bis zu Wasserski und Wakeboarding niederschlägt.

Traunsee erleben

AUSKUNFT
Ferienregion Traunsee
Toscanapark 1
A-4810 Gmunden
Tel. 07612 6 43 05
traunsee.salzkammergut.at

ESSEN UND ÜBERNACHTEN
Landhotel Grünberg ⊜⊜
Traunsteinstr. 109
A-4810 Gmunden

Tel. 07612 7 77 00
www.gruenberg.at
Das familiengeführte Landhotel bietet neu gestaltete Zimmer mit Seeblick, einen hauseigenen Strand und eine feine Küche. Produkte aus der Region wie frischer Traunseefisch stehen im Fokus, darüber hinaus gilt Chefin Ingrid Pernkopf als die beste Knödlköchin in ganz Oberösterreich. Auch Kochkurse, etwa zu Mehlspeisen, werden angeboten.

SEHENSWERTE ORTE AM TRAUNSEE

Hauptort ist Gmunden (425 m; 13 000 Einw.), einst Salzhandels-, heute Kurstadt, die sich rund um die Nordspitze des Sees erstreckt. Ein Spaziergang vom hübschen Rathaus mit dem Keramikglockenspiel über die Esplanade am Ufer entlang gibt den Blick frei auf die Halbinsel Toskana und das **Landschloss Ort**, das über einen Holzsteg mit dem Seeschloss Ort verbunden ist. Letzteres dürften viele Besucher kennen – als pittoresken Schauplatz einer Vorabendserie. Allerdings beherbergt es kein Hotel, sondern dient u. a. als beliebtes Hochzeitsschloss. Seit mehr als 100 Jahren ist **Gmundner Töpferware** (▶Wissen S. 128) Keramikfreunden ein Begriff. Wer nicht am letzten Augustwochenende zum weithin berühmten Töpfermarkt kommt – und sich dem Geschehen möglichst im historischen Triebwagen der Gmundner Straßenbahn nähert –, wird in den Geschäften in der Stadt fündig oder besucht die Manufaktur. Die ursprünglich gotische, im 18. Jh. barockisierte Stadtpfarrkirche **Mariä Himmelfahrt** beinhaltet neben einer geschnitzten Gruppe der Hl. Drei Könige von Thomas Schwanthaler (1678) im Hochaltar eine Schutzmantelmadonna aus Keramik (1947). Das **K-Hof-Museum** im ehemaligen Kammerhof aus dem 15. Jh. dokumentiert auf 2000 m² Ausstellungsfläche die Entwicklungsgeschichte der Traunseeregion und Gmundens Vergangenheit als Salzumschlagplatz, zeigt Fossilien und Mineralien und besitzt sogar eine kultur-

*Gmunden

> **BAEDEKER TIPP**
>
> ❗ *Eine Seefahrt, die ist lustig!*
>
> Die österreichische Seedampfschifffahrt begann am Traunsee. Und der Schaufelraddampfer »Gisela« (Baujahr 1871), benannt nach einer Tochter von Kaiser Franz Joseph I. und Kaiserin Elisabeth, legt immer noch in Gmunden zur großen Seerundfahrt ab. Juli u. Aug. So. 14.45 Uhr

historische WC-Sammlung. Der **Gmundner Jahrtausendweg** informiert über die erd- und kulturgeschichtliche Entwicklung der vergangenen 20 000 Jahre im Traunseegebiet.

K-Hof-Museum: Juni–Aug. Di.–So. 10.00–17.00, Sept.–Mai Mi.–Sa. 10.00–17.00 Uhr, Eintritt: 6 €

Drei markierte Wege führen auf den die Szenerie beherrschenden **Traunstein** (1691 m), doch keiner ist wirklich einfach. Der Berg gilt in Bergsteigerkreisen als einer der begehrtesten Gipfel in Oberösterreich.

Modell »Nautilus« (1904): museales Gmundner Exclusiv-Closett

Altmünster (442 m; 9500 Einw.) am Westufer des Traunsees wartet mit einem besonderen Museum auf: Das **Radmuseum** dokumentiert mit seinen Exponaten die Entwicklung des Drahtesels von der Laufmaschine bis zum Waffenrad.

Radmuseum: Mai, Okt. Sa., So. 14.00–17.00, Juni–Sept. tgl. 10.00–12.00 u. 13.00–17.00 Uhr, Eintritt: 4 €, www.radmuseum.at

*Traunkirchen Der Erholungsort Traunkirchen (422 m; 1600 Einw.) liegt malerisch auf einer Halbinsel im Traunsee und besitzt eine besondere Rarität: Die originelle **Fischerkanzel** in der Pfarrkirche hat die Form eines Bootes. In einem Netz zappelnde Fische und eine Darstellung von Petrus als »Menschenfischer« (1753) ergänzen die Kanzel. Über dem Ort steht auf einem bewaldeten Fels das Johanneskirchlein (1609). Ein kräftiger Touristenmagnet ist hier die seit 1632 durchgeführte prächtige Fronleichnamsprozession per Boot.

Ebensee Ebensee (7800 Einw.) am Südende des Traunsees ist heute hauptsächlich von der Industrie geprägt. Das **Zeitgeschichte Museum** im Ortszentrum zeigt anschaulich die politische Geschichte des Landes von 1918 bis 1955. Dazu gehört auch die 3 km entfernt liegende **KZ-Gedenkstätte:** Von November 1943 bis zur Befreiung im Mai 1945 durch US-Truppen war hier eines der vielen Nebenlager des KZ Mauthausen bei Linz (▶Donautal) eingerichtet. Rund 27 000 Häftlinge aus 20 Nationen mussten Stollen bauen, die ursprünglich die Raketenversuchsanstalt der Nazis von Peenemünde auf Usedom aufnehmen sollten, dann jedoch eine Erdölraffinerie und die Produktionsstätten von Panzerteilen durch die Steyr-Daimler-Puch AG beherbergten. Ein Drittel der Häftlinge kam bei den unmenschlichen Arbeitsbedingungen ums Leben. Folgt man der Ausschilderung im Ort, kommt man zum ehemaligen KZ-Gelände, von dessen Anlage nur noch ein Tor erhalten ist. Schon 1948 ließ die Frau eines Häftlings auf einem der Massengräber ein Denkmal errichten. Heute findet man Denkmäler verschiedener Staaten für ihre Angehörigen. Einen der Stollen kann man besichtigen – bei durchgehend 8 °C im Sommer wie im Winter ist allerdings warme Kleidung nötig.

Zeitgeschichte Museum: März–Juni Di.–Sa., Juni–Sept. Di.–So., Okt. bis Feb. Di.–Fr. 10.00–17.00 Uhr, Eintritt: 5 €, www.memorial-ebensee.at
Gedenkstätte: Mitte Juni–Mitte Sept. Di.–So., Mitte Sept.–Mitte Juni Sa., So. 10.00–17.00 Uhr, Eintritt: 4 €

Höllengebirge

Westlich von Ebensee, zwischen Traunsee und Attersee, erstreckt sich als langgezogener Kalkstock mit steilen Flanken das Höllengebirge, ein gutes **Ski- und Wandergelände**. Die Seilbahn führt westlich von Ebensee auf den Feuerkogel (1594 m), im Sommer sind die Riederhütte (1765 m) und das Hochleckenhaus (1572 m) bewirtschaftet und laden zur Rast ein.

Langbathseen

Einen Abstecher lohnen auch die etwa 10 km nordwestlich von Ebensee liegenden idyllischen Langbathseen (664 m und 753 m) und der nach rund 15 km in Richtung Südosten zu erreichende Offensee am Fuß des Toten Gebirges (651 m).
❶ www.ebensee.at

Die Johanneskirche von Traunkirchen thront in malerischer Lage über dem Traunsee.

Almtal In der Nähe des schönen Örtchens Grünau lädt der **Cumberland Wildpark** zum Besuch ein. Umgeben von den Bergen des Toten Gebirges ist er ein landschaftliches Kleinod, Wälder, Wiesen, ein Bach und Teiche sind hier der natürliche Lebensraum für rund 70 verschiedene Tierarten wie Steinböcke, Rothirsche und Wisente, Luchse, Braunbären und Wölfe. Der Wildpark ist auch eine wichtige Stätte für vom Aussterben bedrohte Tierarten: Waldrapp und Urwildpferde fühlen sich hier etwa zu Hause. Kilometerlange Wanderwege, die auch im Winter geräumt sind, führen durch das 60 ha große Areal. Wer Rast machen möchte, kehrt im Wildparkstüberl ein. Zu sehen sind zudem Graugänse und Kolkraben – die **Konrad-Lorenz-Forschungsstelle** liegt nämlich gleich nebenan. Diese wurde 1973 gegründet, als der frischgebackene Nobelpreisträger Konrad Lorenz hier begann, seine Forschungen mit den Graugänsen weiter zu führen. Die Wissenschaftler nutzen die Einrichtungen des Wildparks heute für ihre Arbeit.

Cumberland Wildpark: April–Okt. tgl. 9.00–17.00, Nov.–März tgl. 10.00–16.00 Uhr, Eintritt: 7,80 €, www.wildparkgruenau.at

✱ Villach

✦ L 6

Bundesland: Kärnten
Höhe: 500 m ü.d.M.
Einwohnerzahl: 59 600

Ihren Ruf als charmante Kurstadt verdankt die zweitgrößte Stadt Kärntens ihren üppig sprudelnden Thermalquellen in Warmbad Villach. Aber auch als Faschingshochburg, in der das Fest ausgiebig gefeiert wird, ist Villach bekannt.

Österreichs Tor zum Süden Nahe dem Dreiländereck zu Italien und Slowenien, im weiten Talbecken der Drau, die hier die von Süden kommende Gail aufnimmt, liegt Villach, die zweitgrößte Stadt Kärntens und das »Tor zum Süden«. Die Villacher Alpe im Westen und die Kette der Karawanken vor den gezackten Julischen Alpen im Süden ergeben ein herrliches Gebirgspanorama.

Geschichte Schon zur **Hallstattzeit** schätzte man die Lage am Kreuzungspunkt zweier wichtiger Handelsstraßen. Die Römer bauten eine Brücke und errichteten das Lager Bilachinum. Kaiser Heinrich II. schenkte Villach im Jahr 1007 dem von ihm gegründeten **Bistum Bamberg**. 1759 erwarb Maria Theresia (▶Berühmte Persönlichkeiten) die Stadt und gliederte sie nach Österreich ein. Heute ist Villach Kärntens Verkehrsknotenpunkt.

SEHENSWERTES IN VILLACH

Aufgrund ihrer strategischen Bedeutung wurde die Stadt Villach im **Hauptplatz** Zweiten Weltkrieg schwer bombardiert, von ihrer historischen Altstadt blieb daher nicht allzu viel übrig. Doch einige der den lang gestreckten Hauptplatz säumenden Häuser stammen noch aus dem Hochmittelalter: Am Hauptplatz Nr. 18 hat Theophrastus von Hohenheim, genannt **Paracelsus** (1493 – 1541), etliche Jahre seines Lebens verbracht. Haus Nr. 26 (Anfang 16. Jh.) gehörte einst den Khevenhüllern; seit 1748 logiert hier das Hotel Post.

Die sehenswerte Stadtpfarrkirche St. Jakob ragt auf einer Terrasse am **Stadtpfarr-** Ende des Hauptplatzes empor. Schön ist das **Gewölbe** der gotischen **kirche** Hallenkirche. Um 1740 entstanden das riesige Christophorusfresko **St. Jakob** im Chor und der prächtige barocke **Baldachinaltar**, das große gotische Kruzifix stammt von 1502, die steinerne Kanzel von 1555. In der Taufkapelle stehen ein gotischer Taufstein und ein Chorgestühl aus dem Jahr 1464. Beachtenswert sind auch zahlreiche vortrefflich gearbeitete **Grabsteine** aus dem 16. Jh., sie wurden für Angehörige alter Adelsgeschlechter, darunter die in Kärnten ansässigen Khevenhüller angefertigt. Nur durch einen Torbogen mit dem Kirchenschiff verbunden ist der elegante hohe Turm.
❶ www.kath-kirche-kaernten.at

Im Alpengarten bei Villach wächst alles hübsch beieinander, was in der Region grünt und blüht.

Villach erleben

AUSKUNFT

Tourismusinformation Villach
Bahnhofstr. 3
A-9500 Villach
Tel. 04242 2 05 29 00
www.villach.at

ESSEN

❶ *Kaufmann & Kaufmann* ⊖⊖
Dietrichsteinstr. 5
A-9500 Villach
Tel. 04242 2 58 71
So. u. Mo. geschl.
www.kauf-mann.com
In dem schönen Lokal, das im Landhausstil eingerichtet ist, speist man hervorragend: Österreichische Küche mit Kärntner und mediterranen Spezialitäten, das
nennt sich dann Alpe-Adria-Küche.

ÜBERNACHTEN

❶ *Romantikhotel Post* ⊖⊖
Hauptplatz 26
A-9500 Villach
Tel. 04242 2 61 01
www.romantik-hotel.com
Das traditionsreiche Haus gehört zur
Gruppe der Romantikhotels und hatte
schon höchsten Besuch: Im Jahr 1552
kehrten Kaiser Karl V. und 1574 Heinrich III. von Frankreich hier ein. Man
speist im Hotel auch sehr gepflegt.

Stadtmuseum In der Widmanngasse 38 findet man reizvolle Häuser, darunter
Nr. 30 mit prächtigem Arkadenhof. Schön ist das **Städtische Museum** in Nr. 38, es zeigt Sammlungen zur Ur- und Frühgeschichte,
Kunstwerke und Kunstgewerbeexponate.
❶ Mai–Okt. Mo.–Sa. 10.00–16.30 Uhr, Eintritt: 3 €

Burg Im Innenhof der einstigen Bamberger Stadtburg (Burggasse) nahe
der Drau sind in einem großen Gewölberaum die vielfältigen Funde
zu sehen, die bei der archäologisch-baugeschichtlichen Untersuchung des bis ins 11. Jh. zurückreichenden großen Hauses gemacht
wurden. Auch Forschungsergebnisse zum Bau werden präsentiert.
❶ Tgl. 9.00–17.00 Uhr, Eintritt frei

Kärntner Relief 182 m² umfasst das Kärntner Relief im Schillerpark, eine der **größten Landschaftsplastiken Europas**. Es zeigt Kärnten und seine
Nachbargebiete im Maßstab 1:10 000.
❶ Mai–Okt. Mo.–Sa. 10.00–16.30 Uhr

**Wallfahrts-
kirche
Hl. Kreuz** Unweit südlich vom Schillerpark steht die reich ausgestattete rö-
misch-katholische Wallfahrtskirche Hl. Kreuz mit ihrer markanten
dreistöckigen Doppelturmfassade und einer interessanten Architektur: Fast gestaucht wirkt der **kreuzförmige Grundriss** des Gotteshauses; die zentrale Vierung der spätbarocken Anlage wird von einer
schlanken Kuppel überwölbt.
❶ www.kath-kirche-kaernten.at

Außerhalb der Innenstadt gibt es ein Oldtimermuseum in der Ferdinand-Wedenig-Straße 9. Hier werden nicht die ältesten und wertvollsten Fahrzeuge präsentiert, sondern die Träume des kleinen Mannes vom eigenen Fahrzeug. Mehr als 160 **Autos, Motorräder, Roller und Mofas** aus den Jahrgängen 1927 bis 1977 sind zu sehen, darunter Goggomobil, BMW Isetta, Steyr Baby, Fiat Topolino und ein Willys Jeep Baujahr 1943.

Oldtimermuseum

❶ Tgl. 10.00 – 12.00 u. 14.00 – 16.00, im Sommer 10.00 – 18.00 Uhr, Eintritt: 7 €, www.oldtimermuseum.at

UMGEBUNG VON VILLACH

Der Ortsname sagt schon, woher der Reichtum der Gemeinde Bleiberg (920 m; 2400 Einw.), gut 10 km westlich von Villach, einst kam: In der Umgebung wurde jahrhundertelang nach Blei und Zink geschürft. Heute sorgen eine Familientherme, die Heilklimastollen Friedrich und Thomas sowie die Mineralien und Edelsteine des Europamuseums für zahlreiche Besucher. Im **Erlebnisbergwerk Terra Mystica** geht es zuerst auf einer 68 m langen Rutsche hinab in den

Bad Bleiberg

Villach

Spittal a. d. Drau

Hauptbahnhof

Zeidler-v.-Görz-Straße

→ Ossiacher See, Velden, Klagenfurt

Willroider-str.

Busbahnhof

Bahnhofstraße

Klagenfurter Straße

Drau

Draupromenade

Dollhopfg.

Brauhausgasse

Draulände

Burg

St. Nikolai

Nikolaigasse

Virgil-Gleisenberger-Str.

Ringmauergasse

Widmanngasse

Hauptplatz

❶

❶

Stadtmuseum

St. Jacob

ℹ Rathaus

Hans-Gasser-Pl.

Postg.

✉

Moritzstraße

Congress Center

Brauhausg.

Draulände

Gerbergasse

Drau

Trattengasse

Fabriksteig

Italiener Straße

Peraustraße

10.-Oktober-Straße

Hauserg.

100 m

©BAEDEKER

Warmbad Villach ↓

Kärntner Relief

Hl.-Kreuz-Kirche
Faaker See ←

Essen
❶ Kaufmann & Kaufmann

Übernachten
❶ Romantikhotel Post

Berg, dann mit der Grubenbahn weiter zum Multimediaspektakel »Erdgeschichte im Zeitraffer« (bei konstant 9 °C – das thermale Stollenklima soll gut für die Atemwege sein). An 14 Stationen wird die Geschichte des Bergbaus vermittelt, auch funktionstüchtige Bergbaumaschinen sind zu sehen, das **Montanmuseum** zeigt zudem die älteste Knappenfahne der Welt. Angeschlossen ist ferner das Karikaturenmuseum Terra Humoristika.

❶ Mai, Juni, Sept., Okt. tgl. 11.00–13.00, Juli, Aug. tgl. 9.30–15 Uhr, Eintritt: 17,50 €, www.terra-mystica.at

*Villacher Alpe

Im Südwesten von Villach erhebt sich über dem Gailtal das ausgedehnte **Wander- und Skigebiet** der Villacher Alpe, erschlossen durch die fast 17 km lange, mautpflichtige Panoramaroute Villacher Alpenstraße. Mehrere Parkplätze garantieren grandiose Ausblicke. Am Parkplatz Nr. 6 wurde 1973 der **Villacher Alpengarten** eröffnet, ein Eldorado für Botaniker. Das Ende der Straße liegt auf 1732 m, wer mit dem Dobratsch den höchsten Gipfel erklimmen möchte (2167 m), muss zu Fuß aufsteigen. Der Ausblick auf Villach, die Karawanken, die Julischen Alpen und das größte Bergsturzgebiet der Ostalpen an der Südflanke des Dobratsch entschädigt für alle Mühen. Der Dobratsch ist auch Namensgeber für den **Naturpark**, in dem 900 Schmetterlingsarten, seltene Spinnen, Deutscher und Triestiner Skorpion, mehr als 30 Libellen- und über 100 Brutvogelarten regelmäßig gesichtet werden.

Villacher Alpenstraße: www.villacher-alpenstrasse.at
Alpengarten: www.alpengarten-villach.at
Naturpark Dobratsch: www.naturparkdobratsch.info

Warmbad Villach

Rund 3 km südlich von Villachs Zentrum liegt das Warmbad Villach. 40 Mio. Liter des 29 °C warmen, radonhaltigen Wassers – angezeigt gegen Rheuma sowie Kreislaufstörungen und Nervenleiden und schon von den Römern geschätzt – sprudeln hier täglich hervor. Paracelsus war von der Heilkraft nicht überzeugt, dafür dachte Napoleon über weitläufige Kureinrichtungen nach. Doch zu mehr als der Napoleonwiese genannten Einebnung reichte seine Zeit als Kaiser nicht. Seit Sommer 2012 kann man sich hier in der architektonisch äußerst gelungenen **Kärntentherme** ganz zeitgemäß den Wellnessfreuden hingeben.

❶ Tgl. 9.00–22.00 Uhr, Eintritt: Tageskarte 19,50, 3–4-Stunden-Karte 14 €, www.kaerntentherme.com

Maria Gail

Prunkstück der alten **Pfarrkirche** Maria Gail im gleichnamigen Ort südöstlich von Villach ist der kostbare Flügelaltar (um 1520) mit einer Marienkrönung aus der Villacher Schnitzwerkstatt. Sehenswert ist auch die Weltgerichtsdarstellung aus dem 13. Jh. an der südlichen Außenmauer des Gebäudes.

Völkermarkt

✦ N 6

Bundesland: Kärnten
Höhe: 461 m ü.d.M.
Einwohnerzahl: 11 100

Einer Volksabstimmung im Jahr 1920 verdankt Völkermarkt, dass es zum österreichischen Kärnten gehört – damals entschied sich die Bevölkerung der stark slowenisch besiedelten Region nämlich für den Verbleib in Österreich.

Der Ort wurde 1105 auf einer Terrasse über der Drau von einem rheinfränkischen Kaufmann namens Volko gegründet. Aufgrund seiner **Grenznähe** war er des öfteren umkämpft, doch seit dem Volksentscheid zugunsten Österreichs konnte sich das Städtchen in Ruhe entwickeln. Heute ist Völkermarkt das wirtschaftliche Zentrum des Kärntner Unterlandes.

»Abstimmungsstadt«

SEHENSWERTES IN VÖLKERMARKT UND UMGEBUNG

Im Westen wird der lang gestreckte Hauptplatz von hübschen Biedermeierhäuschen gesäumt. Am seinem Nordende steht der klassizistische Bau des Neuen Rathauses – Vermutungen zufolge an der Stelle

Hauptplatz

Wer würde nicht gerne mindestens ein paar Stunden hier verbringen? Am Klopeiner See kann man es sich gemütlich machen.

Völkermarkt erleben

AUSKUNFT

Stadtgemeinde Völkermarkt
Hauptplatz 1
A-9100 Völkermarkt
Tel. 04232 25 71
www.voelkermarkt.gv.at

Tourismusregion
Klopeiner See – Südkärnten
Schulstraße 10, A-9122 St. Kanzian
Tel. 04239 22 22
www.klopeinersee.at

ÜBERNACHTEN

Strandhotel Amerika-Holzer ⓔⓔ
Am See XI
A-9122 St. Kanzian
Tel. 04239 22 12
www.amerika-holzer.at
Das am See gelegene Hotel bietet einen
Wellnessbereich mit Sauna, einen beheizten Swimmingpool und ein Golf-
übungsgelände. Auch Kinderbetreuung
wird angeboten. Am schönsten sind natürlich die Zimmer mit Blick aufs Wasser.

der einstigen Herzogsburg aus dem 13. Jh. Die Pestsäule erinnert an
den Ausbruch der schrecklichen Seuche im Jahr 1715. Der schöne
Arkadenbau von 1499 am anderen Ende des Platzes (Faschinggasse
Nr. 1) ist heute Sitz des **Stadtmuseums**. Dokumentiert wird hier neben Kultur und Brauchtum der Region – zu sehen sind etwa Trachten
und Bauernmöbel – auch die Volksabstimmung von 1920.
❶ Mai–Okt. Di.–Fr. 10.00–13.00 u. 14.00–16.00, Sa. 9.00–12.00 Uhr,
Eintritt: 3 €

St. Mag- Die romanische Stadtpfarrkirche St. Magdalena wurde im 15. Jh. go-
dalena tisch verändert. Geblieben ist ein zweitürmiges romanisches Westwerk. Im Inneren sind gotische Wandmalereien aus dem 15. Jh. sehenswert. Von 1477 stammt die Lichtsäule vor der Kirche.

Griffen Etwa 8 km nordöstlich von Völkermarkt liegt der Markt Griffen
(484 m; 3700 Einw.), **Geburtsort des Schriftstellers Peter Handke**,
mit dem 1236 gegründeten, 1786 aufgehobenen einzigen **Prämonstratenserstift** Kärntens. Die wehrhafte Anlage besitzt gleich zwei
Kirchen: die alte romanische Pfarrkirche und die prächtige Stiftskirche, eine spätromanische Pfeilerbasilika mit höchst eigenwilliger barocker Fassade. Ein hübscher Wanderweg führt auf den 130 m hohen
Schlossberg, dessen Ruinen aus dem 16. Jh. stammen. Neueren Da-
tums ist dagegen die Schlossbergschänke mit herrlichem Ausblick
auf die Umgebung. Die **Tropfsteinhöhle** (Temperatur: 8 °C) unterhalb des Schlossberges gilt als farbenprächtigste Schauhöhle Österreichs und diente, wie Tierknochenfunde und Feuerstellen zeigten,
bereits vor 10 000 Jahren als Unterschlupf für Mensch und Tier.
Tropfsteinhöhle: Führungen stdl. Mai, Juni, Sept. 9.00–11.00, 13.00 bis
16.00, Juli, Aug. 9.00–16.00, Okt. 10.00, 13.00–15.00 Uhr, Eintritt: 8 €

Fährt man von Völkermarkt südwestlich über die hier zu einem rund 21 km langen See aufgestaute Drau, erreicht man nach wenigen Kilometern den hübschen Klopeiner See. Mit Temperaturen von bis zu 28 °C kann er für sich in Anspruch nehmen, **einer der wärmsten Badeseen Kärntens** zu sein. Auf dem 1900 m langen, bis zu 800 m breiten See sind Motorboote nicht zugelassen, trotzdem geht es während der Sommerurlaubszeit hier äußerst lebhaft zu. **St. Kanzian** am Klopeiner See (448 m; 4300 Einw.) verzeichnet immerhin die höchsten Übernachtungszahlen Kärntens. Der unmittelbar westlich vom Klopeiner See liegende Kleinsee und der rund 2 km südliche Turnersee bilden ebenfalls eine beliebte Urlaubs- und Ferienregion.

*Klopeiner See

Das südlich des Klopeiner Sees gelegene Sablatnigmoor geht auf die Verlandung eines großen nacheiszeitlichen Sees zurück. Dieses 104 ha große Gebiet **steht unter strengem Naturschutz**, sein Maskottchen ist der blaue Moorfrosch. Im **Besucherzentrum** in der Tomarkeusche sind eine Fülle an Präparaten und ein Moormodell zu sehen, vom nahe gelegenen Bootshaus ist ein Blick auf und unter die Wasseroberfläche des Teichs möglich.

Sablatnig-moor

❶ Naturkundliche Führungen: Mai–Sept. Di.–Sa., Tel. 04236 2497, www.sablatnigmoor.at

Auf dem Gebiet des Dorfes Globasnitz (541 m; 1600 Einw.), gut 17 km südöstlich von Völkermarkt, lag während der römischen Kaiserzeit die Siedlung Iuenna, von der Fundamentreste von Häusern und eine Fußbodenheizung freigelegt wurden. Funde aus Iuenna und vom nahe gelegenen Hemmaberg sind im höchst interessanten **Archäologischen Pilgermuseum Hemmaberg** ausgestellt. Von Globasnitz führt eine 4 km lange Straße westlich auf den ***Hemmaberg** (841 m). Seine Kuppe war seit dem 2. Jt. v. Chr. besiedelt und gilt als das größte christliche Wallfahrtszentrum Mitteleuropas im 5. und 6. Jh. Man fand Grundmauern frühchristlicher Kirchen, die freigelegt als Freilichtmuseum konserviert wurden. Der einstige Siedlungsbereich war von einer Mauer umgeben, die sich noch stellenweise im Gelände abzeichnet.

Globasnitz

> ! **BAEDEKER TIPP** *Bunte Federpracht*
>
> Kakadus und Sittiche, Aras und Fasane, Eulen und Papageien, Tukane und Enten – hier fühlt sich wohl, was Federn und Schnabel hat. Rund 1000 Tiere aus 340 Arten kann man im Vogelpark Turnersee bei St. Primus beobachten. Mitte April–Sept. tgl. 9.00 bis 18.00, Okt. 10.00–16.00 Uhr

❶ Mai–Mitte Okt. Di.–So. 10.00–12.00 u. 14.00–17.00 Uhr, Eintritt: 4 €, www.museum-globasnitz.at

Südlich der Marktgemeinde Eberndorf liegt Bad Eisenkappel (558 m; 2400 Einw.), der Hauptort des Vellachtals kurz vor dem Seebergsattel

Bad Eisenkappel

(1218 m) mit der österreichisch-slowenischen Grenze. Von Bad Eisenkappel bringen Pendelbusse Besucher zu den 8 °C kühlen **Obir-Tropfsteinhöhlen.** Entdeckt wurden diese steinernen Schönheiten 1870 beim Vortrieb von Stollen für den Bleiabbau, und zwar an der Nordseite des Hochobir westlich von Bad Eisenkappel. Ein Höhlenrundgang dauert hier rund 90 Min.

❶ Führungen: Ostern–Anf. Okt., Anmeldung erforderlich, Tel. 04238 82 39, Eintritt: 22 €, www.hoehlen.at

** Wachau

— ✳ O/P 3

Bundesland: Niederösterreich

In die Wachau zieht es jedes Jahr viele Touristen, die von dem milden Klima, der Frühjahrsblüte, der Barockarchitektur, den hervorragenden Weißweinen und so manchem Feinschmeckerlokal angelockt werden. Die Region wurde im Jahr 2000 zum Weltkultur- und Weltnaturerbe der UNESCO erklärt.

Harmonie von Kultur und Natur

Diese einzigartige, etwa 30 km lange Donauregion zwischen Melk und Krems, dort, wo der Strom zwischen dem Böhmischen Massiv im Nordwesten und dem Dunkelsteiner Wald im Südosten ein enges Felsental bildet, war schon in vorgeschichtlicher Zeit besiedelt. Alte Städte prägen das Bild, überragt von sagenumwobenen Burgen und Ruinen sowie umgeben von steilen Weinbergterrassen. Wer in der Wachau vom einen zum anderen Donauufer wechseln möchte, muss die **Fähre** (Spitz–Arnsdorf, Weißenkirchen–St. Lorenzen, Dürnstein–Rossatz) benutzen, Donaubrücken gibt es nämlich keine. Das enorme Hochwasser im August 2002 hat gezeigt, dass sich der Strom in eine reißende Flut verwandeln kann; 2009 wurden daher u. a. bei Wösendorf und Weißenkirchen neue Hochwasserschutzwände errichtet.

Der *Weinbau in der Wachau begann bereits in keltischer Zeit, doch erst mit den Römern wandelte er sich zur Weinkultur. In der Renaissance besaßen 31 Klöster Weingüter in der Wachau.

Die Weinbäuerin aus Spitz kennt sicher den Weg zur nächsten Jausenstation.

Kaiser Joseph II. gestattete 1784 den Ausschank eigener Weine in den Weinbaubetrieben – der **»Buschenschank«** entstand. Heute sind die Weine aus der Wachau, im Wesentlichen Riesling, Grüner Veltliner, Neuburger und Müller-Thurgau, weltberühmt.

DONAUABWÄRTS VON MELK NACH KREMS

Etwa 5 km donauabwärts von ►Melk thront eindrucksvoll, 40 m hoch, über dem gleichnamigen Ort am rechten Ufer Schloss Schönbühel. Ursprünglich aus dem 12. Jh., erhielt es unter Einbeziehung der alten Mauern seine heutige Form im 19. Jh. An der Außenmauer ist ein **Abendmahlrelief** angebracht. Das 1666 in der Nähe des Schlosses erbaute kleine Servitenkloster besitzt eine schöne Plastik von der Grablegung Christi.

Schloss Schönbühel

Weitere 5 km stromabwärts zweigt in Aggsbach Markt mit dem – so die Eigenwerbung – schönsten Badestrand der Wachau die Straße zum Wallfahrtsort **Maria Laach** (580 m) ab. Die spätgotische Wallfahrtskirche besitzt eine reiche Ausstattung.

Nördlich von Maria Laach erhebt sich der mit 959 m höchste Berg der Wachau, der Jauerling. Er besitzt einen Rundfunksender mit 139,5 m hohem Mast und eine Aussichtswarte. Der **Naturpark Jauerling-Wach-au** bietet außer schönen markierten Wanderwegen und intakter Natur auch eine Mineralienausstellung mit Lehrpfad an der Warte.

❶ www.naturpark-jauerling.at

! **BAEDEKER TIPP**

Welterbesteig Wachau

Herrliche Ausblicke, mit Muße genossen, eröffnet der Welterbesteig Wachau. Der 180 km lange Weitwanderweg verbindet auf 14 Etappen die 13 Gemeinden dieses Weltkulturerbes. Wer ihn auf seiner ganzen aussichtsreichen Länge folgt, passiert immerhin 20 Burgen, Ruinen und Schlösser sowie drei Klöster. www.welterbesteig.at

Wieder an der Donau, folgt talabwärts auf hohem, steilem Felsen die Ruine der Burg Aggstein, 300 m über dem Fluss am gegenüberliegenden Ufer, mit einer herrlichen Aussicht auf das Donautal. Die 1231 gegründete, mehrmals zerstörte und wieder aufgebaute ehemalige Burg beeindruckt vor allem durch ihre gewaltigen Ausmaße. Erhalten sind Teile von Türmen, die Küche und das Speisehaus, die Kapelle und mächtige Mauern. Hier lebten einst die Kuenringer als **Raubritter**: Die im Tal vorbeiziehenden Schiffe und Wagen der Kaufleute boten ihnen gute Beute. Von der Fähre Spitz–Arnsdorf sind es ca. 6 km bis zum Fuß der Burg.

*Ruine Aggstein

❶ April, Mai, Sept., Okt. tgl. 9.00 – 18.00, Juni – Aug. tgl. 9.00 – 19.00 Uhr, Eintritt: 6,50 €, www.ruineaggstein.at

Wachau erleben

AUSKUNFT
Donau Niederösterreich Regionalbüro
Schlossgasse 3
A-3620 Spitz
Tel. 02713 3 00 60 60
www.wachau.at

ESSEN
Loibnerhof ⓔⓔⓔ
Unterloiben 7
A-3601 Dürnstein
Tel. 02732 82 89 00
www.loibnerhof.at
Mo. u. Di. geschl.
Legendärer Landgasthof mit 400 Jahre alten Gewölben und Biedermeierinterieur. Die hervorragende Küche präsentiert sich klassisch und regional orientiert mit pfiffigem Einschlag.

Alter Klosterkeller ⓔ
Anzuggasse 237
A-3601 Dürnstein
Tel. 02711 2 92
www.alter-klosterkeller.at

Ein klassischer Heuriger – auch Buschenschank genannt – mit einer Laube, von der aus man eine herrliche Aussicht auf die Donau genießt.

ÜBERNACHTEN
Hotel Schloss Dürnstein ⓔⓔⓔ
A-3601 Dürnstein
Tel. 02711 2 12
www.schloss.at
Vom Felsen hoch über der Donau grüßt Schloss Dürnstein. Das Hotel punktet mit gediegenem Ambiente, die Terrasse gilt als eine der schönsten Österreichs. Feinschmecker zieht es in das Restaurant.

Romantik Hotel Richard Löwenherz ⓔⓔⓔ
A-3601 Dürnstein 8
Tel. 02711 2 22
www.richardloewenherz.at
Neben den gepflegten Zimmern und dem Speisesaal wirkt besonders der Restaurantgarten sehr eindrucksvoll, denn von hier aus bietet sich ein herrlicher Blick auf die Donau.

Spitz Spitz ist ein alter Markt mit schönen Renaissance- und Barockhäusern. Er ist für seine **Marillenblüte** berühmt und feiert das fruchtige Ergebnis am Marillenkirtag. Hier wurde in den Nachkriegsjahren so mancher österreichische Heimatfilm gedreht. Die gotische Pfarrkirche lohnt einen Besuch wegen ihrer eindrucksvollen Apostelskulpturen (1380) und des Hochaltarbildes des Kremser Schmidt. Das Spitzer Wahrzeichen, der Tausendeimerberg, bringt in guten Jahren tausend Eimer Wein (ein Eimer entspricht 53 Litern!). Das **Schifffahrtsmuseum Spitz** im Barockschloss Erlahof thematisiert die Ruder- und Floßschifffahrt auf der Donau.
Schifffahrtsmuseum: Mitte April – Ende Okt. Mo. – Sa. 10.00 – 12.00 u. 14.00 – 16.00, So. 10.00 – 16.00 Uhr, Eintritt: 5,50 €, www.schifffahrtsmuseum-spitz.at

*Weißenkirchen Vorbei an der zinnenbekrönten Wehrkirche St. Michael kommt man am linken Donauufer nach Weißenkirchen, dem wohl **schönsten**

Weindorf der Wachau. Sein malerisches Ortsbild wird von der mächtigen Wehrkirche, alten Häusern und Höfen aus dem 16. Jh. sowie gewundenen Gässchen geprägt. Besonders interessant ist der Teisenhoferhof mit einer Freitreppe, Laubengängen und Türmen. Das hier untergebrachte **Wachaumuseum** zeigt vor allem regionale Kunst (Wachaumaler, Kremser Schmidt), aber auch Volkskultur.

❶ April–Okt. Di.–So. 10.00–17.00 Uhr, Eintritt: 5 €

Das von alten Wehrmauern umgebene Dürnstein (220 m; 900 Einw.) ist der meistbesuchte Ort der Wachau. Sein berühmtester Besucher allerdings verweilte unfreiwillig hier und bezahlte viel Geld fürs Fortkommen: In der oberhalb thronenden Kuenringerburg, eine frei zugängliche, mächtige Ruine, wurde 1193 der englische König **Richard Löwenherz** gefangen gehalten. Die Sage berichtet, der Sänger Blondel habe auf der Suche nach seinem König das Land durchstreift und ihn gefunden, weil der König auf sein Ständchen vor der Burg entsprechend zu anworten wusste. Ein **Glanzstück barocker Architektur** ist neben dem ehemaligen Augustiner-Chorherrenstift (1410 bis 1788) die ***Pfarrkirche**. Ihr blauer Turm wird gelegentlich als der schönste barocke Kirchturm Österreichs bezeichnet. Die einstige

*Dürnstein

»Grad´ bei Dürnstein ist die Donau doch so wunderschön«, sang einst Georg Kreisler.

Stiftskirche, von 1721 bis 1725 erbaut, ist das Werk der Barockbaumeister Josef Munggenast, Jakob Prandtauer und anderer nach dem Entwurf von Matthias Steinl. Innen findet man an der Decke schöne **Stuckreliefs**, in den mittleren Seitenkapellen Altarbilder des Kremser Schmidt (1762), eine von dessen Vater Johann Schmidt geschnitzte Kanzel sowie interessantes Chorgestühl. Der Kreuzgang enthält eine von Johann Schmidt geschaffene Weihnachtskrippe (um 1730).

✳ Waldviertel

✦ O/P 2/3

Bundesland: Niederösterreich

Ins Waldviertel kommt, wer Ruhe und Erholung in der skandinavisch anmutenden Natur sucht. Mächtige Burgen und mittelalterliche Städte, schöne Badeseen und ausgedehnte Wälder sorgen für reichlich Abwechslung.

Raue Abgeschiedenheit

»Im Waldviertel ist es acht Monate Winter und vier Monate kalt«, sagt ein geflügeltes Wort über diese Region, die zwischen der Donau im Süden und der Grenze zur Tschechischen Republik im Norden, dem Mühlviertel im Westen und dem Weinviertel im Osten liegt. Also kein geeigneter Ort für einen Urlaub? Bei näherem Hinsehen erweist sich: Das raue Klima und die Abgeschiedenheit im Schatten des Eisernen Vorhangs trugen entscheidend dazu bei, die Schönheit dieses durchaus **vielfältigen Landes** mit seiner artenreichen Fauna und Flora zu erhalten. Im Westen erreichen die Granitberge Höhen von über 1000 m, Nadelwälder, Teiche, kleine Seen, Moore (besonders um Heidenreichstein) und karge Böden prägen das Bild. In Richtung Osten werden Landschaft und Klima freundlicher.

Land der Mythen

Auch als Land der Mythen und Kultstätten vorgeschichtlicher Völker gilt das Waldviertel. Seine weltabgeschiedene Schönheit zog in den vergangenen Jahren allerlei Menschen auf der Suche nach spirituellen Erfahrungen an. Zur Attraktivität tragen die vielen, teils tonnenschweren Findlinge oder »Restlinge« bei, die – von eiszeitlichen Gletschern glatt geschliffen – über das Waldviertel verstreut liegen. Die Skorpionfelsen bei Kautzen im Norden des Waldviertels sind, so wird kolportiert, ein exaktes Abbild des gleichnamigen Sternbildes.

RUNDREISE IM WALDVIERTEL

Gmünd

Von Zwettl (►Zwettl) im Zentrum des Waldviertels geht es Richtung Nordwesten über Weitra, die älteste Braustadt Österreichs (seit 1321)

Waldviertel erleben

AUSKUNFT
Waldviertel Tourismus
Sparkassenplatz 4

A-3910 Zwettl
Tel. 02822 5 41 09
www.waldviertel.at

mit der kleinsten Gasthausbrauerei des Landes, nach Gmünd (435 m; 5400 Einw.). Das Grenzstädtchen besitzt ein sehr interessantes **Glas- und Steinmuseum** (Stadtplatz 34), das dem Besucher neben Informationen über die jahrhundertealte Steinmetzkunst einen Eindruck von der Kunst der Glasherstellung vermittelt, die hier im österreichisch-böhmischen Grenzgebiet ebenfalls eine alte Tradition hat. Besonders sehenswert auf dem Gmünder Stadtplatz sind die beiden Sgraffitohäuser (Nr. 31 u. 32), die Motive aus der griechischen und römischen Sagenwelt zeigen. Die Sgraffito-Malerei (Kratzputz) war eine v. a. im 16. Jh. beliebte Technik zur Bearbeitung von Wandflächen. Rauchend und dampfend startet vom Gmünder Bahnhofsplatz aus von Mai bis Oktober jeden Samstag und Sonntag die **Waldviertler Schmalspurbahn** in Richtung Groß-Gerungs (43 km), von Juni bis September fährt sie jeden Mittwoch nach Litschau (25 km). Die Dampf- bzw. Dieselzüge fahren dabei durch zwei Tunnel, über zwei Viadukte und bewältigen eine Höhendifferenz von ca. 300 m.

Glas- und Steinmuseum: www.gmuend.at
Waldviertler Schmalspurbahn: Mai – Okt. Sa., So Gmünd–Groß-Gerungs, einfache Fahrt Diesellok 15,80 (Dampflok 22,80), Hin- und Rückfahrt 20 (Dampflok 30 €); Juni – Sept. Mi. Gmünd–Litschau, einfache Fahrt Diesellok 10,50 (Dampflok 17,50), Hin- und Rückfahrt 14,70 (Dampflok 24,70 €), www.waldviertlerbahn.at

Nordöstlich von Gmünd liegt der Naturpark Blockheide-Eibenstein, übrigens genau auf dem 15. Meridian östlich von Greenwich, angezeigt durch die Sonnenuhr. Imposante Beispiele für Granitfindlinge dieser Gegend sind etwa Pilzstein, Teufels Brotlaib und diverse Wackelsteine. Wie man mit dem harten Material umgeht, verrät der **Granitbearbeitungspfad**. Das **Informationszentrum** am Aussichtsturm mit Blick auf die Gmünder Bucht erläutert die Entstehungsgeschichte der Blockheide mit einer Ausstellung.

Naturpark Blockheide-Eibenstein

Informationszentrum: Tgl. 10.00 – 18.00 Uhr, Eintritt Aussichtsturm inkl. Museum: 3 €, www.blockheide.at

Heidenreichstein (560 m; 4000 Einw.), nordöstlich von Gmünd, ist bekannt durch seine gewaltige **Wasserburg**, deren älteste Teile aus dem 12. Jh. stammen. Sie sieht wie das klassische Beispiel einer Ritterburg aus, ist stilgerecht über zwei Zugbrücken zugänglich und mit

Heidenreichstein

Felsen bei Gmünd, »Teufels Brotlaib« genannt

originalen Möbelstücken aus verschiedenen Epochen ausgestattet. Im **Naturpark Heidenreichsteiner Moor** lernt man auf dem Wald- und Moorpfad Interessantes über Naturphänomene, so über das Entstehen der geheimnisvollen Irrlichter oder das Leben fleischfressender Moorpflanzen. Etwas ganz Besonderes sind die von kundigen Naturführern begleiteten abendlichen Moorführungen im Sommer. Diese können im neuen **Naturparkzentrum**, das darüber hinaus über die Vielfalt der Pflanzen- und Tierwelt und das Hochmoor informiert, gebucht werden.

Wasserburg: Besichtigung nur mit Führung, Mitte April–Mitte Okt. Di.–So. 9.00, 10.00, 11.00, 14.00, 15.00 u. 16.00 Uhr, Tel. 02862 5 22 68, Eintritt: 9 €
Naturparkzentrum: Winter tgl. 14.00–17.00 Uhr, Mitte April–Okt. ganztags, Eintritt frei
Naturführungen: Mai–Aug. Di., Do. 20.00, Sept. 19.00 Uhr, 5 €, Treffpunkt Naturparkeingang, www.moornaturpark.at

*Geras Von Heidenreichstein führt die Fahrt östlich über die sehenswerten Stadtmauerstädte Waidhofen an der Thaya und Drosendorf nach Geras (460 m, 1400 Einw.). Dort steht das 1153 gegründete **Prämonstratenser-Chorherrenstift**. Die ursprünglich romanisch-gotische Stiftskirche wurde später barockisiert. Die interessantesten Kunstschätze des Stifts Geras werden in einer sehenswerten Sonderausstellung in den Räumlichkeiten der Bischofszimmer und des Bischofsgangs gezeigt.

❶ Führungen: Mai–Okt. Di.–So. 11.00 u. 14.00, Sa., So. 11.00, 14.00 u. 15.30 Uhr, Eintritt: 9 €, www.stiftgeras.at

*Riegersburg **Eines der schönsten Barockschlösser Österreichs** erreicht man nordöstlich nach etwa 12 km, nämlich die Riegersburg im gleichnamigen Ort. Unter dem Motto »Adliges Landleben in der Barockzeit« werden die noch funktionstüchtige Schlossküche und die komplett eingerichteten Prunkräume mit europäischem Mobiliar aus dem

18. bis Mitte des 19. Jh.s präsentiert. Auch der älteste Hundefriedhof des mährisch-böhmisch-österreichischen Raums ist hier zu sehen.

❶ Ostern–Juni, Sept.–Mitte Nov. tgl. 9.00–17.00, Juli, Aug. tgl. 9.00 bis 19.00 Uhr, Eintritt: 10 €, www.schlossriegersburg.at

Felling

Auf dem Weg von Riegersburg nach Hardegg lohnt sich ein Halt im Örtchen Felling, wo man in Österreichs einzigem **Perlmutt verarbeitenden Betrieb** bei der Arbeit zuschauen kann.

❶ Mo.–Do. 8.00–12.00 u. 13.00–16.00, Fr. 9.00–12.00 Uhr, Eintritt: 2,50 €, www.perlmutt.at

Hardegg

Hardegg ist die **kleinste Stadt Österreichs** (308 m; 1480 Einw.). Auf einer Felsklippe oberhalb des Grenzflusses Thaya überragt die mächtige Burganlage (11. Jh.) die Stadt. Interessant sind das **Maximilian-von-Mexiko-Museum** – einer der früheren Schlossherren hatte den jüngeren Bruder Kaiser Franz Josephs I. auf seinem tödlich endenden Abenteuer nach Mittelamerika begleitet – und die Waffensammlung der Fürsten Khevenhüller-Metsch. Hardegg ist Ausgangspunkt für einen Abstecher in den größtenteils auf tschechischem Gebiet liegenden *Nationalpark Thayatal. Das Thayatal gehört zu den schönsten naturbelassenen Tälern Europas. Auch höchst selten gewordene Tierarten sind hier anzutreffen, etwa Smaragdeidechse, Gottesanbeterin oder Schwarzstorch. Eine Besonderheit in der unberührten Wildnis ist der Umlaufberg, der von der Thaya fast ganz umflossen wird. Er ist über den Thayatalweg Nr. 1 ab der Brücke in Hardegg zu Fuß zu erreichen, für den Weg hin und zurück braucht man ca. drei Stunden.

> **! BAEDEKER TIPP**
>
> *Mittelalterliche Spezialität*
>
> Seit dem Mittelalter werden in den Waldviertler Teichen Karpfen gezüchtet. Im frischen und sauberen Wasser gedeihen die Fische prächtig: Das klimabedingte langsame Wachstum wirkt sich positiv auf die Qualität des Fleisches aus. Verkosten lässt sich die Waldviertler Spezialität in vielen Gasthöfen.

Museum Burg Hardegg: Ende April–Juni, Sept.–Mitte Nov. tgl. 9.00–17.00, Juli, Aug. tgl. 9.00–19.00 Uhr, Eintritt: 8,80 €, www.burghardegg.at

Nationalpark Thayatal: www.np-thayatal.at

Kamptal

Über Horn führt der Weg westlich an den Fluss Kamp, über dessen steilem Ufer sich Stift Altenburg und die Rosenburg erheben. In zahlreichen Windungen schlängelt sich der Kamp malerisch seinen Weg vorbei an Gars am Kamp nach Süden (▶Altenburg). Im **Naturpark Kamptal** am Unterlauf findet man drei lohnenswerte Lehrpfade zu den Themen Wein, Wald und Fluss. Folgt man dem Fluss in Richtung Donau, so wird die Landschaft nach und nach sanfter, die Wälder weichen allmählich den Weingärten bis diese bei Langenlois völlig die Szenerie bestimmen: Das kleine **Langenlois** (214 m; 7400 Einw.) im Einzugsgebiet von Krems ist die größte Weinbaugemeinde Österreichs. Mit dem **Loisium** hat man hier eine architektonisch spannende, moderne Weinerlebniswelt geschaffen. Im angeschlossenen Sparesort kann man auch sehr gut übernachten.

Naturpark Kamptal: www.schoenberg.gv.at
Loisium: April–Okt. tgl. 10.00–19.00, Nov.–März Mo., Di. 10.00–15.00, Mi.–So. 10.00–19.00 Uhr, Eintritt: 11,50 €, www.loisium-weinwelt.at

✳ Weinviertel

◈ Q/R 2/3

Bundesland: Niederösterreich

Sanft geschwungene Hügel mit grünen Rebhängen und weiten Getreidefeldern, gelegentlich unterbrochen durch Wälder oder vorgeschichtliche Grabhügel, prägen das Bild dieser wunderschönen Weinbaulandschaft.

Weinbaugebiet par excellence Zwischen Wien im Süden, der tschechischen und slowakischen Grenze im Norden und Osten sowie dem Waldviertel im Westen gelegen, ragen einzelne Berggruppen inselartig bis etwa 500 m auf (Leiser Berge, 492 m). Das Weinviertel ist Österreichs größtes Weinbaugebiet mit rund 800 »Kellergassen«, wo sich, entlang der **Weinviertler Weinstraße**, Weinkeller an Weinkeller reiht. Hier sind Grüner Veltliner, Riesling, Müller-Thurgau, Weißburgunder und Chardonnay zu Hause, aber auch Blauer Portugieser und Zweigelt.

RUNDREISE IM WEINVIERTEL

Korneuburg Ausgangspunkt ist Korneuburg, etwa 15 km nordwestlich von Wien am linken Donauufer (167 m; 12 200 Einw.). Am Hauptplatz stehen spätgotische Bürgerhäuser, die barocke Pestsäule und das hübsche neugotische Rathaus mit dem alten Stadtturm. Die sehenswerte **Augustinerkirche** aus dem 18. Jh. besitzt einen klassizistischen Hochaltar und ein Rokoko-Orgelgehäuse.

Burg Kreuzenstein Nordwestlich der Stadt erhebt sich weithin sichtbar Burg Kreuzenstein (266 m). Sie wurde von 1874 bis 1915 entsprechend der 1645 von den Schweden zerstörten mittelalterlichen Anlage neu errichtet und bietet Romantik pur für Burgfans. Die **Adlerwarte** lädt zu Flugvorführungen ihrer imponierenden Greifvögel ein.

Burg: Besichtigung nur mit Führung zur vollen Std., April–Okt. Mo.–Sa. 10.00–16.00, So. bis 17.00 Uhr, Eintritt: 10 €, www.kreuzenstein.com

Weinviertel erleben

AUSKUNFT
Weinviertel Tourismus GmbH
Kolpingstr. 7

A-2170 Poysdorf
Tel. 02552 35 15
www.weinviertel.at

Greifvogelflugvorführungen: April–Okt. Di.–Sa. 11.00 u. 15.00,
So. 11.00, 14.00 u. 16.00 Uhr, Eintritt: 8 €,
www.adlerwarte-kreuzenstein.at

Hollabrunn (227 m; 11 500 Einw.) verfügt nicht nur über drei Kellergassen, 300 Weinkeller und diverse Heurigenlokale – auch die hübsch verzierten Bürger- und Jugendstilhäuser am Hauptplatz ziehen Besucher an. Der **Florianibrunnen** (1862) mit der Statue des hl. Florian soll an die vielen Feuer in der Stadt erinnern, die Pestsäule (1681) an das Ende einer Pestepidemie. Interessant ist auch das **Museum »Alte Hofmühle«**, das über die Frühgeschichte und die Weinkultur der Region informiert und eine beachtliche Fayence-Sammlung präsentiert.

Hollabrunn

❶ So. 9.30–12.00 Uhr,
Eintritt: 2,50 €,
altehofmuehle.posterous.com

Ein Abstecher führt südwestlich nach Kleinwetzdorf zur Radetzky-Gedenkstätte am *****Heldenberg**. Diese wurde 1848 als Pantheon nach dem Vorbild der Walhalla bei Regensburg zu Ehren der großen **Feldherren Radetzky und Wimpffen** errichtet. Die Denkmäler liegen im Schlosspark, die angrenzenden Stallungen dienen heute dem Gestüt ▶Piber als Sommerquartier – man kann den Lipizzanern beim Weidegang und manchmal auch bei

Idylle im Weinviertel: der Mailberg mit Malteserschloss

der Arbeit zusehen. Ein **neolithisches Dorf**, in dem das Alltagsleben in der Jungsteinzeit präsentiert wird, sowie eine **Oldtimerkollektion** runden das Angebot am Heldenberg ab.

❶ Mai–Sept. Di.–So. 9.00–18.00, Okt.–April Di.–So. 9.00–17.00 Uhr,
Eintritt: 12 €, www.derheldenberg.at

Österreichs Weine

»I riach an Wein scho kilometerweit ...«: Ob von Hans Moser oder Paul Hörbiger gesungen, das weinselige Lied von Hans Lang (Musik) und Josef Petrak (Text) hört man auch heute noch beim Heurigen. Allerdings: Bier wird viel lieber getrunken – Österreich liegt beim Pro-Kopf-Verbrauch weltweit an zweiter Stelle hinter Tschechien.

▶ **Rebsorten**
Verteilung nach Fläche

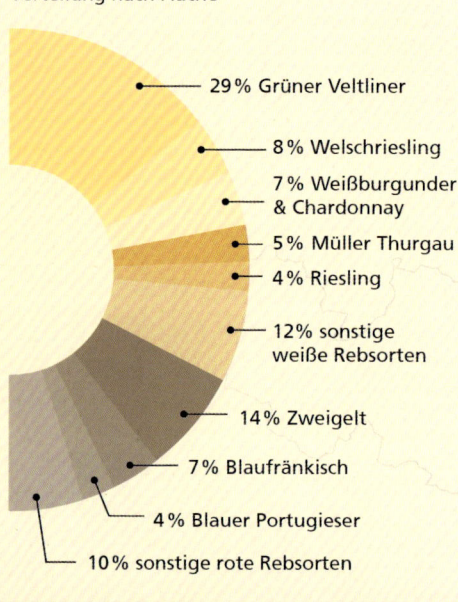

29 % Grüner Veltliner

8 % Welschriesling

7 % Weißburgunder & Chardonnay

5 % Müller Thurgau

4 % Riesling

12 % sonstige weiße Rebsorten

14 % Zweigelt

7 % Blaufränkisch

4 % Blauer Portugieser

10 % sonstige rote Rebsorten

▶ **DAC-Qualiätsweine**
Das rot-weiß-rote Siegel mit der Betriebsnummer auf dem Verschluss signalisiert die Herkunftsbezeichnung »Districtus Austriae Controllatus« für Qualitätswein.

▶ **Entwicklung der Betriebsstruktur**

Durchschnittliche Größe/Betrieb

1999 — 32 044 Betriebe — 1,52 ha/Betrieb

2009 — 20 181 Betriebe — 2,26 ha/Betrieb

▶ **Erzeugerländer im Vergleich**
Weinproduktion 2010 in Mio. hl

Österreich
1,7

Deutschland
7,2

Spanien
34

Italien
44,8

Qualität ist Trumpf

- 77 % Qualitätswein
- 16 % Tafel-/Landwein
- 7 % Andere

▶ Weinlese 2010

- 60 % Niederösterreich
- 31 % Burgenland
- 1 % Wien
- 8 % Steiermark

Niederösterreich

Wien

ÖSTERREICH

Burgenland

Steiermark

©BAEDEKER

DAC-Anbaugebiete

1 Weinviertel DAC
2 Kamptal DAC
3 Kremstal DAC
4 Traisental DAC
5 Leithaberg DAC
6 Mittelburgenland DAC
7 Eisenberg DAC

Andere Anbaugebiete

8 Wachau
9 Wagram
10 Wien
11 Thermenregion
12 Carnuntum
13 Neusiedlersee
14 Weststeiermark
15 Süd-Oststeiermark
16 Südsteiermark

Der Wein bleibt im Land
Österreichs Weinkonsum nach Herkunftsländern, 2010

- 63,4 % kommen aus dem Inland
- 17,9 % kommen aus Italien
- 3,9 % Frankreich
- 14,8 % Sonstige

▶ Export 2010 in Hektolitern

Deutschland — 450 500 hl

Tschechische Republik — 39 150 hl

Schweiz — 29 350 hl

Sonstige — 86 800 hl

Eggenburg In nordwestlicher Richtung kommt man nach Eggenburg (329 m; 3500 Einw.). Das hübsche Städtchen besitzt rund 2 km lange mittel- alterliche Stadtmauern, die auch als Leinwandhalter für das sommer- liche »Mondscheinkino« dienen und schöne Blicke auf den histori- schen Marktplatz gewähren. Im **Krahuletz-Museum** am Krahu- letzplatz 1 – der Name geht zurück auf den Geologen Krahuletz (1848–1928), der mit seiner Sammeltätigkeit den Grundstock für dieses Museum legte – gibt es Fossilien, Mineralien, archäologische und volkskundliche Exponate sowie eine interessante Uhrensamm- lung zu sehen. Das **Museum Nostalgiewelt Eggenburg** am Haupt- platz zeigt u. a. Rollermobile aus den 1950er- und 1960er-Jahren. Das Wurlitzercafé lädt zur Pause ein.

Mondscheinkino: mondscheinkino.eggenburg.at
Krahuletz-Museum: April – Dez. Mo. – Fr. 9.00 – 17.00, Sa., So. 10.00 bis 17.00 Uhr, Eintritt: 7 €, www.krahuletzmuseum.at
Nostalgiewelt: April – Okt. Fr. – So. 10.00 – 18.00 Uhr, Eintritt: 8 €, www.nostalgiewelt.at

Retz Retz (264 m, 4200 Einw.) an der Grenze zum Waldviertel ist einem breiteren Fernsehpublikum in Österreich und Deutschland durch die Fernsehserie »Julia – eine ungewöhnliche Frau« bekannt geworden, mit Christiane Hörbiger als Richterin. Der altertümliche Reiz der Ortschaft wird auf dem Hauptplatz deutlich, wo Bürgerhäuser aus dem 16. Jh., darunter das **Sgraffitohaus** (1576) mit Bildern griechi- scher Fabeln und biblischer Themen oder das **Verderberhaus**, die Blicke anziehen. Sehenswert sind auch der barocke Ratssaal – das Rathaus ist übrigens über einer in Blau und Gold gehaltenen Roko-

Das Verderberhaus am Hauptplatz in Retz entstand um 1580.

kokapelle erbaut –, die barockisierte Dominikanerkirche und die zum Teil gut erhaltene Stadtbefestigung mit Ecktürmen und zwei Stadttoren. Das Wahrzeichen von Retz ist die malerisch oberhalb gelegene historische **Windmühle** von 1722. Der Weinbau ist hier seit 1150 urkundlich belegt und seit dem 15. Jh. mit dem Weinhandelsprivileg ausgestattet. Auf rund 25 km Länge ist die Stadt unterkellert: Österreichs größter historischer **Weinkeller** erstreckt sich – Maulwurfsgängen gleich – bis zu drei Etagen tief durch den festen Sandboden.

Windmühle: Tgl. 11.00–17.00 Uhr
Weinkeller: Führungen Mai–Okt. tgl. 10.30, 14.00 u. 16.00, Nov., Dez., März, April tgl. 14.00 Uhr, 9,50 €, www.weinstadt-retz.at

> **!** BAEDEKER TIPP
>
> *Dörfer ohne Kamin*
>
> So nennt man die typischen Weinviertler Kellergassen, deren Häuschen ohne Rauchfang auskommen, weil sie als Weinkeller angelegt sind. Sie führen tief ins Erdreich und reihen sich meist am Dorfrand entlang eines Hohlwegs auf. Anlässlich von Kellergassenfesten erwachen sie zum Leben.

Laa an der Thaya

40 km östlich, unmittelbar an der Grenze, liegt das reizende Städtchen Laa an der Thaya (183 m; 6200 Einw.). Von seiner reichlich bewegten Geschichte zeugen Reste der mittelalterlichen Befestigung und die mächtige **Wasserburg** (13. Jh.). Eine Besonderheit im Weinviertel: Seit 1436 ist das Bierbrauen in Laa nachgewiesen – wer mehr wissen möchte, besucht das **Biermuseum** in der Burg.
❶ Mai–Okt. Sa., So. 14.00–16.00 Uhr, Eintritt: 1,50 €

Poysdorf

Im Weinviertler Dreiländereck liegt Poysdorf am Poy-Bach (205 m; 5500 Einw.). Einen Besuch lohnen das informative und unterhaltsame **Weinstadtmuseum** Poysdorf in der Brünner Straße 9 und die **Schlumberger Sektwelt** (Gstetten).
Weinstadtmuseum: Ostern–Okt. Mi. 13.00–18.00, Sa., So. 9.00–12.00 u. 13.00–18.00 Uhr, Eintritt: 4 €
Sektwelt: Ostern–Okt. Mo., Fr., Sa. 15.00–17.00 Uhr, Eintritt: 8 €

Herrenbaumgarten

Wer Skurriles liebt und Sinn in gescheitem Unsinn sieht, wird große Freude haben an einem Besuch in Herrenbaumgarten, dem »verRuckten« Dorf. Es besitzt immerhin 26 Flaschenpostämter und das sogenannte **Nonseum** in der Poysbrunner Straße 9, 1994 gegründet vom Verein zur Verwertung von Gedankenüberschüssen. Dort werden Dinge präsentiert, von denen man noch gar nicht wusste, dass sie nützlich sind, etwa ein Hutlüfter.
❶ Ostern–Okt. Sa., So. 13.00–18.00 Uhr, Eintritt: 7,50 €, www.nonseum.at

Mistelbach

Dem im Weinviertel beheimateten, international bekannten Aktionskünstler **Hermann Nitsch**, der durch sein Orgien-Mysterien-Theater

Überall im Weinviertel findet man stille Plätze und verträumte Flecken, so wie hier vor der Stadtmauer von Eggenburg.

Skandale heraufbeschwor, ist im **Museumszentrum Mistelbach** neben wechselnden Ausstellungen eine Schau gewidmet.
❶ Feb.–Nov. Di.–So. 10.00–17.00 Uhr, Eintritt: 9 €, www.mzm.at

Asparn an der Zaya Mitten im Naturpark Leiser Berge, westlich von Mistelbach, beherbergt das wuchtige Schloss in Asparn an der Zaya das sehenswerte ***Niederösterreichische Museum für Urgeschichte**. Angeschlossen ist das **Freilichtgelände** im Schlosspark, auf dem urgeschichtliche Behausungen rekonstruiert wurden. Hier gibt es auch immer wieder interessante Mitmachprogramme, etwa den Sommerkurs »Urgeschichtliches Handwerk«.
❶ April–Nov. tgl. 9.00–17.00 Uhr, Eintritt: 9 €, www.urgeschichte.at

*Museumsdorf Niedersulz Im Museumsdorf bei Niedersulz, südöstlich von Mistelbach, stehen etwa 70 Weinviertler Gebäude, die an ihrem ursprünglichen Standort abgetragen und hier wieder aufgebaut wurden. Auf dem **»Lebenden Bauernhof«** finden Besucher alte Haustierrassen, die seit Jahrtausenden die Menschen begleiten, wie Ziegen, Schafe, Schweine und Gänse. An den Wochenenden wird das Museumsdorf durch Handwerksvorführungen belebt.
❶ Ende April–Okt. tgl. 9.30–18.00 Uhr, Eintritt: 8,50 €, www.museumsdorf.at

Nur die wenigsten wissen, dass die k. u. k.-Monarchie Österreich An-   Prottes
fang des 20. Jh.s das drittgrößte Erdölförderland der Welt war. Die
vorhandenen Felder im Wiener Becken sind für heutige Verhältnisse
zwar winzig, doch man hat in 6000 m Tiefe einen riesigen Schiefer-
gasvorrat entdeckt, der mit Probebohrungen erkundet werden soll.
Weithin sichtbare Zeichen wie Pumpenböcke und Bohrtürme prägen
das Landschaftsbild im größten Erdölfeld Mitteleuropas. Die Gemeinde Prottes, nordöstlich von Wien, hat einen ca. 4,5 km langen
Erdöl-Erdgas-Lehrpfad mit 45 Stationen und mit rund 150 Exponaten – darunter ein ca. 30 m hoher funktionstüchtiger Bohrturm – sowie ein ihm angeschlossenes **Museum** eingerichtet.

❶ Ostern–Okt. Sa., So. 9.30–11.30 u. 14.00–16.00 Uhr; Lehrpfad
ganzjährig frei zugänglich

✶✶ Weissensee

 ✦ **K 6**

Bundesland: Kärnten
Höhe: 930 m ü.d.M.

**Der fjordartige Weissensee liegt im Gegensatz zu den anderen
großen Kärntner Seen abseits vom Verkehrsstrom und wird
daher gerne als idyllisches Sommererholungsgebiet besucht.**

Etwas versteckt in den Gailtaler Alpen südwestlich von ▶Spittal an   Erholung pur
der Drau gelegen, ist der Weissensee mit 930 m der höchstgelegene
Kärntner See und der **höchstgelegene Badesee der Alpen** überhaupt. Trotz seiner Größe – er ist rund 11,5 km lang, etwa 500 m breit
und bis zu 99 m tief – erreicht sein Wasser Temperaturen von bis zu
25 °C und besitzt Trinkwasserqualität. Lediglich ein Drittel des etwa
23 km langen Ufers ist locker verbaut, und jeder Beherbergungsbe-
trieb verfügt über einen privaten
Badestrand. Vor allem am Ostufer
des Sees, wo die Wälder bis zum
Wasser hinabreichen, kann man
unberührte Natur genießen. Sein
Name leitet sich von seinem weißen
Rand ab – der Kalkuntergrund
schimmert hier in Ufernähe bis an
die Oberfläche durch.

Das **Sportangebot** zu Wasser ist
riesig: Wasserski, Wakeboard oder
Banane, Kajak und Schlauchkana-
dier fahren, Tauchen, Segeln oder

BAEDEKER WISSEN ?

Berühmte Rutschpartie

Seinen größten Kinoauftritt hatte
der Weissensee 1987, als James
Bond, alias Timothy Dalton, bei
den Filmaufnahmen für »Der
Hauch des Todes« im legendären
Aston Martin über den zugefro-
renen See kurvte. Die Cellokasten-
Rutschpartie mit Filmpartnerin
Kara Milovy alias Maryam d'Abo
wurde übrigens auf der nahen
Naggler-Alm gedreht.

Weissensee erleben

AUSKUNFT
Weissensee Information
Techendorf 78
A-9762 Weissensee
Tel. 04713 2 22 00
www.weissensee.com

ÜBERNACHTEN
Biohotel Gralhof €€€
Neusach 7
A-9762 Weissensee

Tel. 04713 22 13
www.gralhof.at
Familie Knaller hat ihr uraltes Anwesen
zu einem kleinen, aber traumhaft schönen Ökohotel umgebaut. Als einer der
ersten Biobauernhöfe Kärntens wurde
das Anwesen zum Klimabündnisbetrieb
ernannt. Es gibt leckere Bio-Küche, ein
Saunahaus und zudem regelmäßig kulturelle Veranstaltungen wie z. B. Jazz unterm Birnbaum.

Surfen. Der Weissensee ist aber auch Ausgangspunkt für ausgedehnte Wanderungen und Bergtouren. Im Winter ziehen vor allem die
gepflegten Loipen viele Langläufer an. Zudem bietet der See im Winter **die größte geschlossene Natureisfläche Europas**, die verlässlich zufriert. Das stößt bei Schlittschuh- und Eishockeybegeisterten,
aber auch Anhängern anderer Eissportarten auf ungeteilte Begeisterung. Für den besonders schonenden Umgang mit der Natur erhielt
die Region sogar den »Europäischen Preis für Tourismus und Umwelt« der Europäischen Union.

Schifffahrt   Zwischen Mitte Mai und Anfang Oktober fahren **Linienschiffe** von
Techendorf über mehrere Stationen am Nord- und zwei Haltestellen
am Südufer bis zum Ostende des Sees und zurück.

SEHENSWERTE ORTE AM WEISSENSEE

Techendorf   Häuser im Altkärntner Bauernstil und schöne Promenadenwege prägen das Ortsbild von Techendorf, dem Hauptort des Tals am nordwestlichen Ufer des Weissensees (930 m; 800 Einw.). Eine Brücke
führt von Techendorf zum Südufer und zur Talstation des Sessellifts
auf die **Naggler-Alm** (1350 m) – sie ist Ausgangspunkt für Kamm-
wanderungen zwischen dem Weissensee und dem ►Gailtal bzw. für
Skiabfahrten zum See.

**Rund-
wanderweg**   Etwa 2,5 km östlich der genannten Brücke liegt am Südufer als letzte
Siedlung **Naggl**. Von dort führt ein wunderschöner Rundwanderweg
um den See: über den Gipfel des Laka (1851 m) zum fjordähnlichen
Ostteil und dann direkt entlang am Ufer zurück zur Techendorfer
Brücke.

Im Juli und August sorgen Floßkonzerte für
Stimmung auf dem Weissensee.

✳ **Wels**

✦ **M 3**

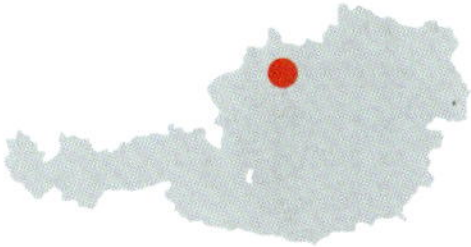

Bundesland: Oberösterreich
Höhe: 317 m ü.d.M.
Einwohnerzahl: 59 000

**Von der »Pferd Wels« bis zur Tattoo-Convention: Nicht nur mit
ihren vielen Messen, sondern auch mit diversen übers Jahr
verteilten Themenmärkten in der schönen Innenstadt lockt die
zweitgrößte Stadt Oberösterreichs Besucher an.**

Wels liegt rund 20 km südwestlich von Linz im Alpenvorland am
linken Ufer der Traun. Der Ort war zu römischen Zeiten als »Ovila-
va« bekannt und Verwaltungssitz einer Region, im Mittelalter entwickelte er sich dann zu einem bedeutenden Handelszentrum weiter.
Auch Kaiser Maximilian I. (▶Berühmte Persönlichkeiten) kam gerne
in die Stadt. Er verstarb hier 1519 auf dem Weg von Innsbruck nach
Wien. Heute ist der lebhafte Ort immer noch ein wichtiger Handels-
und Wirtschaftsstandort.

**Lebhaftes
Handels-
zentrum**

Wels erleben

AUSKUNFT
Wels Info
Stadtplatz 44, A-4600 Wels
Tel. 07242 67 72 20
www.stadtmarketing-wels.at

ESSEN
❶ *Gerstlbräu* ⓔ
Kalkofenstr. 25

A-4600 Wels
Tel. 07242 35 15 00
www.gerstl-braeu.at
Die Gasthausbrauerei im Herzen von
Wels schenkt eigenes Bier vom Fass aus
und reicht dazu passend bodenständige
Kost. Serviert werden neben Brettljause
und Würstln auch Rindsgulasch mit Ser-
viettenknödeln und Käsespätzle.

SEHENSWERTES IN WELS UND UMGEBUNG

*Stadtplatz Der in seiner Geschlossenheit eindrucksvolle historische Stadtplatz
wird gesäumt von 64 prächtigen Bürgerhäusern aus ganz unterschiedlichen Epochen. Am Westende steht der im 13. Jh. erbaute und
im 17. Jh. umgestaltete **Ledererturm**, das Wahrzeichen von Wels.
Wie der Wasserturm (1577) ist er ein Teil der mittelalterlichen Stadtmauer. Schräg gegenüber vom Rathaus (Stadtplatz Nr. 34) besitzt der
Haas-Hof einen der schönsten Arkadenhöfe von Wels.

Lebensspuren Ein besonderes Museum hat südlich des Ledererturms seine Pforten
Museum geöffnet: im Lebensspuren Museum in der Pollheimerstraße 4 dreht
sich alles um **Siegel und Stempel**. Von ersten Abdrücken mensch-
lichen Lebens bis zum neuesten Hightechstempel reicht die Palette.
❶ Di.–Sa. 10.00–16.00 Uhr, Eintritt: 4,10 €

Südlicher Auf der Südseite des Stadtplatzes sind der stattliche Kremsmünsterer
Stadtplatz Hof, früher Stadthaus des gleichnamigen Klosters, sowie das Rathaus
(1748) im Rokokostil beachtenswert. Südlich führt die Minoritengas-
se zum ehemaligen Minoritenkloster mit den **Archäologischen
Sammlungen**. Ausstellungsschwerpunkt ist das römische Wels.
❶ Di.–Fr. 10.00–17.00, Sa. 14.00–17.00, So. 10.00–16.00 Uhr,
Eintritt: 4,50 €

Salome- Salome Alt von Altenau, die langjährige Geliebte des Salzburger Erz-
Alt-Haus bischofs Wolf Dietrich von Raitenau, kaufte 1622 das Haus am Stadtplatz Nr. 24 gegenüber der Stadtpfarrkirche – ein schönes Beispiel für
die **Freskomalerei** der Renaissance.

Burg Die Burggasse führt in die Südostecke der Altstadt zur Burg, in der
Kaiser Maximilian I. am 12. Januar 1519 starb. Heute nutzt man das
Gemäuer als Kulturzentrum, im Burghof finden auch sommerliche

Wels

Essen
❶ Gerstlbräu

Konzerte und Theateraufführungen statt. Außerdem sind hier
Sammlungen zur Stadtgeschichte, das **Österreichische Gebäckmu-
seum**, das Landwirtschaftsmuseum und das Museum der Heimat-
vertriebenen untergebracht.
❶ Di.–Fr. 10.00–17.00, Sa. 14.00–17.00, So. 10.00–16.00 Uhr,
Eintritt: 4,50 €

Etwa 7 km nordwestlich der Stadt lockt eine tierische Attraktion: der   **Zoo**
Zoo Schmiding in Krenglbach, hervorgegangen aus einem Vogelpark   **Schmiding**
mit mehr als tausend Vogelarten von allen Kontinenten. Hinzuge-
kommen sind Tierarten aus der afrikanischen Savanne und dem tro-
pischen Regenwald. Ganzjährig geöffnet ist der Aquazoo, der **Österreichs größtes Meeresaquarium** beherbergt.
❶ Mitte März–Mitte Nov. tgl. 9.00–19.00 Uhr, Eintritt: 12,50 €,
www.zooschmiding.at

★★ Werfen

K 5

Bundesland: Salzburg
Höhe: 540 m ü.d.M.
Einwohnerzahl: 3000

**Zwei Attraktionen besitzt der alte Markt Werfen: die imponie-
rende Burg Hohenwerfen und die fantastische Eisriesenwelt.
Sie liegen eingebettet zwischen dem Hochkönig, dem Hagen-
und dem Tennengebirge an der großen Durchgangsstraße von
Salzburg nach Süden in Richtung Osttirol und Kärnten.**

***Burg
Hohenwerfen**

Nördlich über Werfen thront auf einem bewaldeten Felsen die Burg
Hohenwerfen (680 m). Der Wehrbau, 1077 von Erzbischof Gebhard
angelegt und jahrhundertelang als Gefängnis genutzt, wurde 1931
nach einem Brand gründlich renoviert und 1938 vom Land Salzburg
erworben. Das Innere ist im Rahmen einer Führung zu besichtigen,
bei der die Burgkapelle, das Verlies und eine Waffensammlung gezeigt werden. Auch das **Österreichische Falknereimuseum** hat hier
seinen Sitz und demonstriert den Gästen die großartigen Flugkünste
seiner gefiederten Schützlinge.

❶ April, Okt., Nov. Di.–So. 9.30–16.00, Mai, Juni, Sept. Di.–So. 9.00 bis
17.00, Juli, Aug. Di.–So. 9.00–18.00 Uhr, Eintritt inkl. Greifvogelshow
(mehrmals tgl.) u. Museum: 11 €, www.burg-hohenwerfen.at

★★ EISRIESENWELT

**Naturwunder
Eishöhle**

Mit rund 30 000 m² Eisfläche ist die Eisriesenwelt am Westrand des
Tennengebirges die **weltweit größte aller bekannten Eishöhlen**
und eine der fantastischsten Sehenswürdigkeiten der Ostalpen. Der
renommierte britische Natur- und Tierfilmer David Attenborough
zählt sie zu den 30 größten Naturwundern der Erde. Die in der Ter-
tiärzeit durch einen unterirdischen Fluss geschaffene Höhle wurde
im Jahr 1879 entdeckt und ab 1912 erschlossen. Von den weit über
40 km ist etwa 1 km mit Eis bedeckt. Dieser Abschnitt ist als **Schauhöhle** der Öffentlichkeit zugänglich. Während der gut einstündigen
Führung müssen 134 Höhenmeter überwunden werden und neben
festem Schuhwerk ist auch warme Kleidung erforderlich, denn selbst
während der Sommermonate herrscht in der Höhle eine Durch-
schnittstemperatur von 0 °C! Die Höhle wird ausschließlich durch
mitgeführte Karbidlampen und Magnesiumlicht erhellt.

Eisriesenwelt

Vier Stunden dauert der gesamte Ausflug zur Eisriesenwelt und zurück. Man fährt von Werfen aus mit dem Pkw oder kleinen Linien-

Wahrlich wehrhaft: Trutzige Mauern schützen die Burg Hohenwerfen.

Werfen erleben

AUSKUNFT
Tourismusverband Werfen
Markt 24
A-5450 Werfen
Tel. 06468 53 88
www.werfen.at

RITTERESSEN
Burgschenke Hohenwerfen
Burgstr. 2

A-5450 Werfen
Tel. 06468 52 03
www.ritterschmaus.at
»Tratet ein, wuschet die Hände bis zum
Ellebogen, schürzet Euer Gewand und
nahmet Platz an der Tafel. Es ist reichlich
gesorgt für alle. ... Langet zu mit den
Fingern und zieret Euch nicht!« Ab
25 Personen buchbar, kleinere Gruppen
fragen nach verfügbaren Terminen.

bussen über die 5 km lange Bergstraße vom Besucherzentrum zum
Parkplatz nahe der Seilbahntalstation. Ein leicht ansteigender Fußweg führt in 20 Minuten zur Talstation, die Seilbahnfahrt dauert
3 Minuten (zu Fuß ca. anderthalb Stunden). Vom Berggasthof Dr.-
Friedrich-Oedl-Haus kommt man nach weiteren 20 Minuten Fußmarsch zum eindrucksvollen Höhlenportal (1664 m) inmitten der
schroffen Felswand des Tennengebirges. Durch die Posselthalle und
über den Großen Eiswall gelangt man dann in die mächtige Hymir-
Halle – benannt nach dem Eisriesen des Edda-Liedes. Die **Hymir-
Burg** ist die mächtigste Eisfigur der Höhle, die Eisorgel im Niflheim,
auch »Friggas Schleier« genannt, ist ein kuppelförmiges Gebilde von
seltener Schönheit. Durch den Mörkdom – benannt nach dem Höhlenforscher Alexander Mörk – kommt man zum großen Eispalast,
etwa 1 km im Berginneren. Dann geht es zurück ans Tageslicht (Seil-
bahnbetrieb und **Höhlenführung** sind aufeinander abgestimmt).
❶ Führungen: Mai, Juni, Sept., Okt. tgl. 9.00 – 15.30, Juli, Aug. tgl. 9.00 bis
16.30 Uhr, 9 € ohne, 20 mit Seilbahnfahrt, www.eisriesenwelt.at

** **Wien**

✦ Q 3

Bundesland: Wien
Höhe: 172 m ü.d.M.
Einwohnerzahl: 1 714 000

**Wien, die Stadt »an der schönen blauen Donau«, ist wider-
sprüchlich: Zugleich kosmopolitisch und nostalgisch, extrava-
gant und provinziell mutet das Flair der österreichischen Bundeshauptstadt an. Und dem allseits bekannten Charme ihrer
Bewohner kann sich sowieso kaum einer verschließen.**

Walzerseligkeit und Kaffeehauskultur, Prater und Heuriger, k. u. k. und UNO, Sachertorte und Neujahrskonzert, Secession und Hundertwasser, Fiaker und Stephansdom, Maria Theresia und Sisi, Ludwig van Beethoven und Sigmund Freud, Hans Moser und Helmut Qualtinger, Karl Kraus und Alfred Polgar – fast endlos ließe sich die Liste der Assoziationen zu dieser schönen Weltstadt fortsetzen.

Ausführlich beschrieben im Baedeker Reiseführer »Wien«

Die Gemeinde Wien ist die **Hauptstadt der Republik Österreich**, hat aber auch den Status eines Bundeslandes. Mit 415 km² Fläche und einem Umfang von 133 km ist das in 23 Stadtbezirke untergliederte Wien eine der mittelgroßen europäischen Metropolen.

Hauptstadt

Jeder Bezirk hat seine Eigenheiten. Der 1. Bezirk (Innere Stadt) entspricht der Altstadt, er gilt als nobelste Gegend von Wien. Als Innenstadtbezirke gelten die Bezirke 3 bis 9, die innerhalb des vielbefahrenen Gürtels liegen sowie die Bezirke 2 (Leopoldstadt) und 20 (Brigittenau), die sich zwischen Donaukanal und Donau erstrecken.

Wiener Bezirke

Wandbrunnen mit Giganten und Seeungeheuern zieren den Michaelertrakt der Hofburg.

Wien erleben

AUSKUNFT
Tourist-Info Wien
Maysedergasse (Albertinaplatz)
A-1010 Wien
Tel. 01 2 45 55
www.wien.info
Eine weitere Tourist-Info gibt es in der
Ankunftshalle des Wiener Flughafens.

WIEN-KARTE
Empfehlenswert ist der Kauf der Wien-
Karte, erhältlich u. a. in der Tourist-Info,
am Flughafen, in Hotels und bei Ver-
kaufsstellen der Wiener Linien. Sie bein-
haltet eine 24-, 48- oder 72-Stunden-
Netzkarte für U-Bahn, Bus und Tram,
dazu gibt es Ermäßigungen in vielen
Museen und Geschäften, in Theatern,
Restaurants und bei Stadtführungen.

SHOPPING
Luxuriös und mondän präsentiert sich
das Angebot in der Innenstadt (Kärntner
Straße, Graben, Kohlmarkt), die bei den
Wienern beliebteste Einkaufsmeile ist
wie bereits zu Zeiten der Monarchie die
Mariahilfer Straße. Spannende Kreatio-
nen heimischer Designer sind in den
Gassen des 7. Bezirks zu finden.

ESSEN
❶ *Anna Sacher* ⊜⊜⊜⊜
Philharmonikerstr. 4
A-1010 Wien
Tel. 01 51 45 68 40
www.sacher.com
Mo. geschl.
Im vornehmen Hotel Sacher schmeckt
nicht nur die legendäre Torte himmlisch.
Im Restaurant Anna Sacher diniert man
auch hervorragend auf Haubenniveau
in sehr erlesenem Ambiente.

❷ *Steirereck* ⊜⊜⊜⊜
Am Heumarkt 2 a
A-1030 Wien
Tel. 01 7 13 31 68
www.steirereck.at
Sa. u. So. geschl.
Dieser Gourmettempel im Stadtpark gilt
als bestes Restaurant der Stadt – man-
che meinen sogar, ganz Österreichs.
Chef Heinz Reitbauer kocht hier schon
seit Jahren auf allerhöchstem Niveau
zeitgemäße heimische Kreativküche.

❸ *Figlmüller* ⊜⊜⊜
Wollzeile 5
A-1010 Wien
Tel. 01 5 12 61 77
www.figlmueller.at
Seit 1905 konzentriert man sich beim
Figlmüller auf das Wesentliche: feinstes
Schnitzel – allerdings nicht vom Kalb,
sondern, wie von den Wienern beson-
ders geschätzt, vom Schwein.

❹ *Motto am Fluss* ⊜⊜⊜
Franz Josefs Kai/Vorkai
Schwedenplatz 2
A-1010 Wien
Tel. 01 2 52 55 10
www.motto.at/mottoamfluss
Das Restaurant im 1950er-Jahre-Stil hat
binnen kürzester Zeit Kultstatus erreicht.
Küchenchef Mario Bernatovic trifft mit
seinen Kreationen den Zeitgeist. Nur
abends geöffnet (tagsüber Café).

❺ *Schweizerhaus* ⊜⊜⊜
Prater 116
A-1020 Wien
Tel. 01 7 28 01 52 13
www.schweizerhaus.at
Nov. – Mitte März geschl.

Das Schweizerhaus im hinteren Teil des Wurstelpraters ist besonders für seine knusprige Schweinsstelze (Eisbein) bekannt. Dazu wird ein frisch gezapftes Budweiser-Bier serviert.

➏ *Zum Weißen Rauchfangkehrer* €€€
Weihburggasse 4
A-1010 Wien
Tel. 01 5 12 34 71
www.weisser-rauchfangkehrer.at
So. geschl.
Hier kommt traditionelle Wiener Küche auf den Tisch. Die Zutaten stammen von Bauernhöfen aus der Umgebung von Wien und werden täglich frisch geliefert.

➐ *Weingut Mayer am Pfarrplatz* €€ – €€€
Pfarrplatz 2
A-1190 Wien
Tel. 01 3 70 33 61
www.pfarrplatz.at
Ein traumhafter Heuriger in einem denkmalgeschützen Vorstadthaus mit schönem Innenhofgarten.

➑ *Neni* €€
Am Naschmarkt 510
A-1060 Wien
Tel. 01 5 85 20 20
www.neni.at
So. geschl.
Angesagter Szenetreff an der ersten und einzigen Fressmeile Wiens, dem Naschmarkt, mit köstlicher Cross-Over-Küche.

ÜBERNACHTEN
➊ *Imperial* €€€€
Kärntner Ring 16
A-1015 Wien
Tel. 01 50 11 00
www.imperialvienna.com

Das Haus wurde 1869 für den Herzog von Württemberg erbaut und 1873 anlässlich der Weltausstellung als Hotel eröffnet. Heute zählt es zu den Wiener Häusern der Luxuskategorie. Viele Staatsgäste haben hier schon mit ihrem Gefolge logiert.

➋ *Sacher* €€€€
Philharmonikerstr. 4
A-1010 Wien
Tel. 01 5 14 56 0
www.sacher.com
Im Hotel Sacher haben schon Königin Elisabeth II., Pandit Nehru, John F. Kennedy und Maria Callas übernachtet. Das 1876 vom Gemischtwarenhändler Eduard Sacher gegründete Haus ist heute ein in jeder Hinsicht modernes Hotel, mit Restaurants, Bar – und dem weltberühmten Café Sacher.

➌ *Altstadt Vienna* €€€
Kirchengasse 41
A-1070 Wien
Tel. 01 5 26 66 6
www.altstadt.at
Gleich hinter dem MuseumsQuartier wurde ein Patrizierhaus zu diesem Designhotel umgebaut. Einige der Zimmer wurden von Matteo Thun gestaltet, der italienische Stararchitekt ließ sich dabei von der Wiener Belle Epoque inspirieren.

➍ *Hollmann Beletage* €€€
Köllnerhofgasse 6
A-1010 Wien
Tel. 01 9 61 19 60
www.hollmann-beletage.at
Das Design-Boutique-Hotel in einem Gründerzeithaus hat zwar nur 25 Zimmer, dafür aber eine Lobby mit Kamin und Klavier, eine Bibliothek sowie ein Spa-Separee mit Sauna und Dampfbad.

❺ *Boutiquehotel Stadthalle* €€
Hackengasse 20
A-1150 Wien
Tel. 01 9 82 42 72
www.hotelstadthalle.at
Vögel zwitschern im Garten, vom Dach
weht den Gästen Lavendelduft in die
Nase: Das weltweit erste Stadthotel mit
Null-Energie-Bilanz ist eine schöne grüne
Oase im dicht bebauten Gebiet rund um
den Wiener Westbahnhof.

❻ *Altwienerhof* €
Herklotzgasse 6
A-1150 Wien
Tel. 01 8 92 60 00
www.altwienerhof.at
Das sympathische Familienhotel bietet
komfortable Zimmer mit viel Atmosphäre, auch der Biedermeiergarten im Innenhof sorgt dafür, dass man sich hier
als Gast wohl fühlt. Wer mag, bucht eines der Familienapartments.

Teile des 3. (Landstraße) und 4. Bezirks (Wieden) gelten als Diplo-
matenviertel, der 5. (Margareten), 6. (Mariahilf) und 7. (Neubau)
zeugen von Handel und Gewerbe, Großbürgerbauten stehen neben
Arbeiterwohnungen, die auch von vielen Studenten genutzt werden.
Der 8. (Josefstadt) wird seit jeher von Beamten favorisiert, der 9.
(Alsergrund) ist Wiens Akademikerviertel. In den Außenbezirken 10
(Favoriten), 11 (Simmering), 12 (Meidling), 15 (Rudolfsheim-Fünf-
haus) und 16 (Ottakring) wohnen Arbeiter, Kleinrentner, Mietska-
sernenbewohner und Migranten – hier ist Wien am dichtesten besiedelt. Die westlichen Bezirke 13 (Hietzing), 14 (Penzing), 17 (Hernals),
18 (Währing) und 19 (Döbling)
mit ihren dörflichen Kernen und
prächtigen Villenvierteln reichen
bis zu den Weingärten und Höhen des Wienerwaldes. Die beiden Bezirke 21 (Floridsdorf) und
22 (Donaustadt) werden oft
Transdanubien genannt, weil sie
jenseits der Donau liegen, sie sind
geprägt von der neuen Skyline um
die UNO-City und modernem
Wohnbau. Der beschauliche 23.
Bezirk (Rodaun) schließt Wien
im Süden ab.

Edle Textilien findet man auf dem Graben.

Für die Erkundung der weitgehend als Kurzpark- oder Fußgängerzone ausgewiesenen Altstadt
ist es sinnvoll, **öffentliche Verkehrsmittel** wie die U-Bahn, die
Straßenbahn oder den Bus zu benutzen. Wer es romantisch mag,

besteigt einfach einen der vielen **Fiaker**, die berühmten Pferdekutschen stehen am Stephans- bzw. am Heldenplatz oder an der Augustinerstraße vor der Albertina. Angeboten werden ganz verschiedene, unterschiedlich lange Routen, etwa zu mehreren Sehenswürdigkeiten. Je nach Wegstrecke variiert dann auch der – nicht verhandelbare – Fahrpreis.

GESCHICHTE WIENS

50 n. Chr.	Römer legen das befestigte Militärlager Vindobona an.
1137	Erste urkundliche Erwähnung Wiens als Stadt
1683	Türken werden zurückgeschlagen.
1740–1790	Wien wird zum Großhandels- und Finanzplatz.
1806	Kaiser Franz II. wird zu Franz I. von Österreich.
1814/1815	Wiener Kongress
1848–1916	Kaiser Franz Joseph I.
1918	Erste Republik mit Wien als Hauptstadt wird ausgerufen.
1955	Die Alliierten ziehen ab. Unabhängigkeit Österreichs
1978	Erste U-Bahn-Linie wird eröffnet.
1979	Eröffnung des UNO-Gebäudes am nördlichen Donauufer
1988	Die Wiener Donauinsel wird fertiggestellt.
2001	Die Innenstadt wird zum UNESCO-Weltkulturerbe erklärt.
2001	Eröffnung des Museumsquartiers

Bis in die Jungsteinzeit lässt sich die Besiedlung des Wiener Beckens zurückverfolgen. Die illyrische Bevölkerung der Älteren Eisenzeit (ab etwa 800 v. Chr.) wurde um 400 von den Kelten abgelöst – der Leopoldsberg trug vermutlich eine keltische Stadtburg. **Frühzeit**

Um 50 n. Chr. legten die Römer das befestigte Militärlager **Vindobona** (von keltisch Vedunia = Wildbach) an der Donau zum Schutz gegen die nördlich ansässigen Germanen an. Eine römische Zivilstadt entstand ab dem 2. Jh. im Umkreis, um 487 zogen sich die Römer dann aus dem Donaugebiet zurück. **Römische Besiedlung**

Kein Geringerer als **Karl der Große** soll 792 die Peterskirche gegründet haben. 955 wurde nach dem Sieg Ottos I. über die Ungarn die Ostmark (Ostarrichi) als Grenzmark des Reiches errichtet, die vermutlich aus Franken stammenden Babenberger wurden 976 zu Markgrafen ernannt. Wien entwickelte sich dank seines Flusshafens zur **burggesicherten Kaufmannssiedlung**. Urkundlich wurde Wien als Stadt

! BAEDEKER TIPP

»Vorortelinie«

Die 10 km lange alte »Vorortelinie« (heute S 45) zwischen Hütteldorf und Döbling wurde 1987 wieder in Betrieb genommen. Ihre Brücken, Tunnel und Haltestellen wurden vom Architekten Otto Wagner in reinem Jugendstil konzipiert und 1898 eröffnet.

Wien

Alserstr.
Freud-Museum
S.-Freud-Park
Universitätsstr.
Kahlenberg
Grinzing,
Nußdorf,
Heiligenstadt
Liechtenstein Museum
Börse
Börseplatz
Börsegasse
Concordia-platz
Landes-gericht
Universität
Schottenstift
Schotten-kirche
Palais Harrach
Uhrenmuseum
Am Hof
Kirche zu den neun Chören der Engel
Felderstr.
Rathaus-platz
Palais Kinsky
Palais Ferstel
Rathaus
park
Palais Mollard
Peterskirche
Burg-theater
Minoriten-kirche
Elisabeth
Graben
Pestsäule
Theseus-tempel
Bundeskanzleramt
Innenmin.
Schauflerg.
Michaeler-platz
Parlament
Volksgarten
Michaeler-kirche
Jüd. Museum
Palais Auersperg
Justizpalast
Alte Hofburg
Erzh. Karl
Josefs-platz
Palais Trautson
(Justizmin.)
Heldenplatz
Pr. Eugen
Kaisergruft
Volkstheater
Burgtor
Neue Hofburg
Augustiner-kirche
Theater-museum
Naturhist. Museum
Völkerkunde-museum
Albertina
Maria-Theresien-Platz
Burggarten
Albertina-platz
Museums-Quartier
Kunsthist. Museum
Staats-oper
R.-Stolz-Platz
Opernring
Elisabethstraße
Schiller-platz
Akad. d. bild. Künste
Technische Universität
Secession
Theater an der Wien
Naschmarkt
Karlsk.
Lainzer Tiergarten
Westbahnhof,
Schönbrunn
Mariahilfer Straße
200 m
©BAEDEKER
Hande akader

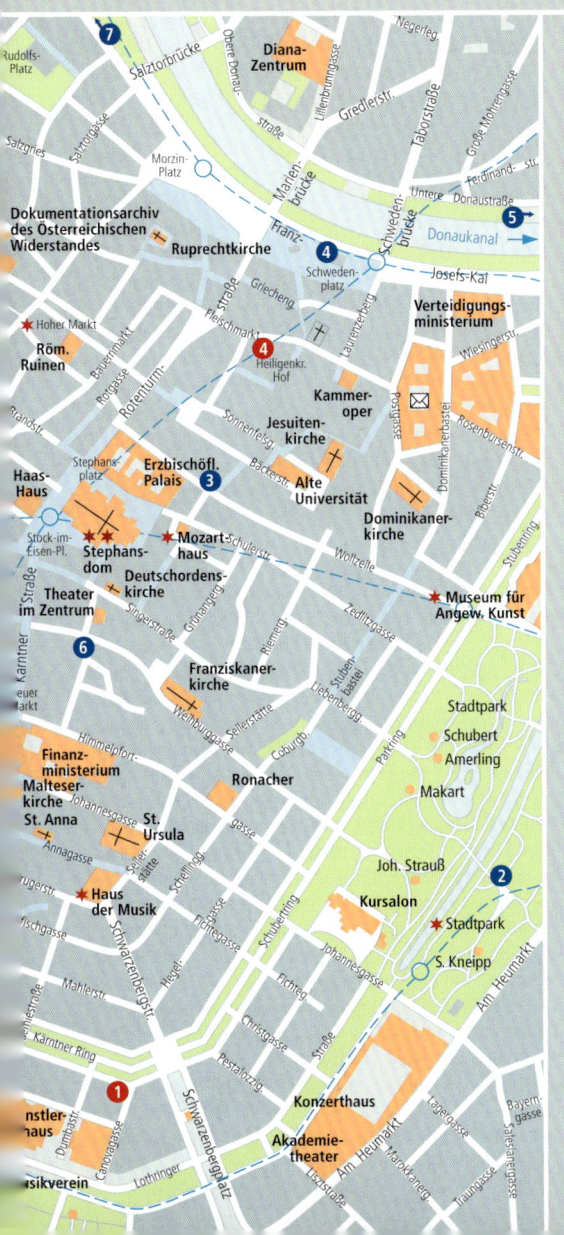

Essen

1. Anna Sacher
2. Steirereck
3. Figlmüller
4. Motto am Fluss
5. Schweizerhaus
6. Zum Weißen Rauchfangkehrer
7. Weingut Mayer am Pfarrplatz
8. Neni

Übernachten

1. Imperial
2. Sacher
3. Altstadt Vienna
4. Hollmann Beletage
5. Boutiquehotel Stadthalle
6. Altwienerhof

(civitas) erstmals 1137 erwähnt. Zu Herzögen aufgestiegen, verlegten die **Babenberger** ihre Residenz von Klosterneuburg nach Wien. Mit einem Teil des Lösegeldes für den 1192 gefangen genommenen englischen König Richard Löwenherz baute man die Befestigung Wiens aus. Unter Leopold VI. dem Glorreichen (1176–1230) erlebte die Stadt einen beträchtlichen Aufschwung: Der Deutsche Ritterorden kam nach Wien, Minnesänger wie Walther von der Vogelweide verkehrten bei Hofe. 1246 starb der letzte Babenberger.

Aufstieg des Hauses Habsburg

Mit der Wahl Rudolfs I. aus dem Hause Habsburg 1273 zum deutschen König begann die fast 650 Jahre dauernde Herrschaft dieses untrennbar mit Wien verbundenen Geschlechts. Den **Aufstieg Wiens zur Metropole** unterstrich 1365 die Gründung einer Universität. Im Mittelalter war bei der Lenkung der Stadtgeschichte die Beteiligung der Bevölkerung durchaus gegeben: Die Bürgermeister- und Ratswahlordnung von 1396 verschaffte Händlern und Handwerkern Mitwirkungsmöglichkeiten im Stadtrat. Unter Herzog Friedrich V. (1440–1493), der als Friedrich III. den römisch-deutschen Kaiserthron bestieg, wandelte sich Wien zur imperialen Residenzstadt, was mit einer allmählichen Verdrängung der Bürger aus der Altstadt durch die adligen Reichsbeamten verbunden war.

Türkengefahr

1529 legten die Türken die gerade entstandenen Vorstädte Wiens in Schutt und Asche und die Gefahr weiterer Einfälle führte zum Ausbau gewaltiger Verteidigungsanlagen durch Kaiser Ferdinand I. 1683 standen die Türken erneut vor den Stadttoren und nach monatelanger Belagerung gelang es mit Hilfe der von Papst Innozenz XI. initiierten **Heiligen Liga** und Jan Sobieski, sie durch seinen Sieg in der Schlacht am Kahlenberg am 12. September zurückzuschlagen. Hier wurde auch zum ersten Mal das militärische Geschick des Prinzen Eugen von Savoyen (►Berühmte Persönlichkeiten) sichtbar, der heute noch im Volkslied als der »edle Ritter« weiterlebt.

Absolutismus

Nachdem die Türken zurückgedrängt waren, begann sich das Habsburgerreich weit nach Südosten auszudehnen. Wien stieg zur glanzvollen Residenz eines europäischen Großreiches auf. Die Stadt gliederte sich nun in die von Hof, Adel und Geistlichkeit bewohnte »Stadt« innerhalb der Wehrmauern, in die bürgerlichen Vorstädte zwischen Glacis und Linienwall – der zweiten Stadtbefestigung – und in die ländlichen Vororte, wo auch die Sommerresidenzen des Adels entstanden. Der enorme Waren- und Kapitalbedarf ließ Wien zu einem **Großhandels- und Finanzplatz** werden, Bauten von barocker Prachtentfaltung unterstrichen seine Bedeutung. Dazu gehörte beispielsweise Schloss Schönbrunn, das Maria Theresia (1717–1780) errichten ließ. Ihr Sohn Josef II. (1741–1790) erkannte 1783 einen eigenständigen Wiener Magistrat an.

Ende des 18. Jh.s war der Loslösungsprozess Österreichs vom Deutschen Reich so weit fortgeschritten, dass Franz II., Kaiser des Heiligen Römischen Reiches Deutscher Nation, diesen Titel 1806 niederlegte und als Kaiser Franz I. von Österreich regierte. Nach zweimaliger nur kurzer Besetzung Wiens durch Napoleon – was den Finanzhaushalt gleichwohl ruinierte – berieten Europas Staatsmänner auf dem **Wiener Kongress** 1814/1815 die Neuordnung Europas. Danach wurde in Wien die alte absolute Fürstenherrlichkeit restauriert. Kultureller und technischer Fortschritt ließen sich davon nicht aufhalten: 1842 wurden die **Wiener Philharmoniker** gegründet, 1843 die Gasbeleuchtung eingeführt. Große Kopfbahnhöfe entstanden, Textilwirtschaft und Maschinenbau zogen immer mehr Arbeiter an. Angesichts der Pariser Februarrevolution forderten auch die Wiener bürgerliche Freiheiten und Mitwirkungsmöglichkeiten, was in die Märzrevolution 1848 gegen das Regime Fürst Metternichs (▶Berühmte Persönlichkeiten) mündete. Obwohl die Revolution niedergeschlagen wurde, musste Metternich ins Exil gehen. Auch Kaiser Ferdinand I., der seit 1835 regiert hatte, dankte ab.

Von Napoleon I. bis zur Revolution

Der erst 18-jährige, stark militaristisch geprägte Franz Joseph I. (1830–1916) bestieg 1848 den Thron und vollführte den politischen Spagat zwischen konservativ-nationalem Beharrungsvermögen und

Franz Joseph I. (1848–1916)

Prägte Österreichs Geschichte: Kaiserin Maria Theresia

wirtschaftlich-industrieller Weitsicht. Mit der Errichtung riesiger Mietshäuser als billige Unterkünfte ging zwar viel von der barocken Bausubstanz verloren, angesichts der **Bevölkerungsexplosion** war sie aber dringend notwendig: Zwischen 1880 und 1905 schnellte die Einwohnerzahl von 592 000 auf zwei Millionen! Zur besseren Organisation der Stadtverwaltung wurden ab 1850 die Vorstädte, ab 1890 die Vororte eingemeindet. Anstelle der 1856 geschleiften Stadtmauer und des Glacis legte man die Ringstraße um den mittelalterlichen Stadtkern. 1873 präsentierte sich Wien mit der **Weltausstellung** einer internationalen Öffentlichkeit. Infolge der Donauregulierung 1870 bis 1874 konnte sich die Stadt auch links des Flusses ausdehnen.

Erste Republik und Faschismus Nach dem Ersten Weltkrieg, der Abdankung Karls I. und dem Zerfall der Donaumonarchie wurde am 12. November 1918 die Erste Republik mit Wien als Hauptstadt ausgerufen. Über Nacht wurde die Residenzstadt eines Reiches mit 50 Millionen Einwohnern und zwölf Nationalitäten zur Hauptstadt eines Kleinstaates mit nur noch 6,6 Millionen Einwohnern, davon 2,3 Millionen in Wien. Die Polarisierung des politischen Lebens zwischen den Sozialdemokraten und den Klerikal-Konservativen erschwerte die Entfaltung eines demokratischen Gemeinwesens auch in Wien erheblich. Dem Dollfußregime austrofaschistischer Prägung ab 1933 folgte 1938 der so genannte »**Anschluss Österreichs an das Deutsche Reich**« mit Wien als Hauptstadt der »Ostmark«. Die Nationalsozialisten vertrieben oder ermordeten ihre politischen Gegner und die jüdischen Bürger Wiens. Im Zweiten Weltkrieg kamen mehr als 200 000 Wiener ums Leben. Mitte April 1945 zog die Rote Armee in Wien ein.

Zweite Republik Die Siegermächte – UdSSR, USA, Großbritannien, Frankreich – teilten Wien in vier Besatzungszonen auf. Mit Hilfe von Marshallplangeldern wurde ab 1947 der Wiederaufbau beschleunigt: Die Stadt gewann an nationalem und internationalem Profil. Mit der Ratifizierung des **Österreichischen Staatsvertrages** 1955 zogen die Alliierten ihre Truppen ab, Stadt und Staat wurden wieder unabhängig. 1956 kam die Internationale Atomenergiebehörde nach Wien, die Organisation für Industrielle Entwicklung der Vereinten Nationen (UNIDO) folgte 1967. Mit der Eröffnung der UNO-City 1979 wurde Wien dritter Hauptsitz der UNO. 1990 rückte die Stadt durch die Öffnung des Eisernen Vorhangs wieder ins Zentrum Mitteleuropas, die Kontakte mit den osteuropäischen Staaten wurden neu belebt.

RUNDGANG DURCH DIE WIENER INNENSTADT

Beginn am Stephansplatz Für einen Rundgang durch die Wiener Innenstadt sollte man sich mindestens einen halben Tag Zeit nehmen. Der Stephansplatz vor dem Stephansdom ist das **Zentrum der Wiener Innenstadt** und

Highlights Wien

▶ **Stephansdom**
Das Wahrzeichen Wiens und Österreichs bedeutendstes gotisches Bauwerk, im Zentrum der Altstadt gelegen, repräsentiert die Kunstgeschichte von acht Jahrhunderten!
Seite 564

▶ **Hofburg**
Geschichtsträchtig ist die kaiserliche Burg, in der die Herrscher Österreichs mehr als sechs Jahrhunderte lang europäische Geschichte schrieben.
Seite 578

▶ **Kaiserappartements**
Hier kann man nicht nur die Gemächer der unglücklichen Märchenprinzessin Sisi besichtigen, sondern bekommt auch Einblick in die kaiserlichen Wohn- und Arbeitsräume.
Seite 579

▶ **Silberkammer**
Mit welchem Fest- und Alltagsgeschirr man bei Hofe tafelte, wird in der Silberkammer schnell klar.
Seite 579

▶ **Spanische Hofreitschule**
Wer sich für Pferde interessiert, kann hier bei einer Galavorstellung die hohe Kunst des Reitens bewundern.
Seite 580

▶ **Schatzkammern**
Schätze von hohem künstlerischen, historischen und materiellen Wert aus mehreren Jahrhunderten werden in den 21 Räumen der Schatzkammern aufbewahrt und ausgestellt.
Seite 580

▶ **Nationalbibliothek**
Nicht nur architektonisch, sondern auch inhaltlich beeindruckt die Nationalbibliothek am Josephsplatz mit ihren alten Beständen.
Seite 581

▶ **Naturhistorisches Museum**
Ein Ereignis für Jung und Alt ist das im 18. Jh. gegründete Museum: Hier ist die bekannte »Venus von Willendorf« zu sehen, Kinder sind von den Dinosaurierskeletten begeistert.
Seite 585

▶ **Kunsthistorisches Museum**
In diesem Museum kann man einen ganzen Tag verbringen, schließlich sind die bedeutendsten Kunstsammlungen der Welt zu sehen!
Seite 585

▶ **MuseumsQuartier**
Für Freunde moderner und zeitgenössischer Kunst ist ein Besuch des MuseumsQuartiers Pflicht!
Seite 586

▶ **Belvedere-Schlösser**
Prinz Eugen von Savoyen ließ sich die beiden Schlösser einst als Sommerresidenz erbauen – sie wurden zu einer der schönsten Wiener Barockschöpfungen überhaupt.
Seite 596

▶ **Schönbrunn**
Die meistbesuchte Sehenswürdigkeit Österreichs und ehemalige Sommerresidenz der Habsburger beherbergte schon viele gekrönte Häupter.
Seite 598

eine beliebte Fußgängerzone, umringt von Geschäften, Cafés und interessanten Häusern wie dem Haus »Zur Weltkugel« (Nr. 2), dem Churhaus (Nr. 3), dem Domherrenhof (Nr. 5) oder dem Erzbischöflichen Palais (Nr. 7). Das Haas-Haus dagegen liegt schon am **Stock-im-Eisen-Platz** (Nr. 4 – 6). Seinen kuriosen Namen erhielt der Platz nach einem mit vielen Nägeln beschlagenen Baumstamm – zu sehen am sagenumwobenen Haus 3/4, Ecke Graben/Kärntner Straße –, der seit 1533 urkundlich belegt ist.

Stephans-dom Bekanntestes Wahrzeichen Wiens und **Österreichs bedeutendstes gotisches Bauwerk ist die gewaltige Dom- und Metropolitankirche St. Stephan. Generationen von Baumeistern haben seit dem 12. Jh. am 107 m langen und 39 m breiten Sakralbau mitgewirkt, der somit die Kunstgeschichte von acht Jahrhunderten repräsentiert. In den letzten Tagen des Zweiten Weltkriegs wurde St. Stephan schwer beschädigt. Wiederaufbau und Restaurierung waren eine österreichische Gemeinschaftsarbeit: Oberösterreich spendete die neue Glocke, Niederösterreich den Boden, Vorarlberg die Bänke, Tirol die Fenster, Kärnten die Kronleuchter, das Burgenland die Kommunionsbank, Salzburg den Tabernakel, Wien das Dach und die Steiermark das Portal. Auf dem Stephansplatz in der Nähe des Singertors, dessen eiserne Rolle am linken Pfeiler als mittelalterlicher Asylgriff gedeutet wird, steht ein Bronzemodell des Doms im Maßstab 1 : 100 für blinde und sehbehinderte Menschen. Beim um 1230 entstandenen Riesentor wurde zur Zeit der Babenberger

Porträt Meister Pilgrams am spätgotischen Orgelfuß

Recht gesprochen. Links von der Vorhalle sind zwei eiserne Maßstäbe eingemauert: der längere stellt die **Wiener Normalelle**, der kürzere die **Wiener Leinenelle** dar. Der Name der 66 m hohen Heidentürme geht auf ein heidnisches Heiligtum zurück, das vordem hier gestanden haben soll. Im auch Adlerturm genannten Nordturm hängt die 21 t schwere, 1951 z. T. aus Trümmern der 1945 zerstörten Vorgängerglocke gegossene **»Pummerin«**. Sie wird nur zu besonderen Anlässen geläutet. Ein Schnellaufzug bringt Besucher nach oben. Der 1365 begonnene Südturm, im Volksmund **»Steffl«** genannt, ist 137 m hoch und gilt zusammen mit dem Freiburger Münsterturm als schönster Turm der deutschen Gotik. Im *Innenraum tragen Bündelpfeiler den dreischiffigen Hallenraum mit Netz- und Sternrippengewölbe. Die wertvollste Figur ist die des hl. Christophorus am linken Chorpfeiler (1470), vermutlich eine Stiftung Kaiser Friedrichs III.

Das bedeutendste Kunstwerk ist die spätgotische Kanzel (1510–1515; Sandstein) möglicherweise von Meister Pilgram, der sich am Kanzelfuß in der Figur eines »Fensterguckers« selbst dargestellt hat. Auch am prächtigen spätgotischen Orgelfuß (1513), eindeutig Pilgram zugeschrieben, hat der Künstler sich verewigt – mit Zirkel und Winkel. Tobias und Johann Jakob Pock fertigten 1640 bis 1660 den Hochaltar aus schwarzem Marmor. Im Süd-

> ❗ **BAEDEKER TIPP**
>
> *Süße Pause*
>
> Wer nach so viel Kultur eine süße Pause braucht, ist im Haus Nr. 7 am Stephansplatz richtig: Die Wiener Firma Manner, deren berühmte Schnitten den Stephansdom als Logo tragen, bietet hier erlesene Naschereien zum Schwachwerden an. www.manner.at

chor steht das mächtige Hochgrab Kaiser Friedrichs III., er stiftete den Flügelaltar im Chor gegenüber. Die Statuen der Eligiuskapelle zählen zu den bedeutendsten Plastiken des 14. Jh.s; die Hausmuttergottes hatte eine kaiserliche Verehrerin: Maria Theresia. Die Tirnakapelle ist Grabkapelle des Prinzen Eugen († 1736). Das Altarkruzifix stammt aus dem 15. Jh.: Jesus trägt einen Bart aus natürlichem Haar, welcher der Legende nach ständig wächst. Die **Katakomben** bergen in mehreren für die Öffentlichkeit unzugänglichen Stockwerken die Gebeine Tausender Wiener. Da die Toten auf dem Kirchhof oft nachlässig beerdigt und früh exhumiert wurden, um Platz für »Nachfolger« zu machen, breitete sich entsprechender Geruch aus. Daher entschloss man sich zum Bau der Katakomben. 1783 verbot Kaiser Joseph II. dort weitere Bestattungen. Den Mittelpunkt bildet die 1363 für das Haus Habsburg angelegte **Herzogsgruft**. Seit der Anlage der Kaisergruft in der Kapuzinerkirche pflegte man hier allerdings lediglich Kupferurnen mit den Eingeweiden aufzubewahren: die Leichname sind in der Kaisergruft, ihre Herzen in der Herzgruft der Augustinerkirche beigesetzt worden.

Türme: Juli, Aug. tgl. 8.15 – 18.00, Sept. – Juni tgl. 8.15 – 16.30 Uhr, Eintritt: 4,50 €
Katakomben: Führungen Mo. – Sa. 10.00 – 11.30 u. 13.30 – 16.30, So. 13.30 – 16.30 Uhr, Eintritt: 4,50 €

Der Zwettlerhof (Stephansplatz Nr. 6) neben dem Erzbischöflichen Palais beherbergt das Dom- und Diözesanmuseum. Seine Schatzkammer enthält die **wertvollsten Stücke des Kirchenschatzes** vom

*Dom- und Diözesanmuseum

Der Steffl – das Wahrzeichen Wiens

Die Entstehungsgeschichte des Doms reicht bis ins 12. Jh. zurück, aus dem 13. Jh. stammen das Riesentor und die Heidentürme. Herzog Rudolf IV. von Habsburg initiierte als Stifter den Umbau des Gotteshauses zur gotischen Kirche mit Stern- und Netzrippengewölbe sowie 137 m hohem Südturm. Der Nordturm blieb damals noch unvollendet und erhielt erst im Jahr 1557 einen Helm im Stil der Renaissance.

❶ Führungen:
Mo.-Sa. 9.00–11.30 u. 13.00 bis
16.30, So. 13.00–16.30, Juni bis
Sept. auch Sa. 19.00, Südturm tgl.
9.00–17.30 Uhr zugänglich
Tel. 01 5 15 52 35 26
www.stephanskirche.at

❶ **Südturm**
Der 137 m hohe Südturm (»Steffl«) ist nach Köln und Ulm der dritthöchste Kirchturm in Mitteleuropa. Er steht auf quadratischem Grundriss und geht dann in ein Achteck über, wobei er sich kontinuierlich verjüngt. An der Kreuzblume an der Spitze ist eine Bronzekugel mit einem Doppeladler angebracht. Die Mühe des Aufstiegs – 343 Stufen müssen bis zur Wachstube gemeistert werden – wird mit einem herrlichen Panoramablick über die Stadt belohnt.

❷ **Kanzel**
Sie ist das glanzvollste Kunstwerk im Kirchenschiff, ein Meisterwerk spätgotischer Bildhauerei aus Sandstein. Der Urheber ist bis heute unbekannt, möglicherweise war es Meister Pilgram, der diese Kanzel mit den Büsten der vier Kirchenväter schuf.

❸ **Hochaltar**
Tobias und Johann Jakob Pock fertigten von 1640 bis 1660 den Hoch-altar aus schwarzem Marmor. Die Statuen neben dem Altarbild stellen die Landespatrone Leopold und Florian sowie die Pestheiligen Rochus und Sebastian dar. Rechts und links hinter dem Hochaltar sind gotische Glasgemälde erhalten geblieben.

❹ **Dienstbotenmadonna**
Wertvollste Statue im Dom ist die der Muttergottes aus der Zeit um 1340. Die Sage berichtet von einer gräflichen Magd, die sich, als man sie des Diebstahls verdächtigte, an die Madonna um Hilfe wandte. Der wahre Täter wurde schließlich gefunden und die gräfliche Hausfrau stiftete der Stephanskirche zum Dank die Figur.

❺ **Hochgrab Friedrichs III.**
Im Südchor steht das mächtige Hochgrab Kaiser Friedrichs III. aus rotem Marmor. Die Arbeit an dem Sarkophag zog sich über zwei Generationen hin, der Gesamtentwurf und die Deckplatte stammen von Gerhaert Niclas van Leyden (um 1430–1473).

❻ **Katakomben**
In den Katakomben ruhen nicht nur die sterblichen Überreste von 15 Habsburgern, sondern auch die Eingeweide jener 56 Habsburger, deren Leichname in der Kaisergruft bestattet sind.

Die Kanzel ist eines der schönsten Kunstwerke im Dom.

Am Kanzelfuß das Porträt des selbstbewussten Künstlers, möglicherweise Anton Pilgram, in der Pose des »Fensterguckers«

Das Singertor war der Eingang für die männlichen Besucher. Die Stifterfiguren, die neun Apostel und die Legende des hl. Paulus im Tympanon entstanden um 1378.

Friedrich III. stiftete den Flügelaltar von 1447, der 1884 aus dem Neukloster in Wiener Neustadt nach Wien gebracht wurde. Im unteren Feld des Mittelschreins sind geschnitzte Statuen der Muttergottes und der hl. Katharina zu sehen.

©BAEDEKER

Das Langhaus hat ein vierjochiges Netzgewölbe. Die Figuren an den Bündelpfeilern folgen keinem einheitlichen ikonografischen Programm.

Stephansdom, darunter zwei syrische Glasflaschen (13./14. Jh.), Kreuzreliquiare, das Grabtuch von Herzog Rudolf IV., Emailletafeln (12.Jh.) mit alttestamentarischen Szenen, ein karolingisches Evangeliar (9. Jh.), Tafelbilder und eine Skulpturensammlung. Wegen Umbaus ist der Domschatz derzeit im Westwerk der Kirche ausgestellt.

*Mozarthaus Vienna Freunde klassischer Musik müssen unbedingt das Mozarthaus in der vom Stephansplatz östlich abgehenden Domgasse besuchen. In der Nr. 8 wohnte Mozart mit seiner Familie von 1784 bis 1787 und verfasste dort seine Oper »Die Hochzeit des Figaro«. Heute ist die Wohnung eine **Erinnerungsstätte**.
❶ Tgl. 9.00–19.00 Uhr, Eintritt: 10 €, www.mozarthausvienna.at

Altes Universitätsviertel Von der Schulerstraße links über die Wollzeile kommt man in die Bäckerstraße mit eine Reihe schöner alter **Stadtpaläste** (Nr. 7, 8, 12 u. 16). In östlicher Richtung folgt der Dr.-Ignaz-Seipel-Platz, einer

Stephansdom

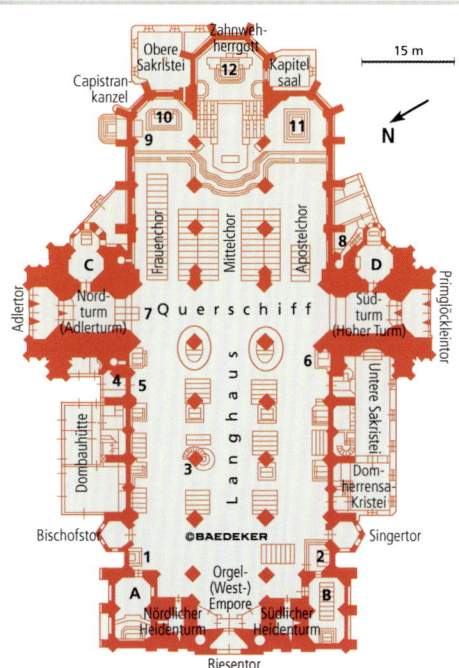

15 m

N

A Tirnakapelle (Kreuzkapelle; Grabkapelle des Prinzen Eugen, †1736); darüber die Reliquienkapelle
B Eligiuskapelle, darüber die Bartholomäuskapelle
C Barbarakapelle
D Katharinenkapelle (Taufkapelle)

1 Herz-Jesu-Altar mit Puchheim-Baldachin
2 Maria-Pötsch-Altar mit Südwestbaldachin
3 Domkanzel (mit dem »Fenstergucker«); am Kanzelpfeiler die »Dienstbotenmadonna«
4 Aufzug zur »Pummerin«
5 Orgelfuß (mit Pilgrams Selbstbildnis)
6 Leopold-Altar
7 Zugang zu den Katakomben
8 Aufgang zum Südturm
9 Stiftergrabmal
10 Wiener-Neustädter-Altar (»Friedrichsaltar«)
11 Grabmal Kaiser Friedrichs III.
12 Hochaltar

der schönsten geschlossenen Plätze Wiens. Hier steht die Alte Universität, die 1425 einzog und 1725 umgebaut wurde. **Franz Schubert** besuchte von 1808 bis 1823 das Akademische Kolleg. In der früheren Universitätskirche, heute **Jesuitenkirche** (1703 – 1705), fasziniert der bewegte Raumeindruck, der durch die perspektivisch-illusionistische Malerei im Tonnengewölbe entsteht. Der beste Standpunkt für den Betrachter ist durch die helle Platte im Mittelgang gekennzeichnet. Die Neue Aula der Universität, der bedeutendste profane Rokokobau Wiens, ist seit 1857 Sitz der Österreichischen Akademie der Wissenschaften (nicht zugänglich).

Gleich westlich folgt der geschichtsträchtige Hohe Markt, **ältester Platz der Donaumetropole** am Rand des ehemaligen Textilviertels. Im Mittelalter lagen hier die Richtstätte, der Fischmarkt und der Handelsplatz der »Gewandkrämer«. Mittelpunkt ist der Vermählungsbrunnen, dessen Figurenschmuck die Hochzeit von Maria und Josef darstellt. An der Ostseite fällt die **Kunstuhr** der Anker-Versicherungsgesellschaft auf dem die Rotgasse überspannenden Schwibbogen ins Auge. Die 1914 geschaffene Spieluhr lässt stündlich historische Figuren paradieren, darunter Mark Aurel, Karl den Großen, Theodora von Byzanz, Walther von der Vogelweide, Prinz Eugen, Maria Theresia und Joseph Haydn. Beim Haus Nr. 3 an der Südseite des Hohen Marktes

Hoher Markt

> **!** *Nächtliche Konzerte*
>
> BAEDEKER TIPP
>
> Mehrmals im Monat werden in der schönen alten Ruprechtskirche in der Inneren Stadt stimmungsvolle Abend- und Nachtkonzerte aus der Reihe „Alte Musik" gegeben. www.alte-musik.co.at

befindet sich sowohl der Einstieg zu den unterirdischen römischen Ausgrabungen als auch das **Römermuseum**, in dem es nicht nur einen Videoguide, sondern auch interessante 3D-Animationen gibt.
❶ Di.–So. 9.00–18.00 Uhr, Eintritt: 6 €

Die **älteste Kirche Wiens**, St. Ruprecht am Ruprechtsplatz, erreicht man über die nördlich abzweigende Judengasse. Bischof Virgil zu Salzburg soll sie im 8. Jh. an der Stelle des unterirdischen Bethauses der Glaubensapostel Cunard und Gisalrich errichtet haben. Sie wurde mehrfach verändert. Zu ihren Schätzen gehören die ältesten Glasfenster Wiens (13. Jh.) im Mittelfenster des Chors.
❶ Di., Do. 10.00–12.00, Mo., Mi., Fr. 10.00–12.00 u. 15.00–17.00 Uhr, www.ruprechtskirche.at

Ruprechtskirche

Südöstlich vom Hohen Markt liegt der Judenplatz, seit Ende des 13. Jh.s Zentrum des mittelalterlichen Wiener Judenviertels. 1421 führten Hass und Neid zur »Wiener Geserah«, der Vertreibung und Emordung der Juden. Auf dieses Ereignis macht am Haus Nr. 2 »Zum

Judenplatz

! *Jugendstil-Örtchen*

Kuriose Sehenswürdigkeit auf dem Graben sind die unterirdischen Jugendstil-WCs (1905) des österreichischen Architekten Adolf Loos. Sie bieten einen äußerst noblen Rahmen für sehr »dringende Geschäfte«.

großen Jordan« (15. Jh.) ein Relief der Taufe Christi mit antisemitischer Inschrift aufmerksam. Das fast 4 m hohe **Holocaustdenkmal** von Rachel Whiteread erinnert an die Ermordung von 65 000 österreichischen Juden durch die Nazis. Unter dem Denkmal hat man Fundamente der mittelalterlichen Synagoge zugänglich gemacht und ein kleines **Museum** eingerichtet.

❶ Mo.–Do., So. 10.00–18.00, Fr. 10.00–14.00 Uhr, Eintritt: 10 €, www.jmw.at

*Uhrenmuseum An der Südseite der Böhmischen Hofkanzlei zweigt ein kleines Gässchen zum »Harfenhaus«, einem der ältesten Häuser Wiens, ab. Darin logiert seit 1921 das Uhrenmuseum, in dem auf drei Etagen die Entwicklung des Chronometers vom 15. Jh. bis zur Gegenwart und eine Fülle von verschiedenen Uhren dargeboten wird.

❶ Di.–So. 10.00–18.00 Uhr, Eintritt: 6 €

»Am Hof« Gleich westlich folgt der geschichtsträchtige und **größte innerstädtische Platz** »Am Hof«. Hier hatten schon die Römer ihr Lager aufgeschlagen und die Babenberger ließen dort im Jahr 1135 ihre erste Pfalz errichten. Der Platz war auch Schaubühne glänzender Feste, was Walther von der Vogelweide zum lobenden Vers »Das ist der wunnigliche Hof ze Vienne« verleitete. Vom Balkon der einstigen Jesuitenkirche Zu den neun Chören der Engel verkündete Kaiser Franz II. im Jahr 1806 das Ende des Heiligen Römischen Reiches Deutscher Nation.

Peterskirche Weiter südöstlich steht auf dem Petersplatz die Peterskirche anstelle einer der Überlieferung nach von Karl dem Großen gegründeten Kirche, von der jedoch nichts erhalten ist. Der heutige Zentralbau über ovalem Grundriss stammt vom Anfang des 18. Jh.s, begonnen von Gabriel Montani und wohl von Lukas von Hildebrandt vollendet. Auch an der **prächtigen Innenausstattung** haben berühmte Künstler wie Rottmayr, Altomonte und Kupelwieser mitgewirkt.

❶ Mo.–Fr. 7.00–20.00, Sa., So. 9.00–21.00 Uhr, www.peterskirche.at

Graben Nun kommt man zum Graben, einst Wehrgraben des römischen Lagers, später Mehl- und Gemüsemarkt und heute luxuriöse Einkaufsmeile. Rechts biegt man ab in die Dorotheergasse, wo in Nr. 6 eines der bekanntesten Wiener Künstler- und Literatencafés zu Hause ist, das **Café Hawelka**. Leider wird dies aber zunehmend touristisch.

Hawelka: Mo., Mi.–Sa. 8.00–2.00, So. 10.00–2.00 Uhr, www.hawelka.at

In der Dorotheergasse Nr. 11 hat das Jüdische Museum eine Heimat gefunden. Es thematisiert die Beziehung zwischen Juden und Nichtjuden in Österreich und Europa. Wechselausstellungen behandeln **das jüdische Wien**, das **Ostjudentum** und die **Wiener Salonkultur**. Die bemerkenswerte ständige Ausstellung basiert auf drei Sammlungen: der Sammlung von Max Berger zur Kunst des aschkenasischen Judentums, der Sammlung der Israelitischen Kultusgemeinde Wien und der Sammlung von Martin Schlaff, die mit ihren rund 5000 Objekten zum Antisemitismus einzigartig ist.

*Jüdisches Museum

🕐 Mo.–Fr., So. 10.00–18.00 Uhr, Eintritt: 10 €, www.jmw.at

Zwischen dem Jüdischen Museum und dem Dorotheum quert die Plankenstraße, die in östlicher Richtung zum Neuen Markt führt. Er diente seit 1220 als Mehl- und Krautmarkt, Turnier- und Schlittenplatz. Die vier anmutigen Putten am Providentia- oder Donnerbrunnen (1737–1739) von Georg R. Donner symbolisieren die Flüsse Enns, Traun, Ybbs und March.

Donnerbrunnen

Die schlichte **Kapuzinerkirche** (gebaut 1622–1632) an der Westseite des Neuen Marktes wurde samt Kloster von Anna (†1618), der Gemahlin des Kaisers Matthias, gestiftet. Der Eingang links von der Kirche führt hinab zur Kapuziner- oder Kaisergruft, der Familiengruft der Habsburger seit dem Jahr 1633. In der ***Kaisergruft** ruhen die einbalsamierten Körper von 149 Mitgliedern des Hauses Habsburg. Die letzte Beisetzung fand übrigens 2011 statt, als der ehemalige Kronprinz und Europa-Politiker Otto Habsburg gemeinsam mit seiner Frau Regina hier seine letzte Ruhestätte fand. Durch die chronologische Ordnung der neun Grüfte kann man gut den Wechsel der Kunststile einzelner Epochen nachvollziehen.

> **BAEDEKER TIPP**
>
> **»Tante Dorothee«**
>
> Eines der weltweit größten Auktionshäuser ist das Dorotheum in der Dorotheerstraße 17, von Wienern kurz »Tante Dorothee« oder »Pfandl«, abgeleitet von Pfandhaus, genannt. Der Besuch lohnt allein schon der stilvollen Atmosphäre wegen. Das Dorotheum ist zudem der größte Juwelier Österreichs sowie das größte Antiquitätengeschäft Wiens. Besichtigung: Mo.–Fr. 10.00 bis 18.00, Sa. 9.00–17.00 Uhr Auktionen mehrmals pro Woche www.dorotheum.com

🕐 Tgl. 10.00–18.00 Uhr, Eintritt: 5 €, www.kaisergruft.at

HOFBURG UND UMGEBUNG

Stift und Kirche kamen zu ihrem Namen durch die irischen Mönche, die im 12. Jh. von Regensburg nach Wien berufen wurden: Man nannte sie Schotten, weil Irland damals Neu-Schottland hieß. In der

Schottenstift

Gruft der barocken Schottenkirche (ursprünglich 12. Jh.; 1638–1648 umgebaut) ruhen Graf Rüdiger von Starhemberg, der Verteidiger Wiens gegen die Türken 1683, der Klostergründer Herzog Heinrich II. Jasomir († 1177) und der Maler Paul Troger († 1762). Das Schottenstift unterhält ein renommiertes Gymnasium und eine bedeutende Gemäldegalerie mit Werken zu religiösen Themen aus dem 16. bis 19. Jh., aber auch Porträt- und Landschaftsmalerei.

❶ Mo., Di., Do.–So. 11.00–17.00 Uhr, Eintritt: 5 €, www.schottenstift.at

Freyung Die Schottenkirche liegt an der Freyung (»Freistatt«), einem dreieckigen Platz, dessen Name daran erinnert, dass das Kloster ebenso wie der Stephansdom das Recht besaß, Verfolgten Kirchenasyl zu gewähren. Früher gab es hier Wurstelprater, Gaukler und Marktschreier, heute ist der Platz für seinen freitäglichen Biobauernmarkt sowie für die stimmungsvollen Oster- und Adventsmärkte bekannt. Der **Austriabrunnen** von Ludwig Schwanthaler wurde 1846 in München gegossen, seine allegorischen Figuren stellen die personifizierte Austria und die ehemaligen Hauptflüsse der Monarchie, Po, Elbe, Weichsel und Donau, dar. Gerüchten zufolge füllte Schwanthaler die Austriafigur in München mit Zigaretten, um sie unverzollt nach Wien bringen zu können, fand aber keine Gelegenheit mehr, die heiße Ware wieder an sich zu nehmen – so ist der Tabak wohl heute noch drin. Um die Freyung entstanden im 17. und 18. Jh. hübsche Stadtpalais: das Palais Harrach (Nr. 3), das Palais Kinsky (Nr. 4) und

Kein Kaffeehaus, sondern eine Weltanschauung: Café Central

das Palais Ferstel (Nr. 2). Letzteres wurde von 1856 bis 1860 für die Nationalbank gebaut, die aber schon 1878 wegzog. Viel berühmter ist das noch hier logierende **Café Central**, von dem man sagte: »Auf jedem zweiten Thonetstuhl ein reifendes Dichter-Genie, ein Austro-marxist oder Adliger, ein Zwölftonmusiker oder wenigstens ein Psychoanalytiker ...« Einst hießen seine Stammgäste Peter Altenberg, Egon Friedell, Franz Werfel, Stefan Zweig (▶Berühmte Persönlichkeiten), Karl Kraus und Leo Trotzki, und Alfred Polgar schrieb: »Das Café Central ist nämlich kein Caféhaus wie andere Caféhäuser, sondern eine Weltanschauung, und zwar eine, deren innerster Inhalt es ist, die Welt nicht anzuschauen«.

BAEDEKER WISSEN

?

Küchenchefs Dank

Die Nikolauskapelle rechts im Nebenchor der römisch-katholischen Michaelerkirche in der Inneren Stadt stiftete einst ein herzoglicher Küchenmeister, wahrscheinlich um das Jahr 1350. Sie war der Dank für seinen Freispruch in einem Giftmischerprozess.

Café Central: Mo.–Sa. 7.30–22.00, So. 10.00–22.00, Klaviermusik 17.00–22.00 Uhr

Pasqualatihaus

Beethovenverehrer zieht es über Teinfaltstraße und Schreyvogelgasse zum Pasqualatihaus (Mölkerbastei 8), wo der menschlich recht schwierige Komponist ab 1804 wiederholt wohnte. Vom Hausbesitzer Pasqualati, seinem Freund und Gönner, ist überliefert, dass er, wenn **Beethoven** wieder einmal ausziehen wollte, sagte: »Das Logis wird nicht vermietet; Beethoven kömmt schon wieder.« Ausgestellt sind Bilder, Möbel, Noten und persönliche Gegenstände.

❶ Di.–So. 10.00–13.00 u. 14.00–18.00 Uhr, Eintritt: 2 €

Michaelerplatz

Über die Herrengasse schlendert man bis zum eleganten Michaelerplatz mit seinen Bauwerken aus ganz verschiedenen Epochen. Die südwestliche Seite des Platzes wird bestimmt durch die geschwungene Fassade vom Michaelertrakt der Alten Hofburg und die anschließende Winterreitschule. Hier steht außerdem ein Stück »skandalöser« Wiener Architekturgeschichte, in dem heute die Raiffeisenbank ihren Sitz hat: das **Adolf-Loos-Haus**. Der Architekt entwarf im Jahr 1910 den schmucklosen Zweckbau für die Herrenschneiderei Goldmann & Salatsch als ein Kontrapunkt zum pompösen Ringstraßenstil der Hofburg – und erregte damit das Missfallen Kaiser Franz Josephs I., der das »Haus ohne Augenbrauen« – Loos verzichtete nämlich auf Fensterumrahmungen – einfach nur scheußlich fand. Die mittlerweile rekonstruierten Schneidereiräume werden heute für Kunstausstellungen genutzt.

Michaelerkirche

Die Salvatorianerkirche St. Michael – sie war einst Hofpfarrkirche des Kaiserhauses – entstand in der ersten Hälfte des 13. Jh.s gleich-

Kein Wiener trinkt Kaffee

In einem Wiener Kaffeehaus bestellt man nicht einfach einen »Kaffee« – womöglich betont auf der ersten Silbe, was mit einem leicht pikierten Blick des Kellners quittiert wird –, sondern wählt aus zahlreichen Variationen. Und zum Großen Schwarzen, zum Verlängerten oder zu einer Melange, traditionell mit einem Glas Leitungswasser serviert, lässt man sich eine der »Mehlspeisen« schmecken, von denen die Sachertorte die berühmteste ist.

▶ **Die Original Sachertorte** und ihre Zutaten

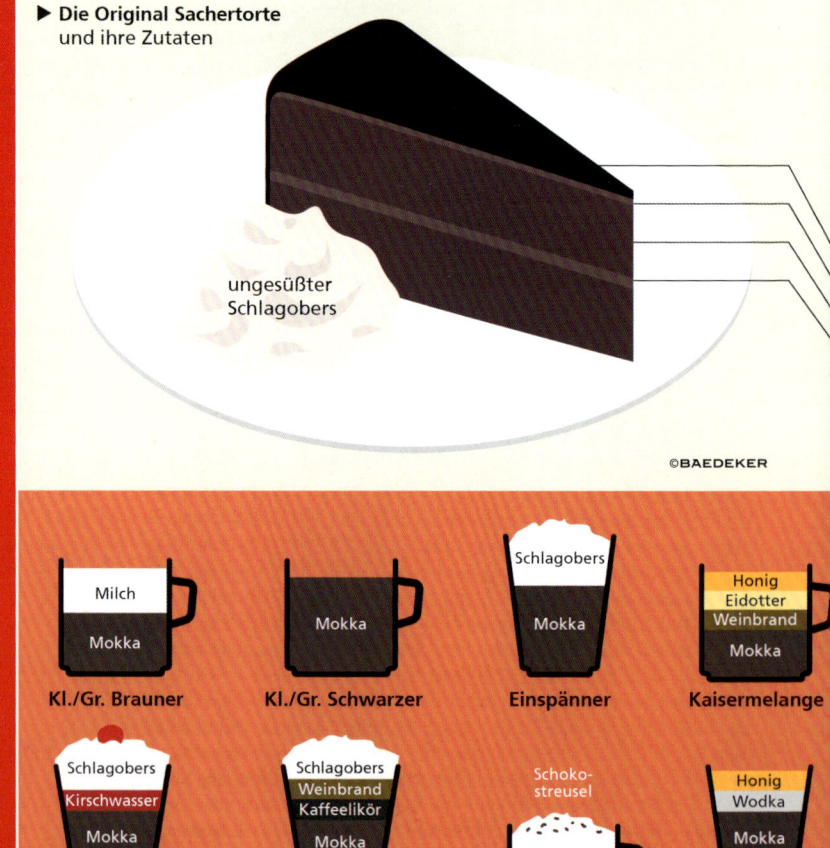

ungesüßter Schlagobers

©BAEDEKER

Milch		Schlagobers	Honig
			Eidotter
	Mokka		Weinbrand
Mokka		Mokka	Mokka
Kl./Gr. Brauner	**Kl./Gr. Schwarzer**	**Einspänner**	**Kaisermelange**

Schlagobers	Schlagobers	Schoko-streusel	Honig
Kirschwasser	Weinbrand		Wodka
	Kaffeelikör	Schlagobers	
Mokka	Mokka	Mokka	Mokka
Fiaker	**Franz Landtmann Kaffee**	**Franziskaner**	**Sobiesky**

Wiener Kaffeehaus-Literaten:

ARTHUR SCHNITZLER
ALFRED POLGAR
FRIEDRICH TORBERG
EGON ERWIN KISCH
PETER ALTENBERG
HERMANN BROCH
KARL KRAUS
ANTON KUH
FELIX SALTEN

▶ **Blüte um 1900 –
die Wiener Kaffeehaus-Geschichte**

ca. 1780	Gründung der ersten Wiener Kaffeehäuser
1786	**Café Demel**
1873	**Café Landtmann**
1819	Es gibt etwa 150 Kaffeesieder
1876	**Café Central**
1876	**Hotel Sacher**
1880	**Café Sperl**
Um 1900	Es gibt etwa 600 Kaffeehäuser in Wien
1903	**Café Prückel**
1959	Das »Kaffeehaussterben« beginnt
ab ca. 1990	Renaissance der Kaffeehaus-Tradition

Kuvertüre (Schokoladenglasur)
2. Schicht Marillenmarmelade
Sacher Biskuitmasse
1. Schicht Marillenmarmelade
passend dazu: Wiener Melange ⟶

Milchschaum
Mokka

Schlagobers
Orangenlikör
Weinbrand
Mokka

aria Theresia

Schlagobers
Mokka

Konsul

türk. Mokka

Türkischer

Weinbrand
Mokka

Mokka gespritzt

Mokka
Schlagobers

**berstürzter
Neumann**

heißes Wasser
Mokka

Verlängerter

Schlagobers
Mokka

Kapuziner

Schlagobers
Brandy
Mokka

Mozart/Amadeus

zeitig mit der alten Burg und dem romanischen Ausbau von St. Stephan. Später gotisiert, erhielt sie eine barocke Portalvorhalle und 1792 das Westportal mit dem Engelsturz von Lorenzo Mattielli sowie die klassizistische Fassade.

Demel

Für Naschkatzen das feinste – und teuerste – Paradies in Wien ist die **weltberühmte k. u. k. Hofzuckerbäckerei** Demel am vom Michaelerplatz nordöstlich abzweigenden Kohlmarkt (Nr. 14). Das weit über 200 Jahre alte Etablissement, das schon Kaiserin Sisi mit Veilchensorbet und Kaiser Franz Joseph I. samt Geliebter mit Krapfen versorgte, kam nach wechselvoller Geschichte an den Gastro-Unternehmer Attila Dogudan, der in der Wiener Society wohl bekannt ist und pikanterweise aus dem Land stammt, das zu Zeiten der türkischen Belagerung Wiens den Grundstoff für die legendären Wiener Kaffeehäuser lieferte. Im Keller des »Demel« ist ein kleines **Schokolade- und Marzipan-Museum** eingerichtet.
❶ Tgl. 9.00 – 19.00 Uhr, www.demel.at

Josefsplatz

Vom Michaelerplatz kommt man in südöstlicher Richtung weiter zum Josefsplatz, der mit seinem spätbarocken bis klassizistischen Erscheinungsbild einen schönen Anblick bietet. Auf dem Platz steht ein **Denkmal Josephs II.**, 1795 bis 1806 von Franz Anton Zauner geschaffen, er wird eingerahmt von der Winterreitschule, der Österreichischen Nationalbibliothek und den Palais Pallavicini und Pálffy.

Phantasten-museum

Im Palais Pálffy ist seit Neuestem das Phantastenmuseum untergebracht, das die hiesige Variante des Surrealismus – die sogenannte

Der »Hof« ist die größte Platzanlage in der Innenstadt.

Wiener Schule des Phantastischen Realismus – dokumentiert. Dieser Stil, der sich durch fantastisch-unwirkliche Motive, ausgeführt in technischer Perfektion, auszeichnet, entstand in den 1950er-Jahren. Zu seinen bekanntesten Vertretern zählen die Künstler Arik Brauer, Ernst Fuchs oder Rudolf Hausner, auch Friedensreich Hundertwasser (►Berühmte Persönlichkeiten) stand der Gruppe nahe.
❶ Tgl. 10.00–18.00 Uhr, Eintritt: 9 €, www.phantastenmuseum.at

Die Augustinerkirche wurde von 1330 bis 1339 gebaut und war Teil eines ehemaligen Klosters (1327–1838), in dem der volkstümliche Prediger Abraham a Santa Clara von 1689 bis 1709 lebte. Sie diente wiederholt als **Schauplatz großer Hochzeiten**, darunter 1854 die von Franz Joseph I. mit Prinzessin Elisabeth von Bayern. An die Loretokapelle rechts vom Chor schließt die **Herzgruft**. Durch ein Fenster in der Tür sieht man 54 Urnen stehen, in denen die Herzen von Habsburger Monarchen und Erzherzögen aufbewahrt werden. Die große Herzurne enthält die Herzen von Maria Theresia und ihrem Gemahl, Franz I. Stephan. Ein Höhepunkt klassizistischer Grabmalkunst ist Antonio Canovas Marmorgrab für Maria Christina von Sachsen-Teschen († 1798), eine Tochter von Maria Theresia.
❶ Führungen So. u. feiertags nach dem Hochamt ca. 12.30 Uhr oder nach Voranmeldung, Tel. 01 5 33 70 99, Spende erbeten, sonst 2,50 €

*Augustiner-kirche

Im Palais Lobkowitz am Lobkowitzplatz 2, wo Beethoven 1804 die Uraufführung seiner 3. und 1807 die seiner 4. Sinfonie dirigierte, ist das Österreichische Theatermuseum untergebracht. Die ständige Schausammlung zeigt vor allem Bühnenbildmodelle, Kostüme und Requisiten, die Wechselausstellungen beschäftigen sich mit verschiedenen Theaterepochen.
❶ Mo., Mi.–So. 10.00–18.00 Uhr, Eintritt: 8 €, www.theatermuseum.at

Theater-museum

Die Albertina gehört zu den **bedeutendsten und umfangreichsten grafischen Sammlungen der Welt**, 1768 begründet durch Maria Theresias Schwiegersohn, den Kunstmäzen Herzog Albert von Sachsen-Teschen (1738–1822). Sie umfasst rund 65 000 Zeichnungen der deutschen (Dürer, Holbein d. Ä., Menzel, Liebermann), österreichischen (Rottmayr, Troger, Makart, Klimt, Kubin), italienischen (Fra Angelico, Mantegna, da Vinci, Raffael, Canaletto, Tiepolo), altniederländisch-flämischen (van Leyden, Brueghel d. Ä., van Dyck, Rubens), niederländischen (Both, van Goyen, Ruisdael, Rembrandt), französischen (Poussin, Watteau, Matisse, Chagall) und englischen Schule (Reynolds, Gainsborough, Romney). Dazu kommen fast eine Million druckgrafische Werke von der Spätgotik bis zur Moderne, die rund 25 000 Pläne, Skizzen und Modelle umfassende Architektursammlung sowie die 1999 gegründete Sammlung historischer und zeitgenössischer Fotografie. Auch das **Österreichische Filmmuseum** ist

*Albertina

hier untergebracht. Es zeigt allerdings keine Ausstellung, sondern Filmklassiker und Avantgardefilme. Das aktuelle Programm wird in Tageszeitungen und Veranstaltungsprogrammen angekündigt.

Albertina: Mo., Di., Do.–So. 10.00–18.00, Mi. 10.00–21 Uhr, Eintritt: 11 €, www.albertina.at

Filmmuseum: www.filmmuseum.at

Mahnmal gegen Krieg und Faschismus

Den Albertinaplatz beherrscht das vom österreichischen Bildhauer **Alfred Hrdlicka** gestaltete Mahnmal gegen Krieg und Faschismus (1988–1991). Es wurde zum Gedenken an die Opfer des NS-Regims und die Toten des Zweiten Weltkriegs errichtet, die in den bei Bombenangriffen zugeschütteten Luftschutzbunkern unter dem Albertinaplatz ruhen. Die **Bronzeplastik** erinnert an den 12. März 1938, als jüdische Bürger von den Nazis gezwungen wurden, auf die Straße gemalte proösterreichische Parolen mit Bürsten zu entfernen.

*Wiener Staatsoper

Das berühmte Musiktheater, von 1861 bis 1869 in den historisierenden Formen der französischen Frührenaissance errichtet und bis 1918 Hofoper genannt, wurde mit Mozarts »Don Giovanni« eröffnet, das nach der Zerstörung im Zweiten Weltkrieg wieder aufgebaute Haus 1955 mit Beethovens »Fidelio«. Die Musikbegeisterung der Wiener wurzelt in der Habsburgischen Geschichte – praktisch alle Herrscher waren große Musikliebhaber. 2211 Zuschauer fasst das Haus und bietet 110 Musikern der Wiener Philharmoniker – seit 1842 Hausorchester – Platz. An 300 Abenden im Jahr hebt sich der Vorhang. Am letzten Donnerstag im Fasching steht eine besondere Inszenierung auf dem Spielplan: der berühmteste unter den jährlich rund 150 Bällen in Wien, der **Wiener Opernball**.

❶ Führungen mehrmals tgl., Tel. 01 5 14 44-26 14 o. -24 21, www.wiener-staatsoper.at

**Hofburg

Die kaiserliche Burg war mehr als sechs Jahrhunderte Residenz der Herrscher Österreichs: Hier regierten die Habsburger bis 1918 ihren Vielvölkerstaat und hier wurde europäische Geschichte geschrieben. Heute amtiert in der Hofburg der **österreichische Bundespräsident**. Der riesige Komplex umfasst mit Plätzen und Gärten ein Areal von 240 000 m² und blickt auf eine 700-jährige Baugeschichte zurück. Es gibt Bauteile aus Gotik, Renaissance, Barock, Rokoko, Klassizismus und Gründerzeit. Die »Stadt in der Stadt« verfügt über 18 Trakte, 54 Stiegen, 19 Höfe, 2600 Räume und beschäftigt etwa 5000 Menschen. In sechs Räumen in der Amalienburg begibt man sich im **Sisi-Museum** auf die Spur der berühmten Kaiserin: Hier sieht man Wohn- und Schlafzimmer von Sisi, das Toilettenzimmer, in dem sie Turngeräte hatte aufstellen lassen, ihr Badezimmer sowie den kostbar ausgestatteten Großen und Kleinen Salon mit Erinnerungsstücken an die schöne Bewohnerin. Lediglich Kaiserappartements und Silberkammer in der Alten Hofburg haben denselben Eingang und können mit einem Kombiticket besucht werden. Für alles andere – ob die Sehenswürdigkeiten in der Alten Hofburg, die Nationalbibliothek oder die Museen in der Neuen Hofburg – muss ein eigenes Ticket am jeweiligen Eingang erworben werden.

❶ Juli, Aug. tgl. 9.00 – 18.00, Sept. – Juni tgl. 9.00 – 17.30 Uhr, Eintritt: 10,50 €, www.hofburg-wien.at

Lukas von Hildebrandt begann 1723 mit dem Bau der Kaiserappartements, Joseph Emanuel Fischer von Erlach vollendete 1739 den Verbindungsflügel zwischen dem Schweizerhof und der Amalienburg. Die **Franz-Joseph-Appartements** umfassen den Warte- und Audienzraum, den Sitzungssaal von Minister- und Kronrat, das Arbeits- bzw. Schlafzimmer des Kaisers, den Großen Salon mit dem berühmten Bild der Kaiserin Elisabeth in großer Robe und Sternenschmuck sowie den Kleinen Salon. Die **Alexanderappartements** standen Zar Alexander I. während des Wiener Kongresses zur Verfügung. Die meisten Möbel stammen aus der zweiten Hälfte des 19. Jh.s, viele der Keramiköfen sind aus dem 18. Jh.

**Kaiser-appartements

Bei einem Blick in die Silberkammer sieht man das kostbare Fest- und Alltagsgeschirr des kaiserlichen Hofes, das hier sehr wirkungsvoll zur Schau gestellt wird.

**Silber-kammer

Wiener Opernball in der Staatsoper: Hier trifft sich die feine Gesellschaft jedes Jahr zum Walzer.

**Spanische Hofreitschule

Vor allem während des Wiener Kongresses war die barocke **Winterreitschule**, von 1729 bis 1735 von Joseph Emanuel Fischer von Erlach erbaut, illustrer Schauplatz glanzvoller Feste. Heute dient sie der Spanischen Hofreitschule für Vorführungen. Die schönen **Lipizzaner** sind in der anschließenden Stallburg untergebracht. Karten für die wochenendlichen Galavorführungen sind heiß begehrt und müssen lange im Voraus bestellt werden. Wer eher spontan ist, kommt einfach zur fast täglich stattfindenden Morgenarbeit, Tickets dafür sind an der Tageskasse erhältlich.

Ⓘ Sommerpause im Juli, Tel. 01 5 33 90 31, www.srs.at

**Schatzkammern

Die Schatzkammern enthalten in 21 Räumen die Reichskleinodien und Reliquien des Heiligen Römischen Reiches Deutscher Nation, Krönungs- und Ordensinsignien, Hoheitszeichen, weltliche und sakrale Kostbarkeiten, Schmuck und Erinnerungsstücke aus habsburgischem Besitz von unschätzbarem künstlerischen, historischen und materiellen Wert, zusammengetragen seit dem 16. Jh. Im Auftrag von Kaiser Friedrich III. wurde die **Burgkapelle** von 1447 bis 1449 erbaut, sie ist heute zur beliebten Hochzeitskapelle avanciert. Spöttische Zungen behaupten, die 500-jährigen Holzstatuetten der 13 Nothelfer seien in einer so populären Trauungskirche durchaus am rich-

> **BAEDEKER TIPP** !
>
> *Wiener Sängerknaben*
>
> Beliebt sind die Auftritte der Wiener Sängerknaben bei den Sonntagskonzerten zur Heiligen Messe in der Burgkapelle, daher ist eine Reservierung erforderlich.
> So. 9.15 Uhr, nicht im Juli u. Aug., Tel. 01 5 33 99 27

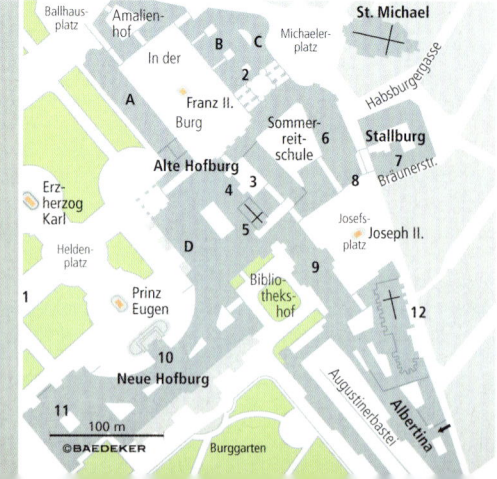

Hofburg

A Leopoldinischer Trakt
B Reichskanzleitrakt
C Michaelertrakt
D Festsaaltrakt

1 Burgtor (Heldendenkmal)
2 Kaiserappartements, Sisi Museum und Silberkammer
3 Schweizerhof (Zugang zu den Schatzkammern)
4 Weltliche und geistliche Schatzkammer
5 Hofburgkapelle
6 Winterreitschule
7 Lipizzaner-Stallungen
8 Zugang zur Spanischen Hofreitschule
9 Nationalbibliothek
10 Ephesos-Museum, Hofjagd- und Rüstkammer, Sammlung alter Musikinstrumente
11 Museum für Völkerkunde
12 Augustinerkirche

Ballhausplatz
Amalienhof
St. Michael
In der
Michaelerplatz
B C
2
A
Franz II. Burg
Sommerreitschule
6
Stallburg
7
Alte Hofburg
8
Bräunerstr.
Erzherzog Karl
4 3
Josefsplatz
Joseph II.
5
Heldenplatz
D
9
1
Prinz Eugen
Bibliotheks-hof
12
10
Neue Hofburg
Habsburgergasse
Augustinerbastei
Albertina
11
100 m
©BAEDEKER
Burggarten

Karten für eine Galavorstellung der Lipizzaner sind heiß begehrt.

tigen Platz. Die der Burgkapelle angeschlossene **Hofmusikkapelle** war Gründungsstätte der Hofsängerknabenchöre, aus denen wiederum die weltberühmten Wiener Sängerknaben hervorgegangen sind.
Schatzkammern: Mo., Mi.–So. 9.00–17.30 Uhr, Eintritt: 12 €
Burgkapelle: Mo., Di. 10.00–14.00, Fr. 11.00–13.00 Uhr

Der Barockbau der Nationalbibliothek am Josephsplatz wurde nach Plänen von Vater und Sohn Fischer von Erlach 1723 bis 1726 errichtet und ist durch den Redoutensaal mit der Hofburg verbunden. Die umfangreichen Sammlungen gehen bis ins 14. Jh. zurück und umfassen heute etwa 3 Mio. Bücher, 43 000 Handschriften ab dem 6. Jh., 8000 Inkunabeln, 240 000 Autographen, ebenso viele Kartenblätter, kostbare Globen, eine Porträtsammlung und ein Bildarchiv. Äußerst beeindruckend ist der **Prunksaal**, der über zwei Stockwerke reicht und eine mächtige Kuppel, herrliche Deckenfresken und 15 000 Bücher aus der einstigen Bibliothek des Prinzen Eugen besitzt. Die Bestände der Bibliothek sind über mehrere Gebäude verteilt. Zur Bibliothek gehören außerdem noch das **Esperantomuseum** und das **Globenmuseum** in der Herrengasse 9 sowie das **Papyrusmuseum** in der Neuen Burg.

National-bibliothek

Säle: Hauptlesesaal Mo.–Sa. 9.00–21.00, Prunksaal Di., Do.–So 10.00 bis 18.00, Mi. 10.00–21.00 Uhr, Eintritt: 7 €, www.onb.ac.at
Museen: Di., Do.–So 10.00–18.00, Mi. 10.00–21.00 Uhr, Eintritt: 3–5 €, www.onb.ac.at

Geballtes Wissen: Prunksaal der Nationalbibliothek

*Neue Hofburg Südwestlich an die Alte Hofburg schließt die Neue Hofburg an, im neubarocken »Ringstraßenstil« erbaut von Carl von Hasenauer, Gottfried Semper u. a. und Sitz hervorragender Museen. Von diesen sind drei in einem zu besichtigen: Um die Jahrhundertwende 19./20. Jh. förderten österreichische Archäologen bei Ausgrabungen in der antiken Handelsstadt Ephesos an der Küste Kleinasiens kostbare Statuen, Reliefs und Bronzen zu Tage, die als Geschenk des Sultans an den Kaiser nach Wien gelangten, heute sind sie im **Ephesos-Museum** zu sehen; die **Musikinstrumentensammlung**, ausgestellt im Mittelteil der Neuen Hofburg, umfasst **einzigartige Bestände aus der Renaissance** und eine umfangreiche Kollektion von Klavieren, darunter Instrumente von Joseph Haydn, Gustav Mahler, Richard Strauss und Hugo Wolf; zu einer der bedeutendsten Sammlungen ihrer Art wurde die **Waffensammlung** der Neuen Hofburg, als man 1889 alle habsburgischen Rüstkammern zusammenlegte. Was hier in der Hofjagd- und Rüstkammer zu bestaunen ist, diente aber eher sportlichen oder repräsentativen Zwecken. Außerdem sind in der Neuen Burg noch das **Papyrusmuseum** (►Nationalbibliothek) sowie das **Völkerkundemuseum** untergebracht, das aus der ethnografischen Abteilung des Naturhistorischen Museums hervorgegangen ist. Es besitzt wertvolle Artefakte aus der ganzen Welt, leider ist aber ein Großteil der Sammlungen für unbestimmte Zeit geschlossen. Abgesehen von wechselnden Sonderausstellungen sind derzeit nur die Sammlungen Süd- und Südostasiens sowie Himalayaländer (Götterbilder) zugänglich.

Neue Hofburg: Mi.–So. 10.00–18.00 Uhr, Eintritt: 12 €, www.khm.at
Völkerkundemuseum: Mo., Mi.–So. 10.00–18.00 Uhr, Eintritt: 8 €, www.ethno-museum.ac.at

Im Burggarten südöstlich der Neuen Hofburg stehen Denkmäler berühmter Männer wie Mozart, Goethe oder Franz Joseph I. Eine Attraktion ist das **Palmenhaus**, ein gläsernes Juwel der Jugendstilzeit, das heute drei Funktionen erfüllt: Im Mittelteil beherbergt es die schicke Café-Brasserie-Bar Palmenhaus, auf der einen Seite hat die Bundesgartenverwaltung ein Pflanzendepot und auf der anderen Seite findet man ein **Schmetterlingshaus**, das man besichtigen kann.   **Burggarten**

Schmetterlingshaus: April–Okt. Mo.–Fr. 10.00–16.45, Sa., So. 10.00–18.15, Nov.–März tgl. 10.00–15.45 Uhr, Eintritt: 5,50 €, www.schmetterlinghaus.at

Das von 1821 bis 1824 erbaute, 1934 zu einem Heldendenkmal umgestaltete **Burgtor** ist der südwestliche Abschluss des Heldenplatzes. Die **Reiterstandbilder** stellen Prinz Eugen und Erzherzog Karl dar. Unrühmliche Bekanntheit erlangte der Platz, als am 15. März 1938 Adolf Hitler vom Altan der Neuen Hofburg den »Anschluss Österreichs« verkündete und ihm dabei eine riesige Menschenmenge auf dem Heldenplatz zujubelte.   **Heldenplatz**

Der Garten, der nordwestlich anschließt, wurde zwischen 1819 und 1907 angelegt und war ursprünglich als Privatgarten der Habsburger gedacht. Doch die hohen Herrschaften besannen sich anders und so feierten die Wiener am 1. März 1823 die Öffnung des ersten Parks in Hofbesitz für die Allgemeinheit. In der Anlage, die besonders schön ist, wenn die Rosen ab Juni in voller Blüte stehen, verteilen sich mehrere **Denkmäler**, darunter eines für Kaiserin Elisabeth (Sisi) – eine monumentale, secessionistische Anlage von Friedrich Ohmann.   **Volksgarten**

DIE RINGSTRASSE ENTLANG

Ab 1859 wurde die Ringstraße auf den mittelalterlichen Befestigungen angelegt, sie besteht – im Gegenuhrzeigersinn, nordwestlich beginnend – aus Schottenring, Dr.-Karl-Lueger-Ring, Dr.-Karl-Renner-Ring, Burgring, Opernring, Kärntner Ring, Schubertring, Parkring   **Prunkstraße Wiens**

Fischer von Erlachs Hofstallbau im MuseumsQuartier

und Stubenring. Sie umschließt die innere Stadt auf einer Länge von 4 km auf drei Seiten, die vierte Seite bildet der Franz-Josefs-Kai am Donaukanal. Der Spaziergang nimmt mit allen Abstechern auch ohne lange Museumsbesuche auf jeden Fall einen Tag in Anspruch.

*Burgtheater »Die Burg«, wie die Wiener den Musentempel nennen, wurde nach Plänen von Hasenauer und Semper erbaut und gehört zu den **traditionsreichsten Theaterbühnen im deutschen Sprachraum** (Dr.-Karl-Lueger-Ring Nr. 2). Hier konnte und kann man so berühmte Mimen wie Hedwig Bleibtreu, Werner Kraus, Käthe Gold, Attila Hörbiger, Paula Wessely, Hilde Krahl, Klaus Maria Brandauer, Erika Pluhar, Ulrich Tukur oder Eva Mattes erleben. In den Treppenhäusern sieht man Fresken von Gustav und Ernst Klimt sowie Franz Matsch, die schönen Innenräume des Theaters sind im französischen Barockstil ausgestaltet.
❶ Führungen tgl. 14.00 (Gustav-Klimt-Feststiegen u. Angelika-Prokopp-Foyer) u. 15.00 Uhr (Blick hinter die Kulissen), 5,50 €, Kartenverkauf Tel. 01 5 13 15 13, tgl. 10.00–21.00 Uhr, www.burgtheater.at

*Rathaus Das neugotische Rathaus gegenüber (erbaut 1872–1883) ist Sitz des Wiener Stadt- bzw. Landesparlaments und Hauptverwaltungsgebäude der Stadtgemeinde. Wahrzeichen ist der **»Eiserne Rathausmann«** auf dem knapp 98 m hohen Rathausturm. Im Arkadenhof,

seinem mit 81 x 35 m größten der sieben Höfe, finden zudem Konzerte verschiedener sommerlicher Musikveranstaltungen statt.
Führungen: Mo., Mi. u. Fr. außer Sitzungstage 13.00 Uhr; Tel. 01 5 25 50

Im repräsentativen Parlamentsgebäude am Dr.-Karl-Renner-Ring Nr. 3, das in Anspielung auf den Ursprung der Demokratie von 1873 bis 1883 in griechisch-antiker Form mit korinthischen Säulen und reichem Schmuck an Attiken und Giebeln errichtet wurde, halten seit 1918 der National- und der Bundesrat ihre Sitzungen ab.   ***Parlament**
Besucherzentrum: Mo.–Fr. 8.30–18.30, Sa. 9.30–16.30, Führungen außer an Sitzungstagen: Mitte Juli bis Mitte Sept. Mo.–Sa 11.00–16.00 zu jeder vollen Stunde, Mitte Sept.–Mitte Juli Mo.–Sa. 11.00, 14.00, 15.00, 16.00 Uhr, keine Anmeldung erforderlich, 5 €, www.parlament.gv.at

Am Burgring folgt das Naturhistorische Museum. Die in 39 Schausälen und einer Kuppelhalle untergebrachte Sammlung zählt heute zu den bedeutendsten naturwissenschaftlichen Sammlungen Europas. Gegründet wurde es von Franz I. Stephan als Naturalienkabinett, seine Gemahlin Maria Theresia machte es im Jahr 1765 der Öffentlichkeit zugänglich. Das Museum bietet fantastische Mineralien- und Edelsteinfunde aus aller Welt, sehenswerte Fossilien, prähistorische Funde wie die 27 000 Jahre alte »Venus von Willendorf« oder die älteste Menschenplastik der Welt, die 32 000 Jahre alte »Venus vom Galgenberg«, sowie eine hervorragende botanische und zoologische Abteilung. Die jüngeren Besucher sind vor allem von den lebensgroßen Dinosaurierskeletten in den Sälen 9 und 10 begeistert.   ****Naturhistorisches Museum**
❶ Mo., Do.–So. 9.00–18.30, Mi. 9.00–21.00 Uhr, Eintritt: 10 €, www.nhm-wien.ac.at

BAEDEKER TIPP ❗

Erlebnis Rathausplatz

Der riesige Platz vor dem Rathaus ist sowohl im tiefsten Winter als auch im Hochsommer ein beliebter Treffpunkt. Während man in der kalten Jahreszeit über den Christkindlmarkt flaniert, entspannt man sich im Juli und August bei abendlichen Filmvorführungen aus der Welt der Oper, des Balletts, der Weltmusik oder des Jazz. Gastrostände sorgen dafür, dass die Hungrigen und Durstigen nicht darben müssen.

Gegenüber liegt der Zwillingsbau zum Naturhistorischen, nämlich das Kunsthistorische Museum mit **einer der bedeutendsten Kunstsammlungen der Welt**. Im Hauptgebäude untergebracht sind die Ägyptisch-Orientalische Sammlung, die Antikensammlung, die Kunstkammer mit Plastiken und Kunstgewerbe, die Gemäldegalerie und das Münzkabinett. Angesichts der dargebotenen Kostbarkeiten kann man in diesem umfangreichen Museum problemlos einen ganzen Tag zubringen. Einen besonderen Schatz hütet aber auch die   ****Kunsthistorisches Museum**

Antikensammlung: Gemma Augustea

Kunstkammer, die im März 2013 nach aufwendiger Renovierung neu eröffnet wurde. Sie nimmt die gesamte linke Seite des Hochparterres ein. Hier präsentiert sich dem staunenden Betrachter das von Kaisern und Fürsten ab dem späten Mittelalter gesammelte Wissen auf sehr anschauliche Weise, beispielsweise in Form der Wiener Planetenuhr des kaiserlichen Kammeruhrmachers Jobst Bürgi, die bereits 1605 das heliozentrische Weltbild wiedergab, trotz päpstlichen Bannes bis 1757. ● Di., Mi., Fr.–So. 10.00–18.00, Do. 10.00–21.00 Uhr, Eintritt: 12 €, www.khm.at

Außerhalb der Ringstraße verläuft eine Art zweiter Straßenring, an dem sich weitere bedeutende Sehenswürdigkeiten Wiens befinden. Südwestlich des Maria-Theresien-Platzes kommt man zum **✱✱MuseumsQuartier**. Hinter den denkmalgeschützten Fassaden der ehemaligen kaiserlichen Hofstallungen, einem 360 m langen, von 1723 bis 1725 nach Plänen von J. B. Fischer von Erlach errichteten Baukomplex, entstand ab 1997 das MuseumsQuartier für zeitgenössische **interdisziplinäre Kunst- und Kulturaktivitäten**, entworfen vom Architekturbüro Ortner & Ortner. Es umfasst verschiedene Kultursegmente: vom neuartigen Kinderkreativzentrum bis zum klassischen Kunstmuseum, von Abteilungen für Tanz, Film, Architektur und Theater bis zu Foren für Neue Medien und Kunsttheorie. Abgerundet ist das Ganze durch gastronomische Einrichtungen und Läden. Das Areal ist frei zugänglich, oft Schauplatz von Veranstaltungen und im Sommer ein beliebter Treffpunkt. Auskunft über Kombitickets und Eintrittskarten erhält man im Besucherzentrum am Haupteingang am MQ Point. Hinter »**mumok**« verbirgt sich das Museum Moderner Kunst, Stiftung Ludwig, Wien. Es besitzt **eine der größten europäischen Sammlungen moderner und zeitgenössischer Kunst**. Seine Schwerpunkte sind die Klassische Moderne, die 60er- und 70er-Jahre des 20. Jh.s, Fluxusobjekte, Installations- und Objektkunst der jüngsten Zeit und Medienkunst der Gegenwart. Für Österreichbesucher eines der sehenswertesten Museen im ganzen Land ist das **✱✱Leopold Museum**, das aus den privaten Beständen von Rudolf und Elisabeth Leopold entstanden ist. Es zeigt österreichische Kunst seit dem ausgehenden 19. Jh. mit den Schwer-

Kunsthistorisches Museum

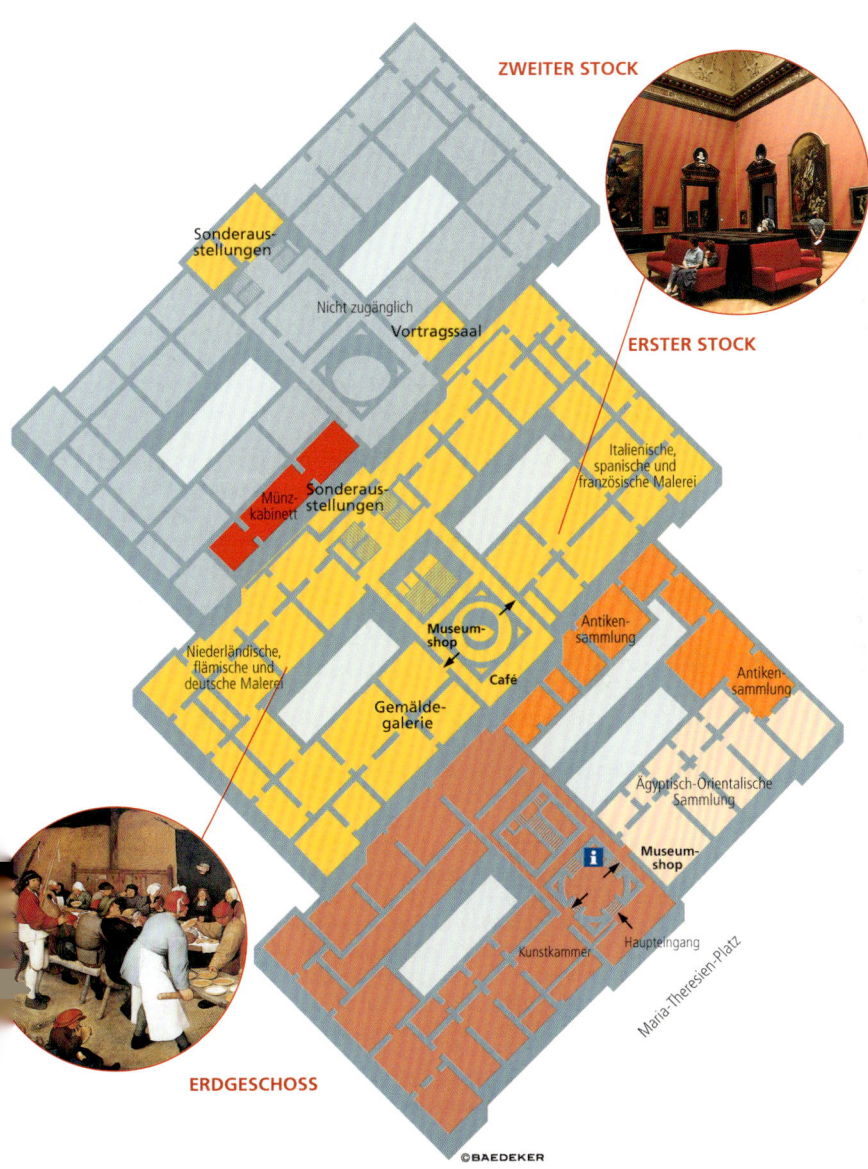

ZWEITER STOCK

Sonderaus-
stellungen

Nicht zugänglich

Vortragssaal

ERSTER STOCK

Italienische,
spanische und
französische Malerei

Münz-
kabinett

Sonderaus-
stellungen

Antiken-
sammlung

Antiken-
sammlung

Niederländische,
flämische und
deutsche Malerei

Museum-
shop

Café

Gemälde-
galerie

Ägyptisch-Orientalische
Sammlung

Museum-
shop

Kunstkammer

Haupteingang

Maria-Theresien-Platz

ERDGESCHOSS

©BAEDEKER

Secession: Von den Wienern liebevoll »Krauthappl« genannt

punkten Jugendstil, Wiener Werkstätten, Expressionismus und Neue Sachlichkeit. Bekannt ist das Leopold Museum vor allem für die größte Egon-Schiele-Sammlung der Welt und für die Spitzenwerke von Gustav Klimt. Die **Kunsthalle Wien** präsentiert in Wechselausstellungen Tendenzen und Strömungen der Gegenwartskunst. Internationale Entwicklungen in der Architektur, eine Dauerausstellung österreichischer Architektur des 20. Jh.s und wechselnde Werkschauen gibt es im **Architekturzentrum Wien** zu sehen. Ausstellungen zum Anfassen und Mitmachen sind zudem im **ZOOM Kindermuseum** (▶S. 125) zu entdecken.

Museumsquartier: Tgl. 10.00–19.00 Uhr, www.mqw.at
mumok: Mo. 14.00–19.00, Di., Do.–So. 10.00–19.00, Mi. 10.00 bis 21.00 Uhr, Eintritt: 9 €, www.mumok.at
Leopold Museum: Mo., Do.–So. 10.00–18.00, Mi. 10.00–21.00 Uhr, Eintritt: 12 €, www.leopoldmuseum.org
Kunsthalle Wien: Mo.–Mi., Fr.–So. 10.00–19.00, Do. 10.00–21.00 Uhr, Eintritt: 8 €, www.kunsthallewien.at
Architekturzentrum: Tgl. 10.00–19.00 Uhr, Eintritt: 7 €, www.azw.at

*Secession　　Verlässt man das MuseumsQuartier in südlicher Richtung, quert man zunächst die Mariahilfer Straße (▶S. 603) und gelangt dann nach rund 400 m zur Wienzeile. Linker Hand steht die berühmte Secession in der Friedrichstraße 12, Ausstellungsgebäude der gleichnamigen Künstlervereinigung. Das vom Otto-Wagner-Schüler Josef Maria Olbrich konzipierte und 1898 eröffnete Gebäude, der erste und Epoche machende Bau des Wiener Jugendstils, ist an seiner schönen Kuppel erkennbar: einem Lorbeerbaum aus vergoldeter Bronze, der vom Wiener Volksmund respektlos »goldenes Krauthappl« (Krautkopf) genannt wird. Das bekannteste Ausstellungsstück ist der gewaltige **Beethovenfries** von Gustav Klimt (►Berühmte Persönlichkeiten). Jedes Jahr werden im Secessions-Gebäude bis zu 20 Ausstellungen organisiert.

❶ Di.–So. 10.00–18.00 Uhr, Eintritt: 5,50 für die aktuelle Ausstellung, 8,50 für Ausstellung und Beethovenfries, 1,50 € Aufpreis für Führungen; Führungen Sa. 15.00, So. 11.00 Uhr, www.secession.at

Stadtauswärts verläuft die Wienzeile parallel zum Fluss Wien, der an dieser Stelle im Zuge von Hochwasserregulierungsmaßnahmen im ausgehenden 19. Jh. überwölbt wurde. Auf dem so gewonnenen Platz wurde ein großer Lebensmittelmarkt etabliert. Der Naschmarkt mit seinen **historischen Ständen** ist noch heute der größte der Wiener Freiluftmärkte, wenngleich sich sein Angebot gewandelt hat: Statt Obst und Gemüse werden heute vor allem internationale Delikatessen verkauft, die auch verkostet werden können. Am südlichen Ende wird jeden Samstag ab ca. 6.30 Uhr ein pittoresker Flohmarkt abgehalten – der einzig nennenswerte der Stadt. ***Naschmarkt**

❶ Mo.–Sa. Markt ca. 6.00–18.00, Gastrostände ca. 8.00–24.00 Uhr

Beachtung verdienen aber auch die vielen schönen Häuser, die die Wienzeile beiderseits säumen, etwa die beiden prächtigen **Jugendstilfassaden** an der Linken Wienzeile Nr. 38 und 40. Etwas unscheinbarer steht an Nr. 6 das Theater an der Wien, neben dem Leopoldstädter Theater und dem Theater in der Josefstadt das dritte der bekannten Wiener Vororttheater. Hier wurde 1791 Mozarts »Zauberflöte« und 1805 Beethovens »Fidelio« uraufgeführt. Lange Zeit eine beliebte Musicalbühne, ist es seit 2006 Wiens **»Neues Opernhaus«**. **Theater an der Wien**

Auf den Karlsplatz trifft man östlich der Friedrichstraße mit der Secession. An seiner Nordseite stehen die Handelsakademie, das Künstlerhaus und – ein Mekka für Musikfreunde – das Gebäude des Musikvereins mit dem Goldenen Saal. Hier lehrten Gustav Mahler und Hugo Wolf, begeisterten Furtwängler, Böhm, Karajan, Bernstein und Abbado das Publikum. Der **Goldene Saal** fasst 2000 Besucher, bietet 400 Musikern Platz und zählt zu den Konzertsälen mit der weltweit besten Akustik. Von hier aus wird das legendäre **Neujahrskonzert der Wiener Philharmoniker** übertragen. ***Musikverein**

❶ Mo.–Fr. 9.00–20.00, Sa. 9.00–13.00 Uhr, Führungen laufend, Eintritt: 6 €

Auch Kunst- und Architekturfreunde finden am Karlsplatz eine reizvolle Attraktion vor: die 1901 vom Jugendstilarchitekten Otto Wagner als **Stationsgebäude für die Stadtbahn** entworfenen Pavillons, die hier mit Marmor und Goldauflage besonders kostbar ausgestattet wurden. Anstelle der 1898 eröffneten Stadtbahn fährt heute die U-Bahn Linie U4 unterirdisch westwärts, die beiden Pavillons am **Otto-Wagner-Pavillons**

Karlsplatz dienen für Wechselausstellungen und für die permanente Schau des Wien Museums zu Leben und Werk Otto Wagners.

❶ April–Okt. Di.–So. 10.00–18.00 Uhr, Eintritt: 4 €

Wien Museum

Anschaulich präsentiert das Wien Museum an der Ostseite des Karlsplatzes die Geschichte und Entwicklung der Donaumetropole von der Steinzeit bis zur Mitte des vergangenen Jahrhunderts.

❶ Di.–So. 10.00–18.00 Uhr, Eintritt: 8 €, www.wienmuseum.at

*Karlskirche

Wuchtig flankiert die Karlskirche den Platz im Süden. Die von Vater und Sohn Fischer von Erlach erbaute Kirche ist der **bedeutendste barocke Sakralbau Wiens**. Kaiser Karl VI. hatte gelobt, nach dem Ende der Pestepedemie 1713, die rund 8000 Opfer forderte, eine Kirche errichten zu lassen. Sie ist dem Pestheiligen Karl Borromäus geweiht. Alle Kronländer mussten den Bau mitfinanzieren – sogar die Stadt Hamburg war mit Strafgeldern wegen der Zerstörung der österreichischen Gesandtschaftskapelle in der Hansestadt daran beteiligt. Die spiralförmigen Reliefbänder an den 33 m hohen Triumphsäulen zeigen Szenen aus dem Leben des Heiligen. Der Innenraum besticht durch seine gewaltige Raumwirkung, dominante Kunstwerke sind Rottmayrs Kuppel- und Orgelfresko sowie der prachtvolle Hochaltar. Der Platz und der anschließende Park vor der Kirche bieten alternative Veranstaltungen zum Rathausplatz – viele Wiener finden den Adventmarkt hier besinnlicher und das sommerliche Open-Air-Kino interessanter als das vor dem Rathaus.

❶ Mo.–Sa. 9.00–12.30 u. 13.00 bis 18.00, So. 12.00–17.45 Uhr, Eintritt: 6 € inklusive Fahrt mit dem Panoramalift in die Kuppel, www.karlskirche.at

> **! BAEDEKER TIPP**
>
> *Café Schwarzenberg*
>
> Wer in Wien ist, sollte zumindest einmal echte Kaffeehausatmosphäre schnuppern. Stilvoll und in historischem Rahmen geht das im Café Schwarzenberg am Kärntner Ring 17. Das Gebäude transportiert mit erlesenem Interieur und vielen Spiegeln die epochale Ringstraßenarchitektur, der es selbst entstammt, sozusagen ins Café. Tgl. 7.00–24.00, Sa. 9.00 bis 24.00 Uhr, www.cafe-schwarzenberg.at

*Haus der Musik

Östlich vom Karlsplatz liegt der lange Schwarzenbergplatz, von dem die Schwarzenbergstraße Richtung Innere Stadt abgeht. Nach Überquerung des Rings steht am Ende der Schwarzenbergstraße (Seilerstätte 30) das 2000 eröffnete Haus der Musik. Es ist mit einer interessanten Konzeption ausgestattet: Besucher sind eingeladen, Musik zu hören und zu fühlen. Jeder kann virtuell dirigieren, eigene Musik komponieren und dank zahlreicher interaktiver Einrichtung spielerisch musizieren. Wiener Musiker wie Haydn, Mozart, Beethoven, Schubert, Strauß (►Berühmte Persönlichkeiten), Mahler oder Schön-

berg werden durch Dokumente, Kostüme und Theaterzettel in ihrem Lebensumfeld vorgestellt. Außerdem befindet sich im Haus das **Museum der Wiener Philharmoniker**: Hier wohnte einst der Komponist Otto Nicolai (1810–1849), der Gründer der Philharmoniker.
❶ Tgl. 10.00–22.00 Uhr, Eintritt: 11 €, www.hdm.at

Retour am Ring lädt als erstes der Stadtpark zum Verweilen ein. 1862 wurde er als **erste öffentliche Parkanlage Wiens** im Stil eines englischen Landschaftsgartens eröffnet. Sehenswert sind vor allem die Wienflussüberbauten aus dem Fin-de-Siècle sowie die vielen Denkmäler, die sich über das Areal verteilen und an Franz Schubert, Franz Lehar (►Berühmte Persönlichkeiten), Robert Stolz, Hans Markart und Anton Bruckner erinnern. Mit dem goldenen **Johann-Strauß-Denkmal** ist hier auch eines der meistfotografierten Standbilder der Welt zu finden. Im Stadtpark liegt zudem das Steirereck, das Vorzeige-Gourmetrestaurant der Stadt.

*Stadtpark

Am nördlichen Ende des Stadtparks steht das Museum für Angewandte Kunst (MAK). Diesem Museum verdankt die gewerbliche, industrielle und künstlerische Entwicklung Österreichs wesentliche Impulse. Gegründet wurde es im Jahr 1864 nach dem Vorbild des Londoner South Kensington Museum (heute Victoria & Albert Museum) mit der Idee, durch das Studium alter Kunstwerke die aktuelle kunstgewerbliche Entwicklung zu fördern und gleichzeitig zu dokumentieren. 1868 kam noch eine Kunstgewerbeschule dazu – heute selbstständige Hochschule für Angewandte Kunst –, die erstmals eine systematische kunsthandwerkliche Ausbildung bot. In elf Sälen präsentiert die Schausammlung epochenbezogen Einzelobjekte aus dem umfangreichen Fundus des Museums, während sich im Tiefgeschoss jeder Studienraum einem ganz bestimmten Materialbereich widmet.
❶ Di. 10.00–24.00, Mi.–So. 10.00 bis 18.00 Uhr, Eintritt: 7,90 €, Di. ab 18.00 Uhr Eintritt frei, www.mak.at

*Museum für Angewandte Kunst (MAK)

Setzt Impulse: Installation im MAK

Der Ring endet, wo die Wien bei der Urania Sternwarte in den **Donaukanal** mündet, der die historische Innenstadt im Osten begrenzt. Dieser Seitenarm der

Donau war lange Zeit von grauem Beton geprägt, hat jedoch in den letzten Jahren eine unglaubliche Aufwertung erfahren. Heute ist er mit Cafés, Restaurants und Sandstränden, Skating- und Joggingstrecken eine Oase mitten in der City.

RUND UM DIE WIENER INNENSTADT

Die nachfolgende Beschreibung der Sehenswürdigkeiten außerhalb der Wiener Innenstadt beginnt im Norden Wiens und führt im Uhrzeigersinn um den Innenstadtbereich herum.

Augarten Wiens älteste Parkanlage, der 52 ha große Augarten (2. Bezirk, Leopoldstadt), erstreckt sich zwischen dem Donaukanal und dem Nordwestbahnhof. Der Garten wurde Mitte des 17. Jh.s als kaiserlicher Lustgarten angelegt, 1775 jedoch auf Wunsch von Kaiser Joseph II. als »allen Menschen gewidmeter Erlustigungsort« für das Wiener Publikum freigegeben. Im **Augarten-Palais** ist seit 1948 das Internat der Wiener Sängerknaben, im benachbarten barocken Gartensaal die bekannte **Porzellanmanufaktur Augarten** untergebracht (►Baedeker Wissen S. 128).

Karl-Marx-Hof Wer sich für die Geschichte des sozialen Wohnungsbaus interessiert, sollte einen Ausflug nach Heiligenstadt zum Karl-Marx-Hof in der Heiligenstädter Straße 82–92 im 19. Bezirk (Döbling) unternehmen. Um die kaum vorstellbare Wohnungsnot zu bekämpfen, ließ die von 1919 bis 1934 sozialdemokratisch regierte Stadt fast 400 **Gemeindebauten** errichten, für die der über 1 km lange Bau als Symbol gilt. Der Karl-Marx-Hof, von 1927 bis 1930 nach Plänen von Karl Ehn um mehrere grüne Innenhöfe gebaut, umfasste ursprünglich 1382 Wohnungen. Nach gründlicher Renovierung sind es noch 1252, und es soll sogar Mieter geben, die seit der Fertigstellung im Jahr 1930 noch immer dort wohnen. Eine sehenswerte Ausstellung im **Waschsalon Nr. 2** (Halteraugasse 7), der im Erdgeschoss nach wie vor in seiner ursprünglichen Funktion aktiv ist, widmet sich dem »Roten Wien« in dieser spannenden Epoche.
❶ Do. 13.00–18.00, So. 12.00–16.00 Uhr, Eintritt: 3 €, dasrotewien-waschsalon.at

Donauinsel Das bevorzugte Wiener **Freizeitareal**, die Donauinsel, verdankt ihre Existenz der in den 70er-Jahren des 20. Jh.s durchgeführten zweiten Donauregulierung. Zwischen der Donau und der als Entlastungsgerinne angelegten Neuen Donau entstand die lang gestreckte Insel, ein Naherholungsgebiet mit 700 ha Wasser-, Wald- und Wiesenflächen sowie 42 km Badestrand. Das Zentrum der Aktivitäten heißt **Sunken City**, sie erstreckt sich von der U-Bahn-Station Donauinsel nach

Norden hin – mit Blick auf die rapide wachsende neue Skyline von Wien. Hier wird im Sommer bis zum Morgengrauen gefeiert, tagsüber sind die Badeplätze meist voll belegt.

Donaupark

Der Donaupark zwischen der Neuen und der Alten Donau (22. Bezirk, Donaustadt) ist der zweitgrößte Park Wiens, er wurde 1964 zur Wiener Internationalen Gartenausstellung angelegt. Im **Donauturm** (1964), mit 252 m Wiens höchstes Bauwerk, führen zwei Schnellaufzüge zur Aussichtsterrasse in 150 m Höhe sowie zu einem Drehrestaurant in 160 m Höhe.

Aussichtsterrasse: Tgl. 10.00–24.00 Uhr, Eintritt: 6,90 €, www.donauturm.at

UNO-City

Nach New York, Genf und Nairobi ist Wien der vierte offizielle Amtssitz der Vereinten Nationen. UNO-City (Vienna International Center) heißt der Stadtteil südlich des Donauparks (22. Bezirk, Donaustadt), in dem sich seit den späten 1970er- und frühen 1980er-Jahren mehrere architektonisch recht eigenwillige Bürogebäude auf exterritorialem Gebiet erheben. Heute sind sie umringt von **futuristischen Bürokomplexen**, die als Teil des neuen Stadtentwicklungsgebiets Donau-City in den Himmel ragen. Die Wiener UNO-City beher-

Markante Blickpunkte: der Leuchtturm auf der Donauinsel und der Millenniums-Tower

bergt verschiedene Organisationen, darunter die UNHCR, das Amt des Hohen Flüchtlingskommissars der Vereinten Nationen, und die IAEA, die internationale Atomenergieorganisation. Die UNO-City ist im Rahmen von Führungen zu besichtigen.

Besucherdienst: Mo.–Fr. 11.00 u. 14.30, Juli u. Aug. auch 12.30 Uhr, Eintritt: 6 €, amtlichen Lichtbildausweis mitbringen

*KunstHaus-Wien Östlich der Innenstadt, in der Unteren Weißgerberstraße 13 (3. Bezirk, Landstraße), öffnete 1991 das KunstHausWien seine Tore. Hier war einst die Thonet-Sesselfabrik untergebracht. Mit dem Kunsthaus setzte sich **Friedensreich Hundertwasser** ein doppeltes Denkmal: der Museumsbau, selbst ein Kunstwerk, dient als Ausstellungsort für das vielfältige Œuvre des Architekturrebellen. Ein Teil des Hauses ist aber auch kontemporären Wechselausstellungen von internationalem Format gewidmet.

❶ Tgl. 10.00–19.00 Uhr, Eintritt: 10 €, montags halber Preis, www.kunsthauswien.com

Hundertwasserhaus Einige Querstraßen südlich, Ecke Löwengasse/Kegelgasse (3. Bezirk, Landstraße), entstand nach dem Entwurf von Hundertwasser 1983 bis 1985 das »natur- und menschenfreundliche Haus« mit 50 Wohnungen. Bunt bemalte Fassaden, goldene Zwiebeltürme, abgerundete Ecken und unterschiedlich große Fenster charakterisieren den Komplex, dessen Konzeption, genannt »Toleranz der Unregelmäßig-

Ohne Riesenrad wäre der Prater nur halb so schön.

keiten«, etliche Kontroversen in Gang setzte. Da hier tatsächlich Menschen wohnen, ist das Haus nur von außen zu besichtigen.

Fast eine Welt für sich ist der riesige Naturpark zwischen Donau und Donaukanal (2. Bezirk, Leopoldstadt): Das gesamte Areal, das 1766 von Joseph II. für alle seine Untertanen geöffnet worden war, nachdem es zuvor seit Kaiser Maximilian als kaiserliches Jagdgebiet gedient hatte, erstreckt sich auf 600 ha vom Praterstern bis zum Winterhafen an der Donau. Im innenstadtnahen Teil liegt der **Wurstelprater**, den es nahezu ebensolange gibt, wie den öffentlich zugänglichen Prater. Hier mischen sich nostalgische und typische Altwiener Fahrgeschäfte wie Autodrome, Schaukeln, Karrussels, Schießbuden, Geister- und Grottenbahnen mit High-Tech-Attraktionen wie sich mehrfach überschlagenden Riesengondeln oder ähnlich magenstrapazierenden Erfindungen. Glanzstück und eines der bekanntesten Wiener Wahrzeichen ist das **Riesenrad** am Pratereingang. Die in der Rekordzeit von acht Monaten errichtete monumentale Eisenkonstruktion des Engländers Walter Basset wurde 1897 in Betrieb genommen. Im Krieg zerstört und danach wieder aufgebaut, dreht sich das Riesenrad seit 1946 ohne Unterlass. Zum 100. Geburtstag erhielt es einen neuen Anstrich, wofür ganze 5 t Farbe nötig waren. Es besitzt 15 Waggons (ursprünglich 30), der Durchmesser beträgt 61 m, die Drehgeschwindigkeit 0,75 m/s. Der Platz um das Riesenrad wurde kürzlich neu gestaltet und sieht nun sehr nach amerikanischem Disneyland aus. Als große Attraktion dient hier das Wachsfigurenkabinett **Madame Tussauds** Wien. Im mittleren Teil geht der Vergnügungspark in eine ausgedehnte Parklandschaft über, sie ist über die schnurgerade, 4,5 km lange Hauptallee mit dem hinteren Teil, der eine recht ursprüngliche Aulandschaft umfasst, verbunden. Unterwegs finden sich viele Sportstätten, darunter das Wiener Stadion, das Stadionbad, die beiden Pferderennbahnen Krieau und Freudenau und das Wiener Radstadion.

*Prater

Prater: Mitte März – Okt. tgl. ab 10.00 Uhr, Betriebsschluss witterungs- und jahreszeitenbedingt, im Hochsommer bis 24.00 Uhr, www.praterservice.at
Riesenrad: Jan., Feb., Nov., Dez. 10.00 – 19.45, März, April, Okt. 10.00 – 21.45, Mai – Sept. 9.00 – 23.45 Uhr, Eintritt: 9 €, www.wiener-riesenrad.at
Madame Tussauds Wien: Tgl. 10.00 – 18.00 Uhr, Eintritt: 18,50 €, www. madametussauds.com

»Der Tod, das muss ein Wiener sein, genau wie die Lieb' a Französin«, dichtete und sang Georg Kreisler. Die Ausmaße des Wiener Zentralfriedhofs (11. Bezirk, Simmering), des mit 2,5 km² Fläche größten österreichischen Gottesackers, lassen eine solche Vermutung nicht abwegig erscheinen. Unterschiedlichste Denkmäler symbolisieren Totenkult, Frömmigkeit, Melancholie und doch, bei aller Trauer,

Zentralfriedhof

auch eine unzerstörbare Lebenslust. Die monumentale Toranlage des Haupteingangs wurde 1905 nach Plänen des Jugendstilarchitekten Max Hegele errichtet, der 1907 bis 1910 auch die **Karl-Lueger-Kirche** in der Friedhofsmitte baute. Beim Haupteingang ist ein detaillierter Plan des Friedhofs und der Ehrengräber erhältlich, ruhen hier doch allerhand berühmte Komponisten (Gluck, Beethoven, Schubert, Brahms, Johann Strauß Sohn, Millöcker, Wolf, Lanner), Maler (Makart), Schauspieler (Hörbiger, Lingen), Schriftsteller (Nestroy, Anzengruber) und weitere bekannte Persönlichkeiten.

**Belvedere-Schlösser

Das Schloss von Versailles vor Augen, ließ **Prinz Eugen von Savoyen** (1663–1736; ▶Berühmte Persönlichkeiten) ab 1700 südlich des Schwarzenbergplatzes von Lukas von Hildebrandt seine Sommerresidenz erbauen. 1716 wurde der Wohnsitz des Prinzen, das Untere Belvedere, fertig gestellt, 1722 das zur Repräsentation gedachte Obere Belvedere (3. Bezirk, Landstraße). Beide Schlösser sind durch einen hübschen Terrassengarten verbunden, der im hinteren Teil den ältesten Alpengarten der Welt beherbergt. Der einzigartige Zusammenklang von Bauwerken und Landschaft macht das Belvedere zu einer der schönsten Wiener Barockschöpfungen. Von der **Terrasse** des Oberen Belvedere bietet sich ein herrlicher Blick auf die Türme Wiens und die Höhenzüge des Wienerwaldes.

Unteres Belvedere

Im Unteren Belvedere sind **wechselnde Ausstellungen** zu sehen, doch der Besuch lohnt auf jeden Fall: der prächtige Marmorsaal, die repräsentative Marmorgalerie, die fensterlosen Wände des barocken Groteskensaals und das aufwendig gestaltete **Goldkabinett** mit Balthasar Permosers „Apotheose des Prinzen Eugen" sind sehenswert. Außerdem erhält man mit dem Eintrittsticket auch Zugang zur aktuellen Exposition in der Orangerie und zu den Prunkställen, in denen einst die Leibpferde des Prinzen Eugen standen und heute rund 150 Objekte sakraler mittelalterlicher Kunst ausgestellt sind.

Oberes Belvedere

Bis 1914 wohnte im Oberen Belvedere der Thronfolger Erzherzog Franz Ferdinand, im Kuppelsaal wurde 1955 der österreichische Staatsvertrag unterzeichnet, der dem Land seine Souveränität zurückgab. Heute sind im Schloss Teile der umfangreichen **Sammlungen des Belvederes** ausgestellt. Sie verschaffen einen guten Überblick über das österreichische Kunstschaffen von der sakralen Kunst des 14. Jh.s über die Epochen des Barocks, des Biedermeiers und des Jugenstils bis zur Klassischen Moderne. Im Erdgeschoss sind im Westflügel die Meisterwerke der mittelalterlichen Sammlung zu sehen, der Ostflügel ist der Zeit Egon Schieles und Oskar Kokoschkas sowie der Neuen Sachlichkeit gewidmet. Werke des Barocks und des frühen 19. Jh.s sind im ersten Stock ausgestellt, dort ist auch die Schau »Wien 1880–1914« mit Werken von Gustav Klimt, Richard

Vorbild für das Obere Belvedere, von Prinz Eugen zur Repräsentation vorgesehen, war das Schloss in Versailles.

Gerstl und Arnold Böcklin zu sehen. Im zweiten Obergeschoß heißen die Themen »Klassizismus-Romantik-Biedermeier« und »Realismus-Impressionismus« mit Werken u. a. von Georg Friedrich Waldmüller und internationalen Künstlern wie Claude Monet.

❶ Mo., Di., Do.–So. 10.00–18.00, Mi. 10.00–21.00 Uhr, Eintritt: 11 € pro Museum, Kombitickets erhältlich, www.belvedere.at

Erbaut in den Jahren 1850 bis 1856 nach den Plänen von Ludwig Foerster und Theophil Hansen, ist das Heeresgeschichtliche Museum in der Arsenalstraße der **älteste Museumsbau Wiens**, südöstlich des Belvedere und des neuen Hauptbahnhofs (ab 2019) gelegen (3. Bezirk, Landstraße). Neomaurisch, -byzantinisch und -gotisch sind die vorherrschenden Stilrichtungen dieses prächtigsten Historismusgebäudes der Stadt. Es enthält umfangreiche Sammlungen militärischer Objekte zur Heeres- und Marinegeschichte Österreichs vom Ende des 16. Jh.s bis zum Jahr 1945. In den Artilleriehallen ist die größte Geschützsammlung der Welt zu sehen.

❶ Tgl. 9.00–17.00 Uhr, Eintritt: 5,10 €, www.hgm.or.at

Heeresgeschichtliches Museum

Freunde klassischer Musik werden die Aura des Komponisten spüren: Joseph Haydn erwarb das Häuschen in der damaligen Stein- und heutigen Haydngasse 19 (6. Bezirk, Mariahilf) im Jahr 1793 und bewohnte es bis zu seinem Tod 1809. Hier entstanden seine großartigen Oratorien »Die Schöpfung« und »Die Jahreszeiten«. Das 1899 eröffnete **Museum** wurde anlässlich des 200. Todestages Haydns 2009 komplett neu konzipiert und gestaltet. Im Fokus stehen heute die

Haydnhaus

letzten Lebensjahre des Komponisten, sie werden mit dem politischen und sozialen Umfeld jener Zeit verknüpft. Der **Garten** des Hauses wurde nach historischen Vorbildern rekonstruiert und ist nun erstmals für Besucher zugänglich.

❶ Di.–So. 10.00–13.00 u. 14.00–18.00 Uhr, Eintritt: 4 €

✶✶ SCHÖNBRUNN

Barockes Gesamtkunstwerk

Von der Wiener Innenstadt gelangt man über die Linke Wienzeile in südwestlicher Richtung zum barocken Gesamtkunstwerk von Schloss und Park Schönbrunn (13. Bezirk, Hietzing; U-Bahnstationen Schönbrunn, Hietzing, U4). Nach dem Sieg über die Türken 1683 plante J. B. Fischer von Erlach im Auftrag Kaiser Leopolds I. ein Schloss auf dem Gloriettehügel, das Versailles an Größe und Pracht noch übertreffen sollte. Entstanden ist ab 1696 das vergleichsweise dann doch etwas »bescheidenere« Barockschloss Schönbrunn mit 1441 Zimmern und Sälen. Hier quartierte sich Napoleon in den Jahren 1805 und 1809 in den Lieblingsräumen von Maria Theresia ein, tanzte 1814/1815 der Wiener Kongress, verzichtete 1918 Karl I. auf die Regentschaft und schlug 1945 der englische Hochkommissar sein Hauptquartier auf. 1996 wurde die ehemalige **Sommerresidenz der Habsburger** in die Weltkulturerbe-Liste der UNESCO aufgenommen. Heute ist Schönbrunn die meistbesuchte Sehenswürdigkeit Österreichs. Ein ganzer Tag ist für die Anlage nicht zu viel veranschlagt: Neben den Prunkräumen im Schloss und der Wagenburg sind noch die ausgedehnten Parkanlagen mit Gloriette, Palmenhaus und Tiergarten zu entdecken. Der Eintritt in den Park ist frei, Irrgarten, Kronprinzengarten und Aussichtsterrasse der Gloriette sind zu bezahlen. Wer das ganze Ensemble inklusive Tiergarten besuchen möchte, ist mit dem Schönbrunn Gold Pass (39,90 €), der sämtliche Eintritte umfasst, am besten bedient.

Prunkräume

Von den 1441 Gemächern können 22 (Imperial Tour; ca. 30 Min.) oder 40 repräsentative Prunkräume (Grand Tour; ca. 50 Min.) besichtigt werden. Durch seine schlichte Ausstattung steht das **Schreibzimmer** Franz Josephs I. (Raum 4) in scharfem Gegensatz zum üppigen Dekor des **Audienzzimmers** und zeigt zahlreiche Bilder und Fotos aus dem Privatleben des Kaisers, darunter viele von Kaiserin Elisabeth. Im einfachen Soldatenbett des **Schlafgemachs** (Raum 5)

Schloss Schönbrunn

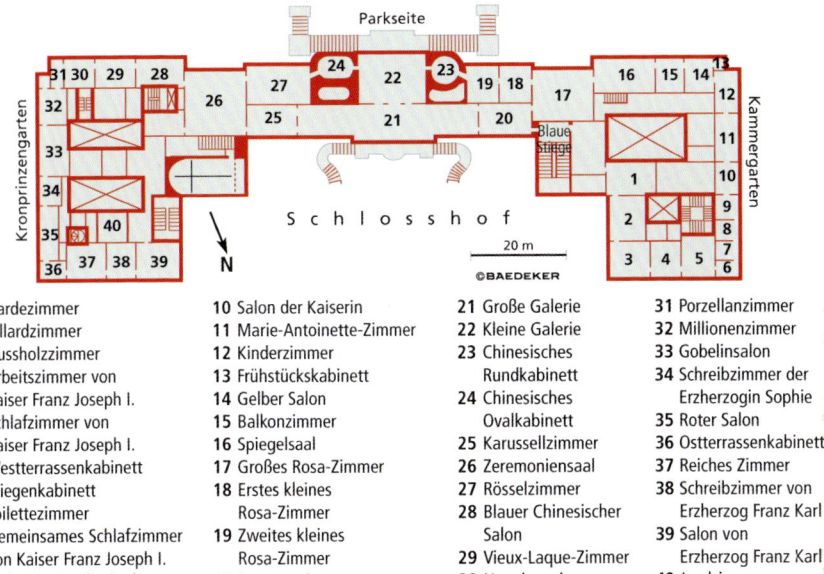

1 Gardezimmer
2 Billardzimmer
3 Nussholzzimmer
4 Arbeitszimmer von
Kaiser Franz Joseph I.
5 Schlafzimmer von
Kaiser Franz Joseph I.
Westterrassenkabinett
Stiegenkabinett
Toilettezimmer
Gemeinsames Schlafzimmer
von Kaiser Franz Joseph I.
und Kaiserin Elisabeth

10 Salon der Kaiserin
11 Marie-Antoinette-Zimmer
12 Kinderzimmer
13 Frühstückskabinett
14 Gelber Salon
15 Balkonzimmer
16 Spiegelsaal
17 Großes Rosa-Zimmer
18 Erstes kleines
Rosa-Zimmer
19 Zweites kleines
Rosa-Zimmer
20 Laternenzimmer

21 Große Galerie
22 Kleine Galerie
23 Chinesisches
Rundkabinett
24 Chinesisches
Ovalkabinett
25 Karussellzimmer
26 Zeremoniensaal
27 Rösselzimmer
28 Blauer Chinesischer
Salon
29 Vieux-Laque-Zimmer
30 Napoleonzimmer

31 Porzellanzimmer
32 Millionenzimmer
33 Gobelinsalon
34 Schreibzimmer der
Erzherzogin Sophie
35 Roter Salon
36 Ostterrassenkabinett
37 Reiches Zimmer
38 Schreibzimmer von
Erzherzog Franz Karl
39 Salon von
Erzherzog Franz Karl
40 Jagdzimmer

starb Franz Joseph I. am 21. November 1916 im Alter von 86 Jahren nach einer Regierungszeit von fast 68 Jahren. Das **Stiegenkabinett** (Raum 7) diente Kaiserin Elisabeth als Schreibzimmer, ihr Toilettenzimmer der Schönheitspflege und dem Sport. Im **Marie-Antoinette-Zimmer** (Raum 11) wurde zu Zeiten Franz Josephs I. gegessen – eine hastige Anlegenheit, denn sobald der Kaiser, der sehr schnell aß, fertig war, hob man die Tafel auf. Das holzgetäfelte **Kinderzimmer** (Raum 12) ist mit Porträts der 14 Kinder von Maria Theresia geschmückt. Im **Spiegelsaal** (Raum 16) nahm die Monarchin die Vereidigung ihrer Minister vor, hier musizierte 1762 der sechsjährige Mozart vor Maria Theresia. Die **Große Galerie** (Raum 21), ein Festsaal im Stil des Rokoko, bildete mit prächtigen Kristallspiegeln, üppiger Stuckdekoration und Deckenfresken den glanzvollen Rahmen für Festbankette, Empfänge und Bälle des Hofes. Handgemalte fernöstliche Tapeten, blauweiße japanische Vasen und hellblaue Seide dekorierten stilvoll das Ende der Monarchie: Im **Blauen Chinesischen Salon** (Raum 28) unterzeichnete Kaiser Karl I. 1918 die Verzichtserklärung auf die Regentschaft. Raum 29, das luxuriöse **Vieux-Laque-Zimmer**, vereinigt ostasiatische Kunst mit Wiener Rokoko.

Prachtvolle Sommerresidenz

Unter Maria Theresia wurde Schönbrunn zum strahlenden Mittelpunkt des Hofes. Nikolaus Pacassi gestaltete die Sommerresidenz für sie im Barock- und Rokokostil um. Der tagsüber frei zugängliche, fast 2 km² große Schönbrunner Park ist einer der bedeutendsten und besterhaltenen Barockgärten in französischem Stil.

Maria Theresia auf einem Gemälde von Martin von Meyten (um 1743)

❶ Neptunbrunnen

Der von Hetzendorf entworfene Brunnen bildet die südliche Begrenzung des Gartenparterres. Um 1780 gestaltete Zauner die schöne Dekoration der Wasserspiele, für die er Steinskulpturen nach Motiven der griechischen Mythologie lieferte, darunter »Thetis erfleht bei Neptun Hilfe für die Seereise ihres Sohnes Achilles«.

❷ Irrgarten

1998 wurde neben dem Neptunbrunnen ein 49 x 35 m großer Irrgarten nach historischem Vorbild angelegt. Der ursprüngliche Irrgarten entstand von 1698 bis 1740, er wurde 1892 allerdings endgültig gerodet. Im Zentrum der Anlage befinden sich eine Aussichtsplattform und zwei Harmoniesteine, die Kraft spenden sollen.

❸ Schöner Brunnen

Die alte Quelle, das »Kaiserbrünnl«, gab dem Schloss seinen Namen, und die Legende erzählt, wer aus ihr trinke, werde schön. Kaiser Matthias (1557–1619) entdeckte sie während der Jagd, Kaiser Joseph I. ließ aus ihr sein Trinkwasser holen. 1799 erhielt die Quelle dann einen grottenartigen Pavillon, in dem die Nymphe Egeria von Johann Christian Beyer das Wasser spendet.

❹ Gloriette

Serpentinenwege führen hinter dem Neptunbrunnen den Hügel hinauf zur klassizistischen Säulenhalle der Gloriette, die Hetzendorf 1775 dort als krönenden Abschluss der Parkanlage aufstellen ließ. Zwischen 1993 und 1997 wurde der Baukörper originalgetreu restauriert, wobei der Mitteltrakt seine einstige Verglasung zurückerhielt. Das ehemalige Sommerspeisezimmer des Kaisers ist von einer Kuppeldecke gekrönt. Heute birgt die Gloriette ein Kaffeehaus.

❿ Schloss:
April–Juni, Sept., Okt. tgl. 8.30 bis 17.30, Juli, Aug. tgl. 8.30–18.30, Nov.–März tgl. 8.30–17.00; Irrgarten: Ende März–Juni, Sept. tgl. 9.00–18.00, Juli, Aug. tgl. 9.00 bis 19.00, Okt. tgl. 9.00–17.00 Uhr
www.schoenbrunn.at

Das Palmenhaus im Schönbrunner Park ist Europas größtes Glashaus.

Prunkkutsche aus der Sammlung der Wagenburg

Dem Neptunbrunnen liegt ein Motiv aus der griechischen Mythologie zugrunde.

©BAEDEKER

Maria Theresias Privatsalon ist mit kostbarem Rosenholz getäfelt – daher auch der Name **»Millionenzimmer«** (Raum 32). 260 indische und persische Miniaturen unter Glas, die die Kaiserin aus Konstantinopel nach Wien bringen ließ, sind in die Täfelung eingelassen. Raum 37 beherbergt das **Prunkbett** aus rotem Samt und kostbarer Gold-Silber-Stickerei, das früher in Maria Theresias Räumen in der Hofburg stand.

Wagenburg Wie seinerzeit die kaiserliche Familie reiste, von unauffällig bis prunkvoll, zeigen die mehr als 60 **historischen Staatskarossen**, **Schlitten und Reisesänften**, die in der Wagenburg ausgestellt sind.
ⓘ Mai–Okt. tgl. 9.00–18.00, Nov.–April tgl. 10.00–16.00 Uhr

*Schönbrunner Park 1706 von Jean Trehet angelegt, erhielt der Park seine heutige Gestalt zwischen 1765 und 1780 durch Ferdinand von Hohenberg und Adrian van Steckhoven. Sie vereinigten naturbelassene Elemente, geometrische Blumenparterren, eine stattliche Reihe von Marmorskulpturen und architektonische Akzente wie den Neptunbrunnen oder die römische Ruine. Den **japanischen Garten** zwischen Palmenhaus und Tiergarten hat man nach alten Vorlagen restauriert. Südwestlich des Neptunbrunnens steht – als Namensgeber für das Schloss – der Schöne Brunnen. Die klassizistische Säulenhalle der **Gloriette** wurde erbaut zur Erinnerung an die Schlacht von Kolin (1757), in der Maria Theresias Truppen das Heer Friedrichs des Großen besiegten. Heute dient das von einer prachtvollen Kuppeldecke gekrönte Sommerspeisezimmer des Kaiserhauses als Kaffeehaus. Von der **Aussichtsterrasse** hat man einen herrlichen Blick über den Park, das Schloss und die Stadt Wien.

Tiergarten An der Westseite des Schönbrunner Parks liegt der Schönbrunner Tiergarten, der auf die Menagerie Franz' I. aus dem Jahr 1752 zurückgeht und somit als **ältester Zoo der Welt** gilt. In den vergangenen Jahrzehnten hat man hier viel investiert, um die historische Bausubstanz an die Bedürfnisse artgerechter Tierhaltung anzupassen. So wurde etwa ein altes Palmenhaus zu einem modernen **Orang-Utan-Gehege** umgestaltet, außerdem wurden ein begehbares **Regenwaldhaus** und ein **Polarium** für Pinguine gebaut.
ⓘ Feb. tgl. 9.00–17.00, März, Okt. tgl. 9.00–17.30, April–Sept. tgl. 9.00–18.30, Dez., Jan. tgl. 9.00–16.30 Uhr, Eintritt: 15 €, www.zoovienna.at

*Palmenhaus Nördlich vom Tiergarten steht das **größte Glashaus Europas**. Die fantastische Eisen-Glas-Konstruktion wurde 1883 von Franz Segenschmid erbaut und zeigt in drei unterschiedlich klimatisierten Abteilungen exotische Pflanzenwelten.
ⓘ Mai–Sept. tgl. 9.30–18.00, Okt.–April tgl. bis 17.00 Uhr, Eintritt: 4 €

WEITERE SEHENSWÜRDIGKEITEN IN WIEN

Nördlich von Schönbrunn am Ende der Mariahilfer Straße (14. Bezirk, Penzing) steht das Eldorado für Technikbegeisterte: das Technische Museum Wien. Es liefert einen faszinierenden Querschnitt durch die gesamte Entwicklung von Technik, Gewerbe und Industrie. Die Palette der Exponate reicht von der Prick'schen Dampfmaschine über Musikautomaten bis zum Roboter, von der Darstellung der »Schwerindustrie« bis zu den **Technisches Museum Wien**

»Selbstverständlichkeiten« des Alltags. Für Kinder hat sich das Technische Museum etwas ganz Besonderes einfallen lassen: im **Mini-TMW** lernen Drei- bis Sechsjährige spielerisch technische Phänomene kennen.
❶ Mo.–Fr. 9.00–18.00, Sa., So. 10.00–18.00 Uhr, Eintritt: 10 €, www.tmw.at

Fast ein halbes Jahrhundert lang, von 1891 bis zu seinem Exil 1938, wohnte Sigmund Freud (▶Berühmte Persönlichkeiten) in der Berggasse 19 (9. Bezirk, Alsergrund), heute ist in den Räumen das **Sigmund-Freud-Museum** untergebracht. Hier verfasste der Begründer der Psychoanalyse seine grundlegenden Schriften zum Ödipuskomplex und zur Traum-

Gemütlich: Musik zum Heurigen

deutung und entwickelte die Theorie vom »Ich, Es und Über-Ich«. Die Sigmund-Freud-Gesellschaft ließ 1971 von der gediegenen 15-Zimmer-Wohnung des Seelenforschers Foyer, Warteraum, Behandlungs- und Arbeitszimmer rekonstruieren und – zum Teil originalbestückt – als Museum ausgestalten.
❶ Juli–Sept. tgl. 9.00–18.00, Okt.–Juni tgl. 9.00–17.00 Uhr, Eintritt: 8 €, www.freud-museum.at

Eine der berühmtesten Persönlichkeiten Wiens, Franz Schubert, wurde 1797 einige Straßen weiter nördlich in der Nußdorfer Straße Nr. 54 (9. Bezirk, Alsergrund), im Haus **»Zum roten Krebsen«**, geboren. Die Gemeinde Wien hat das Häuschen aus dem 18. Jh. fast unverändert erhalten. Heute sieht man Partituren, Manuskripte, Bilder und persönliche Gegenstände des Komponisten. **Franz-Schubert-Haus**
❶ Di.–So. 10.00–13.00 u. 14.00–18.00 Uhr, Eintritt: 4 €

*Grinzing Der traditionsreiche und wohl schönste **Heurigenvorort** Grinzing (19. Bezirk, Döbling) weckt mit seinen alten Häusern und Gassen inmitten von Gärten und Weinbergen nach wie vor die klassische Vorstellung vom Wiener Heurigen. Jener selig machende Tropfen aus der jüngsten Weinlese wird im gleichnamigen Lokal getrunken, sobald der Föhrenbuschen über dem Eingangstor »ausg'steckt is«. Grinzinger Heurige, die nur eigenen Wein ausschenken, haben im Jahr drei Wochen bis maximal sechs Monate geöffnet, während die Heurigenrestaurants ganzjährig konzessionierte Betriebe sind, die oft zusätzlich Weine aus anderen Gegenden beziehen.

> **?** **BAEDEKER WISSEN**
>
> *Gemischter Satz*
>
> Als Gemischten Satz bezeichnet man Wein, der aus mindestens drei verschiedenen Rebsorten gekeltert wurde. Im Unterschied zum Cuvée, bei dem die Rebsorten einzeln vinifiziert und dann verschnitten werden, wachsen die Trauben für den Gemischten Satz gemeinsam in einem Weingarten und werden auch gemeinsam geerntet und vergoren.

*Kahlenberg, Leopoldsberg Am nördwestlichen Rand Wiens sind die »Brüder« Kahlenberg und Leopoldsberg (19. Bezirk, Döbling) die bekanntesten Erhebungen des Wienerwaldes. Vom 484 m hohen Kahlenberg mit Café-Restaurant und **Panoramaterrasse** genießt man bei gutem Wetter einen schönen Blick auf das Wiener Becken, die Hügel des Wienerwaldes, das Schneeberggebiet und das Donautal bis ins Marchfeld. Fernsehturm und Stephaniewarte – benannt nach der Stifterin, Kronprinzessin Stephanie –, markieren den Gipfel.

* Wienerwald

✧ Q 3

Bundesland: Niederösterreich

Der Wienerwald vor den Toren der Hauptstadt war nicht nur Quelle der Inspiration für Künstler, er dient den Wienern auch als sonntägliches Ausflugsziel mit 6000 km Wegenetz zum Wandern und unzähligen Heurigen-Lokalen.

Ein Name wie Musik Der Wienerwald ist nordöstlicher Ausläufer der Alpen, die hier in bewaldeten und schließlich rebenbedeckten Hügeln ausklingen. Dass der Wienerwald sein grünes Gewand in unverminderter Schönheit und Üppigkeit darbieten kann, verdanken er und die Wiener dem Mödlinger **Josef Schöffel**: Vor ca. 130 Jahren versprachen sich Spekulanten satte Gewinne durch rücksichtslosen Holzeinschlag. Schöffel hielt energisch dagegen, wofür er zunächst heftig angefeindet wurde. Schließlich brachte er aber mit seinen überzeugenden Argu-

Wienerwald erleben

AUSKUNFT
Tourismusverband Wienerwald
Hauptplatz 11

A-3002 Purkersdorf
Tel. 02231 6 21 76
www.wienerwald.info

menten für eine nachhaltige Entwicklung des Wienerwaldes die
Mödlinger Bürgerschaft hinter sich, er konnte so eine weit gehende
Abholzung verhindern. Heute zählt der Wienerwald zu den **größten
geschlossenen Laubwaldgebieten Mitteleuropas** und Schöffel ist
Ehrenbürger von mehr als hundert Gemeinden im Wienerwald – so
ändern sich die Zeiten! 2005 wurde der Wienerwald als Modellregi-
on zum **UNESCO-Biosphärenpark** erhoben.

RUNDFAHRT DURCH DEN SÜDLICHEN WIENERWALD

Verlässt man Wien Richtung Süden, erreicht man nach wenigen Ki-   **Mödling**
lometern die Stadt Mödling (246 m; 20 500 Einw.), beliebtes Som-
merfriescheziel dreier berühmter Komponisten: Ludwig van Beethoven, Arnold Schönberg und Anton von Webern. Mödling besitzt ein
Renaissancerathaus von 1548, die spätgotische **St.-Othmar-Kirche**,
deren Deckengewölbe auf zwölf Säulen – Sinnbild für die zwölf
Apostel – ruht, und ein spätromanisches Beinhaus (Karner) mit alten
Fresken. Beliebte Wanderziele im westlich beginnenden Naturpark

Alles grün: Blick von den Ausläufern des Wienerwaldes

Föhrenberge mit seinen charakteristischen Schirmföhren sind vor allem der Husarentempel, Österreichs ältestes Kriegerdenkmal, und romantische Ruinen.

Hinterbrühl Am Rand des Naturparks, knapp 5 km außerhalb von Mödling, kann man am **größten unterirdischen See Europas** Boot fahren. Die Seegrotte Hinterbrühl ist ein stillgelegtes Gipsbergwerk, das seit den 1930er-Jahren als **Schaubergwerk** eingerichtet ist. Durch ein Labyrinth aus Stollen, Gängen und Hallen gelangt man zum 6200 m² großen See, der durch eine Sprengung entstanden ist. Er hat einen Zufluss aus sieben unterirdischen Quellen, aber keinen natürlichen Abfluss. Jede Nacht werden daher bis zu 60 000 l Wasser abgepumpt.
❶ April–Okt. tgl. 9.00–17.00, Nov.–März Mo.–Fr. 9.00–12.00 u. 13.00–15.00, Sa., So. 9.00–15.30 Uhr, Eintritt: 9 €, www.seegrotte.com

*Laxenburg Laxenburg (177 m; 2800 Einw.), rund 10 km östlich und damit schon im flachen Wiener Becken gelegen, war seit dem 14. Jh. aufgrund seiner Nähe zur Hauptstadt und seiner Lage in den wildreichen Schwechat-Auen bevorzugte Frühjahrsresidenz des Habsburger Hofes. Der weitläufige Schlosspark (Eintritt) ist mit seinen Schlössern, Teichen (Bootsverleih), dem alten Baumbestand, Denkmälern und Brücken einer der **bedeutendsten Landschaftsgärten Österreichs**. Im Alten Schloss wurde Geschichte geschrieben: Hier erließ Kaiser Karl VI. die »Pragmatische Sanktion«, die seiner Tochter Maria Theresia (►Berühmte Persönlichkeiten) die Thronfolge ermöglichte. Heute logiert hier das Österreichische Filmarchiv. Wie eine mittelalterliche Ritterburg wirkt die auf einer Insel im Großen Teich von 1798 bis 1836 errichtete neugotische **Franzensburg**, heute Schauplatz sommerlicher Komödienspiele. Die teils prachtvoll ausgestatteten Schauräume sind im Rahmen einer Führung zugänglich.
❶ Führungen: April–Okt. tgl. 11.00, 12.00, 14.00 u. 15.00 Uhr, Eintritt: 8 €, www.schloss-laxenburg.at

Gumpoldskirchen Gumpoldskirchen (250 m; 3600 Einw.) ist weltberühmt für seine **ausgezeichneten Weißweine**. Der stimmungsvolle Ort mit seinem wuchtigen Deutschordensschloss, der St. Michaelskirche und dem hübschen Renaissancerathaus lädt zum Bummeln ein, während die Heurigenlokale und zwei große Weinfeste im Juni und August stimmungsvolle Unterhaltung garantieren (Weinwanderweg).

Baden bei Wien ►dort

Helenental Von Baden geht es westlich in das romantische, schon im 19. Jh. bei Wanderern beliebte Helenental, von dem es in dem berühmten Lied heißt: »Ich kenn' ein kleines Wegerl im Helenental, das ist für alte Eheleute viel zu schmal ...« Links und rechts erheben sich die Ruinen

Schlosspark Laxenburg

Baden, Wien
Pfarrk.
Rat-haus
Kaiser-bahnhof
Franz-Josephs-Pl.
Haldbrunnen-weg
Albrecht-Str.
Kloster-Str.
Schlosspl.
Hahnenwiesenweg
Schloss Laxenburg
Blauer Hof
Speisesaal
Schloss-theater
Rittergruft
Guntramsdorfer Str.
Fürst-Kaunitz-Str.
Kloster
Johannes-Platz
Eingang Schlosspark
Eingang Schlosspark
Altes Schloss
Kaiser-Franz-Denkmal
Franzensburg
Fähre
Schloss-teich
Römische Brücke
Löwenbrücke
Gotische Brücke
Münchendorfer Straße
Laxenburger
Goldfisch-teich
Grünes Lusthaus
Cascaden-brücke
Schlosspark
Forstmeisterkanal
Aubach (Schwechat)
Karolinenbr.
Eingang Schlosspark
↓ Eisenstadt, Wiener Neustadt
Concordia Tempel
Forsthaus
200 m
©BAEDEKER

der **Raubritterburgen Rauheneck und Rauhenstein**. In den Jahren 1830/1831 wütete die Cholera in Wien und Baden und zum Dank für das Ende der Epidemie stifteten Wiener Bürger die Cholerakapelle, die einige Kilometer flussaufwärts liegt. Ein beliebtes Ausflugsziel ist die folgende Krainerhütte, gegründet von einst hier angesiedelten Holzfällern aus Krain.

Im ehemaligen Jagdschloss Mayerling, 19 km nordwestlich von Baden, erschoss am 30.1.1889 **Kronprinz Rudolf von Österreich** seine achtzehnjährige Geliebte, **Baronin Mary Vetsera**, und sich. Die näheren Umstände sind bis heute nicht eindeutig geklärt. Der Kronprinz wurde in der Kapuzinergruft beigesetzt, Mary Vetsera auf dem Heiligenkreuzer Dorffriedhof. Auf Veranlassung von Kaiser Franz Joseph I. wurde das Schloss zu einem Karmeliterinnenkloster umgestaltet. Das Schlafzimmer des Kronprinzen, Schauplatz des mutmaßlichen Doppelselbstmordes, ist heute die Totenkapelle des Klosters.

Schloss Mayerling

❶ April–Okt. tgl. 9.00–13.00 u. 13.30–18.00, Nov.–März bis 17 Uhr, Eintritt: 3 €, www.mayerling.org

Im Kapitelsaal von Heiligenkreuz ruht der letzte Babenberger.

Heiligenkreuz Wenige Kilometer nordöstlich steht in Heiligenkreuz die **zweitälteste Zisterzienserabtei von Österreich**, gegründet 1133 von Markgraf Leopold III., der hier eine Grablege für die Babenberger Herrscher schaffen wollte, und benannt nach der Kreuzreliquie, die Herzog Leopold V. dem Kloster schenkte. Der Sohn des Gründers, Otto von Freising, war den Zisterziensern beigetreten und sorgte dafür, dass der Orden hier ansässig werden konnte. Das Stift besteht als einziges Zisterzienserkloster ununterbrochen seit seiner Gründung. An der Westfassade der dreischiffigen **Stiftskirche** sieht man die für Zisterzienserkirchen typischen drei Fenster. Das beeindruckende romanische Langhaus bildet einen starken Kontrast zum gotischen Hallenchor mit seinen wertvollen Glasfenstern (um 1300). Im romanisch-gotischen Kreuzgang (1220–1250) stehen zwei Skulpturengruppen von Giuliani und ein bemerkenswertes Brunnenhaus. Der prächtige Kapitelsaal beherbergt einige Grabstätten der Babenberger, darunter das Grabmal Friedrichs II., der 1246 im Kampf gegen die Ungarn fiel und mit dessen Tod die Herrschaft der Babenberger in Österreich erlosch. Der Arbeitssaal der Mönche weist noch Teile der Wandbemalung aus dem 13. Jh. auf. Das Kloster ist nur im Rahmen einer Führung zugänglich.

❶ Führungen: Tgl. 11.00, 14.00, 15.00 u. 16.00, Mo.–Sa. auch 10.00 Uhr, 7,50 €, www.stift-heiligenkreuz.org

Über Perchtoldsdorf (265 m; 14 600 Einw.) kommt man zurück nach   **Perchtolds-**
Wien. Der **mittelalterliche Ortskern** mit der eindrucksvollen Burg-   **dorf**
Kirchenanlage und dem frei stehenden mächtigen Wehrturm – Hugo
Wolf schrieb hier einige seiner schönsten Lieder – lockt bereits seit
dem 19. Jh. Besucher an. Ein **Museum** in der Brunner Gasse 26 ist
dem Komponisten gewidmet.
Hugo-Wolf-Museum: Mitte Mai – Okt. So. 13.00 – 18.00 Uhr,
Eintritt: 2 €, www.hugowolfhaus.at

** Wolfgangsee  K 4

Bundesländer: Salzburg, Oberösterreich

**Nicht erst seit Ralph Benatzkys walzerseliger Operette »Im
Weissen Rössl« kommen Besucher an den wohl bekanntesten
See im Salzkammergut. Die Wallfahrtskirche St. Wolfgang zog
bereits im Mittelalter Pilgerströme an.**

Der 10 km lange, 2 km breite und bis zu 114 m tiefe Wolfgangsee ist   **Operette und**
wunderschön gelegen: Im Norden erhebt sich über der steilen Fal-   **Wallfahrt**
kensteinwand der Schafberg, bei St. Gilgen ragt das Zwölferhorn auf.
Nicht nur wallfahrtsfreudige Pilger, auch Sportbegeisterte kommen
auf ihre Kosten: Das Angebot reicht vom Baden, Surfen, Segeln und
Angeln bis zum Wasserskifahren, Parasailing und Tuberiding.

SEHENSWERTE ORTE AM WOLFGANGSEE

Am Westende des Sees liegt der idyllische Sommerurlaubsort St. Gil-   ***St. Gilgen**
gen mit Villen aus dem späteren 19. Jh. In der Ischler Straße 15, heute Bezirksgericht, wurde Mozarts Mutter Anna Maria Pertl (1720 bis
1778) geboren, deren Vater hier als
Rechtspfleger arbeitete. Mozarts
ebenfalls hochbegabte Schwester
Maria Anna, genannt Nannerl, heiratete einen Amtsnachfolger ihres
Großvaters und zog 1784 als Herrin
in das Geburtshaus ihrer Mutter
ein, das heutige **Mozarthaus**. An
den berühmten Bruder erinnert der
Brunnen mit der Mozartstatue. Im
1655 gebauten »Wetzl- oder Ein-
siedlerhäusl« am Pichlerplatz 6 ist
das **Heimatkundliche Museum**

BAEDEKER TIPP !

Schwimmende k. u. k.-Nostalgie

Mit dem Schaufelraddampfer
»Franz Joseph I.« wurde am
20. Mai 1873 die hiesige Passa-
gierschifffahrt feierlich eröffnet.
Er pflügt auch heute noch durch
die Wellen, allerdings nicht mehr
kohlen-, sondern dieselgetrieben.
Fahrten: Im Juli u. Aug. zwischen
den Orten Gschwendt, St. Wolfgang und St. Gilgen.

Wolfgangsee erleben

AUSKUNFT
Wolfgangsee Tourismus
Au 40
A-5360 St. Wolfang
Tel. 06138 8003
www.wolfgangsee.at

ESSEN
Timbale ⊖⊖⊖⊖
Salzburgerstr. 2
A-5340 St. Gilgen
Tel. 06227 7587
www.timbale.at
Do. geschl.
In diesem kleinen, aber feinen Restaurant mit moderner französisch-mediterraner Küche wird Essen zum Erlebnis. Im Sommer lockt eine Terrasse am Bach.

Weberhäusl ⊖⊖
Weißenbach 13
A-5350 Strobl
Tel. 06137 72610
www.weberhaeusl.com
Mo. geschl.

Hier im Grünen sitzt sich's gut bei einem sortenreinen Most und Schmankerln wie hausgemachten Salzburger Nockerln.

ÜBERNACHTEN
Im Weissen Rössl ⊖⊖⊖
Markt 74
A-5360 St. Wolfang
Tel. 06138 2306
www.weissesroessl.at
Das viel besungene Romantikhotel am Wolfgangsee bietet erstklassige, stilvoll eingerichtete Zimmer mit Blick auf den See. Bekannt wurde das Haus durch die Operette »Im Weissen Rössl« – heute gibt es im Spa am See den wohl ersten schwimmenden Whirlpool der Welt.

Auerhiasbauer ⊖
Au 4
A-5360 St. Wolfang
Tel. 06138 2939
Der schon 1769 erbaute Hof von Familie Kogler liegt am Fuß des Schafbergs mit schönem Blick auf den See.

mit Ausstellungsstücken zur Geschichte des Ortes und der Region untergebracht. Zu sehen ist auch die Tiersammlung des Nobelpreisträgers Karl von Frisch. Von St. Gilgen erreicht man das **Zwölferhorn** (1522 m) mit der Seilbahn. Sie erschließt im Sommer ein reizvolles Wandergebiet und im Winter anspruchsvolles Skigelände.

Mozarthaus: Juni–Sept. Di.–So. 10.00–12.00 u. 15.00–18.00 Uhr, Eintritt: 4 €

Heimatkundliches Museum: Juni–Sept. Di.–So. 10.00–12.00 u. 15.00–18.00 Uhr, Eintritt: 4 €

*St. Wolfgang Zu den beliebtesten Ausflugszielen im Salzkammergut gehört der viel besungene Badeort St. Wolfgang. Er liegt am sonnigen Nordostufer des Sees zu Füßen des Schafbergs und damit bereits im Salzburger Land. Weltberühmt wurden St. Wolfgang und das Hotel ***»Weisses Rössl«**, das sich seit 1712 in Familienbesitz befindet, durch **Ralph**

Benatzkys gleichnamige Operette von 1930. Vom Restaurant hat man einen herrlichen Blick über den See und die Bergwelt. Neben dem »Weissen Rössl« steht die spätgotische ****Wallfahrtskirche**, nach einem Brand 1429 bis 1477 neu erbaut und 1683 bis 1697 barock ausgemalt. Der reich geschmückte spätgotische Flügelaltar von Michael Pacher (1481 fertig gestellt) am Hochaltar ist ein einmaliges Kunstwerk. Im prächtigen Mittelschrein kniet Maria als Fürbitterin vor Christus, ihr zur Seite der hl. Wolfgang und der hl. Benedikt. Das Gesprenge – der obere Teil des Altars – besteht aus schlanken Türmchen (Fialen). Ein weiteres einzigartiges Kunstwerk ist der barocke **Doppelaltar** für den hl. Wolfgang und Johannes den Täufer, Hauptwerk Thomas Schwanthalers (1675/1676). In der linken Hälfte des Altars steht die gotische Wolfgangstatue (15. Jh.) aus der 1429 abgebrannten Kirche. Drei weitere Altäre, eine Darstellung des leidenden Heilands sowie die Kanzel stammen von Meinrad Guggenbichler, dem Meister des Klosters Mondsee (18. Jh.). 1713 wurde die im Rokokostil gehaltene Wolfgangkapelle im Westteil der Kirche errichtet, um die Zelle des hl. Wolfgang, die früher im Freien war, in die Kirche einzubeziehen. Nördlich der Kirche, im Brunnenhaus, steht ein **Wallfahrtsbrunnen** (1515) mit allegorischen Darstellungen. Sein Überbau ist das erste österreichische Werk im Renaissancestil.

Traditionsreiche Verkehrsmittel finden sich hier nicht nur zu Wasser, sondern auch zu Land auf dem Berg: Den Schafberg (1783 m) kann man von Mai bis Oktober mit der **Schafbergbahn** erobern, auf deren Fahrten gelegentlich auch eine alte Dampfzahnradbahn eingesetzt wird. Insgesamt sieben Seen des Salzkammergutes sind vom Schafberggipfel aus zu sehen, der zentral zwischen Wolfgang-,

*Schafberg

St. Wolfgang

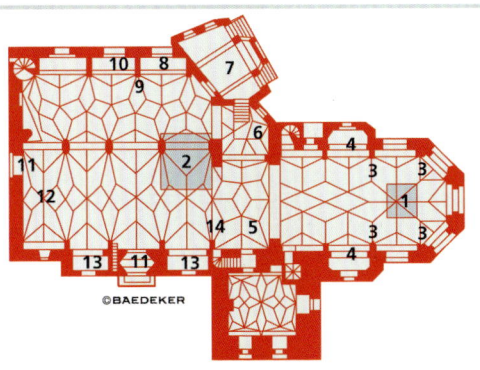

1 Pacher-Altar
2 Doppelaltar
   von Schwanthaler
3 Zunftstangen
4 Marmoraltäre
5 Sakristeiportal
6 Rosenkranzaltar
7 Wolfgangkapelle
8 Allerseelenaltar
9 Schmerzensmann
10 Antonius-Altar
11 Portale mit Reliefs
12 Orgel
13 Josef-Altar
   und Anna-Altar
14 Kanzel

©BAEDEKER

St. Wolfgang am Wolfgangsee: Wasserski vor prominenter Kulisse mit Pfarrkirche und dem Hotel »Weisses Rössl«

Mond- und Attersee liegt und einen **traumhaften Blick auf die Ostalpen** bietet. Zu Fuß benötigt man ab St. Wolfgang etwa 4 Stunden.
🌐 www.schafbergbahn.at

Fuschlsee Das Ufer des idyllischen, 4 km langen und 1 km breiten Fuschlsees, nordwestlich vom Wolfgangsee, steht unter Naturschutz und hat vier öffentliche **Naturbadeplätze**, die teils mit Beachvolleyballfeldern, Minigolfbahnen und Badebuffets ausgestattet sind. Das Fuschlseebad hat ganzjährig geöffnet. Außerdem profiliert sich die Region in Rennradfahrerkreisen (▶Baedeker Wissen S. 166). Rund um den See führt ein etwa 12 km langer Weg. Der **Frauenkopf** (1287 m), in Kletterkreisen auch als Schober Südgrat bekannt, bietet auch für weniger erfahrene Bergkletterer schöne und gut gesicherte Aufstiegsmöglichkeiten. Für das letzte mit Stahlseil gesicherte Stück sind jedoch Trittsicherheit und Schwindelfreiheit erforderlich.
🌐 fuschlsee.salzkammergut.at

** **Wörthersee**

✦ M 6

Bundesland: Kärnten

Das touristische Zentrum Kärntens besitzt alles, was man für ein Topreiseziel braucht: Neben einer guten Verkehrsanbindung gibt es Uferorte für jeden Geschmack, von schlicht bis mondän, für Sportbegeisterte und Kulturinteressierte.

Für viele sonnige Tage sorgt die etwas entfernt im Süden, Westen und Norden liegende Bergwelt, die kalte Winde und Wolken abhält. Mit gut 16 km Länge, 1–1,5 km Breite und bis zu 84 m Tiefe ist der Wörther See **der größte der Kärntner Alpenseen**. Das lebhaftere Nordufer verzeichnet mehr Durchgangsverkehr, das Südufer wirkt geruhsamer. Die Orte am Ufer haben sich ganz auf den Tourismus eingestellt: In Velden treffen sich (Geld-)Adel und »Adabeis«, in Pörtschach macht man gerne die Nacht zum Tag, Krumpendorf wirbt für sich als Skater- und Fahrradparadies und das malerische Maria Wörth lädt zum Bummeln ein. **Ausflugsschiffe** verkehren im Sommer linienmäßig zwischen den einzelnen Orten. Die Wassertemperatur steigt im Juli und August auf 26 °C an, manchmal sogar noch höher – beste Voraussetzungen also zum Angeln, Rudern, Wasserski fahren, Surfen und Segeln.
Ausflugsschiffe: www.woertherseeschifffahrt.at

Malerischer Alpensee

SEHENSWERTE ORTE AM WÖRTHERSEE

Der größte und meistbesuchte Ort am See ist der **elegante Kurort** Velden (440 m; 8800 Einw.). Seit Eröffnung der Eisenbahnlinie Wien–Triest 1864 entdeckte auch der Wiener Adel die Schönheit der Region und erkor den Wörther See, insbesondere Velden, zur Sommerfrische aus, ablesbar an so mancher Gründerzeit- und Jugendstilvilla (Wörther-See-Architektur). Gekrönte und ungekrönte Häupter, der Jet-Set und solche, die ihn sehen wollen, gaben und geben sich hier ein Stelldichein. Nahe der Schiffsanlegestelle steht das vor allem aus der TV-Serie »Ein Schloss am Wörthersee« bekannte **Renaissanceschloss**, einst im Besitz der Khevenhüller und heute von der Falkensteinergruppe als Schlosshotel geführt. Gelegenheit zum Sehen und Gesehenwerden bieten der hübsche Schubertpark, die elegante Seepromenade und das noble Spielcasino.

Velden

Zweitgrößter Ort am Nordufer des Sees ist das Seebad Pörtschach (446 m; 2600 Einw.), teils reizvoll auf einer Halbinsel gelegen und mit zauberhafter Aussicht auf den See, das gegenüberliegende Maria

Pörtschach

Wörthersee erleben

AUSKUNFT
Wörthersee Tourismus
Villacher Str. 19
A-9220 Velden
Tel. 04274 38 28 80
www.woerthersee.com

ESSEN
s'Wirtshaus ⊚⊚
Hauptstr. 211
A-9210 Pörtschach
Tel. 04272 2 41 61
www.swirtshaus.eu
Schmankerln und Trankerln kann man
hier in urig-gemütlicher Atmosphäre genießen. Man setzt vor allem auf hochwertige saisonale Kärntner Produkte.

! **BAEDEKER TIPP**

Höhenwirt ⊚⊚⊚

Am aussichtsreichen Pyramiden-
kogel über dem Südufer bereitet
Chef Andreas Miklautz etwa Gemüse aus seinem eigenen Garten
oder Fische aus dem Wörther See
zu. Und das seit Jahren schon auf
konstant hohem Niveau.
Pyramidenkogel,
A-9074 Keutschach,
Tel. 04273 23 28,
www.hoehenwirt.at

ÜBERNACHTEN
Hotel Schloss Leonstain ⊚⊚⊚⊚
Leonstainerstr. 1
A-9210 Pörtschach
Tel. 04272 28 16

www.leonstain.at
Bereits im Jahr 1166 wird die Burg Leonstain urkundlich erwähnt. Prominentes-
ter Gast im Haus war Johannes Brahms,
der hier in den Sommern 1877 und
1878 seine 2. Sinfonie komponierte.

Villa Bulfon ⊚⊚⊚⊚
Am Corso 9 – 11
A-9220 Velden
Tel. 04274 26 15
www.villabulfon.at
Romantisch wohnen in Veldens ältestem
Herrenhaus, das auf das 15. Jh. zurück-
geht. Der angeschlossene Park erstreckt
sich bis zum Ufer mit privatem Sand-
strand und Seerestaurant am Wasser.

Hotel Carinthia ⊚⊚ – ⊚⊚⊚
Karawankenplatz 3
A-9220 Velden
Tel. 04274 21 71
www.carinthia-hotel.com
Nur wenige Meter von Kurpark und See
entfernt liegt dieses Juwel der Wörther-
See-Architektur. Das Hotel lockt nicht
nur mit dem köstlichen Kaiserfrühstück,
sondern auch mit interessanten Well-
ness- und Beautyangeboten.

Strandhotel Kärntnerhof ⊚⊚
Hauptstr. 217 – 219
A-9210 Pörtschach
Tel. 04272 23 47
www.strandhotel-kaerntnerhof.at
Das kleine Hotel bietet in allen Zimmern
einen herrlichen Blick auf den See, eini-
ge haben sogar eine Terrasse.

Wörth und die weit im Süden aufragenden Karawanken. Johannes
Brahms verlebte hier von 1877 bis 1879 die Sommerfrische und
brachte seine 2. Sinfonie zu Papier. Pörtschach unterhält seine Gäste

**Die Pfarr- und ehemalige Stiftskirche von Maria Wörth gab
dem See seinen Namen.**

mit diversen Sportveranstaltungen und Konzerten, während der
Sommermonate geht es hier richtig rund. Zum Flanieren lädt die
1,5 km lange **Blumenpromenade am See**, auf deren üppige Blüten-
pracht die Pörtschacher jedes Jahr mit Stolz verweisen.

Zu den meistfotografierten Motiven am See gehört der alte Ortskern ***Maria**
von Maria Wörth (450 m; 1500 Einw.) auf einer schmalen, in den **Wörth**
Wörther See hineinragenden **Halbinsel am Südufer**. Bereits 875 urkundlich erwähnt, war Maria Wörth im Mittelalter eines der geistlichen Zentren des Alpenraums, auch
durch den Besitz der Reliquien der
Heiligen Primus und Felizian. Die
spätgotische **Pfarrkirche**, ein Wahrzeichen des Wörther Sees, ist heute
eine beliebte Hochzeitskirche. Beachtung verdienen die barocke Innenausstattung, die romanische
Krypta und der Hochaltar aus dem
15./16. Jh. mit einer spätgotischen
Schutzmantelmadonna. Der Rund-

BAEDEKER TIPP !

Sehen und gesehen werden

Wer gerne das Geschehen zu Land
und zu Wasser beobachtet, sollte
im Loungesessel einer der vielen
Beachclubs Platz nehmen, denn
dabei kann man bestens die coo-
len Motorboote betrachten. Perfekt wird das Urlaubsfeeling mit
einem Aperol-Spritz in der Hand.

karner auf dem Friedhof stammt von 1278. Von der Pfarrkirche sind es nur wenige Schritte zur kleinen **Rosenkranz- oder Winterkirche** (12. Jh.), deren gut erhaltene romanische Fresken mit Aposteldarstellungen sehr sehenswert sind.

*Pyramiden-kogel

Südwestlich von Maria Wörth ragt der Pyramidenkogel (851 m) empor, erreichbar von Maria Wörth über Keutschach und eine etwa 8 km lange Bergstraße oder zu Fuß in gut 90 Minuten. Oben befördert dann ein Fahrstuhl Besucher weitere 54 m in die Höhe – zur Plattform des **Aussichtsturms**.

❶ April, Okt. tgl. 10.00 – 18.00, Mai, Sept. tgl. 9.00 – 19.00, Juni tgl. 9.00 – 20.00, Juli, Aug. tgl. 9.00 – 21.00 Uhr, Eintritt: 6 €, www.pyramidenkogel.info

✶✶ Zeller See

✦ J 5

Bundesland: Salzburg
Höhe: 750 m ü.d.M.

Eingebettet in ein reizvolles Tal, liegt der Zeller See in schönster Lage zwischen den schneebedeckten Gipfeln von Großglockner und Kitzsteinhorn im Süden und den grauen Riesen des Steinernen Meeres im Norden.

Zwischen Gletscher und Badestrand

Vom eiszeitlichen Saalachgletscher geschürft, aufgrund von stehen gebliebenen Endmoränen aber weder von Saalach noch von Salzach, sondern nur von Schmelzwässern gespeist, erwärmt sich der 4 km lange, 1,5 km breite und bis zu 69 m tiefe See im Hochsommer schon mal auf 23 °C. Im Winter ist er dafür zur Freude der Gäste regelmäßig zugefroren. Jede Menge Sportmöglichkeiten bieten sich rund um den Zeller See und in den weiter taleinwärts gelegenen Orten. Nicht umsonst nennt sich die touristische Interessengemeinschaft von Zell am See und ►Kaprun **Europa-Sportregion**. Wasser- und Wintersporteinrichtungen aller Art stehen zur Verfügung, Reiter, Golfer, Tennisspieler oder Mountainbiker finden ausgezeichnete Bedingungen. Wer lieber in die Lüfte geht, hat die Wahl zwischen Paragleiten, Fallschirmspringen oder Segelflugzeug fliegen. Auch bei den »Après-Sport«-Möglichkeiten ist für Abwechslung gesorgt.

SEHENSWERTE ORTE AM ZELLER SEE

*Zell am See

Zell am See (750 m; 4700 Einw.), die lebhafte Bezirkshauptstadt des Pinzgau, besitzt eine exponierte Lage zwischen See und Schmittenhöhe. Urkundlich bereits 749 als »Celle am Bisontio« erwähnt, entwickelte sich aus der bescheidenen Ansiedlung rasch ein wichtiger Marktort an einer bedeutenden Nord-Süd-Verbindung über die Tauern. Sehenswert sind die ursprünglich romanische Pfarrkirche **St. Hippolyt** mit zwei Apostelfresken (um 1200), der 1000-jährige Vogt- oder Kastnerturm am Stadtplatz mit dem **Heimatmuseum**

Zeller See erleben

AUSKUNFT
Zell am See–Kaprun
Brucker Bundesstr. 1 a
A-5700 Zell am See
Tel. 06542 7 70
www.zellamsee-kaprun.com

ESSEN
Zum Hirschen ☺☺☺
Dreifaltigkeitsgasse 1
A-5700 Zell am See
Tel. 06542 77 40
www.hotel-zum-hirschen.at
Das familiär geführte Spezialitätenrestaurant bietet österreichische Gemütlichkeit in rustikalem Ambiente.

*Gasthaus & Konditorei
zur Salzachbrücke* ☺ – ☺☺
Salzachuferstr. 1
A-5700 Zell am See
Tel. 06542 5 79 76
www.gasthaus-konditorei-zursalzach
bruecke.com
Mi. geschl.
Direkt am Tauernradweg liegt das gemütliche Wirtshaus mit Konditorei. Serviert werden Pinzgauer Spezialitäten.

ÜBERNACHTEN
*Mavida Balance
Hotel & Spa* ☺☺☺☺
Kirchenweg 11, A-5700 Zell am See
Tel. 06542 54 10
www.mavida.at

Das Mavida am Fuß der Schmittenhöhe zählt zu den besten Wellnesshotels Österreichs. Wirklich traumhaft ist die Liegewiese mit direktem Zugang zum See.

Theresia Gartenhotel ☺☺☺☺
Glemmtaler Landesstr. 208
A-5753 Saalbach-Hinterglemm
Tel. 06541 7 41 40
www.hotel-theresia.com
Das Motto von Familie Brettermeier lautet: »Modernes Design lieben, zeitlose Tradition bewahren und die Umwelt (be)achten ist kein Widerspruch«. Diese Kombination sorgt dafür, dass man sich im Hotel rundum wohlfühlt.

Hotel Feinschmeck ☺☺☺
Dreifaltigkeitsgasse 10
A-5700 Zell am See
Tel. 06542 7 25 49
www.hotel-feinschmeck.com
In der Fußgängerzone von Zell am See und somit in Laufweite zum Ufer und zur Talstation der Schmittenhöhenbahn liegt dieses gediegene Haus.

Feriengasthof Tauernstüberl ☺☺
Salzachtalbundesstr. 54
A-5700 Zell am See
Tel. 06542 57 17 40
www.tauernstueberl.at
Der Gasthof mit seinen rustikal-gemütlichen Zimmern liegt nur einen Ballwurf vom gepflegten Golfplatz entfernt.

und das Renaissanceschloss Rosenberg (16. Jh.), das heutige Rathaus. Die **Pinzgauer Schmalspurbahn** (760 mm) schnauft in den Sommermonaten donnerstags und manchmal auch sonntags die knapp 53 km von Zell entlang der Salzach westwärts bis nach Krimml – für Nostalgiefreunde ein besonderer Genuss.

Heimatmuseum: Mitte Mai – Mitte Okt. u. Ende Dez. – Ostern Mo. – Fr. 13.30 – 17.00 Uhr, Eintritt: 3,50 €

Pinzgauer Schmalspurbahn: www.pinzgauer-lokalbahn.at

**Schmitten-höhe

Westlich von Zell beginnt die Seilbahn zur Schmittenhöhe (1965 m). Wer sich zu Fuß auf den Weg macht, muss gut drei Stunden einrechnen. Die Schmittenhöhe gehört zu den Kitzbüheler Alpen. Von oben sieht man im Süden den Großglockner (davor die Staubecken des Kapruner Tals) und den Großvenediger, im Norden die Kalkalpen vom Kaisergebirge bis zum Dachstein. Bei der Bergstation erinnert die **Elisabethkapelle** daran, dass die Kaiserin einige Male zur Sommerfrische kam. Es empfiehlt sich die leichte Wanderung entlang der Panorama-Höhenpromenade, die mit Thementafeln und leistungsstarken Fernrohren ausgestattet ist. Auf der Schmittenhöhe beginnt eine der schönsten Höhenwanderungen Österreichs, der sogenannte ***Pinzgauer Spaziergang**. Der sechs- bis siebenstündige Weg in rund 2000 m Höhe, ohne wesentliche Höhenunterschiede, ermöglicht immer wieder fantastische Blicke auf die umliegenden Gebirgszüge. An der Bergstation der Schattbergbahn, die nach Saalbach abfährt, endet der Weg. Mit dem Bus kommen die müden Wanderer nach Zell zurück.

● www.schmitten.at

> **?**
>
> **BAEDEKER WISSEN**
>
> *Wussten Sie schon ...*
>
> ... dass Zell ab dem 19. Jh. als Lieferant von Eisblöcken Bedeutung erlangte? Sie wurden aus dem recht zuverlässig zugefrorenen Zeller See geschnitten. Vor allem Brauereien in Süddeutschland bezogen von hier das Kühlmaterial für ihren Gerstensaft.

Saalbach-Hinterglemm

Nördlich vom Zeller See biegt das Glemmtal nach Westen ab, mit den bekannten Skiorten Saalbach (1003 m) und Hinterglemm (1074 m). Das **riesige Skigebiet** ist mit rund 60 Liften und vielen Hütten bestens erschlossen. Eine Skischaukel verbindet Saalbach zusätzlich mit Leogang im Norden. Hier findet man alles, was das Pistenherz begehrt, einschließlich umfangreicher Angebote für fröhliche Après-Ski-Stunden wie das jährliche große Electronic Music Festival »**Rave on Snow**«. Im Sommer lassen sich Bergsteiger und Mountainbiker von der Bergwelt herausfordern.

Thumersbach

Schräg gegenüber von Zell am östlichen Ufer des Sees, auch per Schiff erreichbar, liegt der Ortsteil Thumersbach, beliebt bei ruhigere

Gefilde suchenden Urlaubern (Strandbad, Kurpark). Man hat einen reizvollen Blick auf Zell und die dahinter aufragenden Berge. Schöne Seepromenaden führen von Thumersbach in zwei bis drei Stunden um den See nach Zell. Thumersbach wird östlich vom **Hundstein** (2117 m; Statzer Haus, bewirtschaftet, Unterkunft) überragt. Der Aufstieg dauert etwa vier Stunden.

In Bruck, ca. 3 km vom Südufer des Sees entfernt, nimmt die **Groß-glockner Hochalpenstraße** ihren Ausgang. Im Salzachtal bleibend, zweigt nach weiteren 12 km in östlicher Richtung nach Süden das Rauriser Tal ab. Kurz bevor die Rauriser Ache in die Salzach mündet, bildet sie die großartige Kitzlochklamm mit einer **Tropfsteinhöhle** und dem **Kitzlochfall**.

Kitzloch-klamm

Kitzlochklamm: Anf. Mai – Mitte Okt. tgl. 8.00 – 18.00 Uhr, Eintritt: 4 €, www.kitzlochklamm.at

Rauris (948 m; 3100 Einw.) ist der Hauptort des Rauriser Tals, das einst durch **Goldbergbau** wohlhabend wurde. Im 13. Jh., der Hoch-blütezeit des Goldbergbaus in Kolm Saigurn am Talende, sollen etwa 10 % des Weltvorkommens an Gold in Rauris geschürft worden sein. Im vergangenen Jahrhundert wurde der Goldbergbau eingestellt, heute können Gäste an drei **Goldwaschplätzen** selbst ihr Glück ver-

Rauris

Postkartenlandschaft: der Zeller See inmitten von Bergen

Weit reicht der Blick über das Rauriser Tal.

suchen. Im südlichen Ortsteil Wörth stimmt die interaktive Erlebnisausstellung **»König der Lüfte«**, in der sich alles um Steinadler, Bart-
und Gänsegeier dreht, auf den Nationalpark Hohe Tauern ein.

Goldwaschplätze: www.raurisertal.at

Ausstellung »König der Lüfte«: Mai–Okt. tgl. 10.00–18.00, im Winter
Mi. 16.00–19.30 Uhr, Eintritt: 4 €

Kolm-Saigurn Folgt man der Straße bis sie zu Ende ist, steht man in einem der
schönsten Talschlüsse des Nationalparks: Kolm Saigurn. Hier finden
sich Spuren des Goldbergbaus, idyllische Almen und ein besonderes
Kleinod – der **Rauriser Urwald**. Dieser Wald ist das Abbild einer
Landschaft, wie sie schon vor Tausenden von Jahren existierte. 13 Tafeln und ein Waldmuseum informieren darüber, im Sommer gibt es
geführte Wanderungen mit einem Ranger.

Hoher
Sonnblick Der Aufstieg zum Hohen Sonnblick (3105 m) im Südwesten, mit
dem Zittelhaus und der 1886 eingerichteten meteorologischen Station, dauert etwa 5 Stunden. Im **Sonnblickobservatorium** wurden
Projekte rund um die Themen Atmosphärenphysik und -chemie angesiedelt: Nur in reiner Luft können die schwach konzentrierten,
aber klimatisch relevanten Spurenstoffe exakt gemessen werden.

★ Zillertal · Zillertaler Alpen

✦ G 5

Bundesland: Tirol

Eine der meistbesuchten Regionen des Landes Tirol ist das Zillertal. Vor dem Panorama der Zillertaler Alpen mit ihren zahlreichen Gletschern breitet sich die malerische Region aus.

Hier werden die Urlaubsträume der Gäste aus dem Flachland wahr: Grüne Wiesen am weiten Talgrund, pittoreske Dörfer mit alten Gasthäusern und eiskalte Bergbäche locken in diese beliebte Ferienregion. Eine Schmalspurbahn, die Zillertalbahn, erschließt das Tal, Bergbahnen führen auf die umliegenden Höhen. Darüber hinaus ist das Zillertal bekannt für sein **Brauchtum** und die volkstümlichen Events.

Beliebte Ferienregion

SEHENSWERTE ORTE IM ZILLERTAL

In Fügen (550 m; 3800 Einw.), Luftkurort und Wintersportplatz, verdient das **Schloss** Beachtung (15. Jh.; um 1700 barock erweitert). Die gotische Pfarrkirche (1497) ist mit Wandmalereien aus dem 14. Jh., Reliefs und Statuen geschmückt.

Fügen

Das ganze Zillertal ist mit verschiedenen **Skigebieten** erschlossen, die zum Teil durch Lifte, zum Teil durch Skibusse miteinander verbunden sind. Von jedem Talort aus gibt es einen Einstieg. In Summe stehen 671 Pistenkilometer zur Verfügung! Im Sommer sind von den 174 Aufstiegshilfen 11 Bergbahnen in Betrieb, acht davon bieten auch Mountainbiketransport an – so kommt man bequem auf die Berge und kann ausgeruht die Wandertour oder die Radfahrt starten. Von verschiedenen Outdooranbietern werden zudem **Canyoning, Rafting und Tubing** angeboten.

Berg- und Wassersport

Zell am Ziller (575 m; 1750 Einw.), als Sommererholungs- und Wintersportort bekannte Hauptgemeinde des unteren Zillertals, war früher ein Bergbauort (Gold). Tradition und Brauchtum haben sich hier noch vielfach erhalten. Das **Gauderfest** am ersten Sonntag im Mai ist das älteste und größte Volksfest in Tirol. Für diesen Anlass braut die 1500 gegründete Zillertaler Brauerei 20-gradiges Gauderbier. Das gesamte Sportprogramm rund um Zell fasst man unter dem Namen **Zillertalarena** zusammen, es beinhaltet im Winter das größte Einzelskigebiet des Zillertals und präsentiert im Sommer besondere Aktivprogramme für die Gäste.

Zell am Ziller

🌐 www.zillertalarena.at

Zillertal erleben

AUSKUNFT
Zillertal Tourismus GmbH
Bundesstr. 27 d
A-6262 Schlitters
Tel. 05288 8 71 87
www.zillertal.at

HÖHENSTRASSE
Sie verläuft von 550 m bis auf 2020 m
Höhe, hat Steigungen von bis zu 15 %
und ist 25 km lang: die Zillertaler Höhen-
straße ist für Mountainbiker – und auch
für so manchen Autofahrer – eine echte
Herausforderung. Belohnt werden die
Anstrengung, der Schweiß und das
Herzklopfen dann mit einem grandiosen
Ausblick in die Bergwelt.
Geöffnet von Ende Mai–Ende Okt.
Maut PKW bis 6 Pers. 7 €
www.zillertaler-hoehenstrasse.com

ESSEN
Hotel Gasthof Bräu ⊚⊚
Dorfplatz 1
A-6280 Zell am Ziller
Tel. 05282 23 13
Das »Bräu« serviert zum eigenen Bier
regionale Spezialitäten in rustikalem,
aber sehr gepflegtem Ambiente.

ÜBERNACHTEN
Sporthotel Stock ⊚⊚⊚⊚
A-6292 Finkenberg 142
Tel. 05285 6 77 54 10
www.sporthotel-stock.com
Das Sporthotel Stock bei Mayrhofen ist
im Winter eine Oase für Ski- und Snow-
boardfans, im Sommer entspannt man
im Hotelgarten. Wellness wird hier groß
geschrieben: Kräuterdampfgrotte, Pano-
ramahallenbad und Heubäder locken.

Mayrhofen Der bekannte Ferienort Mayrhofen (633 m; 3800 Einw.) liegt im weiten Talschluss des Ziller, umrahmt von einem Kranz steil aufragen-
der Berge. In Tirols erster **Erlebnissennerei** wird die Welt der Milch-
verarbeitung auf 6000 m² vermittelt. Sportlich positioniert sich der
Ort im Sommer als Paradies für Mountainbiker, Wanderer und Kletterer. Lohnenswert ist zudem die Fahrt mit der Bergbahn aufs
Ahornplateau (1966 m), von wo aus man zu einer längeren Tour in
die Zillertaler Alpen startet oder zur gemütlichen Rundwanderung
aufbricht (etwa 4 Std.). Gleich neben der Bergstation liegt die **Adler-
bühne** mit Greifvogelvorführungen. Im Winter kann man hier klassisch Ski fahren oder Schneeschuhtouren unternehmen, an der Eis-
bar einkehren oder eine **Nacht im Iglu** verbringen.
Erlebnissennerei: Tgl. 10.00–15.00 Uhr, Eintritt: 5,80, mit Verkostung
11,90 €, www.sennerei-zillertal.at
Greifvogelvorführungen: Mitte Juni–Mitte Okt. Mo.–Do., Sa., So.
14.00 Uhr, Eintritt: 9,50 €
Übernachten im Iglu: www.white-lounge.at

Tuxer Tal Das westlich von Mayrhofen abzweigende Tuxer Tal (Straße bis Hintertux 20 km, für Wohnanhänger nicht empfehlenswert) wird als
Luftkur- und Wintersportgebiet besucht. Mit dem Wort **»Tuxer«**

sind weniger die Bewohner des gleichnamigen Tals gemeint als vielmehr eine »graue Lodenjacke mit rot kariertem Futter«, »tuxerisch gehen« hieß früher soviel wie: angemessen mit der Lederhose erscheinen. Außerdem versteht man unter Tuxern auch die hier gezüchteten kleinwüchsigen Rinder. **Hintertux** (1494 m) ist ein viel besuchtes Hoteldorf mit 23 Thermalquellen (22,5 °C) in großartiger Lage nahe dem Talschluss. Etwa eine Stunde südlich stürzen die Tuxer Wasserfälle in tiefe Felskessel. Skifans bekommen beim Namen **Hintertuxer Gletscher** (3250 m) leuchtende Augen: Hier kann man, einzigartig in Österreich, tatsächlich das ganze Jahr über Ski fahren.

❶ www.tux.at

Das Massiv der Zillertaler Alpen, eine aus Granitgneis und Glimmerschiefer aufgebaute Gruppe der Zentralalpen, erstreckt sich zwischen Birnlücke (Birluckn) und ▶Brenner, die österreichisch-italienische Grenze verläuft über den Hauptkamm. Das Massiv weist alle Merkmale eines typischen Hochgebirges auf, mit seinen klaren Formen, Gletschern, gipfelreichen Kämmen und steilen Bergriesen. Die Zillertaler Alpen stehen zudem als **Hochgebirgs-Naturpark Zillertaler Alpen** unter Schutz. Dieser erstreckt sich auf einer Höhe von 1000 bis zu 3500 m und damit über alle Höhenstufen der Zentralalpen. Er zeichnet sich durch seine außergewöhnliche Artenvielfalt aus und

Zillertaler Alpen

Zeller Gauderfest: Unverzichtbar ist das Widderstoßen, bei dem die Tiere ihre Kräfte messen.

Die Zillertaler Alpen – ein Paradies
für Kletterkünstler

wartet mit mehr als 80 Gletschern sowie zahlreichen schönen Berg- und Karseen auf.

❶ www.naturpark-zillertal.at

Der scharfgratige **Hauptkamm** der Zillertaler Alpen erhebt sich zwischen Gletscherbecken, die ihre Schmelzwässer in die tief eingeschnittenen, fächerartig vom Zillertal süd-, west- und ostwärts ausgehenden »Gründe« bzw. in Stauseen ergießen. So manchen zum Klettern geeigneten Gipfel weisen die nordwestwärts strebenden Grate auf, wie den markanten **Feldkopf** (3087 m). Von der Berliner Hütte zum Feldkopf führt der Weg am **Schwarzensee** (2470 m) vorüber, in dem sich die Eisbrüche des Waxeck-Keeses wunderschön spiegeln.

Annähernd parallel zum Hauptkamm der Zillertaler Alpen, getrennt durch den Zamser Grund, verläuft nördlich der **Tuxer Kamm**. Auch er ist reich an ausgedehnten Gletschern und stolzen Gipfeln. Kühn ragt der **Olperer** (3476 m) empor, er ist durch einen langen Grat mit dem steilen Schrammacher (3411 m) verbunden. Der nordwestlichste Ausläufer der **Tuxer Voralpen** heißt Patscherkofel, er liegt nur wenige Kilometer von Innsbruck entfernt (▶Innsbruck Umgebung S. 305).

Reichenspitz- gruppe　Östlich vom Zillergrund biegt vom Hauptkamm der Zillertaler Alpen die Reichenspitzgruppe nordwärts über die Grenze zwischen den Bundesländern Tirol und Salzburg ab. Auf engstem Raum drängen sich hier besonders wilde, von zerrissenen Gletschern flankierte Hochgipfel zusammen, darunter das aufschießende Horn der Reichenspitze (3303 m) und die doppelgipfelige **Wildgerlosspitze** (3282 m) mit ihren ausgeprägten Graten nach Südosten und Westen. In das Massiv der Reichenspitzgruppe gelangt man entweder von Mayrhofen im Zillertal über die Plauener Hütte (2363 m) oder von Krimml (Salzburg) am Ende des Salzachtals über die Richterhütte (2374 m). In der Reichenspitzgruppe entspringt auch der Fluss Ziller, der aus Gletscherbächen gespeist wird.

Zugspitze

 ✦ E 5

Bundesland: Tirol

Auf deutscher Seite liegt der mit einem vergoldeten Kreuz gekennzeichnete, 2962 m hohe Gipfel der Zugspitze. Eine kurze Treppe verbindet das österreichische mit dem deutschen Gipfelhaus und seinen großen Sonnenterrassen.

Bei klarem Wetter 150 km Fernsicht auf rund 400 Gipfel – diese Aussicht zieht jährlich eine Vielzahl von Besuchern an. Die Grenze zwischen Tirol und Bayern verläuft über das zum Wettersteingebirge gehörende Massiv der Zugspitze. **Grenzgipfel**

Die Tiroler Zugspitzbahn führt auf österreichischer Seite von Ehrwald hinauf zum Gipfel, wo das **Erlebnismuseum Faszination Zugspitze** eingerichtet ist. Es informiert über die Geschichte des Berges seit 1926, gibt spannende Ein- und Ausblicke und zeigt wunderbare Naturschauspiele in 3D-Filmprojektionen. Auf deutscher Seite fährt man von Garmisch-Partenkirchen mit der elektrischen Zahnradbahn durch einen 4,5 km langen Tunnel zum Bahnhof Zugspitzplatt und nimmt dann zum Zugspitzgipfel die Gletscherbahn. Oder es bringt einen von Eibsee **eine der größten Seilbahnen Europas** in 10 Minuten direkt zum Gipfel. **Zugspitz-bahnen**

Ehrwald (994 m; 2600 Einw.), das Tiroler **»Zugspitzdorf«**, lebte früher vom einträglichen Salzhandel und ist heute ein bekannter und beliebter **Luftkur- und Wintersportort**. Es liegt am Ostrand des mit Wiesen bedeckten Ehrwalder Beckens. Seine Kirche besitzt sehenswerte moderne Kreuzwegtafeln von H. D. Alberti (geb. 1938). **Ehrwald**

Zugspitze erleben

AUSKUNFT
Tiroler Zugspitz Arena
Am Rettensee 1, A-6632 Ehrwald
Tel. 05673 2 00 00
www.zugspitzarena.com

ÜBERNACHTEN
Spielmann ⚫⚫⚫
Wettersteinstr. 24
A-6632 Ehrwald

Tel. 05673 2 22 50
www.hotel-spielmann.com
Das Romantikhotel, traumhaft nahe des Ortskerns auf einer kleinen Anhöhe gelegen, bietet Komfort: Den Gast erwarten eine großzügige Sauna- und Erholungslandschaft sowie ein beheiztes Freibad. Die Zimmer sind im Tiroler Stil mit Holzmöbeln eingerichtet, auch eine Ferienwohnung wird vermietet.

Das Zugspitzmassiv hinter dem Blindsee aus österreichischer Sicht

WETTERSTEINGEBIRGE

Hochwanner, Dreitorspitzen

Auf dem von der Zugspitze östlich auslaufenden Wettersteinkamm bieten mehrere Hochgipfel die Möglichkeit für **Klettertouren**, so der Hochwanner (2744 m), dessen 1400 m hohe Nordwand zu den längsten Felstouren der Kalkalpen zählt, und das prächtige Dreigestirn der Dreitorspitzen (2674 m, 2633 m und 2606 m).

Mieminger Berge

Südlich des Wettersteingebirges, von diesem durch die sanften Matten der Ehrwalder Alm (1493 m) getrennt, erheben sich die einsameren Mieminger Berge. Ihr bekanntester Gipfel ist die das Inntal weithin beherrschende **Hohe Munde** (2662 m), die aus einem West- und einem Ostgipfel, dem Mundekopf, besteht. Der schönste Gipfel ist die auf die Fernpassseen niederblickende **Sonnenspitze** (2414 m) und der höchste die 2747 m hohe **Östliche Griesspitze**.

Etwa 3 km westlich von Ehrwald liegt in einem Talkessel der Ur-   **Lermoos**
laubsort Lermoos (1004 m; 1100 Einw.). Sehenswert ist vor allem die
Pfarrkirche (um 1750), ein barocker Zentralbau mit achteckigem
Grundriss und Rokokoausstattung. Unter dem Chor befindet sich
eine kryptaähnliche Unterkirche mit Figurengruppen von ca. 1760,
die die Passion Christi darstellen.

✴ Zwettl

O 2

Bundesland: Niederösterreich
Höhe: 520 m ü.d.M.
Einwohnerzahl: 11 000

**Im Jahr 2000 feierte die Braustadt Zwettl ihr 800-jähriges
Stadtjubiläum. Das Verkehrs- und Verwaltungszentrum des
▶Waldviertels ist durch das nahe gelegene Zisterzienserstift,
gegründet 1138 durch Hadmar von Kuenring, bekannt.**

SEHENSWERTES IN ZWETTL

Einiges ist von der mittelalterlichen Stadtmauer samt mehrerer   **Stadtplatz**
Wehrtürme erhalten. Den lang gestreckten Stadtplatz säumen Bürgerhäuser aus dem 16. und 17. Jh., geschmückt mit reizvollen Fassaden. Ferner stehen dort das 1307 erbaute, später oft veränderte
Alte Rathaus, dessen Außenfresken aus dem 15. Jh. stammen, und
eine Pestsäule von 1727. Einen hübschen Kontrapunkt dazu setzt die
Brunnenanlage von Friedensreich Hundertwasser. Die hoch gelegene
Propsteikirche (12. Jh.) gehörte ursprünglich zu einer Kuenringerburg und bildet zusammen mit dem Friedhof, dem runden Karner
aus dem 13. Jh. und der romanischen Michaelskapelle ein äußerst
sehenswertes Bauensemble.

Die Geschichte der heutigen Privatbrauerei Zwettl, die eine der we-   **Brauerei**
nigen verbliebenen ist, lässt sich bis ins Jahr 1708 zurückverfolgen.
Die historischen Gebäude wurden vom heutigen Firmenchef Karl
Schwarz, Ururenkel des Gründers, nach einem Jahrhunderthochwas-
ser 2002 umfassend saniert und können heute im Rahmen von fach-
kundigen **Dämmerschoppentouren** und anderen Führungen besichtigt werden. Dabei können Besucher den Brauern bei ihrer
Arbeit über die Schultern schauen. Eine Verkostung der verschiedenen Bierspezialitäten des Hauses fehlt natürlich nicht.
❶ April–Okt. Di., Do. 18.30, Nov.–März Di. 18.30 Uhr, Eintritt: 14,90 €,
www.zwettler.at

Zwettl erleben

AUSKUNFT
Tourismusinformation Zwettl
Sparkassenplatz 4
A-3910 Zwettl
Tel. 02822 50 31 29
www.zwettl.gv.at

EINKAUFEN
Sonnentor
Dreifaltigkeitsplatz 1
A-3910 Zwettl
www.sonnentor.at
150 Bauern beliefern den Shop von Johannes Gutmann, den Erfinder der Marke Sonnentor: Im Laden werden Tees und andere Produkte aus biologisch produzierten Waldviertler Kräutern verkauft.

ESSEN
Hotel Schwarz-Alm ⊚⊚⊚
Almweg 1
A-3910 Zwettl
Tel. 02822 53 17 30
www.schwarzalm.at
Früher grasten auf der Lichtung im Wald über dem Fluss Kamp die Pferde der Brauerei, heute baden hier die Gäste des Hotels im Naturbiotop. Zudem wird erstklassige Waldviertler-Küche serviert.

* ZISTERZIENSERSTIFT ZWETTL

Rund 3 km nordöstlich der Stadt erhebt sich aus einer Schleife des Flusses Kamp das Zisterzienserstift Zwettl. Dazu gibt es eine Geschichte: Der Legende nach trieb genau an der Stelle eine Eiche mitten im Winter grüne Blätter.

❶ April tgl. 10.00 – 15.00, Mai – Okt. tgl. 10.00 – 16.00, Führungen Stiftsbibliothek tgl. 11.00 u. 14.00 Uhr, Eintritt: 9 €, www.stift-zwettl.at

Stiftskirche Der **Chor** der Kirche ist eines der bedeutendsten Werke der österreichischen Spätgotik. Ursprünglich romanisch, wurde er zu einer mächtigen Halle mit Kapellenkranz umgebaut (1343 – 1383). Den 90 m hohen barocken **Westturm** aus Granitquadern, von 1722 bis 1727 von Josef Munggenast meisterhaft gestaltet, schmücken Figuren, Vasen und Obelisken. Eine vergoldete Christusfigur krönt die Haube. Eindrucksvoll ist die barocke Ausstattung der Kirche, darunter eine holzgeschnitzte Gruppe am Hochaltar (1733), die Mariä Himmelfahrt darstellt, und eine Beichtstuhlbekrönung zum Thema »Heimkehr des verlorenen Sohnes«.

*Kreuzgang Durch den Prälaturbau erreichen Besucher den eindrucksvollen Kreuzgang des Stifts Zwettl. Er wurde zwischen 1204 und 1240 erbaut und ist somit der **älteste vollständig erhaltene Kreuzgang in ganz Österreich**. Die Kapitelle der insgesamt 330 Säulen sind kunstvoll mit Blättern und Knospen verziert, die Fenster des Lektionsgangs sind mit spätgotischem Maßwerk verschönert.

An den Ostflügel des Kreuzgangs grenzt der Kapitelsaal (1159 – 1180), dessen Kreuzrippengewölbe auf einer Mittelsäule aus Granit ruht. Erhalten sind aus dem frühen Mittelalter auch das barock veränderte **Refektorium** und das **Dormitorium** nebst der Latrinenanlage.

Kapitelsaal

Die Bibliothek, am östlichen Klosterhof (Konventshof) gelegen, wurde von 1703 bis 1732 von Josef Munggenast neu errichtet und von Paul Troger ausgemalt. Ihr Bestand umfasst über 400 Handschriften, mehr als 300 wertvolle Inkunabeln und etwa 50 000 Bände. In Stift Zwettl wurden vor Kurzem zudem bisher noch unbekannte **Fragmente des Nibelungenliedes entdeckt**, die vermutlich aus dem 12. Jh. stammen. In den kommenden Jahren werden diese wissenschaftlich untersucht und geprüft.

Bibliothek

UMGEBUNG VON ZWETTL

Wer dem Kamp von Zwettl aus nach Osten folgt, erreicht bald eines der beliebtesten Erholungsgebiete im Waldviertel, den von malerischen Burgen und Burgruinen gesäumten, gut 12 km langen **Otten-**

Waldviertler Seen

Auf Zwettls Marktplatz sprudelt ein Hundertwasser-Brunnen.

steinsee und den **Dobrastausee**. Beide sind durch die Aufstauung des Kamp entstanden. Für Sportler ist es ein Paradies: Baden, Surfen, Segeln, Boot fahren und Fischen kann man hier ebenso wie Reiten, Golfen, Rad fahren und Wandern. Nadelwälder und Granitfelsen, Heideböden und dunkle Wasser erinnern an Skandinavien.

*Schloss Rosenau Westlich von Zwettl liegt auf einer Anhöhe Schloss Rosenau (620 m; Schlosshotel), in den Jahren 1730 bis 1748 im Rokokostil erbaut und von Daniel Gran und weiteren Künstlern ausgestattet. Es beherbergt ein sehr sehenswertes **Freimaurermuseum**. Zu besichtigen sind die einzigen original erhaltenen und öffentlich zugänglichen Ritualräume aus dem 18. Jh., in ihnen sind die Exponate dieses einzigartigen Museums untergebracht.

Stift Zwettl

© BAEDEKER

A	Binderhof	C	Abteihof
B	Lindenhof	D	Konventshöfe

1	Spitalskirche	7	Konvent
2	Pforte,	8	Bibliothek
	darüber Prälatur	9	Heiliggrabkapelle
3	Kreuzgang	10	Gartenpavillon
4	Refektorium	11	Sängerknabenkonvikt
5	Kapitelsaal	12	Bildungshaus
6	Dormitorium	13	Festsaal

❶ April–Okt. tgl. 9.00–17.00 Uhr, Eintritt: 5 €, www.freimaurermuseum.at

Südwestlich von Zwettl erhebt sich auf einem bewaldeten Felsen über dem Kamp die mächtige ***Burg Rappottenstein**. Aus der Gründungszeit im 12. Jh. stammen noch der Bergfried und der fünfeckige Turm an der Südspitze. Insgesamt fünf Höfe umschließen diese sehenswerte Burganlage: Im ersten Hof sieht man das Brauhaus (1548/1549) und im innersten Hof eine dreigeschossige Renaissance-loggia. An einigen Fenstern gibt es zudem schöne Sgraffitomalereien.
❶ Führungen: Mai–Sept. Di.–So. 11.00, 12.00, 14.00, 15.00 u. 16.00, Juli, Aug. auch 10.00 u. 17.00 Uhr, April, Okt. nur Sa. u. So., 9 €, www.burg-rappottenstein.at

Roiten Das **Museum** des Dörfchens Roiten, wenige Kilometer östlich von Rappottenstein, ist ein Werk von **Friedensreich Hundertwasser**, der hier ganz in der Nähe, mitten im Wald und direkt am Fluss, eine Hütte namens Hahnsäge besaß, wo er oft malte. Ein Nebengebäude ist dem Leben und Werk des Künstlers gewidmet, im Dachgeschoss werden außerdem Exponate alter Handwerkskunst, alter Hausrat und bäuerliche Geräte gezeigt.
❶ Mai–Sept. Fr.–So. 14.00–16.30 Uhr, Eintritt: 5 €, www.dorfmuseum-roiten.at

Rund 20 km südlich von Zwettl liegt das Dorf Armschlag, das sich einem ganz besonderen Agrarprodukt verschrieben hat: dem Graumohn. Bis zum Jahr 1933 wurde der Waldviertler Graumohn sogar an der Londoner Börse notiert. Vor rund 25 Jahren wurden der Mohnanbau und die vielfältige Nutzung der einst weit verbreiteten Kulturpflanze neu entdeckt. Die Samen der erst Anfang Juli weiß-lila-rot blühenden Pflanze mit der geschützten Bezeichnung **»Waldviertler Graumohn«** sind kulinarisch vielseitig verwendbar, sie werden aber auch zu Kosmetika verarbeitet. Der rund 1 km lange **Mohnlehrpfad** führt durch das Dorf und informiert dabei über Anbau und Verarbeitung des Gewächses. Die Mohnbauern verkaufen ihre Produkte ab Hof oder von Mai bis Oktober an den Wochenenden (im Juli und August sogar täglich) zwischen 11.00 und 15.00 Uhr im **»Bauernladen«**. Eine typische Spezialität sind die Mohnzelten, handtellergroße Kartoffelteigtaschen, die mit einem Mohn-Zucker-Gemisch gefüllt sind. Beim Mohnwirt (Mo., Di. Ruhetag, im Juli tgl.) kredenzt man lokale Gerichte, die auf der Basis der Samen entstehen oder damit verfeinert sind.

Mohndorf Armschlag

PRAKTISCHE INFORMATIONEN

Hier finden Sie jede Menge nützliche Infos, etwa zu Anreisemöglichkeiten, Notdiensten und Verkehrsregeln, dazu einen Sprachführer für österreichische Speisekarten. Aber auch Tipps zu passender Literatur und zu den schönsten Schmalspurbahnen.

Anreise · Reiseplanung

ANREISEMÖGLICHKEITEN

Mit dem Auto
Eine der meistbefahrenen Strecken von Deutschland nach Österreich ist die Autobahn A 8 von München über Salzburg nach Wien. Bei Rosenheim zweigt südwärts die Inntal-Autobahn ab, die über Kufstein nach Innsbruck verläuft. Von Ulm aus führt die A 7 südwärts nach Kempten mit Verbindung zum österreichischen Bodenseegebiet und nach Vorarlberg. Von der Schweiz aus fährt man über Feldkirch nach Innsbruck. Die Benutzung österreichischer Autobahnen und Schnellstraßen ist gebührenpflichtig, die Gebühr wird durch den Erwerb einer **Vignette** bezahlt. Für Pkw (bis 3,5 t Gesamtgewicht) und Motorräder gibt es Jahresvignetten und Vignetten, die 2 Monate bzw. 10 Tage gültig sind. Die Jahresvignette (gültig für ein Kalenderjahr inkl. Dez. des Vorjahres und Jan. des folgenden Jahres) kostet 77,80 (Motorrad: 31), die Zwei-Monats-Vignette 23,40 (Motorrad: 11,70) und die Zehn-Tages-Vignette 8 (Motorrad: 4,60 Euro). Wer ohne Vignette erwischt wird, zahlt 120 Euro **Ersatzmaut** (Motorrad: 65 Euro). Eine eigene Vignette für Wohnwagen wird nicht benötigt. In Österreich ist die Vignette in Tabakläden, Postämtern und bei Automobilclubs erhältlich. Im Ausland wird sie auch über die Automobilclubs, zudem über grenznahe Tankstellen vertrieben.

> **BAEDEKER TIPP** ❗
>
> *Entfernungen*
>
> München – Salzburg 144 km
> Salzburg – Wien 300 km
> Rosenheim – Kufstein 39 km
> Kufstein – Innsbruck 75 km
> Ulm – Bregenz 122 km
> Zürich – Feldkirch 124 km
> Feldkirch – Innsbruck 155 km

Mit der Bahn
Die österreichischen Städte sind gut mit **Schnellzügen** zu erreichen, es bestehen tägliche Non-Stop-Verbindungen zu deutschen Metropolen und nach Zürich in der Schweiz. Nach Innsbruck, Schwarzach im Salzburger Land, nach Villach und Wien verkehren zudem **Autoreisezüge**. Für lange Anfahrten empfehlen sich außerdem noch die **Nachtverbindungen**, die etwa von Berlin, Hamburg und Köln aus nach Wien führen oder von Zürich nach Graz.

Mit dem Bus
Wien ist aus ganz Europa mit dem Linienbus Eurolines erreichbar. In andere österreichische Städte gibt es nur sporadische Langstreckenverbindungen nach Deutschland und in die Schweiz.

Mit dem Flugzeug
Das Drehkreuz für internationale Verbindungen ist der Flughafen **Wien-Schwechat**, darüber hinaus sind auch die Flughäfen Graz,

BAHN
Deutsche Bahn AG
Tel. 0800 1 50 70 90 (D; kostenlose
Fahrplanauskunft)
Tel. *0180 5 99 66 33 (D; persönliche
Beratung)
www.bahn.de

AUTOREISEZUG
Österreichische Bundesbahnen
Tel. 05 17 17 (A; zentrale Zugauskunft)
www.oebb.at

BUS
Deutsche Touring
Am Römerhof 17
D-60486 Frankfurt am Main
Service-Hotline: Tel. 069 7 90 35 01 (D)
www.touring.de

Eurolines Austria
Erdbergstr. 200 a
A-1030 Wien

Tel. 01 7 98 29 00 (A)
www.eurolines.at

FLUGGESELLSCHAFTEN
Air Berlin
Flyniki
Tel. 030 34 34 34 34 (D)
www.airberlin.com
www.flyniki.com

Lufthansa
Tel. 069 86 79 97 99 (D)
www.lufthansa.com

Austrian Airlines
Tel. *0180 3 00 05 20 (D)
Tel. 05 17 66 10 00 (A)
www.austrian.com

Swiss
Tel. 069 86 79 80 00 (D)
Tel. 848 70 07 00 (CH)
www.swiss.com

Innsbruck, Klagenfurt, Linz und Salzburg gut ins europäische Stre-
ckennetz integriert. Die wichtigsten Fluglinien für Passagiere aus
Deutschland und aus der Schweiz sind Austrian Airlines, Lufthansa,
Swiss sowie Air Berlin und Flyniki.

EIN- UND AUSREISEBESTIMMUNGEN

Deutsche Staatsangehörige und Reisende aus der Schweiz können
mit einem **Reisepass oder Personalausweis** (auch dem vorläufig
ausgestellten) nach Österreich einreisen. Auch Kinder brauchen seit
2012 ein eigenes Reisedokument (Reisepass oder Personalausweis).
Autofahrer müssen den nationalen Führerschein und den Kraftfahr-
zeugschein mitführen, die Mitnahme der Internationalen Grünen
Versicherungskarte ist empfehlenswert.

**Reise-
dokumente**

Hunde und Katzen brauchen für die Einreise nach Österreich Toll-
wutimpfschutz, der im blauen **EU-Heimtierausweis** nachgewiesen
werden muss. Sie müssen zudem eindeutig mit einer Tätowierung
oder einem Mikrochip gekennzeichnet sein.

Haustiere

Zoll für
EU-Bürger
Die Mitgliedsstaaten der Europäischen Union (EU) bilden einen gemeinsamen Wirtschaftsraum, in dem der Warenverkehr für private Zwecke weitgehend zollfrei ist. Trotzdem gelten noch gewisse obere Richtmengen: 800 Zigaretten oder 400 Zigarillos oder 200 Zigarren oder 1000 g Tabak, 10 l Spirituosen über 22 % Alkoholgehalt oder 20 l unter 22 % Alkoholgehalt sowie 90 l Wein und 110 l Bier.

Zoll für
Nicht-EU-
Bürger
Für Reisende aus Nicht-EU-Ländern (z. B. Schweiz) gelten folgende Freimengen: 200 Zigaretten oder 100 Zigarillos oder 50 Zigarren oder 250 g Tabak, 2 l Wein oder andere Getränke bis 22 % Alkoholgehalt oder 1 l Spirituosen mit mehr als 22 % Alkoholgehalt. Andere Waren sind bis zu einem Gesamtwert von 300 Euro pro Reisendem bzw. 430 Euro für Flugreisende abgabenfrei. Souvenirs darf man in die Schweiz bis zu einem Wert von 300 sfr zollfrei einführen.

Auskunft

AUSKUNFT IN DEUTSCHLAND
Österreich Werbung
Klosterstr. 64
D-10179 Berlin
Tel. 030 2 19 14 80
deutschland@austria.info
www.austriatourism.com

AUSKUNFT IN ÖSTERREICH
Österreich Werbung
Margaretenstr. 1
A-1040 Wien
Tel. 00800 40 02 00 00 (kostenfrei
aus A, CH, D)
www.austria.info

AUSKUNFT IN DEN BUNDESLÄNDERN
Burgenland Tourismus
Johann-Permayer-Str. 13
A-7000 Eisenstadt
Tel. 02682 63 38 40
www.burgenland.info

Kärnten Werbung
Casinoplatz 1
A-9220 Velden
Tel. 0463 30 00
www.kaernten.at

Niederösterreich Werbung
Wirtschaftszentrum NÖ
Niederösterreichring 2, Haus C
A-3100 St. Pölten
Tel. 02742 90 00 90 00
www.niederösterreich.at

Oberösterreich Tourismus
Freistädter Str. 119
A-4041 Linz
Tel. 0732 22 10 22
www.oberoesterreich.at

Osttirol Werbung
Albin-Egger-Str. 17, A-9900 Lienz
Tel. 04350 21 22 12
www.osttirol.com

Salzburger Land Tourismus
Wiener Bundesstr. 23
A-5300 Hallwang
Tel. 0662 6688
www.salzburgerland.com

Steirische Tourismus GmbH
St.-Peter-Hauptstr. 243, A-8042 Graz
Tel. 0316 40030
www.steiermark.com

Tirol Info
Maria-Theresia-Str. 55
A-6010 Innsbruck
Tel. 0512 72720
www.tirol.at

Vorarlberg-Tourismus
Poststr. 11, A-6850 Dornbirn
Tel. 05572 3770330
www.vorarlberg.travel

BOTSCHAFTEN
Deutsche Botschaft
Metternichgasse 3
A-1037 Wien
Tel. 01 711540
www.wien.diplo.de

Schweizer Botschaft
Kärntner Ring 12
A-1030 Wien

Tel. 01 79505
www.eda.admin.ch

INTERNET
www.austria.info
Österreichs größte Tourismusplattform
glänzt mit vielen nützlichen Informationen über die Politik des Landes, dazu
gibt es Tipps zu aktuellen kulturellen
Events. Webcams liefern interessante
Einblicke in verschiedene Regionen.

www.austria.gv.at
Internetauftritt der österreichischen
Regierung mit Informationen über die
aktuelle Politik des Landes.

www.austrianmuseums.net
www.museum.at
Die beiden Webportale geben einen
Überblick über die vielfältige Museums-
landschaft Österreichs. Auch Infos zu
Sonderausstellungen und Veranstaltungen in den Häusern sind hier zu finden.

www.tiscover.com
Diese Website enthält neben Reiseange-
boten auch den Wetterbericht sowie Informationen über die Infrastruktur und
Sehenswürdigkeiten vor Ort. Viele Unterkünfte können hier zudem gleich on-
line gebucht werden.

Mit Behinderung reisen

Infoplattform barrierefreier
Tourismus
Die Initiative des ÖHTB, des Österreichischen Hilfswerks für Taubblinde und
hochgradig Hör- und Sehbehinderte, ist
eine zentrale Anlaufstelle, wenn es um
die Belange des barrierefreien Tourismus
geht. Auf der Website gibt es Infos, auf-
geschlüsselt nach Art der Behinderung.
www.urlaubfueralle.at

Etikette

Pünktlichkeit Für das größte Unverständnis bei Urlaubern aus Deutschland und der Schweiz sorgt das dehnbare Pünktlichkeitsverständnis der Österreicher. Außer im öffentlichen Verkehr, der tatsächlich nach Fahrplan fährt, sollte man jederzeit damit rechnen, dass sich das geplante Ereignis – der Start der geführten Tour, der Beginn des Konzerts, die Verabredung – um einige Minuten verzögert. Verspätungen von bis zu 15 Min. liegen innerhalb der Norm, gesprochen wird darüber kaum und man sollte sich auch nicht darüber beschweren. Am besten, man nimmt eine Verzögerung als das, was sie ist: Eine Ausprägung der vielzitierten österreichischen Gemütlichkeit.

> **BAEDEKER TIPP**
>
> **!** *Literaturtipp*
>
> Um Missverständnissen aufgrund von Sprachproblemen vorzubeugen, empfiehlt sich das Wörterbuch **Österreichisch-Deutsch**, das von Astrid Wintersberger mit viel Witz zusammengestellt wurde. Beraten wurde sie dabei durch H. C. Artmann, den unvergleichlichen Dichter der österreichischen Gegenwartsliteratur. Residenz Verlag ISBN 9 78 37 01 70 96 32.

Anrede Generell ist das Duzen weit verbreitet. Auf dem Land ist es die gängige Anrede, aber auch in den Städten hat es in der Freizeit das un-

Tanz in feiner Abendgesellschaft: Hier ist Etikette gefragt!

persönliche »Sie« weitgehend abgelöst – mit der Ausnahme von älteren Menschen, die man durchaus förmlich, etwa mit »Küss die Hand, gnä' Frau«, begrüßen kann. Vor allem in den Bergen existiert das »Sie« nicht, weder unterwegs beim Grüßen – »Griaß di« (Grüße dich), »Griaß eich« (Grüße euch) – noch bei Einkehr auf der Hütte.

Eine Almhütte ist zudem ein vortrefflicher Platz, um den sprichwörtlichen Schmäh rennen zu hören, den die Österreicher perfekt beherrschen. In Wien ist dieser Humor noch ein wenig schwärzer und morbider als im Rest des Landes. Wer in eine Runde kommt und weniger schlagfertig ist als die anderen Gäste, hält sich bei Wortduellen am besten zurück – und lächelt einfach, falls der Witz ihn getroffen hat, es war mit Sicherheit nicht böse gemeint. Insbesondere die gemeinsame, aber im Detail doch recht unterschiedliche Sprache sorgt immer wieder für viel Heiterkeit. **Humor**

Geld

Österreich gehört zur Eurozone. Das Bankautomatennetz ist flächendeckend, die gängigsten Kreditkarten (Visa, Mastercard) werden in den meisten Hotels, in vielen Restaurants und Geschäften und nahezu an allen Tankstellen akzeptiert. Der Wechselkurs zum Schweizer Franken beträgt 1 Euro zu 1,20 sfr.

BAEDEKER TIPP

Kreditkarte verloren?

Die einheitliche Notfallnummer für alle sperrbaren Kreditkarten, aber auch für Handys lautet: Tel. 0049 11 61 16. Bitte prüfen Sie schon vor Antritt der Reise, ob Ihr Karteninstitut an dieses System angeschlossen ist.

Gesundheit

Die medizinische Versorgung entspricht westeuropäischem Standard. Auf der Rückseite der elektronischen Gesundheitskarte ist die **Europäische Krankenversicherungskarte** angebracht. Allgemeine medizinische Behandlung muss also nicht vor Ort bezahlt werden, sondern wird direkt zwischen Arzt oder Krankenhaus im Urlaubsland und dem Gesundheitsversicherer im Heimatland abgewickelt. Einrichtungen mit diesen Verträgen sind in Österreich weiter verbreitet als private Institutionen, die die Karte nicht akzeptieren. **Kosten- regelung**

In der Regel haben Apotheken von Mo. bis Fr. 8.00 bis 12.00 u. 14.00 bis 18.00, Sa. 8.00 bis 12.00 Uhr geöffnet. Geschlossene Apotheken weisen durch Aushang auf die nächstgelegene offene Apotheke hin. **Apotheken**

Literaturempfehlungen

Romane,
Erzählungen,
Anthologien

Altenberg, Peter: Sommerabend in Gmunden. Szenen und Skizzen zwischen Semmering und Salzkammergut. Schöffling, Frankfurt/Main 1997. – Bis zu seinem Tod verbrachte der österreichische Schriftsteller Peter Altenberg (eigentlich: Richard Engländer, 1859 bis 1919) viele Monate in den Sommerfrischen und an den Ausflugszielen rund um Wien.

Krimis fürs Hotelbett

Die kriminalistische Handlung ist nur der rote Faden für diese beiden sehr unterhaltsamen Romane mit äußerst viel Lokalkolorit. **Komarek, Alfred:** Polt muss weinen. Diogenes, Zürich 2000. **Slupetzky, Stefan:** Der Fall des Lemming. Rororo, Hamburg 2005.

Haslinger, Josef: Das Vaterspiel. Fischer (Tb), Frankfurt/Main 2002. Haslinger beschreibt anhand des Lebens dreier Familien, dass niemand der Geschichte entkommen kann, weder der seines Landes noch seiner ganz persönlichen.

Higgs, Barbara, Straub, Wolfgang (Hrsg.): Wegen der Gegend. Literarische Reisen durch Niederösterreich. Eichborn, Frankfurt/Main 2001. – Österreichische und internationale Autoren schreiben über die Region Niederösterreich. Von Barbara Higgs u. a. sind ebenfalls erschienen: Literarische Reisen durch Oberösterreich, Salzburg, die Steiermark, Tirol und Vorarlberg.

Markus, Georg: Meine Reisen in die Vergangenheit. Amalthea, Zürich/Leipzig/Wien 2002. – Interessante Geschichten aus der österreichischen Geschichte: vom Kaiserhof über Musik und Theater bis zu den berühmten Zeitgenossen.

Roth, Joseph: Radetzkymarsch. Kiepenheuer & Witsch, Köln 2010. Ein meisterhafter Abgesang auf die k. u. k.-Monarchie.

Tatzel, Sepp: Wien stirbt anders. Ibera, Wien 2002. – Eine zart ironische Studie über die Mentalität der Wiener, deutlich gemacht am Beispiel derer, die inzwischen auf dem Zentralfriedhof »wohnen«.

Torberg, Friedrich: Die Tante Jolesch oder Der Untergang des Abendlandes in Anekdoten. Langen/Müller, München 1996. – Zum »Klassiker« gewordene, oft wehmütige Beschreibung der Welt des Wiener Judentums in der Kriegs- und Nachkriegszeit.

Geschichte
und Politik

Menasse, Robert: Erklär mir Österreich. Essays zur österreichischen Geschichte. Suhrkamp, Frankfurt/Main 2000. – Robert Menasse hat die österreichische Gesellschaft scharfsinnig analysiert, seine Untersuchung geht über tagespolitische Erkenntnisse weit hinaus.

Vocelka, Kurt: Geschichte Österreichs. Kultur – Gesellschaft – Politik. Heyne Verlag, München 2009. – Eine vom Autor ebenso spannend wie lehrreich beschriebene Landesgeschichte, sie reicht von der Zeit der Kelten bis zur Einrichtung der Europäischen Union.

Popp, Georg und Verena: Österreich im Blick. Leykam, Graz 2007. _Bildbände_ Traumhafte Bilder, die von den schönsten Aussichtsplätzen des Landes aufgenommen wurden. Der Bogen spannt sich dabei von Natur- über Kulturlandschaften bis hin zu Stadtansichten. Dazu gibt es eine gute Beschreibung, wie man zu den Aufnahmestandpunkten kommt.

DuMont Bildband Wien. DuMont Reiseverlag, Ostfildern 2012. 132 ungewhnliche Fotografien, verpackt in ein modernes, ästhetisches Layout und kommentiert von anregenden Bildlegenden.

DuMont Bildatlas Kärnten. DuMont Reiseverlag, Ostfildern 2011.

DuMont Bildatlas Salzburger Land, Salzkammergut, Salzburg. DuMont Reiseverlag, Ostfildern 2010.

DuMont Bildatlas Tirol. DuMont Reiseverlag, Ostfildern 2011.

DuMont Bildatlas Wien. DuMont Reiseverlag, Ostfildern 2011.

Sehr detaillierte **Wanderführer** und **Karten** (gedruckt sowie digital) aus dem Hause KOMPASS-Karten decken alle wichtigen Regionen in Österreich perfekt ab. Dort sind auch die **Radführer** »Donauradweg Passau–Wien–Bratislava« und »Innradweg« sowie der »Große Wander-Atlas Salzkammergut« erschienen. Spezialist für Radtourenbücher ist der Verlag Esterbauer in Rodingsdorf/Niederösterreich, dessen Titel aus der Reihe »bikeline« die wichtigsten österreichischen Radwege ausführlich beschreiben.

 Für die Handtasche

BAEDEKER TIPP

Interessantes rund um die Bohne: von berühmten österreichischen Kaffeehäusern bis zu den Kaffeespezialitäten des Landes. KOMPASS Küchenschätze: Das kleine österreichische Kaffeebuch. KOMPASS-Karten, Innsbruck 2003.

Der Bockerer. Franz Antel, 1981. Karl Bockerer, ein Fleischhauer aus _Film_ der Wiener Vorstadt, ist vom Nationalsozialismus nicht zu überzeugen, sein Sohn und seine Frau sympathisieren allerdings schon damit. Doch der Individualist will davon nichts wissen und leistet im Rahmen seiner Möglichkeiten passiven Widerstand.

Glockner – Der schwarze Berg. Georg Riha, 2000. Georg Riha ist ein Meister ungewöhnlicher Perspektiven und ausgefallener Kameraführung. Für die Glockner-Dokumentation hat er mit zehn Zeitrafferkameras gearbeitet, die fast zwei Jahre lang im Glocknermassiv platziert waren. So kann man in diesem Film etwa sehen, wie ein Wasserfall einfriert. Auch die Riha-Werke »Schönbrunn – Quelle der Schönheit«, präsentiert von Sir Peter Ustinov, und »St. Stefan – Der lebende Dom« sind auf DVD erhältlich.

Medien

Rundfunk und Fernsehen
Der staatliche Rundfunk mit den beiden Fernsehsendern **ORF 1** und **ORF 2** sowie verschiedenen Radiostationen (**Ö3**/Popmusik, **Ö2**/regionale Sender der einzelnen Bundesländer, **Ö1**/Klassik und Themen wie Kultur, Gesellschaft und Religion, **FM4**/Jugend) beherrscht den Markt. Erst seit dem Jahr 2003 gibt es private Sender in größerem Umfang, dies sind im Fernsehen etwa ATV, Puls 4, Austria 9 und Servus TV, im Radio dominieren vor allem viele lokale Stationen. Bis 2001 hatte der ORF noch per Gesetz die Monopolstellung inne.

Zeitung
Die mit Abstand am meisten gelesene Zeitung im gesamten Bundesgebiet ist das **Boulevardblatt** »Krone«. Lediglich in Kärnten und der Steiermark kann die »Kleine Zeitung« dem Giganten Konkurrenz machen. Ein ähnliches Publikum bedienen »Österreich«, »Oberösterreichische Nachrichten« sowie »Tiroler Tageszeitung«. Beliebt

Print-Medien satt: Albertina Museumsshop

beim Mittelstand ist außerdem der großformatige »Kurier«, der die Brücke zwischen den oben genannten Massenblättern und den **Qualitätszeitungen** wie »Die Presse«, »Der Standard«, »Salzburger Nachrichten« oder »Wiener Zeitung« schlägt.

Notdienste

Auf jeden Fall zu beachten im Fall einer Panne: Warnwesten sind beim Verlassen des Autos unbedingt anzulegen, wenn dies auf einer der Autobahnen geschieht. Auf Freilandstraßen sind Warnwesten in der Regel bei schlechten Sichtverhältnissen, aber auch an unübersichtlichen Stellen zu tragen. Die erlaubte maximale Geschwindigkeit beim Abschleppen beträgt in Österreich 40 km/h. Auf Autobahnen ist das Abschleppen allerdings grundsätzlich nur bis zu der nächsten Abfahrt erlaubt.

Hinweise

NOTRUFE IN ÖSTERREICH
Rettungsnotruf
Tel. 144

Feuerwehr
Tel. 122

Euro-Notruf
Tel. 112
Der Euro-Notruf funktioniert in allen Ländern der EU von jedem Netz aus, auch ohne eine SIM-Karte im Handy. Durchgestellt wird er automatisch in die nächstgelegene Gendarmerie- oder Polizeidienststelle.

Alpinnotruf
(Bergrettung)
Tel. 140
In Vorarlberg: Tel. 144

Polizei
Tel. 133

Pannenhilfe
▶Automobilclubs

AUTOMOBILCLUBS
Österreichischer Automobil-, Motorrad- und Touring Club ÖAMTC (ADAC-Partner)
Schubertring 1–3, A-1010 Wien
Tel. 01 71 19 90
Pannenhilfe: Tel. 120
www.oeamtc.at

Auto-, Motor- und Radfahrerbund Österreichs (ARBÖ)
Mariahilfer Str. 180, A-1150 Wien
Tel. 01 89 121
Reise-Notruf: Tel. 01 8 95 60 60
Pannenhilfe: Tel. 123
www.arboe.or.at

ADAC Wien
Tel. 01 2 51 20 60 (ganzjährig;
24 Std. erreichbar)

NOTDIENSTE IN DEUTSCHLAND
ACE-Notrufzentrale Stuttgart
Kranken- und Fahrzeugrückholdienst
Tel. aus Österreich: 0049 1802 34 35 36
www.ace-online.de

ADAC-Notrufzentrale
München
Beratung nach Unfällen:
Tel. aus Österreich: 0049 89 22 22 22
(rund um die Uhr besetzt)
Ambulanzrückholdienst und Telefonarzt:
Tel. aus Österreich: 0049 89 76 76 76
www.adac.de

NOTDIENSTE IN DER SCHWEIZ
Schweizerische Rettungsflug-
wacht Zürich
Tel. aus Österreich: 0041 3 33 33 33 33
Tel. aus der Schweiz: 14 14
www.rega.ch

Touring-Club der Schweiz (ACS)
Tel. aus Österreich: 0041 2 24 17 27 27
www.tcs.ch

Post · Telekommunikation

Postämter Die Schalter der Postämter sind in der Regel von Mo. bis Fr. 8.00 bis 12.00 und 14.00 bis 18.00 Uhr geöffnet. Hauptpostämter in großen Städten können durchgehend geöffnet sein. Briefmarken kann man in Postämtern und Trafiken (Tabakgeschäften) kaufen. Postkarten und Standardbriefe (bis 20 g) nach Deutschland und in die Schweiz kosten 0,70 Euro.

Telefon Telefonzellen gibt es immer weniger und die, die noch übrig sind, sind nicht in allerbestem Zustand. Wer aus Kostengründen nicht vom Hotel aus daheim anrufen möchte (hohe Zuschläge), geht am besten aufs Postamt oder telefoniert mit dem Mobiltelefon. Das Mobilnetz in Österreich ist flächendeckend, mit Ausnahme der Berge. **Mobiltelefone** aus Deutschland oder der Schweiz wählen sich automatisch über **Roaming** in das Partnernetz ein – für Telefonate ins Ausland oder aus dem Ausland ankommende Anrufe werden dann Gebühren verrechnet (ca. 0,42 Euro/0,13 Euro pro Min.). SMS kosten ebenfalls etwa 0,13 Euro. Hohe Kosten kann indes die Mailbox verursachen; besser noch im Heimatland abschalten. Wer viel innerhalb Österreichs telefonieren möchte, besorgt sich am besten eine **Prepaid-Karte**, sie ist beispielsweise an Tankstellen, in Trafiken, auf

VORWAHLEN
Vorwahl von Deutschland und
der Schweiz nach Österreich
Tel. 0043
Nach Wien: Tel. 0043 1

Vorwahl von Österreich
nach Deutschland: Tel. 0049
in die Schweiz: Tel. 0041

Telefonauskunft in Österreich
In- und Ausland:
Tel. *11 88 77

Postämtern oder in Supermärkten erhältlich. Wer nämlich mit seinem ausländischen Mobiltelefon innerhalb Österreichs tefefoniert, zahlt Roaminggebühren für Telefonate ins Ausland.

Preise und Vergünstigungen

In den vergangenen Jahren wurde eine Vielzahl an touristischen Karten (meist als **Cards** bezeichnet) entwickelt, die dem Urlaubsgast spürbare Erleichterung im Budget bringen. Sie lassen sich grob gesprochen in drei Gruppen einteilen: Die kostenpflichtigen **Städte-Cards**, die gleichzeitig als Netzkarte für den öffentlichen Nahverkehr dienen, es gibt sie für Wien, Linz, Innsbruck und Salzburg; die **Bundesländer-Cards**, für die man zahlen muss, die dafür aber an sämtlichen Top-Attraktionen freien Eintritt bieten, sie werden etwa in Niederösterreich, der Steiermark und Kärnten angeboten; die **Regionen-Cards**, die vor allem im Osten und im Süden des Landes angeboten werden, man erhält sie gratis, wenn man in einem der zahlreichen, preislich breit gestreuten Partnerbetriebe nächtigt. Gelungene Angebote gibt es auch mit der Schladming-Dachstein-, der Neusiedler See-, der Steirischen Thermenland-, der Mostviertel-, der Wörther See-, der Millstätter See-, der Kaprun- und der Serfaus-Fiss-Ladis-Card. Egal, ob Zahl- oder Gratiscard: Eintritte zu den wichtigsten Attraktionen sowie Seilbahnfahrten sind in der Regel mit Card kostenlos.

Vergünstigungen

BAEDEKER WISSEN

?

Was kostet wie viel?

Einfaches Zimmer
ab 30 €

3-Gang-Menü
ab 25 €

Einfache Mahlzeit
ab 10 €

Eine Tasse Kaffee
2,50 €

Mietwagen
ab 50 € pro Tag

Ein Liter Super
ab 1,40 €

Reisezeit

Österreich hat ein **kühl gemäßigtes Klima alpiner Prägung**, entsprechend seiner Lage am Südostrand Mitteleuropas und der gebirgigen Natur des Landes. Nach Osten hin nimmt das Klima zunehmend kontinentale Züge an. Der **nördliche Alpenrand** weist ein besonders feuchtes Klima auf. Die in Mitteleuropa vorherrschenden westlichen und nordwestlichen Winde bringen feuchte atlantische Lufmassen heran, die im Stau des Gebirgsrandes aufsteigen und ab-

Klima

kühlen. Die Folge sind kräftige Wolkenbildung und Niederschläge, in Bereichen zwischen 1000 und 1500 m liegen die Niederschläge etwa doppelt so hoch wie in Talregionen. Stauwetterlagen sind in der Regel mit einem deutlichen Kaltlufteinbruch verbunden, der auch in relativ tiefen Lagen zu Schneefall führen kann. Das alpine Klima ist weniger feucht als am Alpennordrand, bleibt aber niederschlagsreich mit kurzen und kühlen Sommern. Wegen der intensiven Sonneneinstrahlung bei schönem Wetter werden niedrige Lufttemperaturen jedoch nicht so bewusst wahrgenommen. Im Landschaftsbild der **inneren Alpen** sind Unterschiede zwischen dem südlichen Sonnenhang und dem nördlichen Schattenhang deutlich ausgebildet. Herbst und Winter bescheren den Berg- und Gipfellagen deutlich mehr Sonnenschein und klare Luft (gute Fernsicht) als den Tälern. Häufig tritt ein rascher und kräftiger Wetterumschwung auf. Nicht nur Bergwanderer und Kletterer müssen sich darauf einstellen, sondern auch Auto- oder Motorradfahrer, die im Herbst oder Frühjahr die Passstraßen befahren. Die Wetterverhältnisse des **nördlichen und östlichen Alpenvorlands** haben folgende Ausprägung: Ab dem mittleren Donaubereich geht das mitteleuropäische Klima ostwärts in das stärker kontinental geprägte Klima über. Die täglichen und jährlichen Temperaturschwankungen werden größer, die Niederschläge werden geringer, vor allem in der Wachau und im Weinviertel. In Wien beispielsweise sind die Niederschläge nur noch halb so hoch wie in Salzburg, insbesondere fehlen die starken sommerlichen Regengüsse. Das östliche Alpenvorland weist schon deutliche Züge eines **kontinentalen Steppenklimas** auf – mit kurzem Frühling, heißem Sommer, schönem, trockenem Herbst und kaltem Winter.

> ! **BAEDEKER TIPP**
>
> *Vorsicht Wetterfühlige!*
>
> Eine Besonderheit des alpinen Klimas ist der **Föhn**, der vor allem in der Westhälfte Österreichs auftritt. Er kommt hauptsächlich im Frühjahr und Herbst vor, wenn ein Tief nördlich der Alpen Luft aus einem Hoch südlich des Gebirges ansaugt. Mit dem Föhn geht meist eine fantastische Fernsicht einher, Wetterfühlige müssen sich allerdings zu dieser Zeit oft mit Kopfschmerzen plagen.

Beste Reisezeiten
Die Klimaveränderung ist auch an Österreich nicht spurlos vorüber gegangen, generell ist das Wetter mittelfristig unvorhersehbarer geworden und extreme Wetterlagen und -umschwünge häufen sich. In diesem Sinne sind auch die Aussagen für die beste Reisezeit zu verstehen: Für das **Hochgebirge** gilt neben Juli und August auch der September, der meist beständigeres Wetter und klare Sicht bringt, als beste Reisezeit. In den **Voralpen** und im **Mittelgebirge**, wo es im Sommer recht heiß werden kann, sind Mai, Juni und September die beste Wahl, wenn Wanderungen auf dem Programm stehen. Die Zeit der Obstblüte im April und der Herbst bis weit in den Oktober hin-

Vier regionaltypische Klimastationen

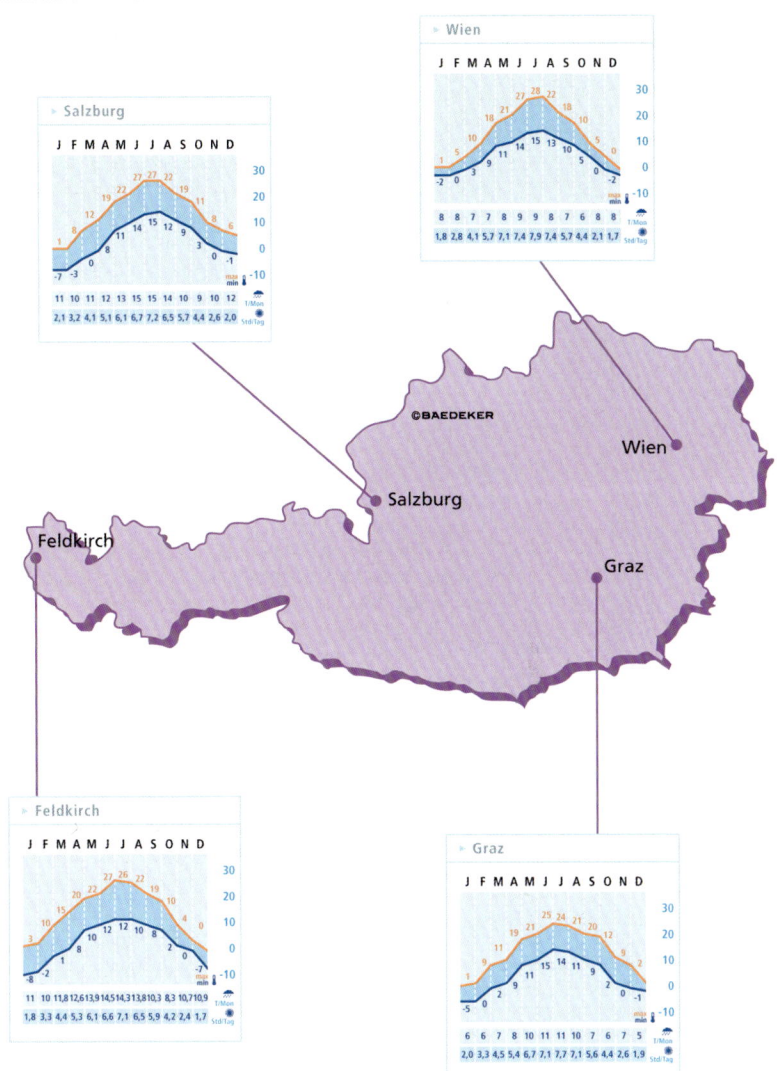

Frühjahr und Herbst sind in Weinbau-Regionen die beste Reisezeit.

ein haben in **Gegenden mit Weinbau** (Wachau, Weinviertel, Burgenland) besondere Reize. Für eine **Wienreise** sind Spätfrühling, Frühsommer und Herbst am günstigsten. Im Winter ist Österreich ein Eldorado für Wintersportler und zu Ferienzeiten kann es in den beliebten Gegenden durchaus zu Wartezeiten bei der Anreise und auch an den Skiliften kommen.

Sicherheit

Österreich ist eines der sichersten Länder der Welt, noch nicht einmal in der Hauptstadt Wien sind besondere Vorkehrungen notwendig. Lediglich Taschendiebstähle haben in den vergangenen Jahren zugenommen, man sollte daher – wie im Heimatland gewöhnlich auch – auf seine Wertgegenstände achten.

Sprache

Nicht nur die Gastronomie beschert so manchem Deutschen fragende Blicke, etwa auf österreichische Speisekarten, auch in der Alltagssprache gibt es hin und wieder Missverständnisse. Denn wie heißt es so schön: »Der Deutsche unterscheidet sich vom Österreicher durch die gemeinsame Sprache«!

Österreich-Kulinarium

Backhendl	paniertes und frittiertes Huhn
Beuschel	Lunge gekocht
Blunzen	Blutwurst
Brauner	Espresso, serviert mit einem Kännchen Milch
10 Deka(gramm)	100 Gramm
Doppler	Zweiliterflasche Wein
Eierschwammerl	Pfifferlinge
Eierspeis'	Rührei
Erdäpfel	Kartoffeln
Faschiertes	Hackfleisch
Fisolen	grüne Bohnen
Fleischlaberl	Frikadellen
Frankfurter	Wiener Würstchen
Frittaten	Pfannkuchenstreifen
Geselchtes	Geräuchertes
G'spritzter	Wein mit Sodawasser
Kaffee	Betonung auf der letzten Silbe
Karfiol	Blumenkohl
Kasten	Schrank
Knödel	Kloß
Kracherl	Limonade
Kren	Meerrettich
Krügerl	0,5-Liter-Glas Bier
Kukuruz	Mais
Lungenbraten	Filet vom Rind
Marillen	Aprikosen
Melange	Espressokaffee mit Milchschaum
Melanzani	Auberginen
Obers	Schlagsahne
Palatschinke	Eierkuchen
Paradeiser	Tomate
Ribisel	Johannisbeere
Sackerl	Tüte
Schanigarten	kleiner Gastgarten auf öffentlichem Grund
Seidel	0,33-Liter-Glas Bier
Semmel	Brötchen
Sessel	Stuhl (auch nicht gepolstert)
Topfen	Quark

Verlängerter Verhackerts	Espresso mit Wasser Brotaufstrich aus geräuchertem Schweinefleisch
Vogerlsalat	Feldsalat
Weichsel	Sauerkirsche
Zwetschkenröster	Pflaumenkompott

Verkehr

AUTOVERKEHR

Straßennetz Das sehr dichte österreichische Straßennetz besteht aus Autobahnen, Schnellstraßen, Bundesstraßen (blaue und gelbe Nummernschilder), Landesstraßen und Gemeindestraßen.

Alpenstraßen Der **Straßenzustand ist durchweg gut**. Vor allem auf Nebenstrecken sind die Alpenstraßen bisweilen recht schmal und reich an Kehren. Ausweichen muss stets derjenige, dem es vom Fahrzeug und der Situation her leichter fällt. Im Sommer ist wegen des starken Verkehrs auf den Alpenstraßen besondere Vorsicht geboten. Bergauf fahrende Fahrzeuge haben immer den Vorrang vor den bergab Fahrenden. Von Oktober bis Mai muss witterungsbedingt mit Sperrungen auf den **Passstraßen** gerechnet werden. Auskunft erteilen u. a. die Automobilclubs (▶Notdienste).

Autobahngebühren, Vignetten Die Benutzung der österreichischen Autobahnen und Schnellstraßen ist gebührenpflichtig (▶Anreisemöglichkeiten). Ungeachtet der Vignette sind **einige Straßenabschnitte mautpflichtig**: Arlbergtunnel, Brennerautobahn, Felbertauernstraße mit Felbertauerntunnel, Gerlosalpenstraße, Großglockner-Hochalpenstraße, Karawankentunnel, Pyhrnautobahn (Bosrucktunnel, Gleinalmtunnel), Silvretta-Hochalpenstraße, Timmelsjoch-Hochalpenstraße und die Autoverladung an der Tauernschleuse (Böckstein–Mallnitz), Villacher Alpenstraße, Nockalmstraße, Gerlitzen, Malta-Hochalpenstraße, Katschbergtunnel. Auch kleinere Bergstraßen können mautpflichtig sein.

Verkehrszeichen Im Allgemeinen entsprechen die Verkehrsregeln und Verkehrszeichen in Österreich denen der übrigen europäischen Länder mit Rechtsverkehr. Anders als in Deutschland gilt in der Alpenrepublik auch im Kreisverkehr – falls es nicht anders ausgeschildert ist – die Regel »rechts vor links«; das in den Kreisverkehr einfahrende Fahrzeug hat dabei stets Vorfahrt.

Folgende **Höchstgeschwindigkeiten** gelten für Motorräder und Pkw: auf Autobahnen 130 km/h, auf anderen Straßen 100 km/h, in Ortschaften 50 km/h. Für Gespanne bis 3,5 t gilt außerhalb von Ortschaften und auf Autobahnen eine Höchstgeschwindigkeit von 100 km/h; für Gespanne über 3,5 t sowie Wohnmobile bis 7,5 t beträgt die Höchstgeschwindigkeit außerhalb von Ortschaften 70 km/h, auf Autobahnen 80 km/h. Auf allen Sitzen besteht **Anschnallpflicht**. Vorgeschrieben ist auch das Mitführen eines **Warndreiecks** und einer sog. **Warnweste**, die beim Verlassen des Autos auf Autobahnen immer und auf Freilandstraßen bei schlechter Sicht zu tragen ist. Die **Promillegrenze** liegt bei **0,5**. Bei Überschreiten dieser Grenze werden empfindlich hohe Geldbußen fällig; der Führerschein kann entzogen werden. Die Verweigerung eines Alkoholtests gilt als Schuldeingeständnis. Fahrzeuglenker dürfen während der Fahrt nur mit **Freisprecheinrichtung** telefonieren. Vorfahrtsberechtigte verlieren ihren Vorrang, wenn sie anhalten.

Verkehrs-regeln

Bei winterlichen Straßenverhältnissen zwischen dem 1. November und dem 15. April sind Winterreifen Pflicht, Ganzjahresreifen mit einer M+S-Kennung werden anerkannt. Auf Berg- und Passstraßen können auch Schneeketten erforderlich sein, ÖAMTC und ARBÖ (▶Notdienste) haben Verleihstellen eingerichtet.

Winterreifen und Schneeketten

In den meisten Städten gibt es im Zentrum großflächige **Kurzparkzonen**, ausgeschildert sind diese nur an den Grenzen des gesamten Parkbereichs. Betreffen die Kurzparkzonen nur einzelne Straßen, kennzeichnen Schilder den Beginn und das Ende des Bereichs. In kleineren Städten sind Kurzparkzonen oft kostenfrei, hier sind **Parkscheiben** anzubringen. Ansonsten sind in der Regel **Parkscheinautomaten** aufgestellt. Lediglich in Wien sind eigene **Kurzparkscheine** zu verwenden, die vorwiegend in Trafiken (Tabakläden) verkauft werden. Gelbe Zick-Zack-Linien zeigen ein absolutes Park- und Halteverbot an,

Parken

BAEDEKER TIPP	*Entfernungen*
	Wien – Linz: 185 km
	Wien – Salzburg: 300 km
	Wien – Bregenz: 700 km
	(über München)
	Innsbruck – Klagenfurt: 330 km
	Salzburg – Graz: 280 km
	Linz – Graz: 220 km

ebenso durchgehende gelbe Linien am Straßenrand. Sind diese jedoch unterbrochen, darf man Halten, allerdings nicht Parken.

Kinder unter 14 Jahren, die kleiner als 1,50 m sind, benötigen einen der Norm entsprechenden Kindersitz, der mit einem passenden Sicherheitsgurt am Fahrzeugsitz zu sichern ist. Kinder ab dem 14. Geburtstag und Kinder, die größer als 1,50 m sind, gelten in diesem Punkt als Erwachsene und müssen normal angeschnallt sein.

Kinder

**MIETWAGEN
IN DEUTSCHLAND**
Avis
Tel. *01805 21 77 02, www.avis.de

Europcar
Tel. *01805 80 00, www.europcar.de

Hertz
Tel. *01805 33 35 35, www.hertz.de

Sixt
Tel. *0180 5 25 25 25, www.sixt.de

IN DER SCHWEIZ
Avis
Tel. 0848 81 18 18

Europcar
Tel. 0848 80 80 99

Hertz
Tel. 0848 82 20 20

Sixt
Tel. *01805 23 22 22
Tel. 0848 88 44 44

IN ÖSTERREICH
Avis
Tel. 0800 08 00 87 57

Europcar
Tel. 0810 91 19 11

Hertz
Tel. 01 7 95 32

Sixt/Budget
Tel. 0810 97 74 24

Zebrastreifen	Sieht es so aus, als ob ein Fußgänger einen Schutzweg (Zebrastreifen) überqueren möchte, sind Autofahrer verpflichtet, anzuhalten.
Motorrad-fahrer	Motorradfahrer und Mopedfahrer müssen einen Schutzhelm tragen, bei Tag das Abblendlicht einschalten und einen Verbandskasten mitführen. Das Mindestalter für mitfahrende Kinder ist 12 Jahre.
Verkehrs-unfälle	Zu Verkehrsunfällen mit Personenschaden ist unverzüglich die Polizei hinzuzuziehen, bei Sachschaden nur, wenn die gegenseitige Identität nicht nachgewiesen wurde oder sich die Parteien uneinig sind.
Kraftstoff	In Österreich sind Euro-Super (bleifrei, 95 Oktan), Super Plus (bleifrei, 98 Oktan), Diesel, Erdgas und Flüssiggas erhältlich.
Pannenhilfe	▶Notdienste

BAHN UND BUS

Österreichi-sche Bundes-bahnen (ÖBB)	Mit Ausnahme einiger Lokalbahnlinien gehören die Bahnen als Österreichische Bundesbahnen (ÖBB) dem Staat. Das Netz der **Intercity- und Eurocity-Züge** ist gut ausgebaut. Auf allen innerösterrei-

chischen Hauptstrecken ermöglicht ein vernetzter Taktfahrplan, mit ein- und zweistündigen Intervallen konzipiert, rasche Umsteigeverbindungen. Seit 2011 fährt auf der stark frequentierten Strecke Salzburg–Wien auch die private WESTbahn. Eine **Fahrkarte** ist stets vor Fahrtantritt zu kaufen. Kleinere Stationen besitzen Fahrkartenautomaten, größere Bahnhöfe eigene ÖBB-Schalter. Mit einigen Tagen Vorlaufzeit (Postweg) sind Tickets auch übers Internet oder übers Call-Center zu bestellen. Ein Anruf dort rechnet sich, um sich über Sonderangebote zu informieren: Preislich attraktive Pakete mit Ermäßigungen von mehr als 50 % gibt es etwa für Familien, Gruppen und Frühbucher. So kostet die Fahrt Wien–Salzburg regulär 47,50 (2. Klasse), gebucht als »Sparschiene« nur 19 Euro. Bei diesem Angebot legt sich der Fahrgast auf einen Zug fest, das Standardticket kann flexibel genutzt werden. **Kinder** bis zum vollendeten sechsten Lebensjahr fahren in Begleitung Erwachsener (pro Begleitperson max. zwei Kinder) kostenlos, vom vollendeten sechsten bis zum vollendeten 15. Lebensjahr bekommen sie 50 % Ermäßigung. **Fahrräder** können mitgenommen werden. Im regionalen Verkehr (Regionalzüge, S-Bahn) ist eine Mitnahmekarte (5 Euro) zu lösen. Eine Anmeldung ist nicht möglich, ist nicht genug Stauraum vorhanden, muss man auf den nächsten Zug warten. Im nationalen Verkehr (IC- sowie EC-Züge) ist eine Reservierung notwendig (Mitnahmekarte 10 Euro).

In den meisten europäischen Ländern hat die Bahn eine Normal- oder Vollspur von 1435 mm Breite. Die Dampfeisenbahnen vergangener Zeiten hatten z. T. eine geringere Spurbreite (Schmalspur). Einige Schmalspurbahnen, zu denen auch Bergbahnen und Straßen-

Schmalspurbahnen

BAHN- UND BUSLINIEN
Österreichische Bundesbahnen
Call-Center: Tel. 05 17 17
www.oebb.at

Postbus
Call-Center: Tel. 0810 22 23 33
www.postbus.at

ERLEBNISBAHNEN (AUSWAHL)
Achenseebahn
Jenbach–Achensee
Streckenlänge: 6,8 km
Spurweite: 1000 mm
Dampfzahnradbetrieb; Mai – Sept.
www.achenseebahn.at

Bregenzer Waldbahn
Bezau–Schwarzenberg-Bersbuch
Streckenlänge: 5,1 km
Spurweite: 760 mm
Dampfbetrieb; Mai – Okt. am Wochenende
www.waelderbaehnle.at

Feistritztalbahn
Weiz–Birkfeld
Streckenlänge: 23,9 km
Spurweite: 760 mm
Dampfbetrieb; im Sommer von Do. – So.; Ausbildung zum Ehrenlokführer
www.feistritztalbahn.at

Gurkthalbahn
Treibach–Zwischenwässern
Streckenlänge: 3,3 km
Spurweite: 760 mm
Dampfbetrieb; im Sommer am
Wochenende
www.gurkthalbahn.at

Höllentalbahn
Payerbach–Reichenau–Hirschwang
Streckenlänge: 4,9 km
Spurweite: 760 mm
Elektrischer Betrieb; Mitte Juni–Mitte Okt.
So., an Feiertagen Erlebniszüge
www.lokalbahnen.at/hoellentalbahn

Mariazellerbahn
St. Pölten–Mariazell
Streckenlänge: 91,3 km
Spurweite: 760 mm
Elektrischer Betrieb, Dampfsonderzüge;
einmal im Monat im Sommer
www.mariazellerbahn.at

Murtalbahn
Unzmark–Murau–Tamsweg
Streckenlänge: 65,5 km
Spurweite: 760 mm
Dieselbetrieb ganzjährig; Dampfsonder-
züge Mitte Juni–Mitte Sept. einmal
wöchentlich

Pinzgauer Lokalbahn
Zell am See–Krimml
Streckenlänge: 52,7 km
Spurweite: 760 mm
Elektrischer Betrieb ganzjährig; Dampfzug-
fahrten Juni–Okt. 1–2 Mal wöchentlich
www.pinzgauer-lokalbahn.info

Schafbergbahn
St. Wolfgang–Schafberg
Streckenlänge: 5,9 km
Spurweite: 1000 mm
Dampf- und Dieselbetrieb; April–Okt. tägl.
www.schafbergbahn.at

Schneebergbahn
Puchberg–Hochschneeberg
Streckenlänge: 9,8 km
Spurweite: 1000 mm
Dieselbetrieb (moderne Salamanderzüge),
Nostalgie-Dampfzüge im Sommer So., Fei.
www.schneebergbahn.at

Stainzer Bahn
Preding–Stainz
Streckenlänge: 11,3 km
Spurweite: 760 mm
Dampfbetrieb; April–Okt. mehrmals
wöchentlich
www.flascherlzug.at

Steyrtalbahn
Steyr–Grünburg
Streckenlänge: 17 km, Spurweite: 760 mm
Dampfbetrieb; im Sommer am WE
www.steyr.info

Taurachbahn
Mauterndorf–St. Andrä
Streckenlänge: 11 km
Spurweite: 760 mm
Dampfbetrieb; Juni–Sept. am WE

Waldviertler Schmalspurbahn
Gmünd–Litschau/Heidenreichstein
Streckenlänge: 38,3 km
Spurweite: 760 mm
Dieselbetrieb; Mai–Ende Okt.
www.waldviertlerbahn.at

Zillertalbahn
Jenbach–Zell am Ziller–Mayrhofen
Streckenlänge: 31,7 km
Spurweite: 760 mm
Dampf- und Dieselbetrieb; ganzjährig
www.zillertalbahn.at

FLUGVERKEHR
Zentrale Flugauskunft
Austrian Airlines
Tel. 05 17 66
www.aua.com

SCHIFFFAHRT
DDSG Blue Danube Schifffahrt
Handelskai 265
A-1020 Wien

Tel. 01 58 88 00
www.ddsg-blue-danube.at

Donauschiffahrt Wurm + Köck
Höllgasse 26
D-94032 Passau
Tel. 0851 92 92 92 (D)
Untere Donaulände 1, A-4020 Linz
Tel. 0732 78 36 07 (A)
www.donauschiffahrt.de

bahnen zählen, wurden in Österreich in die neue Zeit »gerettet« und ziehen mit ihrem nostalgischen Charme Eisenbahnfreunde an.

Den öffentlichen Busverkehr dominieren die **Postbusse**, die Teil der ÖBB sind. Auf 1000 Linien werden etwa 22 000 Haltestellen angefahren, fast alle touristisch relevanten Orte sind mit dem Bus erreichbar. Allerdings fährt er in abgelegenen Regionen oft nur zwei Mal am Tag. Die Postbusse werden durch Linien lokaler Betreiber ergänzt.   Busverkehr

FLUGVERKEHR

Im **innerösterreichischen Flugverkehr** werden die Flughäfen Wien-Schwechat, Graz, Innsbruck, Klagenfurt, Linz und Salzburg von der Austrian Airlines Group verbunden.

SCHIFFFAHRT

Die Linienschifffahrt auf der Donau hat heute wenig Bedeutung, doch das Geschäft mit **Ausflugsfahrten**, die neben der Passage auch noch ein Programm an Bord bieten, boomt. Zudem stehen **Flusskreuzfahrten** hoch im Kurs. Die beiden wichtigsten Reedereien an der Donau – sie bieten neben Ausflugsfahrten auch einfache Passagen an – sind die Firma Wurm + Köck (Passau-Linz) sowie die DDSG Blue Danube Schifffahrt GmbH (Wien, Wachau, Bratislava).   Donau

Zeit

Im Winter gilt die Mitteleuropäische Zeit (MEZ), von Ende März bis Ende Oktober die Sommerzeit (MEZ + 1 Std.).   Sommerzeit

Register

Verzeichnis der Karten und Grafiken

Bildnachweis

AKG: 600

Bergisel BetriebsgesmbH: 302, 303 (6x), 304

Bildagentur Huber: 471l, 568

Borowski: 262, 319, 339, 390, 403, 492, 504, 523, 527, 597

dpa fotoreport: 83

DuMont Bildarchiv: U2, U8, 2, 3o, 4l, 4o, 4u, 5o, 5u, 6l, 6r, 7l, 8, 11, 12, 14, 15, 16, 19, 23, 24, 33, 38, 40, 46, 49, 55, 60, 64, 67, 68, 69, 71, 77, 78, 94, 96, 99, 103r, 104, 106, 111, 114, 124, 126, 130, 139, 141, 146,149, 150, 155, 160, 168, 170, 172, 177, 182, 188, 198, 202, 209, 212, 216, 223, 226, 229, 235, 240, 243, 259, 264, 268, 272, 274 275, 277, 278, 280, 286, 289, 292, 294, 299, 300, 306, 313, 314, 324, 326, 328, 335, 338, 343, 345, 348, 353, 357, 363, 366, 369, 371, 374, 389, 394, 397, 398, 404, 409, 410, 412alle, 412, 416, 417, 418, 427, 432, 436, 441, 452, 456, 462, 464, 469, 471r, 473, 476, 481, 489, 498, 500, 501, 513, 518, 520, 521, 530, 533, 536, 539, 542, 544, 547, 551, 553, 556, 561, 567ml, 572, 576, 579, 581, 582, 584, 587, 588, 591, 593, 594, 601l, 601r, 601m, 603, 605, 608, 612, 615, 620, 623, 626, 628, 638

DuMont Bildarchiv/Christina und Toni Anzenberger: 127

DuMont Bildarchiv/Ernst Wrba: U3 (3. v. o.), U4 4. v. o.) , 72, 86, 101, 102l, 312, 642, 648

DuMont Bildarchiv/Katja Kreder: 118, 341

DuMont Bildarchiv/Paul Trummer: 144, 145, 449

DuMont Bildarchiv/Reinhard Eisele: 632

DuMont Bildarchiv/Thomas P. Widmann: 310

DuMont Bildarchiv/Udo Bernhart: 7r, 26, 27, 444

fotolia: 59, 102r, 103l, 123, 245, 252, 385, 430, 472, 474, 478, 508, 516, 602, 619

Hackenberg: 3u, 174, 406

Huber/Gräfenhain: 186

Istock/hraska: 120

Istock/JeremyTaylor: 247

Istock/Kerrick: 192

Istock/pavlemarjanovic: 257

Istock/rest: 446

Istock/TatianaMironenko: 117

Krause, Johansen: 468

laif: 74, 587o

laif/L. Caputo: U7, 3l, 466, 485

Look/I. Pompe: 330

Look/U. Wiesmeier: 625

Look/Wothe: 1

Look/X. Kreuzeder: 180

Mauritius: 232

Naturhotel Waldklause: 137

pa/akg-images: 56

Peter Hautzinger: 564, 567ol, 567ul, 567or

Reincke: 567ur

Silke Tokarski: U4 (3. v. o.), 254

Stankiewiecz: 45, 81, 260, 295, 362, 422,

Strüber: 587u

W. Storto: 20, 134

Titelbild: mauritius images / ib / AIC

Impressum

Ausstattung:
265 Abbildungen, 76 Karten und grafische Darstellungen, eine große Reisekarte

Text:
Rosemarie Arnold, Walter R. Arnold, Isolde Bacher, Achim Bourmer, Prof. Dr. Wolfgang Hassenpflug, Dr. Peter Jordan, Rolf Lohberg, Christine Wessely

Überarbeitung:
Anita Ericson

Bearbeitung:
Baedeker-Redaktion (Dieter Luippold; Redaktionsbüro Negwer)

Kartografie:
Franz Huber, München; MAIRDUMONT Ostfildern (Reisekarte)

3D-Illustrationen:
jangled nerves, Stuttgart

Infografiken:
Golden Section Graphics GmbH, Berlin

Gestalterisches Konzept:
independent Medien-Design, München

Chefredaktion:
Rainer Eisenschmid, Baedeker Ostfildern
14. Auflage 2013

Völlig überarbeitet und neu gestaltet

© KARL BAEDEKER GmbH, Ostfildern
für MAIRDUMONT GmbH & Co KG; Ostfildern
Der Name Baedeker ist als Warenzeichen geschützt. Alle Rechte im In- und Ausland sind vorbehalten. Jegliche – auch auszugsweise – Verwertung, Wiedergabe, Vervielfältigung, Übersetzung, Adaption, Mikroverfilmung, Einspeicherung oder Verarbeitung in EDV-Systemen ausnahmslos aller Teile des Werkes bedarf der ausdrücklichen Genehmigung durch den Verlag.

Anzeigenvermarktung:
MAIRDUMONT MEDIA
Tel. 0049 711 4502 333
Fax 0049 711 4502 1012
media@mairdumont.com
http://media.mairdumont.com

Printed in China

Trotz aller Sorgfalt von Redaktion und Autoren zeigt die Erfahrung, dass Fehler und Änderungen nach Drucklegung nicht ausgeschlossen werden können. Dafür kann der Verlag leider keine Haftung übernehmen.
Kritik, Berichtigungen und Verbesserungsvorschläge sind jederzeit willkommen. Schreiben Sie uns, mailen Sie oder rufen Sie an:

Verlag Karl Baedeker / Redaktion
Postfach 3162
D-73751 Ostfildern
Tel. 0711 4502-262
info@baedeker.com
www.baedeker.com

FSC
www.fsc.org
MIX
Papier aus verantwortungsvollen Quellen
FSC® C017606

Die Erfindung des Reiseführers

Als **Karl Baedeker** (1801 – 1859) am 1. Juli 1827 in Koblenz seine Verlagsbuchhandlung gründete, hatte er sich kaum träumen lassen, dass sein Name und seine roten Bücher einmal weltweit zum Synonym für Reiseführer werden sollten.

Das erste von ihm verlegte Reisebuch, die 1832 erschienene **Rheinreise,** hatte er noch nicht einmal selbst geschrieben. Aber er entwickelte es von Auflage zu Auflage weiter. Mit der Einteilung in die Kapitel »Allgemein Wissenswertes«, »Praktisches« und »Beschreibung der Merk-(Sehens-)würdigkeiten« fand er die klassische Gliederung des modernen Reiseführers, die bis heute ihre Gültigkeit hat. Der Erfolg war überwältigend: Bis zu seinem Tod erreichten die zwölf von ihm verfassten Titel 74 Auflagen! Seine Söhne und Enkel setzten bis zum Zweiten Weltkrieg sein Werk mit insgesamt 70 Titeln in 500 Auflagen fort.

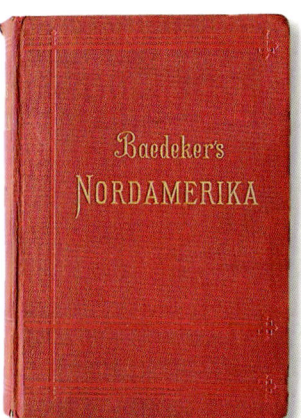

Bis heute versteht der Karl Baedeker Verlag seine große Tradition vor allem als eine Kette von Innovationen: Waren es in der frühen Zeit u. a. die Einführung von Stadtplänen in Lexikonqualität und die Verpflichtung namhafter Wissenschaftler als Autoren, folgte in den 1970ern der erste vierfarbige Reiseführer mit professioneller Extrakarte. Seit 2005 stattet Baedeker seine Bücher mit ausklappbaren 3D-Darstellungen aus. Die neue Generation enthält als erster Reiseführer Infografiken, die (Reise-) Wissen intelligent aufbereiten und Lust auf Entdeckungen machen.

In seiner Zeit, in der es an verlässlichem Wissen für unterwegs fehlte, war Karl Baedeker der Erste, der solche Informationen überhaupt lieferte. In der heutigen Zeit filtern unsere Reiseführer aus dem Überfluss an Informationen heraus, was man für eine Reise wissen muss, auf der man etwas erleben und an die man gerne zurückdenken will. Und damals wie heute gilt für Baedeker: Wissen öffnet Welten.

Baedeker Verlagsprogramm

- Ägypten
- Algarve
- Allgäu
- Amsterdam
- Andalusien
- Argentinien
- Athen
- Australien
- Australien • Osten
- Bali
- Baltikum
- Barcelona
- Bayerischer Wald
- Belgien
- Berlin • Potsdam
- Bodensee
- Brasilien
- Bretagne

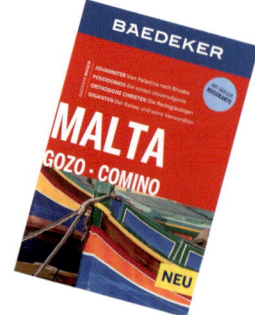

- Brüssel
- Budapest
- Bulgarien
- Burgund
- China
- Costa Blanca
- Costa Brava
- Dänemark
- Deutsche Nordseeküste
- Deutschland
- Deutschland • Osten

- Djerba • Südtunesien
- Dominik. Republik
- Dresden
- Dubai • VAE
- Elba
- Elsass • Vogesen
- Finnland
- Florenz
- Florida
- Franken
- Frankfurt am Main
- Frankreich
- Frankreich • Norden
- Fuerteventura
- Gardasee
- Golf von Neapel
- Gomera
- Gran Canaria
- Griechenland
- Griechische Inseln
- Großbritannien
- Hamburg
- Harz
- Hongkong • Macao
- Indien
- Irland
- Island
- Israel
- Istanbul
- Istrien • Kvarner Bucht
- Italien
- Italien • Norden
- Italien • Süden
- Italienische Adria
- Italienische Riviera
- Japan
- Jordanien
- Kalifornien
- Kanada • Osten
- Kanada • Westen
- Kanalinseln

- Kapstadt • Garden Route
- Kenia
- Köln
- Kopenhagen
- Korfu • Ionische Inseln
- Korsika
- Kos
- Kreta
- Kroatische Adriaküste • Dalmatien
- Kuba
- La Palma
- Lanzarote
- Leipzig • Halle
- Lissabon
- Loire
- London
- Madeira
- Madrid
- Malediven
- Mallorca
- Malta • Gozo • Comino
- Marokko

- Mecklenburg-Vorpommern
- Menorca

- Mexiko
- Moskau
- München
- Namibia

- Neuseeland
- New York
- Niederlande
- Norwegen
- Oberbayern
- Oberital. Seen • Lombardei • Mailand
- Österreich
- Paris
- Peking
- Piemont
- Polen
- Polnische Ostseeküste • Danzig • Masuren
- Portugal
- Prag
- Provence • Côte d'Azur
- Rhodos
- Rom
- Rügen • Hiddensee
- Ruhrgebiet
- Rumänien
- Russland (Europäischer Teil)
- Sachsen

- Salzburger Land
- St. Petersburg
- Sardinien
- Schottland
- Schwarzwald
- Schweden
- Schweiz
- Sizilien
- Skandinavien
- Slowenien
- Spanien
- Spanien • Norden • Jakobsweg
- Sri Lanka
- Stuttgart
- Südafrika
- Südengland
- Südschweden • Stockholm
- Südtirol
- Sylt
- Teneriffa
- Tessin
- Thailand
- Thüringen
- Toskana
- Tschechien
- Tunesien
- Türkei
- Türkische Mittelmeerküste
- Umbrien
- USA

- USA • Nordosten
- USA • Nordwesten
- USA • Südwesten
- Usedom
- Venedig
- Vietnam
- Weimar
- Wien
- Zürich
- Zypern

BAEDEKER ENGLISH

- Berlin
- Vienna

Viele Baedeker-Titel sind als E-Book erhältlich: shop.baedeker.com

Kurioses Österreich

Die indische Filmindustrie als Stammgast, Elche in den Wäldern und ein Jodler mit Welterbestatus – in Österreich ist einiges überraschend.

►Kein Herz für den Duden

In Österreich richtet man sich im Zweifelsfall nicht nach dem Duden. Das »Österreichische Wörterbuch« steht als das amtliche Regelwerk in puncto Wortschatz noch darüber.

►Besuch aus dem Norden

Das Waldviertel mutet offenbar nicht nur aus menschlicher Sicht sehr skandinavisch an. Auch Elche scheinen sich hier wohl zu fühlen, wie Sichtungen nahe legen.

►Früh übt sich

Bevor Alois Negrelli – geboren 1799 im damals zu Tirol gehörenden Trentino – als Erbauer des Suezkanals in die Geschichtsbücher einging, war er als Vorarlberger Kreiswasserbauadjunkt u. a. für die Rappenlochschluchtsperre bei Dornbirn und für die Uferstraße von Bregenz nach Lindau verantwortlich.

►Rekord auf dem Rad

In genau 22 Stunden und 13 Minuten legte der Halleiner Gerald Bauer 2012 mit seinem Fahrrad die Strecke von Feldkirch in Vorarlberg bis nach Nickelsdorf im Burgenland zurück. Das ist Transaustria-Rekord!

►Ladies first

Der Dudler ist die urbane Form des Jodelns. Inspiriert von den alpenländischen Jodlern, wurde der Dudler im 19. Jh. in die Wiener Gesellschaft eingeführt – er unterscheidet sich von seinem Vorbild auch dadurch, dass er hauptsächlich von Frauen zum Besten gegeben und oft mit Musikinstrumenten begleitet wird. Seit 2010 zählt der Wiener Dudler übrigens zum immateriellen UNESCO-Weltkulturerbe.

►Ein Fall für Austern-Fans

Das weltgrößte prähistorische Austernriff wurde in Stetten bei Korneuburg entdeckt. 15 000 Austernschalen von bis zu 1 m Länge und einem Gewicht von 10 kg wurden freigelegt – Niederösterreich war einst vom Meer bedeckt.

►Indien goes Austria

»Bollywood«, die indische Filmindustrie aus Bombay, ist die größte der Welt. Als beliebte Kulisse für die Filme, in denen gesungen und getanzt wird, dient die Tiroler Bergwelt – sie war bereits in mehr als 75 indischen Filmen zu sehen.